STUDIEN ZU POLICEY, KRIMINALITÄTSGESCHICHTE UND KONFLIKTREGULIERUNG

Herausgegeben von
Michael Stolleis und Karl Härter

Vittorio Klostermann · Frankfurt am Main

Jean Conrad Tyrichter

Die Erhaltung der Sicherheit.
Deutscher Bund, politische
Kriminalität und transnationale
Sicherheitsregime im Vormärz

Vittorio Klostermann · Frankfurt am Main

Bibliographische Information der Deutschen Nationalbibliothek

Die Deutsche Nationalbibliothek verzeichnet diese Publikation in der
Deutschen Nationalbibliographie, detaillierte bibliographische Daten
sind im Internet unter *http://dnb.dnb.de* abrufbar.

© Vittorio Klostermann GmbH · Frankfurt am Main 2019
Alle Rechte vorbehalten, insbesondere die des Nachdrucks und der Übersetzung.
Ohne Genehmigung des Verlages ist es nicht gestattet, dieses Werk oder Teile in
einem photomechanischen oder sonstigen Reproduktionsverfahren zu verarbeiten,
zu vervielfältigen oder zu verbreiten.
Gedruckt auf alterungsbeständigem Papier ∞ ISO 9706
Druck und Bindung: Hubert & Co., Göttingen
Printed in Germany
ISSN 1612-7730
ISBN 978-3-465-04374-4
zugl.: Darmstadt, Technische Universität Darmstadt, Dissertation

Inhalt

Vorwort IX

1. Einleitung

1.1 Ansätze und Fragestellungen 1
1.2 Forschungsstand und Forschungsperspektiven 16
1.3 Methoden, Quellen und Aufbau 32

2. Historische Rahmenbedingungen

2.1 Dissidenz, Bedrohungsnarrative und
    Politische Kriminalität 39
2.2 Der Deutsche Bund: Kompetenzen, Akteure und
    Verfahren 51
2.3 Strafrecht und Strafverfahren im Vormärz 60
2.4 Transnationales Strafrecht im Deutschen Bund 68

3. Formierung und Wirkung des Bundesregimes innerhalb des Deutschen Bundes

3.1 Die formative Phase des Bundesregimes 1819 bis 1830   83
    3.1.1 Die Karlsbader Beschlüsse 83
        3.1.1.1 Überwachung der transnationalen
                Kommunikationsräume »Universität« und
                »Presse« 83
        3.1.1.2 Die Gründung der
                Zentraluntersuchungskommission 91

3.1.2	Die Zentraluntersuchungskommission	110
	3.1.2.1 Die Präzisierung des Kommissionsauftrags auf der Wiener Ministerkonferenz ..	110
	3.1.2.2 Institutionelle und funktionale Entwicklung der Zentraluntersuchungskommission	118
	3.1.2.3 Berichterstattung der Zentraluntersuchungskommission	130
3.1.3	Transnationale Interaktionen und Akteure außerhalb der Bundesebene und Regimepraxis ..	139
3.1.4	Jurisdiktionskonflikte als Strukturproblem des Bundesregimes	150
	3.1.4.1 Allgemeine Sicherheit oder einzelstaatliche Justizhoheit: Der Streit um die Auslieferung Heinrich Karl Hofmanns und Georg Rühls	150
	3.1.4.2 Der Fall Schwarz und die Diskussion um einen Bundesbeschluss zur Vereinheitlichung und Kontrolle der Strafrechtsprechung	159
	3.1.4.3 Die Strafbarkeit von Verbrechen gegen den Deutschen Bund	167
	3.1.4.4 Der Vorschlag des hessen-darmstädtischen Staatsministers Karl Du Thil zur Einrichtung einer Bundespolizei und eines Bundesspezialgerichts und der Fall Wilkens	173
3.2 Wiederbelebung und Weiterentwicklung des Bundesregimes nach 1830		178
3.2.1	Das Hambacher Fest 1832 und die Neuformierung des Regimes	178
3.2.2	Die Ausbildung neuer Formate transnationaler Justiz- und Polizeikooperation: Die Bundeszentralbehörde und das Informationsbüro	190
	3.2.2.1 Metternichs Initiative zur Gründung einer geheimen Informationsbehörde in Mainz..	190
	3.2.2.2 Das Frankfurter Attentat und die Gründung der Bundeszentralbehörde	192

Inhalt VII

3.2.2.3 Funktionen und rechtliche
Ausgestaltung der Bundeszentralbehörde 205
3.2.2.4 Die Gründung des Informationsbüros..... 211
3.2.3 Die Frankfurter Bundeszentralbehörde............ 212
3.2.3.1 Organisation und Arbeitsweise............ 212
3.2.3.2 Berichte und Anträge der
Bundeszentralbehörde.......................... 226
3.2.3.3 Die Bundeszentralbehörde als
polizeiliche Nachrichtenstelle................ 237
3.2.4 Strafrechtliche Maßnahmen des
Deutschen Bundes... 246
3.2.4.1 Das Verbot der exterritorialen
Aktenversendung................................... 246
3.2.4.2 Regulierung von Jurisdiktionskonflikten
um Gerichtsstand und
Strafrechtsprechung.............................. 255
3.2.4.3 Der Bundesbeschluss wegen Bestrafung
von Vergehen gegen den Deutschen Bund
und Auslieferung politischer Verbrecher.. 263
3.2.4.4 Die Diskussion um eine Bundesamnestie 279
3.2.5 Initiativen und Modelle zur
Weiterentwicklung von Justiz- und
Polizeikooperation im Deutschen Bund
nach 1833... 285
3.2.5.1 Die Initiative des Herzoglich Sächsischen
Polizeirats Friedrich Eberhardt zur
Gründung einer deutschen
Polizeivereinigung................................. 285
3.2.5.2 Die ersten Initiativen zur Auflösung der
Bundeszentralbehörde und die Diskussion
um ein Informationskomitee................. 289
3.2.5.3 Das Modell einer koordinierenden und
beratenden Justizkommission und die
vorläufige Verlängerung der
Bundeszentralbehörde.......................... 298
3.2.5.4 Der preußische Thronwechsel und die
Vertagung der Bundeszentralbehörde...... 305
3.3 Zwischenfazit 309

4. Normen, Diskurse und Praktiken des Bundesregimes
   in Beziehungen zu außerdeutschen Staaten

4.1 Die Ausbildung von transnationalen
    Regimestrukturen auf europäischer Ebene
    bis zur Julirevolution 1830 317
    4.1.1. Der Umgang mit politischen Flüchtlingen:
    Normen, Diskurse und Praktiken 317
        4.1.1.1 Joseph Görres und die »Gastfreiheit«
    in Frankreich 317
        4.1.1.2 Das Konzert der Großmächte und
    das Schweizer Asyl 324
        4.1.1.3 Die Auslieferung politischer Verbrecher:
    Diskurs und Praxis 329
    4.1.2 Polizeikooperation und Informationsaustausch .. 336
    4.1.3 Die Ermittlungen wegen des Geheimen Bundes 340

4.2 Auflösung und Neuformierung der Regimestrukturen
    nach der Julirevolution 1830 349
    4.2.1 Flüchtlinge und Gefährdermilieus 349
    4.2.2 Das politische Asyl und die Auslieferung
    politischer Flüchtlinge 353
        4.2.2.1 Rechtliche und politische
    Rahmenbedingungen 353
        4.2.2.2 Nichtauslieferung politischer Flüchtlinge
    durch Frankreich und Belgien und
    die Problematik der konnexen Delikte 367
        4.2.2.3 Die Asylkonflikte mit der Schweiz 375
    4.2.3 Die Überwachung politischer Flüchtlinge
    und polizeiliche Kooperationen 386
    4.2.4 Der Schutz des Bundesgebietes vor Einflüssen
    aus dem Ausland 402

4.3 Zwischenfazit 414

5. Schluss 417

6. Quellen und Literatur 427

Register 467

Vorwort

Dieses Buch beruht auf meiner 2017 am Fachbreich 2: Gesellschafts- und Geschichtswissenschaften der TU Darmstadt eingereichten Dissertation. Es ist das Ergebnis von Forschungen, die ich seit 2013 im Rahmen des Projekts »Die Formierung transnationaler Strafrechtsregime« des Max-Planck-Instituts für europäische Rechtsgeschichte und des Exzellenzclusters »Die Herausbildung normativer Ordnungen« in Frankfurt am Main durchgeführt habe.

Bedanken möchte ich mich zunächst beim Max-Planck-Institut und dem Exzellenzcluster für die außergewöhnliche materielle und immaterielle Unterstützung, ohne die das Dissertationsprojekt in dieser Form nicht durchführbar gewesen wäre. Dies bezieht sich besonders auf die Mitarbeiter des Max-Planck-Instituts aus Wissenschaft, Bibliothek, Redaktion und Verwaltung, die dafür gesorgt haben, dass ich die Zeit am Institut in guter Erinnerung behalten werde.

Neben den Mitgliedern des Prüfungsausschusses gilt mein besonderer Dank weiterhin Herrn Professor Dr. Karl Härter für seine interessierte, kritische und wohlwollende, »doktorväterliche« Begleitung und Unterstützung.

Eine Dissertation ist über die wissenschaftliche Arbeit hinaus eine außergewöhnliche persönliche Herausforderung. Widmen möchte ich dieses Buch daher den Menschen, die seine Entstehung am engsten und auf allen Ebenen begleitet haben: meinen Eltern, meinen Brüdern und vor allem meiner Frau Carina.

Jean Conrad Tyrichter   Mannheim, im Juli 2018

1. Einleitung

1.1 Ansätze und Fragestellungen

Der Deutsche Bund wurde auf dem Wiener Kongress 1815 als Verbund der Nachfolgeterritorien des Heiligen Römischen Reichs gegründet, um die innere und äußere Sicherheit Deutschlands und die Unabhängigkeit und Unverletzbarkeit der deutschen Staaten zu erhalten. Der Bund nahm in der nachnapoleonischen Wiener Friedensordnung damit eine »doppelte Sicherungsrolle« ein, indem er den politisch fragilen mitteleuropäischen Raum durch Kräftebündelung nach außen absichern und durch Kooperation und Koordination nach innen stabilisieren sollte.[1] Dabei wird kein Thema so sehr mit dem Deutschen Bund in Verbindung gebracht wie die unter Schlagworten wie »Demagogenverfolgung«, »Restauration« oder »System Metternich« geläufigen Auseinandersetzungen zwischen der im frühen 19. Jahrhundert aufkeimenden national-liberalen Bewegung und den auf Stabilisierung bedachten politischen Eliten in der Phase bis zur Revolution von 1848, dem »Vormärz«.[2] Dies geht so weit, dass die insgesamt eher stiefmütterlich behandelte Bundesgeschichte weitgehend hierauf reduziert wird.[3] Die nähere Beschäftigung mit diesem Themenkomplex zeigt aber schnell, wie wenig

---

[1] Gruner, Deutscher Bund, S. 26.
[2] Der Begriff »Vormärz« wird als Epochenbezeichnung nicht einheitlich verwendet. In einer engeren Verwendung bezeichnet er die Phase zwischen den europäischen Revolutionsjahren 1830 und 1848, während die Phase zwischen dem Wiener Kongress 1815 und 1830 als »Restauration« bzw. »Restaurationszeit« bezeichnet wird. So wie er hier verwendet wird, bezeichnet der Begriff in einem weiteren Sinne den Zeitraum zwischen 1815 und 1848 und impliziert damit eine Forschungsperspektive, die weniger auf Ereignisse und kurzfristige Entwicklungen als auf mittel- bis langfristige Prozesse abzielt (vgl. Hardtwig, Vormärz, S. 7 f.; Langewiesche, Europa, S. 1 ff.).
[3] Für einen Forschungsüberblick siehe: Müller, Deutscher Bund, S. 51 ff.; Seier, Forschungsproblem.

über die »restaurative« Bundespolitik eigentlich bekannt ist. Jürgen Müller führt zusammenfassend aus:

> »Insgesamt gesehen führt der Überblick über die historische Forschung zur reaktionären Politik des Deutschen Bundes zu dem Ergebnis, dass die so scheinbar eindeutigen Urteile auf einer relativ brüchigen Grundlage beruhen. Viele Aspekte der Bundestätigkeit auf diesem Gebiet sind nicht besonders intensiv erforscht. Über die konkrete Umsetzung der in Frankfurt beschlossenen Maßnahmen in den einzelnen Staaten ist noch wenig bekannt. Das Verhältnis zwischen der Restaurationspolitik des Bundes und derjenigen der Einzelstaaten ist nur selten thematisiert worden. Manches deutet indessen darauf hin, dass die Rolle des Deutschen Bundes im ›System‹ der Restauration bzw. der Reaktion differenzierter beurteilt werden muss, als es das Gros der Forschung tat und bis heute tut.«[4]

Ausgehend von diesen Beobachtungen ist es das Hauptziel der Arbeit, die Politik des Deutschen Bundes gegen Dissidenz bzw. politische Kriminalität im Vormärz aus einer möglichst ganzheitlichen Perspektive zu rekonstruieren und zu analysieren und dabei normativ-institutionelle, diskursive und praktische Aspekte einzubeziehen. Dieser Themenkomplex wird in der Regel als »Reaktionspolitik«, »Restaurationspolitik« und »Repressionspolitik« bezeichnet. Im Blick auf Ziele und Inhalte werden diese Bezeichnungen weitgehend synonym und unsystematisch, als Epochenbezeichnungen teilweise aber abgrenzend gebraucht. Restaurationspolitik meint dann die Maßnahmen zwischen dem Wiener Kongress 1815 und dem europäischen Revolutionsjahr 1830, Repressionspolitik zwischen 1830 und der Revolution von 1848 und Reaktionspolitik nach 1848. Restauration, Repression und Reaktion sind jedoch problematische Forschungsperspektiven, da es sich um zeitgenössische Kampfbegriffe handelt, die die Maßnahmen des Bundes eindimensional als rückwärtsgewandt und illegitim etikettieren.[5] Die An- und Übernahme dieser Perspektive erschwert eine strukturelle Analyse und historiographische Einbettung der Bundespolitik, da dynamische, integrative und progressive Züge von vornherein ausgeschlossen

---

[4] Müller, Deutscher Bund, S. 67.
[5] Zur Begriffsgeschichte siehe: Fenske, Restauration; Kondylis, Reaktion.

werden.⁶ Für eine Beibehaltung dieser Terminologien spricht lediglich das Argument der historiographischen Verständlichkeit, das hier aber nicht geteilt wird.⁷ Für eine wertfreie Annäherung an die Bundespolitik bzw. eine neue wissenschaftliche Perspektive ist auch, vielleicht sogar besonders, eine sprachliche Emanzipation essentiell, da sich immer wieder beobachten lässt, dass die Beibehaltung überkommener Begrifflichkeiten – trotz aller Reflexion – zum Fortleben der mit ihnen verbundenen Wertungen führt.⁸ Aus diesem Grund wird in dieser Untersuchung weitgehend auf sie verzichtet.

Die Hauptschwierigkeit bei der Beschäftigung mit dem Deutschen Bund liegt darin, dass es sich um kein zentralisiertes und einigermaßen kohärentes, mit einem modernen Nationalstaat vergleichbares politisches Gebilde handelte, das vom Zusammenspiel des Bundes, der Bundesstaaten und – trotz fortgeschrittener Staatsbildung – relativ eigenständig und selbstbewusst agierender Mittel- und Unterbehörden geprägt war. Eine in diesem Zusammenhang immer wieder aufgegriffene Frage ist, ob es sich beim Deutschen Bund um einen »Bundesstaat« oder einen »Staatenbund« handelte. Hier hat sich in der spezialisierten Bundeshistoriographie die differenzierte Sichtweise durchgesetzt, den Deutschen Bund als einen Staatenbund mit bundesstaatlichen Elementen zu beschreiben.⁹ Trotzdem bleiben derartige Typologisierungen problematisch. Denn auch die Formel vom Staatenbund mit staatenbündischen Elementen misst den Bund an staatsrechtlichen Kategorien, denen er kaum gerecht werden kann. In diesem Sinne beschrieb Gustav Struve den Deutschen Bund schon 1846 mit klar pejorativer Konnotation als staatsrechtlichen »Zwitter«, eine Bewertung, die auch von modernen Autoren aufgegriffen wird.¹⁰ Sinnvoller erscheint es, den Deutschen Bund – ähn-

---

6 Vgl. Hahn/Berding, Reformen, S. 127 f.; Müller, Reaktion, S. XVII; Zerback, Reformpläne, S. XXX ff.
7 So etwa: Zerback, Reformpläne, S. XXX.
8 Vgl. Siemann, Stratege, S. 869 ff.
9 Zusammenfassend: Treichel, Entstehung, S. XIV f. Anderer Auffassung: Kotulla, Verfassungsgeschichte, S. 329 f.
10 Struve, Öffentliches Recht (Teil 2), S. 288. Diese Bewertung wird beispielsweise aufgegriffen von: Stolleis, Öffentliches Recht, S. 76.

lich wie dies beim Alten Reich schon praktiziert wird[11] – wertneutral als rechtliches und politisches »Mehrebenensystem« eigener Art zu konzipieren.[12] Unter einem Mehrebenensystem wird dabei recht allgemein ein politisches System verstanden, in dem Kompetenzen und Ressourcen auf unterschiedliche territoriale Einheiten verteilt sind, die durch Normen, Institutionen und Verfahren miteinander verbunden sind.[13] Es handelt es sich also um ein analytisches Systemverständnis und nicht um ein empirisches, wie es etwa in der die Bundesforschung lange dominierenden Vorstellung vom »System Metternich« zu Ausdruck kommt.[14] Der Deutsche Bund wird demnach als System aufeinander bezogener politischer Ebenen mit unterschiedlichen Funktionen und Kompetenzen verstanden, in dem die gesamtdeutsche, durch die Bundesversammlung repräsentierte Ebene nicht hierarchisch übergeordnet war bzw. die »Regierungsebene« bildete. Vielmehr stand sie in einem komplementären Verhältnis zur Ebene der Einzelstaaten, indem hier vor allem sicherheitspolitische Kompetenzen angelagert waren, die den Bundesverband als Ganzes betrafen, und hatte darüber hinaus eine wichtige Funktion als Kommunikations- und Informationsforum.[15]

Ausgehend von dieser Konstellation sorgte die Tatsache, dass die verschiedenen in den deutschen Staaten aufkommenden dissidenten Gruppen entsprechend ihres gesamtdeutschen, teilweise sogar europäischen Bezugsrahmens ihre Aktions- und Kommunikationsradien rasch über die Innen- und Außengrenzen des Bundes hinwegspannten, dafür, dass es innerhalb des Bundessystems nicht nur »horizontal« zu Interaktionen und Kollisionen zwischen den Bundesstaaten, sondern auch »vertikal« zu Überschneidungen der Kompetenzbereiche des Bundes und der Bundesstaaten kam. Diese konnte aber nicht hierarchisch, sondern nur im Verbund gelöst werden. Seit dem europäischen Revolutionsjahr 1830 und der allmählichen Durchsetzung des politischen Asyls in Westeuropa verlagerten sich die

---

[11] Vgl. Härter, Legal System; Stollberg-Rilinger, Heiliges Römisches Reich, S. 116 ff.
[12] Vgl. Gruner, Deutscher Bund, S. 10.
[13] Vgl. Benz, Mehrebenensysteme, S. 17 f.
[14] Vgl. Kapitel 1.1, S. 10.
[15] Vgl. Gruner, Deutscher Bund, S. 10 f.

Aktivitäten der deutschen Opposition zudem zunehmend ins benachbarte Ausland, so dass es darüber hinaus vermehrt zu Interaktionen mit außerdeutschen Staaten kam, die das Bundessystem überlagerten.[16]
Diese mehrdimensionale und komplexe Gemengelage bedarf eines analytischen Zugangs, der die üblicherweise separiert betrachteten politischen Ebenen des Deutschen Bundes überspannt und miteinander verknüpft.[17] Zudem sollen Rekonstruktion und Analyse der relevanten sicherheitspolitischen und strafrechtlichen Normen, Diskurse und Praktiken des Deutschen Bundes an übergreifenden Zugängen und Fragestellungen ausgerichtet werden. Durch das so gebildete heuristische Gerüst soll es möglich werden, die bundesgeschichtlichen Entwicklungen aus der Perspektive breiterer historischer Prozesse erklär- und nutzbar zu machen. Als vielversprechender Zugang erscheint dabei die Frage nach der Rolle von »Sicherheit«. Hierunter wird eine sich seit dem 18. Jahrhundert allmählich ausformende politische Leit- und Legitimationsgröße verstanden, deren Gegenstand der Schutz von Staat und Gesellschaft vor inneren und äußeren Bedrohungen und Gefahren ist.[18] In der neueren »Sicherheitsgeschichte« wird Sicherheit dabei nicht als objektive und konstante, sondern als eine abstrakte und dynamische Größe beschrieben, die sich in spezifischen Diskursen, Normen und Praktiken der Sicherheitsproduktion und -kommunikation manifestiert.[19] Hiervon ausgehend kann die antioppositionelle Sicherheitspolitik im Deutschen Bund aus einer strukturgeschichtlichen Perspektive auch als transnationales »Sicherheitsregime« beschrieben werden.[20] Unter einem »Regime« wird allgemein ein sektoral eingrenzbares Bündel von Normen, Diskursen und Praktiken verstanden, die der Bewälti-

---

[16] Vgl. Reiter, Asyl, S. 81 ff.
[17] Vgl. Hofmann, Universitätspolitik, S. 20 ff.; Hofmann, Suprastaatlichkeit, S. 139 ff.
[18] Vgl. Conze, Sicherheit; Härter, Sicherheit und gute Policey.
[19] Vgl. Conze, Securitization; Conze, Sicherheit als Kultur; Graaf/Zwierlein, Historicizing Security; Härter, Sicherheit und gute Policey; Zwierlein, Sicherheitsgeschichte.
[20] Vgl. Graaf/Zwierlein, Historicizing Security, S. 51 ff.; Härter, Formierung.

gung eines spezifischen transnationalen Problem- oder Regelungsfelds dienen.[21] Das Konzept des »Regimes« unterscheidet sich entsprechend vom oben eingeführten »Mehrebenensystem« darin, dass der Zugang zum Forschungsobjekt nicht über ein politisches Gebilde, sondern über ein Problemfeld erfolgt. Damit liegt der Fokus der »Regime-Perspektive« stärker auf Dynamiken, Interaktionen und Kollisionen in konkreten Situationen und Themenfeldern, während der Fokus bei der »Mehrebenen-Perspektive« eher auf den allgemeinen politischen Binnenstrukturen oder, aus einer eher rechtshistorischen Perspektive, auf dem Verfassungssystem liegt. Dennoch ergänzen sich beide Ansätze, indem im Fall des Deutschen Bundes durch die Analyse eines zentralen Problemfelds der Bundespolitik auch allgemeinere Aussagen über seine Funktionsweisen generiert werden können. Angesichts der komplexen politischen Strukturen des Bundes erscheint diese Methode als besonders aussichtsreich, da das Bundessystem gerade im Blick auf die politische Praxis kaum als Ganzes, sondern nur ausschnittsweise erschließbar ist.

Stimuliert durch die veränderten politischen Rahmenbedingungen seit dem Wiener Kongress lässt sich in der ersten Hälfte des 19. Jahrhunderts die Formierung mehrerer solcher als Regime beschreibbarer Interaktions- und Kooperationsverdichtungen beobachten, die sich im Blick auf Intensität, Stabilität, Institutionalisierung und Verrechtlichung jedoch erheblich unterschieden.[22] Dieser Prozess verlief nicht eindimensional und linear. Vielmehr fand er in Schüben und synchron auf verschiedenen zwischenstaatlichen Interaktionsebenen statt und war durch ambivalente Ordnungsinteressen motiviert. Insbesondere stand er im Spannungsfeld von nationaler Souveränität, internationaler Sicherheits- und Wohlfahrtsinteressen sowie zivilgesellschaftlicher Forderungen. Ein wesentliches Strukturmerkmal war dabei der »transnationale« Charakter dieser Regimeformierungen, wobei es wichtig ist zu erklären, was hiermit gemeint

---

21 Zum Regime-Ansatz siehe einführend etwa: Dülffer, Recht, S. 182 ff.; Wesel, Internationale Regime.

22 Beispiele sind etwa die verkehrspolitische Kooperation der Anrainerstaaten des Rheins oder das sich in mehreren bilateralen Konferenzen manifestierende »Konzert der Großmächte«, das europäische Friedens- und Konfliktmanagement. Siehe hierzu: Schulz, Normen; Thiemeyer/Tölle, Supranationalität.

ist, denn eine einheitliche geschichtswissenschaftliche Definition von »Transnationalität« existiert nicht. Sehr allgemein lassen sich folgende Verwendungen beschreiben, die aber nicht zwangsläufig widersprüchlich sind, sondern in denen eher unterschiedliche Forschungsinteressen und methodische Funktionen zum Ausdruck kommen:
- Zunächst wird unter »Transnationaler Geschichte« eine Forschungsperspektive verstanden, die insbesondere durch Vergleichs- und Transferanalysen versucht, nationale Deutungen und Zugänge zu überwinden;
- weiterhin werden in enger Anlehnung an die Politik- und Rechtswissenschaften mit »transnational« grenzübergreifend agierende nichtstaatliche Akteure oder ihre Aktivitäten klassifiziert;
- wohl am häufigsten wird »transnational« aber allgemein zur Beschreibung grenzübergreifender Interaktionen und Strukturen verwendet. In diesem Fall sind kaum theoretische und methodische Implikationen erkennbar.[23]

In einer anderen Verwendung oder besser Gewichtung, die auch hier relevant ist, charakterisiert »transnational« dagegen grenzübergreifende Interaktionen unter den Voraussetzungen von »Nationalstaatlichkeit« und den hiermit verbundenen kulturellen, sozialen, ökonomischen, politischen und rechtlichen Rahmenbedingungen, die sich während der »Sattelzeit« ausbildeten.[24] Diese Verwendung hat also sowohl eine periodisierende als auch eine analytische Dimension. Prozesse und Interaktionen innerhalb des politischen Systems des Deutschen Bundes als »transnational« zu bezeichnen mag durchaus irritieren, da der Bund traditionell nicht nur als Gegenmodell, sondern sogar als Gegenspieler eines deutschen Nationalstaats dargestellt wird, als dessen Fragmente die deutschen Einzelstaaten gelten. Diese Sichtweise deckt sich aber nicht mit dem mittlerweile weitgehend konsensuellen, konstruktivistisch geprägten Nationsverständnis. Hierbei sind vor allem zwei Punkte von Bedeutung:

---

[23] Zu den verschiedenen Verwendungen und der Geschichte des Begriffs oder des Konzepts »Transnationalität« siehe einführend und zusammenfassend z. B.: Osterhammel, Transnationale Gesellschaftsgeschichte; Patel, Transnationale Geschichte; Saunier, Transnational.
[24] Siehe z. B.: Hadler / Middell, Transnationalisierung, S. 21 ff.; Löhr, Transnationale Geschichte; Patel, Jenseits der Nation, S. 44 ff.

– Erstens: Nationen sind keine zeitlosen und statischen Größen, sondern das Ergebnis komplexer und dynamischer Aushandlungsprozesse, deren Gegenstand die Konstruktion kollektiver Identitäten ist. Diese stützen sich distinktiv auf Größen wie Ethnie, Religion, Kultur, Sprache, Recht oder politische Organisation.
– Zweitens: Das Konzept der »Nation« ist seit dem 18. Jahrhundert eng mit dem Prozess der »Staatsbildung« verflochten, indem es einerseits staatliche Abgrenzung nach außen und Vereinheitlichung nach innen rechtfertige, andererseits durch derartige Prozesse überhaupt erst implementiert und konstruiert wurde.[25]

Aus dieser Perspektive bestanden zwischen dem Wiener Kongress und der Reichsgründung nicht einfach nur mehrere deutsche »Staaten«, sondern mehrere deutsche »(National-)Staaten«, die sich symbolisch, administrativ und vor allem rechtlich konstituierten.[26] Dass es parallel eine vor allem kulturell und sprachlich begründete, aber auch aus der Tradition des Alten Reiches herrührende Vorstellung einer gesamtdeutschen Nation und die Forderung eines deutschen Nationalstaats gab, steht hierzu nicht im Widerspruch. Denn gerade dass es multiple Identitäten und miteinander konkurrierende Nationskonzepte gab, belegt ihren diskursiven und dynamischen Charakter.

Aus dieser Perspektive handelte es sich bei den Mitgliedern des Deutschen Bundes also um vollwertige Nationalstaaten, deren »transnationale« Beziehungen das Bundessystem prägten. Es bleibt dennoch die Schwierigkeit, dass durch die verschiedenen Deutungsebenen von »Transnationalität« und die traditionell andere Verwendung des Nationsbegriffs leicht Missverständnisse entstehen können. Trotzdem sollte bei der Analyse der Beziehungen innerhalb des Deutschen Bundes nicht hierauf verzichtet werden.[27] Denn hiermit erkennt man den vermeintlichen Vorrang eines gesamtdeutschen Nationalstaats nicht nur implizit an, darüber hinaus erweckt dieses

---

[25] Siehe hierzu einführend und zusammenfassend z. B.: Breuilly, Oxford Handbook; Osterhammel, Verwandlung, S. 580 ff.; Kunze, Nation; Reinhard, Staatsgewalt, S. 440 ff.; Weichlein, Nationalbewegungen.
[26] Vgl. Fahrmeir, Nation, S. 69 ff.; Fahrmeir, Paßwesen; Green, Fatherlands; Hanisch, Fürst.
[27] So etwa: Hofmann, Suprastaatlichkeit, S. 139 ff.; Hofmann, Universitätspolitik, S. 20 ff.

Vorgehen den Eindruck, es hätte sich bei den Mitgliedern des Deutschen Bundes nicht um vollsouveräne Staaten gehandelt. Dabei war es so, dass das politische System des Deutschen Bundes gerade auf der nationalen Souveränität der Bundesstaaten fußte, die das Bundessystem nicht nur legitimierten und gestalteten, sondern ihm durch transnationale Aktivitäten erst Tiefe verliehen. Dass die deutschen Staaten wesentliche Souveränitätsrechte auf den Bund übertragen hatten, schränkte ihre nationale Souveränität vielleicht faktisch ein. Trotzdem war diese als Leitgröße für ihr Selbstverständnis und ihre wechselseitige Wahrnehmung grundlegend.

Der Gegenstand des im Folgenden als »Bundesregime« bezeichneten transnationalen Sicherheitsregimes zum Schutz der inneren Sicherheit des Bundes war politische Dissidenz bzw. »Politische Kriminalität«. Unter Politischer Kriminalität wird weder eine strafrechtstheoretische Figur noch ein phänomenologisch ableitbarer Verbrechenstyp verstanden, sondern ein in historischer Perspektive diachron und synchron variables Konstrukt, durch das in sicherheitspolitischen Diskursen Handlungen etikettiert wurden, die im weitesten Sinne als Bedrohung oder Angriff auf Gesellschaft und politische Ordnung verstanden wurden.[28] Damit weicht diese Untersuchung vordergründig von der unter Deutungskategorien wie »Nation«, »Liberalismus«, »Sozialismus«, »Parlamentarismus« oder »Demokratie« üblichen positiven Darstellung der Opposition des Vormärz ab. Dieses Bild soll aber nicht grundsätzlich in Frage gestellt werden, auch wenn die selektive Hervorhebung und Inszenierung konform erscheinender Aspekte und die Vorstellung einer stringent agierenden Freiheits- oder Demokratiebewegung problematisch sind.[29] Vielmehr folgt die Arbeit einem »historisch-konstruktivistischen Ansatz«,[30] der sich an dem in der »Historischen Kriminalitätsforschung« etablierten »Etikettierungsansatz« bzw. »labeling approach«

---

[28] Vgl. Blasius, Politische Kriminalität, S. 10 ff.; Härter / Graaf, Majestätsbrechen, S. 4; Ingraham, Political Crime, S. 3 ff.; Rustemeyer, Majestätsbrechen, S. 7 ff.; Schwerhoff, Historische Kriminalitätsforschung, S. 70 ff.
[29] Vgl. Behringer, Tambora, S. 237; Fenske, Hambacher Fest; Wolfrum, Geschichte als Waffe, S. 90 ff.; Lönnecker, Wachensturm; Siemann, Stratege, S. 869 ff.
[30] Härter / Graaf, Majestätsbrechen, S. 4.

orientiert.[31] Er erlaubt es, »Reaktionen der Rechtssysteme bzw. von Recht, Justiz und Polizei unter Einbeziehung der öffentlichen und populären Diskurse« zu analysieren.[32] Dabei sind nicht die Bewertung der spezifischen Zielsetzungen und Intentionen dissidenter Gruppen, sondern die zeitgenössische Wahrnehmung und Konzeptualisierungen dieser Gruppen als Sicherheitsbedrohung von Bedeutung.

Aus der Perspektive des »Sicherheitsregimes« sind zunächst die Fragen von Interesse, welche Akteure auf das Bundesregime einwirkten und ob sich neben Kontinuitäten auch Brüche und Dynamiken feststellen lassen. Normen, Diskurse und Praktiken des Bundesregimes wurden nämlich bisher überwiegend im Rahmen der durch Heinrich von Srbik[33] zur wissenschaftlichen Deutungskategorie fortentwickelten Perspektive des »Systems Metternichs« dargestellt. Im Blick auf den Deutschen Bund beinhaltet diese »die Vorstellung, die von der Bundesversammlung beschlossenen antinationalen und antiliberalen Maßnahmen seien der Ausdruck eines koordinierten und planvollen Vorgehens gegen jegliche Opposition« gewesen.[34] Diese Sichtweise wird zwar teilweise noch in neueren Arbeiten aufgegriffen,[35] ist jedoch in mehrfacher Hinsicht problematisch. So hat Jürgen Müller darauf verwiesen, dass der Begriff des »Systems« an sich zu hinterfragen ist, da er »eine Stringenz und Geschlossenheit der reaktionären Bundespolitik impliziert, die möglicherweise so gar nicht gegeben war. Dies könnte dazu führen, die ›Logik‹ der Unterdrückung zu stark hervorzuheben und zu geringes Gewicht auf die Kontingenz vieler repressiver Maßnahmen zu legen.«[36] Zudem erscheint es fraglich, ob die föderalen, auf Aushandlungsprozesse und Konsensfindungen ausgelegten politischen Strukturen des Deutschen Bundes eine derartige Dominanz eines einzelnen Bundesgliedes – oder Politikers – wirklich zuließen.[37]

---

31 Einführend: Härter, Strafrechts- und Kriminalitätsgeschichte, S. 37 f.; Schwerhoff, Historische Kriminalitätsforschung, S. 35 ff.
32 Härter/Graaf, Majestätsverbrechen, S. 4.
33 Srbik, Metternich. Zur Bewertung Srbiks: Siemann, Stratege, S. 21 ff.
34 Müller, Deutscher Bund, S. 62 f.
35 Siehe z. B.: Bleyer, System Metternich; Emerson, Metternich; Liang, Modern Police; Zamoyski, Phantome.
36 Müller, Deutscher Bund, S. 63.
37 Vgl. Angelow, Deutscher Bund, S. 159.

Als vielversprechender Ansatz erscheint es daher, die Sicherheitspolitik des Deutschen Bundes gegen politische Kriminalität aus der Perspektive der analytischen Korrespondenzkonzepte »Versicherheitlichung« und »Entsicherheitlichung« zu betrachten.[38] Diese beschreiben das regelmäßig beobachtbare Wechselspiel zwischen Phasen sicherheitspolitischer Verdichtung und Entspannung, das häufig ruckartig und situativ erfolgt, sich nachträglich kaum rationalisieren lässt und durch diverse politische und öffentliche Akteure beeinflusst wird. Im Blick auf die mehrdimensionale politische Struktur des Deutschen Bundes erscheint dieser Ansatz besonders fruchtbar, denn der Analysefokus wird nicht nur auf die Prozesshaftigkeit und Dynamik von Sicherheitskommunikation und -produktion, sondern auch auf Aushandlungs- und Entscheidungsprozesse gelenkt. Ein wichtiges heuristisches Instrument stellt in diesem Zusammenhang die Frage nach den »Rechtfertigungsnarrativen«[39] dar, in welche die das Bundesregime konstituierenden Normen, Diskurse und Praktiken eingebettet waren. Die Rekonstruktion der Denkmuster, Ordnungsvorstellungen und Problemwahrnehmungen, durch die Formierung und Wirkung von Regimestrukturen gerechtfertigt wurden, soll Erkenntnisse über ihre legitimatorische Basis, Zielsetzungen und Entwicklungspotentiale generieren. Dabei ergeben sich Fragen wie:

>»Unter welchen Bedingungen, aus welchen Gründen und auf welche Weise werden bestimmte Entwicklungen zu Sicherheitsfragen, werden also versicherheitlicht? Welche Akteure haben beziehungsweise hatten ein Interesse an solchen Versicherheitlichungen? Unter welchen Bedingungen sind solche Entwicklungen erfolgreich, unter welchen scheitern sie?«[40]

Das Konzept des Sicherheitsregimes kann dabei als eine methodische Erweiterung des Versicherheitlichungs-Ansatzes gesehen werden. Dieser basierte in seiner ursprünglichen Konzeption durch die so genannte »Kopenhagener Schule« primär auf der Analyse nach außen gerichteter Regierungs-Sprechakte in modernen Demokratien und

---

[38] Vgl. Conze, Securitization; Graaf/Zwierlein, Historicizing Security; Waever, Securitization.
[39] Forst/Günther, Normative Ordnungen, S. 18 ff.; Fahrmeir, Rechtfertigungsnarrative.
[40] Conze, Securitization, S. 458.

blendete historische Kontexte sowie praktische Aspekte der Sicherheitsproduktion weitgehend aus.[41] Neuere sicherheitsgeschichtliche Forschungen versuchen teilweise, diese methodischen Defizite durch die Operationalisierung von Michel Foucaults Modell des »Dispositivs« auszugleichen.[42] Dieser Ansatz weist zwar Überschneidungen mit dem Regime-Ansatz auf, legt den Fokus jedoch stärker auf diskursive als auf praktische und normativ-institutionelle Aspekte der Sicherheitsproduktion und erscheint für eine rechtshistorisch angelegte Untersuchung zu theoretisch und abstrakt.[43] Regime und Dispositiv sind jedoch keine gegenläufigen oder konkurrierenden Konzepte, vielmehr kommen unterschiedliche analytische Gewichtungen bei der Erforschung des historischen Phänomens »Sicherheit« zum Ausdruck.

Ein weiterer Fragenkomplex richtet sich auf die Einordnung der sicherheitspolitischen Maßnahmen des Bundes in die Formierung einer europäischen »Sicherheitskultur« seit dem frühen 19. Jahrhundert, »verstanden als Summe der Überzeugungen, Werte und Praktiken von Institutionen und Individuen, die darüber entscheiden, was als eine Gefahr anzusehen ist und mit welchen Mitteln dieser Gefahr begegnet werden soll, (…).«[44] Neben Fragen nach der Rolle von Öffentlichkeit, dem Verhältnis von Prävention und Repression oder von Technik und Rationalisierung steht dabei besonders die nach der Bedeutung des »Rechts« im Mittelpunkt.[45] Gemeinhin gilt der Deutsche Bund als Archetyp des autokratischen »Polizeistaats«, ein Konzept, das in gegenwärtigen politischen Diskursen als Gegensatz zum modernen und aufgeklärten Rechtsstaat und häufig als Synonym für den willkürlichen »Unrechtsstaat« verwendet wird. Tatsächlich entstammt der Begriff den politischen Diskursen des Vormärz und war Ausdruck liberaler Kritik an fehlender staatlicher Rechtsbindung und der Überbetonung und Durchsetzung von allgemeiner Sicherheit und Ordnung, der »Policey«, auf Kosten indivi-

---

41 Zur Kritik und Weiterentwicklung des Versicherheitlichungs-Ansatzes aus politikwissenschaftlicher Perspektive siehe: Rothe, Versicherheitlichung, S. 45 ff.
42 Vgl. Graaf / Zwierlein, Historicizing Security, S. 50 ff.
43 Vgl. Härter, Security.
44 Daase, Sicherheitskultur, S. 40.
45 Vgl. Härter / Hannappel / Tyrichter / Walter, Terrorismus, S. 383 f.

dueller Freiheitsrechte.[46] Wichtig ist jedoch, dass – anders als es das moderne, eher institutionelle und exekutive Verständnis des Polizeibegriffs suggeriert – Recht und »Policey« nicht als sich ausschließende, sondern als komplementäre Größen betrachtet wurden, zumal eine scharfe Differenzierung der beiden Konzepte noch gar nicht vorhanden war.[47] Anders ausgedrückt war die Unterscheidung zwischen Polizei- und Rechtsstaat nicht absolut, sondern graduell. Im Blick auf den Deutschen Bund bedeutet dies, dass, selbst wenn seine Politik aus moderner Perspektive unverkennbar polizeistaatliche Züge trug, dem »Recht« dennoch eine zentrale Stellung zukommen konnte. Hierfür spricht nicht nur, dass es sich bei den handelnden Politikern überwiegend um Juristen handelte, auf deren »mental map« das Recht als Leitkategorie einen prominenten Platz einnahm,[48] sondern auch, dass die Aktivitäten des Bundesregimes sowohl im Bereich der politischen Polizei als auch des Strafrechts angesiedelt waren.[49]

Dabei erscheinen besonders zwei Zugänge vielversprechend. Ein erster Themenkomplex betrifft die Frage nach Modernität und Kontinuität im Strafrecht, wobei von Interesse ist, wie und ob die Maßnahmen des Deutschen Bundes vor der allgemeinen Entwicklung des Strafrechts bzw. der Strafrechtssysteme im Vormärz zu verorten sind. Diese war durch drei Strukturmerkmale geprägt:
- dem Fehlen einer gesamtdeutschen Strafrechtsordnung, bei gleichzeitigem Fortleben des »Gemeinen Strafrechts«, das nach der Auflösung des Alten Reiches in den meisten deutschen Staaten quasi-subsidiär zu territorialem Strafrecht geworden war und bis zum Ende der 1830er Jahre die zentrale Strafrechtsquelle bildete;
- einem gesamtdeutschen, transnationalen Reformdiskurs, der eine Humanisierung, Rationalisierung und Nationalisierung des Strafrechts einforderte und sich besonders an der Entwicklung des französischen Strafrechts orientierte;

---

[46] Siehe hierzu: Stolleis, Rechtsstaat.
[47] Vgl. Härter, Feuerbach; Kesper-Biermann, Grenzen.
[48] Vgl. Siemann, Stratege, S. 864 f.
[49] Vgl. Härter, Schlichtung, S. 144 ff.

– intensiven und eng miteinander verwobenen Strafrechtsreformbemühungen innerhalb der Bundesstaaten, mit denen einerseits auf die Forderungen des Strafrechtsdiskurses reagiert, anderseits aber auch die Territorialstaatsbildung vorangetrieben wurde.[50] Vor diesem Hintergrund erscheint gerade die bisher kaum gestellte und durchaus kontroverse Frage nach dem integrativen Potential der Sicherheitspolitik des Deutschen Bundes im Blick auf eine gesamtdeutsche Strafrechtsordnung vielversprechend, da sich gerade im Bereich des Strafrechts vielfältige Maßnahmen des Bundes beobachten lassen.[51] Besonders soll auf diese Weise die für die Bearbeitung der antioppositionellen Sicherheitspolitik des Deutschen Bundes nach wie vor erkenntnisleitende Dichotomie zwischen »Reaktion« und »Fortschritt« zu Gunsten einer differenzierteren Betrachtungsweise aufgelöst werden.

Ein zweiter, hiermit eng verwobener Themenkomplex betrifft Normen, Institutionen und Verfahren grenzübergreifender Strafverfolgung, die paradoxerweise parallel zu der angedeuteten Nationalisierung und Territorialisierung des Strafrechts einen erheblichen Bedeutungszuwachs hatten. Mit dem Verlust des Gemeinen Strafrechts als universeller, kontinentaleuropäischer Strafrechtsordnung steigerte sich zum Beginn des 19. Jahrhunderts nämlich die Bedeutung strafrechtlicher Modi und Interaktionen mit grenzübergreifendem Bezug.[52] Relevante Themenfelder waren etwa Auslieferung, Rechtshilfe, Asyl oder Justiz- und Polizeikooperation.[53] Deren Ausführung, Ausdifferenzierung und Verrechtlichung führte zur Ausbildung von Prinzipien, Normen, Regeln und Verfahren im Umgang mit grenzübergreifender Kriminalität, die insgesamt als »normative Ordnung transnationalen Strafrechts« beschrieben werden können. Eine normative Ordnung stellt dabei einen Komplex expliziter und impliziter Normen, Prinzipien, Werte oder Traditionen dar, der nicht statisch und unumstritten, jedoch so stabil und akzeptiert ist, dass er rechtliche, politische und soziale Verhältnisse über einen längeren

---

50 Vgl. Härter, Entwicklung; Kesper-Biermann, Einheit.
51 Vgl. Kesper-Biermann, Einheit, S. 267.
52 Vgl. Härter, Formierung.
53 Härter, Formierung, S. 38.

Zeitraum strukturiert.⁵⁴ Unter einer normativen Ordnung transnationalen Strafrechts wird entsprechend keine geschlossene, systematische Rechtsmaterie verstanden, sondern die Summe der Normen, Diskurse, Institutionen und Verfahren, die für die grenzübergreifende Strafverfolgung relevant war.⁵⁵

Auf den Deutschen Bund angewendet bedeutet dies, dass eine normative Ordnung transnationalen Strafrechts neben Bundesrecht auch andere explizite bzw. geschriebene Normen, etwa bi- und multilaterale Verträge oder Gesetze der Bundesstaaten, beinhaltet. Darüber hinaus betrifft sie aber auch implizite oder ungeschriebene Normen, die sich in rechtlichen, politischen und administrativen Diskursen und Praktiken manifestierten. Für das Bundesregime war es nun charakteristisch, dass sich seine Aktivitäten sowohl innerhalb des Bundes als auch in Bezug auf außerdeutsche Staaten an den Schnittstellen der einzelstaatlichen Strafrechtssysteme abspielten, so dass sich die Möglichkeit bietet, diese als heuristische Linse auf die Formierung einer normativen Ordnung transnationalen Strafrechts zu operationalisieren.⁵⁶ Einerseits gilt dies hinsichtlich der spezifischen staatenbündischen Strukturen des Deutschen Bundes, wo

---

54 Vgl. Forst / Günther, Normative Ordnungen, S. 15 ff.
55 Eine allgemein anerkannte Definition des Begriffs transnationales Strafrecht existiert nicht. Am nächsten kommt dem hier verwendeten Ansatz Florian Jeßberger, dessen Definition für einen historiographischen Zugang jedoch zu stark an modernen rechtswissenschaftlichen Teilmaterien ausgerichtet ist: »Die Bestimmungen über den transnationalen Geltungsbereich des Strafrechts lassen sich mit den Regelungen der internationalen Zusammenarbeit in Strafsachen unter dem Oberbegriff des Transnationalen Strafrechts zusammenfassen. Das Attribut ›transnational‹ knüpft dabei an die Eigenart des Vorgangs an, welcher der strafrechtlichen Bewertung zu Grunde liegt, nicht an die Rechtsquelle. (…) Die Zusammenfassung der Teilmaterien unter einem Oberbegriff, hier demjenigen des Transnationalen Strafrechts, ermöglicht es insbesondere, den funktionellen Zusammenhang zwischen der Ausdehnung der Strafgewalt über den staatlichen Binnenraum hinaus einerseits und den Instrumenten der internationalen Zusammenarbeit in Strafsachen sowie den jeweiligen völkerrechtlichen, vor allem völkervertraglichen Grundlagen andererseits begrifflich abzubilden. Zum Ausdruck gebracht wird dadurch, dass die materiellen Geltungsbereichsnormen, die einschlägigen Bestimmungen des (allgemeinen Straf-)Verfahrensrechts und dabei insbesondere die Regeln der internationalen Zusammenarbeit in Strafsachen sowie ihre jeweiligen völkerrechtlichen Grundlagen eine Funktionseinheit bilden.« (Jeßberger, Geltungsbereich, S. 27 f.)
56 Vgl. Härter / Hannappel / Tyrichter / Walter, Terrorismus, S. 383 f.

universalistische Vorstellungen zwischenstaatlicher Solidarität und kollektiver Sicherheit mit neuen Konzepten einzelstaatlicher Souveränität kollidierten, andererseits im Blick auf das Verhältnis zwischen den Staaten des Bundes und nichtdeutschen Staaten, wo sich wegen geografischer und politischer Mittellage des Bundes europäische Perspektiven auf den zwischenstaatlichen Umgang mit grenzübergreifender Kriminalität in der ersten Hälfte des 19. Jahrhunderts ergeben.

1.2 Forschungsstand und Forschungsperspektiven

Wie bereits erwähnt, sind die Maßnahmen des Deutschen Bundes gegen Dissidenz bzw. politische Kriminalität eher oberflächlich erforscht, obwohl sie seit der zweiten Hälfte des 19. Jahrhunderts Objekt wissenschaftlicher Betrachtung sind. Allgemein lässt sich sagen, dass rechts- und verfassungsgeschichtliche Arbeiten sich in der Regel auf die Zusammenstellung und Auslegung der vom Bund erlassenen Normen beschränken. Die Entscheidungsprozesse, aus denen Normen und Institutionen des Bundes hervorgingen, sowie Rechts- und Institutionspraxis werden dagegen kaum behandelt.[57] Die sicherheitspolitischen Maßnahmen des Bundes werden dabei überwiegend unter dem Blickwinkel des »Antikonstitutionalismus«[58] bzw. als Maßnahmen zur Unterdrückung von Verfassungen und Störfaktor der »natürlichen« deutschen Verfassungsentwicklung aufgefasst. Nur wenige Arbeiten erkennen in ihnen Maßnahmen zum Erhalt der inneren Sicherheit des Bundes bzw. zum Schutz der Bundesverfassung und integrieren und analysieren sie verfassungsgeschichtlich.[59] Im Blick auf allgemeinhistorische Arbeiten existiert zwar eine beachtliche Zahl an Spezialstudien, insbesondere zur

---

[57] Siehe z. B.: Botzenhart, Verfassungsgeschichte, S. 21 ff.; Frotscher/Pieroth, Verfassungsgeschichte, S. 125 ff.; Grimm, Verfassungsgeschichte, S. 145 ff.; Hartung, Verfassungsgeschichte, S. 174 ff.; Kotulla, Verfassungsgeschichte, S. 362 ff.; Liebmann, Deutscher Bund, S. 795 ff.; Willoweit, Verfassungsgeschichte, S. 251 f. Zu dieser Art rechtshistorischer Darstellung und Analyse siehe: Oestmann, Normengeschichte.

[58] Grimm, Verfassungsgeschichte, S. 166.

[59] Härter, Schlichtung, S. 133; Huber, Verfassungsgeschichte (Bd. 1), S. 619 ff.; Kotulla, Verfassungsgeschichte, S. 357 ff.

politischen Polizei und zur Pressepolitik, jedoch stehen kaum der Deutsche Bund, sondern die Bundesstaaten im Mittelpunkt.[60] Dies hat nachvollziehbare methodische Gründe, da der Deutsche Bund wegen seiner staatenbündischen Struktur ein schwer zugängliches Forschungsobjekt ist. Andererseits kommt hier aber auch die Perspektive zum Ausdruck, dass nicht der Deutsche Bund, sondern die Bundesstaaten die maßgeblichen politischen Akteure und Handlungsräume waren.[61] Darüber hinaus werden in der umfangreichen Literatur zu oppositionellen Personen und Gruppen – besonders Arbeiterbewegung und Burschenschaft – Ausmaß und Komplexität der Regimeaktivitäten deutlich, aber meistens nicht als solche thematisiert.[62]

Im Folgenden soll zunächst auf Arbeiten eingegangen werden, die insgesamt von Relevanz sind, wobei der Fokus auf den Forschungsperspektiven liegt, danach auf Arbeiten, die für einzelne Teilaspekte Bedeutung haben. Leopold Friedrich Ilse legte schon 1860 eine erste umfassende Spezialstudie vor.[63] Ilses Arbeit war ursprünglich als Ergänzung zu einer unvollendet gebliebenen Darstellung der Geschichte der deutschen Bundesversammlung[64] gedacht und stellt die Arbeit der Mainzer Zentraluntersuchungskommission und der Frankfurter Bundeszentralbehörde in den Mittelpunkt. Sie enthält jeweils eine auf den Protokollen der Bundesversammlung basierende Darstellung der jeweiligen Institutionsgeschichten sowie ausführliche Darstellungen der Untersuchungsergebnisse, bei denen es sich letztendlich um Paraphrasen von Untersuchungsberichten der bei-

---

[60] Siehe z. B.: Arnold, Pressefreiheit; Breil, Allgemeine Zeitung; Brümmer, Staat; Emerson, Metternich; Hoefer, Pressepolitik; Kramer, Zensur; Liang, Modern Police; Mannes/Weber, Zensur; Nolte, Demagogen; Oelschlägel, Hochschulpolitik; Riesener, Polizei; Schäfer, Nassau; Schodrok, Turnpolitik; Toll, Akademische Gerichtsbarkeit; Treml, Pressepolitik; Westerkamp, Pressefreiheit.
[61] Zum Deutschen Bund als Forschungsgegenstand siehe: Müller, Deutscher Bund, S. 51 ff.; Treichel, Organisation, S. IX ff.
[62] Siehe z. B.: Figge, Reuter; Foerster, Press- und Vaterlandsverein; Heer, Burschenschaft; Hüls, Wirth; Polster, Studentenbewegung; Roeseling, Burschenehre; Schieder, Arbeiterbewegung; Wentzcke, Burschenschaft.
[63] Ilse, Untersuchungen.
[64] Ilse, Bundesversammlung. Zu dieser Arbeit Ilses siehe: Seier, Forschungsproblem, S. 39; Treichel, Organisation, S. XI.

den Behörden handelt.⁶⁵ Darüber hinaus enthält Ilses Arbeit Abdrucke verschiedener Verdächtigenlisten, die Bestandteil der Berichterstattung waren. Obwohl die Arbeit wegen ihrer deskriptiven Anlage eher geringes Deutungspotential hat, darf ihr Einfluss auf die historiographische Darstellung der politischen Konflikte des Vormärz nicht unterschätzt werden. Die durch Ilse in indirekter Form wiedergegebenen Untersuchungsberichte stellten für über hundert Jahre die zentrale, da am leichtesten zugängliche Quelle für die Darstellung oppositioneller Gruppen im Vormärz dar. Deren Aktivitäten wurden in den Berichten, den Rationalitäten inquisitorischer Untersuchungsberichte folgend, organisch und stringent dargestellt.⁶⁶ Insbesondere durch Ilses Arbeit gelangte diese »polizeiliche« Darstellung in den historiographischen Diskurs und wurde teilweise über mehrere Vermittlungsstufen sukzessive »historisches« Wissen.⁶⁷

Bereits ältere Überblicksdarstellungen aus dem späten 19. und frühen 20. Jahrhundert wie die Heinrich von Treitschkes⁶⁸ oder Alfred Sterns⁶⁹ gingen ausführlich und mit nachhaltiger Wirkung auf die »Restaurationspolitik« ein, ebenso wie Karl Fischers⁷⁰ Studie zur Bundesgeschichte aus dem Jahr 1880. Die Bundesmaßnahmen wurden im Blick auf die nationale Entwicklung Deutschlands negativ bewertet, wobei in erster Linie Österreich bzw. der österreichische Staatskanzler Metternich als Hauptverantwortliche ausgemacht wurden.⁷¹ Diese bereits unter den Zeitgenossen verbreitete Betrachtungsweise wurde durch Heinrich Ritter von Srbik 1925 wissenschaftlich ausgeformt und geistesgeschichtlich eingebettet.⁷² Die Sicherheitspolitik des Deutschen Bundes war demnach Teil einer von Metter-

---

⁶⁵ Vgl. Kowalski, Hauptberichte, S. XXII.
⁶⁶ Vgl. Görisch/Mayer, Untersuchungsberichte, S. 17; Williamson, Revolutionary Machinations, S. 298.
⁶⁷ Hierzu ausführlich: Kapitel 3.1.2.3, S. 135 ff.
⁶⁸ Treitschke, Deutsche Geschichte (Bd. 2), S. 483 ff.; Treitschke, Deutsche Geschichte (Bd. 3), S. 423 ff.; Treitschke, Deutsche Geschichte (Bd. 4), S. 262 ff.
⁶⁹ Stern, Geschichte Europas (Bd. 2), S. 414 ff.; Stern, Geschichte Europas (Bd. 4), S. 267 ff. u. 377 ff.
⁷⁰ Fischer, Nation, S. 337 ff.
⁷¹ Müller, Deutscher Bund, S. 62. Siehe auch: Doering-Manteuffel, Deutsche Frage, S. 60 ff.; Siemann, Staatsmann, S. 8 ff.
⁷² Metternichs vermeintliches System behandelt vor allem das Kapitel »Das Wesen des Systems«: Srbik, Metternich (Bd. 1), S. 317 ff. Für eine zeitgenössische Darstellung des Systems siehe: Metternich's System.

nich und Österreich ausgehenden Gesamtstrategie, die der politischen Stabilisierung Europas diente. Als Wesensmerkmale dieses »Systems« wurden sein universalistisch-europäischer Charakter, seine präventive, auf Sicherheit und Ordnung abzielende Ausrichtung und der Vorrang von machtpolitischer Rationalität und Pragmatismus vor politischem Idealismus ausgemacht. Merkmale, die Srbik als typisch für die Politik des Ancien Régime beschrieb und die seiner Meinung nach unvereinbar mit »fortschrittlichen« Prinzipien wie Nation, Meinungsfreiheit, Rechtsstaatlichkeit oder Demokratie waren.[73] Die historiographische Bewertung des Deutschen Bundes in den folgenden Jahrzehnten ist letztendlich kaum von dieser Bewertung der Person Metternichs und seinem vermeintlichen geistigen und politischen System zu trennen. Exemplarisch ist Thomas Nipperdeys markante und häufig zitierte Aussage, dass »der Bund (…) nichts anderes als das Instrument der Restauration, des Systems Metternich, der Gegnerschaft gegen den liberalen und nationalen Geist der Zeit« war.[74]

Erst in der zweiten Hälfte des 20. Jahrhunderts erfolgte durch Ernst Rudolf Huber eine über Bundesstaaten, Personen und Institutionen hinausgehende Darstellung der antioppositionellen Bundespolitik, die in eine breite verfassungsgeschichtliche Darstellung eingebettet war.[75] Hubers verfassungsgeschichtliches Übersichtswerk stellte für die Bundesgeschichte insgesamt einen »erheblichen Fortschritt« dar und hat bis heute den Status eines Standardwerks:

> »Huber ergänzte die klassische juristische Betrachtungsweise, indem er nicht nur das Normengefüge des Bundes, sondern auch das Binnengefüge und die Entscheidungsstrukturen im Bund in seine Analyse mit einbezog und auf der Grundlage eines erweiterten Verfassungsbegriffs auch das Verhältnis des Bundes zur Nationalbewegung sowie Fragen der Handels- und Wirtschaftspolitik thematisierte.«[76]

---

[73] Srbik, Metternich (Bd. 2), S. 559 ff. Zur Bewertung von Srbiks Arbeit insgesamt siehe: Siemann, Stratege, S. 21 ff.
[74] Nipperdey, Deutsche Geschichte, S. 356.
[75] Huber, Verfassungsgeschichte (Bd. 1), S. 696 ff.; Huber, Verfassungsgeschichte (Bd. 2), S. 125 ff.
[76] Treichel, Organisation, S. XI.

Huber integrierte die Maßnahmen des Deutschen Bundes gegen dissidente Gruppen in ein Gesamtkonzept des »Bundesverfassungsschutzes« und schuf damit erstmals Ansätze eines systematisch-analytischen Zugangs.[77] Unter den Bundesverfassungsschutz fasste Huber »die Gesamtheit (...) der normativen, justiziellen und exekutiven Vorkehrungen, durch die der Bund seinen Bestand und seine Grundordnung gegen Gefahren sicherte, die ihn von innen her bedrohten«.[78] Diese Maßnahmen differenzierte er noch einmal in »situationsbedingte« Maßnahmen gegen »Verfassungsfeinde« und »strukturbedingte« Maßnahmen gegen »Verfassungsstörungen«, die sich aus der föderativen Struktur des Bundes ergaben und primär der Regulierung von Konflikten zwischen den Bundesstaaten dienten. Hiervon ausgehend lassen sich die Maßnahmen des Deutschen Bundes gegen dissidente Gruppen also als situationsbedingter Schutz vor Verfassungsfeinden beschreiben:

> »In der politischen Gesamtsituation, in der er (*Anm.: der Deutsche Bund*) stand, war er von der bürgerlichen Bewegung bedroht, die, in ihrer explosiven Mischung nationalstaatlicher, liberaler und demokratischer Ideen, das konservative-restaurative Bundessystem zu sprengen drohte. Der Bund bedurfte insoweit, vereinfacht gesagt, des Verfassungsschutzes gegen die bürgerliche Revolution.«[79]

Obwohl Hubers Konzept des Bundesverfassungsschutzes eine alternative Forschungsperspektive zum System Metternich darstellte, wurde es kaum aufgegriffen und operationalisiert, sondern, wenn überhaupt, nur schlagwortartig angeführt. Auch hier wird es nicht weiter verfolgt, obwohl es die relevanten Konfliktkonstellationen und Handlungsmöglichkeiten des Bundes grundsätzlich treffend beschreibt. Dies liegt nicht an der gelegentlich vorgebrachten, essentialistisch anmutenden Vorstellung, der Deutsche Bund habe als Staatenbund keine »echte« Verfassung gehabt, die er hätte schützen können, bzw. sich gerade gegen die Einführung von modernen, liberalen Verfassungen gewandt.[80] Zur Illustration kann hier auf die

---

[77] Huber, Verfassungsgeschichte (Bd. 1), S. 619 ff. Zur Operationalisierung dieses Ansatzes siehe: Härter, Schlichtung.
[78] Huber, Verfassungsgeschichte (Bd. 1), S. 619.
[79] Huber, Verfassungsgeschichte (Bd. 1), S. 619 f.
[80] Zur Entwicklung und Wandelbarkeit des Verfassungsbegriffs: Mohnhaupt / Grimm, Verfassung.

häufig formelhaft gebrauchte Aussage Hans Magnus Enzensbergers verwiesen werden, Deutschland habe »wenn auch keine Verfassung«, mit der Mainzer Zentraluntersuchungskommission »so doch ein Verfassungsschutzamt« gehabt.[81] Problematisch ist vielmehr, dass das Konzept des »Verfassungsschutzes« über die Funktion der Gefahrenabwehr hinaus ein ausdifferenziertes Ensemble von normativen (Strafgesetze, Gerichte) und administrativen Instrumenten (Politische Polizei, Nachrichtendienste) impliziert, das charakteristisch für moderne Staaten ist, sich aber kaum auf ein am Übergang von Vormoderne zur Moderne angesiedeltes Gebilde wie den Deutschen Bund projizieren lässt, ohne es von vornherein defizitär erscheinen zu lassen.[82] Zudem beschreibt das Konzept des Bundesverfassungsschutzes nicht die gesamte Bandbreite der als Bundesregime konzipierten Normen, Diskurse und Praktiken, da es in erster Linie auf die Bundesebene abzielt und stark normativ-institutionelle Züge trägt.[83]

Zentrale Bedeutung hat weiterhin das Gesamtwerk Wolfram Siemanns, wobei besonders die 1985 erschienene Studie »Deutschlands Ruhe, Sicherheit und Ordnung« hervorzuheben ist. Diese beschäftigt sich auf breiter Quellenbasis mit der Entwicklung und Ausdifferenzierung von Institutionen und Praktiken der politischen Polizei im 19. Jahrhundert, wobei neben den größeren Bundesstaaten auch der Deutsche Bund umfassend einbezogen wird. Im Blick auf den hier behandelten Themenkomplex ist besonders das Kapitel »Staatspolizeiliche Koordinierung zwischen den Deutschen Bundesstaaten 1815–1848«[84] von großem Wert, das auf sicherheitspolitische Diskurse im Bund sowie die Praxis der Untersuchungsbehörden des Bundes eingeht und einen wichtigen empirischen Orientierungspunkt bei der Konzeption und Umsetzung dieser Arbeit darstellte. Siemanns Studie behandelt die hier als Bundesregime konzipierten

---

[81] Enzensberger, Hessischer Landbote, S. 349. Zitiert z. B. bei: Frotscher/Pieroth, Verfassungsgeschichte, S. 127.
[82] Vgl. Härter, Schlichtung, S. 131.
[83] Zur Geschichte des normativen Verfassungsschutzes: Blasius, Politische Kriminalität; Ingraham, Political Crime; Härter, Legal Concepts; Schroeder, Schutz. Zur Geschichte des administrativen Verfassungsschutzes bzw. zur politischen Polizei siehe z. B.: Nolte, Demagogen; Siemann, Deutschlands Ruhe.
[84] Siemann, Deutschlands Ruhe, S. 72 ff.

Normen, Diskurse und Praktiken jedoch nicht abschließend. So liegt der Schwerpunkt quantitativ eher auf den Bundesstaaten als wesentlichen polizeilichen Akteuren sowie auf den Entwicklungen des Nachmärz. Zudem spielen strafrechtliche Aspekte nur eine untergeordnete Rolle.

Von Bedeutung für die in dieser Arbeit eingenommene Forschungsperspektive sind zudem Siemanns Metternich-Biographien aus den Jahren 2010 und 2016.[85] Diese heben sich besonders dadurch hervor, dass sie Metternich nicht als statische, sondern als kontextbezogene und wandelbare Persönlichkeit darstellen und das Leben Metternichs als Zugang zu überpersonellen Frage- und Problemstellungen operationalisieren.[86] Ihre Bedeutung für diese Arbeit liegt besonders darin, dass sie sich der antioppositionellen Sicherheitspolitik des Bundes stringent aus der Perspektive eines handelnden Politikers annähern:

> »Die größten Probleme im Umgang mit Metternich bieten immer noch die Assoziationen von Polizeistaat, Zensur und den sprichwörtlichen ›Karlsbader Beschlüssen‹. Paradox wird das, wenn man erfährt, dass auch für Metternich Freiheit und Rechtssicherheit hohe Güter waren. Man stößt hier auf ein Grundproblem der historischen Methode – das des Wertens. Woher bezieht der rückschauende Beobachter seine Werte? Und kann er angesichts der immer fragmentierten Überlieferung überhaupt genügend von der Zeit wissen, die er bewertet? Ist es die Mühe nicht wert, einmal nicht mit der nationalen Brille von Burschenschaften und Hambacher Fest sich mit Metternich in eine Zeitsituation zurückzuversetzen, welche die europäischen Politiker von damals anders wahrgenommen haben als die Schulbuchautoren von heute (...)?«[87]

Im Blick auf die Sicherheitspolitik des Bundes ist besonders die Frage nach deren Motiven und Intentionen von Interesse, die Siemann nicht etwa in feudalistischer Hybris und fehlender politischer Weitsicht, sondern in der mentalitätsgeschichtlichen Erfahrung der über zwanzig Jahre andauernden militärischen Auseinandersetzungen nach der Französischen Revolution sieht, deren Wiederholung es

---

[85] Siemann, Staatsmann; Siemann, Stratege.
[86] Vgl. Tyrichter, Kraft im Recht. Zur Diskussion und Bewertung der Arbeit siehe auch das Review Symposium auf H-Soz-Kult mit Rezensionen von Andreas Fahrmeir, Miroslav Šedivý und Alan Sked: http://www.hsozkult.de/publicationreview/id/rezbuecher-26730, Stand 15. Juni 2018.
[87] Siemann, Stratege, S. 869.

zu verhindern galt. Dies führt zu in dieser Deutlichkeit neuen und durchaus provokativen Bewertungen:

> »Bei allem Respekt vor dem Leid, das den Betroffenen, gerade auch den Unschuldigen, zugefügt wurde, darf der heutige Beobachter sich nicht rückhaltlos das Urteil vieler Zeitgenossen über die verbrecherische und repressive Qualität dieses ›Metternichschen Systems‹ zu eigen machen. Die Zahl der Opfer staatlicher, nach innen gerichteter Gewalt ist vergleichsweise gering gegenüber dem massenhaften Sterben der von außen erzeugten Gewalt auf den Schlachtfeldern Napoleons (...).«[88]

In dieser Hinsicht kann noch auf einige Arbeiten hingewiesen werden, welche die Maßnahmen des Bundes im Kontext von »innerer Sicherheit«, »Terrorabwehr« und »Verfassungsschutz« analysieren. Karin Schneider[89] betrachtet das System Metternich vor dem Kontext moderner Antiterrormaßnahmen und zeigt den diskursiven Charakter von Sicherheitsproduktion im Vormärz auf, und George S. Williamson[90] weist auf Analogien zu modernen »counterterrorist regimes« hinsichtlich Zielsetzungen und Bedrohungsnarrativen hin. Wolfgang Behringer kritisiert die dichotomische Darstellung der politischen Konflikte des Vormärz und beurteilt die Karlsbader Beschlüsse als Reaktion auf die zunehmende Radikalisierung dissidenter Gruppen, welche kein deutsches, sondern ein europäisches Phänomen darstellte.[91] Karl Härter beschreibt die Maßnahmen des Bundes als unsystematische Reaktionen auf politische Gewalt und Verfassungsgefährdungen, die im Blick auf Normen, Institutionen, Maßnahmen und Schutzgüter, aber auch strukturelle Probleme die Entwicklung des föderalen Verfassungsschutzes in Deutschland nachhaltig beeinflussten, und hebt ihre transnationale Dimension hervor.[92]
Ausgehend von dieser Perspektiverweiterung muss auch auf Adam Zamoyskis 2016 in deutscher Übersetzung erschienenes Sachbuch »Phantom Terror« eingegangen werden, das besonders im öffent-

---

[88] Siemann, Staatsmann, S. 70. Kritische Ausführungen zu dieser Ansicht bei: Fahrmeir, Rezension Zamoyski.
[89] Schneider, Fetisch.
[90] Williamson, Revolutionary Machinations.
[91] Behringer, Tambora, S. 235 ff.
[92] Härter, Schlichtung.

lichen Diskurs Resonanz gefunden hat und als exemplarisch für traditionelle und populäre Perspektiven gesehen werden kann.[93] Ausgehend von einem stark gegenwartsbezogenen Ansatz stellt Zamoyski Maßnahmen gegen oppositionelle Kräfte in England, Frankreich, Deutschland und Russland dar, wobei ihm die in der ersten Hälfte des 19. Jahrhunderts feststellbare »Revolutionsfurcht« als Ausgangspunkt dient. Anders als Siemann bewertet er diese aber weniger als Ergebnis der zeitgenössischen Erfahrung der Koalitionskriege, sondern als durch die Regierungen konstruiertes Narrativ, das dem Ausbau von Sicherheits- und Kontrollmaßnahmen und damit der Herrschaftsstabilisierung diente.[94] Aus der Perspektive des Sicherheitsregimes eröffnet Zamoyskis Arbeit damit wichtige Perspektiven, indem sie das Augenmerk auf Synchronität und Interdependenzen der Sicherheitspolitik in den verschiedenen europäischen Staaten sowie den diskursiven Charakter von Sicherheits- bzw. Unsicherheitsproduktion lenkt. Trotzdem ist die Arbeit insgesamt problematisch. Dies liegt zunächst an den ahistorischen Darstellungs- und Interpretationsmustern, die angesichts des mittlerweile differenzierten Forschungsstandes anachronistisch und eindimensional wirken.[95] Im Blick auf Deutschland stellt Zamoyski etwa eine besonders drastische Variante der weitgehend abgeschwächten »Sonderwegsthese«[96] auf, indem er ausführt, die Unterdrückung der »legitimen« deutschen Nationalbewegung im Vormärz stünde im kausalen Zusammenhang mit den Katastrophen des 20. Jahrhunderts:

> »In Deutschland wurde durch die Unterdrückung der nationalen Einheitsbestrebungen, die folgerichtig aus Napoleons Demütigung des deutschen Nationalstolzes erwachsen waren, der berechtigte Patriotismus und das Nationalgefühl in eine defensive, verbitterte Subkultur gedrängt, die ohne legitime Äußerungsmöglichkeiten zunehmend zornig und aggressiv wurde – mit verheerenden Folgen für die ganze Welt im 20. Jahrhundert.«[97]

---

[93] Zamoyski, Phantome; Zamoyski, Phantom Terror.
[94] Zamoyski, Phantome, S. 8.
[95] Zu einem ähnlichen Urteil kommt: Beyrau, Rezension Zamoyski. Positiver dagegen: Fahrmeir, Rezension Zamoyski. Siehe auch die Ausführungen Wolfgang Behringers zu Zamoyskis Vorgängerarbeit zum Wiener Kongress: Behringer, Sammelrezension.
[96] Siehe hierzu z. B.: Fehrenbach, Verfassungsstaat, S. 104 ff.
[97] Zamoyski, Phantome, S. 541.

Angesichts solcher sich gezielt und provokant über die akademische Historiographie hinwegsetzenden Äußerungen, fällt es zudem stark ins Gewicht, dass sich an vielen Stellen Übertreibungen und Fehldarstellungen feststellen lassen. Dies liegt sicherlich auch daran, dass sich die Arbeit nicht auf systematische Quellenarbeit – was allerdings im Vorwort suggeriert wird –, sondern primär auf veraltete, überwiegend englischsprachige Sekundärliteratur stützt. Auf solche Passagen wird im Hauptteil teilweise hingewiesen, sofern es relevant erschien. An dieser Stelle soll nur ein besonders auffälliges Beispiel angeführt werden. So schreibt Zamoyski, dass die so genannten »Zehn Artikel« – ein Maßnahmenbündel, das der Deutsche Bund infolge des Hambacher Festes verabschiedete, – durch Metternich spontan und persönlich entworfen worden seien.[98] Tatsächlich hat Wolfram Siemann in seiner Studie zur politischen Polizei, die Zamoyski auch im Literaturverzeichnis aufführt, klar herausgearbeitet, dass die Zehn Artikel das Ergebnis von Separatverhandlungen mehrerer konstitutioneller südwestdeutscher Staaten waren, an denen weder Österreich noch Preußen beteiligt waren.[99] Solche Fehler lassen sich zwar im Einzelnen mit der bearbeiteten Stoffmenge entschuldigen, haben jedoch insgesamt eine klare Tendenz, antioppositionelle Maßnahmen systematischer, rationaler und brutaler erscheinen zu lassen, als sie waren.

Neue Perspektiven auf den Deutschen Bund im Allgemeinen und seine antioppositionelle Sicherheitspolitik im Speziellen eröffnet die Dissertation von Andreas C. Hofmann zur Universitätspolitik im Deutschen Bund aus dem Jahr 2014.[100] Dies liegt zum einen an der Beschreibung von transnationalen und einzelstaatlichen Handlungsebenen als Sphären der Bundespolitik, zum anderen an der Integration sicherheitspolitischer Maßnahmen des Bundes in den Gesamtkomplex der Universitätspolitik, die laut Hofmann zumindest in ihrer Tendenz eher progressiv als repressiv ausgerichtet war.[101] Der zweite Punkt ist jedoch analytisch nicht immer ganz überzeugend

---

[98] Zamoyski, Phantome, S. 427 f.
[99] Siemann, Deutschlands Ruhe, S. 87 ff. Siehe auch: Kapitel 3.2.1, S. 178 ff.
[100] Hofmann, Universitätspolitik.
[101] Hofmann, Universitätspolitik, S. 258 f.

umgesetzt. So führt Hofmann aus, der Bund habe insbesondere »mit den leider unterm Strich wenig erfolgreichen Versuchen einer Homogenisierung der Semesterferien, der Zeugnisgebühren sowie der Passvorschriften (…) das Feld einer konstruktiven Bundesinnenpolitik beschritten«.[102] Diese Einschätzung ist vor allem deshalb problematisch, da diese Maßnahmen und Diskussionen weniger einem nationalintegrativen Impuls im Bereich der Universitätspolitik folgten, sondern im Kontext sicherheitspolitischer Diskurse um die soziale Kontrolle von Universitäten und Studenten standen.[103] Das Beispiel zeigt jedoch deutlich, wie problematisch die traditionell hervorgehobene Dichotomie von »Restauration« und nationaler Entwicklung ist. Dies wirft die Frage nach dem Zusammenhang zwischen der Sicherheitspolitik des Bundes und dem für die neuere Bundesforschung zentralen Ansatz der »Inneren Nationsbildung« auf, der in den letzten Jahren insbesondere durch Jürgen Müller und Eckart Treichel fruchtbar gemacht wurde. Der Deutsche Bund wird unter dieser Perspektive hinsichtlich seines Beitrags zur allmählichen und ungesteuerten Verflechtung der deutschen Staaten im Laufe des 19. Jahrhunderts untersucht, was zu dem differenzierten Ergebnis geführt hat, dass die schnelle Harmonisierung im Deutschen Reich von 1871 wesentlich von der langjährigen Zusammenarbeit und hieraus erwachsenen Reform- und Vereinheitlichungsprojekten profitiert habe.[104] Der Fokus liegt hierbei jedoch primär auf dem Nachmärz sowie auf aus einer liberal-demokratischen Perspektive »positiv« besetzten Feldern wie dem Zivilrecht oder der Wirtschafts- und Kulturpolitik. Inwieweit auch die Sicherheitspolitik des Deutschen Bundes, die neben den Maßnahmen gegen politische Kriminalität auch sein Militärwesen umfasste und der zentrale Kompetenzbereich des Bundes war, mit diesem Ansatz kompatibel ist, ist dagegen noch weitgehend ungeklärt.

Im Blick auf die spezielleren Studien fällt auf, dass ein klarer Forschungsschwerpunkt auf den Karlsbader Beschlüssen von 1819

---

102 Hofmann, Universitätspolitik, S. 259.
103 Siehe hierzu: Kapitel 4.2.4, S. 406 ff.
104 Siehe hierzu insbesondere die Einführungskapitel der Bände der Editionsreihe »Quellen zur Geschichte des deutschen Bundes« sowie: Langewiesche, Reich; Gruner, Deutscher Bund; Müller, Nation; Müller, Deutscher Bund.

und ihren Auswirkungen auf die Bundesstaaten liegt. Eine zentrale Stellung nimmt Eberhard Büssems Dissertation zu den Karlsbader Konferenzen aus dem Jahr 1974 ein.[105] Ausgehend von umfassenden Archivforschungen stellt sie Vorgeschichte und Verlauf der Karlsbader Konferenzen dar und ist Ausgangs- und Bezugspunkt für eine Reihe von Studien, die aus bundesstaatlicher Perspektive die Wirkungsgeschichte des Presse-[106] und des Universitätsgesetzes[107] untersuchen. Insgesamt überwiegen norm- und institutionsgeschichtliche Ansätze, wohingegen politische Diskurse und die Rechts- und Sicherheitspraxis meistens nur Nebenaspekte darstellen, teilweise sogar ganz unbeachtet bleiben. Ausnahmen sind etwa die Arbeiten von Thomas Oelschlägel[108] zur Hochschulpolitik in Württemberg zwischen 1819 und 1825 oder von Elke Blumenauer[109] zur Überwachung der Augsburger Allgemeinen Zeitung.

Ähnlich verhält es sich mit der nach den Karlsbader Beschlüssen gegründeten Mainzer Zentraluntersuchungskommission, die primär aus politik- und institutionsgeschichtlicher Perspektive bearbeitet wird. Einschlägig ist hier zunächst ein 1920 von Arnold Petzold in der Reihe »Quellen und Darstellungen zur Geschichte der Burschenschaft und der deutschen Einheitsbewegung« publizierter Aufsatz.[110] Dieser steht im Kontext der burschenschaftseigenen Rekonstruktion der Verbandsgeschichte im frühen 20. Jahrhundert.[111] Die Untersuchungsberichte der Zentraluntersuchungskommission wurden dabei als zentrale Quellen für die Bearbeitung der Frühphase der Burschenschaft genutzt, weshalb es Petzolds Intention ist, ergänzend den Entstehungskontext dieser Berichte darzulegen.[112] Ausgehend von diesem spezifischen Forschungsinteresse stehen weniger die

---

105 Büssem, Karlsbader Beschlüsse.
106 Siehe z. B.: Arnold, Pressefreiheit; Blumenauer, Journalismus; Breil, Allgemeine Zeitung; Kramer, Zensur; Mannes/Weber, Zensur; Treml, Bayerns Pressepolitik; Westerkamp, Pressefreiheit.
107 Siehe z. B.: Brümmer, Staat; Franken, Hochschulpolitik; Kossack, Gesellschaftliche Stellung; Oelschlägel, Hochschulpolitik; Schermaul, Universität Leipzig; Wandt, Kanzler; Toll, Akademische Gerichtsbarkeit.
108 Oelschlägel, Hochschulpolitik.
109 Blumenauer, Journalismus.
110 Petzold, Zentraluntersuchungskommission.
111 Siehe hierzu: Roeseling, Burschenehre, S. 13 f.
112 Petzold, Zentraluntersuchungskommission, S. 171 f.

praktische Tätigkeit und normative Ausgestaltung der Zentraluntersuchungskommission, sondern politische Diskurse um ihre Gründung und Auflösung sowie ihre Berichterstattung, der Einfluss Österreichs und Preußens auf die Kommission und die Persönlichkeiten der Kommissare im Vordergrund. Quellenbasis sind die Protokolle der Zentraluntersuchungskommission sowie Akten der preußischen, österreichischen und bayrischen Regierung. Eberhard Weber stellt in seiner 1970 erschienenen rechtswissenschaftlichen Dissertation die innere Organisation und Arbeitsweise der Zentraluntersuchungskommission sowie ihre institutionelle und staatsrechtliche Stellung innerhalb des Bundesgefüges dar.[113] Dabei beschränkt er sich auf die Auswertung der unvollständigen Überlieferung der Kommissionsprotokolle im Haus-, Hof- und Staatsarchiv Wien sowie die Überlieferung des Bundesarchivs, bei der es sich um die Korrespondenz der Zentraluntersuchungskommission mit der Bundesversammlung handelt. Die Zusammenarbeit der Zentraluntersuchungskommission mit den Behörden der Bundesstaaten wird dagegen nicht systematisch, sondern nur im Blick auf spektakuläre Einzelfälle behandelt. Dies führt zu einem Zerrbild hinsichtlich der Kommissionspraxis, die meistens deutlich weniger konfliktreich war, als Webers Arbeit es suggeriert. Eine Besonderheit ist, dass Weber einer der wenigen Autoren ist, die strafrechtliche Aspekte der Sicherheitspolitik des Bundes thematisieren.[114] Webers Ausführungen sind zwar stark auf die Empirie bezogen und kaum systematisch, sind aber – neben Christian Baltzers Dissertation zur Privilegierung politischer Straftäter im Reichstrafgesetzbuch von 1871[115] – der einzige Beitrag zu dieser Problematik. Ein umfassenderes Kapitel über die Zentraluntersuchungskommission enthält weiterhin die komparatistisch angelegte Studie von Hsi-Huey Liang über die Entwicklung »moderner« Polizeiinstitutionen in Europa aus dem Jahr 1992.[116] Liang betont im Blick auf die Zentraluntersuchungskommission treffend den experimentellen Charakter der Behörde als

---

[113] Weber Zentraluntersuchungskommission.
[114] Vgl. Weber, Zentraluntersuchungskommission, S. 53 ff.
[115] Baltzer, Grundlagen.
[116] Liang, Modern Police, S. 19 ff.

einen der ersten Versuche zur transnationalen Polizeikooperation in Europa.[117] Dennoch ist die Arbeit für die Bearbeitung der Zentraluntersuchungskommission nur von geringem Wert. So stellt Liang die Zentraluntersuchungskommission, überholten Narrativen folgend und ohne den politischen Kontext des Deutschen Bundes adäquat einzubeziehen, als Teil eines auf Metternich zentrierten, österreichischen Polizeisystems dar. Zudem beschränken sich die Ausführungen letztendlich auf die selektive Analyse des Hauptberichts, wobei Liang sich in ideengeschichtlichen Spekulationen verfängt. So führt er etwa aus, »Metternich's commissioners« hätten im Rahmen ihrer Berichterstattung »the coming of Carl Schmitt's doctrine of ›Dezisionismus‹ in the twentieth century« vorweggegriffen.[118]

Bemerkenswerterweise sind die Regimeaktivitäten der 1830er Jahre deutlich schlechter erforscht als die der 1820er Jahre und das, obwohl – oder aber gerade weil – sie diese an Umfang und Komplexität deutlich übertrafen.[119] So liegt bis heute weder eine mit Eberhard Büssems Studie zur Karlsbader Konferenz vergleichbare Arbeit zur Wiener Kabinettskonferenz von 1834 vor, noch existieren mit den diversen Arbeiten zur Umsetzung der Karlsbader Beschlüsse vergleichbare Studien. Erstaunlich ist zudem, dass trotz dichter und leicht zugänglicher archivalischer Überlieferung und abgesehen vom Prozess gegen die Organisatoren des Hambacher Festes[120] bisher keiner der großen politischen Strafprozesse in den Bundesstaaten systematisch untersucht worden ist.[121] Neben den verschiedenen aktenmäßigen Darstellungen, insbesondere im berühmten Fall Friedrich Ludwig Weidig,[122] kann hier lediglich

---

117 Liang, Modern Police, S. 20.
118 Liang, Modern Police, S. 23.
119 Siehe auch: Müller, Deutscher Bund, S. 72 f.
120 Vgl. Gallo, Verhandlungen; Hoffmann, Assisengericht; Hüls, Wirth, S. 326 ff.; Kermann, Quellen, S. 83 ff.
121 Über das hier bearbeitete Material hinaus findet sich umfangreiches Aktenmaterial zu politischen Prozessen beispielsweise in folgenden Archivbeständen: Institut für Stadtgeschichte Frankfurt, Criminalia; Landesarchiv Schleswig-Holstein, Abteilung 47; Staatsarchiv Ludwigsburg, Bestand E 319; Staatsarchiv München, Kreis- und Stadtgericht München.
122 Noellner, Actenmäßige Darlegung; Schulz, Weidig.

auf einige in juristischen Zeitschriften publizierte Urteile verwiesen werden.[123]

Neben der bereits eingeführten Arbeit Wolfram Siemanns, in der die Reaktionen des Bundes auf das Hambacher Fest und die Tätigkeit der Bundeszentralbehörde im Blick auf politisch-polizeiliche Aspekte dargestellt werden, existieren nur wenige, meist ältere Arbeiten, die sich umfassender und auf empirischer Grundlage mit den sicherheitspolitischen Maßnahmen der 1830er Jahre befassen. Erwähnenswert ist besonders die Studie Adolf Löws zur Frankfurter Bundeszentralbehörde aus dem Jahr 1931.[124] Sie ist in gewisser Hinsicht als Anschlussstudie zur Arbeit Petzolds zur Zentraluntersuchungskommission konzipiert, thematisch jedoch umfassender, da neben politischen Diskursen die rechtliche Ausgestaltung und praktische Tätigkeit der Behörde thematisiert werden. Von besonderem Wert ist das Quellenverzeichnis der Arbeit, das eine vollständige und kommentierte Aufstellung des archivalischen Quellenmaterials zur Institutionsgeschichte enthält.[125] Im Blick auf die Bundeszentralbehörde kann noch ergänzend auf die Quelleneditionen von Werner Kowalski sowie Reinhard Görisch und Thomas Michael Mayer verwiesen werden, die verschiedene Untersuchungsberichte der Bundeszentralbehörde enthalten,[126] sowie auf die Arbeiten Eckhard Werner Budachs, Harry Gerbers und Severin Roeselings, die einige praktische Aspekte aus der Perspektive von Bundesstaaten thematisieren.[127]

Die zweite besonders hervorzuhebende Arbeit ist ein 1942 in der »Zeitschrift für die gesamte Strafrechtswissenschaft« publizierter Aufsatz Gerhard Figges über den preußischen Strafprozess gegen den später als niederdeutschen Heimatdichter berühmt gewordenen Burschenschafter Fritz Reuter, bei dem es sich offenbar um eine teilpublizierte Dissertation handelt. Figges Arbeit ist – vermutlich wegen ihres empirischen Titels und der Publikation während des 2. Weltkriegs – bis heute weitgehend unbeachtet geblieben, enthält jedoch

---

123 Einen bibliographischen Überblick bietet: Kappler, Handbuch, S. 481 ff.
124 Löw, Bundeszentralbehörde.
125 Löw, Bundeszentralbehörde, S. VII ff.
126 Görisch/Mayer, Untersuchungsberichte; Kowalski, Hauptberichte.
127 Budach, Waldeck, S. 198 ff.; Gerber, Wachensturm; Roeseling, Burschenehre, S. 275 ff.

die bisher umfassendste Darstellung zur Problematik des strafrechtlichen Schutzes der Bundesverfassung.[128] Oberflächlich thematisiert wird dieser Aspekt nur noch in der Arbeit Melitta Grimms zum Auslieferungswesen des Deutschen Bundes.[129]

Die Interaktionen des Bundesregimes mit außerdeutschen Staaten sind nur sporadisch und im Blick auf Einzelaspekte erforscht worden. Dies liegt besonders daran, dass nationale Forschungsperspektiven überwiegen und die erste Hälfte des 19. Jahrhunderts eher als Vorphase der Internationalisierung gilt.[130] Aus dem heterogenen Feld überwiegend älterer rechts-, diplomatie-, personen- und ereignisgeschichtlicher Studien, die einzelne Elemente der Regimeaktivitäten behandeln, ragt besonders Herbert Reiters 1992 erschienene Dissertation heraus, die sich mit den deutschen politischen Flüchtlingen des Vormärz und der Revolution von 1848/49 in Europa und den USA beschäftigt.[131] Reiter geht zwar primär auf die soziale, rechtliche und politische Lage der Flüchtlinge in den wichtigsten Asylländern Schweiz, Frankreich, Belgien, England und USA ein, befasst sich aber auch umfassend mit Normen und Diskursen um politische Kriminalität und bezieht auch transnationale sicherheitspolitische Interaktionen ein. Quantitativ spielt der Vormärz allerdings eine untergeordnete Rolle und wird eher oberflächlich behandelt.[132] Übergreifende Bedeutung hat zudem nach wie vor die Studie von Ferdinand von Martitz zur internationalen Rechtshilfe in Strafsachen, die neben Normen auch politische Diskurse und Praktiken um die Themenfelder Auslieferung und Asyl thematisiert.[133] Im Blick auf die jeweiligen Interaktionspartner haben die nach außen gerichteten Maßnahmen des Bundesregimes besonders in der Schweiz Beachtung gefunden, die das wichtigste Zufluchtsland für deutsche politische Flüchtlinge war. Die Thematik wird dabei vor allem unter dem Blickwinkel der »Schweizer Neutralität« betrachtet.[134] Erwähnenswert sind neben den älteren Arbeiten von Edgar

---

128 Figge, Reuter, S. 362 ff.
129 Grimm, Auslieferungswesen.
130 Vgl. Härter, Formierung, S. 38.
131 Reiter, Asyl.
132 Reiter, Asyl, S. 81 ff.
133 Martitz, Rechtshilfe.
134 Vgl. Suter, Neutralität, S. 164 f.

Bonjour, Wilhelm Oechsli, Paul Schweizer oder Anton von Tillier, die teilweise umfassendes, auch in deutschen Archiven recherchiertes Quellenmaterial enthalten,[135] die Studien von Ernst Brand, Luzius Lenherr, Lukas Gschwend und Joseph Inauen, die transnationale Interaktionen zwischen der Schweiz und deutschen Staaten thematisieren.[136] Vergleichbare Arbeiten liegen für die anderen westeuropäischen Asylländer Frankreich, Belgien und England nicht vor. Dies liegt einerseits daran, dass deutsche politische Flüchtlinge hier eine vergleichsweise kleine Gruppe waren und als historisches Phänomen wenig Relevanz haben, andererseits daran, dass eher mit dem politischen Asyl verbundene innenpolitische Aspekte im Vordergrund stehen.[137] Die schon im Vormärz berüchtigten sicherheitspolitischen Beziehungen zwischen den drei konservativen Großmächten Österreich, Preußen und Russland sind erstaunlicherweise kaum erforscht worden. Dies betrifft sowohl die Beziehungen auf Regierungsebene im Rahmen von Kongressen und Diplomatie als auch sicherheitspraktische Interaktionen. Relevant sind hier vor allem die in den 1960er Jahren entstandenen Arbeiten Peter S. Squires[138] zur politischen Polizei in Russland und die mehrbändige diplomatiegeschichtliche Arbeit von Friedrich Fromhold Martens zu den internationalen Verträgen Russlands aus dem späten 19. Jahrhundert.[139]

1.3 Methoden, Quellen und Aufbau

Aus dem Forschungsstand ergeben sich für das methodische Vorgehen, die Quellenauswahl und den Aufbau der Arbeit Konsequenzen. Zunächst müssen die neuen Ansätze der Bundesforschung, die politische Mehrdimensionalität, Praktiken, Dynamiken sowie die

---

[135] Bonjour, Neutralität; Oechsli, Geschichte der Schweiz; Schweizer, Neutralität; Tillier, Eidgenossenschaft.
[136] Brand, Auswirkungen; Gschwend, Studentenmord; Inauen, Brennpunkt; Inauen, Schurkenstaat; Lenherr, Ultimatum.
[137] Siehe z. B.: Burgess, Land of Liberty; Caestecker, Alien Policy; Diaz, Asile; Noiriel, Tyrannie; Porter, Refugee Question.
[138] Squire, Metternich and Benckendorff; Squire, Metternich-Benckendorff letters; Squire, Third Department.
[139] Martens, Recueil des Traites (Bände 4, 7 und 8).

Perspektive der Akteure in den Blick nehmen, operationalisiert und miteinander verknüpft werden. Weiterhin muss sich die Arbeit angesichts einer Vielzahl von Forschungsdesideraten sowie methodischen und analytischen Defiziten in der bestehenden Forschungsliteratur primär auf die Bearbeitung von archivalischem Quellenmaterial stützen. Dies macht eine thematische Schwerpunktsetzung erforderlich. Diese liegt auf Aktivitäten des Deutschen Bundes im Bereich des politischen Strafrechts sowie auf zwischenstaatlichen Interaktionen wie Auslieferung, Rechtshilfe, Asyl oder Polizeikooperation. Beide Aspekte sind aufgrund der föderalen Struktur des Bundes stark miteinander verwoben. Dies hat zur Folge, dass die Presse- und Universitätspolitik des Bundes nur kursorisch behandelt werden können, was angesichts des vergleichsweise umfassenden und differenzierten Forschungsstands aber gerechtfertigt erscheint.

Die mehrdimensionale politische Struktur des Deutschen Bundes stellt nicht nur auf konzeptioneller und theoretischer, sondern auch auf methodischer Ebene eine Herausforderung dar. So müssen die verschiedenen Untersuchungsebenen des Bundesregimes sowohl im Blick auf die Entwicklungen innerhalb des Bundes als auch im Blick auf außerdeutsche Staaten bearbeitet werden. Während normative und diskursive Quellen wie Bundesbeschlüsse, völkerrechtliche Verträge, Gesetze und Verordnungen, rechtswissenschaftliche Publikationen oder Zeitschriften durch einschlägige Quelleneditionen und Digitalisierungsprojekte vergleichsweise leicht zugänglich sind, gestaltet sich der Zugang zu politischen Aushandlungs- und Entscheidungsprozessen sowie zur Rechts- und Sicherheitspraxis deutlich schwieriger.[140] Zwar liegen die Protokolle der Bundesversammlung als zentrale Quelle gedruckt und digitalisiert vor,[141] da sich die

---

[140] Übersichten zu gedrucktem Quellenmaterial zur Bundesgeschichte z. B. bei: Hofmann, Bibliographie; Müller, Deutscher Bund, S. 89 ff. Die mehrbändige Editionsreihe »Quellen zur Geschichte des deutschen Bundes« ist vor allem wegen der instruktiven Einführungskapitel und weniger aufgrund des aufbereiteten Quellenmaterials von Bedeutung. Dies liegt daran, dass der Vormärz bisher nur unvollständig bearbeitet wurde und das edierte, exemplarisch ausgewählte Material für die systematische Bearbeitung des Themenkomplexes kaum ausreicht. Zu einem ähnlichen Urteil kommt: Hofmann, Universitätspolitik, S. 11.
[141] Die Protokolle der Deutschen Bundesversammlung sind digital abrufbar u. a. über den Online-Katalog der Bayerischen Staatsbibliothek. Zur historischen Entwicklung der Protokolle: Meisner, Protokolle.

Problemstellungen aber überwiegend aus der Praxis entwickelten und auf diplomatischer Ebene und in den einzelstaatlichen Fachministerien ausgetragen wurden, muss hier umfassend auf die archivalische Überlieferung der Bundesstaaten zurückgegriffen werden, die sich auf etwa dreißig deutsche Archive verteilt.[142] Diese Sperrigkeit der Quellenüberlieferung des Deutschen Bundes steigert sich im Blick auf die Rechts- und Sicherheitspraxis umso mehr, als neben der Überlieferung der Ministerien auch die der zuständigen Verwaltungen und Gerichte untersucht werden müssen.[143]

Im Blick auf die innere Entwicklung des Bundesregimes liegt der Analyseschwerpunkt auf der »Bundesebene«. Mit der Bundesversammlung waren hier nämlich nicht nur das zentrale politische Kommunikations- und Entscheidungsorgan angesiedelt, sondern mit der Mainzer Zentraluntersuchungskommission und der Frankfurter Bundeszentralbehörde auch die beiden zentralen sicherheitspraktischen Institutionen. Ihre Aktenbestände ermöglichen zudem einen Zugriff auf die Rechts- und Sicherheitspraxis der Bundesstaaten. Im Blick auf die Bundesinstitutionen ist es ein Hauptproblem, dass im Bundesarchiv nur eine rudimentäre Zentralüberlieferung existiert, so dass hier überwiegend auf die Überlieferung der Bundesstaaten zurückgegriffen werden muss.[144] Bei den bundesstaatlichen Quellen handelt es sich in erster Linie um die Aktenstände der jeweiligen Bundestagsgesandtschaften, der für die Außenpolitik

---

[142] Müller, Deutscher Bund, S. 52. Siehe auch: Gruner, Deutscher Bund, S. 116.

[143] Ein hilfreiches methodisches Instrument zur Systematisierung der transnationalen Beziehungen im Deutschen Bund ist das von Andreas C. Hofmann verwendete »Drei-Ebenen-Modell«, das für den Deutschen Bund eine suprastaatliche, interstaatliche und transstaatliche Interaktionsebene ausmacht: »Suprastaatlichkeit entspricht den Aktionen und Interaktionen der Einzelstaaten innerhalb des institutionellen Gefüges des Deutschen Bundes. (...) Unter Interstaatlichkeit fallen Staatsverträge und diplomatische Kontakte der Einzelstaaten. (...) Transstaatliche Beziehungen beschreiben somit all das, was weder durch suprastaatliche noch durch interstaatliche Beziehungen erfasst werden kann« (Hofmann, Universitätspolitik, S. 20 ff. Siehe auch: Hofmann, Suprastaatlichkeit, S. 139 ff.). Auch wenn Hofmann die zwischenstaatlichen Interaktionsebenen des Bundessystems damit treffend beschreibt, wird dieses Modell hier zumindest terminologisch nicht übernommen, da es mit dem dieser Arbeit zu Grunde liegenden Verständnis von Transnationalität kollidiert. (Vgl. Kap. 1.1, S. 6 ff.)

[144] Vgl. Moldenhauer, Aktenbestand; Traut, Archive.

zuständigen Ministerien, teilweise aber auch von Justiz- oder Innenministerien sowie ressortübergreifenden Gremien.

Ein schwieriges, in den meisten Arbeiten zur Bundesgeschichte ausgeblendetes Problem ist die Frage, in welchem Umfang und in welcher Breite archivalische Überlieferungen der Bundesstaaten zur Rekonstruktion bundespolitischer Prozesse einbezogen werden müssen. Während in den Bänden der Editionsreihe »Quellen zur Geschichte des Deutschen Bundes« die »beiden Großmächte (Österreich, Preußen), die Mittelstaaten (Bayern, Hannover, Württemberg) und die heterogene Gruppe der mindermächtigen deutschen Staaten gleichgewichtig vertreten« sind,[145] gehen auch neuere Spezialstudien hier offensichtlich eher pragmatisch als systematisch vor und stützen sich auf die Überlieferung der Großmächte und größerer Mittelstaaten, wobei die Auswahlkriterien nicht immer klar sind.[146] Dieses selektive Vorgehen erscheint angesichts der komplizierten Quellenlage zwar legitim und entspricht auch den politischen Hierarchien im Bund, führt jedoch dazu, dass selten das gesamte bundespolitische Meinungsspektrum abgebildet wird.[147] Aus diesem Grund wurde zunächst von einem möglichst breiten Zugang ausgegangen und neben Überlieferungen Preußens und Österreichs auch die möglichst vieler Mittel- und Kleinstaaten einbezogen. Bearbeitet und überprüft wurden Überlieferungen Bayerns, Sachsens, Württembergs, Hannovers, Hessen-Kassels, Hessen-Darmstadts, Badens und Nassaus. Dabei bilden vor allem die Bestände Bayerns, Württembergs und Badens wichtige Gegenstücke zur Perspektive der Großmächte, während die anderen Überlieferungen aufgrund von Aktenverlusten (Hannover, Hessen-Darmstadt) oder einfach geringerer Relevanz (Sachsen, Hessen-Kassel, Nassau) wenn überhaupt punktuell und ergänzend verwendet wurden.

Ähnlich wie für die Bundesversammlung besteht auch für die Mainzer Zentraluntersuchungskommission und die Frankfurter Bundeszentralbehörde zwar eine relevante, letztendlich aber nur

---

[145] Treichel, Entstehung, S. CXXXIX.
[146] Vgl. Angelow, Sicherheitspolitik, S. 16 f.; Hofmann, Universitätspolitik, S. 12 ff.
[147] Zu dieser auch aus der Historiographie des Alten Reiches bekannten Problematik: Härter, Reichstag, S. 25 ff.

fragmentarische Zentralüberlieferung im Bundesarchiv. Insbesondere die für die Rekonstruktion der Arbeit der Behörden essentiellen Sitzungsprotokolle sind hier nur in sachthematischen Auszügen vorhanden, finden sich jedoch in bundesstaatlichen Überlieferungen.[148] Die Protokolle der Mainzer Zentraluntersuchungskommission sind nahezu vollständig im Geheimen Staatsarchiv Preußischer Kulturbesitz und im Haus-, Hof- und Staatsarchiv Wien vorhanden, die der Frankfurter Bundeszentralbehörde nur im Geheimen Staatsarchiv Preußischer Kulturbesitz.[149] Die voluminösen Sitzungsprotokolle dokumentieren nicht nur Arbeit und Institutionsgeschichte der Behörden, vielmehr stellen sie einen zentralen Zugang zu den Regimeaktivitäten insgesamt dar, da die beiden Behörden eine Schnittstellenfunktion zwischen den verschiedenen politischen Ebenen und Sicherheitsakteuren des Bundes einnahmen und einen Zugang zu fast allen relevanten Problemstellungen und Fällen bieten. Trotzdem sind sie bisher kaum wissenschaftlich bearbeitet worden. Dies liegt nicht nur an der fehlenden inhaltlichen Erschließung, sondern auch daran, dass die Protokolle vor allem den Geschäftsgang der Behörden sowie administrative und rechtliche Problem- und Fragestellungen dokumentieren, sich aber nur eingeschränkt für die Rekonstruktion und Analyse oppositioneller Aktivitäten eignen, die bisher im Zentrum des Forschungsinteresses standen. Die Protokolle der beiden Behörden wurden entsprechend aus zwei Perspektiven bearbeitet: einerseits im Hinblick auf Arbeitsweisen und institutionelle Entwicklungen, anderseits im Blick auf für das Bundesregime insgesamt relevante und exemplarische Fallbeispiele aus der Rechts- und Sicherheitspraxis. Ergänzend zu den Protokollen wurden Berichte der aus den Bundesstaaten entsandten Kommissare an ihre Regierungen bearbeitet.

Die »intergouvernementale Ebene« bzw. die Außenpolitik der Bundesstaaten ist vor allem im Blick auf Interaktionen mit außerdeutschen Staaten, aber auch für innerdeutsche Aushandlungs- und

---

[148] BA Berlin, DB 7; BA Berlin, DB 8. Siehe auch: Siemann, Protokolle; Löw, Bundeszentralbehörde, S. XII ff.; Traut, Archive.
[149] GStA PK Berlin, I. HA, Rep. 77, Tit. 9, Nr. 1, Bd. 1–7; GStA PK Berlin, I. HA, Rep. 77, Tit. 10, Nr. 2, Bd. 1–15; HHStA Wien, StK, Deutsche Akten, Nr. 115–117.

Entscheidungsprozesse von Bedeutung. Im Fokus stehen hier besonders Überlieferungen zu Ministerial- und Sicherheitskonferenzen, zu Verhandlungen bezüglich Staatsverträgen und grenzübergreifenden Sachverhalten auf ministerialer Ebene. Der Übergang zur Bundesebene ist jedoch offensichtlich und fließend, wie etwa die Beispiele der Karlsbader Konferenz 1819 oder der Wiener Kabinettskonferenz 1834 zeigen, die zwar außerhalb der Bundesversammlung stattfanden, aber dennoch bundespolitisch konnotiert waren. Während sich im Blick auf die für die Bearbeitung der intergouvernementalen Beziehungen innerhalb des Bundes relevanten Quellenbestände eine ähnliche Konstellation ergibt wie auf der Bundesebene, verhält sich dies im Blick auf das Verhältnis zu außerdeutschen Staaten anders. Auch hier wurde zunächst ein möglichst breiter Zugang gewählt, allerdings zeigte die konkrete Arbeit mit dem Quellenmaterial, dass hier fast ausschließlich die Überlieferungen der beiden Großmächte relevant sind. Dies betrifft vor allem die Bestände der österreichischen Staatskanzlei und des preußischen Außenministeriums.

Die heterogenen Aktivitäten bundesstaatlicher Akteure unterhalb der Regierungsebene konnte nur exemplarisch untersucht werden, wobei zwei ergänzende Vorgehensweisen gewählt wurden. So wurden einerseits Regierungs-, Polizei- und Gerichtsakten im Blick auf Interaktionen, Kommunikationsstrukturen und den Umgang mit Konflikten und Kooperationen im Zusammenhang mit der Überwachung politischer Dissidenten und politischen Kriminalfällen ausgewertet. Relevant waren hier etwa Bestände der preußischen und bayrischen Rheinprovinzen, Württembergs, Nassaus oder Badens. Diese Staaten wurden deshalb ausgewählt, da sie wegen ihrer besonderen geographischen Lage als Grenz- und Transitländer zu Westeuropa, hoher transnationaler Verflechtungen bundesintern und -extern und als wesentliche Schauplätze der politischen Unruhen und Untersuchungen eine ergiebige und einigermaßen überblickbare empirische Grundlage versprachen. Anderseits wurden die Protokolle der Zentraluntersuchungskommission und der Bundeszentralbehörde als Zugang zu prägnanten für die Regimeaktivitäten zentralen Fällen genutzt.

Im Blick auf den Aufbau der Untersuchung liegt die methodische Hauptschwierigkeit darin, Dynamiken, Strukturen und die verschiedenen Ebenen des Bundesregimes gleichermaßen darzustellen. Dies soll erreicht werden, indem das Untersuchungsmaterial problemorientiert untergliedert und analysiert, allerdings weitgehend chronologisch angeordnet und erzählerisch miteinander verknüpft wird. Den »roten Faden« der Darstellung bilden in erster Linie (bundes-)politische Entwicklungen auf Regierungsebene, von denen aus tiefergehend auf korrelierende Normen, Diskurse und Praktiken des Bundesregimes eingegangen wird. Das zweite Kapitel dient der Einführung in die historischen Rahmenbedingungen des Bundesregimes und behandelt Narrative und Labels von politischer Kriminalität, die Organe und Funktionsweisen des Deutschen Bundes, den Deutschen Bund als Strafrechtsraum sowie Normen, Institutionen und Verfahren grenzübergreifender Strafverfolgung. Das dritte Kapitel behandelt die innere Formierung und Entwicklung des Bundesregimes, das vierte Kapitel die Interaktionen des Bundesregimes mit außerdeutschen Staaten. Tatsächlich erwiesen sich die häufigen Überschneidungen zwischen den inneren und äußeren Aktivitäten des Bundesregimes als Hauptschwierigkeit bei der Konzeption der Arbeit, letztendlich wurde den jeweiligen diachronen Zusammenhängen ein höheres Gewicht eingeräumt als synchronen. Der Aufbau der beiden Hauptkapitel orientiert sich an den beiden Phasen sicherheitspolitischer Verdichtung im Vormärz, die von 1819 bis etwa 1827 und von 1830/33 bis etwa 1842 reichten und deren markante Endpunkte die Vertagungen der Zentraluntersuchungskommission und der Bundeszentralbehörde sind. Außerhalb dieser beiden Phasen liegende Ereignisse und Fallbeispiele werden, wenn sie für strukturelle Fragestellungen bedeutsam sind, jedoch einbezogen. Aufgrund dieser thematischen Trennung werden die beiden Hauptkapitel jeweils mit einem separaten Zwischenfazit abgeschlossen, die der Darstellung speziellerer Untersuchungsergebnisse dienen. Diese werden im Schlussteil noch einmal zusammengefasst und verdichtet und in mittel- bis langfristiger Perspektive eingeordnet.

2. Historische Rahmenbedingungen

2.1 Dissidenz, Bedrohungsnarrative und Politische Kriminalität

Die folgenden Ausführungen dienen weder der sozialgeschichtlichen Analyse noch der ereignisgeschichtlichen Darstellung der verschiedenen oppositionellen Gruppen und politischen Ereignisse des Vormärz. Vielmehr soll dargestellt werden, welche Bedrohungsszenarien und -narrative bzw. »welche Sichtweise der Realität«[1] der Sicherheitspolitik des Bundes zu Grunde lag und auf welche Arten das Bundesregime diese als politische Kriminalität konstruierte und fixierte. Damit folgt die Arbeit einem Ansatz, nach dem es sich bei Kriminalität um »keine soziale Wirklichkeit sui generis«, sondern um ein variables Konstrukt handelt, welches das Ergebnis von normativen und diskursiven Zuschreibungsprozessen ist.[2] Kriminalität bezeichnet dabei allgemein »die Summe der von einer Gesellschaft bzw. einem Rechtssystem als besonders schädlich und strafbar erachteten devianten Verhaltensweisen bzw. rechtl. definierten Normverstößen«.[3] Dieser historisch-konstruktivistische Zugang konkurriert jedoch nach wie vor mit phänomenologischen und normativ-positivistischen Kriminalitätskonzepten. Im Blick auf politische Kriminalität führt Werner Giesselmann prägnant aus:

> »Der uns von den Quellen aufgezwungene Begriff des ›politischen Verbrechens‹ bzw. des ›politischen Delikts‹ trägt in der Tat einen essentiell empirischen, relativen und vagen Charakter und läßt sich nur schwer in eine rationale Strafrechtstheorie einfügen. Fragwürdig erscheint insbesondere die in dem Begriff implizierte Unterscheidung zwischen einer politischen und nicht politischen, also

---

[1] Jäger, Verfolgung, S. 18.
[2] Schwerhoff, Historische Kriminalitätsforschung, S. 8. Siehe auch: Härter, Kriminalität; Härter, Strafrechts- und Kriminalitätsgeschichte, S. 33 ff.; Schwerhoff, Kriminalität.
[3] Härter, Kriminalität, S. 272.

›gewöhnlichen‹ Kriminalität. Aufgrund dieser Definitions- und Abgrenzungsprobleme wird er in der modernen Rechtswissenschaft und Kriminologie sehr unterschiedlich gebraucht und hat Anlaß zu heftigen Kontroversen geboten. Dabei konkurrieren subjektive und objektive Konzeptionen, die bei den Motiven und Intentionen der Täter bzw. der Natur des verletzten Rechtsguts ansetzen, mit alternativen Modellen des labeling approach, für den, ausgehend von der Reaktion der Instanzen sozialer Kontrolle, politische Kriminalität das Ergebnis selektiver Kriminalisierung durch die staatliche Definitionsmacht darstellt.«[4]

Im Folgenden wird unter politischer Kriminalität im letzteren Sinne weder eine strafrechtstheoretische Figur noch ein phänomenologisch ableitbarer Verbrechenstyp verstanden, sondern ein in historischer Perspektive diachron und synchron variables Konstrukt, das Handlungen beschreibt, die im weitesten Sinne als Bedrohung oder Angriff auf Gesellschaft und politische Ordnung verstanden werden.[5] Politische Kriminalität war demnach ein »Etikett« oder »Label«, unter dem das Bundesregime das heterogene Feld politischer Dissidenz zusammenfasste und bearbeitete. Die Konstruktion von politischer Kriminalität stellte entsprechend einen wesentlichen Aspekt der Regimeaktivitäten dar. Ein enger, die »Konstruktions- und Konstitutionsbedindungen«[6] von politischer Kriminalität nur im Strafrecht suchender Zugang ist jedoch ungeeignet, um diesen Prozess zu erfassen. Denn weder der Deutsche Bund noch die meisten Bundesstaaten besaßen im Vormärz ein kohärentes Strafrechtssystem, in welchem Kriminalität eindeutig und umfassend definiert wurde. Vielmehr erfolgte die Konstruktion von politischer Kriminalität über die (Straf-)Gesetzgebung hinaus in politischen, rechtswissenschaftlichen und öffentlichen Diskursen sowie der Rechts- und Sicherheitspraxis.[7]

Der politische Konflikt zwischen den national-liberal gesinnten, bildungsbürgerlichen Eliten auf der einen und den deutschen Regie-

---

[4] Giesselmann, Manie (Bd. 1), S. 357. Zu verschiedenen Definitionen und Konzepten von politischer Kriminalität siehe: Ingraham, Political Crime, S. 3 ff.; Ross, Political Crime, S. 29 ff.
[5] Vgl. Blasius, Politische Kriminalität, S. 12 ff.; Härter/Graaf, Majestätsverbrechen, S. 2 f.; Ingraham, Political Crime, S. 18 f.; Schwerhoff, Historische Kriminalitätsforschung, S. 170 f.
[6] Schwerhoff, Kriminalität, S. 206.
[7] Vgl. Härter, Kriminalität, Sp. 271; Schwerhoff, Kriminalität, S. 206.

rungen auf der anderen Seite hatte sich bereits seit dem späten 18. Jahrhundert angebahnt. Seit den 1750er Jahren war es zur allmählichen Ausbildung eines bürgerlichen Vereins- und Pressewesens gekommen, das als grenzübergreifendes Kommunikationsforum diente.[8] Allerdings bewirkte erst die 25 Jahre andauernde militärische und intellektuelle Auseinandersetzung mit dem Vor- und Feindbild Frankreich die Formierung einer gesamtdeutsch ausgerichteten, breitenwirksamen »Bewegung«, die sich im Laufe des Vormärz ausdifferenzierte.[9] Dabei lassen sich folgende Akteure und Hauptgruppen bzw. Untersuchungsfelder unterscheiden:

- die so genannten »Demagogen«, vorwiegend akademische und publizistische Meinungsmacher und Multiplikatoren. Hierzu gehörten etwa Professoren, Journalisten, Schriftsteller, Landtagsabgeordnete, Exilanten, also die »Köpfe« der Opposition. Prominente Beispiele sind Ernst Moritz Arndt, »Turnvater« Friedrich Ludwig Jahn, Karl Follen, Heinrich Heine, Johann Georg August Wirth, Philipp Jakob Siebenpfeiffer, Friedrich Ludwig Weidig oder Carl von Rotteck.
- aus dem aufgeklärten bürgerlichen Milieu hervorgehende bzw. auf es abzielende Vereinsbildungen, Zeitschriften und Feste als wesentliche Instrumente und Artikulationsformate der Opposition. Relevante Themenfelder sind hier verschiedene Zeitschriften wie die »Deutsche Tribüne«, der »Press- und Vaterlandsverein« oder das »Hambacher Fest«.
- die Burschenschaft als über das Netz der Universitäten verbundene, gesamtdeutsche Organisation, der wegen ihres Organisationsgrades und ihrer Rolle als Aktionsträger, etwa beim Wartburg Fest, dem Attentat auf August von Kotzebue und dem Frankfurter Wachensturm, besonderes Gewicht zugemessen wird.
- Arbeiter und Handwerker, die seit den 1830er Jahren zunehmend die bürgerlich-akademischen Organisations- und Handlungsformate übernahmen bzw. in diese integriert wurden und sich sukzessive politisch emanzipierten.[10]

---

[8] Zusammenfassend: Hahn/Berding, Reformen, S. 112 ff.
[9] Hahn/Berding, Reformen, S. 119 ff.
[10] Zur allgemeinen Einführung siehe z. B.: Hardtwig, Vormärz; Huber, Verfassungsgeschichte (Bd. 1), S. 696 ff.; Huber, Verfassungsgeschichte (Bd. 2), S. 125 ff.;

Diese Systematisierung entspricht weitgehend der Perspektive des Bundesregimes, wie sie sich etwa in den Untersuchungsberichten der Mainzer Zentraluntersuchungskommission und der Frankfurter Bundeszentralbehörde manifestiert, und ist nicht nur das Ergebnis spezifischer historiographischer Zugänge. Trotzdem verdecken die üblichen personen-, gruppen- oder ereignisgeschichtlichen Betrachtungen häufig, in welchem Umfang die einzelnen Bereiche als zusammenhängendes Phänomen wahrgenommen wurden.[11] In der zeitgenössischen Wahrnehmung handelte es sich nämlich um in Zusammenhang stehende Elemente einer auch als »Konspiration« oder »Komplott« bezeichneten transnationalen Verschwörung gegen die politische Ordnung. Derartige Vorstellungen geheimer, auf den politischen Umsturz abzielender Verbindungen als fundamentale Bedrohung für Staat und Gesellschaft lassen sich zwar bereits in der Frühen Neuzeit beobachten, betrafen aber in erster Linie das unmittelbare Herrschaftsumfeld bzw. die Aristokratie.[12] Erst seit dem 18. Jahrhundert bildete sich die für die Moderne charakteristische Vorstellung politischer Verschwörungen bzw. politischer Kriminalität heraus, deren Elemente auch für das Bundesregime prägend waren. Hierzu gehörten insbesondere:
- der Staat bzw. die politische Ordnung und nicht die Person des Herrschers als »Objekt« der Verschwörung;
- die Ideologisierung und Instrumentalisierung breiter Bevölkerungsschichten für den Kampf gegen die »legitime« politische Ordnung;
- nichtstaatliche Organisationsformate als geheime, konspirative Räume (»Staat im Staate«);

Reinalter, Bewegungen; Reinalter, Lexikon; Wegert, German Radicals. Für einen Überblick über Spezialstudien siehe: Hofmann, Bibliographie.

[11] Vor diesem Hintergrund ist es problematisch, dass sich die historiographische Betrachtung politischer Kriminalität häufig auf »erfolgreiche« Gewalttaten wie Attentate und Anschläge beschränkt, die aus dem Gesamtkomplex politischer Dissidenz herausgelöst und unter dem Überbegriff »Terrorismus« als historische Phänomene eigener Art konstruiert und behandelt werden, ohne die spezifischen Kontexte adäquat zu berücksichtigen. (Vgl. Härter/Graaf, Majestätsverbrechen, S. 1 f.; Schraut, Terrorismus, S. 9).

[12] Vgl. Schilling, Adelsrevolten; Zwierlein, Security Politics.

- systematische und koordinierte Beeinflussung des öffentlichen Diskurses durch Lehre, Publizistik, Propagandaschriften und öffentliche Veranstaltungen;
- Destabilisierung des politischen Systems durch öffentlichkeitswirksame Aktionen wie Attentate und Anschläge (»Der Zweck heiligt die Mittel«);
- Transnationalität und Mobilität als Versuch, sich staatlichen Kontrollmechanismen zu entziehen und Kontakte zu Gleichgesinnten aufzubauen und zu pflegen.[13]

Dieses »Verschwörungsnarrativ«[14] war unverkennbar durch Erfahrungen und Wahrnehmungen mit politischer Dissidenz seit der Französischen Revolution 1789 beeinflusst, muss jedoch auch vor dem Hintergrund des allgemeinen Staatsbildungsprozesses eingeordnet werden, der – folgt man der »Drei-Elemente-Lehre« als Minimaldefinition[15] – auf die Arrondierung und Sicherung des »Staatsgebietes«, die Konstruktion eines homogenen und kontrollierbaren »Staatsvolkes« und die Durchsetzung und Konzentrierung der »Staatsgewalt« abzielte.[16] So ist es auffällig, dass viele Elemente des Verschwörungsnarrativs Bereiche betrafen, die zu Beginn des 19. Jahrhunderts noch nicht vollständig staatlich durchdrungen waren und aus Regierungsperspektive entsprechend als bedrohlich wahrgenommen wurden. Dies wird besonders im Bereich des Universitätswesens deutlich, das als Nachwuchsschmiede für das Funktionieren des modernen Staates unerlässlich wurde, sich aber noch zu Beginn des 19. Jahrhunderts durch große Selbstständigkeit auszeich-

---

[13] Vgl. Härter/Graaf, Majestätsverbrechen, S. 3 f.; Graaf/Zwierlein, Historicizing Security, S. 57. Zur Diskussion vom Verhältnis politischer Gewalt und Dissidenz im Vormärz und dem »modernen« Terrorismus sowie zur historiographischen Operationalisierung des Terrorismusbegriffs: Dietze, Erfindung, S. 55 ff. u. 650 ff.; Härter/Graaf, Majestätsverbrechen; Härter/Hannappel/Tyrichter/Walter, Terrorismus; Siemann, Stratege, S. 713 ff.; Schraut, Terrorismus, S. 7 ff.

[14] Vgl. Williamson, Revolutionary Machinations, S. 292 ff. Zur Geschichte der seit der Französischen Revolution aufkommenden Verschwörungstheorien siehe z. B.: Caumanns, Verschwörungstheorien; Reinalter, Verschwörungstheorien.

[15] Vgl. Reinhard, Staatsgewalt, S. 16 ff.

[16] Vgl. Graaf/Zwierlein, Historicizing Security, S. 53; Härter, Security, S. 99 f.

nete.[17] Die antioppositionelle Bundespolitik stellte hier einen wesentlichen Schritt zum Wandel der Universitäten von quasi autonomen Körperschaften zu staatlich kontrollierten Bildungseinrichtungen dar.[18] Zudem entstanden im Rahmen des allgemeinen Ansteigens von grenzübergreifender Mobilität und Kommunikation transnationale Räume, die oppositionellen Gruppen neue Handlungsoptionen boten, sich nur schwer kontrollieren ließen und dem Modell staatlicher Sicherheitsräume widersprachen.[19] Das Verschwörungsnarrativ legitimierte und rechtfertigte damit über den Bereich der politischen Kriminalität hinaus den Ausbau innerstaatlicher Repressions- und Kontrollmechanismen und die Formierung transnationaler Sicherheitsregime.[20]

Trotzdem kann das Verschwörungsnarrativ nicht als rational konstruierter Vorwand dargestellt werden, wie es beispielsweise Adam Zamoyski tut, der ausführt, dass die Angst vor revolutionären Verschwörungen durch die europäischen Regierungen aus machtpolitischen Interessen bewusst geschürt worden sei.[21] Vielmehr verdichteten und manifestierten sich im Verschwörungsnarrativ Denkmuster, Ordnungsvorstellungen und Problemwahrnehmungen, die sich aus den angedeuteten spezifischen Erfahrungen mit Dissidenz bzw. politischer Kriminalität und allgemeinen historischen Prozessen ergaben, was eine gezielte politische Instrumentalisierung allerdings nicht ausschloss. Zamoyskis Darstellung steht exemplarisch für das Nach- bzw. Fortwirken eines sich parallel zur »revolutionären Verschwörung« ausbildenden Gegennarrativs, nämlich jenes der »Regierungsverschwörung«. Dieses war in seiner Gesamtkomposition zwar ebenso überspannt und realitätsfern, beruhte im Kern aber ebenfalls auf Beobachtungen, Erfahrungen und Wahrnehmungen antirevolutionärer Sicherheitsmaßnahmen. Diese Konstellation ist ein Beispiel für die von Beatrice de Graaf und Cornell Zwierlein beschriebene Interdependenz und strukturelle Ähnlichkeit sicherheitspolitischer und dissidenter Denk- und Handlungsmuster.[22]

---

17 Vgl. Reinhard, Staatsgewalt, S. 399 ff.
18 Vgl. Brümmer, Staat, S. 155 ff.; Oelschlägel, Hochschulpolitik, S. 13 ff.
19 Härter, Formierung, S. 54 f.
20 Härter/Graaf, Majestätsverbrechen, S. 8 f.
21 Zamoyski, Phantome, S. 8.
22 Graaf/Zwierlein, Historicizing Security, S. 55 ff.

Das Bundesregime versuchte die hier beschriebenen Erscheinungsformen von politischer Dissidenz in Normen, Diskursen und Praktiken als politische Kriminalität zu fassen. Anders als in Frankreich, wo im Code pénal von 1810 erstmals eine Reihe der genannten Problemfelder als Verbrechen gegen die innere und äußere Sicherheit Frankreichs systematisch erfasst und kriminalisiert worden waren, bestand dabei auf normativer Ebene in den wenigsten deutschen Staaten ein im Blick auf Tatbestände, Motive und Schutzgüter auch nur annähernd ausgeformtes politisches Strafrecht.[23] In den meisten Bundesstaaten beruhte die politische Strafrechtsprechung bis weit in den Vormärz hinein auf Normen und Konzepten des Gemeinen Strafrechts, die entweder direkt oder indirekt durch bundesstaatliche Normen fortwirkten, wobei insbesondere dem »Hochverrat« – worunter Angriffe auf den Staat und die politische Ordnung verstanden wurden – zentrale Bedeutung zukam. Der Hochverrat hatte im Laufe des 18. Jahrhunderts das »Majestätsverbrechen« als zentrales Konzept zur Kriminalisierung dissidenter Handlungen verdrängt und stand etwa im preußischen Allgemeinen Landrecht an der Spitze der so genannten »Staatsverbrechen«.[24] Unter der Überschrift »Von Staatsverbrechen überhaupt und vom Hochverrathe insbesondere« hieß es hierzu:

> »§ 91 Die freywillige Handlung eines Unterthans, durch welche der Staat oder dessen Oberhaupt unmittelbar beleidigt werden, heißt ein Staatsverbrechen. § 92 Ein Unternehmen, welches auf eine gewaltsame Umwälzung der Verfassung des Staats, oder gegen das Leben oder die Freyheit seines Oberhaupts abzielt, ist Hochverrath.«[25]

In dem Begriff des Staatsverbrechens, den die meisten anderen deutschen Strafrechtsordnungen allerdings nicht eingeführt hatten, und der Verdrängung des Majestätsverbrechens durch den Hochverrat kam die oben geschilderte neue Wahrnehmung und Konzeptualisierung von politischer Kriminalität zum Ausdruck, indem nicht mehr die Person des Herrschers, sondern der Staat das zentrale

---

23 Härter, Legal Concepts, S. 60 ff.
24 Blasius, Politische Kriminalität, S. 19.
25 Allgemeines Landrecht für die preußischen Staaten, 1794, Tit. 20, § 91 und § 92.

Schutzobjekt des politischen Strafrechts darstellte.[26] Trotzdem ließen sich die neuen oppositionellen Handlungsformen mit den Konzepten des Gemeinen Strafrechts nur schwer erfassen und differenziert beurteilen. Ein eindrücklicher Hinweis auf diese Problemlage ist ein vom späteren preußischen Justizminister Karl Albert von Kamptz 1820 publizierter Aufsatz, in dem er unter dem Eindruck der ersten Verfolgungswelle gegen Oppositionelle 1819/20 versuchte, möglichst viele der »neuen« Handlungsformen unter das Konzept des Hochverrats zu subsumieren und an die komplexe politische Struktur des Deutschen Bundes anzupassen.[27] In Übereinstimmung mit dem gemeinrechtlichen Diskurs verstand er unter Hochverrat eine »auf Vernichtung der, dem Daseyn des Staates, dem er unterworfen ist, nothwendigen, Bedingungen und Einrichtungen rechtswidrig gerichtete Handlung eines Staatsbürgers«.[28] Kamptz' Ausführungen richteten sich besonders auf Straftatbestände. Als »Handlungen, durch welche das Verbrechen des Hochverraths begangen wird«, beschrieb er die Bildung hochverräterischer »Vereine«, »Fractionen und Verbindungen«, die »Aufwiegelung gegen die bestehende Verfassung« durch persönliche Kontaktaufnahme, öffentliche »Rede« und »Schrift« sowie die materielle und immaterielle »Unterstützung hochverrätherischer Absichten«.[29] Zudem sprach er sich dafür aus, auch Vorbereitungshandlungen sowie Angriffe auf den Deutschen Bund als Hochverrat zu betrachten.[30]

Zwar war der Hochverrat für die Rechtspraxis das zentrale strafrechtliche Konzept, jedoch problematisch, da er mit drakonischen Strafandrohungen verbunden war, deren Anwendung sich kaum rechtfertigen ließ. Nach dem bayrischen Strafgesetzbuch, also der bis weit in die 1830er Jahre hinein einzigen modernen deutschen Strafrechtskodifikation, sollte ein Hochverrat beispielsweise durch Enthauptung geahndet und der »Missethäter (...) vor der Hinrichtung mit einer Tafel auf Brust und Rücken, welche die Aufschrift:

---

[26] Zur Geschichte der rechtlichen Konzepte politischer Kriminalität: Baltzer, Grundlagen; Blasius, Politische Kriminalität; Härter, Legal Concepts; Ingraham, Political Crime; Schroeder, Schutz; Willoweit, Staatsschutz.
[27] Kamptz, Bemerkungen.
[28] Kamptz, Bemerkungen, S. 277.
[29] Kamptz, Bemerkungen, S. 349 ff.
[30] Kamptz, Bemerkungen, S. 278 u. 382 ff.

›Hochverräther‹ führt, (…) eine halbe Stunde lang von dem Scharfrichterknecht ausgestellt werden«.[31] Auch für einen versuchten Hochverrat sah das Gemeine Strafrecht die Todesstrafe vor, aber es ist wichtig zu betonen, dass die Spruchpraxis milder war und fast nur mehrjährige Freiheitsstrafen ausgesprochen wurden.[32] Dies wurde durch die flexiblen Auslegungsmöglichkeiten der Gerichte im Rahmen des Inquisitionsverfahrens und das fürstliche Begnadigungsrecht ermöglicht. Selbst im Fall der berüchtigten Todesurteile des Berliner Kammergerichts gegen 39 Burschenschafter im Jahr 1836 wurden die Urteile nachträglich in Haftstrafen umgewandelt.[33] Während des Vormärz wurde im Rahmen eines politischen Prozesses nur im Fall Karl Ludwig Sands ein Todesurteil vollstreckt, allerdings nicht wegen Hochverrats, sondern wegen Mordes.[34]

Erst gegen Ende der 1830er Jahre entstand im Zuge der Kodifikationswelle in den meisten deutschen Staaten ein mehr oder weniger ausgeformtes politisches Strafrecht.[35] Vor diesem Hintergrund können die Maßnahmen des Deutschen Bundes als Fortsetzung der »vormodernen«, gemeinrechtlichen Praxis gesehen werden, situativ, komplementär und unter ordnungs- und sicherheitspolitischen Gesichtspunkten auf Strafjustiz und Strafgesetzgebung einzuwirken.[36] So zielten die durch den Bund erlassenen Beschlüsse überwiegend auf typische Handlungsfelder der vermuteten Verschwörung wie Presse, Universitäten, Vereine und Verbindungen, öffentliche Versammlungen, Landtage oder den transnationalen Raum ab. Ein 1836 erlassener Bundesbeschluss versuchte das von Kamptz schon 1820 angesprochene strafrechtstheoretische Problem zu lösen, ob auch am Deutschen Bund, der kein »Staat« war, Hochverrat begangen werden könne.[37] Besonders deutlich wurde die Vorstellung

---

31 Bayrisches Strafgesetzbuch, 1813, Art. 301.
32 Baltzer, Grundlagen, S. 55 ff. u. 67 ff.
33 Vgl. Schmidt, Kammergericht.
34 Trotz des großen Interesses, das der Fall Sand seit fast 200 Jahren hervorruft, liegt bisher keine umfassende rechtshistorische Analyse des Strafprozesses vor. Materialien bei: Hohnhorst, Uebersicht.
35 Vgl. Baltzer, Grundlagen, S. 122 ff.; Härter, Legal Concepts, S. 64 ff.
36 Vgl. Härter/Graaf, Majestätsverbrechen, S. 7.
37 Zur Frage der Strafbarkeit der Verbrechen gegen den Deutschen Bund siehe ausführlich: Kapitel 3.1.4.3, S. 167 ff.; Kapitel 3.2.4, S. 255 ff.

einer einzelne Ausdrucksformen politischer Kriminalität überwölbenden Verschwörung im die Frankfurter Bundeszentralbehörde konstituierenden Bundesbeschluss vom 30. Juni 1833, in dem der Vorwurf einer gegen den Deutschen Bund gerichteten politischen Verschwörung nicht nur explizit ausgesprochen, sondern auch als eine Art Generalermächtigung rechtlich instrumentalisiert wurde.[38] Charakteristisch war zudem, dass als Ausgangspunkt für die Kriminalisierung dissidenten Verhaltens nicht nur strafrechtliche Normen, sondern auch sicherheitspolitische Einschätzungen grundlegend waren, was sich insbesondere bei der Erstellung von Schwarzen Listen zeigte, in die nicht nur strafrechtlich belastete, sondern auch politisch auffällige Personen aufgenommen wurden.[39] Neben der konkreten Verfolgung und Überwachung als gefährlich eingeschätzter Personen und Gruppen spielten eher abstrakt und allgemein auch die Kontrolle und Beeinflussung der als Zielgruppen bzw. Vehikel der revolutionären Verschwörung ausgemachten Milieus eine wesentliche Rolle. Dies äußerte sich etwa in allgemeinen Mobilitätsbeschränkungen und Überwachungsmechanismen für Studenten und Handwerker,[40] aber auch in einer Vielzahl offizieller und semi-offizieller Publikationen, die häufig auf Untersuchungsergebnissen beruhten und die politisch interessierte Öffentlichkeit über die »Machenschaften« und Zielsetzungen politischer Verschwörungen aufklären und ihnen damit entgegensteuern sollten.[41]

Paradoxerweise bildete sich parallel ein zweites, mit dem Verschwörungsnarrativ korrelierendes und konkurrierendes Etikett oder Label politischer Kriminalität heraus, das auf die »privilegierte Behandlung politischer Straftäter« abzielte.[42] Diese beruhte auf der Vorstellung, dass der relative, von politischen Konstellationen abhängige Charakter von politischen Delikten eine besondere und differen-

---

[38] Bundesbeschluss wegen eines gegen den Bestand des Deutschen Bundes und die öffentliche Ordnung in Deutschland gerichteten Komplotts vom 30. Juni 1833, in: Protokolle Bundesversammlung 1833, 26. Sitzung, § 258, S. 575 ff. Siehe auch: Huber, Dokumente, S. 135 f.; Meyer, Corpus Juris (Teil 2), S. 285 f.; Kotulla, Verfassungsrecht, S. 742 f.
[39] Vgl. Reiter, Asyl, S. 100 ff.; Süss, Schwarzes Buch.
[40] Hierzu ausführlich: Kapitel 4.2.4, S. 402 ff.
[41] Vgl. Härter, Political Crime.
[42] Vgl. Baltzer, Grundlagen.

zierte strafrechtliche Bewertung und Behandlung erforderlich machen würde. Diese Idee war bereits in den Strafrechtsreformdiskursen des 18. Jahrhunderts angelegt und richtete sich gegen die umfassende Kriminalisierung dissidenten Verhaltens als »crimen laesae maiestatis« (»Majestätsbeleidigung«). Zwar erfolgte am Ende des 18. Jahrhunderts die Ausbildung der beiden Staatsverbrechen »Hochverrat« und »Landesverrat«, die aber ebenfalls drakonisch bestraft wurden und umfassend anwendbar waren und sich letztendlich nur dadurch vom crimen laesae maiestatis unterschieden, dass nicht mehr die Person des Herrschers, sondern der Staat zum Schutzobjekt politischer Strafrechtsprechung wurde.[43] Beeinflusst durch die Erfahrung häufiger politischer Systemwechsel und der mit ihnen verbundenen politischen Verfolgungen kam nach der napoleonischen Herrschaft insbesondere im französischsprachigen Raum die Forderung nach einer privilegierten und differenzierteren Behandlung politischer Straftäter auf. Diese lief auf drei Kernpunkte hinaus, die nach der Julirevolution 1830 in Frankreich und Belgien auch weitgehend umgesetzt wurden: erstens sollten politische Prozesse öffentlich und vor Geschworenengerichten verhandelt werden; zweitens sollte die Todesstrafe bei politisch motivierten Handlungen abgeschafft werden; drittens sollte auch ausländischen Oppositionellen Schutz vor willkürlicher und ungerechter Strafverfolgung in ihren Heimatländern gewährt werden.[44]

Auch in Deutschland wurden solche Forderungen in öffentlichen Diskursen aufgegriffen, die zwar im Strafrechtsreformdiskurs des Vormärz eine eher untergeordnete Rollte spielten, für das Bundesregime aber durchaus von Bedeutung waren, da es unter einem permanenten Rechtfertigungsdruck stand. Trotz zum Teil gravierender Konflikte mit den westeuropäischen Asylländern bemühten sich viele deutsche Staaten seit Mitte der 1830er Jahre aktiv um den Abschluss von Auslieferungsabkommen mit westeuropäischen Staaten und erkannten das Prinzip der Nichtauslieferung politischer Verbrecher an. Der Hintergrund war, dass Auslieferungen jeglicher

---

[43] Härter, Political Crime, S. 149 ff. Zum Majestätsverbrechen: Czech, Majestätsbeleidigung; Droß, Spottgedicht; Rustemeyer, Majestätsverbrechen.
[44] Vgl. Baltzer, Grundlagen, S. 37 ff.; Delbecke, Political Offence; Ingraham, Political Crime, S. 61 ff. u. 121 ff.; Reiter, Asyl, S. 19 ff.

Art ohne Staatsverträge kaum mehr zu erwirken waren. Angesichts der als bedrohlich wahrgenommenen Steigerungen von Mobilität und transnationalen Verflechtungen wurde die Anerkennung des Prinzips des politischen Asyls dabei als kleineres Sicherheitsrisiko eingeschätzt. Auslieferungsverträge, die das politische Asyl anerkannten, bestanden seit Mitte der 1850er Jahre zwischen allen größeren deutschen Staaten – ausgenommen Österreich – sowie Frankreich, Belgien und den USA.[45] Diese Beschränkung politischer und rechtlicher Handlungsoptionen stellte jedoch keine finale Lösung der Problematik grenzübergreifender politischer Kriminalität dar. Vielmehr führte sie zu einem Bedeutungszuwachs alternativer und zum Teil informeller polizeilicher und nachrichtendienstlicher Verfahren zur Prävention gegen oppositionelle Auslandsgruppen. Ausschlaggebend hierfür war ein Wandel in der Wahrnehmung und Manifestation politischer Kriminalität. So beruhte das in aufgeklärten Diskursen geforderte politische Asylrecht auf einer idealisierten Vorstellung des politischen Kriminellen als Mitglied des »juste milieu«, das primär wegen Meinungsverbrechen verfolgt wurde. Seit der Mitte der 1830er Jahre traten neben bürgerlichen und akademischen Eliten jedoch zunehmend auch untere Bevölkerungsgruppen als Träger politischen Protestes in Erscheinung, deren Motive als weniger authentisch empfunden wurden, zumal sich gewaltsame politische Aktionen wie Attentate und Anschläge seit der Julirevolution häuften. Dabei verfestigte sich das Bild des aufgrund seiner Herkunft und Handlungsweisen »asozialen« Gewalttäters ohne echte politische Motive. Mittel- bis langfristig führte dies sogar zu einer Abschwächung des Grundsatzes des politischen Asyls. Schon während der Revolution von 1848 wurden Attentäter durch Frankreich ausgeliefert und Belgien führte 1856 die so genannte Attentatsklausel ein, die Attentate auf Staatsoberhäupter von den schützenswerten Handlungen ausnahm.[46] Die Konstruktion neuer Label von politischer Kriminalität wie »Terrorismus« und »Anarchismus« in der zweiten Hälfte des 19. Jahrhunderts kann dabei als direkte Reaktion auf die Radikalisierung und Popularisierung politischen Protests gesehen werden und hatte aus sicherheitspolitischer Perspektive vor allem

---

[45] Hierzu ausführlich: Kapitel 4.2.2.1, S. 353 ff.
[46] Reiter, Asyl, S. 41 ff. u. 153 ff.

die Funktion, diese Handlungen und Gruppen aus dem ambivalenten Feld der politischen Kriminalität zu exkludieren.[47]

2.2 Der Deutsche Bund: Kompetenzen, Akteure und Verfahren

Die Rechtsgrundlage des Deutschen Bundes waren die auf dem Wiener Kongress 1815 beschlossene Bundesakte (DBA) sowie die Wiener Schlussakte von 1820 (WSA).[48] Die Bundesakte war formell das primäre Verfassungsdokument des Bundes, inhaltlich handelte es sich jedoch eher um einen »die Bundesverhältnisse rudimentär umreißenden Rahmenvertrag«, dessen Bestimmungen durch die deutlich umfangreichere Wiener Schlussakte spezifiziert und präzisiert wurden.[49] Die »Bundesverfassung« war entsprechend nicht geschlossen und kohärent und lässt sich nur unter Einbeziehung der sie umlagernden politischen Diskurse und Aushandlungsprozesse angemessen analysieren. Eckhardt Treichel führt im Blick auf die Bundesakte prägnant aus: »Eine rechtsdogmatische Betrachtungsweise, die (…) vorschnell ein System des Bundesrechts destilliert, läuft leicht Gefahr, die in der Bundesakte angelegten Konfliktlinien und Widersprüchlichkeiten, aber auch die Entwicklungsperspektiven auszublenden.«[50]

Der Zweck des Bundes war nach Artikel 2 DBA die »Erhaltung der äußeren und inneren Sicherheit Deutschlands und der Unabhängigkeit und Unverletzbarkeit der einzelnen deutschen Staaten«. Diese Aufgabe beinhaltete die Organisation eines defensiv ausgelegten Militärwesens, das den Unterhalt eines aus Kontingenten der Bundesstaaten bestehenden »Bundesheeres« und von zunächst drei, später fünf »Bundesfestungen« in Westdeutschland umfasste (Mainz, Landau, Luxemburg, Rastatt, Ulm).[51] Weiterhin sollte der Bund Kon-

---

[47] Vgl. Jensen, Social Crime.
[48] Zur Gründung und Frühphase des Deutschen Bundes siehe: Gruner, Der Deutsche Bund, S. 13 ff.; Stauber, Wiener Kongress, S. 175 ff.; Treichel, Entstehung; Treichel, Organisation.
[49] Kotulla, Verfassungsgeschichte, S. 327 ff.
[50] Treichel, Organisation, S. XII.
[51] Zum Militärwesen des Deutschen Bundes: Angelow, Sicherheitspolitik; Keul, Bundesmilitärkommission; Kotulla, Kriegsverfassung; Seier, Sicherungs-

flikte zwischen den Bundesstaaten regulieren, in Konflikte innerhalb der Bundesstaaten eingreifen, wenn sich hieraus eine Gefahr für den Gesamtbund ergab, und bundesfeindliche Angriffe durch nichtstaatliche Akteure abwehren.[52] Darüber hinaus hatte der Bund keine Kompetenzen.[53] Allerdings stand es den Bundesstaaten nach Artikel 6 DBA frei, den Bund durch »gemeinnützige Anordnungen sonstiger Art« auf freiwilliger Basis auszugestalten und fortzuentwickeln. Wichtige Beispiele sind die 1848 erlassene Allgemeine Wechselordnung oder das Allgemeine Deutsche Handelsgesetzbuch von 1861.[54] Die sicherheitspolitische Zusammenarbeit der deutschen Staaten im Rahmen des Bundes hatte also durchaus das Potential, als Vehikel zur weitergehenden Kooperation und Integration zu dienen.[55]

Ein Spannungsverhältnis ergab sich aus dem Nebeneinander von sicherheitspolitischen Kompetenzen des Bundes und der Bundesstaaten. Letztere waren nämlich grundsätzlich selbst für ihre Sicherheitspolitik zuständig. Neben der »Militärhoheit« war von dieser Konfliktlage besonders die so genannte »Polizeihoheit« betroffen, worunter Kompetenzen im Bereich der allgemeinen Sicherheit und Wohlfahrt verstanden wurden. Hierunter fielen etwa polizeiliche Gefahrenabwehr, Strafverfolgung, Überwachung von staatsgefährdenden Bewegungen, Grenzschutz, Pressepolitik und Zensur, aber auch sozial-, wirtschafts- oder bildungspolitische Maßnahmen.[56] Die Kompetenz des Bundes griff entsprechend nur bei Themen, die den gesamten Bundesverband betrafen.[57] Allerdings sorgte der offen gehaltene Sicherheitsbegriff des Artikels 2 DBA dafür, dass die Kompetenz des Bundes ausgesprochen weit ausgedehnt werden konnte und – politische Einigkeit unter den Bundesstaaten voraus-

---

system. Zur sicherheitspolitischen Funktion des Deutschen Bundes aus europäischer Perspektive: Gruner, Deutscher Bund, S. 25 ff.; Schulz, Normen, S. 51 ff.

[52] Huber, Verfassungsgeschichte (Bd. 1), S. 594 ff.

[53] Vgl. Weiß, Kompetenzlehre, S. 27 ff.

[54] Frotscher/Pieroth, Verfassungsgeschichte, S. 122. Zur rechtlichen Integration im Deutschen Bund insgesamt: Müller, Nation, S. 391 ff.; Kesper-Biermann, Einheit, S. 235 ff.; Schöler, Rechtseinheit.

[55] Vgl. Gruner, Deutscher Bund, S. 29 ff.; Müller, Deutscher Bund, S. 76 ff.; Siemann, Staatenbund, S. 324 ff.; Treichel, Organisation, S. XII. Anderer Auffassung: Kotulla, Verfassungsgeschichte, S. 337.

[56] Vgl. Zachariä, Staats- und Bundesrecht (Bd. 2), S. 273 ff.

[57] Zachariä, Staats- und Bundesrecht (Bd. 2), S. 609.

gesetzt – »in Wahrheit weniger die Funktion einer wirklichen Zuständigkeitsbegrenzungsnorm für den Bund als diejenige einer Generalermächtigung« hatte.[58] Das Sicherheitsverständnis der Bundesakte darf dabei nicht mit einem modernen, auf nationaler Souveränität basierenden Sicherheitsverständnis verwechselt werden, auch wenn die Differenzierung zwischen innerer und äußerer Sicherheit diesen Eindruck erwecken könnte. Dass mit »Deutschland« eine abstrakte, überstaatliche Größe als sicherheitspolitischer Bezugspunkt gewählt wurde, weist auf ein kollektives, universalistisches Sicherheitsverständnis hin, welches nicht auf Größen wie Souveränität oder Nation beruhte, sondern für das Alte Reich bzw. die Vormoderne charakteristisch war.[59] Dieses Sicherheitsverständnis erleichterte und rechtfertigte die Formierung transnationaler Regimestrukturen im Bund, gleichzeitig waren damit aber auch Kollisionen zwischen der kollektiven Sicherheit des Bundesverbandes und der nationalen Sicherheit der Bundesstaaten strukturell angelegt. Wie für politische Mehrebenensysteme typisch, verliefen die Konfliktlinien zudem nicht nur vertikal zwischen Bund und Bundesstaaten, sondern auch horizontal zwischen den einzelnen Bundesstaaten, zwischen denen im Blick auf Verwaltungs- und Justizsysteme zum Teil erhebliche Unterschiede bestanden. Während etwa im Bereich der politischen Polizei in Österreich und Preußen schon früh erhebliche Spezialisierungs- und Professionalisierungsschübe eingetreten waren, setzten solche Tendenzen in den Klein- und Mittelstaaten deutlich später und häufig erst nach auswärtigem Druck ein.[60]

Das zentrale politische Organ und damit auch wichtigster sicherheitspolitischer Akteur des Deutschen Bundes war die Bundesversammlung bzw. der Bundestag, ein im Frankfurter Palais Thurn und

---

[58] Kotulla, Verfassungsgeschichte, S. 338. Ähnlich: Weiß, Kompetenzlehre, S. 29 f.
[59] Vgl. Härter, Security; Härter, Sicherheit und gute Policey. Interessant ist der Versuch Sabine Jabergs, den Deutschen Bundes mit dem politikwissenschaftlichen Modell des »Systems kollektiver Sicherheit« zu beschreiben. Dieser Versuch ist aber nicht wirklich überzeugend, da der Ansatz an sich ahistorisch ist und eine Tendenz zur Übersystematisierung feststellbar ist. Vgl. Jaberg, Systeme, S. 378 ff.
[60] Vgl. Siemann, Deutschlands Ruhe, S. 460 ff.

Taxis tagender Gesandtenkongress, der durch die österreichische »Präsidialgesandtschaft« geschäftsführend geleitet wurde. Zwar waren alle Bundesstaaten durch weisungsgebundene Gesandtschaften vertreten, allerdings wurden Entscheidungen in der Regel durch den so genannten »Engeren Rat« geschlossen. Hier hatten lediglich die elf größeren Bundesstaaten eine eigene »Virilstimme«. Die kleineren Bundesstaaten teilten sich sechs »Kuriatstimmen«. Der Engere Rat entschied mit einfacher Mehrheit, bei Stimmengleichheit war die Stimme der Präsidialgesandtschaft ausschlaggebend. Die Grundlage für Beschlüsse im Engeren Rat waren der Artikel 2 DBA und seine verschiedenen Spezifikationen in der WSA. Hiervon abweichend war das Entscheidungsverfahren bei außergewöhnlichen Bundesbeschlüssen auf Grundlage von Artikel 6 DBA, die die Grundgesetze des Bundes, die Bundesakte, permanente organische Bundeseinrichtungen zur Erreichung des Bundeszwecks sowie die vom Bundeszweck abweichenden gemeinnützigen Anordnungen sonstiger Art betrafen. Hier entschied die Bundesversammlung nicht im Format des Engeren Rats, sondern als »Plenum«. Dies bedeutete, dass jeder Bundesstaat eine eigene Stimme hatte und dass Beschlüsse einstimmig gefasst werden mussten.[61]

Die durch die Bundesversammlung erlassenen »Bundesbeschlüsse« hatten vor allem rechtssetzenden und rechtsfortbildenden Charakter.[62] Bundesbeschlüsse hatten unmittelbare Rechtswirksamkeit im Bundesgebiet, mussten also nicht bundesstaatlich umgesetzt werden.[63] Beschlüsse, die Rechte und Pflichten der Untertanen begründeten, bedurften jedoch einer Publikation. Im Konfliktfall brach Bundesrecht Landesrecht.[64] Darüber hinaus konnte die Bundesversammlung durch Bundesbeschlüsse aber auch »einer staatlichen Exekutive vergleichbare Institutionen, die zur Erreichung des Bundeszwecks, zur Ausübung der Bundesrechte und zur Besorgung der Bundesangelegenheiten notwendig waren«, schaffen.[65] Diese geschah etwa bei den Gründungen der Mainzer Zentraluntersu-

---

[61] Vgl. Huber, Verfassungsgeschichte (Bd. 1), S. 588 ff.; Kotulla, Verfassungsgeschichte, S. 333 ff.
[62] Kotulla, Verfassungsrecht, S. 56.
[63] Huber, Verfassungsgeschichte (Bd. 1), S. 598 ff.
[64] Huber, Verfassungsgeschichte (Bd. 1), S. 601 f.
[65] Kotulla, Verfassungsrecht, S. 56.

chungskommission und der Frankfurter Bundeszentralbehörde. Zudem konnte sie die beiden exekutiven Verfahren zum Schutz der inneren Sicherheit des Bundes, die »Bundesintervention« und »Bundesexekution«, einleiten. Unter einer Bundesintervention wurde die militärische Hilfeleistung des Bundes bei Unruhen innerhalb eines Bundesstaates verstanden, unter einer Bundesexekution militärische Zwangsmaßnahmen gegen Bundesstaaten, die bundesrechtliche Verpflichtungen verweigerten. Obwohl beide Verfahren in der Bundesgeschichte nur selten angewandt wurden, waren sie zentrale Bausteine des Bundesregimes.[66] Während das Szenario einer Bundesexekution die Bundesstaaten zum bundesfreundlichen Verhalten anhielt, stellte das Szenario einer Bundesintervention einen Antrieb dar, proaktiv gegen politische Dissidenten vorzugehen, da der Bund unter Umständen auch »unerbetene Hilfe« leisten konnte.[67] Gerade für die (süd-)westdeutschen Staaten waren diese Bedrohungsszenarien latent, da Preußen und Österreich in der Bundesfestung Mainz über große, schnell einsetzbare Truppenkontingente verfügten. Nach dem Frankfurter Wachensturm im April 1833 besetzten preußische und österreichische Truppen beispielsweise zunächst im Rahmen einer Bundesintervention Frankfurt, ohne dass ein Hilfsgesuch der Stadt ergangen war. Ein Jahr später wurde Frankfurt durch einen Exekutionsbeschluss gezwungen, seine Truppen dem preußisch-österreichischen Kommando zu unterstellen. Insgesamt war Frankfurt neun Jahre durch Bundestruppen besetzt.[68] Dass schon die Androhung einer Bundesexekution zur Disziplinierung vom Bundeskurs abweichender Bundesglieder ausreichte, zeigt das Beispiel Badens, das 1832 nach Androhung einer Bundesexekution ein neu eingeführtes, dem Bundesrecht widersprechendes Pressegesetz zurückzog.[69] Die Bundesversammlung konnte durch Bundesbeschlüsse zudem Verfassungsstreitigkeiten innerhalb der Bundesstaaten (»Bundesschiedsgerichtsbarkeit«) sowie Konflikte zwischen Bundesstaaten

---

[66] Zu Bundesexekution und Bundesintervention: Ham, Bundesintervention; Härter, Schlichtung, S. 140 ff.; Huber, Bundesexekution; Huber, Verfassungsgeschichte (Bd. 1), S. 631 ff.; Pannkoke, Einsatz, S. 7 ff.
[67] Huber, Verfassungsgeschichte (Bd. 1), S. 631.
[68] Huber, Verfassungsgeschichte (Bd. 2), S. 167 ff.; Schmidt, Wachensturm, S. 50 ff.
[69] Siehe hierzu: Arnold, Pressefreiheit.

(»Vermittlungsverfahren«, »Austrägalverfahren«) regulieren. Für den hier behandelten Themenkomplex spielt dieser Aspekt zwar keine besondere Rolle, jedoch spiegelt sich in ihm die »friedenssichernde« Funktion des Deutschen Bundes wider.[70]

Ein wesentlicher Teil der politischen Arbeit der Bundesversammlung fand in den so genannten »Bundestagsausschüssen« bzw. »Bundestagskommissionen« statt.[71] Diese setzten sich grundsätzlich aus fünf Bundestagsgesandten zusammen und waren mit der Bearbeitung bestimmter Themenbereiche betraut. Für die Bundestagsausschüsse bestand seit 1819 eine eigene Geschäftsordnung.[72] Während die meisten Kommissionen nach abschließender Bearbeitung wieder aufgelöst wurden, bestanden laut Wolfram Siemann insgesamt sieben Themenfelder, die nahezu durchgängig von einem Bundestagsausschuss bearbeitet wurden: 1) Kassen- und Finanzwesen des Bundes, 2) Überwachung des Vollzugs von Bundesbeschlüssen, 3) Militärangelegenheiten, 4) Petitionswesen, 5) Kontrolle der Presse, 6) Verfassungsschutz des Bundes, 7) Verfassungskontrolle oder -revision in den Mitgliedstaaten.[73] Dabei darf die kontinuierliche Bearbeitung eines Themenfeldes jedoch nicht mit institutioneller Permanenz gleichgesetzt werden, die vom juristischen Diskurs des 19. Jahrhunderts als wesentliches Differenzierungsmerkmal zwischen den Bundestagsausschüssen hervorgehoben wurde. Als permanent in diesem Sinne galten lediglich die Exekutionskommission, der Militärausschuss, die Finanzkommission, die Reklamationskommission und die Kommission zur Begutachtung der Privat-Eingaben.[74] Dass Bun-

---

[70] Zu den judikativen Institutionen, Instrumenten und Kompetenzen des Deutschen Bundes: Härter, Schlichtung, S. 133 ff.; Huber, Verfassungsgeschichte (Bd. 1), S. 621 ff.; Müller-Kinet, Gerichtsbarkeit; Zollmann, Austrägalgerichtsbarkeit.

[71] Zu den rechtlichen Rahmenbedingungen des Kommissionswesens des Deutschen Bundes siehe: Dresch, Öffentliches Recht, S. 114 ff.; Jordan, Lehrbuch, S. 333; Klüber, Öffentliches Recht, S. 181 ff.; Weiss, System, S. 158 ff.; Zachariä, Staats- und Bundesrecht (Bd. 2), S. 668 ff.; Zoepfl, Grundsätze (Bd. 1), S. 330 ff.

[72] Geschäftsordnung für die Bundestags-Commissionen vom 29. April 1819, in: Meyer, Corpus Juris (Teil 2), S. 80 ff. Siehe auch: Treichel, Kommissionen, S. 352.

[73] Siemann, Wandel, S. 63.

[74] Zachariä, Staats- und Bundesrecht (Bd. 2), S. 669 f.

destagsausschüsse in der Regel befristet arbeiteten, zeigt zwar, dass es dem Deutschen Bund kaum gelang Politikfelder dauerhaft zu besetzen, muss aber nicht zwangsläufig als ein Zeichen von Ineffizienz oder Passivität gewertet werden. Denn die vergleichsweise hohe Zahl von Bundestagsausschüssen könnte auch als Hinweis darauf gedeutet werden, dass die Bundesversammlung offenbar in der Lage war, flexibel und angepasst auf politische Problemstellungen zu reagieren. Die Tätigkeit und Rolle der Bundestagsausschüsse sind allerdings nahezu unerforscht.[75] Deshalb soll im Laufe der Arbeit der Nebenfrage nachgegangen werden, welche Bedeutung Bundestagsausschüsse für das Bundesregime als sicherheitspolitische Akteure und Instrumente hatten.

Weiterhin existierte eine terminologisch und funktional heterogene Gruppe von Behörden und Kommissionen des Bundes, deren gemeinsames Merkmal es war, dass sie sich nicht aus Bundestagsgesandten, sondern aus Experten aus den Bundesstaaten zusammensetzten.[76] Für diese Gremien etablierte Theodor Schmalz 1825 in Abgrenzung zu den Bundestagsausschüssen den Begriff der »Bundeskommission«. An diese Bundeskommissionen delegierte die Bundesversammlung Aufgaben, die aufgrund des zeitlichen und thematischen Umfangs nicht durch sie selbst wahrgenommen werden konnten:

> »Manche Geschäfte, vorzüglich Vorarbeiten zu künftiger Erörterung und Entscheidung wichtiger Gegenstände, würde die Versammlung auch im engern Rathe nicht besorgen können. Darum kann der Bund für dergleichen Geschäfte Commissionen anordnen, welche aber an die Grenzen ihres Auftrages gebunden sind. Es sind aber solche Commissionen entweder aus dem Mittel der Bundes-Tages-Gesandten selbst genommen und werden von ihnen als Ausschüsse gewählt, oder sie sind von denen Bundes-Regierungen ausser dem Corps der Bundes-Versammlung angestellt. Jene könnte man Bundes-Tages-Commission, diese Bundes-Commissionen nennen.«[77]

Zu den Bundeskommissionen wurden erstens die organischen Bundeseinrichtungen nach Artikel 6 DBA gezählt. Hierbei handelte es

---

75 Siehe hierzu: Müller, Ökonomische Nationsbildung; Siemann, Wandel; Treichel, Kommissionen.
76 Müller, Ökonomische Nationsbildung, S. 293.
77 Schmalz, Staatsrecht, S. 372 f.

sich um Institutionen, »die zur staatsrechtlich-politischen Organisation des Bundes, also zu seinem Verfassungsgefüge, gehörten«.[78] Dies waren die technische Militärkommission, die Austrägalgerichtsbarkeit und das Bundesschiedsgericht. Zweitens wurden hierzu administrative Einheiten wie die Bundeskanzlei und die Reichskammergerichts-Archivkommission sowie drittens auf Grundlage von Artikel 2 DBA einberufene, temporäre Sachverständigenkommissionen zur Erfüllung des Bundeszwecks gezählt.[79] Hierzu wurden in erster Linie die Zentraluntersuchungskommission und die Bundeszentralbehörde gezählt, die administrativ und beratend agierten und wesentliche sicherheitspolitische Akteure bei der Bekämpfung dissidenter Gruppen im Vormärz waren. Darüber hinaus existierte aber insbesondere im Nachmärz eine große Zahl von beratenden Sachverständigenkommissionen, deren Arbeit bisher noch nicht systematisch untersucht wurde.[80]

Die Entscheidungsfindung im Deutschen Bund fand nicht nur innerhalb des institutionellen Gefüges der Bundesversammlung statt, sondern war durch unmittelbare bi- und multilaterale Verhandlungen zwischen den Bundesregierungen geprägt. Insbesondere Grundsatzentscheidungen wurden auf gesonderten Konferenzen zwischen allen oder den wichtigsten Bundesregierungen besprochen. Dies waren die Karlsbader Konferenz 1819, die Wiener Ministerialkonferenz 1819/20, die Wiener Kabinettskonferenz 1834 und die Dresdener Konferenz 1850/51.[81] Auch wenn die Praxis bundesrechtlich nicht legitimiert war, die kleineren Bundesregierungen häufig übergangen wurden und Konferenzbeschlüsse einer bundesrechtlichen Umsetzung durch die Bundesversammlung bedurften, kann hierin ein die Bundesverfassung ergänzendes Instrument gesehen werden, mit dessen Hilfe die Bundesregierungen ihre Kommunikation optimierten. Überhaupt lässt sich die Funktionalität der Bundesver-

---

[78] Huber, Verfassungsgeschichte (Bd. 1), S. 591.
[79] Vgl. Schmalz, Staatsrecht, S. 372 f.; Weiss, System, S. 160; Zachariä, Deutsches Staats- und Bundesrecht (Bd. 2), S. 671 ff.; Zoepfl, Grundsätze (Bd. 1), S. 333 f.
[80] Müller, Ökonomische Nationsbildung, S. 293 ff.
[81] Zu einzelnen Konferenzen: Büssem, Karlsbader Beschlüsse; Flöter/Wartenberg, Dresdener Konferenz; Müller, Dresdener Konferenz; Zerback, Reformpläne, S. XXXIX ff.

sammlung nicht an ihrer legislativen Tätigkeit messen bzw. mit einem modernen Parlament vergleichen. Vielmehr stellte sie ein mit dem alten Reichstag vergleichbares Informations- und Kommunikationssystem dar,[82] das den Bundesstaaten die Möglichkeit bot, politische Positionen und Interessen zu artikulieren, Konflikte formell und informell zu regulieren, Informationen auszutauschen, politische Kontakte aufzubauen und Netzwerke zu pflegen.[83]

Politische Kohärenz und Integration wurden entsprechend nicht nur durch positive Bundesbeschlüsse, sondern auch durch kontinuierlichen politischen Austausch erreicht. Dieser Effekt zeigte sich etwa im Bereich der Außenpolitik. Grundsätzlich war der Deutsche Bund ein selbständiges Völkerrechtssubjekt und damit im Rahmen seiner Kompetenzen im Prinzip auch in der Lage eine eigenständige Außenpolitik zu betreiben.[84] Im Blick auf die hier relevanten Themengebiete hätten hierunter neben diplomatischen Initiativen auch der Abschluss von völkerrechtlichen Verträgen oder sogar sicherheitspolitische Kooperationen zwischen Bundesinstitutionen und Behörden auswärtiger Staaten gehören können. Dies geschah jedoch kaum, da die Bundesstaaten einer eigenständigen Außenpolitik des Bundes nicht zustimmten, um ein Maximum an eigener Souveränität zu wahren.[85] Im Bereich der Bekämpfung politischer Kriminalität begrenzten sich die außenpolitischen Aktivitäten des Deutschen Bundes auf vereinzelte Protestnoten an die westeuropäischen Asylländer, die meistens eher innenpolitisch motiviert waren.[86] Die außenpolitische Vertretung Deutschlands wurde vielmehr stellvertretend durch Österreich und Preußen wahrgenommen,[87] wobei Udo Ziegenhorn zu dem negativen Befund kommt, die beiden Großmächte hätten den Deutschen Bund einseitig zur Durchsetzung ihrer außenpolitischen Interessen instrumentalisiert:

---

[82] Vgl. Friedrich, Drehscheibe.
[83] Vgl. Härter, Permanent Imperial Diet, S. 132. Als Beispiel für die Funktion der Bundesversammlung als politisches Forum, können die politischen Koordinationsbemühungen der Mittelstaaten betrachtet werden. Siehe hierzu: Burg, Trias, S. 153 ff.
[84] Vgl. Huber, Verfassungsgeschichte (Bd. 1), S. 603 ff.; Weiß, Kompetenzlehre, S. 37 ff.; Ziegenhorn, Zuständigkeiten, S. 4 ff.
[85] Angelow, Deutscher Bund, S. 11.
[86] Vgl. Ziegenhorn, Zuständigkeiten, S. 83 ff.
[87] Vgl. Doering-Manteuffel, Deutsche Frage, S. 20.

»Trotz der grundsätzlichen außenpolitischen Selbständigkeit der deutschen Einzelstaaten waren sie in ihren äußeren Verhältnissen in starkem Maße von der Bundesversammlung abhängig. Die Institution des Deutschen Bundes war das Mittel, das Österreich und Preußen immer wieder befähigte, in die auswärtige Politik der kleineren deutschen Staaten einzugreifen. Das ›dritte Deutschland‹ stand außenpolitisch unter der Hegemonie Österreichs und Preußens.«[88]

Auch wenn diesem Urteil grundsätzlich wohl zuzustimmen ist, sollte die außenpolitische Rollenverteilung innerhalb des Deutschen Bundes differenzierter betrachtet werden. Denn es sind durchaus Konstellationen denkbar, in denen eine außenpolitische Vertretung durch die beiden Großmächte im Interesse der kleineren und mittleren deutschen Staaten gelegen haben könnte, da diese selbst nur wenig außenpolitisches Kapital einbrachten. Inwieweit außenpolitische Initiativen der Großmächte vielleicht sogar eingefordert wurden und ob zumindest die Mittelmächte bei außenpolitischen Fragen, die den gesamten Bundesverband betreffen, ihren Einfluss geltend machen konnten, lässt sich aber kaum beantworten. Als Nebenaspekt soll diese Thematik daher zumindest im Auge behalten werden.

2.3 Strafrecht und Strafverfahren im Vormärz

Strafrecht und Strafverfahren sind für das Verständnis des Bundesregimes von großer Bedeutung und sollen deswegen im Folgenden ausführlicher dargestellt werden. Denn die durch das Bundesregime ausgebildeten Normen, Institutionen und Verfahren und die hiermit verbundenen Diskurse und praktischen Problemstellungen lassen sich erst durch die Einordnung in einen allgemeinen strafrechtlichen Kontext angemessen analysieren. Der Deutsche Bund hatte grundsätzlich keine Kompetenzen in strafrechtlichen Angelegenheiten.[89] Dies bedeutete jedoch nicht, dass er ein vollkommen fragmentierter und unverbundener Strafrechtsraum war. Direkt oder indirekt bildete in der ersten Hälfte des 19. Jahrhunderts in den meisten deutschen Staaten nämlich weiterhin das aus dem Alten Reich über-

---

[88] Ziegenhorn, Zuständigkeiten, S. 117. Zu einer ähnlich negativen Bewertung kommt: Angelow, Deutscher Bund, S. 12.
[89] Vgl. Zachariä, Bedeutung, S. 209 f.

nommene »Gemeine Strafrecht« die Grundlage für die Strafrechtsprechung, dessen zentraler Bezugspunkt die »Peinliche Halsgerichtsordnung« Kaiser Karls V. von 1532, die »Carolina«, sowie eine Reihe modifizierender und ergänzender Normen der Bundesstaaten und der juristische Diskurs waren.[90] Mit der Auflösung des Alten Reiches und der Formierung souveräner deutscher Einzelstaaten mit eigenständigen Strafrechtssystemen hatte das Gemeine Strafrecht zwar augenscheinlich seinen normativen Charakter verloren, wurde jedoch weiterhin in akademischer Ausbildung und administrativer Sozialisation vermittelt und blieb ein wesentlicher Referenzrahmen bei normativen Konzeptionen und in der Rechtspraxis.[91] Erst im Laufe des Vormärz wurde es allmählich durch einzelstaatliche Kodifikationen abgelöst, wobei dieser Prozess in einem gesamtdeutschen Strafgesetzgebungsdiskurs eingebettet war, so dass die deutschen Strafrechtssysteme zwar nicht auf normativer, aber auf diskursiver Ebene eng miteinander verwoben waren.[92] Neuere, umfassende Kodifikationen bestanden zunächst nur in Preußen (Allgemeines Landrecht für die Preußischen Staaten von 1794), Österreich (Strafgesetz über Verbrechen und schwere Polizeiübertretungen von 1803), Bayern (Bayrisches Strafgesetzbuch von 1813) und Oldenburg (Oldenburgisches Strafgesetzbuch von 1814). Allerdings galten lediglich das bayrische und das daran angelehnte oldenburgische Strafgesetzbuch zumindest partiell als modern in dem Sinne, dass eine an das nachrevolutionäre französische Recht angelehnte Humanisierung, Rationalisierung und Nationalisierung des Strafrechts stattgefunden hatte.[93] Die preußischen und österreichischen Kodifikationen waren dagegen stark am Gemeinen Strafrecht orientiert.[94] Erst gegen Ende des Vormärz folgten Sachsen (1838), Württemberg (1839), Braunschweig (1840), Hannover (1840), Hessen-Darmstadt (1841) und Baden (1845/51), Preußen (1851) und Österreich (1852)

---

[90] Härter, Entwicklung, S. 84; Kesper-Biermann, Einheit, S. 16 f.
[91] Siehe z.B. Feuerbach, Lehrbuch; Heffter, Lehrbuch; Jarcke, Handbuch; Martin, Lehrbuch; Mittermaier, Strafverfahren (2 Bände); Wächter, Gemeines Recht.
[92] Vgl. Kesper-Biermann, Einheit, S. 53 ff.
[93] Vgl. Härter, Entwicklung, S. 86.
[94] Härter, Entwicklung, S. 80; Schmidt, Strafrechtspflege, S. 246 ff.

erst nach der 48er Revolution.[95] Eine Besonderheit war, dass die Strafrechtsprechung in den linksrheinischen Territorien Preußens, Bayerns und Hessen-Darmstadts teilweise nach französischem Recht erfolgte, so dass auf normativer Ebene nicht einmal alle Bundesstaaten homogene Strafrechtsräume waren.[96]

Auf Verfahrensebene dominierte im Vormärz das »Inquisitionsverfahren«. Dieses war durch eine Zweiteilung in ein polizeiliches Untersuchungsverfahren und ein gerichtliches Entscheidungsverfahren gekennzeichnet.[97] Das Untersuchungsverfahren wurde in der Regel durch lokale Polizei- bzw. Verwaltungsbehörden geführt, die im Blick auf ihre strafrechtliche Funktion systematisch als »Untergerichte« zusammengefasst wurden.[98] Obwohl sich bei diesen Behörden zunehmend Spezialisierungs- und Professionalisierungstendenzen beobachten ließen, erfüllten sie häufig weitere justizielle und administrative Funktionen. So war beispielsweise das Universitätsamt Heidelberg nicht nur für die strafrechtliche Untersuchung von Studenten, sondern auch für das Immatrikulationswesen, die erstinstanzliche Bearbeitung von Zivilrechtsfällen sowie Disziplinarfällen bzw. die Durchsetzung des universitären Polizeirechts zuständig.[99] Diese Verschränkung zwischen administrativen und justiziellen Funktionen auf lokaler Ebene kann als ein wesentliches Merkmal des Inquisitionsverfahrens angesehen werden. Im Rahmen der »Offizialmaxime« waren die lokalen Behörden nämlich verpflichtet, ein Untersuchungsverfahren einzuleiten, sobald der Verdacht einer Straftat vorlag. Es handelte sich beim Inquisitionsverfahren entsprechend nicht nur um ein »strafprozessuales Institut«,[100] sondern um einen Gesamtkomplex sozialer Kontrollmechanismen, in dem Überwachen und Strafen eng miteinander verwoben waren.[101]

---

[95] Zu den verschiedenen Kodifikationen und Kodifikationsprojekten: Kesper-Biermann, Einheit, S. 136 ff.
[96] Zum französischen Strafrecht in den linksrheinischen Territorien: Brandt, Entstehung; Gallo, Verhandlungen; Kleinbreuer, Strafgesetzbuch; Klein, Kriminalpolitik.
[97] Härter, Strafverfahren, S. 467 ff.
[98] Mittermaier, Strafverfahren (Bd. 1), S. 244 f.
[99] Weisert, Verfassung, S. 92.
[100] Ignor, Strafprozess, S. 18.
[101] Vgl. Härter, Folter, S. 90 f.; Härter, Strafverfahren, S. 469.

Das Untersuchungsverfahren gliederte sich in zwei Verfahrensabschnitte, die sich in der Praxis jedoch bis zur Unkenntlichkeit überlagerten. Die Voruntersuchung (»Generalinquisition«) diente der Feststellung der Straftat bzw. des Tatbestandes (»corpus delicti«), der Ermittlung und Festnahme von Tatverdächtigen sowie der Sicherung von Beweisen. Ziel und Zweck der sich anschließenden Hauptuntersuchung (»Spezialinquisition«) war die Überführung der Tatverdächtigen. Für diese war in den meisten deutschen Bundesstaaten auch im Vormärz noch die Erlangung eines Geständnisses erforderlich. Reine Indizienprozesse waren nur in wenigen Bundesstaaten und unter einschränkenden Voraussetzungen möglich, etwa in Österreich, Preußen, Hannover oder Bremen.[102] Das zentrale Instrument der Untersuchungsführung war das »artikulierte Verhör«, in dem der Beschuldigte (»Inquisit«) durch den Untersuchungsrichter (»Inquirent«) über die Tatumstände und darüber hinausgehende allgemeine Informationen befragt wurde und das in umfangreichen »Verhör-« oder »Inquisitionsprotokollen« dokumentiert wurde.[103] Verhöre dienten jedoch nicht nur der Überführung von Tatverdächtigen, sondern waren auch mit dem Ziel verbunden, Informationen über Mittäter, weitere Verbrechen und allgemeine Strukturen des kriminellen Milieus zu generieren, so dass ihnen neben der strafrechtlichen auch eine sicherheits- oder präventivpolizeiliche Funktion zukam:

> »Dem Wahrheitsprinzip und der Instruktionsmaxime des Inquisitionsprozesses folgend war es Aufgabe des lokalen Untersuchungs- und Ermittlungsverfahrens, ex officio die vollständigen Umstände einer Tat aufzuklären, alle potentiellen Verbrechen zu verfolgen und damit auch präventiv Verbrechen möglichst zu verhindern oder die Strafverfolgung zu effektivieren. Verhör und Untersuchungshaft richteten sich auf Geständnis, Tatnachweis, Tatumstände, Komplizen, Beute und die Ermittlung weiterer, noch unbekannter Verbrechen oder auf die Zuweisung von Verbrechen, für die noch kein Täter ermittelt werden konnte. Verdächtige und Inquisiten unterlagen der ›Wahrheitspflicht‹ und der ›Aussagepflicht‹; Verhör und Inquisitionshaft (Untersuchungshaft) konnten auf Monate oder gar Jahre ausgedehnt werden. Die Pflicht, alle Verbrechen zu verfolgen und zu bestrafen, konnte dazu führen, dass sich Ermittlungen

---

102 Vgl. Zachariä, Handbuch (Bd. 2), S. 452.
103 Härter, Strafverfahren, S. 469 ff. Siehe auch: Niehaus, Verhör, S. 225 ff.

zeitlich bis zu 10 Jahre in die Vergangenheit und räumlich weit über ein Territorium hinaus erstreckten (...).«[104]

Im Vormärz drückte sich diese Funktion des Inquisitionsverfahrens in einer umfassenden »staatspolizeilichen« Durchdringung politischer Strafprozesse aus, bei der »die möglichst umfassende Ermittlung weitverzweigter politischer Verschwörungen« Vorrang vor der Sanktion rechtswidrigen Verhaltens hatte.[105] Diese Aufgabe wurde insbesondere von den Justizbehörden bei- bzw. übergeordneten Kommissionen wahrgenommen, die auf Bundes- und teilweise auch auf Landesebene angesiedelt waren. Die neben der Mainzer Zentraluntersuchungskommission und der Frankfurter Bundeszentralbehörde des Deutschen Bundes wichtigsten dieser Kommissionen waren die zwischen 1819 und 1828 sowie 1833 und 1840 bestehenden preußischen Ministerialkommissionen.[106] Deren Aufgabe bestand in der Steuerung politischer Strafprozesse im Blick auf polizeiliche Aspekte, wobei sie den Justizbehörden übergeordnet waren. Diese Untersuchungszielsetzung wurde besonders pointiert in einer am 7. Oktober 1833 erlassenen Instruktion an das Berliner Kammergericht formuliert, in welcher dieses über die Kompetenzen der Ministerialkommission informiert wurde:

> »Der Zweck der Untersuchungen ist nicht bloß auf die Ermittlung der Strafbarkeit der einzelnen Verbrechen und ihrer Teilnehmer, sondern wesentlicher noch auf die Verfolgung aller Spuren gerichtet, auf welchen man irgend nur erwarten darf, die Verzweigungen einer weit verbreiteten Verbindung wider die bestehende gesellschaftliche Ordnung nicht allein in den Staaten des deutschen Bundes, sondern auch, hinsichtlich ihres Einflußes auf Deutschland, in den benachbarten Ländern zu entdecken.«[107]

Während die »Konfrontation« – ein Verfahren, bei dem mehrere Tatverdächtige oder Zeugen gegenübergestellt wurden, – als effektives, psychologisch druckvolles Mittel zur Geständnisgewinnung

---

[104] Härter, Folter, S. 90.
[105] Siemann, Vorrang, S. 200.
[106] Zur Ministerialkommission: Nolte, Demagogen, S. 98 f.; Siemann, Deutschlands Ruhe, S. 186 ff.; Siemann, Vorrang.
[107] Weisung an Kammergericht, 7. Oktober 1833, in: GStA PK Berlin, III. HA, MdA, Abt. I, Nr. 8197.

weiterhin häufig eingesetzt wurde,[108] galt dies für die »Folter« zumindest formell nicht. Bis in die 1820er Jahre war sie in allen deutschen Staaten verboten worden.[109] Ein interessantes Phänomen ist, dass augenscheinlich ein direkter Zusammenhang zwischen der Abschaffung der Folter und vergleichsweise hohen Freispruchraten bestand, die erst mit der flächendeckenden Einführung des Indizienprozesses zurückgingen.[110] Allerdings bestand weiterhin die Möglichkeit, Verdächtige durch Erschwerung der Haftbedingungen, der zeitlich unbestimmten Verlängerung des Untersuchungsverfahrens und durch »Ungehorsamsstrafen«, mit denen der Untersuchungsführer unkooperatives Verhalten sanktionieren konnte, physisch und psychisch unter Druck zu setzen.[111] Allerdings wurden solche Verfahren auch wegen einer zunehmend kritischen öffentlichen Beobachtung des Justizwesens eher selten eingesetzt.[112] Erwähnenswert ist insbesondere der berühmte Fall Friedrich Ludwig Weidigs, bei dem es zu einem massiven Einsatz von Ungehorsamsstrafen durch den Untersuchungsrichter Konrad Georgi kam, die in kausalen Zusammenhang mit dem Selbstmord des Beschuldigten gesetzt wurden und die eine öffentliche Diskussion über die »Gebrechen« des inquisitorischen Untersuchungsverfahrens auslösten.[113]

Auch das Entscheidungsverfahren beruhte im Kern auf den hergebrachten inquisitorischen Verfahrensformen.[114] Nach Abschluss des Untersuchungsverfahrens sandte der Untersuchungsrichter einen Bericht sowie sämtliche Akten an ein Spruchkollegium. Dabei handelte es sich in den meisten Staaten um mit Berufsrichtern besetzte Richterkollegien, die organisatorisch in ein Gericht integriert waren und auch die Aufsicht über das lokale Untersuchungsverfahren führten. In einigen kleineren Bundesstaaten wurden die Spruchkol-

---

[108] Härter, Strafverfahren, S. 470; Mittermaier, Strafverfahren (Bd. 1), S. 511 ff.
[109] Zur Geschichte der Folter siehe z. B. Altenhain/Willenberg, Folter; Kesper-Biermann, Anti-Torture Regime; Langbein, Torture; Schmoeckel, Abschaffung; Zagolla, Folter.
[110] Härter, Entwicklung, S. 106; Moses, Kriminalität, S. 144 ff.
[111] Härter, Folter, S. 104 ff.; Mittermaier, Strafverfahren (Bd. 1), S. 502 f.; Willenberg, Lügen- und Ungehorsamsstrafen.
[112] Härter, Folter, S. 113 f.
[113] Vgl. Ignor, Strafprozess, S. 225 ff.
[114] Härter, Entwicklung, S. 105 f.

legien jedoch bis weit in den Vormärz aus Mitgliedern von externen juristischen Fakultäten oder Honoratioren (»Schöffen«) gebildet.[115] Diese Praxis wurde erst 1835 durch einen Bundesbeschluss verboten.[116] Nach dem Eingang der Akten beim Spruchkollegium wurde der Fall von einem »Referenten« bearbeitet, der nach strengen formellen Vorgaben ein Gutachten anfertigte (»Relation«), auf dessen Grundlage das Gesamtkollegium per Abstimmung das Urteil fällte. Charakteristisch für den gemeinrechtlichen Strafprozess war, dass bei der Urteilsfällung nicht nur auf die Carolina und ergänzende territoriale bzw. bundesstaatliche Strafgesetze zurückgegriffen wurde, sondern auch auf rechtswissenschaftliche Kommentare, Lehrbücher und Urteilssammlungen, so dass keine fixe, mit einer Strafrechtskodifikation vergleichbare normative Grundlage bestand.[117] Hieraus ergaben sich ein breiter Ermessensspielraum für die Gerichte und erhebliche Differenzen in der Spruchpraxis, woran sich im Vormärz wenig geändert hatte. Die Einführung von Strafrechtskodifikationen, aber auch von Staatsanwaltschaften hatte entsprechend nicht nur die Gewährleistung von Rechten der Angeklagten zum Ziel, sondern auch die normative und institutionelle Einhegung der Gerichte im staatlichen Sinne:

> »Der Entscheidungsspielraum der Richter beziehungsweise staatlicher Funktionsträger ähnelte jedenfalls durchaus vormodernen Strukturen: Zwar war er durch Strafgesetzgebung und Kodifikationen und die gesetzliche Bindung des Richters allmählich normativ-formal eingeschränkt worden, dennoch blieb genügend Spielraum zur freien subjektiven Beweiswürdigung und Festsetzung von Strafen nach den jeweiligen ›Umständen‹.«[118]

Die Entscheidungsfindung fand damit überwiegend im »Geheimen« statt und beruhte auf dem Prinzip der »Schriftlichkeit«. Eine Ausnahme bildeten lediglich die ehemals französischen Territorien am linken Rheinufer, in denen die Rechtsprechung nach französischen Rechtsgrundsätzen erfolgte und im Vergleich zum Inquisitionsprozess besonders durch Öffentlichkeit und Mündlichkeit des Verfahrens

---

115 Vgl. Oestmann, Aktenversendung.
116 Hierzu ausführlich: Kapitel 3.2.4.1, S. 246 ff.
117 Härter, Strafverfahren, S. 476.
118 Härter, Entwicklung, S. 106.

– also dem persönlichen Kontakt zwischen Richter und Angeklagten – sowie der Hinzuziehung von Geschworenen bei schweren Straftaten gekennzeichnet war.[119]
Obwohl gerade die Justizhoheit als Kernkompetenz und zentrales Souveränitätsmerkmal der Bundesstaaten aufgefasst wurde, bestanden für den Deutschen Bund zwei Möglichkeiten, auf die Strafgesetzgebung Einfluss zu nehmen. Eine Möglichkeit lag in der Kompetenz der Bundesversammlung, Beschlüsse wegen gemeinnütziger, aber nicht durch die Bundesakte abgedeckter Themenfelder zu erlassen (Artikel 6 DBA).[120] August Wilhelm Heffter äußerte noch 1840 die Hoffnung, diese Möglichkeit möge in naher Zukunft »(...) zu einem gemeinsamen Strafgesetzbuche für Deutschland, wenigstens zur Vereinigung über gewisse Kardinalpunkte führen«, jedoch wurde sie kaum und wenn nur punktuell zur strafrechtlichen Integration genutzt.[121] Neben dem im nächsten Unterkapitel besprochenen Bundesbeschluss über die Auslieferung von Deserteuren, entstanden im Vormärz auf dieser Grundlage nur zwei weitere strafrechtliche Bundesbeschlüsse, die die Bestrafung von Urheberrechtsverstößen[122] sowie die Kriminalisierung des Sklavenhandels[123] betrafen. Die zweite Möglichkeit des Bundes bestand in der Kompetenz der Bundesversammlung, Maßnahmen zum Erreichen des Bundeszwecks, der »Erhaltung der äußeren und inneren Sicherheit Deutschlands und der Unabhängigkeit und Unverletzbarkeit der einzelnen deutschen Staaten«, zu ergreifen (Artikel 2 DBA).[124] Obwohl der Bund über Artikel 2 DBA am umfassendsten und langfristigsten die Strafgesetzgebung der Bundesstaaten beeinflusste, wurde diese Kom-

---

119 Vgl. Härter, Entwicklung, S. 81 ff.
120 Vgl. Kesper-Biermann, Einheit, S. 240 ff.
121 Heffter, Einfluß, S. 223 f.
122 Bundesbeschluss wegen der Annahme gleichförmiger Grundsätze gegen den Nachdruck vom 9. November 1837, in: Protokolle Bundesversammlung 1837, 31. Sitzung, Separatprotokoll, S. 846^g f. Siehe auch: Meyer, Corpus Juris (Teil 2), S. 351 f.; Kotulla, Verfassungsrecht, S. 779 ff. Vgl. Heffter, Einfluß, S. 223.
123 Bundesbeschluss wegen der Unterdrückung des Sklavenhandels vom 19. Juni 1845, in: Protokolle Bundesversammlung 1845, 21. Sitzung, § 227, S. 537 f. Siehe auch: Meyer, Corpus Juris (Teil 2), S. 433; Kotulla, Verfassungsrecht (Bd. 1), S. 789 f. Vgl. Zachariä, Bedeutung, S. 214.
124 Vgl. Huber, Verfassungsgeschichte (Bd. 1), S. 594 ff.; Kotulla, Verfassungsgeschichte, S. 338 f.

petenz im juristischen Diskurs nicht als Instrument langfristiger Kriminalpolitik, sondern nur als außerordentliches Mittel zur Handhabung von Sicherheitsbedrohungen bewertet.[125] Überblickt man die strafrechtlichen Maßnahmen des Deutschen Bundes im Bereich der politischen Kriminalität, fällt jedoch auf, dass diese durchaus Felder betrafen, die vom juristischen Diskurs als reformbedürftig betrachtet wurden. Hierzu gehörten insbesondere die weite Auslegungskompetenz der Gerichte im Rahmen des inquisitorischen Verfahrens, die zu großen Unterschieden in den Urteilssprüchen führte, aber auch die wegen des großen Einflusses nichtstaatlicher Akteure als problematisch empfundene exterritoriale Aktenversendung an Universitäten und Schöffenstühle.[126] Trotzdem folgten diese Maßnahmen kaum einem reformatorischen Impuls oder gar einem rechtspolitischen Konzept, sondern waren das Ergebnis punktueller sicherheitspolitischer Erwägungen und zielten in erster Linie auf die Kontrolle bzw. die Exklusion von als politisch unzuverlässig eingeschätzten judikativen Akteuren ab.[127]

2.4 Transnationales Strafrecht im Deutschen Bund

Die folgenden Ausführungen beziehen sich auf Normen, Institutionen und Verfahren transnationalen Strafrechts innerhalb des Deutschen Bundes. Unter transnationalem Strafrecht wird keine geschlossene, systematische Rechtsmaterie verstanden, sondern die Summe der Normen, Institutionen und Verfahren, die für die grenzübergreifende Strafverfolgung im Deutschen Bund relevant waren. Diese waren wegen der transnationalen / föderalen Struktur des Deutschen Bundes für das Bundesregime von zentraler Bedeutung. Die Funktion des Kapitels liegt entsprechend darin, transnationales Strafrecht als wesentlichen Teilbereich und Rahmen des Regimes einzuführen. Zentrale Elemente oder Untersuchungsfelder sind etwa die Problematik des »Gerichtsstands«, die Frage nach einer grenzübergrei-

---

[125] Heffter, Einfluß, S. 225.
[126] Vgl. Härter, Sicherheit des Rechts.
[127] Zu den strafrechtlichen Diskursen und Maßnahmen auf Bundesebene siehe: Kapitel 3.1.4, S. 150 ff. und Kapitel 3.2.4, S. 246 ff.

fenden »Verfolgungs- und Bestrafungspflicht«, das »Requisitionswesen«, »Nacheile«, »Auslieferung«, »Asyl« oder »Ausweisung«.[128]

Grundlegend ist das Modell der »normativen Ordnung«. Hierunter wird allgemein ein Komplex expliziter und impliziter Normen, Prinzipien, Werte oder Traditionen verstanden, der nicht statisch und unumstritten, jedoch so stabil und akzeptiert ist, dass er rechtliche, politische und soziale Verhältnisse über einen längeren Zeitraum strukturiert.[129] Auf das Themenfeld der grenzübergreifenden Strafverfolgung im Deutschen Bund angewendet bedeutet dies, dass die normative Ordnung transnationalen Strafrechts im Deutschen Bund neben Bundesrecht auch andere explizite bzw. geschriebene Normen, etwa bi- und multilaterale Verträge oder Gesetze der Bundesstaaten, beinhaltete. Darüber hinaus waren es aber auch implizite oder ungeschriebene Normen, die sich in rechtlichen, politischen und administrativen Diskursen und Praktiken manifestierten. Diese normative Ordnung ist mit den als transnationales Regime konzipierten Normen, Diskursen und Praktiken zum Umgang mit grenzübergreifender politischer Kriminalität verknüpft, aber nicht deckungsgleich. Die normative Ordnung transnationalen Strafrechts bildet vielmehr den zentralen normativen Teilaspekt des Regimes, geht in ihrer Wirkung aber über den Regelungsgegenstand politische Kriminalität hinaus.

Die wichtigsten Grundlagen transnationalen Strafrechts im Deutschen Bund waren auch nach der Auflösung des Alten Reiches die gemeinrechtlichen Grundsätze, Verfahren und Instrumente zum Umgang mit Konstellationen und Kollisionen im Bereich der grenzübergreifenden Strafrechtspflege.[130] Für das Gemeine Strafrecht war die Vorstellung einer universalen Strafkompetenz jedes Gerichts charakteristisch. Damit wurde auf die unübersichtlichen räumlichen Gegebenheiten des Alten Reichs reagiert, die die Fluchtmöglichkeiten von Tätern vereinfachten. Funktionalität und Flexibilität der Strafrechtspflege wurden daher durch den Grundsatz »aut dedere aut punire« bzw. »aut dedere aut iudicare« gesichert, der die Behörden des Verhaftungsorts verpflichtete, den gefassten Straftäter für die

---

[128] Härter, Formierung, S. 40 f.
[129] Vgl. Forst / Günther, Normative Ordnungen, S. 15 ff.
[130] Härter, Formierung, S. 55.

Gesamtheit seiner Verbrechen stellvertretend zu bestrafen oder ihn an ein anderes Gericht auszuliefern.[131]

Dieses System basierte auf der so genannten »Gerichtsstandslehre«. Diese unterschied zwei Hauptgruppen von Gerichtsständen, den »gemeinen Gerichtsstand« (»forum poenale commune«) für alle dem Gemeinen Strafrecht unterworfenen Personen und den »besonderen Gerichtsstand« (»forum privilegatium«), der sich aus Standesverhältnissen ergab. Da Rechtslehre und -praxis kaum konsistent waren, entwickelten sich drei verschiedene, gerade bei grenzübergreifenden Delikten konkurrierende Spielarten des gemeinen Gerichtsstands: der Gerichtsstand des Wohnortes (»forum domicilii«), der Gerichtsstand des begangenen Verbrechens (»forum delicti commissi«) und der Gerichtsstand der Ergreifung (»forum deprehensionis«).[132] Bei Kompetenzkonflikten zwischen zwei Gerichtsständen sollte nach dem Grundsatz der »Prävention« das Gericht den Fall bearbeiten, das zuerst eine Maßnahme ergriff, die auf eine Übernahme des Falls hindeutete. Umstritten war, ob hierzu nur die Eröffnung des Hauptverfahrens oder auch die Ausführung einer der in der Rechtspraxis etablierten, allerdings nicht kohärent normierten Interaktionen zwischen Strafverfolgungsbehörden und Gerichten im Rahmen des Untersuchungsverfahrens zu verstehen sei.[133] Diese fanden besonders im Rahmen des »Requisitionswesens« statt, dem wichtigsten verfahrenstechnischen Instrument grenzübergreifender Strafrechtspflege. Hierunter lässt sich die formalisierte und schriftliche Kooperation und Kommunikation zwischen Strafverfolgungs- und Ermittlungsbehörden verstehen. Diese konnte etwa Anfragen bezüglich Personalien, den Austausch von Untersuchungsergebnissen, den allgemeinen und präventiven Austausch ermittlungsrelevanter Informationen wie Diebeslisten oder Steckbriefen, aber auch Überstellungs- oder Auslieferungsanträge umfassen.[134]

---

[131] Härter, Formierung, S. 45 f. Siehe auch: Maierhöfer, Aut dedere.
[132] Zeitgenössische Einführungen in die Gerichtsstandslehre bei: Feuerbach, Lehrbuch, S. 789 ff.; Heffter, Lehrbuch, S. 476 ff.; Mittermaier, Strafverfahren (Bd. 1), S. 367 ff.; Quistorp, Grundsätze, S. 115 ff. Zur historischen Entwicklung der Gerichtsstandslehre siehe: Härter, Formierung, S. 43 ff.; Oehler, Internationales Strafrecht, S. 86 ff.; Martitz, Rechtshilfe (Abt. 1), S. 158 ff.
[133] Mittermaier, Strafverfahren (Bd. 1), S. 394 ff.
[134] Härter, Formierung, S. 45 ff.

Eine tatsächliche Auslieferung war bei Personen, die unter den gemeinen Gerichtsstand fielen, aber nur schwer zu erwirken. Dies hing einerseits mit dem administrativen Aufwand und den hohen Kosten einer Auslieferung zusammen, so dass sie nur in gravierenden Fällen überhaupt beantragt oder gewährt wurde. Andererseits setzte sich aus praktischen Gründen und den sich zunehmend ausformenden Souveränitätsansprüchen der Einzelterritorien in der Regel der auslieferungsfeindliche Gerichtsstand der Ergreifung durch.[135]

Abkommen oder systematische Kooperationen kamen im Rahmen der gemeinen Gerichtsstände eher selten vor und waren meistens auf bestimme transnationale Problemfelder oder Delinquentengruppen begrenzt, insbesondere Vagabunden.[136] Im Vergleich dazu lassen sich bei den besonderen Gerichtsständen stärkere Tendenzen zur Formierung von transnationalen Regimestrukturen beobachten. Dies lag an dem über- bzw. außerterritorialen Charakter dieser Gerichtsstände und der gesellschaftlichen Bedeutung der Personengruppen, die ihnen unterworfen waren. Hierzu zählten etwa Adelige, Angehörige der höheren Administration, Geistliche, akademische Bürger und Militärangehörige. Besonders der »Erfindung der Desertion«[137] seit dem 17. Jahrhundert kam große Bedeutung zu. Hier war ein häufig auftretendes Deliktfeld entstanden, gegenüber dem wegen seiner beiden Grundelemente grenzübergreifender »Flucht« und »Untreue« gegenüber der Landesherrschaft ein starkes grenzübergreifendes Verfolgungsinteresse und eine hohe Kooperationsbereitschaft bestand.[138] Abkommen zum Umgang mit Deserteuren, so genannte »Kartelle«, waren seit dem 18. Jahrhundert zwischen benachbarten Territorien üblich.[139] Abweichend von der Handhabung bei gemeinen Straftätern verpflichteten sich die Vertragspartner wechselseitig, flüchtige Militärangehörige des jeweils anderen Staates nicht aufzunehmen und sie mitsamt entwendeter Materialien auszuliefern. Diese Verträge enthielten zudem Regelungen zum Verfahren und zur Kostenübernahme. Eine besondere Form transfer-

---

135 Vgl. Härter, Policey und Strafjustiz (Bd. 1), S. 408 ff.
136 Vgl. Härter, Grenzen.
137 Burschel, Erfindung, S. 72 ff.
138 Vgl. Sikora, Disziplin, S. 54 ff.
139 Sikora, Disziplin, S. 119.

ritorialer Kooperationen entstand weiterhin zwischen den akademischen Gerichtsbarkeiten, die versuchten, durch regelmäßigen Informationsaustausch auf die hohe räumliche Mobilität der Studenten zu reagieren. Die so genannten »Universitätskartelle« zielten besonders auf die Durchsetzung von Universitätsverweisen (»Relegationen«) ab, spielten aber auch im Rahmen der politischen Überwachung von Studenten im Vormärz eine gewisse Rolle.[140] Regelungsfelder waren jedoch nicht nur Konflikte zwischen verschiedenen Gerichten, sondern auch polizeiliche / exekutive Maßnahmen mit grenzübergreifenden Auswirkungen wie die unmittelbare Verfolgung flüchtiger Delinquenten durch Exekutivorgane über die Territorialgrenzen hinweg, die so genannte »Nacheile«, oder die räumliche Exklusion von Personen, die »Ausweisung«.[141]

Durch die »Territorialisierung, Nationalisierung, innere Homogenisierung und äußere Abschließung«[142] der einzelnen Strafrechtssysteme innerhalb des Alten Reiches setzte seit dem 18. Jahrhundert ein Bedeutungsverlust der Gerichtsstandslehre ein. Dieser Prozess wurde mit der Reichsauflösung endgültig abgeschlossen. Gallus Aloys Kleinschrod führte 1807 aus, dass mit der Reichsauflösung auch die der Gerichtsstandslehre zu Grunde liegende universelle Kompetenz aller deutschen Gerichte für die »allgemeine Sicherheit Deutschlands« geendet habe. Sie sei auch deshalb nicht mehr zu rechtfertigen, da das Gemeine Strafrecht als gemeinsame Rechtsgrundlage »jetzt nicht mehr existiere«.[143] Trotzdem beruhte das Strafanwendungsrecht der meisten deutschen Staaten weiterhin auf den gemeinrechtlichen Normen, die in Anlehnung an den nationalstaatliche Souveränität betonenden französischen Strafrechtsdiskurs sukzessive und selektiv ergänzt wurden.[144] Insbesondere wurden nach der Reichsauflösung Gesetze und Verordnungen erlassen, die die Aus-

---

[140] Brüdermann, Göttinger Studenten, S. 136 ff.; Hofmann, Universitätspolitik, S. 99 ff.
[141] Härter, Formierung, S. 39 f. Zur Geschichte der Ausweisung siehe: Hahn / Komlosy / Reiter, Ausweisung; Gestrich / Hirschfeld / Sonnabend, Ausweisung; Reiter, Ausweisungsrecht. Zur Nacheile siehe: Koch, Nacheile.
[142] Härter, Formierung, S. 54.
[143] Kleinschrod, Einfluß, S. 384.
[144] Vgl. Härter, Strafrechtsregime, S. 54 ff. Zum französischen Diskurs: Oehler, Internationales Strafrecht, S. 113 ff.

lieferung eigener Untertanen verboten, womit die deutschen Staaten ihre neugewonnene Souveränität ausdrückten.[145] In den meisten Staaten blieb es bis in die 1840er Jahre dabei, dass sich das Strafanwendungsrecht auf eine Vielzahl von Einzelgesetzen und Verordnungen verteilte. Ausnahmen waren im Vormärz insbesondere Preußen, Österreich und Bayern, wo umfassendere und einigermaßen systematische Zusammenstellungen der entsprechenden Normen innerhalb von Strafgesetzbüchern und Strafprozessordnungen bestanden.[146]

Auf materieller Ebene behielten die deutschen Staaten sich ausnahmslos das Recht vor, innerhalb des eigenen Territoriums eine uneingeschränkte Strafkompetenz über In- und Ausländer auszuüben (»Territorialitätsprinzip«). Bei bestimmten Auslandsstrafbeständen konnte die Strafkompetenz jedoch ausgeweitet werden. Grundlegend war hierbei vor allem der Grundsatz, nach dem die deutschen Staaten auch Auslandsstraftaten ihrer Untertanen bestrafen konnten. Dieser Anspruch erstreckte sich sowohl auf Straftaten, die gegen die eigene Staatsordnung oder einen eigenen Untertanen gerichtet waren, als auch auf alle sonstigen im Ausland begangenen Delikte, die stellvertretend für den verletzten Staat bestraft werden konnten, da die Auslieferung eigener Untertanen nicht vorgesehen war. Die meisten Strafgesetzgebungen behielten sich aber auch bei einer Verhaftung von Ausländern die Kompetenz zur Untersuchung von Auslandsstraftaten vor. Hierzu gehörten insbesondere gegen die eigene Staatsordnung im Ausland gerichtete Delikte wie Hochverrat, Majestäts- und Münzverbrechen (»Staatsschutz- oder Realprinzip«), aber auch Delikte gegen eigene Untertanen (»Passives Personalitätsprinzip«). Weiterhin hielten viele Gesetzgebungen an dem univer-

---

[145] Zum Beispiel Generalrescript, das Verbot der Auslieferung königlicher Unterthanen an auswärtige Gerichtsstellen, wegen Vergehen betreffend, 26. Oktober 1806, in: Kappler, Sammlung, S. 66; Verordnung wegen zu beobachtender Wechselseitigkeit bei Stellung oder Auslieferung kurhessischer Unterthanen, die sich in einem anderen Staate vergangen haben, an die jenseitige Behörde, 1. September 1820, in: Kurhessische Gesetzsammlung 1820, S. 73; Die auf dem linken Rheinufer rücksichtlich der Fremden bestehenden Gesetze, 28. Juni 1817, in: Archiv der großherzoglich-hessischen Gesetze, S. 401 ff.
[146] Zeitgenössische Übersichten und Analysen der Gesetzeslage in deutschen und europäischen Staaten finden sich in: Abegg, Bestrafung, S. 80 ff.; Berner, Wirkungskreis, S. 112 ff., Kamptz, Bruchstücke, S. 63 ff.

sellen Strafanspruch des gemeinen Strafrechts fest und sahen die Untersuchung und Bestrafung von Auslandsstraftaten von Ausländern auch dann vor, wenn sie nicht gegen die eigene Staatsordnung gerichtet waren (Universalitätsprinzip, Stellvertretende Strafrechtspflege).

Auslieferungen von Ausländern waren entsprechend weitestgehend auf Fälle beschränkt, in denen es sich um einen flüchtigen Untertan des requirierenden oder eines dritten Staates handelte und kein eigenes Bestrafungsinteresse bestand, so dass hier die gemein- und gewohnheitsrechtlich etablierte Dominanz des Gerichtsstandes der Ergreifung beibehalten wurde. Durch diese in allen deutschen Staaten praktizierte Ausdehnung des Strafanspruchs auf exterritoriale Straftaten ergab sich besonders bei schweren Kriminalfällen ein latentes Konfliktpotential. Zwar war diese Praxis im juristischen Diskurs umstritten und es wurde eine stärkere Gewichtung des Territorialitätsprinzips eingefordert, allerdings setzte sich diese Forderung während der Strafrechtsreformen nur bedingt durch.[147] Im preußischen Strafgesetzbuch von 1851 wurde das Territorium etwa dogmatisch in das Zentrum des Strafanwendungsrechts gerückt, dennoch waren preußische Gerichte weiterhin kompetent, Auslandsstraftaten zu bestrafen, die von preußischen Untertanen, gegen preußische Untertanen und gegen den preußischen Staat begangen worden waren.[148] Eine »Überwindung«[149] des Gemeinen Strafrechts fand also nicht statt, eher eine dogmatische Umgewichtung.

Interaktionen zwischen den einzelstaatlichen Strafrechtssystemen reglementierende bi- und multilaterale Abkommen entstanden zwischen den deutschen Staaten seit den 1820er Jahren in größerer Zahl.[150] Grundsätzlich bestanden gegenüber umfassend bindenden

---

[147] Wichtige zeitgenössische Beiträge zum Diskurs über den Geltungsbereich des Strafrechts sind z. B.: Abegg, Bestrafung; Bulmerincq, Asylrecht; Berner, Wirkungskreis; Kamptz, Bruchstücke; Mohl, Revision; Tittmann, Strafrechtspflege. Rechtshistorische Darstellungen und Analysen bei: Granitza, Dogmengeschichte, S. 26 ff.; Jeßberger, Geltungsbereich, S. 86 ff.

[148] Oehler, Internationales Strafrecht, S. 122 f.

[149] Oehler, Internationales Strafrecht, S. 120 ff.

[150] Eine vollständige Übersicht über diese Verträge lag bisher nicht vor. Die folgende Darstellung stützt sich auf die Auswertung der einzelstaatlichen Gesetz- und Verordnungsblätter. Die ausführlichsten Übersichten gaben bisher: Martens, Table générale; Martitz, Rechtshilfe (Abt. 2), S. 820 ff.; Krug, Internationalrecht.

Verträgen in den meisten Staaten allerdings erhebliche Vorbehalte. Das preußische Staatsministerium kam in einem Gutachten zu der Frage, ob es sinnvoll sei, über die Auslieferung gemeiner Verbrecher ähnliche Verträge wie bei Deserteuren und Vagabunden abzuschließen, zu einem negativen Befund. Solche Verträge würden eine erhebliche Einschränkung der eigenen Souveränitätsrechte darstellen und die eigene Strafrechtsordnung aufweichen. Eine Ausnahme könne lediglich dann gemacht werden, wenn die etwaige Konvention auf Grundlage der preußischen Gesetzgebung zustande käme:

> »Diese Ansicht beruhete aber hier wiederum auf dem Grundsatze: daß, da jeder fremde Unterthan von dem Augenblick seines Aufenthalts in den königlichen Staaten an, den diesseitigen Anordnungen und Gesetzen unterworfen und verpflichtet sei, ihm dagegen auch so lange er sich auf diesseitigen Staatsgebiete befindet, der Schutz und die Wohltat desselben weder vorenthalten noch in irgend einer Art verkümmert werden könne und dürfe; was jedoch offenbar der Fall seyn würde, wenn man bei der rechtlichen Beurtheilung der Handlung um derentwillen seine Auslieferung gewünscht wird, mithin bei der Erwägung der Gründe zu Leistung oder zu Ablehnung der Requisition, von Standpunkten der fremden und nicht vielmehr von dem diesseitigen Gesetzgebung ausgehen wollte.«[151]

Die Perspektive der meisten deutschen Staaten blieb im Bereich der Justiz- und Kriminalpolitik sach- und anwendungsbezogen sowie lokal und regional orientiert. Allgemeine Konventionen wurden fast ausschließlich mit unmittelbaren Nachbarterritorien abgeschlossen, mit denen die Strafrechtspflege ein regelmäßiges Konfliktfeld darstellte. Anselm von Feuerbach publizierte 1812 einen Vertragsentwurf, der als »Typus bey Abschließung solcher Verträge« gedacht war. Über die Vorteile der Formalisierung des grenzübergreifenden Rechtspflegeverkehrs, insbesondere zwischen Nachbarterritorien, führte er aus:

> »Je lebhafter der Verkehr ist, welcher die Unterthanen zweier Staaten in rechtliche Verhältnisse gegenseitig verwickelt, je näher die nachbarliche Verbindung beider Staaten ist, in je längerer Linie ihre Grenzen sich berühren, desto größer ist das beiderseitige Interesse, sich in allen Rechts- und Gerichtsangelegenheiten gegen-

---

[151] Schönberg an Danckelmann, 8. April 1826, in: GStA PK Berlin, I. HA, Rep. 84a, Nr. 6122.

seitig bereitwillige Hülfe zu leisten, alles, was in dieser Hinsicht zu Mißverständnißen oder Verwicklungen führen, und dadurch den freien Gang der Justiz stören könnte, mit vorsichtig zuvorkommender Klugheit möglichst zu entfernen.«[152]

Die preußische Regierung schloss aus den gleichen Motiven trotz ihrer grundsätzlich ablehnenden Haltung mehrere Konventionen mit ost- und mitteldeutschen Kleinstaaten ab. Die badische Regierung lehnte hingegen ein Abkommen mit der bayrischen Regierung ab, da die unmittelbar angrenzende Rheinpfalz wegen der vom übrigen bayrischen Staatsgebiet abweichenden Anwendung des französischen Rechts nicht in einen entsprechenden Vertrag aufgenommen werden sollte.[153]

Grundlage der Abkommen waren Stammverträge, die von den regionalen Vormächten ausgehandelt und von diesen, teilweise aber auch den kleineren Vertragspartnern, verbreitet worden waren. Im norddeutschen Raum waren bereits am Ende des 18. Jahrhunderts eine größere Zahl von Konventionen entstanden, deren Vorbild ein 1793 zwischen dem Kurfürstentum Hannover und dem Herzogtum Sachsen-Gotha abgeschlossener Vertrag war.[154] Diesen hat Ferdinand von Martitz, besonders wegen des erstmals festgeschriebenen Grundsatzes der Nichtauslieferung eigener Untertanen, als den ersten modernen deutschen Auslieferungsvertrag bezeichnet.[155] Unmittelbar nach der Gründung des Deutschen Bundes entstanden in Norddeutschland in dieser Kontinuitätslinie elf Verträge.[156] Im süddeutschen Raum war der auf Feuerbachs Entwurf basierende »Jurisdictionsvertrag«[157] zwischen Bayern und Württemberg aus dem Jahr

---

[152] Feuerbach, Themis, S. 307 ff.
[153] Vgl. GLA Karlsruhe, Abt. 49, Nr. 202.
[154] Konvention zwischen dem Kurfürstentum Hannover und dem Herzogtum Sachsen-Gotha wegen Aufhebung der Gerichtsgebühren in Kriminalfällen, 29. November 1793, in: Spangenberg, Sammlung, S. 703 ff.
[155] Martitz, Rechtshilfe (Abt. 1), S. 226 f.
[156] Hannover und Oldenburg (1815), Oldenburg und Bremen (1815), Hannover und Hessen-Kassel (1817), Hessen-Kassel und Schaumburg-Lippe (1819), Hessen-Kassel und Lippe-Detmold (1820), Oldenburg und Mecklenburg-Schwerin (1822), Hessen-Kassel und Braunschweig (1823), Hannover und Lippe-Detmold (1825), Hannover und Lübeck (1826), Hessen-Kassel und Sachsen-Weimar (1828), Hannover und Waldeck (1846), Braunschweig und Waldeck (1847).
[157] Jurisdictionsvertrag zwischen den Königreichen Bayern und Württemberg, 7. Mai 1821, in: Kletke, Staatsverträge, S. 5 ff.

Historische Rahmenbedingungen   77

1821 die Grundlage für sieben Verträge.[158] Im mitteldeutschen Raum kamen zwei weitere Vertragstypen vor. Die größere Gruppe von 21 Verträgen ging auf die »Übereinkunft zur Beförderung der Rechtspflege« zwischen Preußen und Sachsen-Weimar-Eisenach aus dem Jahr 1824 zurück.[159] Ihr gehörten vor allem thüringische und sächsische Kleinstaaten an.[160] Die zweite Gruppe basierte auf dem Rechtspflegevertrag[161] zwischen Preußen und dem Königreich Sachsen aus dem Jahr 1839, der Vorbild für zwölf Verträge war.[162] Während die norddeutschen Verträge ausschließlich die Strafrechtspflege behandelten, zielten die süd- und mitteldeutschen Jurisdiktions- oder Rechtspflegeabkommen auf die Regelung des gesamten zwischenstaatlichen Rechtsverkehrs ab und bezogen entsprechend auch zivilrechtliche Fragestellungen ein.

---

[158] Württemberg und Baden (1826), Württemberg und Hohenzollern-Hechingen (1827), Württemberg und Hohenzollern-Sigmaringen (1827), Baden und Hohenzollern-Sigmaringen (1827), Bayern und Reuß, jüngere Linie (1828).
[159] Abkommen zur Beförderung der Rechtspflege zwischen den Königlich-Preußischen Staaten und dem Großherzogtum Sachsen-Weimar-Eisenach vom 25. Juni 1824, in: Gesetzsammlung Preußen 1824, S. 149 ff.
[160] Sachsen-Weimar und Sachsen-Altenburg (1831), Sachsen-Weimar und Schwarzburg-Sonderhausen (1831), Sachsen-Weimar und Schwarzburg-Rudolstadt (1831), Preußen und Sachsen-Altenburg (1832), Sachsen-Weimar und Sachsen-Coburg-Gotha (1832), Sachsen-Weimar und Reuß, jüngere Linie (1832), Sachsen-Altenburg und Schwarzburg-Rudolstadt, (1832), Sachsen-Altenburg und Reuß, jüngere Linie (1832), Sachsen-Altenburg und Sachsen-Coburg-Gotha (1833), Sachsen-Weimar und Sachsen-Meiningen (1833), Sachsen-Altenburg und Sachsen-Meiningen (1833), Preußen und Sachsen-Coburg-Gotha (1833), Preußen und Reuß, jüngere Linie (1834), Sachsen-Meiningen und Reuß, jüngere Linie (1837), Sachsen-Meiningen und Schwarzburg-Rudolstadt (1838), Königreich Sachsen und Sachsen-Altenburg (1840), Preußen und Schwarzburg-Rudolstadt (1840), Preußen und Anhalt-Bernburg (1840), Preußen und Braunschweig (1841), Sachsen-Coburg-Gotha und Schwarzburg-Rudolstadt (1843).
[161] Übereinkunft zur Beförderung der Rechtspflege zwischen der Königlich Preußischen und der Königlich Sächsischen Regierung, in: Gesetzsammlung Preußen 1839, S. 353 ff.
[162] Preußen und Schwarzburg-Sonderhausen (1843), Königreich Sachsen und Reuß, jüngere Linie (1845), Königreich Sachsen und Reuß, ältere Linie, Preußen und Reuß, ältere Linie (1845), Schwarzburg-Rudolstadt und Reuß, jüngere Linie (1846), Königreich Sachsen und Sachsen-Weimar (1847), Königreich Sachsen und Reuß, ältere Linie (1847), Reuß, jüngere Linie und Reuß, ältere Linie (1847), Reuß, ältere Linie und Schwarzburg-Rudolstadt (1847), Sachsen-Altenburg und Reuß, ältere Linie (1847), Braunschweig und Anhalt-Bernburg (1848), Königreich Sachsen und Sachsen-Coburg-Gotha (1848).

Neben diesen allgemeinen Abkommen lässt sich eine weitaus größere Zahl von Spezialabkommen ausmachen, die sich auf bestimmte Deliktgruppen oder gesonderte Regelungsfelder zwischenstaatlicher Strafrechtspflege beschränkten. Anders als die allgemeinen Konventionen konnten diese durchaus überregionalen Charakter haben. Als größte Gruppe der auf bestimmte Deliktgruppen beschränkten Abkommen lassen sich in Kontinuität zum Alten Reich Kartelle bezüglich Deserteuren und Vagabunden ausmachen, weiterhin Verträge bezüglich Forst- und Waldfrevel in den Grenzgebieten. Allein Preußen schloss in der Zeit nach dem Wiener Kongress 29 Deserteurskartelle mit deutschen Regierungen ab.[163] Sachbezogene Spezialverträge wurden insbesondere wegen des Ausgleichs von Gerichts- und Untersuchungskosten, des Transports von Verbrechern und der unmittelbaren grenzübergreifenden Verfolgung von Verbrechern bzw. der Nacheile geschlossen.[164] Solche Spezialabkommen wurden nicht nur auf bilateraler Ebene geschlossen, sondern entstanden auch im Rahmen der beiden großen handelspolitischen Vereinigungen, dem »Zollverein« und dem »Steuerverein«.[165] So schlossen die Staaten des Zollvereins am 11. Mai 1833 ein »Zollkartell« ab, »um sich durch gemeinschaftliche Maßregeln in der Aufrechterhaltung Ihres Handels- und Zollsystemes und Unterdrückung des gemeinschädlichen Schleichhandels zu unterstützen«.[166] Ein ähnliches Abkommen wurde 1835 durch die Staaten des Steuervereins geschlossen.[167] 1837 einigten sich die Staaten der beiden Verbünde auf ein gemeinsames Abkommen, so dass die normative Basis für ein den größten Teil des Deutschen Bundes umfassendes,

---

[163] Preussens Gesetzgebung, S. 142.
[164] Vgl. Martitz, Verträge; Kletke, Staatsverträge; Preussens Gesetzgebung, S. 52 ff.
[165] Zur Geschichte von Zoll- und Steuerverein: Hahn/Kreutzmann, Zollverein; Hahn, Zollverein; Kreutzmann, Höhere Beamte.
[166] Zoll-Cartel zwischen Preußen, Kurhessen und dem Großherzogtum Hessen, ferner Bayern und Württemberg, sodann Sachsen einerseits, und den zu dem thüringischen Zoll- und Handelsvereine verbundenen Staaten andererseits, 11. Mai 1833, in: Gesetzsammlung Preußen 1833, S. 258 ff.
[167] Vertrag wegen vollständiger Ausführung des Steuervereinigungs-Vertrages und insbesondere wegen Verhütung des Schleichhandels betreffend, 14. März 1835, in: Gesetzsammlung Braunschweig 1835, S. 451 ff.

gegen Zollvergehen gerichtetes Strafrechtsregime entstand.[168] Eine ähnliche Entwicklung lässt sich im Fall von Münzverbrechen beobachten. In Artikel 16 der Dresdener Münzkonvention von 1838 hatten die Staaten des Zollvereins diesbezüglich etwa eine enge Kooperation vereinbart. Auf dieser Grundlage entstand 1846 zwischen den Zollvereinsstaaten das so genannte »Münzkartell«.[169] Diese Verträge regelten nicht nur Nacheile und Auslieferung, sondern verpflichteten die Vertragspartner auch zur aktiven Kooperation.

Die Auslieferungsverträge, die zwischen den deutschen Staaten und besonders Belgien und Frankreich ab dem Ende der 1830er Jahre abgeschlossen wurden, sowie sonstige in diesem Kontext entstandene Verträge werden in einem gesonderten Kapitel und primär im Blick auf das politische Asyl bearbeitet.[170] An dieser Stelle sollen die wenigen Verträge zwischen deutschen und nichtdeutschen Staaten, die bis dahin bestanden, knapp und ergänzend dargestellt werden. Dabei handelte es sich zum einen um Deserteurskartelle, die Preußen und Österreich relativ systematisch mit Nachbarstaaten abschlossen.[171] Hierzu lassen sich im weiteren Sinne auch so genannte »Handels- und Schifffahrtsverträge« zählen, die Preußen etwa mit den USA (1828) und Mexiko (1831) abschloss.[172] Diese regelten unter anderem den Umgang mit geflohenen Matrosen. Zudem bestanden einige umfassendere Verträge, die materiell den inner-

---

[168] Übereinkunft zwischen Preußen, Bayern, Sachsen, Württemberg, Baden, Kurhessen, dem Großherzogtum Hessen, den zum Thüringischen Zoll- und Handelsvereine verbundenen Staaten, Nassau und der freien Stadt Frankfurt einerseits, und Hannover, Oldenburg und Braunschweig andererseits wegen Unterdrückung des Schleichhandels, 1. November 1837, in: Gesetzsammlung Preußen 1837, S. 178 ff.
[169] Münzkartel unter den zum Zollvereine verbundenen Staaten, 21. Oktober 1845, in: Gesetzsammlung Preußen 1845, S. 478 ff.
[170] Zu diesen Auslieferungsverträgen siehe: Kapitel 4.2.2.1, S. 353 ff.
[171] Preußen mit: Frankreich (1812/1828), Russland (1816/1830), Dänemark (1820); Niederlande (1828). Österreich mit: Russland (1815); Parma (1817/1836); Sardinien-Piemont (1817/1826); Modena (1818); Vatikan (1821); Moldau (1838). Vgl. Martens, Table générale, S. 24 ff. u. 375 ff.
[172] Handels- und Schifffahrtsvertrag zwischen Preußen und den USA, 1. Mai 1828, in: Gesetzsammlung Preußen 1829, S. 25 ff.; Handels- und Schifffahrtsvertrag zwischen Preußen und Mexiko, 18. Februar 1831, in: Gesetzsammlung Preußen 1835, S. 21 ff.

deutschen Auslieferungsverträgen ähnelten und ebenfalls primär mit Nachbarstaaten abgeschlossen wurden.[173] Erwähnenswert ist hier besonders der Auslieferungsvertrag zwischen Hannover und den Niederlanden von 1817. Der § 3 des Vertrags sah nämlich eine Auslieferung eigener Untertanen bei »schweren und abscheulichen« Verbrechen wie Mord, Einbruch und Raub vor und wird in älteren Arbeiten zur Auslieferungsgeschichte daher häufig als Zimelie angeführt, in der sich das Fortleben gemeinrechtlicher Strukturen ausdrückt.[174]

Auf Bundesebene kam es wegen der großen Bedeutung der Strafrechtspflege als Kennzeichen einzelstaatlicher Souveränität und der überwiegend lokalen und gegenstandsbezogenen kriminalpolitischen Perspektive der Deutschen Staaten im Vormärz zu keiner Gesamtregelung des zwischenstaatlichen Rechtshilfeverkehrs.[175] Carl Christian Tittmann ging 1817 jedoch davon aus, dass sich aus dem Bundesverhältnis ein, wenn auch nicht rechtsverbindliches, Gebot zum bundesfreundlichen und kooperativen Verhalten ergeben würde.[176] Punktuell wurde der Bund im Bereich der grenzübergreifenden Strafrechtspflege dennoch tätig. Erwähnenswert ist zunächst ein Streit zwischen Hannover und Braunschweig um die Auslieferung des aus Braunschweig geflohenen Staatsmanns Justus von Schmidt-Phiseldeck 1828. Hier entschied die Bundesversammlung in einem Schlichtungsverfahren über die Auslegung eines 1789 geschlossenen und 1829 verlängerten Auslieferungsvertrags der beiden Staaten.[177] Neben den später behandelten Bundesbeschlüssen

---

[173] Zum Beispiel Staatsvertrag zwischen Baden und der Schweiz, 30. August 1808, in: Großherzogliches Badisches Regierungsblatt 1810, S. 5 ff.; Auslieferungsvertrag zwischen Hannover und den Niederlanden, 28. Oktober 1817, in: Hannöversche Landesverordnungen 1817, S. 467 ff.; Auslieferungsvertrag zwischen Österreich und Parma, 3. Juli 1818, in: Gesetze und Verordnungen Österreich 1820, S. 180 ff.; Auslieferungsvertrag zwischen Österreich und der Schweiz, 14. Juli 1828, in: Gesetze und Verordnungen Österreich 1830, S. 255 ff.
[174] Vgl. Grimm, Das Auslieferungswesen, S. 461 f.; Mettgenberg, Reichsverfassung, S. 16.
[175] Vgl. Grimm, Auslieferungswesen, S. 449 f.
[176] Tittmann, Strafrechtspflege, S. 35 ff. Zum Prinzip der Bundestreue siehe: Bauer, Bundestreue, S. 32 ff.
[177] Protokolle Bundesversammlung 1829, 19. Sitzung, § 124, S. 540 ff. Siehe auch: Ilse, Angelegenheiten, S. 222 ff.; Struve, Öffentliches Recht (Teil 1), S. 177 ff.

wegen politischer Kriminalität erließ der Bund 1831 zudem einen »gemeinnützigen« Bundesbeschluss auf Grundlage von Artikel 6 DBA, der Interaktionen um das Deliktfeld der Desertion regelte und in dem sich die charakteristischen Elemente des transnationalen Strafrechts innerhalb des Deutschen Bundes niederschlugen.[178] Die so genannte »Bundeskartellkonvention« verpflichtete die Bundesstaaten, auf dem eigenen Territorium aufgegriffene Deserteure »sofort und ohne besondere Reclamation an den Staat auszuliefern, dem selbige entwichen sind« (Artikel 1). Bemerkenswert war, dass diese Regelung auch für Deserteure aus nicht zum Bundesgebiet gehörenden Territorien Österreichs und Preußens galt, so dass der Beschluss über die Bundesgrenzen hinausgriff. Wegen des in allen deutschen Staaten geltenden Grundsatzes der Nichtauslieferung eigener Untertanen durfte die Auslieferung aber in Fällen verweigert werden, in denen es sich um einen Untertan des verhaftenden Staats handelte und in denen ein eigenes Bestrafungsinteresse bestand (Art. 4). Unterstützer und Fluchthelfer sollten bei einer Flucht in ihr Heimatterritorium oder in dem Fall, dass die Tat von dort aus begangen wurde, stellvertretend bestraft werden (Artikel 14 und 17). Zudem wurden Verfahrensregeln für die transnationale Kommunikation bzw. das Requisitionswesen aufgestellt (Art. 7), die Bundesstaaten zur polizeilichen Wachsamkeit gegenüber Deserteuren angehalten (Artikel 10) und die Nacheile verboten (Artikel 16). Insgesamt konstituierte die Bundeskartellkonvention damit auf normativer Ebene wesentliche Elemente eines transnationalen Deserteur-Regimes, über dessen praktische Wirkung hier allerdings keine Aussagen getroffen werden können.

Versucht man aus den Strukturen des transnationalen Strafrechts im Deutschen Bund Konsequenzen für die Sicherheitspolitik des Bundes bzw. das Bundesregime zu ziehen, lässt sich zunächst festhalten, dass während des Vormärz eine durchaus funktionsfähige normative Ordnung bestand. Diese war aber nicht als Ganzes, sondern nur im Blick auf bestimmte zwischenstaatliche oder sachliche Konstellationen verrechtlicht, wobei die für den Deutschen

---

[178] Bundeskartellkonvention vom 10. Februar 1831, in: Protokolle Bundesversammlung 1831, 4. Sitzung, § 25, S. 60 ff.; Angelow, Sicherheitspolitik, S. 331 ff.; Meyer, Corpus Juris (Teil 2), S. 228 ff.

Bund typische Mehrebenenstruktur zum Tragen kam, indem weniger die Bundesebene als die Ebene der Einzelstaaten, intergouvernementale Abkommen aber auch transnationale juristische Diskurse relevant waren. Durch das Fortleben der gemeinrechtlichen »Gerichtsstandslehre« sowie der gleichzeitig voranschreitenden »Nationalisierung« der bundesstaatlichen Strafrechtssysteme bestand hier jedoch ein latentes Konfliktpotential, das gerade im Fall der politischen Kriminalität zum Tragen kam. Denn hier kollidierten nicht nur die sicherheitspolitischen Kompetenzen des Bundes mit der Justizhoheit der Einzelstaaten, gleichzeitig bestand aufgrund der großen Bedeutung politischer Kriminalfälle eine erhebliche Konkurrenzsituation zwischen den Bundesstaaten. Die sich hieraus ergebenden Jurisdiktionskonflikte waren entsprechend ein wichtiges Problemfeld der Bundesregimes.

3. Formierung und Wirkung des Bundesregimes innerhalb des Deutschen Bundes

3.1   Die formative Phase des Bundesregimes 1819 bis 1830

3.1.1   Die Karlsbader Beschlüsse

3.1.1.1 Überwachung der transnationalen Kommunikationsräume »Universität« und »Presse«

Symbol und Ausgangspunkt des Bundesregimes waren die so genannten »Karlsbader Beschlüsse«. Es handelte sich um ein vom Bundestag am 20. September 1819 verabschiedetes Gesetzespaket, das sich aus Bestimmungen zur Überwachung von Universitäten und Presse, einer in Mainz ansässigen Zentraluntersuchungskommission und der so genannten »Bundesexekutionsordnung« zusammensetzte.[1] Aus formalrechtlicher Perspektive wirkt die Bezeichnung »Karlsbader Beschlüsse« irreführend, da die Verabschiedung der Bundesbeschlüsse in Frankfurt und nicht im böhmischen Kurort Karlsbad stattfand. Trotzdem ist sie gerechtfertigt, denn in Karlsbad hatte eine Konferenz von Vertretern der wichtigsten, die Stimmmehrheit in der Bundesversammlung bildenden Bundesstaaten die Beschlüsse ausgehandelt und vorbereitet.[2] Die in Karlsbad beschlossenen Maßnahmen wurden in Frankfurt lediglich formalrechtlich ausgestaltet und zu Bundesrecht erhoben.

---

[1] Die Karlsbader Beschlüsse sind abgedruckt in: Protokolle Bundesversammlung 1819, 35. Sitzung, § 220, S. 656 ff. Siehe auch: Huber, Dokumente, S. 100 ff.; Meyer, Corpus Juris (Teil 2), S. 89 ff.; Kotulla, Verfassungsrecht, S. 678 ff.
[2] Darstellungen der Karlsbader Konferenz bei: Büssem, Karlsbader Beschlüsse; Huber, Verfassungsgeschichte (Bd. 1), S. 732 ff.; Siemann, Stratege, S. 689 ff. Die Protokolle der Konferenz sind abgedruckt bei: Klüber/Welcker, Urkunden.

In dieser Vorgehensweise spiegelt sich ein Grundmuster für politische Entscheidungsfindungen im Deutschen Bund wider. Kontroverse, brisante oder dringliche Themen wurden häufig zunächst außerhalb der Bundesinstitutionen durch die eigentlichen Entscheidungsträger vorverhandelt und Mehrheiten organisiert. So wurden langwierige Diskussionen der weisungsabhängigen Bundestagsgesandten umgangen und eine möglichst lange Geheimhaltung vor »unzuverlässigen« Regierungen und der Öffentlichkeit gewahrt. Gleichzeitig lässt sich die Karlsbader Konferenz als regionale Variante der sich seit 1815 ausbildenden »Wiener Ordnung« betrachten, in der das Format der multilateralen Konferenz zu einem zentralen Instrument der Beilegung politischer Konflikte und der Lösung von Sicherheitsproblemen wurde.[3]

Der Anlass der Konferenz waren die seit der Gründung des Deutschen Bundes zunehmend eskalierenden Konflikte zwischen der national-liberalen Bewegung, deren Träger in erster Linie Studenten und das intellektuelle Bürgertum waren und den auf politische Stabilisierung nach den napoleonischen Kriegen abzielenden deutschen Regierungen.[4] Die Kulminationspunkte waren nach ersten Schlüsselereignissen wie der Gründung der Burschenschaft 1815 und dem Wartburg Fest 1817 die Attentate auf den Schriftsteller und russischen Staatsrat August von Kotzebue durch Karl Ludwig Sand und auf den nassauischen Regierungsdirektor Carl Friedrich Emil von Ibell durch Karl Löning im Sommer 1819.[5] Entscheidend war, dass diese nicht als lokal begrenzte Ereignisse wahrgenommen wurden, sondern als Auswüchse einer gegen sämtliche Regierungen gerichteten Verschwörung, die nur gemeinschaftlich bekämpft wer-

---

[3] Zum Konzert der Großmächte siehe: Pyta, Mächtekonzert; Schulz, Normen.

[4] Zusammenfassungen mit unterschiedlichen Schwerpunkten und Deutungen z. B. in: Hahn/Berding, Reformen, S. 127 ff.; Hardtwig, Vormärz, S. 9 ff.; Huber, Verfassungsgeschichte (Bd. 1), S. 696 ff.; Siemann, Stratege, S. 662 ff.; Siemann, Staatenbund, S. 331 ff.; Wehler, Gesellschaftsgeschichte, S. 333 ff.; Wegert, German Radicals, S. 75 ff.

[5] Neuere Darstellungen und Analysen der beiden Attentate bei: Behringer, Tambora, S. 219 ff.; Dietze, Erfindung, S. 650 ff.; Mattern, Kotzebue's Allgewalt; Schulze, Sand; Schraut, Politischer Mord; Schüler, Nassau, S. 96 ff.; Siemann, Stratege, S. 66 ff., Williamson, Kotzebue.

den konnte.⁶ Bekannt ist in diesem Zusammenhang folgende Bemerkung Metternichs gegenüber seinem Berater Friedrich von Gentz nach dem Sand-Attentat:

> »Ich für meinen Teil hege keinen Zweifel, dass der Mörder nicht aus eigenem Antriebe, sondern infolge eines geheimen Bundes handelte. Hier wird wahres Übel auch einiges gutes erzeugen, weil der arme Kotzebue nun einmal als ein argumentum ad hominem da steht, welches selbst der liberale Herzog von Weimar nicht zu verteidigen mag. – Meine Sorge geht dahin, der Sache die beste Folge zu geben, die möglichste Partie aus ihr zu ziehen, und in dieser Sorge werde ich nicht lau vorgehen.«⁷

Diese Passage wird häufig als Beleg für die These herangezogen, Metternich hätte das Attentat nicht ernst genommen und lediglich als Vorwand instrumentalisiert, um gegen liberale Tendenzen in der Bevölkerung und unter den deutschen Regierungen vorzugehen.⁸ Schwierig daran ist allerdings, dass eine solche Bewertung das komplexe Wechselspiel von »gefühlter« Bedrohungslage und sicherheitspolitischen Entscheidungen ignoriert und rationalisiert. Auch wenn Metternich das Attentat ohne Zweifel politisch nutzte, bedeutet dies nicht, dass seine Intentionen angesichts einer nicht nur vom ihm als gravierend empfundenen politischen Gewalttat nicht authentisch waren. Wichtiger ist jedoch, dass Metternichs Bemerkungen auf ein wesentliches Problem des Bundesregimes hinweisen, nämlich die Spannung zwischen nationaler Souveränität und allgemeiner, transnationaler Sicherheit. Denn obwohl bereits seit dem Aachener Kongress 1817 Gespräche über gemeinsame Maßnahmen gegen die Universitäten liefen, bedurfte es erst des starken Impulses von zwei offensichtlich politisch motivierten Attentaten, um eine Kooperation ausreichend zu rechtfertigen.⁹ Dies lag besonders an Vorbehalten der kleineren und mittleren Bundesstaaten gegenüber Eingriffen in ihre gerade erst erworbene Souveränität, aber auch daran, dass es durch-

---

⁶ Vgl. Siemann, Stratege, S. 676 f.; Williamson, Revolutionary Machinations, S. 292 ff.
⁷ Metternich an Gentz, 9. April 1819, in: Wittichen, Gentz, S. 388. Vgl. Siemann, Stratege, S. 677.
⁸ Siehe z. B.: Angelow, Deutscher Bund, S. 37.
⁹ Siehe hierzu: Büssem, Karlsbader Beschlüsse, S. 101 ff.; Franken, Hochschulpolitik, S. 14 ff.; Huber, Verfassungsgeschichte (Bd. 1), S. 732 ff.; Siemann, Stratege, S. 665 ff.

aus Positionen gab, die politischen Konflikte durch Zugeständnisse und Integration zu regulieren.[10] In diesen unterschiedlichen Positionen spiegelte sich eine allgemeine Spannung zwischen den konstitutionellen süd- und westdeutschen Staaten und besonders Österreich wider, die den Bund in seiner formativen Phase prägte.[11] In Preußen verlief dieser Konflikt sogar innerhalb der Regierung, weshalb es innen- und außenpolitisch schwer ausrechenbar war.[12] Ziel der Konferenz war es daher nicht nur, sicherheitspolitische Maßnahmen zu vereinbaren. Vielmehr hatte die Konferenz auch die Funktion, die wichtigsten deutschen Regierungen in Grundsatzfragen zu einigen und den Bund handlungsfähig zu machen. So wird häufig ausgeklammert, dass ein Großteil der Konferenz der polarisierenden Frage nach der Einführung landständischer Verfassungen, der Erleichterung des Handelsverkehrs innerhalb des Bundes und dem Umgang mit dem mediatisierten Reichsadel gewidmet war.[13]

Das »Pressgesetz« und das »Universitätsgesetz« dienten der Kontrolle der beiden transnationalen Diskurs- und Kommunikationsräume Presse und Universität. Sie stellten einen Kompromiss zwischen der Kompetenz der Bundesstaaten in polizeilichen und strafrechtlichen Angelegenheiten und der staatenübergreifenden Organisation und Kommunikation der Opposition dar, indem sie Richtwerte zur Angleichung polizeilicher Maßnahmen formulierten, die Umsetzung jedoch den Bundesstaaten überließen. Obwohl dies nicht explizit erwähnt wurde, standen diese Maßnahmen in Kontinuität zum »antirevolutionären Programm« des Reichstags 1792/93. Schon hier waren Presse und »Geheime Gesellschaften« als zentrale Problemfelder bei der Abwehr revolutionärer Bedrohungspotentiale definiert worden.[14] Obwohl das Universitäts- und das Pressgesetz eigentlich Ausnahmecharakter hatten und zunächst nur für eine Dauer von fünf Jahren gelten sollten, wurden sie im Zusammenhang mit der Entdeckung neuer burschenschaftlicher Strukturen auf den

---

[10] Vgl. Hardtwig, Vormärz, S. 37 f.
[11] Vgl. Hahn/Berding, Reformen, S. 132 ff.; Fehrenbach, Verfassungsstaat, S. 1 ff.
[12] Vgl. Hahn/Berding, Reformen, S. 141 ff.; Hardtwig, Vormärz, S. 39 ff.
[13] Zu den Gegenständen der Konferenz siehe: Büssem, Karlsbader Beschlüsse, S. 290 ff.
[14] Härter, Reichstag, S. 361.

Universitäten im August 1824 auf unbestimmte Zeit verlängert und erst 1848 aufgehoben.[15]

Ohne ausführlich auf ihre Entstehungs- und Wirkungsgeschichte einzugehen, sollen Universitäts- und Pressgesetz im Hinblick auf die mit ihnen verbundenen Problemstellungen und ihre Funktion skizziert werden. Die Universitäten waren bei den konservativen Regierungen spätestens seit dem Wartburg Fest 1817 in den Fokus geraten, bei dem die Burschenschaft erstmals öffentlich in Erscheinung getreten war.[16] Ein wichtiger Aspekt war, dass Studenten an allen Universitäten des Deutschen Bundes studieren konnten, so dass trotz der staatenbündischen Struktur des Bundes ein gemeinsamer akademischer Kommunikationsraum bestand.[17] Das wichtigste Ziel des »Universitätsgesetzes«[18] war, in allen Staaten für eine konsequente und einheitliche Überwachung der traditionell mit hoher Autonomie ausgestatteten Universitäten zu sorgen. Hierzu war die Einsetzung eines durch die jeweilige Landesregierung zu ernennenden »landesherrlichen Bevollmächtigten« vorgesehen, der als staatliche Aufsichtsinstanz agieren sollte.[19] Eine Besonderheit des Universitätsgesetzes lag damit darin, dass es eine Synthese aus »Staatsschutz« und einer Reform der rechtlichen Konstitution der Universitäten darstellte.[20] Es war nicht nur Grundlage der politischen Überwachung

---

[15] Huber, Verfassungsgeschichte (Bd. 1), S. 765 f.; Kotulla, Verfassungsgeschichte, S. 363 ff.
[16] Zur Wahrnehmung des Wartburgfests aus Regierungsperspektive siehe: Behringer, Tambora, S. 219 f.; Siemann, Stratege, S. 662 ff. Neuere allgemeine Darstellungen: Asmus, Wartburgfest; Brandt, Wartburgfest; Dedner, Wartburgfest; Malettke, Wartburgfest.
[17] Zum über die Grenzen des Deutschen Bundes hinausreichenden Netzwerk der deutschsprachigen Universitäten: Fisch, Universität, S. 70 ff.
[18] Provisorischer Bundesbeschluss über die in Ansehung der Universitäten zu ergreifenden Maßregeln vom 20. September 1819, in: Protokolle Bundesversammlung 1819, 35. Sitzung, § 220, S. 665 ff. Siehe auch: Huber, Dokumente, S. 101; Meyer, Corpus Juris (Teil 2), S. 96 f.; Kotulla, Verfassungsrecht, S. 680 f. Zu den Verhandlungen über die Maßnahmen gegen die Universitäten: Büssem, Karlsbader Beschlüsse, S. 371 ff.
[19] Zur Umsetzung des Universitätsgesetzes und zur Überwachungspraxis in einzelnen Bundesstaaten: Brümmer, Staat; Franken, Hochschulpolitik; Hofmann, Universitätspolitik, S. 147 ff.; Kossack, Gesellschaftliche Stellung; Oelschlägel, Hochschulpolitik; Schermaul, Universität Leipzig; Wandt, Kanzler; Toll, Akademische Gerichtsbarkeit.
[20] Oelschlägel, Hochschulpolitik, S. 182.

der Hochschulen, sondern auch ein wichtiger Schritt ihres Wandels von quasi autonomen Körperschaften zu staatlich kontrollierten Bildungseinrichtungen.[21] Im Fokus der Regierungen standen besonders liberale Professoren, die als »Meinungsbildner und Meinungsmultiplikatoren« der national-liberalen Bewegung ausgemacht wurden.[22] Die landesherrlichen Bevollmächtigten waren nach Artikel 1 des Universitätsgesetzes dafür zuständig, »den Geist, in welchem die akademischen Lehrer bei ihren öffentlichen und Privat-Vorträgen verfahren«, zu beobachten. Politisch auffällige Professoren sollten entlassen und mit einem im gesamten Bundesgebiet wirkenden Berufsverbot belegt werden (Artikel 2). Weiter sollte die Aufsichtstätigkeit der landesherrlichen Bevollmächtigten auf dem studentischen Verbindungswesen im Allgemeinen und der Burschenschaft im Speziellen liegen. Die besondere Gefahr der Burschenschaft lag nach Artikel 3 des Universitätsgesetzes in ihrem Charakter als transnationales politisches Netzwerk:

> »Die seit langer Zeit bestehenden Gesetze gegen geheime oder nicht autorisirte Verbindungen auf den Universitäten sollen in ihrer ganzen Kraft und Strenge aufrechterhalten, und insbesondere auf den seit einigen Jahren gestifteten, unter dem Namen der allgemeinen Burschenschaft bekannten Verein um so bestimmter ausgedehnt werden, als diesem Verein die schlechterdings unzulässige Voraussetzung einer fortdauernden Gemeinschaft und Correspondenz zwischen den verschiedenen Universitäten zum Grunde liegt. Den Regierungs-Bevollmächtigten soll in Ansehung dieses Punctes eine vorzügliche Wachsamkeit zur Pflicht gemacht werden.«

Studenten, denen die Mitgliedschaft in einer geheimen oder ungenehmigten Verbindung nachgewiesen werden konnte, sollten für kein öffentliches Amt zugelassen werden. Da sich der Arbeitsmarkt für Akademiker de facto auf diese Stellen beschränkte, handelte es sich hierbei um eine besonders abschreckende Strafe.[23] Nach Artikel 4 sollten Studenten, die wegen politischer Aktivitäten von einer Universität verwiesen wurden, auf keiner anderen deutschen Universität zugelassen werden. Zur Durchsetzung dieser Maßnahme, sollten die Universitäten bei Studienortswechseln keinen Studenten »ohne

---

[21] Vgl. Brümmer, Staat, S. 155 ff.
[22] Oelschlägel, Hochschulpolitik, S. 26.
[23] Vgl. Büssem, Karlsbader Beschlüsse, S. 377.

ein befriedigendes Zeugnis seines Wohlverhaltens« auf der Vorgängeruniversität aufnehmen. Über das Motiv der individuellen Bestrafung hinaus, waren diese Maßnahmen Ausdruck einer präventiven Strategie zum Schutz der Militär-, Verwaltungs- und Justizapparate vor politischer Durchsetzung durch unzuverlässige Beamte, worin langfristig ein besonderes Bedrohungspotential gesehen wurde.

Das Pressgesetz zielte auf eine transnationale Kontrolle und Zensur kleinerer Druckerzeugnisse wie Zeitungen, Zeitschriften, Broschüren und Flugschriften ab.[24] Kostengünstig und massenhaft produzierbar, hatten sie sich seit den Befreiungskriegen als wichtigstes Medium der national-liberalen Bewegung entwickelt, dem wegen seiner hohen gesellschaftlichen und geographischen Reichweite ein besonderes Bedrohungspotential beigemessen wurde. Für die deutschen Regierungen lag die Problematik darin, dass dieser Sicherheitsbedrohung wegen der starken transnationalen Verflechtung der deutschen Staaten nur durch eine im ganzen Bund kohärent durchgeführte Pressepolitik begegnet werden konnte. In einem von Metternich in der ersten Sitzung der Karlsbader Konferenz vorgelegten Gutachten seines Beraters Friedrich Gentz hieß es hierzu:

> »Deutschland in seiner heutigen Gestalt, ist ein Verein souveräner Staaten (…). Und doch sind alle Staaten durch das Band einer gemeinschaftlichen Abkunft und Sprache, durch mannichfaltiges gemeinschaftliches Interesse, durch tausendjährige Vereinigung zu einem bald fester, bald loser zusammenhängenden Ganzen in der engsten Berührung mit einander. Was in einem derselben öffentlich abgedruckt wird, kommt unmittelbar in allen übrigen in Umlauf. (…) Jede verderbliche Täuschung, jeder ansteckende Wahn, jede halsbrecherische Theorie, die Lokalumstände in einzelnen verkehrten Köpfen erzeugen könnten, ergreift mit furchtbarer Schnelligkeit die entferntesten Punkte von Deutschland und richtet Verheerung an (…). In der Lage, worin Deutschland sich befindet, ist daher einleuchtend unmöglich, die Maaßregeln gegen den Unfug der Presse, ohne irgend eine gemeinschaftliche Uebereinkunft der freien Bestimmung, mit anderen Worten, der Willkür jedes einzelnen Bundesstaates unbedingt zu überlassen.«[25]

[24] Pressgesetz vom 20. September 1819, in: Protokolle Bundesversammlung 1819, 35. Sitzung, § 220, S. 667 ff. Siehe auch: Huber, Dokumente, S. 102 ff.; Meyer, Corpus Juris (Teil 2), S. 97 ff.; Kotulla, Verfassungsrecht, S. 682 ff. Zu den Verhandlungen über das Pressgesetz: Büssem, Karlsbader Beschlüsse, S. 311 ff.
[25] Protokolle Karlsbader Konferenz, 1. Sitzung, Beilage C, in: Klüber/Welcker, Urkunden, S. 194 ff.

Das Pressgesetz verpflichtete alle Staaten zur Vorzensur bei Medien, »die in der Form täglicher Blätter oder heftweise« erschienen. Die Vorzensur bei Publikationen »über 20 Bogen im Druck stark« fiel nicht unter diese Bestimmung, sondern sollte nach den jeweiligen Landesgesetzen oder noch zu erlassenden Gesetzen gehandhabt werden. Stattdessen wurden die Bundesstaaten bei diesen Publikationen zur Nachzensur verpflichtet, die auch bei »Klagen« anderer Bundesstaaten erfolgen konnte. Druckerzeugnisse durften im gesamten Bundesgebiet nur personalisiert publiziert werden und entsprechende Verstöße mit »angemessener Geld- oder Gefängnißstrafe« geahndet werden.[26]

Entscheidend war, dass das Universitätsgesetz und das Pressegesetz den Bundesstaaten nicht nur die Verantwortung für die Durchführung der Maßnahmen auferlegten, sondern dass bei Konfliktfällen und Verstößen dem Bund das Recht zustand, regulierend und sanktionierend einzugreifen. So sah der Artikel 6 des Pressgesetzes vor, dass Bundesstaaten sich bei der Bundesversammlung über andere Staaten beschweren konnten, die nicht energisch genug gegen das Pressewesen einschritten. Der Bundesversammlung stand es dann frei, selbst Maßnahmen zu verfügen. Durch die ebenfalls in Karlsbad ausgehandelte »Bundesexekutionsordnung« waren die Bundesbeschlüsse außerdem exekutiv durchsetzbar.[27] Diese sah vor, dass die Durchführung von Bundesbeschlüssen notfalls militärisch erzwungen werden konnte. Die Zentraluntersuchungskommission und die von 1833 bis 1842 bestehende Frankfurter Bundeszentralbehörde kontrollierten dabei die Maßnahmen der kleineren und mittleren Bundesstaaten. Dies geschah besonders durch die Auswertung von Presseartikeln und die Abfrage von Umsetzung und Erfolg bundespolitischer Maßnahmen.[28] Diese Kontrollfunktion wurde aber auch durch die größeren Bundesstaaten wahrgenommen. Im Juli 1824 verbot die preußische Regierung ihren Untertanen etwa wegen

---

[26] Zur Umsetzung des Pressegesetzes und zur Zensurpraxis in verschiedenen Bundesstaaten: Arnold, Pressefreiheit; Blumenauer, Journalismus; Breil, Allgemeine Zeitung; Kramer, Zensur; Mannes / Weber, Zensur; Treml, Pressepolitik; Westerkamp, Pressefreiheit.
[27] Büssem, Karlsbader Beschlüsse, S. 339 ff.
[28] Zur Tätigkeit der beiden Behörden siehe: Kapitel 3.1.2, S. 110 ff. und Kapitel 3.2.3, S. 212 ff.

»daselbst aktenmäßig fortdauernden burschenschaftlichen und anderer verderblicher Umtriebe« die Universität Tübingen zu besuchen.[29] Die Universitäten Heidelberg, Würzburg und Erlangen wurde nach dem Frankfurter Wachensturm 1833 ebenfalls mit solchen Verboten belegt.[30] Für die betroffenen Universitäten bedeutete dies nicht nur eine Schädigung ihres Rufes, sondern auch einen erheblichen ökonomischen Schaden, besonders wenn es sich nicht um typische Landesuniversitäten handelte, die von ausländischen Studierenden abhängig waren.[31] Entsprechend stellte dieses Vorgehen ein erhebliches Druckmittel dar.

3.1.1.2 Die Gründung der Zentraluntersuchungskommission

Im Folgenden soll ausführlicher auf die Karlsbader Verhandlungen über das so genannte »Untersuchungsgesetz« bzw. die Mainzer Zentraluntersuchungskommission eingegangen werden.[32] Diese sind im Blick auf die Gesamtfragestellung von besonderer Bedeutung, da in ihnen grundlegende Kollisionen zwischen der Kompetenz der Bundesstaaten in strafrechtlichen Angelegenheiten und der Sicherheitskompetenz des Bundes gelöst werden mussten, womit sie die Grundausrichtung des Bundesregimes nachhaltig prägten. Ausgangspunkt der Verhandlungen waren die in verschiedenen Bundesstaaten nach den Attentaten auf Kotzebue und Ibell eingeleiteten Strafprozesse. Im Blick auf das polizeiliche Untersuchungsverfahren

---

29 Allerhöchste Kabinettsorder, betreffend die Verwaltung der akademischen Disziplin, 21. Mai 1824, in: Koch, Universitäten, S. 119 f. Siehe hierzu: Oelschlägel, Hochschulpolitik, S. 167 ff.
30 Allerhöchste Kabinettsorder, betreffend das Verbot des Besuchs auswärtiger Universitäten, 20. Mai 1833, in: Koch, Universitäten, S. 531 f.
31 Vgl. Wolgast, Universität Heidelberg, S. 99.
32 Die Verhandlungen um die Zentraluntersuchungskommission sind zwar bereits durch verschiedene Autoren mehr oder weniger ausführlich dargestellt worden, die Darstellungen beschränken sich jedoch jeweils auf die Überlieferung einzelner Bundesstaaten und zielen kaum auf strafrechtliche Fragestellungen ab. Entsprechende Darstellungen finden sich bei: Büssem, Karlsbader Beschlüsse, S. 353 ff.; Henche, Karlsbader Konferenzen; Klemmer, Rechberg, S. 158 ff.; Weber, Zentraluntersuchungskommission, S. 5 ff.; Winter, Wrede, S. 305 ff.; Treitschke, Deutsche Geschichte (Bd. 2), S. 554 ff.; Schodrok, Turnpolitik, S. 166 ff.

hatte sich dabei gezeigt, dass die grenzübergreifenden Verflechtungen der Opposition die Untersuchungsmöglichkeiten eines einzelnen Staates überforderten und verstärkte transnationale Kooperation und Koordination erforderlich machten. Ein erster Impuls ging von der preußischen Regierung aus. Diese war im Sommer 1819 dazu übergegangen, in Preußen ermitteltes Untersuchungsmaterial an andere Regierung zu übersenden.[33] Ziel der Initiative war es, in allen betroffenen Staaten eine adäquate und vollständige Beweisgrundlage für die Entscheidungsverfahren zu schaffen, aber auch weitergehende polizeiliche Maßnahmen und Untersuchungen zu bewirken. Hieraus entwickelte sich eine engere Kooperation zwischen Preußen und den von den Attentaten besonders betroffenen Bundesstaaten Nassau, Hessen-Darmstadt und Baden, in die auch Österreich involviert war.[34]

Weiterhin stellte sich im Blick auf das gerichtliche Entscheidungsverfahren die Frage nach möglichst übereinstimmenden Urteilssprüchen in den verschiedenen Prozessen. Da im Deutschen Bund keine gemeinsame, fixe normative Grundlage in Form einer Kodifikation bestand und die Strafrechtsprechung in den meisten deutschen Staaten noch auf Basis des Gemeinen Strafrechts erfolgte, wurden hier erhebliche Abweichungen zwischen den einzelnen Urteilen befürchtet. Wegen der transnationalen Dimension der politischen Prozesse sollte dies aber vermieden werden, da Unterschiede in der Strafzumessung das Potential hatten, weitere Konflikte hervorzurufen und milde Urteile wegen der Ähnlichkeit der deutschen Strafrechtssysteme als Präzedenzfälle dienen konnten.[35]

Auf einem die Karlsbader Konferenz vorbereitenden Treffen in Teplitz wurde diese Problemlage zwischen Österreich und Preußen eingehender besprochen. Dabei entstand die zunächst wohl eher vage Idee einer außerordentlichen Bundesjustizkommission, die politische Strafverfahren, die von Bedeutung für den gesamten Bund waren, zentral durchführen sollte.[36] Dieser Plan erschien jedoch zunächst

---

[33] Siemann, Deutschlands Ruhe, S. 76 ff.; Weber, Zentraluntersuchungskommission, S. 5.
[34] Büssem, Karlsbader Beschlüsse, S. 356.
[35] Vgl. Weber, Zentraluntersuchungskommission, S. 12 ff.
[36] Bericht Metternich, 1. August 1819, in: Metternich-Winneburg, Nachgelassene Papiere (Bd. 3), S. 268.

kaum realisierbar. Während man sich in Karlsbad offenbar sehr schnell über Maßnahmen gegen die liberale Presse und zur Überwachung der Universitäten einigen konnte, kam es über die Frage der Bundesjustizkommission bereits in der ersten Konferenzsitzung vom 6. August 1819 zu einer Kontroverse.[37] Der bayrische Gesandte Aloys von Rechberg berichtete hierüber:

> »(…) über die Ergreifung zweckmäßiger Massregeln gegen die hochverrätherischen Umtriebe konnten indeßen einige Debatten nicht vermieden werden. Fürst Metternich und mit ihm mehrere Minister glaubten eine kräftige und ausgiebige Massregel in der Errichtung eines special Untersuchungs- und Gerichtshofs zu erkennen, weil der ganze Bund bedroht sey, weil einzelne Staaten die Verfolgung (…) nicht so wohl besorgen könnten, weil eine allgemeine Untersuchung auf alle Regierungen kommen müsste und weil durch diese Maßregel ein zweckmäßiger Schrecken verbreitet würde.«[38]

Rechberg, unterstützt vom preußischen Außenminister Christian von Bernstorff, der sich nicht an die Teplitzer Absprachen erinnern konnte,[39] war gegen eine Bundesjustizkommission. Dass insbesondere Bayern als Gegner einer rechtsprechenden Bundesjustizkommission auftrat, lag vor allem daran, dass es, anders als die meisten Bundesstaaten, ein durch die bayrische Verfassung von 1818 und das bayrische Strafgesetzbuch von 1813 normativ eingehegtes und national ausgerichtetes Strafrechtssystem besaß, das für transnationale Kooperationen und übernationale Institutionen wenig Spielraum ließ. So verwies Rechberg in der nicht im offiziellen Protokoll enthaltenen Diskussion besonders auf den Grundsatz »Niemand darf seinem ordentlichen Richter entzogen werden« (Bayrische Verfassung von 1818, Titel IV, Artikel 8), der es Bayern unmöglich machen würde, bayrische Untertanen an ein nichtbayrisches Gericht auszuliefern.[40]

Als Kompromiss verständigte sich die Konferenz darauf, eine »gewisse gemeinsame, vom Bunde ausgehende Central-Untersu-

---

37 Protokolle Karlsbader Konferenz, 1. Sitzung, in: Klüber/Welcker, Urkunden, S. 113 ff.
38 Bericht Rechberg, 8. August 1819, in: HStA München, MdA, Nr. 1050.
39 Bernstorff an Hardenberg, 8. August 1819, in: GStA PK Berlin, III. HA, MdA, Abt. I, Nr. 1717.
40 Bericht Rechberg, 8. August 1819, in: HStA München, MdA, Nr. 1050.

chungs-Kommission« einzusetzen, die lediglich die Untersuchungsverfahren leiten sollte.[41] Die Aufgabe einen Entwurf für einen Bundesbeschluss zu erarbeiten erhielt der nassauische Staatsminister Ernst Marschall von Bieberstein, der diesen bereits in der zweiten Konferenzsitzung am 7. August 1819 unter folgendem Titel vorlegte:

»Entwurf zu einem bei der Bundesversammlung durch eine Präsidial-Proposition in Antrag zu bringenden Bundesbeschluss betreffend die Anordnung einer von der Gesammheit des Bundes zu bestellenden Central-Untersuchungs-Commission bezweckend gemeinschaftliche Untersuchung und factische Eruirung der hochverräterischen Unternehmungen und Handlungen, über welche gegen mehrere Individuen und Verbindungen zu solchem Zwecke in einzelnen Bundesstaaten nähere und entferntere Anzeigen (Indicien) vorliegen.«[42]

Die Aufstellung solcher Kommissionen zur Führung von Untersuchungsverfahrens war im Gemeinen Strafrecht und in den meisten Landesgesetzen vorgesehen.[43] Sie nahmen dabei eine mehrdimensionale Schnittstellenfunktion zwischen lokaler Untersuchungs- und zentraler Entscheidungsebene sowie – für das Inquisitionsverfahren typisch – zwischen strafrechtlichen und polizeilichen Funktionen wahr. Strafrechtliche Funktionen der Kommissionen konnten etwa die selbstständige Durchführung von Verhören, die Kontrolle und Koordination der lokalen Untersuchungsbehörden sowie die Entlastung der Spruchinstanzen durch eine Vorsystematisierung des Untersuchungsmaterials sein. Darüber hinaus führten sie im Rahmen der Offizialmaxime aber auch weitergehende Ermittlungen durch, die dem Schutz der öffentlichen Sicherheit dienten. Diese zweite Funktion konnte durchaus Hauptgegenstand der Kommissionarbeit sein bzw. werden.[44] Dies lässt sich sehr gut am Beispiel der in Baden wegen des Sand-Attentats eingerichteten Mannheimer

---

[41] Protokolle Karlsbader Konferenz, 1. Sitzung, in: Klüber/Welcker, Urkunden, S. 116.
[42] Protokolle Karlsbader Konferenz, 2. Sitzung, Beilage D, Entwurf Central-Untersuchungs-Commission, in: Klüber/Welcker, Urkunden, S. 205. Weiteres zur Entstehung von Marschall von Biebersteins Entwurf bei: Büssem, Karlsbader Beschlüsse, S. 353 ff.; Henche, Karlsbader Konferenzen.
[43] Siehe z. B.: Mittermaier, Strafverfahren (Bd. 1), S. 173 ff.; Quistorp, Grundsätze, S. 40 ff.; Tittmann, Handbuch, S. 18 f.
[44] Vgl. Siemann, Deutschlands Ruhe, S. 182 ff.; Siemann, Vorrang, S. 200 f.

Untersuchungskommission illustrieren, deren Auftrag nicht in der Überführung des Täters – Sand war von Anfang an geständig –, sondern in der Ermittlung der Tatumstände und weiterer Täter lag:

> »Die Untersuchung über das eigentliche Verbrechen war daher um so weniger verwickelt, als Sand dasselbe ohne Umstände eingestand, auch, auf der That ergriffen, hier schwerlich mit Erfolg die Wahrheit hätte verbregen können. – Desto schwieriger wurde die Untersuchung über die etwaige Complicität Anderer, nachdem Sand's Schreiben an die Burschenschaft und Freunde deutschen Sinnes gefunden waren. Es wurde daher eine eigene Commission zur Führung dieser Untersuchung in Mannheim niedergesetzt welche ihr Geschäft am 3ten April begann, und wie es die Natur ihres Geschäftes verlangte, mit den zu Weimar, Darmstadt und Gießen niedergesetzten Commissionen, so wie später, mit dem Berliner Polizei-Ministerio in Verbindung trat.«[45]

Auf den ersten Blick handelte es sich bei der von Marschall von Bieberstein vorgeschlagenen Zentraluntersuchungskommission um eine »typische« Untersuchungskommission, deren Besonderheit aber darin lag, dass sie keine einzelstaatliche bzw. »nationale« Behörde war, sondern sich – »supranational« – aus Vertretern mehrerer Staaten zusammensetzte und einen transnationalen Ermittlungsauftrag hatte. Aufgabe der Zentraluntersuchungskommission sollte die »umfassende Untersuchung und Feststellung des Tatbestandes der hochverrätherischen, verbrecherischen Verbindungen gegen den ganzen Bund sowohl, als die Regierungen einzelner Staaten« sein (Artikel 2).[46] Beabsichtigt war also die Leitung der Untersuchungsverfahren in sämtlichen politischen Prozessen im Bundesgebiet. Die Zentraluntersuchungskommission sollte sich aus praxiserprobten Juristen aus den Bundesstaaten zusammensetzen (Artikel 4) und sich an den »bekannten gewöhnlichen«, also gemeinrechtlichen Verfahrensregeln orientieren (Artikel 5). Gegenüber den Behörden der Bundesstaaten sollte sie weisungsbefugt sein (Artikel 7). Außerdem sollte sie selbst Verhöre durchführen dürfen, wozu die Gefangenen von den Bundesstaaten nach Mainz transportiert werden sollten

---

[45] Jarcke, Sand, S. 249 f.
[46] Protokolle Karlsbader Konferenz, 2. Sitzung, Beilage D, Entwurf Central-Untersuchungs-Commission, in: Klüber/Welcker, Urkunden, S. 205 ff. Vgl. Büssem, Karlsbader Beschlüsse, S. 356 f.; Weber, Zentraluntersuchungskommission, S. 6.

(Artikel 8). Nach Artikel 10 und 11 war die Kommission gegenüber der Bundesversammlung als höchstem Organ des Deutschen Bundes berichtspflichtig. Die eigentliche Rechtsprechung sollte jedoch dezentral erfolgen. Nach Abschluss des Untersuchungsverfahrens und der Ermittlung des Tatbestands sollte das Entscheidungsverfahren in einem Bundesstaat erfolgen, »in welchem das forum (…) nach den einschlägigen Rechtsregeln und Gewohnheiten begründet ist«.[47] Bemerkenswert ist, dass in einem ersten Entwurf von Artikel 10 vorgesehen war, es der Bundesversammlung zu überlassen, ob das Entscheidungsverfahren am Gerichtsstand des Tatorts, dem gemeinrechtlichen »forum deliciti commissi«, oder durch eine »richterliche Commission von Seiten des Bundes« geführt werden sollte.[48] Eine Übernahme des Entscheidungsverfahrens durch den Bund hatte Marschall von Bieberstein also zumindest angedacht.

Nachdem der Entwurf zunächst den jeweiligen Regierungen zur Prüfung übersandt worden war, nahm der Verhandlungsverlauf in der Sitzung vom 16. August 1819 eine überraschende Wendung. Preußen plädierte nämlich plötzlich doch für eine Bundesjustizkommission bzw. »ein zu Mainz niederzusetzendes außerordentliches Bundesgericht« mit richterlichen Kompetenzen und reichte einen entsprechenden Entwurf ein.[49] Diese Kehrtwende war besonders vom Polizeidirektor im preußischen Innenministerium Karl Albert von Kamptz herbeigeführt worden, der sich gegenüber Staatskanzler Karl August von Hardenberg für eine solche Institution eingesetzt hatte.[50] In seiner Instruktion an Bernstorff führte Hardenberg aus, dass eine lediglich untersuchende Kommission mit stark polizeilichem Charakter weder die allgemeinen »Ansprüche der Gerechtig-

---

[47] Protokolle Karlsbader Konferenz, 2. Sitzung, Beilage D, Entwurf Central-Untersuchungs-Commission, in: Klüber/Welcker, Urkunden, S. 208.
[48] Frühere Redaction des 10. Articels, in: HHStA Wien, StK, Vorträge, Nr. 219.
[49] Protokolle Karlsbader Konferenz, 9. Sitzung, Beilage G, Entwurf außerordentliches Bundesgericht, in: Klüber/Welcker, Urkunden, S. 270 ff. Auch wenn hier die Bezeichnung »Bundesgericht« verwendet wurde, darf dieser Entwurf nicht mit der auf dem Wiener Kongress als Nachfolgeinstitution der Reichsgerichte geplanten Institution verwechselt werden, wie z.B.: Huber, Verfassungsgeschichte (Bd. 1), S. 746. Zur Diskussion um das auf dem Wiener Kongress geplante Bundesgericht siehe z.B.: Wyduckel, Bundesgericht.
[50] Schodrok, Turnpolitik, S. 169 f.

keit« noch die »Erwartung der gründlichen und unparteiischen Entscheidung« erfüllen könne. Sie würde wegen ihres behelfsmäßigen Charakters keine »das allgemeine Vertrauen begründende Organisation und Stellung« haben. Die Bedeutung der von Rechberg und Bernstorff hervorgehobenen Justizhoheit der Bundesstaaten sei zudem zweifelhaft, da es sich bei den zu untersuchenden Taten nicht um Verbrechen gegen einzelne Bundesstaaten, sondern um Verbrechen gegen den Deutschen Bund handeln würde. Für die Strafkompetenz eines Bundesgerichts spräche »die Analogie der ehemaligen Reichs-Justiz-Verfassung«, nach der »Landfriedensbruch Sachen« bzw. Angriffe gegen den Reichsverband unter die Kompetenz der Reichsgerichte gefallen wären.[51]

Der preußische Entwurf sah vor, dass die lokalen Untersuchungen gegen »hochverräterische« und »demagogische« »Handlungen, Verbindungen und Umtriebe« in den Bundesstaaten durch Spezialkommissionen geführt werden sollten (Artikel 1).[52] Nach Abschluss der Untersuchungen sollten die Untersuchungsakten an das Mainzer Bundesgericht bzw. die Bundesjustizkommission gesandt werden (Artikel 2). Dieses sollte aus einem »Instruktionssenat«, einem »Spruchsenat« und einem »Revisionssenat« bestehen. Jeder der drei Senate sollte sich aus sieben Richtern zusammensetzen, die jeweils aus einem durch die Bundesversammlung gewählten Bundesstaat stammen sollten (Artikel 3). Der »Instruktionssenat« war in seiner Funktion weitgehend identisch mit der von Marschall von Bieberstein vorgeschlagenen Untersuchungskommission (Artikel 4 bis 12).[53] Seine Aufgaben waren die Leitung und die Kontrolle der lokalen Untersuchungen in den Bundesstaaten und die Vorbereitung des Entscheidungsverfahrens. In seinen Zuständigkeitsbereich fielen

---

[51] Hardenberg an Bernstorff, 13. August 1819, in: GStA PK Berlin, III. HA, MdA, Abt. I, Nr. 1714.
[52] Protokolle Karlsbader Konferenz, 9. Sitzung, Beilage G, Entwurf außerordentliches Bundesgericht, in: Klüber/Welcker, Urkunden, S. 270 ff. Vgl. Büssem, Karlsbader Beschlüsse, S. 360; Weber, Zentraluntersuchungskommission, S. 7 ff.
[53] Weber, Zentraluntersuchungskommission, S. 8. Vorbild des Instruktionssenats waren offensichtlich die am Ende des 18. Jahrhunderts eingeführten preußischen Untersuchungsgerichte. Siehe hierzu: Mittermaier, Strafverfahren (Bd. 1), S. 246 f.

»sowohl die polizeiliche, als auch die justizmäßige Untersuchung« (Artikel 7). Ihm oblag es nach Akteneingang zu überprüfen, »1) ob einzelne Punkte noch näher zu ermitteln und zu untersuchen, und 2) ob und wie weit diese Untersuchungen mit den Untersuchungen in anderen Bundesstaaten zusammenhängen und gegenseitig zu ergänzen sind« (Artikel 8). Hierdurch sollte er eine »vollständige und erschöpfende Uebersicht und Darstellung« über die oppositionelle Bewegung erhalten und weitere Ermittlungen anregen. Auf dieser Grundlage sollte der Instruktionssenat die Entscheidung treffen, welche Fälle durch den Spruchsenat des Mainzer Bundesgerichts und welche Fälle durch die Gerichte der Bundesstaaten behandelt werden sollten (Artikel 9 u. 10). Das Urteil des Spruchsenats sollte auf Grundlage der durch den Instruktionssenat ermittelten Untersuchungsergebnisse erfolgen und nach den »Gesetzen des Orts des Verbrechens oder Vergehens« gefällt werden (Artikel 14). Der Revisionssenat sollte für den Fall der Anmeldung einer »weiteren Vertheidigung« eingesetzt werden. Sein Urteil sollte bindend sein (Artikel 15). Die Vollstreckung der Urteile sollte durch die Behörden des zuständigen Bundesstaats erfolgen (Artikel 16).

Der preußische Vorschlag fand breiten Anklang, nur Metternich und Rechberg machten ihre Zustimmung von Instruktionen ihrer Regierungen abhängig. Rechberg war besonders in Bedrängnis, denn in Bayern lief zu diesem Zeitpunkt eine kontroverse Diskussion über die Einrichtung der lediglich untersuchenden Zentraluntersuchungskommission.[54] König Maximilian I. und Staatsminister Friedrich Karl von Thürheim hatten einer Zentraluntersuchungskommission zunächst zugestimmt, aber nur »nachdem dieselbe nicht als Gerichtshof constituiert, und das unsern Unterthanen verfaßungsmäßig zugestandene Recht, ihren ordentlichen Richter nicht entzogen zu werden, gewahrt ist (…)«.[55] Der einflussreiche Präsident der Ersten Kammer der bayrischen Reichsräte Carl Philipp von Wrede wandte sich allerdings vehement gegen die Einrichtung einer solchen Behörde. In einem Gutachten an Maximilian I. äußerte er, dass eine Untersuchungskommission unter österreichischem Vorsitz aus politi-

---

[54] Vgl. Klemmer, Rechberg, S. 159 ff.; Winter, Wrede, S. 305 ff.
[55] Weisung an Rechberg, 12. August 1819, in: HStA München, MdA, Nr. 1050.

schen Gründen bedenklich sei. Sie könnte von Österreich als Instrument missbraucht werden, seinen Einfluss auf die kleineren Bundesstaaten auszudehnen. Aus staats- und völkerrechtlicher Perspektive sei es weiterhin nicht zulässig, bayrische Untertanen dem Einfluss einer fremden Behörde aussetzten, selbst wenn diese nur untersuchenden Charakter habe:

>»Ist der Unterthan nicht seinem ordentlichen Richter entzogen, wenn es, obschon von dem seinigen am Ende gerichtet, doch von fremden Richtern und Behörden an fremden Orten, in auswärtigen Kerkern untersucht, an diesen in formellen und materiellen Wegen zu Confersationen hin und hergeschleppt, und vielleicht nicht Monate sondern Jahre lang eingekerkert bleibt?«[56]

Wrede befürchtete zudem, dass das Bekanntwerden einer solchen Maßnahme für das gerade erst neuformierte Königreich einen nationalen Prestigeverlust nach außen und einen Autoritätsverlust nach innen nach sich ziehen würde:

>»Welchen Eindruck würde es in Alt-Baiern machen, wenn es verlautet, daß ein Altbaier von einem österreichischen Commißär untersucht werden soll. Wie würde es das Vertrauen gegen sein angestammtes Regententhum vermindern, und mit welchem Stolz würden die benachbarten Österreicher auf die Altbaiern, deren Richter sie nunmehr geworden zu sein wähnen würden, hinblicken? Dem Franken dürfte es im Gegensatz vielleicht lieb seyn, mehr dem Österreicher als dem Bayern Hause anzugehören.«[57]

Stattdessen forderte Wrede, die Untersuchungen in Bayern durch eine bayrische Kommission führen zu lassen. Nur kleinere Bundesstaaten sollten gemeinschaftliche Untersuchungskommissionen bilden.[58]

Trotzdem gelang es Rechberg, von Maximilian I. nicht nur die Zustimmung für eine Zentraluntersuchungskommission, sondern sogar für das von Preußen vorgeschlagene Bundesgericht zu erhalten. In seinem Bericht vom 18. August 1819 hatte Rechberg den König eindringlich vor den Konsequenzen einer bayrischen Blockadehaltung gewarnt.[59] Dabei überwogen vor allem bundes- bzw. außen-

---

56 Gutachten Wrede, 14. August 1819, in: HStA München, MdA, Nr. 1050.
57 Gutachten Wrede, 14. August 1819, in: HStA München, MdA, Nr. 1050.
58 Gutachten Wrede, 14. August 1819, in: HStA München, MdA, Nr. 1050.
59 Bericht Rechberg, 18. August 1819, in: HStA München, MdA, Nr. 1050.

politische Argumente. Insbesondere verwies Rechberg auf die Rolle Bayerns als dritte deutsche Macht, aus der sich seiner Meinung nach eine besondere bundespolitische Verantwortung und Vorbildfunktion ergab. Da Bayern bei einer Abstimmung in der Bundesversammlung auf Grundlage von Artikel 2 DBA die Einrichtung eines außerordentlichen Bundesgerichts ohnehin nicht verhindern könne, sei es im Blick auf die politische Gesamtlage sinnvoller, sich konstruktiv zu beteiligen und die oppositionelle Bewegung nicht weiter zu stärken:

> »Der moralische Eindruck, den dieses ferner bringen dürfte, läßt sich schwer verkennen, denn wenn die Demagogen wahrnehmen, daß man nach 3. wöchiger Berathung in Carlsbad uneins auseinander ging, so würde ihre Stärke in eben dem Grad wachsen, als die Maasregeln der jetzt durch gemeinsame Noth zusammen geführten Regierungen paralisiert werden könnten. (...) Unter zwei Übeln scheint uns dasjenige das Geringere, welches die Einigkeit der Regierungen nicht untergräbt«[60]

Zudem glaubte Rechberg, dass ein außerordentliches Bundesgericht – wie andere historisch bekannte »hautes cours nationales« – nur wenig Einfluss auf die allgemeine Strafrechtspflege haben würde. Rechberg sah auch nicht die Gefahr, dass es den in Bayern gültigen Rechtsgrundsätzen widersprechen würde, »indem die Inculpaten nur nach ihren Landesgesetzen gerichtet werden sollen und ihnen die Milderung oder Begnadigung ihres Landesherrn unbenommen bleibt«.[61] Mit dieser Argumentation hatte er Erfolg. In einer Instruktion vom 22. August 1819 wurde er ermächtigt, dem preußischen Vorschlag zuzustimmen.[62] Beim bayrischen König überwog letztendlich die Sorge um die bundespolitische Stellung Bayerns die immer noch vorhandenen rechtlichen und politischen Bedenken.

Damit war mit Bayern zwar der größte Gegner eines außerordentlichen Bundesgerichts umgeschwenkt, nun war es aber der österreichische Kaiser Franz I., der Bedenken äußerte. Besonders pikant war, dass Metternich diese Haltung frühzeitig bekannt war. Schon am 7. August 1819 hatte sich der Kaiser im Zusammenhang mit den

---

[60] Bericht Rechberg, 18. August 1819, in: HStA München, MdA, Nr. 1050.
[61] Bericht Rechberg, 18. August 1819, in: HStA München, MdA, Nr. 1050.
[62] Weisung an Rechberg, 22. August 1819, in: HStA München, MdA, Nr. 1050.

Teplitzer Gesprächen über eine Bundesjustizkommission ablehnend geäußert.[63] Eine Bundesjustizkommission bzw. ein außerordentliches Bundesgericht widerspräch seiner Meinung nach den Grundsätzen der Gerichtsstandslehre. Zudem sei unklar, welche Strafprozessordnung und welche Strafgesetze angewendet werden sollten, und das komplizierte bundespolitische Parkett sei nicht das geeignete Umfeld für eine derart sensible und gleichzeitig dringende Angelegenheit. Durch eine so fragwürdige und überstürzte Maßnahme würde man der Opposition lediglich weitere Argumente und Sympathien liefern:

>»Die Errichtung einer speciellen Justiz, welche die entdeckte Verschwörung gegen den Bund richten solle, finde Ich bedenklich und ungerecht; jeder Unterthan hat das Recht, nach den Gesetzen seines Staates oder jenen, wo er das Verbrechen verübt hat, gerichtet zu werden; nun hat der Bund keine eigenen Gesetze für Verbrechen, kein Gericht; wer soll also richten und nach welchen Gesetzen soll gerichtet werden? So wenig man recht handelt, sich irre machen zu lassen, ebenso wenig darf man, durch nicht auf Gerechtigkeit gegründete Maßregeln, Anlaß zu gerechten Beschwerden geben, welches hier der Fall sein dürfte. Uebrigens wer bürgt für eine gute Auswahl der Richter, und daß nicht lange am Bundestage gestritten werden wird, wie und auf welche Art gerichtet werden solle, ohne daß Etwas zu Stande kommt, was dann noch ärger wäre (...). Vorzüglich aber ist, was Ich Ihnen schon empfohlen habe, nicht leichtfertig zu Werke zu gehen und vielleicht solche Abhilfsmaßregeln zu ergreifen, die das nämliche Uebel auf eine andere Art, oder wohl gar ein neues, entstehen machen können.«[64]

Vor diesem Hintergrund hatte Metternich dem Kaiser vorgeschlagen, Marschall von Biebersteins Entwurf einer Zentraluntersuchungskommission einer gründlichen juristischen Prüfung zu unterziehen und für diese Aufgabe den Vizepräsident der Obersten Justizstelle, Friedrich Christian von Gärtner, vorgeschlagen.[65] Dieser schien ihm als ehemaliges Mitglied des Reichshofrats die Expertise zu haben, die rechtlich und politisch komplizierte Gemengelage angemessen zu

---

[63] Weisung an Metternich, 7. August 1819, in: Metternich-Winneburg, Nachgelassene Papiere (Bd. 3), S. 268 ff.
[64] Weisung an Metternich, 7. August 1819, in: Metternich-Winneburg, Nachgelassene Papiere (Bd. 3), S. 269.
[65] Bericht Metternich, 8. August 1819, in: HHStA Wien, StK, Vorträge, Nr. 219.

bewerten.[66] Laut Metternich ging es bei der Auswahl des Gutachters darum:

> »Daß dieser Mann Deutschland kenne; der Höhe der Gefahr, mit welchen dasselbe ohne schnelle und äußerst kräftige Maßregeln unaufhaltsam bedroht ist, gewachsam seye; und nicht allein von abstrakten juristischen Formeln ausgehe, sondern den Begriff rein aufzufassen vermöge, daß es hier nicht auf einen richterlichen Spruch, sondern auf eine in einer imponierenden Form gestützte höhere Polizei-Untersuchung zur Erklärung der Wahrheit und dies zwar zum Behufe künftiger richterliche Untersuchung an den Schuldigen und Einleitung der Prozesse, ankomme.«[67]

In seinem auf den 14. August 1819 datierten Gutachten behandelte Gärtner Marschall von Biebersteins Entwurf unter »staatsrechtlichen« und »privatrechtlichen« Gesichtspunkten.[68] Als erste staatsrechtliche Frage prüfte Gärtner die Kompetenz des Bundes zur Einrichtung einer Zentraluntersuchungskommission. Er führte aus, dass nach gegenwärtigem Informationsstand besonders die Aktivitäten der »Unbedingten«, einer radikalen Untergruppe der Burschenschaft, der auch Sand angehörte,[69] nicht gegen einzelne Bundesstaaten, sondern gegen den Deutschen Bund insgesamt gerichtet gewesen seien. Als Objekt der Bedrohung und als für die Sicherheit Deutschlands bzw. des Bundesverbandes zuständige Institution sei die Bundesversammlung daher berechtigt, sicherheitspolitische Maßnahmen zu verfügen und die Bundesstaaten verpflichtet, sie dabei zu unterstützen. Die Wahl der Mittel stünde der Bundesversammlung grundsätzlich frei, so dass eine Zentraluntersuchungskommission bundesrechtlich prinzipiell legitim sei:

> »Da die Bundesversammlung zu Frankfurt durch den 4. Artikel der Bundesakte bestimmt ist, die Angelegenheiten des Bundes zu besorgen, so ist sie die Behörde, welcher die Wahl und Ausführung jener Maaßregeln zusteht. Ueberdieß läßt sich die Competenz des

---

[66] Vgl. Maasburg, Oberste Justizstelle, S. 88 f.
[67] Bericht Metternich, 8. August 1819, in: HHStA Wien, StK, Vorträge, Nr. 219.
[68] Protokolle Karlsbader Konferenz, 12. Sitzung, Beilage I, Gutachten Gärtner betreffend Untersuchungs-Commission, in: Klüber/Welcker, Urkunden, S. 290 ff. Vgl. Büssem, Karlsbader Beschlüsse, S. 363 f.; Weber, Zentraluntersuchungskommission, S. 10 ff.
[69] Zu den »Unbedingten« siehe: Haupt, Follen, S. 130 ff.

Bundestags in dieser Angelegenheit, auch aus dem in dem Artikel 2 der Bundesakte angegebene Zwecke ableiten. Sein Zweck besteht in der Erhaltung der inneren und äußeren Ruhe Deutschlands. Je mehr die Sicherheit Deutschlands durch Angriffe auf seine Verfassung gefährdet wird, je dringender muß sich die Bundesversammlung aufgefordert finden, solchen Angriffen zu begegnen.«[70]

Schwieriger war dagegen die zweite staatsrechtliche Frage, welche die Vereinbarkeit einer Zentraluntersuchungskommission des Bundes und der Justizhoheit der Bundesstaaten betraf. Diese beantwortete Gärtner nur kompromisshaft. Er argumentierte, dass angesichts des gesamtdeutschen, transnationalen Charakters der vermuteten Verschwörung die Zentraluntersuchungskommission ein notwendiges Mittel zur Erreichung des Bundeszwecks sei. Hierdurch sei ein begrenzter Eingriff in die Justizhoheit der Bundesstaaten gerechtfertigt:

»Nur durch eine vollständige Entdeckung aller Ramificationen der Conspiration, kann sich der Bund gegen die, seine Existenz und die Ruhe Deutschlands bedrohenden Folgen derselben sicher stellen. Die Commission ist also ein nothwendiges Mittel zur Erreichung des Zwecks, den alle Bundesglieder bei Eingehung des Bundes hauptsächlich im Auge hatten. Was zur Erreichung dieses Zwecks unerläßlich ist, kann von keinem Mitglied als Eingriff in seine Rechte betrachtet werden.«[71]

Aus der Perspektive der Bundesstaaten sei die Kommission zudem »keine fremde, sondern eine gemeinschaftliche Behörde«, da sie ihre Kompetenzen erst durch den Willen der Bundesstaaten erhalten würde.[72] Entscheidend sei aber, dass die Kommission nur Einfluss auf die polizeiliche Voruntersuchung bzw. die Generalinquisition nehmen dürfe. Der gegen einzelne Verdächtige gerichtete Abschnitt des Untersuchungsverfahrens, die Hauptuntersuchung bzw. Spezial-

---

[70] Protokolle Karlsbader Konferenz, 12. Sitzung, Beilage I, Gutachten Gärtner betreffend Untersuchungs-Commission, in: Klüber/Welcker, Urkunden, S. 290 f.
[71] Protokolle Karlsbader Konferenz, 12. Sitzung, Beilage I, Gutachten Gärtner betreffend Untersuchungs-Commission, in: Klüber/Welcker, Urkunden, S. 291.
[72] Protokolle Karlsbader Konferenz, 12. Sitzung, Beilage I, Gutachten Gärtner betreffend Untersuchungs-Commission, in: Klüber/Welcker, Urkunden, S. 291.

inquisition sowie das Entscheidungsverfahren müssten in der alleinigen Kompetenz der Gerichte der Bundesstaaten liegen:

> »Die Jurisdictionsrechte der einzelnen Bundesstaaten sind in dem jetzt entworfenen Plan, so weit beachtet, als es mit dem Zweck der Commission vereinbarlich ist. Diese Commission soll sich nämlich in den Gränzen einer General-Untersuchung halten, und die Special-Commission (*Anm. gemeint war wohl »Inquisition«*), mit welcher das peinliche Verfahren erst seinen Anfang nimmt, so wie die Urteilsschöpfung selbst bleibt den ordentlichen Gerichten vorbehalten.«[73]

Unter diesen Voraussetzungen waren laut Gärtner etwaige »privatrechtliche« Bedenken hinsichtlich der Rechte der Verdächtigen unzulässig:

> »Nach einigen, bereits durch die Zeitungen bekannt gewordenen, in den mir mitgetheilten Papieren bestätigten Vorgängen läßt sich voraussehen, daß die Individuen (besonders aus den Rheinprovinzen), welche vor die projectirte Untersuchungs-Commission gezogen werden, die Competenz dieser Commission bezweifeln, und auf jenen Grundsatz, kraft welchen sie nur ihrem ordentlichen Richter Rede und Antwort zu geben schuldig sind, zu provociren versuchen werden. Dieser Einwendung kann jedoch dadurch vollkommen begegnet werden, daß der Zweck der gemeinschaftlichen Bundes-Commission keineswegs dahin gerichtet ist, die von ihr in Untersuchung zu ziehenden Personen für ihre Verhandlungen verantwortlich zu machen, oder über ihre Strafbarkeit zu erkennen, daß dieses vielmehr den competenten Richtern vorbehalten bleibt, da sie von der gemeinschaftlichen Bundes-Commission nur zu dem Ende vernommen werden, um über die bereits entdeckten, den ganzen Bund gefährdenden Umtriebe nähere Aufschlüsse zu erhalten, und daß jeder deutsche Unterthan die Competenz der von dem Bunde selbst, folglich mit von seinem Landesherrn aufgestellten Commission in dem ihr angewiesenen Wirkungskreis anzuerkennen, sich von Rechtswegen nicht entschlagen kann.«[74]

---

[73] Protokolle Karlsbader Konferenz, 12. Sitzung, Beilage I, in: Klüber/Welcker, Urkunden, S. 291 f. Zur abstrakten und funktionalen Unterscheidung der in der Praxis kaum trennbaren General- und Spezialinquisition: Härter, Strafverfahren, S. 469 ff.; Mittermaier, Strafverfahren (Bd. 2), S. 3 ff.; Schmidt, Strafrechtspflege, S. 199 ff.

[74] Protokolle Karlsbader Konferenz, 12. Sitzung, Beilage I, Gutachten Gärtner betreffend Untersuchungs-Commission, in: Klüber/Welcker, Urkunden, S. 292.

Gärtner forderte weiterhin einige redaktionelle Änderungen an Marschall von Biebersteins Entwurf, die vor allem auf seine öffentliche Wirkung abzielten. Aus dem Artikel 2, der den Kommissionsauftrag enthielt, sollte die Formulierung »Untersuchung der hochverrätherischen und verbrecherischen Unternehmungen« gestrichen werden, um dem Vorwurf einer Vorverurteilung zu entgehen.[75] Die in Artikel 8 und 9 enthaltenden Bestimmungen zur »Anhaltung, Transportierung und Verwahrung« der in Mainz zu untersuchenden Personen sollten durch den Zusatz relativiert werden, dass solche Maßnahmen nur ausnahmsweise durchgeführt werden sollten und dass die Verhafteten nicht eingekerkert, sondern »anständig« verwahrt würden. Dies wäre wichtig, »weil die Commission es hauptsächlich mit Personen aus den gebildeten Ständen zu thun haben wird, denen ein harter Arrest doppelt empfindlich ist«.[76] In Artikel 10 sollte ausdrücklich festgelegt werden, dass die Kommission nach dem Abschluss ihrer Ermittlungen keinen weiteren Einfluss auf das Verfahren nehmen dürfe, um »klar auszusprechen, daß die Commission, wie sie überhaupt keine richterliche Gewalt ausüben werde, so auch in dieser Hinsicht dem ordentlichen Richter nicht vorgreifen werde«.[77]

Metternich präsentierte das Gutachten in der Konferenzsitzung vom 20. August 1819.[78] Nach einer kurzen Beratung über die von Gärtner vorgeschlagenen Änderungen ging Metternich auf die Frage ein, ob die Konferenz sich für die Einrichtung einer Zentraluntersuchungskommission oder eines außerordentlichen Bundesgerichts entscheiden solle. Dabei versuchte er einerseits die preußische Regierung nicht zu brüskieren, andererseits der klaren Instruktion des

---

[75] Protokolle Karlsbader Konferenz, 12. Sitzung, Beilage I, Gutachten Gärtner betreffend Untersuchungs-Commission, in: Klüber/Welcker, Urkunden, S. 293.
[76] Protokolle Karlsbader Konferenz, 12. Sitzung, Beilage I, Gutachten Gärtner betreffend Untersuchungs-Commission, in: Klüber/Welcker, Urkunden, S. 293. Zu der Frage privilegierter Haftbedingungen für politische Straftäter siehe: Baltzer, Grundlagen, S. 39 ff.
[77] Protokolle Karlsbader Konferenz, 12. Sitzung, Beilage I, Gutachten Gärtner betreffend Untersuchungs-Commission, in: Klüber/Welcker, Urkunden, S. 293 f.
[78] Protokolle Karlsbader Konferenz, 12. Sitzung, in: Klüber/Welcker, Urkunden, S. 145 ff.

Kaisers, ein Bundesgericht zu verhindern, Folge zu leisten.[79] Metternich führte aus, dass aus rein rechtlicher Perspektive dem preußischen Vorschlag eines außerordentlichen Bundesgerichts nichts entgegenzusetzen sei und gute Argumente für eine solche Institution sprächen. Aus politischer »Klugheit« sollte man jedoch zunächst darauf verzichten, da es sich bei der Einrichtung eines Bundesgerichts institutionell und symbolisch um die gravierendste Maßnahme handeln würde, die der Bund erlassen könnte. Weil aber das eigentliche Ausmaß der Untersuchungen und der wirklich ermittelbaren Hochverräter noch gar nicht abzusehen sei, könne sich ein Bundesgericht schnell als überflüssig und überzogen erweisen und angesichts der aufgeladenen öffentlichen Meinung »eher compromittieren, als heilbringend sein«.[80] Ein Bundesgericht sollte erst dann eingerichtet werden, wenn durch polizeiliche Untersuchungen zweifelsfrei sichergestellt wäre, dass ein Bundesgericht wirklich gerechtfertigt sei.

Diese erneute Wende sorgte bei den Konservativen innerhalb der preußischen Regierung für Verärgerung. Schon am 21. August 1819 wandte sich Kamptz mit einem per Estafette versendeten, persönlich gehaltenen Schreiben direkt an Gärtner, den er offenbar aus seiner Zeit als Assessor am Reichskammergericht kannte und als »Freund« und »Schüler« ansprach.[81] Kamptz versuchte, Gärtner eindringlich von der Idee eines außerordentlichen Bundesgerichts zu überzeugen. Dem »alten Reichs-Richter« Gärtner sei die Unzuverlässigkeit der »Territorial-Gerichtshöfe« bestens bekannt.[82] Diese würden aus Angst und Geltungssucht leicht dem öffentlichen Druck nachgeben und versuchen, sich auf Kosten der lediglich ermittelnden Untersuchungskommission zu profilieren. Zudem seien selbst beim »besten Willen« die organisatorischen Nachteile einer dezentralen Untersuchung kaum zu bewältigen.[83] So würden Kompetenzkonflikte

---

[79] Büssem, Karlsbader Beschlüsse, S. 364.
[80] Protokolle Karlsbader Konferenz, 12. Sitzung, in: Klüber/Welcker, Urkunden, S. 149.
[81] Kamptz an Gärtner, 21. August 1819, in: HHStA Wien, StK, Deutsche Akten, Nr. 103. Vgl. Weber, Zentraluntersuchungskommission, S. 9 f.
[82] Kamptz an Gärtner, 21. August 1819, in: HHStA Wien, StK, Deutsche Akten, Nr. 103.
[83] Kamptz an Gärtner, 21. August 1819, in: HHStA Wien, StK, Deutsche Akten, Nr. 103.

provoziert, Verdächtige und Zeugen müssten mehrfach durch verschiedene Gerichte vernommen werden und die wichtigen Gegenüberstellungen von Zeugen und Verdächtigen, die so genannten »Konfrontationen«, müssten mit großem Aufwand organisiert werden.[84]

Dies waren laut Kamptz aber nur die Probleme, die sich im Untersuchungsverfahren ergeben würden. Noch problematischer sah er das Entscheidungsverfahren. So müsste allen beteiligten Gerichten das vollständige Beweismaterial vorliegen, so dass die Akten aller Gerichtshöfe mehrfach kopiert und versandt werden müssten. Unterschiede in der Strafzumessung und Ungleichzeitigkeiten bei der Urteilsverkündung würden weitere Konflikte hervorrufen:

> »Wie verschieden kann und muß nicht die Ansicht der Sache und der Schuld seyn, und wie nachtheilig wird es nicht wirken, wenn ein und dieselbe Handlung dort für ein Verbrechen, dort für kein Verbrechen erklärt und an einem Orte strenge, an einem anderen gelinde und an einem dritten gar nicht bestraft wird! Noch nachtheiliger wird dieß dadurch, daß die Aburtheilung nicht allenthalben zu gleichen Zeit erfolgen kann, daß mithin eine Emulation der verschiedenen Gerichtshöfe entweder nicht strenger oder anders als die früheren zu urtheilen fast nicht zu vermeiden ist.«[85]

Kamptz versuchte im Folgenden, das in Gärtners Gutachten dominierende Prinzip der einzelstaatlichen Justizhoheit in Termini der Justizverfassung des Alten Reichs zu übersetzen und dann mittels gemeinrechtlicher Rechtsgrundsätze zu widerlegen. So warf er Gärtner vor, es sei inkonsequent und nach gemeinrechtlichen Maßstäben falsch, dass nur im Untersuchungsverfahrens das »ius de non evocando« – der Vorrang der Reichsstände bei der Rechtsprechung über ihre Untertanen gegenüber den Reichsgerichten –[86] aufhebbar sei, im Entscheidungsverfahren aber nicht. Tatsächlich würden in komplexen, überstaatlichen Fällen Rechtsprinzipien greifen, die es den Landesherren erlauben oder sogar gebieten würden, die Rechtspre-

---

[84] Kamptz an Gärtner, 21. August 1819, in: HHStA Wien, StK, Deutsche Akten, Nr. 103.
[85] Kamptz an Gärtner, 21. August 1819, in: HHStA Wien, StK, Deutsche Akten, Nr. 103.
[86] Vgl. Eisenhardt, Appellations- und Evokationsrecht.

chung an eine überterritoriale Instanz abzugeben. Diese Konstellation würde auf die aktuellen Prozesse wegen der politischen Verschwörung gegen den Deutschen Bund zutreffen: Erstens läge bei fast allen Verdächtigen ein Konflikt zwischen dem Gerichtsstand des Tatorts und dem Gerichtsstand des Wohnorts vor, der am besten durch einen »gemeinschaftlichen Richterspruch« zu beseitigen sei; zweitens sei es nach gemeinrechtlichen Grundsätzen legitim, dass bei Verbrechen mit mehreren Tatorten »die verschiedenen fora gemeinschaftlich untersuchen und bestrafen«; drittens würde im vorliegenden Fall das Prinzip der Konnexität (»connexitas causarum«) greifen, das es nach Zustimmung der Landesherrschaft ermöglichen würde, materiell zusammenhängende Strafrechtsfälle in einem Prozess zusammenzufassen; und viertens, dies war sein zentrales Argument, hätten schon die Reichsgerichte eine unmittelbare Rechtsprechungskompetenz bei Verstößen gegen »reichsbürgerliche Pflichten« und das »öffentliche Interesse des deutschen Staates« gehabt:

> »Landfriedensbruchsachen, (...), fiskalische Sachen und Contraventionen gegen die Reichspolicey-Ordnung und in specie Preß-Vergehen gehörten vor die deutsche Central-Justiz, namentlich Mangel an Achtung und Respekt gegen Kaiser und Reich und wie der Landfrieden wörtlich sagt ›verbothene Conspiration‹ dieß alles tritt im vorliegenden Falle ein; die demagogischen Umtriebe sind gegen den Bund und gegen die durch ihn begründete Ordnung in Deutschland gerichtet, und auch jetzt hat, wie ehemals Kaiser und Reich, der Bund ein Recht und ein Intereße hierüber selbst zu erkennen und das Urtheil nicht einem einzelnen Bundes-Mitglied zu überlassen.«[87]

Laut Kamptz ließen sich diese gemeinrechtlichen Prinzipien ohne weiteres auf den Deutschen Bund anwenden, da es dem souveränen Fürsten grundsätzlich frei stünde, auf seine Privilegien zu Gunsten des politischen Gesamtverbandes zu verzichten, dadurch würden keine »Rechte« der Untertanen verletzt.[88] Als historisches Beispiel verwies er auf Ausführungen von Wilhelm August Friedrich Danz, der 1795 im Zusammenhang mit den politischen Unruhen nach der

---

[87] Kamptz an Gärtner, 21. August 1819, in: HHStA Wien, StK, Deutsche Akten, Nr. 103.
[88] Kamptz an Gärtner, 21. August 1819, in: HHStA Wien, StK, Deutsche Akten, Nr. 103.

Französischen Revolution ausgeführt hatte, dass es zwar durchaus üblich und unter Umständen sinnvoll sei, Landfriedensbruchdelikte vor Territorialgerichten zu verhandeln, dass aber

> »die einmal in der deutschen Verfassung gegründete Kompetenz der Reichsgerichte nicht aufgehoben, und mehrere Vorfälle in unseren Tagen, wo Unterthanen in zahlreicher Menge, mit gewehrter Hand, und gewalthiger That ihre eigenen Fürsten überzogen, hat die alte Erfahrung aufs neue bestätigt, wie wohlthätig nicht selten jene unmittelbarere Einwürkung des obersten Reichsrichterarmes für Deutschlands Ruhe ist«.[89]

Zudem sei die Bundesverfassung den Verfassungen der Bundesstaaten hierarchisch übergeordnet, so dass das »ius de non evacando« der Bundesstaaten durch den Bund oder die Bundesstaaten selbst »aufgehoben und modifiziert« werden könne. Der Artikel 12 DBA, der Bundesstaaten mit weniger als 300.000 Einwohnern verpflichtete, gemeinschaftliche Obergerichte zu bilden, würde außerdem belegen,[90] dass einzelstaatliche Justizhoheit und gemeinschaftliche Rechtsprechung miteinander vereinbar seien.[91]

Trotz dieses Widerspruchs setzte Metternich in der Sitzung vom 29. August 1819 das Modell der Zentraluntersuchungskommission endgültig durch.[92] Eine Kommission bestehend aus Bernstorff, Bieberstein, dem sächsischen Gesandten Friedrich Albrecht von der Schulenburg und dem mecklenburgischen Gesandten Leopold von Plessen erarbeite anschließend den finalen Vorschlag für einen Bundesbeschluss.[93] Die wesentlichen inhaltlichen Änderungen zu Biebersteins erstem Entwurf lagen darin, dass die Begriffe »hochverräterisch« und »verbrecherisch« durch die unjuristischen Begriffe »revolutionär« und »demagogisch« ersetzt wurden (Artikel 2). Weiterhin wurde der Artikel 10 dahingehend geändert, dass nach

---

[89] Danz, Grundsätze, S. 455.
[90] Huber, Verfassungsgeschichte (Bd. 1), S. 616 ff.; Kotulla, Verfassungsgeschichte, S. 340 f.
[91] Kamptz an Gärtner, 21. August 1819, in: HHStA Wien, StK, Deutsche Akten, Nr. 103. Zum Art. 12 DBA siehe: Huber, Verfassungsgeschichte (Bd. 1), S. 616 ff.; Kotulla, Verfassungsgeschichte, S. 340 f.
[92] Protokolle Karlsbader Konferenz, 21. Sitzung, in: Klüber/Welcker, Urkunden, S. 169 ff.
[93] Büssem, Karlsbader Beschlüsse, S. 366; Weber, Zentraluntersuchungskommission, S. 15.

Abschluss des durch die Zentraluntersuchungskommission geleiteten Untersuchungsverfahrens die Bundesversammlung über die Gestaltung des gerichtlichen Verfahrens entscheiden sollte.[94] Diese Bestimmung war ein doppelter Kompromiss: Einerseits schloss sie einen Einfluss der Zentraluntersuchungskommission auf Gerichtsverfahren definitiv aus und beschränkte ihre Tätigkeit auf die polizeilichen Ermittlungen, andererseits ließ sie die Option offen, die Kommission zu einem Gericht auszubauen. Weder die preußische Regierung, sie störte der polizeiliche Charakter der Kommission,[95] noch der österreichische Kaiser, ihm griff der Beschluss zu weit in die bundesstaatlichen Jurisdiktionsrechte ein,[96] waren mit dem Entwurf zufrieden. Trotzdem wurde er am 20. September 1819 ohne Änderung durch die Bundesversammlung verabschiedet. Als Mitglieder der Kommission wurden Österreich, Preußen, Bayern, Hannover, Baden, Hessen-Darmstadt und Nassau gewählt.[97]

3.1.2 Die Zentraluntersuchungskommission

3.1.2.1 *Die Präzisierung des Kommissionsauftrags auf der Wiener Ministerkonferenz*

Obwohl die Zentraluntersuchungskommission am 14. November 1819 ihre Arbeit begann, setzten sich die politischen Diskussionen um ihre Rolle noch bis zur Wiener Ministerkonferenz im Frühjahr 1820 fort.[98] Die Gründe hierfür lagen in den kompromisshaften und

---

[94] Weber, Zentraluntersuchungskommission, S. 15.
[95] Weber, Zentraluntersuchungskommission, S. 15 f.
[96] Büssem, Karlsbader Beschlüsse, S. 366.
[97] Provisorischer Beschluss betreffend die Bestellung einer Central-Behörde zur nähern Untersuchung der in mehreren Bundesstaaten entdeckten revolutionären Umtriebe vom 20. September 1819, in: Protokolle Bundesversammlung 1819, 35. Sitzung, § 220, S. 669 ff. Siehe auch: Huber, Dokumente, S. 104 f.; Meyer, Corpus Juris (Teil 2), S. 99 f.; Kotulla, Verfassungsrecht, S. 685 f. Zur Abstimmung am Bundestag sowie Umsetzung und Publikation in den Bundesstaaten: Büssem, Karlsbader Beschlüsse, S. 416 ff.; Huber, Verfassungsgeschichte (Bd. 1), S. 734 ff.
[98] Die Wiener Ministerkonferenz war die Anschlusskonferenz zur Karlsbader Konferenz und ist für die Bundesgeschichte von zentraler Bedeutung, da hier die Wiener Schlussakte erarbeitet wurde, womit die institutionelle Ausformung des Bundes vorerst abgeschlossen war. Die detaillierte Rekonstruktion und Analyse

mehrdeutigen Formulierungen des Untersuchungsgesetzes, die dem komplexen Verhandlungsverlauf in Karlsbad geschuldet waren, und darin, dass sehr unterschiedliche Vorstellungen über Funktionen, Kompetenzen und Ziele der Kommission bestanden.[99] So sah der Artikel 5 des Untersuchungsgesetzes vor, dass die Zentraluntersuchungskommission »die Oberleitung der in verschiedenen Bundesstaaten theils schon angefangenen, theils vielleicht noch anzufangenden Local-Untersuchungen übernehmen« sollte. Unstrittig war, dass von Polizei- bzw. Verwaltungsbehörden geführte Voruntersuchungen in den Kompetenzbereich der Kommission fallen sollten, und zwar solche, die vor dem 20. September 1819 eröffnet und noch nicht abgeschlossen waren, sowie solche, die nach diesem Stichtag eröffnet worden waren.[100] Besonders zwischen der preußischen und der großherzoglich hessischen Regierung auf der einen Seite, die nicht nur selbst Kommissare stellten, sondern auch die meisten politischen Untersuchungen durchführten, und dem badischen Kommissar Ludwig Pfister auf der anderen Seite, der diese Untersuchungen vorwiegend bearbeitete, kam es jedoch zu Streitigkeiten über die Grenzen des Kommissionsauftrags.[101]

Eine zentrale Frage war, ob die Kommission berechtigt sein sollte, Akten aus Untersuchungen einzusehen, die vor dem 20. September 1819 geschlossen worden waren. Während der preußische Kommissar Johann Bogislaw Grano argumentierte, solche Untersuchungen würden nicht in den Kompetenzbereich der Zentraluntersuchungskommission fallen, glaubte Pfister, der Kommission müssten, um die vermutete Verschwörung aufzudecken, sämtliche Informationen zur Verfügung stehen. Zudem könnten sich aus der Arbeit der Kommission auch für bereits geschlossene Verfahren neue Hinweise ergeben und es sogar notwendig werden diese wieder aufzurollen.[102]

---

der Konferenz ist ein Forschungsdesiderat. Umfangreichere Darstellungen der Konferenz bei: Aegidi, Schluss-Acte; Burg, Trias, S. 144 ff.; Huber, Verfassungsgeschichte (Bd. 1), S. 753 f.; Siemann, Stratege, S. 701 ff.
[99] Vgl. Petzold, Zentraluntersuchungskommission, S. 173 ff.; Weber, Zentraluntersuchungskommission, S. 38 ff.
[100] Weber, Zentraluntersuchungskommission, S. 32 f.
[101] Vgl. Petzold, Zentraluntersuchungskommission, S. 191 ff., S. 204 ff. u. 207 ff.
[102] Pfister an Zentraluntersuchungskommission, 22. Januar 1820, in: HHStA Wien, StK, Deutsche Akten, Nr. 104. Vgl. Weber, Zentraluntersuchungskommission, S. 33.

Ein weiterer kontroverser Punkt betraf das Verhältnis der Kommission zu den Gerichten der Bundesstaaten, wobei es insbesondere um die Auslegung des Artikels 10 des Untersuchungsgesetzes ging. Dieser sah vor, dass die Bundesversammlung nach Abschluss der Untersuchungen der Zentraluntersuchungskommission »die weitern Beschlüsse zu Einleitung des gerichtlichen Verfahrens fassen« sollte. Hierin wurde zum einen die Zuständigkeitsbegrenzung der Zentraluntersuchungskommission auf die polizeiliche Voruntersuchung, zum anderen aber auch eine Verpflichtung der Bundesstaaten gesehen, gerichtliche Verfahren erst nach Abschluss der Ermittlungen der Zentraluntersuchungskommission einzuleiten.[103] Trotzdem war es in Preußen zu mehreren Fällen gekommen, in denen die gerichtliche Hauptuntersuchung eingeleitet worden war, ohne dass die Kommission Gelegenheit bekommen hatte, die Untersuchungsakten einzusehen. In Hessen-Darmstadt wurden die Untersuchungen zudem überwiegend durch Deputationen der Obergerichte und nicht durch lokale Polizeibehörden geführt, woraus sich die Frage ergab, ob es der Kommission gestattet sei, gegenüber bundesstaatlichen Gerichten eine leitende Funktion wahrzunehmen.[104]

Pfister war der Meinung, dass die abstrakte Frage nach der Trennung von polizeilichen und gerichtlichen Verfahrensabschnitten unerheblich sei. Sinngemäß führte er aus, dass weder verfahrensrechtliche Besonderheiten noch das Verhalten einzelner Gerichte die Kommission an der Erfüllung ihres Auftrags hindern dürften. Im Zweifelsfall müsste die Kommission bundesrechtswidrige Entscheidungen sogar revidieren können.[105] Grano betonte dagegen die Souveränität der Bundesstaaten in strafrechtlichen Angelegenheiten und führte aus:

---

[103] Pfister an Zentraluntersuchungskommission, 22. Januar 1820, HHStA Wien, StK, Deutsche Akten, Nr. 104. Vgl. Weber, Zentraluntersuchungskommission, S. 34.

[104] Pfister an Zentraluntersuchungskommission, 22. Januar 1820, in: HHStA Wien, StK, Deutsche Akten, Nr. 104. Vgl. Weber, Zentraluntersuchungskommission, S. 34.

[105] Pfister an Zentraluntersuchungskommission, 22. Januar 1820, in: HHStA Wien, StK, Deutsche Akten, Nr. 104. Vgl. Weber, Zentraluntersuchungskommission, S. 33.

»Die C. U. Commission sey eine staatspolizeiliche Behörde des ganzen Deutschlands in Bezug auf demagogische Umtriebe aller Art, und könne als solche im Allgemeinen in eigentlichen criminalrechtlichen Fällen keine Befugnis zu Entscheidung haben, und der Art. 10 des B. Tagsbeschlusses vom 20. September v. J. enthalte, daß die eigentliche criminalrechtliche Leitung der Sache der C. U. Commission nicht zustehe.«[106]

Parallel kam es zu einer größeren Auseinandersetzung zwischen Preußen und Österreich um den Einfluss der Bundesstaaten auf die Zentraluntersuchungskommission. Ausgangspunkt war die Verhaftung des Burschenschafters Karl Theodor Sichel durch die preußischen Behörden im Herbst 1819.[107] Der gebürtige Frankfurter Sichel wurde verdächtigt, das in Hessen-Darmstadt von Wilhelm Schulz publizierte »Frag- und Antwortbüchlein«[108] in der Umgebung von Bonn verteilt zu haben.[109] Wegen der transnationalen Verflechtungen des Falls und den hieraus hervorgehenden rechtlichen Schwierigkeiten, insbesondere bezüglich der Frage des Gerichtsstands, hatte sich die preußische Regierung dazu entschlossen, die Zentraluntersuchungskommission mit der Untersuchung des Falls zu beauftragen. Staatskanzler Hardenberg führte hierzu aus:

»Da die Schrift in Darmstadt verfaßt, und sowohl darüber als über deren Verteilung, daselbst die Untersuchung eingeleitet worden; da die Verteilung derselben bekanntlich nicht allein in den preußischen Landen, sondern in mehreren deutschen Bundesstaaten erfolgt ist; da ich die Sache sowohl an sich selbst als in Rücksicht auf die Aufklärung der demagogischen Umtriebe im Ganzen für Vorzugsweis wichtig halte; und da endlich der Sichel, seiner Geburt nach, und da der academische Aufenthalt kein eigentliches forum domicilii begründet, in den preussischen Staaten ein Ausländer ist; so glaube ich, daß das Verbrechen des Sichel sich ganz besonders dazu eignet, zur Untersuchung vor die Bundes-Central-Commission gezogen zu werden.«[110]

---

[106] Pfister an Zentraluntersuchungskommission, 22. Januar 1820, in: HHStA Wien, StK, Deutsche Akten, Nr. 104.
[107] Vgl. Petzold, Zentraluntersuchungskommission, S. 178 f.; Weber, Zentraluntersuchungskommission, S. 56 ff.
[108] Vgl. Ay, Frag- und Antwortbüchlein; Zimmermann, Freiheit und Recht, S. 28 ff.
[109] Vgl. Neigebaur, Geheime Verbindungen (Heft 3), S. 1 ff.
[110] Hardenberg an Bernstorff, 31. Dezember 1819, in: HHStA Wien, StK, Deutsche Akten, Nr. 104.

Der Fall zeigt das für das Bundesregime charakteristische Phänomen, dass für die Bundesstaaten bei der Bewertung der sicherheitspolitischen Maßnahmen und Institutionen des Bundes primär einzelstaatliche Zielsetzungen ausschlaggebend waren. Denn während Preußen versuchte, den Einfluss der Kommission auf Untersuchungen, die eindeutig in seinen Kompetenzbereich fielen, gering zu halten, versuchte es hier, sie als eine Art transnationales Untersuchungsgericht zu instrumentalisieren.[111]

Der österreichische Kommissar und Vorsitzende der Kommission Anton Schwarz verweigerte jedoch die Übernahme des Falls und lehnte sogar eine vorübergehende Inhaftierung Sichels ab, der bereits nach Mainz transportiert worden war. Schwarz argumentierte, dass es keiner Bundesregierung zustehen würde, der Zentraluntersuchungskommission Anweisungen zu erteilen. Da die Zentraluntersuchungskommission die Überführung Sichels nach Mainz nicht beantragt habe, wäre sie für seine sichere Unterbringung in Mainz nicht verantwortlich. Sichel musste entsprechend umgehend und mit großem Aufwand wieder nach Bonn zurückgebracht werden.

Die preußische Regierung war über Schwarz' Verhalten extrem verärgert und setzte seine Abberufung durch. Schwarz hatte sein Vorgehen nicht mit den anderen Kommissaren abgesprochen und sich beleidigend gegenüber dem preußischen Kommissar Johann Bogislaw Grano geäußert. Unter anderem hatte er sich zu der Bemerkung hinreißen lassen, »daß er keine Befehle von dem Staatskanzler Herrn Fürsten von Hardenberg annehme«.[112] Hardenberg sah in diesem Verhalten nicht nur eine Kompetenzüberschreitung von Schwarz und eine persönliche Beleidigung Granos, sondern sogar einen diplomatischen Affront gegen alle an der Kommission beteiligten Regierungen. Gegenüber Bernstorff äußerte er, die preußische Regierung könne »sich nicht der Gefahr aussetzen«, noch einmal in so einem Ausmaß »compromittiert« zu werden.[113] Schwarz würde die für die Erfüllung des Kommissionszwecks notwendige Pragmatik

---

[111] Vgl. Petzold, Zentraluntersuchungskommission, S. 192.
[112] Handel an Metternich, 29. Dezember 1820, in: HHStA Wien, StK, Deutsche Akten, Nr. 103.
[113] Hardenberg an Bernstorff, 8. Januar 1820, in: HHStA Wien, StK, Deutsche Akten, Nr. 104.

und Flexibilität fehlen, da er einen für »die Erforschung der revolutionären Umtriebe im Ganzen« wichtigen Fall ohne inhaltliche Prüfung aus formellen Gründen abgelehnt habe.[114] Zudem würde sein autoritäres Verhalten zeigen, dass er seine Stellung als Vorsitzender einer aus gleichrangigen Vertretern mehrerer Staaten bestehenden Bundesbehörde nicht richtig verstanden habe und er nicht die persönlichen Fähigkeiten zur Ausfüllung eines solchen Amtes mitbringen würde:

> »Auf keine Weise will ich die vorzüglichen Eigenschaften des Herrn von Schwarz als Justizmann bezweifeln; zum Vorsitzenden in der Bundes C. U. Commission passt er sich aber, (…), durchaus nicht. Er scheint ja nicht einmal das Verhältniß, in welchem er zu seinen Mitcommissarien sich befindet, richtig begriffen zu haben. Durch der gesamten Commissarien gemeinschaftliche Wahl ist er Primus inter pares, und dazu bestimmt, die Arbeiten zu verteilen, den Geschäftsgang zu leiten, dabei aber stets ein durchaus collegialisches Benehmen zu beobachten. Mit dem Verhältnisse des Präsidenten eines Landes-Collegii zu seinen Räthen, darf die Stellung des Vorsitzenden in der Bundes C. U. Commission zu den übrigen Commissarien nicht verwechselt werden, und ein eigentliches Dienst-Subordinations Verhältniß der Letzeren zu dem Ersteren findet schlechterdings nicht statt.«[115]

Zu weiteren kleineren Streitigkeiten kam es über die Frage, ob die Kommission mit den einzelstaatlichen Behörden in Form von imperativen »Reskripten« oder antragenden »Requisitionen« kommunizieren sollte, über den diplomatischen Status der Kommissare und über die selektive und verzögerte Akteneinsendung durch die Bundesstaaten. Vor diesem Hintergrund kam es im Rahmen der Wiener Ministerkonferenz im Februar 1820 noch einmal zu Gesprächen zwischen den Vertretern der sieben beteiligten Bundesregierungen, die bezeichnenderweise außerhalb des institutionellen Gefüges des Bundes stattfanden.[116] Das Ergebnis war ein vom bayrischen Gesandten Georg Friedrich von Zentner konzipiertes gemeinschaftliches

---

[114] Hardenberg an Bernstorff, 8. Januar 1820, in: HHStA Wien, StK, Deutsche Akten, Nr. 104.
[115] Hardenberg an Bernstorff, 8. Januar 1820, in: HHStA Wien, StK, Deutsche Akten, Nr. 104.
[116] Vgl. Petzold, Zentraluntersuchungskommission, S. 180; Siemann, Deutschlands Ruhe, S. 82 f.; Weber, Zentraluntersuchungskommission, S. 38 ff.

Instruktionsschreiben, das Aufgaben und Kompetenzen der Kommission präzisierte.[117] Laut diesem Schreiben sollte es die zentrale Aufgabe der Zentraluntersuchungskommission sein, aus den gegen Einzelpersonen gerichteten Untersuchungsverfahren in den Bundesstaaten, aus von der Kommission selbst angestellten Untersuchungen sowie aus sonstigen Quellen Informationen mit fallübergreifender Relevanz zu generieren, um dadurch Erkenntnisse über den Zusammenhang der einzelnen Phänomene und Entwicklungen zu erhalten. Diese Erkenntnisse sollten systematisch in Form von Berichten zusammengestellt werden, um »die wirkliche Existenz« einer grenzübergreifend agierenden revolutionären Verschwörung zu beweisen und um einen Überblick über »ihren Ursprung in den verschiedenen Zeitperioden, ihren Verbindungen und Verzweigungen unter mehrerley Formen und Namen, dann der dabei angewandten Mittel« zu erhalten.[118] Die Berichte sollten auch dazu bestimmt sein, »zur Rettung der Ehre der Regierungen und zur Erhaltung ihres Vertrauens beim Volke« die Öffentlichkeit über diese Verschwörung aufzuklären. Weiterhin sollten die von der Zentraluntersuchungskommission erworbenen Kenntnisse über Strukturen und Instrumente der oppositionellen Bewegung als Grundlage für weiterführende sicherheitspolitische Maßnahmen dienen.

Die einzelstaatlichen Untersuchungen sollten laut der Instruktion so wenig wie möglich durch Aktenanforderungen und Zeugenvernehmungen der Zentraluntersuchungskommission gestört werden, was zur Folge hatte, dass der Artikel 7 des Untersuchungsgesetzes, der der Kommission das Recht einräumte, in Mainz Verhöre durchzuführen, de facto außer Kraft gesetzt war. Zudem sollte die Zentraluntersuchungskommission keine Weisungskompetenz gegenüber den Sicherheits- und Justizbehörden der Bundesstaaten haben. Laut der Instruktion sollte sie als ein aus zentraler Position beobachtendes Organ die Arbeit der Lokalbehörden ergänzen, unterstützen und

---

[117] Vortrag über eine zweckmässigere Behandlung und Beschleunigung des der Central-Untersuchungs-Commission in Mainz aufgetragenen Geschäftes, 24. Februar 1824, in: HHStA Wien, StK, Deutsche Akten, Nr. 104.
[118] Vortrag über eine zweckmässigere Behandlung und Beschleunigung des der Central-Untersuchungs-Commission in Mainz aufgetragenen Geschäftes, 24. Februar 1824, in: HHStA Wien, StK, Deutsche Akten, Nr. 104.

Synergien zwischen ihnen erzeugen. Zentraluntersuchungskommission und Landesbehörden sollten also in keinem hierarchischen, sondern in einem horizontalen und komplementären Verhältnis stehen:

> »Wenn demnach in dem Artikel fünf des vierten Bundesbeschlusses der Commission die Befugnis erteilt ist, die Oberleitung der in verschiedenen Bundesstaaten theils schon angefangenen, theils vielleicht noch anzufangenden Local-Untersuchungen zu übernehmen, so kann dies nicht den Sinn haben, das sie in der Eigenschaft eines obersten Tribunals jene einzelnen Untersuchungen leiten, und gleichsam eine Revision derselben vornehmen solle; sondern die wahre Absicht dieses Artikels ist, die Central-Untersuchungs-Commission als Central-Behörde solle durch die Mittel, die ihr in allen Bundesstaaten zu Gebote stehen, den Localbehörden aus den Notizen, die sie sich verschafft hat, nützliche Anleitungen geben, und die denselben unbekannten Thatsachen Ihnen mittheilen, damit dadurch die Untersuchungen vollständiger und zweckmäßiger geführt werden können, ohne sich übrigens in das gerichtliche Verfahren, oder in die Entscheidung der einzelnen Fälle selbst einzumischen.«[119]

Die Zentraluntersuchungskommission sollte demnach eine Schnittstellenfunktion zwischen den eigentlich ganzheitlich gedachten justiziellen und polizeilichen Ebenen und Funktionen des Inquisitionsverfahrens wahrnehmen. Auch wenn sie in der Praxis teilweise durch die Auswertung öffentlicher Quellen Informationen generierte,[120] spielte sich ihre Tätigkeit damit primär im Rahmen von strafrechtlichen Untersuchungen ab, an die ihr Informationsfluss und ihre Ermittlungen gekoppelt waren. Trotzdem stand sie außerhalb des Justizsystems und hatte eine rein polizeiliche Funktion, die in der Sammlung, Auswertung und Nutzbarmachung von Informationen lag.[121]

---

[119] Vortrag über eine zweckmässigere Behandlung und Beschleunigung des der Central-Untersuchungs-Commission in Mainz aufgetragenen Geschäftes, 24. Februar 1824, in: HHStA Wien, StK, Deutsche Akten, Nr. 104
[120] Siemann, Deutschlands Ruhe, S. 81.
[121] Vgl. Härter, Schlichtung, S. 149; Hofmann, Universitätspolitik, S. 50; Siemann, Deutschlands Ruhe, S. 86.

3.1.2.2 Institutionelle und funktionale Entwicklung der Zentraluntersuchungskommission

Anders als dies etwa Eberhard Webers Studie suggeriert, hatte die Zentraluntersuchungskommission nicht von Anfang an feste Verfahrens- und Arbeitsweisen.[122] Vielmehr entwickelte sie diese sukzessive anhand konkreter Aufgaben- und Problemstellungen bzw. in Reaktion auf das Auftreten neuer Bedrohungsszenarien. Das Untersuchungsgesetz gab dabei nur einen groben organisatorischen und institutionellen Rahmen vor, innerhalb dessen die Kommission ihr Verfahren flexibel ausgestaltete. So war die Kommission nach dem »Kollegiatsprinzip« organisiert: Ein aus der Gemeinschaft der Kommissare gewählter Vorsitzender übernahm die geschäftsführende Leitung, die anderen Kommissare bearbeiteten als Referenten ihnen zugeteilte Sachgebiete. Die Beschlussfassung erfolgte nach Vor- und Antrag der Referenten als Mehrheitsbeschluss. Konfliktfälle oder Unklarheiten sollten auf Anfrage durch einen aus drei Bundestagsgesandten bestehenden Ausschuss der Bundesversammlung bearbeitet werden. Weitere Verfahrensbestimmungen oder eine Geschäftsordnung bestanden nicht. Der Streit um den Fall Sichel zeigt, dass diese offenen Strukturen nicht nur Vorteile brachten. Sie beförderten interne Konflikte, die nicht wie in einer einzelstaatlichen Behörde im Rahmen der »Interdependenz von Amtsautorität, Befehlsgewalt und Hierarchie«[123] gelöst werden konnten, sondern schnell zu diplomatischen Spannungen führten.[124] Dieses Problem begleitete die Zentraluntersuchungskommission durchgehend.

Dieser »politische« oder »diplomatische« Charakter der Zentraluntersuchungskommission drückte sich auch darin aus, dass die Ansprechpartner in den Bundesstaaten überwiegend die Ministerien und nicht die Untersuchungsbehörden waren. Dies machte die Kommunikation mit den Bundesstaaten nicht nur umständlich, sondern erschwerte es der Zentraluntersuchungskommission auch, ihre Leitungsfunktion wirklich wahrzunehmen, da sie gegenüber den Regierungen kaum imperativ auftreten konnte. Eine ungefähr

---

[122] Weber, Zentraluntersuchungskommission, S. 20 ff.
[123] Nitschke, Verbrechensbekämpfung, S. 151.
[124] Weber, Zentraluntersuchungskommission, S. 21.

1824 entstandene Liste aus den Akten des hannoverschen Kommissars gibt für Österreich beispielsweise Metternich, für Preußen den Polizeiminister Friedrich von Schuckmann, für Bayern, Sachsen, Hannover und Baden die Staats-, Kabinetts- bzw. Außenministerien und für Württemberg das Justizministerium als Ansprechpartner an. Abgesehen von Preußen korrespondierte die Zentraluntersuchungskommission nur noch im Fall von Hessen-Kassel, Sachsen-Weimar und Oldenburg mit bundesstaatlichen Untersuchungskommissionen, die aber ebenfalls auf Regierungsebene angesiedelt waren. Eine Besonderheit war, dass Dänemark bzw. Holstein/Lauenburg über seine Bundestagsgesandtschaft mit der Zentraluntersuchungskommission korrespondierte. Lediglich im später geschilderten Fall Wit von Dörring kommunizierte die Zentraluntersuchungskommission direkt mit dem Obergericht Glückstadt.[125]

Der Artikel 7 des Untersuchungsgesetzes, der die Zentraluntersuchungskommission berechtigte, Verdächtige zum Verhör nach Mainz bringen zu lassen, spielte auch aus diesem Grund für die Kommissionspraxis keine besondere Rolle. Zwar schlug die österreichische Bundestagsgesandtschaft im Zusammenhang mit der später geschilderten Entdeckung des Jünglingsbundes vor, Verdächtige auf dieser Grundlage verstärkt durch die Zentraluntersuchungskommission in Mainz vernehmen zu lassen, dieses Vorhaben scheiterte aber am Widerstand Bayerns.[126] Der bayrische Kommissar Joseph von Hoermann führte folgende Punkte an, die gegen eine Anwendung dieser Kompetenz sprachen:
- die personellen Kapazitäten der Zentraluntersuchungskommission würden eine solche Maßnahme nicht erlauben;
- hierdurch würden Konflikte innerhalb der Zentraluntersuchungskommission hervorgerufen;

---

[125] Undatierte und unbenannte Liste der mit der Zentraluntersuchungskommission korrespondierenden Personen und Behörden, in: BA Berlin, DB 7, Nr. 13. Zum Fall Wit von Dörring siehe: Kapitel 4.1.3, S. 340 ff. In Hannover durften sich die Gerichtshöfe aber offenbar andersherum an die Zentraluntersuchungskommission wenden, siehe hierzu: Siemann, Deutschlands Ruhe, S. 198.
[126] Bericht Hammerstein, 31. Januar 1824, in: NLA Hannover, Dep. 103 VI, Nr. 4188.

– die Zentraluntersuchungskommission würde ihre Position als »aufsehende« Behörde verlieren und gegenüber dem »Publikum compromittiert«;
– die kleineren Bundesstaaten würden benachteiligt, da insbesondere Österreich seine Untertanen mit großer Sicherheit nicht nach Mainz abgeben würde.[127]

Es hat also keine Grundlage, wenn Adam Zamoyski schreibt, die Zentraluntersuchungskommission hätte »Hunderte von Menschen« verhört und »aufgrund der magersten Indizien oder sogar nach Lust und Laune« Gefangene gemacht.[128] Dies konnte sie weder organisatorisch leisten, noch wäre ein solches Verhalten gegenüber den ihre Jurisdiktionsrechte verteidigenden Bundesstaaten durchsetzbar gewesen.

Zunächst arbeitete die Zentraluntersuchungskommission fast ausschließlich an der Abfassung eines ersten, umfassenden Untersuchungsberichts, der bis in die Zeit der Befreiungskriege zurückreichen sollte. Für die Arbeit der Kommission bedeutete dies, dass sie sich in den ersten Jahren ihrer Tätigkeit primär mit Fällen beschäftigte, die in der Vergangenheit lagen. Mit Hilfe von in den Bundesstaaten generiertem Untersuchungsmaterial, aber auch durch die Auswertung von Zeitungen und Zeitschriften versuchte sie, »die Geschichte der revolutionären Umtriebe und demagogischen Verbindungen« zu rekonstruieren.[129] Diese Tätigkeit war ausgesprochen kleinteilig und zeitraubend, lieferte für die Gegenwart aber kaum relevante Ergebnisse, weshalb die Zentraluntersuchungskommission gerade von den nicht beteiligten Regierungen schnell als überflüssig bewertet wurde. Die Stellung der Zentraluntersuchungskommission wurde zudem dadurch erschwert, dass sie erst wirklich arbeitsfähig war, als die meisten wichtigen Untersuchungen bereits angelaufen oder abgeschlossen waren. Die Kommissionsprotokolle zeigen, dass sich die Kommunikation mit den Landesbehörden bis etwa 1823 fast nur auf die Anforderung und Abgabe des für die Berichterstattung

---

[127] Bericht Hammerstein, 5. Februar 1824, in: NLA Hannover, Dep. 103 VI, Nr. 4188.
[128] Zamoyski, Phantome, S. 250.
[129] Hauptbericht Zentraluntersuchungskommission, 14. Dezember 1827, S. 5, in: BA Berlin, DB 7, Nr. 10.

benötigten Aktenmaterials beschränkte. Gerade die kleineren Bundesstaaten waren dabei ausgesprochen misstrauisch gegenüber der Kommission, deren Kompetenzen und Absichten sie nicht einschätzen konnten, und zeigten sich wenig kooperativ. Allerdings lieferten nicht nur sie ihr Material selektiv und unvollständig an die Zentraluntersuchungskommission. Auch Österreich und Preußen hielten aus Misstrauen gegenüber den anderen Bundesregierungen Material zurück.[130]

Einen ersten Untersuchungsbericht legte die Zentraluntersuchungskommission im Mai 1822 vor, womit ihre Aufgabe nach Auffassung vieler Regierungen erfüllt war. Von einer Auflösung wurde jedoch auf Wunsch Österreichs, Preußens und Bayerns zunächst abgesehen. Hintergrund war, dass es gelungen war, burschenschaftliche Organisationsstrukturen an den Universitäten Breslau und Berlin aufzudecken. Besonders schwerwiegend war, dass ein Protokoll des Dresdener Burschentags von 1821 entdeckt wurde. Da besonders diese wichtigen Erkenntnisse noch nicht Teil der Berichterstattung waren und der Bericht wegen seines Umfangs und umständlichen Aufbaus ohnehin nicht für die eigentlich geplante Publikation geeignet war, wurde die definitive Auflösung der Zentraluntersuchungskommission zunächst vertagt.[131]

Ein entscheidender Wendepunkt für die bundespolitische Bewertung und die Arbeitsweisen der Zentraluntersuchungskommission war ein auf dieser Grundlage angefertigter Nachtragsbericht vom 31. Mai 1823.[132] Nach dem Bericht bestanden Burschenschaften an fast allen wichtigen Universitätsstandorten, die eine transnationale Struktur aufrechterhielten. Gleichzeitig würden bei einem Studenten gefundene Skripte aus dem Jahr 1821 darauf hindeuten, dass der

---

[130] Oelschlägel, Hochschulpolitik, S. 148 f.; Petzold, Zentraluntersuchungskommission, S. 212 f.; Schodrok, Turnpolitik, S. 159 f.
[131] Protokolle Bundesversammlung 1822, 23. Sitzung, II. Separat Protokoll, S. 629 ff. Vgl. Ilse, Politische Untersuchungen, S. 29 ff.; Oelschlägel, Hochschulpolitik, S. 152; Petzold, Zentraluntersuchungskommission, S. 229 f.
[132] Weiterer Nachtrags-Bericht der Central-Untersuchungs-Commission über die Ergebnisse der seit dem 30ten November 1822 eingekommenen Akten, 31. Mai 1823, in: BA Berlin, DB 7, Nr. 1. Vgl. Ilse, Politische Untersuchungen, S. 37 ff.; Oelschlägel, Hochschulpolitik, S. 153; Petzold, Zentraluntersuchungskommission, S. 230 ff.

Professor Heinrich Luden in Jena in seinen Vorlesungen Studenten systematisch mit liberalen Konzepten wie »Volkssouveränität« und »Konstitutionalismus« indoktriniert und gegen das politische System des Deutschen Bundes aufgebracht habe, ohne dass die lokalen Behörden etwas dagegen unternommen hätten. Die Zentraluntersuchungskommission äußerte in diesem Zusammenhang massive Kritik an den Bundesstaaten. Diese hätten wenig dafür getan, um diese Situation einzudämmen und aufzuklären. Bezeichnend sei, dass die Kommissionsberichte nur auf »von der Königlich Preußischen Regierung mitgetheilten Papieren und Vernehmungsprotocollen einiger Studenten« beruhen würden »wodurch die Vermuthung begründet wird, daß die Ausbeute (…) ungleich bedeutender gewesen wäre, wenn umfassendere, die vorhandenen Lücken ergänzende Materialien, nicht nur von der Königlich-Preußischen, sondern auch von anderen Regierungen zu Gebot gestanden hätten«.[133]

Angesichts dieses Bedrohungsszenarios verlängerte die Bundesversammlung den Kommissionsauftrag und beauftragte sie, »diejenigen förmlichen Untersuchungen unverweilt einzuleiten, zu welchen sie sich durch ihren Nachtrags-Bericht (…) veranlaßt sehen könnte«. Zudem wurden die Bundesregierungen aufgefordert, »die bei ihnen verhandelten Acten über derlei Untersuchungen in möglichst kurzer Frist (…) vollständig einzusenden (…)«.[134]

Ab diesem Zeitpunkt änderte sich die Arbeitsweise der Zentraluntersuchungskommission. Aus einer »Institution, die zurückliegende ›Umtriebe‹ nachträglich ermitteln sollte«, wurde allmählich eine Behörde, die »in neuauftretenden Fällen tätig wurde«.[135] Ein erster Schritt erfolgte in der Kommissionssitzung vom 30. August 1823, in der neue, über die allgemeine Berichterstattung hinausgehende, konkrete Arbeitsschwerpunkte definiert wurden. Dies waren erstens umfassende Ermittlungen über »Fortbestand der Burschenschaft« an verschiedenen Universitätsstandorten; zweitens die Aufdeckung der

---

[133] Protokolle Bundesversammlung 1823, 23. Geheimes Protokoll, 16. Abdruck für Württemberg, S. 20, in: HStA Stuttgart, Best. E 65, Büschel 32.
[134] Protokolle Bundesversammlung 1823, 23. Geheimes Protokoll, 3. Juli 1823, 16. Abdruck für Württemberg, S. 6, in: HStA Stuttgart, Best. E 65, Büschel 32.
[135] Siemann, Deutschlands Ruhe, S. 85.

Verbindung der einzelnen Burschenschaften untereinander sowie ihre Kontakte zu Oppositionellen im Ausland; drittens die Überwachung verdächtiger Hochschullehrer; und viertens die Überprüfung sonstiger Personen und Netzwerke, die bereits in früheren Phasen auffällig geworden waren.[136]

Ausgestattet mit der Autorität des Bundesbeschlusses und im Verbund mit den preußischen Behörden gelang es der Zentraluntersuchungskommission, umfassende Untersuchungen in mehreren Bundesstaaten auszulösen, die schnell zum größten Ermittlungserfolg der 1820er Jahre führten. Im November 1823 erhielt die Zentraluntersuchungskommission von der bayrischen Regierung Abschriften von Vernehmungen des Erlangener Studenten Johannes Andreas Dietz.[137] Dieser hatte gestanden, im Sommer 1821 nicht nur Mitglied einer burschenschaftlichen Verbindung in Halle gewesen zu sein, sondern darüber hinaus in Kontakt mit einer weitaus gefährlicheren Organisation gekommen zu sein. Laut Dietz handelte es sich hierbei um eine Vereinigung, die neben Studenten auch »Angestellte, Bürger und insbesondere Offiziere« umfasste und die das Ziel hatte, wenn nötig unter Anwendung von Gewalt Deutschland zu vereinigen und in eine Republik umzuwandeln.[138] Die anschließenden Ermittlungen wiesen auf eine Vereinigung mit dem Namen »Geheimer Bund« hin. Dieser setzte sich offenbar aus einem studentischen »Jünglingsbund« und einem »Männerbund« zusammen. Der Männerbund – der allerdings nie aufgedeckt wurde – sollte das eigentliche Leitgremium sein, sich aus hochrangigen Persönlichkeiten aus Wissenschaft, Verwaltung und Militär zusammensetzen und transnationale Kontakte zu Revolutionären aus anderen europäischen Staaten pflegen.[139]

Dietz' Aussage war auch deshalb besonders wertvoll, da er nicht nur allgemeine Informationen über Organisation und Zielsetzung

---

[136] Protokolle Zentraluntersuchungskommission, 165. Sitzung, 30. August 1823, § 1275, in: GStA PK Berlin, I. HA, Rep. 77, Tit. 9, Nr. 1, Bd. 4.
[137] Protokolle Zentraluntersuchungskommission, 169. Sitzung, 19. November 1823, § 1328, in: GStA PK Berlin, I. HA, Rep. 77, Tit. 9, Nr. 1, Bd. 4.
[138] Zentraluntersuchungskommission an Staatsministerium Nassau, 3. Dezember 1823, in: HStA Wiesbaden, Best. 210, Nr. 7428 a.
[139] Zu den Ermittlungsergebnissen über den Geheimen Bund, auf die sich auch die ältere Literatur stützt, siehe: Hauptbericht Zentraluntersuchungskom-

des Geheimen Bundes preisgab, sondern darüber hinaus 35 Personen als Mitglieder des Jünglingsbundes denunzierte.[140] Ab Januar 1824 kam es zu einer sich über mehrere Staaten erstreckenden Verhaftungs- und Untersuchungswelle, die maßgeblich von der Zentraluntersuchungskommission koordiniert wurde.[141] Damit einher ging eine Neustrukturierung ihrer Arbeits- und Verfahrensweisen, die bemerkenswerterweise von ihr selbst ausging.[142] Ausgangspunkt war ein Vortrag des bayrischen Kommissars Hoermann in der Kommissionssitzung vom 28. Januar 1824. Hoermann beschrieb die Voraussetzungen der Kommissionsarbeit durch die Entdeckung des Geheimen Bundes als grundlegend verändert:

> »Durch dasjenige, was in der letzten Sitzung vorgekommen, ist die Tätigkeit der CU Kommission auf eine Art in Anspruch genommen, wie solches seit ihrer Errichtung nie der Fall gewesen. Wenn sie damals in die Leitung von Untersuchungen eintreten sollte, welche von verschiedenen Behörden nach den verschiedensten Ansichten auf unbestimmte Anzeige über ein von positiven Gesetzen kaum erreichbares, und selbst nur durch eine vage Benennung zu bezeichnendes Treiben begonnen, zur Zeit, wo die Kommission zusammen getreten, wenn nicht schon geschlossen, doch schon so weit vorgerückt waren, dass begangene Fehler nicht mehr verbessert und dadurch entstandene Mängel nicht mehr nachgeholt werden konnten – wenn die Kommission damals unbekannt mit den Sachen und Personen, über eigene Bestimmung und Wirkungskreis selbst ungewiss, und darum den äußeren Behörden teils verdächtig, teils unangenehmen, überall nur Hemmungen und Widerstand finden konnte; so sind gegenwärtig die Verhältnisse ganz anders. Diese Untersuchung geht aus unserer Mitte hervor, und ist, so zu sagen, unser Werk.«[143]

mission, 14. Dezember 1827, S. 186 ff., in: BA Berlin, DB 7, Nr. 10. Vgl. Fraenkel, Gedanken; Heer, Burschenschaft, S. 109 ff.

[140] Zentraluntersuchungskommission an Staatsministerium Nassau, 3. Dezember 1823, in: HStA Wiesbaden, Best. 210, Nr. 7428 a; Hauptbericht Zentraluntersuchungskommission, 14. Dezember 1827, S. 281 ff., in: BA Berlin, DB 7, Nr. 10. Vgl. Fraenkel, Gedanken, S. 242; Heer, Burschenschaft, S. 120 ff.

[141] Vgl. Oelschlägel, Hochschulpolitik, S. 161; Sellmann, Demagogenverfolgung, S. 117 ff.; Toll, Akademische Gerichtsbarkeit, S. 130 ff.

[142] Vgl. Siemann, Deutschlands Ruhe, S. 85 f.; Petzold, Zentraluntersuchungskommission, S. 232 ff.

[143] Protokolle Zentraluntersuchungskommission, 180. Sitzung, 28. Januar 1824, § 1395, in: GStA PK Berlin, I. HA, Rep. 77, Tit. 9, Nr. 1, Bd. 4.

Da die Zentraluntersuchungskommission mittlerweile über ausreichende praktische Erfahrung und eine »Masse von Materialien« verfügen würde, war sie laut Hoermann erstmals in der Lage, die Führungsrolle in einer großen Untersuchung einzunehmen. Um ihre Kompetenzen und Ressourcen vollständig einbringen zu können, seien jedoch eine Reihe von Veränderungen notwendig. Diese betrafen zum einen die Kommunikation zwischen Zentraluntersuchungskommission und den lokalen Untersuchungsbehörden. Hoermann schlug vor, ein Rundschreiben mit konkreten Anweisungen über die Ermittlung, Aufbereitung und Übermittlung der für die Arbeit der Zentraluntersuchungskommission relevanten Informationen zu versenden. Das später an Preußen, Bayern, Sachsen, Hannover, Mecklenburg-Schwerin, Sachsen-Weimar, Nassau, Sachsen-Gotha, Homburg und Frankfurt versandte Schreiben enthielt acht Punkte, die für das Verfahren der Zentraluntersuchungskommission maßgeblich werden sollten:

- Erstens sollten die Polizeibehörden bei Verhaftungen und Hausdurchsuchungen die Hauptaufmerksamkeit auf private Papiere wie Adressbücher oder Briefe richten. Obwohl die Mitglieder des »Geheimen Bundes« überwiegend mündlich kommunizieren würden, könnten so Informationen über »Verbindungen, Verhältnisse, Aufenthalt, Reisen pp.« der Mitglieder des Bundes gesichert werden und »in der chronologischen Zusammenstellung mit anderen über Gleichzeitigkeit und Aufeinanderfolgen von Handlungen Aufschlüsse geben, und somit zu Anzeigungen eines Causal-Zusammenhangs führen, welcher bei bloßen Vernehmungen jeder Zeit abgeleugnet werden könnte und würde«.[144]
- Zweitens und drittens sollten die auf diese Weise sichergestellten Materialien chronologisch geordnet und im Original an die Zentraluntersuchungskommission eingesandt werden. Obwohl dies nicht explizit erwähnt wurde, wollte die Zentraluntersuchungskommission sich durch die Arbeit mit den Originaldokumenten die Möglichkeit verschaffen, Verdächtige durch Schriftenabgleich zu überführen, was ihr in einigen Fällen auch gelang. Die

---

[144] Protokolle Zentraluntersuchungskommission, 180. Sitzung, 28. Januar 1824, § 1395, in: GStA PK Berlin, I. HA, Rep. 77, Tit. 9, Nr. 1, Bd. 4.

Sekretäre der Zentraluntersuchungskommission erwarben sich hierin einen derartig guten Ruf, dass die Behörden der Bundesstaaten sich teilweise mit Fällen, die eigentlich nicht im Kompetenzbereich der Zentraluntersuchungskommission lagen, an sie wandten.[145]

- Viertens und fünftens wurden die Behörden auf die zentrale Rolle des »Geständnisses« hingewiesen.[146] Dieses war nicht nur für die strafrechtliche Überführung von zentraler Bedeutung, sondern wegen der »Schrifftlosigkeit« des Geheimen Bundes die einzige Möglichkeit an weiterführende polizeiliche Information zu gelangen. Aus diesem Grund sollten Absprachen zwischen Verdächtigen, so genannte »Kollusionen«, durch konsequente polizeiliche Maßnahmen (v. a. Einzelhaft) und die möglichst gleichzeitige Verhaftung und Untersuchung der Verdächtigen verhindert werden. Neue Fälle sollten der Zentraluntersuchungskommission zügig mitgeteilt werden, damit diese mit Hilfe ihrer Materialien und durch Kommunikation mit den Behörden anderer Staaten rechtzeitig Einfluss auf die Untersuchungen nehmen konnte.
- Besondere Aufmerksamkeit sollte sechstens die Ermittlung von Mitgliedern des Geheimen Bundes aus Militär und Verwaltung sowie solcher Personen haben, die bereits früher politisch auffällig geworden waren.
- Siebtens sollten die Bundesstaaten kontinuierlich und unaufgefordert »legale Abschriften« von Verhörprotokollen einsenden und achtens auch nach Abschluss der Voruntersuchung die Zentraluntersuchungskommission »von dem Gange und den Resultaten der Untersuchung fortwährend in Kenntnis« halten.[147]

Neben der Kommunikation mit den Landesbehörden sollte laut Hoermann auch die Arbeit der Zentraluntersuchungskommission selbst effizienter gestaltet werden. Dies betraf zunächst die Sitzungsfrequenz und die Arbeitsaufteilung. Bis zu diesem Zeitpunkt trafen sich die Kommissionsmitglieder nur etwa einmal pro Woche, um

---

[145] Weber, Zentraluntersuchungskommission, S. 25.
[146] Protokolle Zentraluntersuchungskommission, 180. Sitzung, 28. Januar 1824, § 1395, in: GStA PK Berlin, I. HA, Rep. 77, Tit. 9, Nr. 1, Bd. 4.
[147] Protokolle Zentraluntersuchungskommission, 180. Sitzung, 28. Januar 1824, § 1395, in: GStA PK Berlin, I. HA, Rep. 77, Tit. 9, Nr. 1, Bd. 4.

sich über die jeweiligen Arbeitsgebiete zu informieren. Zudem arbeitete die Kommission seit geraumer Zeit nicht in voller Besetzung, da zwei Kommissare dienstbefreit waren. Angesichts des sich erhöhenden Arbeitspensums und der Notwendigkeit, schnell auf neue Entwicklungen reagieren zu können, schlug Hoermann vor, die Kommission solle sich »in Permanenz« erklären und »täglich wenigstens einmal zusammenkommen, um die einkommenden Stücke, (…), in gemeinschaftlicher Beratungen sogleich zu erledigen (…)«.[148]

Ein weiterer Punkt war die Organisation und Erschließung des Untersuchungsmaterials. Hoermann führte aus, dass ein wesentlicher Teil der Kommissionsarbeit voraussichtlich darin bestehen würde, »den Untersuchungsbehörden aus den hier liegenden Acten, Notizen über einzelne Facta und Personen zu geben«.[149] Bisher sei das Material jedoch nur durch Belege in den Vorträgen, Inhaltsverzeichnisse und Berichte erschlossen. Eine systematische Auswertung des Materials sei kaum möglich. Hoermann schlug daher vor, durch die Sekretäre »mit einstweiliger Zurücklegung der bedeutendsten, in besonderen Vorträgen abgehandelter Namen wie Snell, Follenius, Arndt p. die übrigen nach der alphabetischen Ordnung her zu nehmen, und daraus genau vorzüglich in Bezug auf Zeit, Ort und Personen Extrakte zu machen«.[150] Der hieraus hervorgegangene »Real und Personalindex« entwickelte sich mittelfristig zum wichtigsten Instrument der Zentraluntersuchungskommission und mündete in einer über 10 000 Personennamen fassenden »Verfolgtenkartei«.[151]

Ein weiterer Punkt war der absehbar steigende Schriftverkehr. Laut Hoermann würde die Zentraluntersuchungskommission bereits mit zehn Behörden wegen des »Geheimen Bundes« kommunizieren, jedoch sei absehbar, dass diese Zahl weiter ansteigen würde. Allerdings sei die Zentraluntersuchungskommission schon jetzt

---

[148] Protokolle Zentraluntersuchungskommission, 180. Sitzung, 28. Januar 1824, § 1395, in: GStA PK Berlin, I. HA, Rep. 77, Tit. 9, Nr. 1, Bd. 4.
[149] Protokolle Zentraluntersuchungskommission, 180. Sitzung, 28. Januar 1824, § 1395, in: GStA PK Berlin, I. HA, Rep. 77, Tit. 9, Nr. 1, Bd. 4.
[150] Protokolle Zentraluntersuchungskommission, 180. Sitzung, 28. Januar 1824, § 1395, in: GStA PK Berlin, I. HA, Rep. 77, Tit. 9, Nr. 1, Bd. 4.
[151] Siemann, Deutschlands Ruhe, S. 86.

kaum in der Lage, die in manchen Fällen »notwendige zehnfache Vervielfältigung mancher Actenstücke« zu leisten. Da durch eine Personalaufstockung die notwendige Diskretion, anders aber die Effizienz der Kommissionsarbeit gefährdet sei, schlug Hoermann vor, ein Lithographiegerät zur maschinellen Vervielfältigung von Aktenstücken anzuschaffen. Dieser Antrag wurde von der Bundesversammlung nach einer längeren Diskussion unter strengen Auflagen genehmigt, da in der Anfangsphase der Kommissionsarbeit nach Indiskretionen Untersuchungsdetails in französischen Zeitschriften veröffentlicht worden waren.[152]

Bis etwa 1825/26 lag der Schwerpunkt der Kommissionsarbeit bei der Koordination und Unterstützung der bundesstaatlichen Untersuchungen gegen die Mitglieder des Jünglingsbundes bzw. des Geheimen Bundes, die über 100 Personen in vierzehn Bundesstaaten betrafen.[153] Hierzu wertete die Zentraluntersuchungskommission das von den Untersuchungsbehörden eingesandte Material auf Zusammenhänge mit anderen Fällen sowie neue Hinweise und Verdächtige aus. Relevantes Material wurde dann an die entsprechenden Behörden übersandt. Zudem glich die Kommission Verhörprotokolle auf Widersprüche ab und erstellte sogar selbst Fragebögen, auf deren Grundlage Verhöre durchgeführt wurden.[154] Obwohl die Untersuchungen bezüglich des Geheimen Bundes überwiegend als Misserfolg bewertet wurden, hatten sie damit für das Bundesregime mittel- bis langfristig große Bedeutung. Denn sie trugen so zur Ausbildung eines Formats transnationaler Polizeikooperation bei, das sich von dem in Karlsbad ursprünglich angedachten Format einer inquisitorischen Untersuchungskommission

---

[152] Protokolle Zentraluntersuchungskommission, 182. Sitzung, 4. Februar 1824, § 1413; 184. Sitzung, § 1429, in: GStA PK Berlin, I. HA, Rep. 77, Tit. 9, Nr. 1, Bd. 4. Vgl. Siemann, Protokolle, S. 304 ff.

[153] Die Verfahren gegen den Jünglingsbund und der Einfluss der Zentraluntersuchungskommission in konkreten Fällen sind weitgehend unerforscht und konnten nicht umfassend bearbeitet werden. Für einen ersten Überblick über die Untersuchungen: Übersicht der gegen die wegen Theilnahme an dem geheimen Bunde zur Untersuchung gezogenen Individuen erfolgten Erkenntnisse und an die Central-Untersuchungscommission zu Mainz mitgetheilten Entscheidungsgründe, in: Protokolle Bundesversammlung 1831, 10. Sitzung, § 78, Beilage 1, S. 349 ff.; Ilse, Untersuchungen, Beilage 1, S. I ff.

[154] Weber, Zentraluntersuchungskommission, S. 25.

im Blick auf Zielsetzungen, Kommunikationsstrategien und die Systematisierung von Wissen loslöste.[155]

Mit dem absehbaren Ende der Untersuchungen gegen den Geheimen Bund intensivierte sich die Diskussion um eine Auflösung der Zentraluntersuchungskommission jedoch wieder.[156] Über die Stimmungslage gegenüber der Zentraluntersuchungskommission berichtete der hannoversche Bundestagsgesandte im August 1825:

> »Die allgemeine Meinung (…) scheint dahin zu gehen, daß die Lage von Deutschland weit beruhigter sey, als man selbige noch im vorigen Jahre betrachtete, daß, unter der Voraussetzung einer zweckdienlichen Aufsicht der Regierungen, keine drohende Gefahr mehr von demagogischen Umtrieben zu besorgen sey, und daß daher die Central-Untersuchungs-Commission ihren Endzweck erreicht habe, und nunmehr auch ihr Ende haben könne.«[157]

Die sich allmählich konkretisierenden Positionen in der Auflösungsfrage lassen sich gut an einem Austausch zwischen Hannover und Österreich im April 1827 nachvollziehen. In einer Instruktion an den hannoverschen Gesandten in Wien, August von Merveldt, hieß es, dass die Zentraluntersuchungskommission im Rahmen ihres Auftrags so gut wie möglich gearbeitet, darüber hinaus aber wenig erreicht habe. Da die »öffentliche Ruhe« ein Fortbestehen der Zentraluntersuchungskommission nicht mehr rechtfertigen würde, solle sich Merveldt bei Metternich über die österreichischen Pläne bezüglich der Zentraluntersuchungskommission erkundigen.[158] In einem persönlichen Gespräch führte Metternich aus, er sei ebenfalls der Meinung, dass die Zentraluntersuchungskommission ihre Arbeit bald einstellen sollte.[159] Allerdings sei er sich selbst noch nicht sicher, wie die Zentraluntersuchungskommission am besten abgewickelt werden könne. So würden sich insbesondere die süddeutschen

---

[155] Vgl. Härter, Schlichtung, S. 149; Siemann, Deutschlands Ruhe, S. 86.
[156] Vgl. Weber, Zentraluntersuchungskommission, S. 92 f.
[157] Bericht Hammerstein, 20. August 1825, in: NLA Hannover, Dep. 103 VI, Nr. 4188.
[158] Rüther an Merveldt, undatiert, in: HHStA Wien, StK, Deutsche Akten, Nr. 113.
[159] Merveldt an Münster, 14. April 1827, in: HHStA Wien, StK, Deutsche Akten, Nr. 113.

Staaten für ihren Fortbestand einsetzen. Laut Metternich sähen sie die Zentraluntersuchungskommission jedoch weniger als ein

> »wirksames Mittel zur Untersuchung und Bestrafung der revolutionären Umtriebe, vielmehr als ein Schreckbild für dergleichen verbrecherische Versuche, und als ein öffentliches Zeichen des übereinstimmenden Willens aller Bundesfürsten, sie mit Festigkeit und Energie zu unterdrücken. Es sey nicht zu läugnen daß die Central-Untersuchungs-Commission unter diesem Gesichtspunkte gewirkt habe und daß ihre Existenz in dieser Hinsicht auch noch jetzt von Nutzen seyn könne, (…).«[160]

Angesichts dieser abschreckenden Wirkung der Zentraluntersuchungskommission würde er es bevorzugen, die Kommissare aus Mainz abzuberufen, um unnötige Kosten zu vermeiden, sie aber formell bestehen zu lassen. Hierfür spräche auch, dass man die Zentraluntersuchungskommission im Notfall ohne langwierige Verhandlungen wieder einberufen könnte. Über das genaue Verfahren wollte er sich mit dem österreichischen Präsidialgesandten Joachim von Münch-Bellinghausen austauschen. Tatsächlich stellte das weitere Vorgehen einen Kompromiss zwischen symbolischer und praktischer Bedeutung der Zentraluntersuchungskommission dar. Die Kommissare wurden zwischen 1827 und 1829 sukzessive von ihren Regierungen abberufen. Dass es den Bundesregierungen jedoch wichtig war, die Einstellung der Kommissionstätigkeit möglichst geheim zu halten, zeigt sich unter anderem daran, dass die Zentraluntersuchungskommission angewiesen wurde, ihr Mobiliar verdeckt zu versteigern oder »unter der Hand« zu verkaufen.[161] Eine formelle Auflösung erfolgte jedoch nie.

3.1.2.3 *Berichterstattung der Zentraluntersuchungskommission*

Die Berichterstattung der Zentraluntersuchungskommission an die Bundesversammlung erfolgte nicht stringent und systematisch, sondern war von tagespolitischen Konstellationen und Interessen

---

[160] Merveldt an Münster, 14. April 1827, in: HHStA Wien, StK, Deutsche Akten, Nr. 113.
[161] Petzold, Zentraluntersuchungskommission, S. 247.

geprägt.¹⁶² Sie setzte sich aus zwei Formaten zusammen. Dies waren zum einen 80 »(Spezial-)Vorträge« oder »Aufsätze«, die »die verschiedenen sich zeigenden Erscheinungen« ausgehend von »persönlichen«, »faktischen« oder »örtlichen« Konstellationen ausführlich darstellten.¹⁶³ Diese Vorträge enthielten wörtliche Zitate aus Verhören und konfiszierten Beweismaterialien sowie Quellenbelege und waren daher auch ein wichtiges Recherchemittel für die Zentraluntersuchungskommission. Die Vorträge ergänzten die eigentlichen »Berichte« der Kommission an die Bundesversammlung, die die verschiedenen Phänomene zusammenhängend und übergreifend darstellten. Im Frühjahr 1822 legte die Zentraluntersuchungskommission einen ersten Bericht für den Zeitraum von 1806 bis November 1821 vor.¹⁶⁴ Bis 1827 folgten in unregelmäßigen Abständen mehrere »Nachtragsberichte«.¹⁶⁵ Im Jahr 1828 schloss eine ausführliche »Totalübersicht«¹⁶⁶ mit Zitaten und Quellenbelegen und ein gekürzter »Hauptbericht«¹⁶⁷ die Kommissionsarbeit ab. Anders als dies später bei der Bundeszentralbehörde der Fall war, wurden die Berichte meistens nicht gedruckt. Die Inhalte wurden der Bundesversammlung stattdessen unregelmäßig durch den der Zentraluntersuchungskommission vorstehenden Bundestagsausschuss referiert.

---

162 Zu den politischen Verhandlungen um die Berichte siehe: Ilse, Untersuchungen, S. 1 ff.; Petzold, Zentraluntersuchungskommission; Weber, Zentraluntersuchungskommission, S. 82 ff.
163 Hauptbericht Zentraluntersuchungskommission, 14. Dezember 1827, S. 5, in: BA Berlin, DB 7, Nr. 10. Siehe: Uebersicht der von der Central-Untersuchungskommission ausgearbeiteten besonderen Aufsätze, in: Protokolle Bundesversammlung 1831, 10. Sitzung, § 78, Beilage 2, S. 383 ff. Mehrere Spezialvorträge sind mit Archivfundorten, aber ohne Signaturen angegeben bei: Heer, Burschenschaft, S. 337 f.; Wentzcke, Burschenschaft, S. 372 ff. Siehe zudem die Liste der in Archiv und Bücherei der Deutschen Burschenschaft im Bundesarchiv Koblenz (Bestand DB 9) vorhandenen Abschriften verschiedener Aufsätze: Lönnecker, Archiv und Bücherei, S. 8.
164 Bericht der deutschen Bundes Central-Untersuchungs-Commission, über das Resultat ihrer bisherigen Verhandlungen, 30. November 1821, in: BA Berlin, DB 7, Nr. 1.
165 Diese Nachtragsberichte sind abgelegt in: BA Berlin, DB 7, Nr. 1 und 2.
166 Totalübersicht der gesamten Resultate der Untersuchungen, in: BA Berlin, DB 7, Nr. 4–8.
167 Hauptbericht Zentraluntersuchungskommission, 14. Dezember 1827, in: BA Berlin, DB 7, Nr. 10.

Der abschließende Vortrag erfolgte erst 1831 durch den badischen Bundestagsgesandten Friedrich von Blittersdorff.[168]

Nach Artikel 1 des Untersuchungsgesetzes sollte sich die Zentraluntersuchungskommission in ihrer Berichterstattung mit dem »Ursprung« und den »mannigfachen Verzweigungen der gegen die bestehende Verfassung und innere Ruhe, sowohl des ganzen Bundes, als einzelner Bundesstaaten, gerichteten revolutionären Umtriebe und demagogischen Verbindungen« beschäftigten. Dies bedeutete, dass die Berichterstattung bis in die Zeit der Befreiungskriege zurückreichen musste.[169] Die Kommission führte hierzu im Hauptbericht aus, sie habe ausgehend von »einigen tausend – ihrem wahren Sinne nach größtentheils gar nicht oder falsch erklärten – Papieren, dann aus einigen hundert Vernehmungen, denen nur in den wenigsten Fällen mit Aufrichtigkeit und ohne Rückhalt entsprochen worden«, die Geschichte eines sich über mehrere Staaten erstreckenden und seit über zehn Jahre dauernden »politischen Treibens« zu schreiben gehabt.[170]

Eine besonders schwierige Frage bei der Berichterstattung war, welche Handlungen unter die unpräzisen Begriffe »revolutionäre Umtriebe« und »demagogische Verbindungen« zu fassen und in den Bericht aufzunehmen waren. Da man in Karlsbad bewusst auf die Verwendung einengender juristischer Termini verzichtet hatte und es der Zentraluntersuchungskommission an einer gemeinsamen rechtlichen Grundlage fehlte, ging sie von einer pragmatischen und funktionalen Definition ihres Tätigkeitsfeldes aus bzw. entwickelte diese selbst. Im Hauptbericht erklärte die Zentraluntersuchungskommission, dass sie sich »nicht nach den in dieser oder jener besonderen Gesetzgebung vorgeschriebenen Normen, sondern nach den Grundsätzen des historischen Glaubens, nach (...) eigenen subjectiven Ueberzeugungen« ausgerichtet habe.[171] Relevant waren demnach alle

---

[168] Protokolle Bundesversammlung 1831, 10. Sitzung, § 78, S. 276 ff.
[169] Siemann, Deutschlands Ruhe, S. 83.
[170] Hauptbericht Zentraluntersuchungskommission, 14. Dezember 1827, S. 5, in: BA Berlin, DB 7, Nr. 10.
[171] Ilse, Untersuchungen, S. 23.

»einzelnen oder vereinten Bestrebungen (…), welche zur Absicht hatten, wider den Willen, oder doch ohne Mitwirkung der Regierungen, von unten, Veränderungen in der bestehenden Verfassung auf einem durch die bestehenden Gesetze nicht gebildeten Wege herbeizuführen, wobei wir auch dasjenige nicht ganz unbeachtet lassen zu können meinten, was, selbst ohne offen liegende Absicht, solche Bestrebungen veranlasste, aufgemuntert und befördert hat«.[172]

Dabei war es nicht entscheidend, ob diese »Bestrebungen« erfolgreich oder erfolgversprechend und nach den Gesetzen der Bundesstaaten überhaupt strafrechtlich relevant waren. Ausschlaggebend war, ob die Zentraluntersuchungskommission sie als Element der vermuteten Verschwörung interpretierte:

»In wie fern jene Bestrebungen den beabsichtigten Erfolg wirklich hatten, oder wahrscheinlicher Weise erwarten ließen, inwiefern dieselben, nach den in jedem Lande bestehenden Gesetzen, in Bezug auf die einzelnen Teilnehmer als erwiesen strafbar anzusehen seyen, mit einem Worte in wie fern dieselben als staatsgefährlich und staatsverbrecherisch bezeichnet werden könnten, diese Frage schien unseren Erwägungen fremd und in der Sphäre der polizeilichen Verfügungen des gerichtlichen Verfahrens verwiesen bleiben zu sollen, (…).«[173]

Diese Herangehensweise barg erhebliches Konfliktpotential. So kam es vor der Abgabe des ersten Berichts im Jahr 1822 zu einer Diskussion, wie man mit honorigen Persönlichkeiten wie Heinrich Friedrich Karl vom und zum Stein und Gerhard von Scharnhorst umgehen sollte, die sich während der Befreiungskriege im Widerstand gegen die französische Besatzung engagiert hatten. Problematisch war besonders ihre Verbindung mit dem so genannten »Tugendbund«, einer 1808 gegründeten und durch die preußische Regierung genehmigten Gesellschaft, die in den Berichten der Zentraluntersuchungskommission als ein wesentlicher Impulsgeber der nationalliberalen Bewegung dargestellt wurde.[174] Eine namentliche Erwäh-

---

[172] Hauptbericht Zentraluntersuchungskommission, 14. Dezember 1827, S. 3, in: BA Berlin, DB 7, Nr. 10.
[173] Hauptbericht Zentraluntersuchungskommission, 14. Dezember 1827, S. 3, in: BA Berlin, DB 7, Nr. 10.
[174] Vgl. Hauptbericht Zentraluntersuchungskommission, 14. Dezember 1827, S. 11 f., in: BA Berlin, DB 7, Nr. 10; Neigebaur, Geheime Verbindungen (Heft 1), S. 39 ff. Siehe auch: Asmus, Tugendbund.

nung hätte für die Betroffenen zwar keine strafrechtlichen Konsequenzen gehabt, aber die preußische Regierung politisch belastet und einen Streit mit den Betroffenen provoziert, so dass hiervon abgesehen wurde.[175]

Der Wert der Berichte war umstritten. Problematisch war, dass sie wegen ihrer offensichtlich schwachen Beweisgrundlage kaum dazu geeignet waren, einen wie auch immer gearteten juristischen »Tatbestand« einer revolutionären Verschwörung nachzuweisen. Im Zusammenhang mit dem ersten Untersuchungsbericht aus dem Jahr 1822 äußerte der badische Bundestagsgesandte Blittersdorff etwa:

> »Die Commission bezeichnet das Resultat der Untersuchungen selbst nur als ein historisches Ergebnis. Es frägt sich demnach, ob ein solches historisches Ergebnis dem Beschluss vom 20. September 1819 entspricht, und inwiefern sich die Bundesversammlung berechtigt halten kann, dasselbe zur öffentlichen Kenntnis zu bringen. Betrachtet man jenen Bundesbeschluss in seinem Zusammenhang, (…), so wird man darüber nicht in Zweifel seyn, daß die höchsten Regierungen bey Anordnung der Central-Untersuchungs-Commission keine historischen, sondern juristischen Resultate vor Augen hatten.«[176]

Tatsächlich entfernte sich die Berichterstattung der Zentraluntersuchungskommission zunehmend von dem Ziel, Material für die strafrechtliche Belangung von Individuen zu liefern, sondern konzentrierte sich auf die Her- und Darstellung polizeilichen Wissens über auffällige Personen und dissidente Gruppen.[177] Entsprechend kam neben Berichten und Aufsätzen anderen Datenformaten wie Personenlisten oder Zusammenstellungen von Gerichtsurteilen eine größere Bedeutung zu. Laut dem letzten österreichischen Kommissar, Friedrich Moritz von Wagemann, stellte die »Totalübersicht« ein zum praktischen Gebrauch gedachtes »Repertorium« und »Archiv« dar, das Vorgehen und Strukturen der politischen Verschwörer dokumentieren sollte.[178]

---

[175] Weber, Zentraluntersuchungskommission, S. 86 f.
[176] Blittersdorff an Ministerium der auswärtigen Angelegenheiten, 18. Juli 1822, in: GLA Karlsruhe, Abt. 48, Nr. 1797.
[177] Siemann, Deutschlands Ruhe, S. 84 f.
[178] Siemann, Deutschlands Ruhe, S. 85.

Die Berichte der Zentraluntersuchungskommission stellten dabei kein neues oder einmaliges Format dar, sondern lassen sich unter die Gruppe der für das frühe 19. Jahrhundert typischen »aktenmäßigen Geschichten« fassen, die in einem umfassenden, teilweise »semifiktionalen« »Erzähl- und Präsentationszusammenhang« Informationen über spektakuläre und weitverzweigte Verbrechen darstellten, insbesondere von Räuberbanden.[179] Interessant ist dabei, dass der badische Kommissar Ludwig Pfister zu einem der wichtigsten Autoren dieses Genres gehörte.[180] Die aktenmäßigen Geschichten dienten folgenden Zielsetzungen:

»1. der Unterrichtung der Justiz- und Polizeibehörden über die Machenschaften der vermeintlichen Räuber und deren besondere Merkmale, 2. dem Schutz vor weiteren Verbrechen durch Warnung der Bevölkerung vor Betrugs- und Diebstahltechniken, 3. dem Appell an die Regierung zu konsequenter Politik gegen Räuberbanden, vor allem zur finanziellen Stärkung der damit betrauten Behörden, 4. der Abschreckung der noch nicht verhafteten Räuber und 5. in spätaufklärerischer Absicht, der Erhellung der Ursachen von Kriminalität.«[181]

Die Bedeutung der Berichte der Zentraluntersuchungskommission lag demnach kaum in der Rekonstruktion konkreter Fälle. Der Hauptbericht stellte etwa ausgehend von einer Vielzahl mehr oder weniger kausal verbundener Einzelfälle die Entwicklung der vermeintlichen »revolutionären« Verschwörung seit den Befreiungskriegen als organisch und stringent dar:

»Less a legal brief than a work of history, the Hauptbericht attempted to paint a comprehensive picture of the radical opposition and its multifarious activities, answering the call by Schuckmann and others for a comprehensive picture of the ›whole‹ without subjecting every detail to the rigorous standards of criminal evidence. The result was a document that could be speculative in the extreme and that often suggested close links between disparate individuals and organizations based only on ephemeral personal contacts or alleged parallels in political views.«[182]

---

[179] Blauert/Wiebel, Gauner- und Diebslisten, S. 36.
[180] Vgl. Pfister, Aktenmässige Geschichte; Pfister, Criminalfälle (5 Bände); Pfister, Nachtrag.
[181] Blauert/Wiebel, Gauner- und Diebslisten, S. 36. Vgl. Lange, Räuberbanden, S. 16 ff.
[182] Williamson, Revolutionary Machinations, S. 298.

Entsprechend waren die Berichte in erster Linie ein Instrument, um Feindbilder und Bedrohungsszenarien zu produzieren, wodurch Maßnahmen des Bundes gerechtfertigt, gemeinsame sicherheitspolitische Schwerpunkte definiert und sicherheitspraktische Maßnahmen harmonisiert werden sollten. Dass den Regierungen dieses Potential der Berichte bewusst war, zeigt sich etwa daran, dass der Hauptbericht 1831 zu einem Zeitpunkt präsentiert wurde, als sich die oppositionelle Bewegung wieder spürbar zu regen begann und die Notwendigkeit einer erneuten sicherheitspolitischen Mobilisierung absehbar war.

Aus historiographischer Perspektive ist es daher nicht unproblematisch, dass die Berichte häufig direkt oder indirekt als Quelle für die Darstellung der national-liberalen Bewegung des Vormärz verwendet werden. Besonders über Zwischenmedien wie Ilses »Politische Untersuchungen« und verschiedene Arbeiten zur Geschichte der Burschenschaft gelangte das von der Zentraluntersuchungskommission produzierte »polizeiliche« Wissen in den wissenschaftlichen Diskurs und wurde über mehrere Überlieferungsstufen »historisches« Wissen. Severin Roeseling führt in Bezug auf die strukturell ähnlichen Berichte der Frankfurter Bundeszentralbehörde aus:

> »Die meisten Arbeiten über die politischen oppositionellen Bewegungen in der ersten Hälfte des 19. Jahrhunderts gehen, wie der Deutsche Bund und seine Ermittlungsbehörden, letztlich davon aus, daß die prinzipielle Opposition zwischen der angenommenen ›Bewegungspartei‹ und den Regierungen samt dem Deutschen Bund den innenpolitischen Charakter der Zeit prägten. (…) Unter diesen Voraussetzungen und mit den darauf basierenden Forschungsfragen waren die Quellen, die aus den gerichtlichen und bundesbehördlichen Untersuchungen gegen die oppositionellen Bewegungen resultierten, für die historische Forschung kaum fragwürdig. Im Rahmen einer politischen Geschichtsschreibung waren die ausführlichen Aktendarstellungen der Bundeszentralbehörde eine wichtige und dankbare Quelle; der Aspekt des politischen prägt die Intention der Forschung ebenso wie die Haltung der Behörden, aus deren Tätigkeit die Akten überliefert sind. Zu klären war einzig, ob die Ereignisse der Untersuchung der Wahrheit entsprachen.«[183]

---

[183] Roeseling, Burschenehre, S. 276. Zu den Berichten der Bundeszentralbehörde siehe: Kapitel 3.2.3.2, S. 226 ff.

Überblickt man nun die einschlägige Literatur zu oppositionellen Gruppen des Vormärz, ist auffallend, dass das durch die Zentraluntersuchungskommission in einer spezifischen politischen Konstellation erzeugte Szenario einer stringent agierenden transnationalen Verschwörung positiv umgedeutet und als Beleg für bereits im frühen 19. Jahrhundert ausgebildete politische Bewegungen herangezogen wird. Beispielsweise analysiert Wolfgang Hardtwig im Rahmen des von Helmut Reinalter herausgegebenen Bandes »Demokratische und soziale Protestbewegungen in Mitteleuropa, 1815–1848/49« die »Protestformen und Organisationsstrukturen der Burschenschaft« explizit auf »der Grundlage des Hauptberichts der Mainzer Zentraluntersuchungskommission und der von der älteren Literatur zu den Burschenschaften zusammengetragenen Fakten (…)«.[184] Die Quellenproblematik ist Hardtwig zwar bewusst, wird aber nicht systematisch eingeführt, sondern eher beiläufig erwähnt. So führt er etwa im Blick auf die Auslandsaktivitäten deutscher Oppositioneller aus:

> »Der Untersuchungsbericht rekonstruiert für die Jahre 1820 bis 1825 en detail die Bemühungen Follens und einiger Mitmigranten, Kontakte vor allem zu französischen, aber auch italienischen Oppositionellen anzuknüpfen. Selbst aus dem Untersuchungsbericht, der den Emigranten bei allen ihren Bewegungen eine Planmäßigkeit und eine Zielgerichtetheit des Handelns unterstellt, die sie nicht haben konnten, geht allerdings hervor, daß diese Kontakte über die Ebene des bloßen Meinungsaustauschs mit tatsächlichen oder vermeintlichen Gesinnungsgenossen nirgends hinauskamen.«[185]

Dennoch orientiert sich Hardtwigs Darstellung weitgehend an der Chronologie und den Schwerpunkten des Hauptberichts und bezieht sich gerade bei der im Zentrum stehenden Analyse der programmatischen und organisatorischen Ausrichtung der Burschenschaft direkt auf ihn und übernimmt letztendlich das Narrativ einer mehr oder weniger geschlossen agierenden politischen Jugendbewegung.[186] Tatsächlich ist diese Orientierung an den Untersuchungsberichten der Zentraluntersuchungskommission und der Bundeszentralbehörde aufgrund des Fehlens sonstiger Quellen

---

[184] Hardtwig, Protestformen, S. 41.
[185] Hardtwig, Protestformen, S. 49.
[186] Hardtwig, Protestformen, S. 38. Siehe auch: Hardtwig, Vormärz, S. 9 ff.

durchaus legitim, bedarf jedoch einer umfassenderen quellenkritischen Einbettung und einer Verknüpfung mit der Geschichte der sicherheitspolitischen Kontexte, aus denen die Berichte hervorgingen.[187]

Für ihren ursprünglichen Zweck, die Öffentlichkeit von der Legitimität der Bundespolitik zu überzeugen und über Tätigkeit und Bestrebungen vermeintlicher Revolutionäre aufzuklären, waren die voluminösen und kleinteiligen Berichte der Zentraluntersuchungskommission kaum geeignet. Schon 1819 hatte man in dieser Hinsicht schlechte Erfahrungen gemacht, als von der Zentraluntersuchungskommission an die Bundesversammlung übermitteltes Untersuchungsmaterial über eine Studentenversammlung in französischen Zeitungen publiziert und propagandistisch ausgeschlachtet worden war.[188] Seitdem unterlag die Arbeit der Kommission höchstmöglicher Geheimhaltung. Der geheime Charakter der Kommissionstätigkeit erschien aber nicht nur unter ermittlungstechnischen Gesichtspunkten wichtig, sondern weist auf einen empirisch allerdings nur schwer nachweisbaren Aspekt von Sicherheitsregimen hin, nämliche die kommunikative oder diskursive Produktion von Sicherheit. Denn da die Öffentlichkeit über Kompetenzen und Tätigkeit der Zentraluntersuchungskommission kaum im Bilde war, verfestigte sich zunehmend das Bild eines allgegenwärtigen Überwachungsinstruments des Bundes, das ein die Breitenwirkung der Opposition hemmendes »Klima der Verfolgung und Bespitzelung«[189] erzeugte, ein Effekt, der während der Diskussion um die Auflösung der Zentraluntersuchungskommission eine erhebliche Rolle spielte. Daniel Ludwig Jassoy führte hierzu 1828 aus:

> »Als im Jahre 1819 die Central-Untersuchungs-Commission in Mainz errichtet wurde, sah die politische Phillisterschaft darin eine gefährliche Erscheinung, ein französisches Revolutionstribunal, ein Blutgericht welches allen denkenden Menschen die Köpfe abschlagen lassen könnte, (...). Schon zitterte der Spießbürger, dass einige freye Reden bei seinem Schoppen im Gasthofe verrathen werden könnten und er darüber das Blutgerüste besteigen müsste – schon erbebte seine liberal in Fraubasereien überströmende Gattin, daß

---

[187] Roeseling, Burschenehre, S. 23.
[188] Siemann, Protokolle, S. 304 ff.
[189] Büssem, Karlsbader Beschlüsse, S. 369.

ihr neuerliches Raisonnieren in einer Strickbeutelgesellschaft über die Verschwendungen des benachbarten Hofs laut werden und darüber in peinliche Untersuchung gerathen dürfte! – Alles war in höchster Spannung, die Furcht von Spionen umringt zu seyn und das Mißtrauen allgemein! Auf den Caffehaus- und Table d'hote-Gesichtern waren nur große Besorgnisse und die deutliche Lehre zu lesen: daß man in solchen bedenklichen Zeiten sein patriotisches Maul halten, alle politische Betrachtung dem Tageslicht entziehen und hinunterschlucken müsse.«[190]

Obwohl die Berichte der Zentraluntersuchungskommission nicht publiziert wurden, tauchte zwischen 1831 und 1834 eine achtbändige Publikationsreihe mit dem Titel »Geschichte der geheimen Verbindungen der neuesten Zeit« auf, die maßgeblich auf der Berichterstattung der Zentraluntersuchungskommission und einem ähnlichen, 1826 durch Russland an die Bundesversammlung übermittelten Untersuchungsbericht beruhte.[191] Autor war der preußische Justizbeamte Johann Daniel Ferdinand Neigebaur.[192] Obwohl er unter verschiedenen Pseudonymen publizierte und mit der Enthüllung geheimen Regierungswissens kokettierte, hatte die Reihe in Anbetracht seiner beruflichen Position vermutlich zumindest halboffiziellen Charakter. Zwar geht die Annahme wahrscheinlich zu weit, die Reihe sei durch die preußische Regierung bewusst lanciert worden, verhindert wurde die Publikation jedenfalls nicht. So war Neigebaurs Darstellung durchaus im Interesse der preußischen Regierung, indem die sperrigen und unübersichtlichen Berichte thematisch konzentriert und das Narrativ einer grenzübergreifenden Verschwörung in ein publikumsfähiges Format überführt wurde.

3.1.3 Transnationale Interaktionen und Akteure außerhalb der Bundesebene und Regimepraxis

Wie Andreas C. Hofmann am Beispiel der Universitätspolitik systematisch herausgearbeitet hat, waren für den Deutschen Bund neben Interaktionen auf der Bundesebene auch Kontakte zwischen den

---

[190] Jassoy, Welt und Zeit, S. 352 f.
[191] Neigebaur, Geheime Verbindungen. Zu dem russischen Bericht siehe: Kapitel 4.1.2, S. 339 f.
[192] Vgl. Meier, Neigebaur; Siemann, Deutschlands Ruhe, S. 16.

Bundesregierungen sowie zwischen Akteuren unterhalb der Regierungsebene charakteristisch.[193] Dieses Phänomen lässt sich auch in der Rechts- und Sicherheitspraxis des Bundesregimes beobachten. Die verschiedenen Gerichts- und Verwaltungsakten der Bundesstaaten zeigen sogar, dass diese direkte Kommunikation zwischen den Regierungen und Behörden der Bundesstaaten in der Praxis einen weitaus größeren Raum einnahm als die mit der Zentraluntersuchungskommission. Als Württemberg sich im Kontext der Untersuchungen gegen den Geheimen Bund bei der bayrischen Regierung über Erfahrungen und Verfahrensweisen informierte, erklärte der bayrische Außenminister Rechberg, dass er

>»mit Umgehung der Mainzer Kommission auch unmittelbar an die Ministerien und Regierungen der Staaten schreibe, worin sich gerade die einzelnen Individuen, über welche das hiesige Stadtgericht Verhöre und Mitteilungen verlange befinden. So z. B. habe er nach Weimar und nach Oldenburg (…) geschrieben. An Orten, wo bairische Gesandte residieren, laße er alles durch diese besorgen. Die wichtigere Kommunikation mit Berlin seye aber gleich Anfangs durch die hiesige Königlich Preußische Gesandtschaft eingeleitet worden. In Fällen, wo die hiesige Untersuchungsbehörde etwas von dem geheimen Bund im Allgemeinen oder über mehrere in verschiedenen Staaten wohnende Individuen zugleich zu wissen verlange, wende er sich wohl an die Mainzer Kommission, weil bey dieser sich alles concentrieren müße.«[194]

Wie auch in diesem Zitat angedeutet wird, nahm neben der Zentraluntersuchungskommission besonders Preußen bzw. die so genannte »Ministerialkommission« eine zentrale Stellung innerhalb des Bundesregimes ein.[195] Die Entstehung dieser Kommission ist über Preußen hinaus von Interesse, da sie zeigt, dass die für das Bundesregime insgesamt charakteristischen Kollisionen zwischen »Recht« und »Sicherheit« auch auf einzelstaatlicher Ebene stattfanden. Während der ersten Welle der »Demagogenverfolgung« war in Preußen 1819 eine Untersuchungskommission gebildet worden, die sich aus Poli-

---

[193] Vgl. Hofmann, Universitätsgeschichte, S. 20 ff.; Hofmann, Suprastaatlichkeit, S. 139 ff.
[194] Bericht Schmitz-Grollenburg, 11. Oktober 1824, in: HStA Stuttgart, Best. E 301, Büschel 888.
[195] Zur preußischen Ministerialkommission siehe: Nolte, Demagogen, S. 98 f.; Siemann, Deutschlands Ruhe, S. 186 ff.; Siemann, Vorrang.

zei- bzw. Regierungsvertretern und Gerichtsvertretern zusammensetzte und die mit der Leitung der allgemeinen polizeilichen und der individuellen gerichtlichen Untersuchungen beauftragt war.[196] Allerdings war es schnell zu Auseinandersetzungen darüber gekommen, auf welcher Grundlage und in welchem zeitlichen Umfang Untersuchungsverfahren geführt werden durften:

> »Die Regierungsvertreter verlangten möglichst umfassende Ermittlungen weitverzweigter Verschwörungen, die Richter dagegen Entscheidungen, die den einzelnen Betroffenen möglichst genau und gerecht nach der vorliegenden Kriminalordnung erfaßten.«[197]

Nachdem es zu ersten Freilassungen gekommen war, da die gerichtlichen Vertreter die Verdächtigen nach rechtlichen Kriterien nicht »reif« für ein Strafverfahren hielten, wurde diese erste Untersuchungskommission aufgelöst und durch zwei neue Kommissionen ersetzt: die »polizeiliche« Ministerialkommission und »gerichtliche« Justizkommission.[198] Die Ministerialkommission führte ihre Untersuchungen dabei nur nach »staatspolizeilichen« Kriterien und war der Justizkommission übergeordnet, indem Kriminalverfahren erst mit ihrer Genehmigung eingeleitet werden durften.[199] Die Ministerialkommission hatte einen über Preußen hinausgehenden, transnationalen Auftrag, der nach einer Ordre vom 6. Dezember 1819 darin lag, dass »die gefährlichen Umtriebe mit Sorgfalt und in allen ihren Zweigen verfolgt und die Mittel ergriffen werden, welche die Sicherheit meines Staats (*Anm. Preußen*) und ganz Deutschlands fordern und nothwendig machen«.[200]

Die Ministerialkommission koordinierte nicht nur die umfangreichen preußischen Untersuchungen, sondern entwickelte sich »zum eigentlichen Aktionszentrum der Demagogenverfolgungen in ganz Deutschland«.[201] Ihre Mitglieder waren Staatskanzler Hardenberg, der Justizminister Kircheisen, der Minister des Innern und der

---

196 Siemann, Deutschlands Ruhe, S. 184 ff.
197 Siemann, Vorrang, S. 200. Siehe auch: Obenaus, Sicherheitspolizei, S. 111 f.
198 Siemann, Deutschlands Ruhe, S. 186.
199 Siemann, Deutschlands Ruhe, S. 189 f.; Siemann, Vorrang, S. 200 f.
200 Zitiert nach: Siemann, Deutschlands Ruhe, S. 187.
201 Siemann, Deutschlands Ruhe, S. 188.

Polizei Schuckmann, der Minister des Königlichen Hauses und Oberkammerherr Sayn-Wittgenstein-Hohenstein, der Geheime Kabinettsrat Albrecht, der Geheime Oberregierungsrat Kamptz – der sich intensiv bei der Gründung der Zentraluntersuchungskommssion eingebracht hatte –[202] und der Geheime Staatsrat und Oberpräsident Bülow.[203] Der Vorteil der Ministerialkommission gegenüber der Zentraluntersuchungskommission war, dass ihre Ermittlungen nicht von externen Informationen abhängig waren, sondern sie aufgrund ihrer personellen Zusammensetzung de facto den preußischen Polizei- und Justizapparat unter ihrer Kontrolle hatte. Sie hatte somit nicht nur Einflussmöglichkeiten im Bereich strafrechtlicher Untersuchungen, sondern auch bei der polizeilichen Überwachung verdächtiger Milieus.[204] Jakob Nolte spricht angesichts dieser ressortübergreifenden Kompetenzballung von einem »staatspolizeilichen Sonderministerium«.[205]

Nachdem es in Berlin und Breslau im Frühjahr 1822 zur Entdeckung burschenschaftlicher Strukturen gekommen war, dehnte die Ministerialkommission erstmals systematisch ihre Untersuchungen über Preußen hinaus aus und sandte umfassendes Untersuchungsmaterial an die Behörden der Bundesstaaten mit Universitäten.[206] Gleichzeitig versuchte sie, eine informelle und direkte Kooperation der die Universitäten überwachenden Regierungsbevollmächtigen aufzubauen.[207] Eine systematische und direkte Kooperation der lokalen Aufsichtsbehörden konnte jedoch nicht begründet werden und scheiterte etwa im Fall Württembergs an der Sorge der Regierungen vor einer zu großen Einflussnahme Preußens.[208]

Diese erste preußische Kampagne blieb zwar ohne größere Ermittlungserfolge, jedoch gelang es den Fahndungs- und Überwachungs-

---

[202] Vgl. Kapitel 3.1.1.2, S. 91 ff.
[203] Siemann, Deutschlands Ruhe, S. 186.
[204] Vgl. Nolte, Demagogen, S. 99; Siemann, Deutschlands Ruhe, S. 188.
[205] Nolte, Demagogen, S. 98.
[206] Oelschlägel, Hochschulpolitik, S. 133
[207] Oelschlägel, Hochschulpolitik, S. 137; Kossack, Gesellschaftliche Stellung, S. 152.
[208] Oelschlägel, Hochschulpolitik, S. 138. Zu den offensichtlich nur sehr begrenzten transnationalen Interaktionen zwischen den Regierungsbevollmächtigten siehe: Hofmann, Universitätspolitik, S. 112 f.

druck an den außerpreußischen Universitäten aufrechtzuerhalten und eine Grundlage für die systematische Verfolgung des studentischen Verbindungswesens zu schaffen. Dies lässt sich exemplarisch an der Universität Heidelberg nachvollziehen. Dort waren die Universitätsbehörden durch die preußischen Requisitionen erstmals gezwungen, eine grundlegende Untersuchung durchzuführen und mussten umfassende Informationen über Struktur und personelle Zusammensetzung des Heidelberger Verbindungswesens offen legen. Neben einer Liste von insgesamt 45 Personen, die der formell eigentlich aufgelösten Burschenschaft angehörten, wurden der badischen Regierung Satzung und Protokolle der Heidelberger Burschenschaft übersandt, die diese wiederum an Preußen weiterleitete. Zwar belegten diese Ermittlungen für den Moment den unpolitischen Charakter des Heidelberger Verbindungswesens und führten lediglich zu eher milden Polizeistrafen, jedoch lieferten sie in Zusammenhang mit an anderen Standorten generierten Informationen der Ministerialkommission ein sich allmählich zusammenfügendes Bild über personelle und organisatorische Strukturen der Burschenschaft, das die entscheidende argumentative Grundlage für Fortführung und Ausdehnung der Ermittlungen der Zentraluntersuchungskommission 1823 war.[209]

Nach der Entdeckung des Geheimen Bundes 1823/24 war es ein wesentliches Ziel der Ministerialkommission, die Untersuchungen in Preußen zu konzentrieren. Aus diesem Grund richtete sie an mehrere Regierungen Ersuchen, preußische Mitglieder des Männer- und Jünglingsbunds auszuliefern. Aber auch nichtpreußische Untertanen sollten für das polizeiliche Untersuchungsverfahren oder nur für einzelne Konfrontationen und Verhöre nach Preußen gebracht werden. Mit diesem neuartigen, als »transnationale Ermittlung« beschreibbaren Verfahren versuchte Preußen einen Kompromiss zwischen allgemeinen Sicherheitsinteressen und nationaler Justizhoheit zu finden. Die kleineren Regierungen wurden dabei durch eindringliche Appelle unter Druck gesetzt, der sich dadurch erhöhte, dass Preußen regelmäßig durch die Zentraluntersuchungskommission unterstützt wurde. Baden lieferte mehrere in Heidelberg ver-

---

[209] Vgl. Dietz, Neue Beiträge, S. 77 ff.

haftete preußische Untertanen und Frankfurt den Mecklenburger Christian von Spreewitz an Preußen aus.[210] Zudem überließen wiederum Baden sowie Hannover und Hessen-Darmstadt den preußischen Behörden Häftlinge für mehrere Wochen zur polizeilichen Untersuchung.[211] Eine tabellarische Übersicht der Zentraluntersuchungskommission zeigt, dass Schwarzburg-Rudolstadt, Sachsen-Gotha und Mecklenburg-Schwerin in den Prozessen gegen Mitglieder des Geheimen Bundes nur das Entscheidungsverfahren selbst durchführten und das Untersuchungsverfahren vollständig den preußischen Behörden überließen.[212] Umgangssprachlich wurde die Untersuchung gegen den Geheimen Bund daher auch als »Köpenicker Untersuchung« bezeichnet.[213]

Dieses Vorgehen soll am Fall des Heidelberger Studenten Heinrich Geßner dargestellt werden.[214] Der preußische Polizeiminister Friedrich von Schuckmann wandte sich im Namen der Ministerialkommission im April 1824 mit dem Wunsch an die badische Regierung, Geßner »als eines der thätigsten Mitglieder« des Geheimen Bundes zur Konfrontation nach Köpenick bringen zu lassen. Der badische Staatsminister von Berstett lehnte dies jedoch ab, da Geßner gebürtiger Schweizer war und ein Staatsvertrag zwischen der Schweiz und Baden aus dem Jahr 1808 eine Auslieferung von Staatsangehörigen der Vertragspartner an Drittstaaten verbot.[215] Preußen versuchte daher, die Zentraluntersuchungskommission zur Durchsetzung ihres Anliegens zu nutzen. Der für den südwestdeutschen Raum zustän-

---

[210] Dietz, Burschenschaft, S. 37; Neigebaur, Geheime Verbindungen (Heft 7), S. 18 ff.

[211] Stähelin, Umtriebe, S. 39; Tütken, Opposition, S. 268; Zimmermann, Hofmännische Sache, S. 259 ff.

[212] Übersicht der gegen die wegen Teilnahme an dem geheimen Bunde zur Untersuchung gezogenen Individuen erfolgten Erkenntnisse und an die Central-Untersuchungscommission zu Mainz mitgetheilten Entscheidungsgründe, in: Protokolle Bundesversammlung 1831, 10. Sitzung, § 78, Beilage 1, S. 350 f.; 366 f.; 368 f.; Ilse, Untersuchungen, Beilage 1, S. II f.; XXIV f.; XXVI f.

[213] Dietz, Neue Beiträge, S. 82.

[214] Vgl. Stähelin, Umtriebe.

[215] Protokolle Zentraluntersuchungskommission, 191. Sitzung, 7. April 1824, § 1574, in: GStA PK Berlin, I. HA, Rep. 77, Tit. 9, Nr. 1, Bd. 4. Vgl. Staatsvertrag zwischen Baden und der Schweiz, 30. August 1808, Art. 8, in: Grossherzogliches Badisches Regierungsblatt (1810), S. 5 ff.

dige preußische Gesandte in Karlsruhe Friedrich von Otterstedt wandte sich mit dem Ersuchen an die Zentraluntersuchungskommission, sie solle auf Grundlage des Artikels 7 des Untersuchungsgesetzes von Baden verlangen, Geßner für ein Verhör nach Mainz bringen zu lassen, ihn dann aber direkt weiter nach Berlin zur Konfrontation zu schicken. Da der Staatsvertrag eine Auslieferung an eine überstaatliche, »zur Erhaltung der Ruhe eigens niedergesetzte Behörde« nicht explizit verbieten würde, sei dieses Verfahren zulässig. Nach Abschluss der Konfrontationen in Köpenick solle Geßner für weitere Vernehmungen nach Mainz oder zur Aburteilung zurück nach Baden gebracht werden.[216] Bereits im Februar 1824 hatte Preußen auf diese Weise die Auslieferung von zwei Mecklenburgern und einem Altenburger erreicht, deren Auslieferung die Freie Stadt Frankfurt zunächst verweigert hatte.[217] Die Zentraluntersuchungskommission lehnte dieses Vorgehen jedoch ab, wohl auch, weil es im Fall der von Frankfurt erzwungenen Auslieferung zu internen Streitigkeiten gekommen war. Allerdings war die Zentraluntersuchungskommission der Meinung, Baden könne Geßner ohne weiteres nach Köpenick bringen lassen, da es sich bei dem Antrag der preußischen Regierung nicht um ein Auslieferungsgesuch handeln würde, »(...) indem hier nicht von einer Auslieferung zur Aburtheilung und Bestrafung sondern blos von Sistierung eines Mitschuldigen zur Confrontation und Überführung der im Preußischen verhafteten Complicen die Rede sey«.[218] Tatsächlich folgte Baden dieser Empfehlung und übergab Geßner für mehrere Wochen zum Verhör an Preußen.[219]

Bereits im Zusammenhang mit den Ermittlungen gegen das Universitätswesen 1822 wurde deutlich, dass die Funktion der Requisitionen der Ministerialkommission und der Zentraluntersuchungskommission nicht nur in der Überführung von Tätern und

---

[216] Protokolle Zentraluntersuchungskommission, 191. Sitzung, 7. April 1824, § 1574, in: GStA PK Berlin, I. HA, Rep. 77, Tit. 9, Nr. 1, Bd. 4.
[217] Bericht der Bundestagsgesandtschaft Hannover, 15. Februar 1824, in: NLA Hannover, Dep. 103 VI, Nr. 4188.
[218] Protokolle Zentraluntersuchungskommission, 191. Sitzung, 7. April 1824, § 1574, in: GStA PK Berlin, I. HA, Rep. 77, Tit. 9, Nr. 1, Bd. 4.
[219] Protokolle Zentraluntersuchungskommission, 192. Sitzung, 14. April 1824, § 1607, in: GStA PK Berlin, I. HA, Rep. 77, Tit. 9, Nr. 1, Bd. 4.

Generierung von Informationen lag, sondern auch darin, durch kontinuierlichen Informationszufluss die anderen Behörden zu einem aktiven sicherheitspolitischen Verhalten zu bringen. Dabei nutzten sie aus, dass die Lokalbehörden nach der inquisitorischen »Offizialmaxime« verpflichtet waren, jedem Hinweis auf eine Straftat nachzugehen, und erzwangen durch die Zusendung von Informationen gewissermaßen die Eröffnung, Fortsetzung und Vertiefung von politischen Untersuchungen.[220]

Dieses Vorgehen soll im Folgenden detailliert und exemplarisch anhand der Untersuchung gegen Christian Reinhard Hildebrandt in Nassau dargestellt werden. Dieser Fall erscheint hierzu besonders geeignet, da er über einen längeren Zeitraum und relativ kompakt dieses Vorgehen, aber auch darüber hinausgehende Problemstellungen des Bundesregimes illustriert. Schuckmann wandte sich im Namen der Ministerialkommission erstmals im Mai 1823 an den nassauischen Staatsminister Ernst Marschall von Bieberstein, da Hildebrandt und zwei weitere gebürtigen Nassauer (Philipp Kolb, Christian Pfeiffer) verdächtigt wurden, 1821 eine burschenschaftliche Verbindung in Halle gegründet zu haben. Hildebrandt stand besonders im Fokus, da er in einem in Breslau durchgeführten Verhör als Teilnehmer des Burschentags in Streitberg 1821 denunziert worden war.[221] Schuckmann bat darum, die drei Verdächtigen über »Veranlaßung Zweck, Statuten, Mitglieder und übrige Verhältnisse« der Burschenschaft in Halle und ihre Verbindungen zu auswärtigen Universitäten vernehmen zu lassen. Von besonderem Interesse waren Informationen über verschriftlichte »Beschlüsse« des Burschentags und sonstige »Vereins-Papiere«.[222] Während Kolb und Pfeiffer durch das Kriminalgericht Dillenburg vernommen wurden, war dies bei Hildebrandt etwas umständlicher, da er als Lehrer am so genannten »Bunsen'schen Institut« in Frankfurt beschäftigt war. Nassau musste sich daher mit der Bitte an Frankfurt wenden, Hildebrandt ver-

---

[220] Vgl. Kapitel 2.3, S. 62.
[221] Auszug aus der Vernehmung Carl von Bonges vom 2. Mai 1823, Anhang zu: Zentraluntersuchungskommission an Staatsministerium Nassau, 30. September 1823, in: HStA Wiesbaden, Best. 210, Nr. 7428 a.
[222] Schuckmann an Marschall von Bieberstein, 7. Mai 1823, in: HStA Wiesbaden, Best. 210, Nr. 7428 a.

nehmen zu lassen.[223] Alle drei Beschuldigten sagten jedoch aus, nur an einer durch das Kuratorium der Universität Halle genehmigten Verbindung teilgenommen zu haben und Hildebrandt bestritt seine Teilnahme am Streitberger Burschentag, so dass die Vernehmungen keine belastenden Ergebnisse lieferten.[224]

Schon im August 1823 wandte sich die Ministerialkommission aber wieder wegen Hildebrandt an Marschall von Bieberstein. Hildebrandt und ein weiterer Lehrer des Bunsen'schen Instituts, Carl von Miller, waren in Frankfurt nach einer preußischen Requisition erneut vernommen worden, wobei Hildebrandt direkt mit Aussagen aus preußischen Vernehmungen konfrontiert worden war und daraufhin doch seine Teilnahme an einer nicht genehmigten Verbindung in Halle und seine Teilnahme am Burschentag gestanden hatte. Jedoch hatte er sich unter Verweis auf sein Ehrenwort geweigert, weitere Personennamen zu nennen. Da Schuckmann vermutete, dass Hildebrandt sich in Wiesbaden aufhalten und eine Flucht in die Schweiz vorbereiten würde, forderte er Marschall von Bieberstein auf, »weitere Maasregeln zur Beendigung eines so nachtheiligen Starrsinns« zu treffen.[225] Zwar handelte es sich hierbei um eine Fehlinformation, Hildebrandt hielt sich noch in Frankfurt auf, trotzdem wurden die nassauischen Behörden wieder aktiv und setzten ihre Untersuchungen gegen Hildebrandt, Kolb und Pfeiffer fort. Insbesondere requirierte das Staatsministerium erneut bei den Frankfurter Behörden wegen weiterer Vernehmungen Hildebrandts und sperrte die drei Verdächtigen auf Grundlage des Universitätsgesetzes für das Staatsexamen in Nassau.[226] Im September 1823 schaltete sich erstmals die Zentraluntersuchungskommission ein und übersandte Abschriften von Verhörprotokollen, die ihr wiederum

---

[223] Kriminalgericht Dillenburg an Staatsministerium, 30. Juli 1823, in: HStA Wiesbaden, Best. 210, Nr. 7428 a.
[224] Marschall von Bieberstein an Schuckmann, 8. August 1823, in: HStA Wiesbaden, Best. 210, Nr. 7428 a.
[225] Schuckmann an Marschall von Bieberstein, 28. August 1823, in: HStA Wiesbaden, Best. 210, Nr. 7428 a.
[226] Schreiben Marschall von Bieberstein, 26. September 1823, in: HStA Wiesbaden, Best. 210, Nr. 7428 a.

durch die Ministerialkommission mitgeteilt worden waren.[227] Es handelte sich um die bereits durch Frankfurt mitgeteilten Protokolle der Vernehmung Hildebrandts und Protokollauszüge der in Preußen durchgeführten Vernehmungen, in denen Hildebrandt belastet worden war.[228]

Diese Interaktionen waren jedoch nur das Vorspiel zu den eigentlichen Ermittlungen gegen den Jünglingsbund. Zunächst traf im Dezember 1823 ein Rundschreiben der Zentraluntersuchungskommission in Wiesbaden ein, in dem die zu diesem Zeitpunkt bekannten Informationen über den »Geheimen Bund« weitergegeben wurden.[229] Nassau war besonders betroffen, da Hildebrandt als eine der Schlüsselfiguren des Jünglingsbunds bezeichnet wurde. Auf einer beiliegenden Namensliste von 35 Personen wurde er als erster genannt. Hildebrandt wurde nicht nur beschuldigt, die Organisation des Jünglingsbundes mitbegründet und fortgeführt zu haben, sondern seine Stellung als Lehrer am Bunsen'schen Institut, das als Drehpunkt der Aktivitäten des Jünglingsbunds galt, zur Indoktrinierung neuer Mitglieder auszunutzen:

> »Als fernere Verbreitungen zu diesem Bunde (…) kann man mehrere Lehr-Institute in Deutschland Ansehen. I. B. jenes in Frankfurt, wo ein gewisser Hildebrandt aus Nassau, einen gewissen Ritter aus Mecklenburg als Hülfslehrer angestellt sind. Der Inhaber dieses Instituts heißt Punofen (Bunsen). Beide Ersteren gehören, (…), bestimmt zu dem erwähnten Bunde und wenden gewiss alles an, um ihre Jünglinge zu dem Zweck desselben vorzubereiten.«[230]

Anfang Januar 1824 traf eine Requisition der Ministerialkommission ein. Diese enthielt Protokollkopien von Verhören sowie die Aufforderung, Hildebrandt umgehend verhaften zu lassen.[231] Tatsächlich

---

[227] Zentraluntersuchungskommission an Staatsministerium Nassau, 30. September 1823, in: HStA Wiesbaden, Best. 210, Nr. 7428 a.
[228] Auszüge aus den Vernehmungen Carl von Bonges am 2. Mai 1823 und Neuberts am 16. Mai 1823, Anhang zu: Zentraluntersuchungskommission an Staatsministerium Nassau, 30. September 1823, in: HStA Wiesbaden, Best. 210, Nr. 7428 a.
[229] Zentraluntersuchungskommission an Staatsministerium Nassau, 3. Dezember 1823, in: HStA Wiesbaden, Best. 210, Nr. 7428 a.
[230] Zentraluntersuchungskommission an Staatsministerium Nassau, 3. Dezember 1823, in: HStA Wiesbaden, Best. 210, Nr. 7428 a.
[231] Schuckmann an Staatsministerium Nassau, 31. Dezember 1823, in: HStA Wiesbaden, Best. 210, Nr. 7428 a.

gelang es den nassauischen Behörden kurz darauf, Hildebrandt in Wiesbaden zu verhaften und eine Hausdurchsuchung bei seinen Eltern durchzuführen. Die Ministerialkommission hatte schon vorher vorgeschlagen, Hildebrandt bei einer Verhaftung den preußischen Behörden zur Untersuchung zu überlassen. Schuckmann versprach sich von einer Konzentration mehrerer Untersuchungen an einem Ort schnellere Untersuchungserfolge:

> »Bei der von dem Hildebrandt bereits bei seiner Vernehmung in Frankfurt/M bewiesenen Beharrlichkeit im Leugnen, dürfte es demnächst wohl wichtig sein, ihn durch Vorhaltung aller actenmäßige Gründe und durch Zusammenstellung mit seinen Mitverbündeten zu überführen, und dadurch zum Geständnis über die, ihm ohne Zweifel bekannten höheren und geheime Verhältnisse des Bundes zu bestimmen. Eurer Exzellenz erlaube ich mir daher, ergebenst anheim zu geben, den Hildebrandt nach seiner Festhaltung, zu jenem Zwecke für die polizeiliche Untersuchung hierher zu sistieren, woselbst seine näheren Komplicen bereits befindlich sind.«[232]

Im Fall Hildebrandt kam es jedoch nicht zu der von Preußen gewünschten Überstellung, obwohl Schuckmann sein Anliegen noch zweimal wiederholte.[233] Dies lag daran, dass Hildebrandt unmittelbar nach seiner Verhaftung ein umfassendes Geständnis ablegte. Die nassauische Regierung argumentierte daher, dass eine Konfrontation mit preußischen Gefangenen zur Überführung Hildebrandts nicht mehr notwendig sei. Marschall von Bieberstein bat die Ministerialkommission trotzdem darum, weiterhin in Preußen ermitteltes Material für das anstehende Entscheidungsverfahren nach Wiesbaden zu übermitteln. Gleichzeitig wurde der Zentraluntersuchungskommission und Ministerialkommission angeboten, Hildebrandt bei Bedarf weiter vernehmen zu lassen. Tatsächlich wurde Hildebrandt nach Requisitionen der Zentraluntersuchungskommission, der Ministerialkommission und der badischen Regierung noch mehrmals vernommen. Zweck dieser »nachhelfenden Verhöre« war es, über den Einzelfall hinausreichende Informationen über den

---

[232] Schuckmann an Staatsministerium Nassau, 11. Januar 1824, in: HStA Wiesbaden, Best. 210, Nr. 7428 a.
[233] Schuckmann an Staatsministerium Nassau, 20. Januar 1823; Schuckmann an Staatsministerium Nassau, 2. Februar 1823, in: HStA Wiesbaden, Best. 210, Nr. 7428 a.

Geheimen Bund zu erlangen und Aussagen aus anderen Verhören zu verifizieren, woran sich eindrücklich die »polizeiliche« Ausrichtung der Untersuchungen zeigt.[234]

3.1.4 Jurisdiktionskonflikte als Strukturproblem des Bundesregimes

3.1.4.1 *Allgemeine Sicherheit oder einzelstaatliche Justizhoheit: Der Streit um die Auslieferung Heinrich Karl Hofmanns und Georg Rühls*

Nach anfänglichen Erfolgen verwickelten sich die Zentraluntersuchungskommission und die preußische Ministerialkommission zunehmend in Konflikte mit den kleineren und mittleren Bundesstaaten, bei denen ihr autoritäres Auftreten und die Versuche, in deren Souveränitätsrechte einzugreifen, zunehmend für Widerstand sorgten. Dies wurde dadurch befördert, dass sich wegen des Männerbundes kaum Ermittlungserfolge vermelden ließen und auch die Untersuchungsverfahren gegen die Mitglieder des Jünglingsbundes das anfänglich vermutete Ausmaß und Bedrohungspotential der vermeintlichen Verschwörung nicht belegten, so dass ein sicherheitspolitisches Eingreifen des Bundes und Preußens kaum gerechtfertigt erschien. Die auftretenden Kollisionen und Konflikte lassen sich insgesamt als »Jurisdiktionskonflikte« beschreiben und idealtypisch in Kompetenzkonflikte und Konflikte um die Anwendung materiellen Rechts unterscheiden.[235]

Diese hatten vor allem zwei Ursachen: Zum einen war es dem Bundesregime zwar auf polizeilicher Ebene gelungen, einigermaßen effiziente Verfahren zur Kooperation, Koordination und auch Kontrolle der bundesstaatlichen Akteure zu entwickeln, auf der Ebene der Strafgerichtsbarkeit fehlten solche Mechanismen jedoch vollständig. Dies führte dazu, dass es in den miteinander verwobenen Prozessen gegen die Mitglieder des Geheimen Bundes zu Unterschieden in der Untersuchungsführung und stark abweichenden

---

[234] Protokolle Zentraluntersuchungskommission, 207. Sitzung, 21. Juli 1824, § 1865, in: GStA PK Berlin, I. HA, Rep. 77, Tit. 9, Nr. 1, Bd. 5.
[235] Sauer, Jurisdiktionskonflikte, S. 85 ff.

Urteilen kam, ein Problem, das man im Vorfeld der Karlsbader Konferenz antizipiert und vergeblich durch die Einrichtung einer außerordentlichen Justizkommission bzw. eines Bundesgerichts zu lösen versucht hatte. Zum anderen kollidierten die sicherheitspolitischen Kompetenzen und Interessen des Bundes und der größeren Bundesstaaten mit zunehmender Dauer der Untersuchungen mit den strafrechtlichen Kompetenzen der kleineren Bundesstaaten, eine Konstellation, die insbesondere den Übergang vom polizeilichen zum gerichtlichen Verfahrensabschnitt betraf, der die Grenze zwischen den Kompetenzbereichen des Bundes und der Bundesstaaten markierte. Diese rechts- und sicherheitspraktischen Kollisionen führten zu umfassenderen bundespolitischen Diskussionen um die normative und auch institutionelle Regulierung dieser Jurisdiktionskonflikte, die allerdings erfolglos blieben.

Im Blick auf die Kompetenzkonflikte war der zentrale Fall der Streit um die Auslieferung der beiden Hessen-Darmstädter Heinrich Karl Hofmann und Georg Rühl zwischen ihrer Heimatregierung auf der einen sowie Preußen und der Zentraluntersuchungskommission auf der anderen Seite. Der Gegenstand des Streits war im weitesten Sinne die Frage, ob die kleineren Bundesstaaten zu Gunsten der Sicherheit des Bundes auf Jurisdiktionsrechte verzichten sollten.[236] Hofmann galt als Führungspersönlichkeit und Organisator der national-liberalen Bewegung und war bereits 1819/20 in das Blickfeld der Behörden geraten.[237] Im August 1824 wurde er in einem in Preußen durchgeführten Verhör beschuldigt, eine Schlüsselfigur des »Männerbundes« zu sein. Demnach sollte er nicht nur Kontakt zu deutschen Flüchtlingen in der Schweiz gepflegt haben, sondern auch auf einer »Propagationsreise« in Erfurt versucht haben, preußische Militärs für einen Aufstand zu gewinnen.[238] Preußen bedrängte die hessen-darmstädtische Regierung daraufhin, Hofmann für Vernehmungen und Konfrontationen nach Berlin bringen zu lassen, wobei es von

---

236 Siehe auch: Weber, Zentraluntersuchungskommission, S. 61 ff.; Zimmermann, Hofmännische Sache.
237 Vgl. Zimmermann, Freiheit und Recht, S. 20 ff.
238 Protokolle Zentraluntersuchungskommission, 222. Sitzung, 8. September 1824, § 1980, in: GStA PK Berlin, I. HA, Rep. 77, Tit. 9, Nr. 1, Bd. 5.

Österreich und der Zentraluntersuchungskommission unterstützt wurde.[239] Die hessen-darmstädtische Regierung beugte sich nach einigem Zögern dem von verschiedenen Seiten aufgebauten diplomatischen Druck und ließ Hofmann in Januar 1825 nach Preußen transportieren. Er galt jedoch weiterhin als »Arrestant« des Darmstädter Hofgerichts, weshalb ihn ein hessen-darmstädtischer Untersuchungsrichter begleitete. Dieser sollte in Köpenick im Beisein der preußischen Beamten die Verhöre mit Hofmann durchführen, die Konfrontationen mit preußischen Verdächtigen sollten hingegen durch einen preußischen Untersuchungsrichter durchgeführt werden. Nach Abschluss der Untersuchung sollte Hofmann zurück nach Darmstadt gebracht werden. Entsprechend handelte es sich nicht um eine Auslieferung an Preußen, sondern nur um eine Überstellung zur polizeilichen Untersuchung, um die transnationale Kooperation zu vereinfachen. Dieselbe Vereinbarung traf man auch im Fall des im März 1825 verhafteten Karl Rühl, der ebenfalls verdächtigt wurde dem Männerbund anzugehören.[240]

In beiden Fällen brachten die Verhöre und Konfrontationen aus Sicht der preußischen Behörden nicht den erhofften Erfolg, wofür man in erster Linie den hessen-darmstädtischen Untersuchungsführer Friedrich Schenck verantwortlich machte. Dies war nicht nur im Blick auf den erhofften polizeilichen Informationsgewinn problematisch, sondern vor allem deshalb, weil in Hessen-Darmstadt nach gemeinrechtlichen Grundsätzen für eine strafrechtliche Verurteilung ein Geständnis notwendig war.[241] Als Schenck im Juni 1825 plante, die Untersuchungen zu beenden und das gerichtliche Verfahren in Hessen-Darmstadt einzuleiten, verweigerten die preußischen Behörden daher den Rücktransport der beiden Gefangenen. Der preußische Polizeiminister Friedrich von Schuckmann wandte sich mit dem Ersuchen an den hessen-darmstädtischen Justizminister Carl Ludwig Wilhelm Grolman, das Verfahren vollständig den preußischen Behör-

---

[239] Weber, Zentraluntersuchungskommission, S. 62 f.; Zimmermann, Hofmännische Sache, S. 263 f.
[240] Zimmermann, Hofmännische Sache, S. 265.
[241] Weber, Zentraluntersuchungskommission, S. 63; Zimmermann, Hofmännische Sache, S. 265 f.

den zu überlassen, Hofmann und Rühl also auszuliefern.[242] Schuckmann argumentierte mit den Vorteilen des preußischen Strafprozessrechts, das eine Verurteilung auch aufgrund von Indizien zuließ. Da der Haupttatort, Erfurt, in Preußen liegen würde, sei ein preußischer Gerichtsstand nicht nur gerechtfertigt, sondern sogar vorrangig, zumal die Überführung und Bestrafung Hofmanns und Rühls nur hier möglich sei und im Interesse des gesamten Bundes läge:

> »Gern überlasse ich mich der Überzeugung, daß ein hochlöbliches Ministerium des Innern und der Justiz hierzu um so geneigter sein wird, als daß in Untersuchung stehende Verbrechen in den Königlich Preußischen Staaten begangen, mithin hier das forum delicti commissi vorhanden ist, und man diesseits keinen Anstand nehmen würde, hiesige Untertanen, welche verbrecherisch genug sind, in Festungen eines Bundesgenossen und befreundeten Fürsten in hochverrätherischer Absicht sich einzuschleichen und dortige Offiziere in ihr landesverderbliches Complott zu ziehen, dem foro delicti commissi zur Untersuchung und Bestrafung auszuliefern, zumal, wenn dieses Verbrechen, wie hier, gegen den ganzen Deutschen Bund begangen, und die weiteren Verzweigungen dieses Verbrechens nur in dem foro delicti commissi zu ermitteln sind.«[243]

Auch die Zentraluntersuchungskommission wandte sich an die hessen-darmstädtische Regierung und empfahl, aus Rücksicht auf die Gesamtuntersuchung Hofmann und Rühl weiter in Köpenick zu belassen, da dort die »Beweis- und Untersuchungsmittel am leichtesten zu erheben und zu gebrauchen seien«.[244] Während Zentraluntersuchungskommission und Ministerialkommission auf Grundlage der gemeinrechtlichen Gerichtsstandslehre argumentierten und die allgemeine Sicherheit des Bundes in den Mittelpunkt rückten, widersetzte Hessen-Darmstadt sich diesen Forderungen mit Verweis auf die Prinzipien seiner nationalen Rechtsordnung. Grolman führte gegenüber Schuckmann aus, dass der Artikel 32 der hessen-darmstädtischen Verfassung die Unabhängigkeit der Gerichte garantieren würde, so dass die Regierung Schencks Entscheidung nicht revidie-

---

242 Schuckmann an Grolman, 19. Juni 1825, in: StA Darmstadt, Best. G 3, Nr. 22/5.
243 Schuckmann an Grolman, 19. Juni 1825, in: StA Darmstadt, Best. G 3, Nr. 22/5. Abgedruckt in: Zimmermann, Hofmännische Sache, S. 290 f.
244 Kaiserberg an Du Thil, 6. Juli 1825, in: StA Darmstadt, Best. G 3, Nr. 22/5.

ren könne.[245] Ohnehin würden in Hessen-Darmstadt »die bestimmtesten Gesetze« die Auslieferung eigener Untertanen verbieten.[246] Besonders Karl Albert von Kamptz war hierüber verärgert und äußerte gegenüber der Zentraluntersuchungskommission, dass ein Fürst auf seine Justizhoheit verzichten müsse,

> »wo sein Untertan die Sicherheit und Ruhe anderer Staaten auf deren Hoheitsgebiet verletzt hatte. Dieser Grundsatz mußte vor allem unter den Staaten des deutschen Bundes gelten, dessen Hauptzweck in der Festigung der inneren und äußeren Sicherheit lag«.[247]

Gegenüber Grolman führte er aus, dass die hessen-darmstädtische Regierung sehr wohl berechtigt sei, über die Auslieferung zu entscheiden, da die Festlegung des Gerichtsstandes »keine gerichtliche, sondern eine ministerielle Attribution« sei und entsprechend auch auf Grundlage sicherheitspolitischer Erwägungen erfolgen könne. Würde dem Hofgericht die Entscheidung überlassen, wäre dies eine »anormalische gerichtliche Leitung ministerieller Verwaltung«.[248]

Auf Drängen der Ministerialkommission beschäftigte sich auch die Zentraluntersuchungskommission eingehender mit dem Fall. Im September legte der hannoversche Kommissar ein Gutachten vor, in dem er sich der preußischen Auffassung anschloss.[249] Da das veraltete hessen-darmstädtische Strafprozessrecht eine Überführung der beiden Verdächtigen nicht ermögliche, sei die Auslieferung an Preußen die einzige Möglichkeit, die Untersuchung erfolgreich zu beenden. Hieraus ergäbe sich für Hessen-Darmstadt zwar keine rechtliche, jedoch eine politische Verpflichtung, Hofmann und Rühl auszuliefern:

---

[245] »Das Materielle der Justiz-Ertheilung und das gerichtliche Verfahren, innerhalb der Gränzen seiner gesetzlichen Form und Wirksamkeit, sind von dem Einflusse der Regierung unabhängig.« (Verfassungs-Urkunde für das Großherzogtum Hessen vom 17. Dezember 1820, Art. 32.)
[246] Grolman an Schuckmann, 7. Juli 1825, in: StA Darmstadt, Best. G 3, Nr. 22/5. Abgedruckt in: Zimmermann, Hofmännische Sache, S. 291 f.
[247] Weber, Zentraluntersuchungskommission, S. 64.
[248] Kamptz an Grolman, 22. Juli 1825, in: StA Darmstadt, Best. G 3, Nr. 22/5.
[249] Anlage des Schreibens an das Großherzoglich Hessische hohe Ministerium der auswärtigen Angelegenheiten zu Darmstadt, 16. September 1825, in: BA Berlin, DB 7, Nr. 2.

»Niemand aber wird den dem Staatsbürger durch die Verfassung zu gewährenden Schutz des Rechtszustandes dahin ausdehnen wollen, daß ihm durch denselben die Befugniß einer straflosen Verletzung des nachbarlichen und befreundeten Staates zugesichert werden müsse, was namentlich in dem hier in Frage befangenen Falle durch den Erfolg wirklich eintreten dürfe.«[250]

Die »Richtigkeit dieses Satzes« würden nicht nur verschiedene Verträge zeigen, die die Auslieferung eigener Untertanen festlegten,[251] sondern auch die Rechtspraxis. So habe Russland erst vor kurzem einen polnischen Offizier mit russischer Staatsangehörigkeit an Preußen ausgeliefert. Auch der hessen-darmstädtische Verfassungsgrundsatz »Niemand soll seinem gesetzlichen Richter entzogen werden«[252] stünde einer Auslieferung nicht im Weg, denn da das Verbrechen in Preußen begangen worden sei, könne auch ein preußischer Richter als »gesetzlich« angesehen werden.[253]

Das Gutachten löste innerhalb der Zentraluntersuchungskommission eine kontroverse Diskussion aus, deren Gegenstand weniger die rechtliche Lösung des Falls als die generelle die Frage war, ob die Zentraluntersuchungskommission derartig in Konflikte zwischen den Bundesstaaten eingreifen durfte.[254] Der hessen-darmstädtische Kommissar kritisierte das Verhalten des hannoverschen Kommissars dabei scharf und führte aus, dass es anmaßend sei, dass ein Kommissar der Zentraluntersuchungskommission einem Bundesstaat Erläuterungen über die Auslegung seines Staatsrechts mache, zumal seine Regierung bereits klargestellt habe, »daß die Gesetze des Großherzogtums die angetragene Verfügung nicht erlaubten«.[255] Trotzdem

---

[250] Anlage des Schreibens an das Großherzoglich Hessische hohe Ministerium der auswärtigen Angelegenheiten zu Darmstadt, 16. September 1825, in: BA Berlin, DB 7, Nr. 2.
[251] Für die deutschen Staaten lässt sich tatsächlich nur ein Vertrag nachweisen, in dem eine solche Bestimmung vorhanden ist, nämlich im niederländisch-hannoverschen Auslieferungsvertrag vom 28. Oktober 1817, abgedruckt in: Hannöversche Landesverordnungen 1817, S. 467 ff.
[252] Verfassungs-Urkunde für das Großherzogtum Hessen vom 17. Dezember 1820, Art. 31.
[253] Anlage des Schreibens an das Großherzoglich Hessische hohe Ministerium der auswärtigen Angelegenheiten zu Darmstadt, 16. September 1825, in: in: BA Berlin, DB 7, Nr. 2.
[254] Weber, Zentraluntersuchungskommission, S. 66.
[255] Protokolle Zentraluntersuchungskommission, 378. Sitzung, 16. September 1825, § 2728, Anlage A, in: GLA Karlsruhe, Abt. 233, Nr. 1730.

kam es zu einer Abstimmung über das Gutachten. Während sich Österreich, Preußen und Nassau der Ansicht des hannoverschen Kommissars anschlossen, stimmten Bayern und Baden mit Hessen-Darmstadt dagegen. Die Zentraluntersuchungskommission konnte mit ihrem Gutachten den Streit jedoch erwartungsgemäß nicht beilegen. Es wurde von der hessen-darmstädtischen Regierung vehement abgelehnt und verhärtete die Fronten eher.[256] Selbst der preußische Außenminister Bernstorff führte intern aus, dass die Zentraluntersuchungskommission sich bei der Erstellung des Gutachtens äußerst ungeschickt verhalten habe.[257]

Da die Zentraluntersuchungskommission offensichtlich nicht in der Lage war, den Streit zu beenden, wandten sich Preußen und Hessen-Darmstadt unabhängig voneinander an Metternich und versuchten seine Unterstützung zu gewinnen. Der Konflikt verlagerte sich also wieder auf die intergouvernementale Ebene. Bernstorff führte in einer Instruktion an den preußischen Gesandten in Wien aus, dass selbst wenn die juristischen Einwände der hessen-darmstädtischen Regierung gerechtfertigt seien, »die peinliche Abwägung juristischer Förmlichkeiten« angesichts »des in dem Innern der Sache selbst liegenden allgemeinen politischen Interesses« in den Hintergrund treten müsste.[258] So seien die quasi zentralisierten Untersuchungen in Köpenick ein entscheidender Baustein im Kampf der deutschen Regierungen gegen die revolutionäre Verschwörung und stünden kurz davor, »Umfang« oder zumindest »Quelle« »(...) jenes im tiefsten Dunkel schleichenden Verderbens zu enthüllen.«[259] Vor diesem Hintergrund sei es nicht hinnehmbar, dass Hessen-Darmstadt die Untersuchungen aus Egoismus und unter Berufung auf seine »besondere Gesetzgebung und Verfassung« torpedieren würde.[260] Bernstorff sah hierin sogar einen Verstoß gegen die Verpflichtungen Hessen-Darmstadts aus dem Bundesverhältnis:

---

[256] Zimmermann, Hofmännische Sache, S. 268 ff.
[257] Varnhagen von Ense, Blätter (Bd. 3), S. 404.
[258] Bernstorff an Hatzfeld, 24. November 1825, in: GStA PK Berlin, III. HA, MdA, Abt. I, Nr. 8138.
[259] Protokolle Zentraluntersuchungskommission, 378. Sitzung, 16. September 1825, § 2728, Anlage A, in: GLA Karlsruhe, Abt. 233, Nr. 1730.
[260] Protokolle Zentraluntersuchungskommission, 378. Sitzung, 16. September 1825, § 2728, Anlage A, in: GLA Karlsruhe, Abt. 233, Nr. 1730.

»In dieser Ansicht und Lage der Dinge verdient es wohl eine ernstliche Erwägung, ob nicht bei dem solidarischen Interesse und eben solcher Verpflichtung, durch welche die Glieder des deutschen Bundes verknüpft sind, der GHZ Hessische Hof eine wichtige moralische Verantwortung auf sich ladet, insofern er aus Gründen, welche sich nur auf Grundsätze einer neueren Gesetzgebung beziehen, die dem Bundesinteresse, selbst nach bestehenden organischen Vorschriften, untergeordnet sind, der Erreichung des gemeinsamen Zwecke, dem Erfolge so vielfacher Bemühungen sich als eine unübersteigliches Hindernis entgegenstellt?«[261]

Preußen wollte nicht nur, dass Österreich diplomatischen Druck auf Hessen-Darmstadt ausübte, sondern plante die Sache im Notfall in einem Schlichtungsverfahren am Bundestag entscheiden zu lassen.[262] Auch Hessen-Darmstadt, das sich ebenfalls an Metternich wandte, plante diesen Schritt.[263] Eine Verlagerung des Konflikts auf die Bundesebene wollte Metternich aber unbedingt verhindern. Ein solches Verfahren hätte nicht nur das rechtlich und politisch fragwürdige Verhalten Preußens öffentlich bekannt gemacht, sondern auch zu einer Spaltung der Bundesstaaten geführt. Wegen der Stimmenmehrheit der kleineren Bundesstaaten war eine Niederlage Preußens darüber hinaus vorhersehbar. In seinem Antwortschreiben an die preußische Regierung führte er aus, dass selbst bei einer geheimen Sitzung nicht nur

»soviel hiervon zur Publicität kommen würde, um durch die Natur des Gegenstandes großes Aufsehen zu erregen, sondern daß auch zu befürchten ist, es werde bey der Abstimmung hierüber wenigstens bey den minder mächtigen Bundesstaaten die immer und bey allen Gelegenheiten hervorlaufende ängstliche Besorgnis einer Verletzung der Souveränitätsrechte nachteiligen Einfluss ausüben, zumahl hier einer aus ihrer Mitte einem größeren gegenüber steht«.[264]

Als Reaktion hierauf plante Preußen, das Gutachten der Zentraluntersuchungskommission vom 16. September 1825 zu nutzen und

---

[261] Protokolle Zentraluntersuchungskommission, 378. Sitzung, 16. September 1825, § 2728, Anlage A, in: GLA Karlsruhe, Abt. 233, Nr. 1730.
[262] Vgl. Huber, Verfassungsgeschichte (Bd. 1), S. 621 ff.; Müller-Kinet, Gerichtsbarkeit; Zollmann, Austrägalgerichtsbarkeit.
[263] Zimmermann, Hofmännische Sache, S. 276.
[264] Metternich an Hatzfeld, 21. Januar 1826, in: GStA PK Berlin, III. HA, MdA, Abt. I, Nr. 8138.

den Fall »nicht (…) als eine Differenz zwischen zwei Bundesstaaten (…), sondern als eine Controverse zwischen der Central-Untersuchungs-Commission und den GHZ Hessischen Behörden über die Erfüllung des der ersteren obliegenden Berufs« und die »Ausübung einer Bundesbefugniß« vor den Bundestag zu bringen.[265] Der Fall sollte also dezidiert zu einer Abstimmung über das Verhältnis zwischen der Sicherheit des Bundes und der Justizhoheit der Bundesstaaten gemacht werden.

Auch diese Idee lehnte Metternich ab, da er der Meinung war, dass der Fall schon zu sehr polarisiert habe und sich die Mehrheit der Bundesversammlung für die bundesstaatliche Souveränität und gegen allgemeine Sicherheitsbedürfnisse entscheiden würde:

> »Die Sache hat nun einmal schon zu großes Aufsehen erregt, sie wird von den mindermächtigen Bundes-Staaten, als der Mehrzahl der Bundes-Glieder auf die Linie der Souveränitätsfrage gestellt, und mit diesem Gesichtspunkt im Auge, wird es ihnen, wenn auch immerhin durch Trugschlüsse gelingen, gegen die absolute Nothwendigkeit des Untersuchungs-Verfahrens in Coepenick, gegen die Entziehung der beiden Inculpaten von ihren ordentlichen Gerichtsstand, und auch selbst gegen die Kompetenz der C. U. Commission in ferne es sich um eine Entscheidung handelt, Gründe aufzufinden, mithin die Frage nach den Ansichten des G. H. Hessischen Ministeriums zu lösen.«[266]

Im April 1826 wurden Hofmann und Rühl schließlich zurück nach Darmstadt gebracht und im Oktober 1826 durch das Hofgericht Darmstadt aus der Untersuchungshaft entlassen. Diese Maßnahme wurde damit begründet, dass bisher weder eine individuelle Schuld noch das Bestehen des Männerbundes nachweisbar seien. Hofmann und Rühl bekamen jedoch die Auflage, nicht über den Prozess zu sprechen und Hessen-Darmstadt nicht über Nacht zu verlassen. Preußen ließ daraufhin in mehreren Zeitungen Haftbefehle gegen Hofmann und Rühl veröffentlichen, eine Maßnahme, die zwar eine erhebliche diplomatische Brüskierung Hessen-Darmstadts darstellte, sicherheitspraktisch aber wenig relevant war.[267]

---

[265] Bernstorff an Hatzfeld, 11. März 1826, in: GStA PK Berlin, III. HA, MdA, Abt. I, Nr. 8138.
[266] Promemoria Metternich, 28. März 1826, in: GStA PK Berlin, III. HA, MdA, Abt. I, Nr. 8138.
[267] Zimmermann, Hofmännische Sache, S. 283 ff.

3.1.4.2 Der Fall Schwarz und die Diskussion um einen Bundesbeschluss zur Vereinheitlichung und Kontrolle der Strafrechtsprechung

Im Blick auf Jurisdiktionskonflikte um die Anwendung materiellen Rechts war das zentrale Problem, dass die Strafrechtsprechung in den meisten Bundesstaaten direkt oder indirekt auf dem Gemeinen Strafrecht beruhte, mit dem sich die neuen dissidenten Handlungsformen nur schwer erfassen und im Blick auf das Strafmaß kaum differenziert beurteilen ließen. Zentral für die politische Strafrechtsprechung war das Konzept des Hochverrats, worunter recht allgemein tätliche Angriffe gegen Staat und politische Ordnung verstanden wurden. Grundlegend war insbesondere die Definition Anselm von Feuerbachs, der sich in seiner Dissertation erstmals systematisch mit dem Hochverratskonzept auseinandergesetzt hatte:

> »Hochverrath (perduellio) ist die Handlung eines Staatsunterthans, welche an sich und in der rechtswidrigen Ansicht des Handelns darauf gerichtet ist, das Dasein des Staats oder solche Einrichtungen desselben, welche durch das Wesen des Staats überhaupt bestimmt sind zu vernichten.«[268]

Der Artikel 124 der Carolina als zentrale gemeinrechtliche Bezugsgröße, aber auch die verschiedenen Gesetze der Bundesstaaten sahen für Hochverrat dabei die »geschärfte« Todesstrafe vor, eine Strafe, die gerade im Blick auf die Mitglieder von Studentenverbindungen den meisten politischen und juristischen Akteuren jedoch zu drakonisch erschien und sich kaum vollstrecken ließ, ohne die Konflikte weiter eskalieren zu lassen.[269] Die meisten Gerichte lösten diese Problematik so, dass sie insbesondere die Aktivitäten von Burschenschaftern bzw. der Mitglieder des Jünglingsbundes lediglich als »vorbereiteten« oder »versuchten« Hochverrat bewerteten, was ihnen die Möglich-

---

[268] Feuerbach, Lehrbuch, S. 270. Neuere allgemeine Darstellungen zum Hochverrat bei: Baltzer, Grundlagen; Blasius, Politische Kriminalität; Härter, Legal Concepts; Ingraham, Political Crime; Schroeder, Schutz von Staat und Verfassung; Willoweit, Staatsschutz. Eine Darstellung des juristischen Diskurses im Vormärz bei: Simonsohn, Hochverrat.
[269] Baltzer, Grundlagen, S. 55 f. Für einen Überblick über die verschiedenen gemeinrechtlichen und bundesstaatlichen Normen siehe: Kamptz, Bemerkungen, S. 281 ff. Zur Todesstrafe allgemein siehe: Evans, Rituale, S. 241 ff.; Martschukat, Todesstrafe; Overath, Tod und Gnade.

keit bot, das Strafmaß flexibel anzupassen.[270] In Württemberg war beispielsweise explizit vorgeschrieben, dass in Fällen, in denen der Hochverrat noch nicht durch eine konkrete Handlung ausgeführt worden war, eine »extraordinäre Strafe« verhängt werden sollte, die sich »nach der Gefährlichkeit der von dem Verbrecher gewählten Mittel und dem Grade, in welchen sich die Vorbereitungen der Ausführung genähert haben«, orientieren sollte.[271] Im juristischen Diskurs war dies allerdings umstritten. Insbesondere Feuerbach hatte die Auffassung vertreten, dass wegen der Schwere des Verbrechens »versuchter« und »vollendeter« Hochverrat gleichzusetzen seien.[272] Dem hatte sich auch Karl Albert von Kamptz angeschlossen, der im Kontext der ersten Demagogenverfolgungen 1820 im »Jahrbuch für die preußische Gesetzgebung, Rechtswissenschaft und Rechtsverwaltung« ausgeführt hatte, dass

> »der Hochverrath durch jede, in eine Handlung übergangene, Aeußerung der Absicht, die Staatsverfassung umzustoßen, mithin durch jedes, auf diesen Zweck absichtlich gerichtete, Unternehmen ohne Rücksicht auf Beweggründe oder auf Erfolg begangen werde; und (…) daß daher die Thathandlungen und Unternehmungen eigentlich keine Versuche (Conate), sondern wirkliche Begehungen des Hochverraths sind«.[273]

Während die Ausführungen Feuerbachs und anderer Juristen eher auf theoretische Erwägungen zurückzuführen sind, ist es auf den ersten Blick erstaunlich, dass sich der Sicherheits- und Justizpraktiker Kamptz während laufender politischer Prozesse öffentlich für eine Auslegung aussprach, die in letzter Konsequenz die massenhafte Verhängung von Todesurteilen bedeutet hätte. Obwohl Kamptz in der älteren Literatur häufig eine solche Haltung unterstellt wird, ging es wohl um etwas anderes. Einerseits zielten die Ausführungen wohl

---

[270] Siehe hierzu die Analyse verschiedener publizierter Urteile gegen Mitglieder des Jünglingsbundes bei: Baltzer, Grundlagen, S. 55 ff.
[271] Gesetz die Bestrafung des Staats- und Majestätsverbrechen betreffend, 5. März 1810, in: Staats- und Regierungsblatt Württemberg, S. 62 ff.; siehe auch das württembergische Urteil gegen die Mitglieder des Jünglingsbunds: Entscheidungsgründe, S. 355 ff.
[272] Feuerbach, Lehrbuch, S. 287 ff. Zeitgenössische Ausführungen zu dieser Frage z. B. bei: Hepp, Hochverrath; Kamptz, Bemerkungen, S. 382 ff.; Mittermaier, Hochverrath, S. 42 f.; Zachariä, Versuch.
[273] Kamptz, Bemerkungen, S. 387. Vgl. Simonsohn, Hochverrat, S. 40 f.

darauf ab, das oppositionelle Milieu einzuschüchtern und die Entschlossenheit und Kompromisslosigkeit der preußischen Regierung zu demonstrieren. Andererseits müssen sie vor dem Hintergrund des am Beginn der 1820er Jahre schwelenden Konflikts zwischen der preußischen Regierung und der als politisch unzuverlässig eingeschätzten preußischen Justiz gesehen werden, für den der erwähnte Streit um die Ministerial- bzw. Justizkommission exemplarisch ist.[274] Kamptz' Ausführungen zielten wohl vor allem auf die Disziplinierung der Gerichte ab, indem diese das Strafmaß maximal auszureizen sollten, um »negative« Präzedenzfälle auszuschließen. Diese Urteile mussten dann aber nicht zwangsläufig vollstreckt werden, sondern konnten durch königliche Gnadenerlasse in Freiheitsstrafen umgewandelt werden, eine bei politischen Fällen gängige Praxis.[275] Hierdurch hätte die preußische Regierung nicht nur gegenüber der Öffentlichkeit maximalen politischen Nutzen aus den Urteilen schlagen, sondern auch die Entscheidung über das Strafmaß auf politisch-administrativer Ebene ohne Einflussnahme der Gerichte fällen können.[276] Dieses Vorgehen lässt sich in den 1830er Jahren, Kamptz war mittlerweile Justizminister, beobachten, als 39 Mitglieder der Burschenschaft durch das Berliner Kammergericht wegen Hochverrats zunächst zum Tode verurteilt, dann aber zu mehrjährigen Freiheitsstrafen begnadigt wurden.[277]

Die Problematik des Hochverrats wurde im Herbst 1824 erstmals zum bundespolitischen Thema, als das Oberappellationsgericht Zerbst in Schwarzburg-Rudolstadt ausgerechnet im ersten Urteil gegen ein Mitglied des Jünglingsbundes den Studenten Rudolf Schwarz nur zu dreimonatiger Festungshaft verurteilte. Das Gericht begründete sein mildes Urteil damit, dass es sich bei Schwarz' Mitgliedschaft im Jünglingsbund lediglich um einen »versuchten« oder »geplanten«, aber nicht »vollendeten« Hochverrat im Sinne des Artikels 124 der Carolina gehandelt habe. Darüber sah es in Schwarz' politischer Betätigung weniger eine individuelle Schuld, sondern

---

[274] Vgl. Hodenberg, Partei, S. 243 ff.
[275] Kesper-Biermann, Gerechtigkeit, S. 42; Overath, Tod und Gnade, S. 160.
[276] Vgl. Kesper-Biermann, Gerechtigkeit, S. 30. Siehe auch: Evans, Rituale, S. 286 ff.
[277] Vgl. Schmidt, Kammergericht.

einen Ausdruck des »gemeinen Geistes« an den Universitäten.[278] Das Urteil löste bei vielen Bundesregierungen die Sorge aus, dass andere Gerichte, die auf Grundlage des Gemeinen Strafrechts urteilten, sich an dem Urteil orientieren könnten. Der badische Staatsminister Wilhelm von Berstett führte kurz nach dem Bekanntwerden des Urteils gegenüber dem badischen Bundestagsgesandten Friedrich von Blittersdorff aus:

> »Derartige Vorgänge sind um so unangenehmer, da sie doch immer mehr oder minder auf die Entscheidung der übrigen Landesgerichte Einfluss haben, diese letzteren aber ohnehin nur zu sehr geneigt sind, den demagogischen Umtrieben das Wort zu reden, oder solche bloß für ungefährliche Ausbrüche jugendlicher Übereilung zu betrachten, um dadurch die Handlungsweise der Regierungen zu compromittieren, welche diese geheimen Verschwörungen für wichtiger, d. h. für das betrachten, was sie wirklich sind.«[279]

In Preußen war man über das Urteil zudem verärgert, da das Oberlandesgericht Breslau wegen versuchten Hochverrats Freiheitsstrafen von sechs bis zehn Jahren gegen Mitglieder des Jünglingsbunds ausgesprochen hatte.[280] Entsprechend bestand die Sorge, dass dieses strenge Urteil gegenüber dem Zerbster Urteil in der Öffentlichkeit zweifelhaft und ungerecht wirken und seine abschreckende Wirkung verlieren würde. Der preußische Polizeiminister Friedrich von Schuckmann wandte sich daher Anfang Januar 1825 mit einem Schreiben an die Zentraluntersuchungskommission, in dem er diese aufforderte, gegenüber der Bundesversammlung Stellung zu dem Urteil zu nehmen und bundespolitische Lösungen vorzuschlagen. Seiner Ansicht nach war es für die Autorität der Gesamtuntersuchung fatal, dass ein Mitglied eines

> »zum Umsturz der Verfassung des deutschen Bundes und der dazu gehörigen Staaten eingegangen, Meuchelmord gegen Andersgesinnte und falschen Eyd gegen die Regierungen zu seinen Mitteln rechnenden Bundes, (...) von dem höchsten Gerichtshofe von fünf Bundes-Fürsten und Mitconstituierten der Bundes-Central-Com-

---

[278] Das Urteil ist in Auszügen abgedruckt bei: Ilse, Untersuchungen, S. 219 ff. Siehe auch: Baltzer, Grundlagen, S. 57 f.
[279] Berstett an Blittersdorff, 21. Dezember 1824, GLA Karlsruhe, Abt. 233, Nr. 1656.
[280] Vgl. Baltzer, Grundlagen, S. 61 f.; Anton, Erkenntniss.

mission zu einer Strafe verurtheilt wird, die etwa der, der Entwendung eines Hammels oder anderen unbedeutenden Gegenstands gleichkommt!²⁸¹

Konkret schlug Schuckmann vor, die Gerichte durch einen Bundesbeschluss zu verpflichten, sämtliche Handlungen, die gegen den Deutschen Bund gerichtet waren, als Hochverrat zu bewerten, ohne zwischen »Versuch« und »Vollendung« zu differenzieren. Der Beschluss sollte »deklaratorischen« Charakter haben, was bedeutete, dass er keinen neuen Straftatbestand begründen, sondern den Gerichten die Auslegung der bestehenden Gesetze vorschreiben sollte. Dies hatte nicht nur den Vorteil, dass der Beschluss in laufenden Verfahren anwendbar war, sondern auch, dass aufgrund der strukturellen Ähnlichkeit der deutschen Strafrechtssysteme kurzfristig und relativ einfach ein Maximum an Kohärenz in der Rechtsprechung erreicht worden wäre. Dieser Vorschlag wurde umgehend vom badischen Kommissar Ludwig Pfister aufgegriffen, der sich schon früher für einen stärkeren Einfluss des Bundes auf die bundesstaatlichen Strafverfahren eingesetzt hatte. Pfister schlug vor, bei der Bundesversammlung den Erlass eines Bundesstrafgesetzes zu beantragen,

> »um hinsichtlich künftiger Verschwörungen oder Angriffe gegen die Ruhe und Sicherheit des Deutschen Bundes und deren Aburtheilung, ähnlichen Mißständen mit ferneren schädlichen Folgen vorzubeugen, und dem Mangel eines positiven Gesetzes über Majestätsverbrechen und Hochverrath gegen den gesammten Deutschen Bund abzuhelfen (...)«.²⁸²

Gegen diesen Antrag sprachen sich jedoch die übrigen Kommissare aus, die in einer solchen »legislativen« Initiative eine Kompetenzüberschreitung der Zentraluntersuchungskommission sahen. Stattdessen wurden lediglich das Urteil und das Schreiben Schuckmanns an die Bundesversammlung übersandt, um so zumindest indirekt auf das Problem aufmerksam zu machen.²⁸³

---

²⁸¹ Schuckmann an Zentraluntersuchungskommission, S. 2. Januar 1825, in: in: GLA Karlsruhe, Abt. 233, Nr. 3357.
²⁸² Bericht Zentraluntersuchungskommission, 17. Mai 1825, in: GLA Karlsruhe, Abt. 233, Nr. 1688.
²⁸³ Bericht Zentraluntersuchungskommission, 17. Mai 1825, in: GLA Karlsruhe, Abt. 233, Nr. 1688.

Vor diesem Hintergrund äußerte der badische Staatsminister Berstett massive Kritik an der Zentraluntersuchungskommission. Seiner Meinung nach war es ihre Aufgabe, aktiv und regulierend in Konflikte zwischen den Bundesstaaten einzugreifen und durch fallbezogene Hinweise und allgemeine Berichte sicherheitspolitische Initiativen des Bundes und der Bundesstaaten einzuleiten und zu rechtfertigen. Berstetts Ausführungen sind für die Entwicklung des Bundesregimes deshalb von großer Bedeutung, da hier eine im Blick auf die spätere Bundeszentralbehörde zentrale Funktionserweiterung gefordert wurde, indem die Zentraluntersuchungskommission nicht nur als polizeiliche Untersuchungsbehörde, sondern darüber hinaus als beratendes sicherheits- und rechtspolitisches Expertengremium sowie als transnationale »Clearingstelle« agieren sollte:

> »Daß aber die Commission ihre Aufgabe, so wie sie dieselbe früher zu weit faßte, nunmehr zu eng gefaßt habe, scheint kaum einer Ausführung zu bedürfen. Die Commission konnte sowohl nach der Natur des ihr übertragenen Geschäfts, als auch der Zusammensetzung des Bundes aus vielen einzelnen souveränen Staaten niemals eine andere Bestimmung haben, als die mancherley Anstände, die sonst durch Jurisdictionsconflicte, Unwillfährigkeit der Regierungen in Auslieferung der Landesangehörigen usw. unfehlbar entstanden wären auf eine einfache und durchgreifende Weise zu beseitigen und zugleich der Bundes-Versammlung diejenigen Materialien an Hande zu geben, welche erforderlich seyn könnten, um dasjenige in der Bundesgesetzgebung zu ergänzen, was zur Verhinderung der Wiederkehr ähnlicher Übel erkannt würde. Wollte die Commission (...), dieser Bestimmung genügen, so mußte sie den Regierungen bei Requisitionen, (...), den legalen Titel suppliren, (...), um die von ihnen getroffenen Maßregeln vor den verfassungsmäßigen Behörden des Inlandes, vorzüglich aber vor den Ständen zu rechtfertigen. Ebenso dürfe sie sich nicht damit begnügen, der Bundesversammlung, (...) trockene chronologisch geordnete Acten-Auszüge, die höchstens für die Untersuchungsrichter von Nutzen sein konnten, vorzulegen, vielmehr hätte sie sich veranlasst sehen dürfen, durch Darlegung ihrer Ansichten auf dasjenige hinzuleiten, was von Seiten der Gesammtheit des Bundes zu beschließen gewesen wäre, um das Übel aus dem Grunde zu haben.«[284]

---

[284] Berstett an Metternich, 6. April. 1825, in: HHStA Wien, GKA, Frankfurt-Bundestag, Nr. 4.

Mittlerweile hatte Preußen direkte Verhandlungen mit Österreich eingeleitet und auch hier den Erlass eines deklaratorischen Bundesbeschlusses vorgeschlagen, nach dem »a) jede auf theilweisen oder gänzlichen Umsturz der bestehenden Staatsverfaßung des deutschen Bundes oder der einzelnen Bundesstaaten gerichtete Handlung, so wie b) der bloße Conatus hierzu als Hochverrath zu erklären sey«.[285] Metternich erschien dieser Vorschlag jedoch ungeeignet. Seiner Ansicht nach war ein derartiger Bundesbeschluss wegen des besonderen staatsrechtlichen Charakters des Bundes problematisch und eigentlich überflüssig, da ein Angriff auf den Bund immer auch einen hochverräterischen Angriff auf einen Bundesstaat darstellen würde. Die Umsetzung des preußischen Vorschlags würde lediglich viel öffentliches Aufsehen erregen und könnte von der Opposition propagandistisch ausgenützt werden. Daher schlug Metternich vor, dass stattdessen durch den Bund »Prinzipien« für den Umgang mit ähnlichen Fällen formuliert, allerdings »jede positive Gesetzgebungsform vermieden werden« sollte.[286] Metternich schwebten drei Punkte vor: Erstens sollten alle Bundesstaaten ihre Gerichte instruieren, Handlungen, die sich gegen den Deutschen Bund richteten, wie ein Attentat auf den jeweiligen Regenten zu bewerten; zweitens sollte ein versuchter Hochverrat wie ein verwirklichter geahndet werden; diese Grundsätze sollten drittens auf alle »bereits in Verhandlung begriffenen und noch nicht zum Spruche gekommenen Fälle dieser Art« angewandt werden.[287] Die Pointe in Metternichs Vorschlag war, dass die Zentraluntersuchungskommission als juristisches Expertengremium ergänzend ein umfassendes Gutachten zum Zerbster Urteil anfertigen sollte. Das Gutachten sollte mit dem Beschluss publiziert werden, damit sich Gerichte, die auf Grundlage des Gemeinen Strafrechts urteilten, bei der Urteilsfindung hieran orientieren konnten, womit der Beschluss letztendlich doch quasi-normativen Charakter gehabt hätte:

---

[285] Memoire Metternich, 23. Februar 1825, in: HHStA Wien, StK, Deutsche Akten, Nr. 107.
[286] Memoire Metternich, 23. Februar 1825, in: HHStA Wien, StK, Deutsche Akten, Nr. 107.
[287] Memoire Metternich, 23. Februar 1825, in: HHStA Wien, StK, Deutsche Akten, Nr. 107.

»Dieser Bericht würde dann dem Vortrage des Präsidiums zur Basis dienen und diese beiden Piécen mit dem Beschlusse selbst ein Ganzes zu bilden vermögen, welches (wie das bey doktrinischen Beschlüssen wohl stets notwendig ist) alle etwaigen Anstände und Bedenken beheben, und die deutsche Legislation, dort wo sie noch über den fraglichen Punkt in den Augen mancher Richter unvollständig ist, gewißermaßen ergänzen würde.«[288]

Die Frage nach dem Gutachten löste eine der schwersten Krisen in der Geschichte der Zentraluntersuchungskommission aus. Während Pfister und die Kommissare von Nassau und Österreich auf die Anfertigung einer kritischen Stellungnahme zum Zerbster Urteil drängten, sahen die Kommissare von Preußen, Bayern und Hessen-Darmstadt hierin einen unzulässigen Eingriff in die Justizhoheit der Bundesstaaten.[289] Besonders pikant war, dass der preußische Kommissar Kaiserberg, der zuvor Richter am Oberlandesgericht Halberstadt gewesen war, sich gegen seine Regierung stellte.[290] Erst im August 1825 wurde der Streit durch einen Schiedsspruch der Bundestagskommission nach Artikel 9 des Untersuchungsgesetzes beigelegt, die nach politischer Einflussnahme Österreichs und Preußens die Zentraluntersuchungskommission aufforderte, sich gutachterlich zu äußern.[291] Dieses Gutachten reichte die Zentraluntersuchungskommission im November ein, allerdings wurde es aufgrund der vorhergegangenen Streitigkeiten nicht publiziert.[292] Ohnehin hatte sich die Diskussion zu diesem Zeitpunkt schon wieder verlaufen. Die Zentraluntersuchungskommission ging in ihrem Gutachten ausführlich auf das Verhältnis zwischen versuchtem und vollendetem Hochverrat ein, bezog aber auch politische Verantwortung der Gerichte für die Gesamtuntersuchung ein. So führte sie aus, dass durch das Urteil

---

[288] Memoire Metternich, 23. Februar 1825, in: HHStA Wien, StK, Deutsche Akten, Nr. 107.
[289] Weber, Zentraluntersuchungskommission, S. 48 ff.
[290] Petzold, Zentraluntersuchungskommission, S. 237.
[291] Memoire Metternich, 23. Februar 1825, in: HHStA Wien, StK, Deutsche Akten, Nr. 107. Weber, Zentraluntersuchungskommission, S. 50.
[292] Bemerkungen über die Beweggründe, mit welchen das Zerbster-Gesammt-Ober-Appelationsgericht sein am 18. Oktober 1824 gegen Emil Wilhelm Schwarz von Rudolstadt als Mitglied des geheimen Bundes nach der Carolina oder den Hülfsrechten auf drei monathigen strengen Arrest gefälltes Strafer-kenntnis zu rechtfertigen bemüht ist, in: BA Berlin, DB 7, Nr. 2; HHStA Wien, StK, Deutsche Akten, Nr. 107.

ein »gefährliches Praecedens für künftige Fälle in jenen Orten, wo die Carolina noch im Gange ist«, entstanden sei.[293] Auch wenn ein Todesurteil gegen Schwarz problematisch gewesen sei, wäre die Entscheidung, »ob das straffällige Individuum einer Ermäßigung der, nach der strenge der Gesetze, erkannten Strafe würdig war«, keine rechtliche, sondern eine politische und würde allein dem Landesherrn zustehen. Nur so bliebe »der Grundsatz über die Species Delicti unangetastet, und die Abschreckung ähnlicher Verbrecher für die Zukunft gesichert (...)«.[294]

3.1.4.3 Die Strafbarkeit von Verbrechen gegen den Deutschen Bund

Die Problematik der Jurisdiktionskonflikte lässt sich auch innerhalb der Bundesstaaten beobachten, und zwar insbesondere in Preußen. Dies betraf vor allem politische Prozesse, die gegen nichtpreußische Untertanen geführt wurden. Umstritten war nämlich, ob Handlungen von Angehörigen anderer Bundesstaaten als Hochverrat bestrafbar waren, insbesondere wenn diese im Ausland begangen worden waren, denn nach herrschender Meinung handelte es sich beim Hochverrat um ein Sonderdelikt von Untertanen, das sich aus dem Bruch des persönlichen Treueverhältnisses zum Landesherrn ergab:

> »Der Unterthan ist sowohl nach dem natürlich als dem positiven Rechte zur besondern Treue gegen seinen Regenten und die Regierung verpflichtet, (...) durch Verletzung dieser Pflichten macht er sich eines besonders strafbaren Treubruchs, eines Verraths schuldig, woher das Verbrechen auch den Namen des Hochverraths hat. Der Ausländer dagegen ist an dem (...) Staat zu einer solchen Treue nicht verbunden, er kann an demselben deßwegen auch

---

[293] Bemerkungen über die Beweggründe, mit welchen das Zerbster-Gesammt-Ober-Appelationsgericht sein am 18. Oktober 1824 gegen Emil Wilhelm Schwarz von Rudolstadt als Mitglied des geheimen Bundes nach der Carolina oder den Hülfsrechten auf drei monathigen strengen Arrest gefälltes Straferkenntnis zu rechtfertigen bemüht ist, in: BA Berlin, DB 7, Nr. 2; HHStA Wien, StK, Deutsche Akten, Nr. 107.

[294] Bemerkungen über die Beweggründe, mit welchen das Zerbster-Gesammt-Ober-Appelationsgericht sein am 18. Oktober 1824 gegen Emil Wilhelm Schwarz von Rudolstadt als Mitglied des geheimen Bundes nach der Carolina oder den Hülfsrechten auf drei monathigen strengen Arrest gefälltes Straferkenntnis zu rechtfertigen bemüht ist, in: BA Berlin, DB 7, Nr. 2; HHStA Wien, StK, Deutsche Akten, Nr. 107.

keinen Verrath begehen (...). So wenig man denjenigen wegen Vatermords bestrafen könnte, welcher den Vater eines Andern mordete so wenig kann man den Ausländer wegen Hochverraths bestrafen, wenn er gegen den (...) Staat, gegen welchen er zu keiner Treue verpflichtet ist, einen Angriff unternimmt.«[295]

Auch das bei gemeinen Delikten in den meisten deutschen Staaten praktizierte Prinzip der stellvertretenden Strafrechtspflege wurde bei politischen Verbrechen überwiegend abgelehnt, was damit begründet wurde, dass »Oberhaupt, Verfassung, Integrität und Selbständigkeit« eines Staats nicht Schutzobjekt einer fremden Strafrechtsordnung sein könnten.[296] Diese Problematik war nicht nur im Blick auf den Hochverrat, sondern vor allem auf Majestätsbeleidigungen relevant. So konnte ein eigener Untertan, der einen anderen deutschen Fürsten etwa in einem Presseartikel beleidigt hatte, weder stellvertretend bestraft noch ausgeliefert werden. Diese im politisch fragmentierten, aber diskursiv verwobenen deutschsprachigen Raum diplomatisch heikle Regelungslücke wurde sukzessive durch Bestimmungen zum Schutz befreundeter Staaten und fremder Staatsoberhäupter geschlossen.[297]

Einige Autoren – darunter vor allem Karl Albert von Kamptz – versuchten dieses Problem nun dadurch zu lösen, indem sie analog zum Reichsrecht von zwei komplementären Verratsarten ausgingen, nämlich dem Verrat am Landesherrn bzw. Bundesstaat und dem Verrat am Deutschen Bund bzw. am politischen Gesamtverband, woraus sich de facto eine universelle Kompetenz der Bundesstaaten zur Bestrafung politischer Delikte ableiten ließ.[298] Die überwiegende Mehrheit der Autoren war jedoch in Anlehnung an Anselm von Feuerbach[299] und

---

[295] Knapp, Beiträge, S. 138 f. Siehe auch: Weller, Ausländer. Weitere Literaturhinweise bei: Figge, Reuter, S. 379 f.
[296] Zachariä, Bestrafung, S. 41.
[297] Siehe hierzu insgesamt: Heinen, Beleidigung.
[298] Vgl. Kamptz, Bemerkungen, S. 278.
[299] »Bei der ehemaligen deutschen Reichsverfassung musste der Reichshochverrath von dem Landeshochverrathe unterschieden werden. Jener wurde sowohl an Kaiser und Reich selbst, als auch den Kurfürsten, und zwar sowohl von Reichsunmittelbaren, als auch von Mittelbaren begangen. Allein mit der Auflösung des deutschen Reiches hat der Begriff seinen Gegenstand und der Gegensatz seine practische Bedeutung verloren. Jeder Hochverrath ist nun Landeshochverrath. (...) An dem Deutschen Bunde, als bloßem Staaten-Bunde ist kein Hochverrath möglich.« (Feuerbach, Lehrbuch, S. 283 f.)

Johann Ludwig Klüber[300] der Meinung, dass der Bund als Staatenbund nicht kompetent sei, solche Handlungen selbst zu sanktionieren, und dass solche Handlungen strafrechtstheoretisch wegen der hierfür notwendigen persönlichen Bindung zwischen Subjekt und Objekt des Verbrechens eigentlich auch gar nicht begangen werden könnten.[301] Wegen der geringen praktischen Relevanz, aber auch der Komplexität des Themas äußerte sich der juristische Diskurs bis in die 1830er Jahre jedoch kaum ausführlich und nur unbestimmt zur Lösung dieser Problematik. Maßgebend war in erster Linie Feuerbachs Ansicht, dass Angriffe auf den Deutschen Bund nicht unmittelbar, jedoch mittelbar als Angriff auf die ihn konstituierenden Bundesstaaten zu bestrafen seien:

> »Wenn in einer besonderen Verfassungsurkunde der Staat, welchem sie gilt, für einen Theil des Deutschen Bundes ausdrücklich erklärt ist, so wird durch feindseelige Handlungen gegen diesen allerdings ein Hochverrath begangen, aber nicht Hochverrath am deutschen Bunde, sondern an dem einzelnen Staate, dessen Verfassung durch jenen Angriff verletzt wird.«[302]

Die für Feuerbach charakteristische Voraussetzung einer verfassungsrechtlichen Verknüpfung zwischen Bund und Bundesstaat wurde allerdings in der Regel ausgeklammert und auf die verallgemeinerte Aussage verkürzt, dass, wegen des Zusammenhangs der Bundesverfassung mit den Landesverfassungen, Verbrechen gegen den Deutschen Bund zugleich Verbrechen gegen die Bundesstaaten seien. Im Laufe der intensiveren wissenschaftlichen Beschäftigung mit der Thematik in den 1830er Jahren wurde sie sogar ganz verworfen

---

300 »Ueber die Unterthanen der Bundesgenossen hat der Bund, da er mit ihnen nicht in Staatsverbindung steht, keine Art von Staatsgewalt, namentlich keine gesetzgebende und oberrichterliche, so wie sie gegen den Bund nicht in Staatspflicht stehen. Daher kann von ihnen gegen den Bund, als solchen, Hochverrath nicht begangen werden, obgleich ein Vergehen gegen ihn, vermöge der eigenen Staatsverbindung, in welche die Bundespflicht wesentlich verflochten ist, zur Strafe eben so wohl angerechnet werden kann, als ein gegen den eigenen Staat unmittelbar begangenes Verbrechen, und in keinem Fall weniger, als eine Rechtsverletzung gegen einen Auswärtigen anderer Art.« (Klüber, Öffentliches Recht, S. 239 f.).
301 Überblicke über Literatur und Gesetzgebung zu dieser Thematik finden sich bei: Figge, Reuter, S. 363 ff.; Goldammer, Materialien, S. 74 ff.; Hepp, Commentar, S. 275 f.; Scheurlen, Bemerkungen.
302 Feuerbach, Lehrbuch, S. 284.

und davon ausgegangen, dass die Verbindung zwischen Bund und Bundesstaaten nicht auf den Verfassungen der Bundesstaaten, sondern auf der Wiener Schlussakte und der Bundesakte beruhen würde:

> »(...) denn daß Verhältniß zum Bunde bildet einen integrierenden Grundbestandtheil der Verfassung eines jeden deutschen Staates, und zwar um so gewisser, als eines theils jeder deutsche Staat nothwendig Mitglied des Bundes seyn muß, und ihm ein freier Austritt aus demselben nicht gestattet ist, und andererseits der Bund seinen Grundbestimmungen nach auch in mehrfacher Beziehung in die inneren Verhältnisse der einzelnen in ihm vereinigten Staaten einzugreifen berufen ist. Es kann daher auch nicht darauf ankommen, ob in einer gedruckten Verfassungs-Urkunde eines einzelnen Staates dieses Verhältnisses zum Bunde ausdrücklich Erwähnung geschehen ist, oder nicht. Denn dadurch wird das – auf einem andern Fundamente beruhende Verhältniß zum Bunde nicht gegründet, und kann auch durch die einzelne Verfassungsbestimmung nicht abgeändert oder aufgehoben werden.«[303]

Rechtsverbindlich wurde diese Auffassung aber zunächst in keinem Bundesstaat, obwohl entsprechende Überlegungen früh nachweisbar sind. So war die 2. Kammer der Landstände von Hessen-Darmstadt schon 1820 während der Verhandlungen über ein Gesetz über die »Verantwortlichkeit der Minister und Obersten Staatsbehörden« grundsätzlich darin übereingekommen: »Daß die Fälle des Hochverraths und des Mißverhaltens der obersten Staatsbeamten von dreifacher Art seyen: 1) gegen Person und Dynastie des Regenten, 2) gegen den teutschen Bund, 3) gegen Staat und Volk«.[304] Diese Ansicht war jedoch nicht in die Landesgesetzgebung eingeflossen, da die Mehrheit der Kammer angesichts der Landesgrenzen und Personengruppen übergreifenden Dimension des Gegenstands glaubte, dass eine entsprechende Bestimmung durch die Bundesversammlung beschlossen werde müsse. Der Abgeordnete Floret führte aus:

> »So richtig diese Bemerkungen an sich sind, so scheint es mir doch, daß der Gegenstand derselben sich nicht zur Aufnahme in ein die Verantwortlichkeit der Minister regulierendes Gesetz eines einzelnen Bundesstaats eigne, die hier erwähnten Grundsätze möchten

---

[303] Scheurlen, Bemerkungen, S. 510 f.
[304] Verhandlungen Zweite Kammer Hessen-Darmstadt, 1820, 53. Sitzung, S. 82 f.

vielmehr durch ein allgemeines teutsches Gesetz zu regulieren seyn.«[305]

Den konkretesten Niederschlag fand die Frage der Verbrechen gegen den Deutschen Bund in den Artikeln 139 und 143 des Entwurfes für ein Hannoversches Strafgesetzbuch von Anton Bauer aus dem Jahr 1826. Diese sahen vor, dass die Bestimmungen zum Hoch- und Landesverrat gegen das Königreich Hannover auch auf Handlungen anwendbar seien sollten, die gegen den Deutschen Bund gerichtet waren, unabhängig vom Tatort und der Nationalität des Täters.[306] Diese Bestimmungen wurden jedoch harsch kritisiert. Salomon Phillip Gans bemerkte, dass die Bestimmungen nicht den staatsrechtlichen Verhältnissen des Bundes entsprächen, die weite Ausdehnung der Hochverratsbestimmungen zu drakonisch sei und die Verbrechen gegen den Bund kein Regelungsgegenstand einer einzelnen Landesgesetzgebung seien sollten:

> »Dem Principe nach ist dieser Artikel ein Nachhall des Art. 79 des französischen Code criminel, nicht aber von dem in der goldenen Bulle cap. 24 § 2 aufgestellten Verbrechen des Reichs-Hochverraths, da die Verhältnisse des ehemaligen deutschen Reichs von den des jetzigen deutschen Bundes ebenso differieren, wie die eines Bundesstaats von den eines Staatenbundes, und demnach die einzelnen Staaten des deutschen Bundes zu einander nur in dem Verhältnisse dauernder Alliierten stehen. Mit vollkommenem Rechte bemerkt daher Feuerbach, daß an dem deutschen Bunde, als bloßen Staatenbunde, ein Hochverrath gar nicht möglich sey. (...) Referent ist der Meinung, daß man für den deutschen Bund den deutschen Bund sorgen lassen kann, und eben so die deutschen Bundesstaaten für sich selbst, (...).«[307]

In Preußen kam es vor diesem Hintergrund 1826 im Fall des Sachsen-Weimarer Untertans Gustav Asverus zu einem Eklat. Asverus war bereits 1819 als Mitglied der Heidelberger Burschenschaft in Berlin verhaftet worden. Obwohl er kein preußischer Untertan war und die Tat auch nicht in Preußen stattgefunden hatte, hatte das Oberlandesgericht Breslau ihn 1824 wegen »lebensgefährlicher Drohungen und wegen Theilnahme an einer geheimen, wahrscheinlich hochverrä-

---

[305] Verhandlungen Zweite Kammer Hessen-Darmstadt, 1820, 53. Sitzung, S. 84.
[306] Bauer, Entwurf, S. 88 u. 90.
[307] Gans, Beleuchtung, S. 35 ff.

therische Pläne gehegten Verbindung« zu sechs Jahren Festungshaft verurteilt.[308] In seiner Urteilsbegründung war das Gericht davon ausgegangen, dass die gegen den Deutschen Bund gerichteten Aktivitäten der Burschenschaft ein als »hochverrätherisch« klassifizierbares Delikt gegen den preußischen Staat darstellen würden und dass Asverus, da er sich längere Zeit in Preußen aufgehalten habe, als temporärer Untertan zu betrachten sei:

> »Daß ein Verein, welcher auf die Vernichtung des deutschen Staatenbundes im Allgemeinen und auf die Veränderungen der bestehenden monarchischen Verfassungen der einzelnen deutschen Staaten und deren Vereinigung zu einem Ganzen gerichtet sei, einen Hochverrat gegen die einzelnen dem deutschen Bund konstituierenden Staaten, mithin auch gegen den preußischen Staat in sich schließe; wobei es zum subjektiven Tatbestand des Hochverrats genüge, dass der Teilnehmer an einem solchen Verein nur wenigstens subditus forensis des angegriffenen Staates sei.«[309]

In zweiter Instanz wurde Asverus im September 1826 jedoch durch das Oberlandesgericht Frankfurt/Oder freigesprochen. Dieses Gericht folgte nämlich nicht der entscheidenden Grundannahme, dass ein Angriff gegen den Deutschen Bund einen Angriff auf die Bundesstaaten beinhaltete und verwies darauf, dass ein Hochverrat am Deutschen Bund wegen seines staatenbündischen Charakters nicht möglich sei. Entsprechend könnten Asverus' Handlungen nur als feindselige Handlungen gegen Preußen ausgelegt werden, eine hochverräterische Handlung sei jedoch nur am Staat Sachsen-Weimar als Geburtsort oder am Staat Baden als Tatort möglich:

> »Dass Teilnahme an einem solchen Vereine zwar bei jedem Individuum welches sich derselben schuldig gemacht habe, als ein feindseliger Angriff gegen jeden einzelnen Bundesstaat zu betrachten sei; ein eigentlicher Hochverrath aber durch Teilnahme an einem Verein der bezeichneten Art nur von einem Individuum, welches zu der Zeit, wo es sich dieser Teilnahme schuldig gemacht, einem bestimmten Bundesstaate als wirklicher Untertan oder einem ande-

---

[308] Übersicht der gegen die wegen Theilnahme an dem geheimen Bunde zur Untersuchung gezogenen Individuen erfolgten Erkenntnisse und an die Central-Untersuchungscommission zu Mainz mitgetheilten Entscheidungsgründe, in: Protokolle Bundesversammlung 1831, 10. Sitzung, § 78, Beilage 1, S. 378.
[309] Votum Ancillon an das Staatsministerium, 13. Dezember 1833, in: GStA PK Berlin, I. HA, Rep. 90, Tit. XXXI, Nr. 9.

ren bestimmten Bundesstaate als subditus temporarius angehört habe, und auch nur gegen diese beiden bestimmten Bundesstaaten, nicht aber gegen andere Staaten begangen werden könne.«[310]
Da das Gericht auch eine stellvertretende Bestrafung nach den Gesetzen Badens oder Sachsen-Weimars wegen formeller Mängel bei der Voruntersuchung ablehnte, erklärte es das Urteil des Breslauer Gerichts für ungültig und sprach Asverus frei. Dieser Vorgang war für Preußen besonders unangenehm, da die preußische Regierung im Fall Schwarz kurz zuvor massive Kritik an der Rechtsprechungspraxis der kleineren Bundesstaaten geäußert hatte. Aus diesem Grund wurde dieser Vorgang auch nicht bundespolitisch thematisiert, sondern man versuchte ihn auf bundesstaatlicher Ebene zu lösen. Doch obwohl Kamptz in der Folgezeit darauf drängte, eine Bestimmung wegen Verbrechen gegen den Deutschen Bund in den Entwurf für das neue preußische Strafgesetzbuch einzuarbeiten, verzichtete die preußische Kommission zur Revision der Strafgesetze hierauf. Dies lag zum einen an der scharfen Kritik, die der Vorschlag im hannoverschen Entwurf erhalten hatte, zum andern daran, dass die Kommission nur geringen Regelungsbedarf sah, da die Entscheidung im Fall Asverus nicht auf einer Lücke in der preußischen Gesetzgebung, sondern auf einer Tatsachenentscheidung des Gerichts beruhte. Im Zweifelsfall bestünde die Möglichkeit, solche Fälle unter die neu zu schaffenden Bestimmungen zum Schutz befreundeter Staaten zu fassen.[311]

3.1.4.4 Der Vorschlag des hessen-darmstädtischen Staatsministers Karl Du Thil zur Einrichtung einer Bundespolizei und eines Bundesspezialgerichts und der Fall Wilkens

Nahezu parallel zum Fall Asverus versuchte der großherzoglich hessische Staatsminister Karl Du Thil im August 1826 die Diskussion um ein regulierendes Eingreifen des Bundes in die Strafrechtsprechung der Bundesstaaten wieder zu eröffnen. Du Thils Initiative ist

---

[310] Ancillon an Staatsministerium, 13. Dezember 1833, in: GStA PK Berlin, I. HA, Rep. 90, Tit. 31, Nr. 9.
[311] Extrakte aus dem Protokoll der Kommission zur Revision der Strafgesetze, 7. März 1829, in: GStA PK Berlin, I. HA, Rep. 90, Tit. 31, Nr. 9.

für die Bewertung des Bundesregimes insgesamt relevant, da hier eine bei kleineren konstitutionellen Staaten häufiger beobachtbare Tendenz deutlich wird, zu versuchen, innenpolitisch nicht durchsetzbare rechts- und sicherheitspolitische Maßnahmen über den Bund abzuwickeln, wobei die entsprechenden Forderungen teilweise weitgehender waren als die der Großmächte. So ging es Du Thil offensichtlich darum, den im Fall Hofmann / Rühl deutlich gewordenen Konflikt mit dem Hofgericht Darmstadt durch bundespolitische Maßnahmen zu lösen und seine Regierung durch resolute Forderungen zu rehabilitieren. Gegenüber Metternich führte er aus, dass die neuartigen kommunikativen, mittel- bis langfristig und grenzübergreifend angelegten Handlungsformen der Opposition von der Zentraluntersuchungskommission und einem einzelnen Bundesstaat kaum vollständig ermittelbar seien. Zudem ließen sie sich häufig unter »kein bestehendes Straf-Gesetz« subsumieren, da sie in der Regel nur vorbereitenden Charakter hätten, indem sie, einer langfristigen Strategie folgend, auf die Beeinflussung und Indoktrinierung breiter Bevölkerungsschichten abzielen würden:

> »Sie unterscheiden sich von eigentlichen Verschwörungen und unmittelbar hochverräterischen Handlungen dadurch, daß sie der Regel nach die hochverräterischen Zwecke ihrer Urheber nur vorbereiten, die Mittel und Kräfte zu ihrem künftigen Handeln nur allmählich verstärken, und die Regierungen vor der Hand nur der Stütze berauben sollen, welche sie in dem Vertrauen, der Achtung, und der Liebe ihrer Unterthanen, sonst zu finden überall gewohnt waren. Sehr oft werden solche Vorbereitungs-Mittel in großer Ferne aufgesucht, da jene Verbündeten oder Gleichgesinnten sich schon damit begnügen, einer, wenn auch späten Zukunft vorzuarbeiten (...).«[312]

Dass vorbereitende Handlungen kaum als Hochverrat klassifizierbar seien, würde von der Opposition systematisch genutzt, indem entsprechende Aktivitäten meistens »unmittelbar an der Grenze des Verbotenen, und gesetzlich Strafbaren« stattfänden. Diese strafrechtlichen Probleme würden sich nun dadurch verstärken, dass die Regierungen zu sehr von den politisch unzuverlässigen Gerichten abhängig seien. Du Thil schlug daher vor, durch den Bund eine mit

---

[312] Eingabe Du Thil, 16. August 1826, in: HHStA Wien, StK, Deutsche Akten, Nr. 112.

umfassenden Kompetenzen ausgestattete »hohe« Bundespolizeibehörde »zur Erfahrung der politischen Umtriebe und Vergehungen, und zum Auffinden der Anzeigen gegen die Schuldigen« zu errichten. Die gerichtliche Aburteilung sollte zudem nicht mehr durch reguläre Gerichte, sondern durch zuverlässige »Specialgerichtshöfe« erfolgen. Diese sollten bei ihrer Urteilsfindung nicht an Strafgesetzgebung bzw. das gemeine Strafrecht gebunden sein, sondern ihr Urteil aufgrund »ihrer moralischen Überzeugung« und ausgehend vom Einzelfall fällen.[313] Du Thil plante also, das reguläre Strafverfahren in den Bundesstaaten durch einen Bundesbeschluss auszuhebeln.

Vor dem Hintergrund dieser umfassenden und drastischen Forderung Du Thils war es äußerst blamabel, dass das Hofgericht Darmstadt einen Monat später für den nächsten Skandal sorgte. Am 27. September 1826 stellte es das Verfahren gegen den Gerichtsgehilfen Friedrich Wilkens ein, obwohl er die Teilnahme an Treffen des Jünglingsbunds in Göttingen gestanden hatte. Wilkens hatte jedoch bestritten, über die politischen Ziele des Jünglingsbundes Bescheid gewusst zu haben. Aus der Perspektive des Hofgerichts war ihm daher lediglich ein disziplinarischer Verstoß gegen die Gesetze der Universität Göttingen juristisch einwandfrei nachweisbar. Da dieser strafrechtlich nicht relevant war und dazu noch im Ausland stattgefunden hatte, musste Wilkens lediglich die Verfahrenskosten tragen.[314] Der österreichische Kommissar bei der Zentraluntersuchungskommission Wagemann führte in einem Bericht an Metternich aus, »daß dieses Erkenntnis vorzüglich in Hinsicht der darin ausgesprochenen Grundsätze, (…) eines der schlimmsten sey«.[315] So wäre besonders im Blick auf die wichtigen Fälle Hofmann und Rühl zu befürchten, dass das Hofgericht bei einem fehlenden Geständnis ebenfalls auf Freispruch erkennen würde.[316]

---

[313] Eingabe Du Thil, 16. August 1826, in: HHStA Wien, StK, Deutsche Akten, Nr. 112.
[314] Urteil des Hofgerichts Darmstadt gegen Friedrich Wilkens, 27. September 1826, in: HHStA Wien, StK, Deutsche Akten, Nr. 112.
[315] Wagemann an Metternich, 8. Oktober 1826, in: HHStA Wien, StK, Deutsche Akten, Nr. 112.
[316] Wagemann an Metternich, 8. Oktober 1826, in: HHStA Wien, StK, Deutsche Akten, Nr. 112.

Da die Erfahrungen mit dem Fall Schwarz gezeigt hatten, dass eine Lösung auf Bundesebene kaum zu erreichen war, intervenierte Metternich persönlich bei der hessen-darmstädtischen Regierung. Der österreichische Resident in Frankfurt, Paul Anton von Handel, wurde mit einer Beschwerdeschrift ausgestattet, die im Kern auf zwei Vorwürfe hinaus lief: Erstens habe das Gericht bei seinem Urteil die Bestimmungen des Universitätsgesetzes hinsichtlich der Mitgliedschaft in geheimen Verbindung ignoriert; zweitens habe es zu penibel an Gesetzesvorschriften festgehalten und den sicherheitspolitischen Kontext des Falls ignoriert.[317]

Noch vor der offiziellen Antwort Hessens-Darmstadts zeichnete Handel in einem Schreiben an Metternich ein verheerendes Bild über die Zustände in Hessen-Darmstadt. Außer »schöner Worte« sei von den leitenden Personen nichts zu erwarten. Die hessen-darmstädtische Regierung würde die verfassungsmäßig garantierte Unabhängigkeit des Hofgerichts nicht antasten. Dies nicht nur aus Furcht vor den »Constitutionellen« im Landtag, sondern aus purem Eigeninteresse, da die Verfassung der Regierung eine große Machtfülle gegenüber dem Großherzog einräumen würde.[318] Tatsächlich nahm Du Thil das Hofgericht in seinem Antwortschreiben, dem eine ausführliche Rechtfertigung des Hofgerichts beilag, in Schutz.[319] So sei die Anwendung und Umsetzung von Bundesbeschlüssen nicht Aufgabe des Hofgerichts. Stattdessen hätte die Regierung,

> »sobald ihr bekannt wurde, daß das Gericht den Wilkens nicht für unschuldig erklärt und seine Teilnahme an dem Jünglingsbund anerkannt habe, ganz von freyen Stücken, durch ein Ministerial-Rescript verfügt, daß er zu keinem öffentlichen Amte und namentlich nicht zur juristischen Praxis (...) zugelassen werden sollte«.[320]

Du Thil vermutete, das Gericht habe sich bei dem Urteil weniger von rechtlichen als moralischen Motiven leiten lassen. So hätte es vor dem

---

[317] Metternich an Handel, 23. November 1826, in: HHStA Wien, StK, Deutsche Akten, Nr. 112.
[318] Handel an Metternich, 13. Dezember 1826, in: HHStA Wien, StK, Deutsche Akten, Nr. 112.
[319] Du Thil an Metternich, 29. Januar 1827, in: HHStA Wien, StK, Deutsche Akten, Nr. 113.
[320] Du Thil an Metternich, 29. Januar 1827, in: HHStA Wien, StK, Deutsche Akten, Nr. 113.

bekannten Dilemma gestanden, dass es sich bei Wilkens um einen weniger schwer belasteten Mitläufer gehandelt habe, das Gemeine Strafrecht jedoch keine Differenzierung im Strafmaß zuließ, und verwies erneut auf die von ihm geforderten Reformen.[321]

Die Ereignisse um die Fälle Wilkens und Asverus veränderten die Position Metternichs hinsichtlich einer Bundeshochverratsgesetzgebung. Als es im März 1827 zu einem Austausch zwischen Österreich und Hannover über die Zukunft der Zentraluntersuchungskommission kam, führte er mündlich aus, dass

»es den Ansichten Oesterreichs gemäß seyn werde, wenn der Bund durch die aus der bisherigen Erfahrung erwiesene Unzulänglichkeit der Particular-Gesetzgebungen der einzelnen Bundesstaaten aufmerksam gemacht, sich veranlaßt sehen sollte, sich über gewisse gesetzliche Bestimmungen in Hinsicht solcher Verbrechen, die gegen den Bund als solches stattfinden, zu vereinigen. Der Begriff des Hochvraths sey in allen Gesetzgebungen nur auf Angriffe oder Umtriebe gegen den eigenen Staat beschränkt. Es könne sich daher sehr wohl fügen, daß höchstverbrecherische Versuche gegen die Sicherheit anderer Bundesstaaten und indirekt des ganzen Bundes nach den bestehenden Gesetzen straflos blieben«.[322]

Laut Metternich sollte dieses Thema im Zuge einer Vertagung oder Auflösung der Zentraluntersuchungskommission am Bundestag zur Sprache gebracht werden, was angesichts der geringen Relevanz, die das Thema nach Abschluss der Untersuchungen wegen des Geheimen Bundes hatte, allerdings nicht mehr geschah. Jedoch wurde die Problematik durch den badischen Bundestagsgesandten Friedrich von Blittersdorff 1831 bei der Vorstellung des Abschlussberichts der Zentraluntersuchungskommission angesprochen und mit konkreten Lösungsansätzen verknüpft. So forderte Blittersdorff eine allgemeine Reform der Gesetze zum Hochverrat, da sich die Probleme mit der Rechtsprechung nicht nur aus der individuellen Haltung der Richter ergeben hätten, sondern ihre Hauptursache in der »Mangelhaftigkeit« der in vielen Bundesstaaten »seit der Carolina« nicht mehr

---

[321] Du Thil an Metternich, 29. Januar 1827, in: HHStA Wien, StK, Deutsche Akten, Nr. 113.
[322] Merveldt an Münster, 14. April 1824, in: HHStA Wien, StK, Deutsche Akten, Nr. 113.

überarbeiteten Hochverratsgesetzgebung hätten.[323] Gleichzeitig sollte das Prinzip der Strafbarkeit der Verbrechen gegen den Deutschen Bund Einzug in alle Landesgesetzgebungen finden:

> »Da es (…) aber unserer Zeit vorbehalten blieb, auch in den Deutschen Bundesstaaten ein stets beklagenswerthes Beispiel von – wiewohl erfolglosen – Versuchen zu Staatsumwälzungen zu geben, so könnten die höchsten Bundesregierungen sich hierdurch vielleicht veranlaßt finden, dem gerügten Mangel durch spezielle Gesetze abzuhelfen, bei welchen auch noch der Gesichtspunkt ins Auge zu fassen seien dürfte, daß die Versuche, die Verfassung des Deutschen Bundes umzustürzen, (…) eben sowohl auch gegen die Sicherheit und Existenz der einzelnen Bundesstaaten gerichtet sind, indem letztere die Garantie ihrer Unabhängigkeit und Selbstständigkeit durch den Deutschen Bund erhalten.«[324]

In gewisser Hinsicht ist dieser Vorgang charakteristisch für die erste Phase des Bundesregimes. So wurden hier ausgehend von den Erfahrungen mit der Rechts- und Sicherheitspraxis zwar strukturelle Problemfelder erkannt und diskutiert, konnten aber nicht mehr gelöst werden. Im Fall der Jurisdiktionskonflikte lag dies vor allem daran, dass sich diese letztendlich auf wenige Einzelfälle beschränkten, durch die sich ein bundespolitisches Einschreiten kaum rechtfertigen ließ. Zwar agierte das Bundesregime im Bereich des Strafrechts reaktiv und unsystematisch und kam zu keinen materiellen Ergebnissen, dennoch schuf es Anknüpfungspunkte, die die Basis für seine Weiterentwicklung nach 1830 sein sollten.

3.2 Wiederbelebung und Weiterentwicklung des Bundesregimes nach 1830

3.2.1 Das Hambacher Fest 1832 und die Neuformierung des Regimes

Seit dem europäischen Revolutionsjahr 1830 mit erfolgreichen Umstürzen in Frankreich und Belgien sowie niedergeschlagenen

---

[323] Protokolle Bundesversammlung 1831, 10. Sitzung, § 78, S. 345.
[324] Protokolle Bundesversammlung 1831, 10. Sitzung, § 78, S. 346.

Aufständen in Polen und italienischen Staaten verschärften sich auch im Deutschen Bund die politischen Auseinandersetzungen erneut.[325] Die politische Krise der frühen 1830er Jahre setzte mit lokalen Protesten und Aufständen in Braunschweig, Kurhessen, Sachsen und Hannover ein, in deren Kontext es zu ersten sicherheitspolitischen Maßnahmen des Bundes kam, die allerdings weniger im strafrechtlichen und polizeilichen, sondern in erster Linie im militärpolitischen Bereich lagen.[326] Dass diesen augenscheinlich lokalen Ereignissen jedoch Bedrohungspotential für den gesamten Bund zugesprochen wurde, zeigt sich daran, dass die Bundesstaaten zur konsequenten Kontrolle der Presseberichterstattung angemahnt wurden. In diesem Zusammenhang stellten auch weniger die unmittelbaren Ereignisse, sondern ihr politischer Hintergrund das eigentliche Problem dar: »Als Hauptgefahr erschien (...) nicht der äußere Vollzug, sondern die vorausgehende geistige Vorbereitung des Umsturzes.«[327]

Aus diesem Grund setzte seit Herbst 1830 eine erste Diskussion über die Anpassung und Reaktivierung der Regimestrukturen ein, die zunächst auf eine Erweiterung der Kontrolle öffentlicher und transnationaler Kommunikation abzielte. Diskutiert wurde eine weitere Verschärfung der Strafmaßnahmen gegen Mitglieder von Studentenverbindungen, die besonders in Hannover als Hauptträger der Aufstände aufgefallen waren, die verschärfte Anwendung der Bundespressegesetzgebung und als zentraler Punkt die Einschränkung der Partizipations- und Artikulationsmöglichkeiten in den Landtagen, denen als »Hort oppositioneller bürgerlicher Öffentlichkeit«[328] ein über den Einzelstaat hinausgehendes Bedrohungspotential zugesprochen wurde.[329] Zwar kam es schon im Winter 1831 zu

---

[325] Zusammenfassungen der deutschen Ereignisse mit unterschiedlichen Schwerpunkten und Deutungen z. B. in: Hahn/Berding, Reformen, S. 422 ff.; Huber, Verfassungsgeschichte (Bd. 2), S. 125 ff.; Müller, Deutscher Bund, S. 12 ff.; Wegert, German Radicals, S. 101 ff.; Wehler, Gesellschaftsgeschichte, S. 345 ff.; Siemann, Staatenbund, S. 343 ff. Zu europäischen und strukturellen Aspekten siehe z. B.: Church, Europe; Fahrmeir, Europa, S. 136 ff.; Langewiesche, Europa, S. 156 ff.; Siemann, Stratege, S. 764 ff.
[326] Vgl. Huber, Verfassungsgeschichte (Bd. 2), S. 151 ff.
[327] Huber, Verfassungsgeschichte (Bd. 2), S. 152.
[328] Siemann, Staatenbund, S. 351.
[329] Huber, Verfassungsgeschichte (Bd. 2), S. 152 ff.

von den beiden Großmächten initiierten Verhandlungen, die jedoch stockten, da besonders für ein Einschreiten gegen die Landtage ein Plenarbeschluss erforderlich war, der angesichts der angespannten innenpolitischen Situation in den konstitutionellen Staaten kaum erreichbar war.[330]

Für die Dynamiken des Regimes war es charakteristisch, dass ein sicherheitspolitisches Einschreiten des Bundes erst nach einem aufrüttelnden Ereignis wie dem Hambacher Fest möglich wurde. Vom 27. Mai bis zum 1. Juni 1832 kam es auf dem Hambacher Schloss in der Nähe von Neustadt an der Weinstraße in Rheinbayern zum bis dahin größten politischen Fest in Deutschland mit mehreren tausend Teilnehmern.[331] Die bedrohlich große Teilnehmerzahl, die transnationale Dimension und Rezeption des Festes, an dem neben Deutschen auch Polen und Franzosen teilgenommen hatten, und die Radikalität der geäußerten Forderungen sorgten für ein Umdenken bei den deutschen Regierungen. Das Hambacher Fest war entsprechend nicht die Ursache, sondern der Anlass eines am 28. Juni 1832 erlassenen Bundesbeschlusses gegen die Landtage, die so genannten »Sechs Artikel«.[332] Diese schränkten deren Rechte hinsichtlich Petitionen, Budget, Gesetzgebung und Meinungsäußerung ein und verboten den Bundesstaaten rechtsverbindliche Auslegungen von Bundesrecht. Zudem konstituierten die Sechs Artikel eine auf sechs Jahre befristete Bundestagskommission, die das Verhalten der Landstände beobachten sollte und über bundesrechtliche Verstöße zu berichten hatte.[333] Sie wird ausgehend von Ernst Rudolf Huber heute überwiegend als »Bundesüberwachungskommission« bezeichnet, wurde

---

[330] Quellenmaterial bei: Zerback, Reformpläne, S. 201 ff.

[331] Neuere Darstellungen und Bewertungen des Hambacher Fests bei: Engehausen, Hambacher Fest; Fenske, Hambacher Fest; Kermann/Nestler/Schiffmann, Freiheit; Lachenicht, Hambacher Fest. Zum Phänomen der politischen Feste allgemein: Düding/Friedemann/Münch, Festkultur; Hettling, Bürgerliche Feste.

[332] Bundesbeschluss über Maßregeln zur Aufrechthaltung der gesetzlichen Ordnung und Ruhe in Deutschland vom 28. Juni 1832, in: Protokolle Bundesversammlung 1832, 22. Sitzung, Öffentliches Protokoll, S. 863 f. Siehe auch: Huber, Dokumente, S. 132 ff.; Meyer, Corpus Juris (Teil 2), S. 248 f.; Kotulla, Verfassungsrecht, S. 734 ff.

[333] Vgl. Huber, Verfassungsgeschichte (Bd. 2), S. 152 ff.; Kotulla, Verfassungsgeschichte, S. 369 ff.; Siemann, Wandel, S. 71 f.

zeitgenössisch jedoch »Kontroll-« oder »Aufsichtskommission« genannt.[334]

Kurz nach dem Erlass der Sechs Artikel erließ die Bundesversammlung am 5. Juli 1832 einen zweiten Bundesbeschluss, die so genannten »Zehn Artikel«.[335] Diese enthielten neben einer Reihe von Bestimmungen zur konsistenten Anwendung polizeilicher und strafrechtlicher Maßnahmen gegen politische Vereine, Presse und Volksversammlungen innerhalb der Bundesstaaten auch Bestimmungen über das Verhältnis der Bundesstaaten und ihrer Behörden zueinander. So verpflichtete der Artikel 6 die Bundesstaaten zur transnationalen Rechtshilfe bei politischen Untersuchungen und der Artikel 7 enthielt Bestimmungen zum Umgang mit mobilen, politisch verdächtigen Personen. Der Artikel 8 sah die Auslieferung von Personen vor, »welche in einem Bundesstaat politische Vergehen oder Verbrechen begangen, und sich, um der Strafe zu entgehen, in andere Bundeslande geflüchtet haben«. Der Kontext des Hambacher Fests, die zeitliche Nähe und wahrscheinlich auch die Namensgebung – beide Bundesbeschlüsse liefen unter dem Namen »Maßregeln zur Aufrechthaltung der gesetzlichen Ruhe und Ordnung im Deutschen Bunde« – führen bis heute zu der Fehleinschätzung, die Sechs Artikel und die Zehn Artikel hätten in einem inhaltlichen Zusammenhang gestanden. Adam Zamoyski hat zuletzt sogar behauptet, beide Beschlüsse seien von Metternich persönlich entworfen worden.[336] Dies stimmt nicht. Während es sich bei den Sechs Artikeln um ein schon länger von Österreich und Preußen als Reaktion auf die Ereignisse von 1830/31 vorbereitetes Projekt handelte, waren die Zehn Artikel eine direkte Reaktion der südwestdeutschen Staaten auf das Hambacher Fest.[337]

---

334 Siehe z. B.: Memorandum Blittersdorffs über die deutschen Bundesverhältnisse, Juli 1833, abgedruckt bei: Zerback, Reformpläne, S. 67 ff.; Spiegel an Metternich, 3. Mai 1832, abgedruckt bei: Zerback, Reformpläne, S. 240 ff.
335 Bundesbeschluss über Maßregeln zur Aufrechthaltung der gesetzlichen Ordnung und Ruhe in Deutschland vom 5. Juli 1832, in: Protokolle Bundesversammlung 1832, 24. Sitzung, § 231, S. 951 ff. Siehe auch: Huber, Dokumente, S. 134 f.; Meyer, Corpus Juris (Teil 2), S. 250 ff.; Kotulla, Verfassungsrecht, S. 737 ff.
336 Zamoyski, Phantome, S. 427 f.
337 Siemann, Deutschlands Ruhe, S. 88; Siemann, Staatenbund, S. 349 f. Siehe auch: Kallenberg, Hambacher Fest.

Formell waren die Zehn Artikel jedoch durch einen am 7. Juni 1832 einberufenen Bundestagsausschuss, die so genannte »Maßregelkommission«, eingereicht worden. Dies verdient deshalb besondere Beachtung, da der Maßregelkommission und dem hier erstmals angewendeten Initiativverfahren in der Folgezeit eine zentrale Bedeutung bei der Fassung sicherheitspolitischer Bundesbeschlüsse zukam. Die Maßregelkommission war kurz nach dem Hambacher Fest mit dem Auftrag gegründet worden, mit den Gesandtschaften betroffener Bundesregierungen zu kommunizieren, sicherheitspolitische Maßnahmen zu diskutieren und diese der Bundesversammlung vorzuschlagen.[338] Die rechtliche Grundlage hierfür war der Artikel 28 WSA, eine Spezifizierung des Artikels 2 DBA. Dieser räumte der Bundesversammlung die Kompetenz ein, bei einer Bedrohung des Bundes durch »gefährliche Verbindungen und Anschläge« nach Rücksprache mit den unmittelbar betroffenen Regierungen legislative und exekutive Sicherheitsmaßnahmen zu beschließen. Die Aufgabe der Maßregelkommission lag in der praktischen Umsetzung dieser Vorschrift, indem sie als Schnittstelle zwischen der Sicherheitspolitik des Bundes und der Bundesstaaten fungieren sollte. Gleichzeitig bot das Format des Bundestagsausschusses die Möglichkeit, sensible und gleichzeitig dringende sicherheitspolitische Fragen im kleinen Kreis informell zu besprechen und etwaige Konflikte bereits vor der Einleitung des Abstimmungsverfahrens auszuräumen und es damit zu beschleunigen. Für die 1830er Jahre wurde es charakteristisch, dass sicherheitspolitische Anträge nicht mehr durch den der

---

[338] »Die aus den Herren Gesandten von Oesterreich, Preussen, Königreich Sachsen, Großherzogtum Hessen und Holstein und Lauenburg gewählte Commission, welcher noch, erforderlichen Falls, zum Ersatze die Herren Gesandten von Württemberg und Baden beitreten, wird, nach Maaßgabe des Artikels 28 Wiener Schlußacte, über die gegenwärtige Lage Deutschlands, über die in mehreren Deutschen Bundesstaaten statt findenden Ursachen und Mittel versuchter Revolutionierung und über die Maaßregeln zur Erhaltung und Wiederherstellung der öffentlichen Ruhe und gesetzlichen Ordnung im Deutschen Bunde, deßgleichen über die Mittel, welche geeignet sind, dem Ausbruche der Revolution mit Kraft entgegen zu wirken, baldmöglichst, (…) Gutachten erstatten, auch, wo und so oft sie es zu ihrem Zwecke bedarf, unmittelbar Auskunft durch die betreffende Gesandtschaft zu erbitten, und überhaupt alles dasjenige, was ihr zur Erleichterung und Beschleunigung ihrer Aufgabe zuträglich erscheint vorkehren.« (Protokolle Bundesversammlung 1832, Separatprotokoll der 20. Sitzung, § 1, S. 798).

Bundesversammlung vorstehenden österreichischen Bundestagsgesandten (»Präsidialantrag«) – wie dies etwa im Fall der Sechs Artikel geschah –, sondern »aus der Bundesversammlung heraus« durch die Maßregelkommission eingebracht wurden. Damit sollten Rivalitäten zwischen den Bundesstaaten abgeschwächt und die Handlungsfähigkeit der Bundesversammlung unterstrichen werden. Entsprechend ausgewogen war der Ausschuss zusammengesetzt. Mitglieder der Maßregelkommission waren die Bundestagsgesandten Österreichs, Preußens, Sachsens, Hessen-Darmstadts und Holstein/Lauenburgs. Außerordentliche Mitglieder waren die Gesandten Württembergs und Badens. Auffallend ist in diesem Zusammenhang, dass die Maßregelkommission nach außen in der Regel von den Gesandten der kleineren Bundesstaaten vertreten wurde, obwohl intern Preußen und Österreich dominierten.

Die Entstehung der Zehn Artikel war der Präzedenzfall dieses Verfahrens. De facto gingen sie nämlich auf Verhandlungen zwischen Bayern, Württemberg, Baden und Hessen-Darmstadt zurück, die wiederum ein illustratives Beispiel für die Kreuzung verschiedener politischer Handlungsebenen innerhalb des Bundes sind. Am 31. Mai 1832 hatte sich der badische Innenminister Ludwig Georg Winter an die Regierungen von Bayern, Württemberg und Hessen-Darmstadt gewandt und die Koordination der jeweiligen polizeilichen und strafrechtlichen Reaktionen vorgeschlagen. Als Grundelemente einer Übereinkunft schlug Winter vor:

> »1) Ein Verbot aller politischer Vereine und aller Versammlungen zu einem politischen Zweck, sofern nicht die Landesverfassung oder Landesgesetze solche ausdrücklich gestatten, insbesondere solche Versammlungen, zu welchen auch Fremde eingeladen werden.
>
> 2) Unerschwerte Auslieferung der Einwohner eines Staates, welche wegen politischer Vergehen sich in einen anderen geflüchtet haben.
>
> 3) Bestrafung der Unterthanen eines Staates, welche in einem andern politische Vergehen begangen, sodann sich in ihren Heimatstaat zurückgezogen haben, gerade so, als wenn sie das Vergehen in diesem letzteren begangen haben.«[339]

---

[339] Rundschreiben Winter, 31. Mai 1832, in: GLA Karlsruhe, Abt. 48, Nr. 5188; HStA München, MdA, Nr. 1632; HStA Stuttgart, Best. E 50/01, Büschel 1268.

Die Vorschläge zielten dabei weniger auf die Lösung praktischer Problemstellungen ab und sollten laut Winter auch kein institutionalisiertes »Reactionssystem« konstituieren.[340] Tatsächlich waren die vorgeschlagenen Maßnahmen in den meisten Staaten bereits durch einzelstaatliche Gesetze umgesetzt worden. Auch die Auslieferung flüchtiger Delinquenten und die stellvertretende Bestrafung eigener Untertanen für Auslandsstraftaten waren in der Praxis üblich und zwischen den vier Staaten teilweise sogar vertraglich geregelt.[341] So bestanden zwischen Bayern und Württemberg seit 1821 und zwischen Württemberg und Baden seit 1826 Verträge, die die Auslieferung flüchtiger Ausländer und stellvertretende Bestrafung von Inländern in diesem Sinne regelten.[342] Die badische Initiative zielte vielmehr darauf ab, durch eine gemeinschaftliche und öffentlichkeitswirksame Aktion gegenüber der aufgewühlten Öffentlichkeit und der Opposition den Eindruck einer geschlossenen und kompromisslosen Front der betroffenen Regierungen zu erwecken. So führte Winter aus, es gehe ihm darum, dass sich die

> »dem Herd der Aufregung zunächst angrenzenden Staaten über gemeinschaftliche Maasregeln und über deren gleichförmige Ausführung verständigen, solche gleichzeitig verkünden und in Vollzug setzen lassen, so daß jeder, der dagegen handelt, zum Voraus weiß, daß er in allen diesen Staaten eine gleiche Behandlung zu erfahren habe, gleichgültig in welchem er das Vergehen begangen hat«.[343]

Zugleich war absehbar, dass die von den südwestdeutschen Staaten einzuleitenden polizeilichen und strafrechtlichen Maßnahmen den innenpolitischen Widerstand der Landtage hervorrufen würden. Dass diese Sorge nicht unbegründet war, zeigt etwa, dass es erst 1831 den bayrischen Landständen gelungen war, in einer öffentlichkeitswirksamen Debatte die Verschärfung der Zensurbestimmungen

---

[340] Rundschreiben Winter, 31. Mai 1832, in: GLA Karlsruhe, Abt. 48, Nr. 5188; HStA München, MdA, Nr. 1632; HStA Stuttgart, Best. E 50/01, Büschel 1268.
[341] Vgl. Ministerium des Innern an Ministerium der auswärtigen Angelegenheiten, 23. Juni 1832, in: HStA Stuttgart, Best. E 50/01, Büschel 1268.
[342] Vgl. Kapitel 2.4, S. 76 f.
[343] Rundschreiben Winter, 31. Mai 1832, in: GLA Karlsruhe, Abt. 48, Nr. 5188; HStA München, MdA, Nr. 1632; HStA Stuttgart, Best. E 50/01, Büschel 1268.

in Bayern zu verhindern.³⁴⁴ Es erschien der badischen Regierung daher sinnvoll, ihren sicherheitspolitischen Maßnahmen durch einen Bundesbeschluss, zumindest aber durch ein multilaterales Abkommen mehr Legitimation und Autorität zu verschaffen. Der preußische Bundestagsgesandte Nagler äußerte sich über die Initiative der südwestdeutschen Staaten und den daraus hervorgegangenen Bundesbeschluss nachträglich spöttisch:

> »Die Veranlaßung dieser Verabredung ist offenbar nur Furcht vor den Ständen. Man glaubt stärker zu werden, wenn drei bis vier benachbarte Regierungen gleiches Verfahren beobachten. Die Deputierten können wenigstens alsdann nicht ein verschiedenes Verfahren einer benachbarten Regierung allegieren, um ihrer eigenen Regierung daraus Vorwürfe abzuleiten.«³⁴⁵

Entsprechend war es auch das eigentliche Ziel der badischen Regierung, die bereits eingeleiteten Verhandlungen am Bundestag über weitere sicherheitspolitische Maßnahmen durch die Separatverhandlungen zu beschleunigen und nach eigenen Bedürfnissen zu gestalten. Denn für die beiden Großmächte waren die von Baden vorgeschlagenen Maßnahmen wenig relevant, da sie durch das Hambacher Fest nicht unmittelbar betroffen waren und keine vergleichbaren innenpolitischen Probleme hatten. Jedoch war davon auszugehen, dass sie angesichts eines sicherheitspolitischen Bündnisses der konstitutionellen Staaten zügig reagieren und sich kooperativ verhalten würden. Schon am 30. Mai 1832 war der einflussreiche badische Bundestagsgesandte Friedrich von Blittersdorff instruiert worden, parallel zur Initiative Winters die badischen Pläne im Umfeld der Bundesversammlung bekannt zu machen.³⁴⁶ In der Folgezeit übte Blittersdorff am Bundestag offenbar erheblichen Druck auf die Gesandtschaften der Großmächte aus, indem er die von Österreich und Preußen initiierten Verhandlungen um die Sechs Artikel torpedierte, offensiv für die badische Initiative warb und »(...) fortwährend in die Klage einstimmte, daß die großen Höfe in so gefahrvoller

---

344 Vgl. Treml, Pressepolitik, S. 145 ff.
345 Nagler an Ancillon, 22. Juli 1832, in: GStA PK Berlin, I. HA, Rep. 75 A, Nr. 453.
346 Türckheim an Blitterdorf, 30. Mai 1832, in: GLA Karlsruhe, Abt. 48, Nr. 5188. Zu Blittersdorffs Tätigkeit und Rolle am Bundestag siehe: Hippel, Blittersdorff.

Zeit, der Bundes-Versammlung noch keine Abhülfe proponierten«.[347]

Der Verlauf der daraufhin einsetzenden Verhandlungen ist durch Wolfram Siemann bereits ausführlich aufgearbeitet worden und soll nur knapp und ergänzend dargestellt werden.[348] Während Bayern zunächst nicht auf die badische Initiative einging, verständigten sich Württemberg, Baden und Hessen-Darmstadt darauf, entsprechende Maßnahmen durch ihre Bundestagsgesandten verhandeln zu lassen, allerdings nicht in ihrer eigentlichen Funktion, »sondern als Commißarien ihrer Regierungen«.[349] Dies hatte zwei Gründe: Zum einen hätte eine Ministerkonferenz zu viel öffentliche Aufmerksamkeit auf sich gezogen, zum anderen sollten die Verhandlungen transparent und zugänglich für andere Bundesstaaten sein. Dieser Vorgang ist besonders im Blick auf die Perspektive des »österreichischen« oder »metternichschen« Systems bemerkenswert. Denn er zeigt, dass sicherheitspolitische Initiativen durchaus von den häufig als »Opfer« der Großmachtpolitik dargestellten kleineren Bundesstaaten ausgehen konnten. Hier lag weder eine zentralisierte und systematische Steuerung vor, noch waren Metternich und die preußische Regierung überhaupt an den Verhandlungen beteiligt.

Nahezu parallel wurde am 7. Juni 1832 die Maßregelkommission eingesetzt. Ihr gehörte neben den Bundestagsgesandten von Österreich, Preußen, Sachsen und Holstein/Lauenburg der hessen-darmstädtische Gesandte Peter Joseph von Gruben als ordentliches Mitglied an. Blittersdorff und der württembergische Gesandte August Heinrich von Trott waren außerordentliche Mitglieder. Die drei Bundestagsgesandten verhandelten also in verschiedenen Funktionen auf verschiedenen zwischenstaatlichen Interaktionsebenen.

Die Verhandlungen zwischen den südwestdeutschen Bundestagsgesandten waren von dem ausdrücklichen Wunsch der drei Regierungen geprägt, keine mit Souveränitätsabgaben verbundene Form grenzübergreifender Zusammenarbeit zu errichten. Es sollten ledig-

---

[347] Nagler an Ancillon, 22. Juli 1832, in: GStA PK Berlin, I. HA, Rep. 75 A, Nr. 453.
[348] Siemann, Deutschlands Ruhe, S. 87 ff. Siehe auch: Spangenberg, Hessen-Darmstadt, S. 77 ff.
[349] Du Thil an Winter, 2. Juni 1832, in: GLA Karlsruhe, Abt. 48, Nr. 5188.

lich eine Verständigung über allgemeine Grundsätze für den zwischenstaatlichen Umgang mit politischen Delinquenten und Richtwerte für die Angleichung der Landesgesetze erreicht werden. Die Übereinkunft sollte

> »keineswegs den Karakter eines eigentlichen Vertrags, sondern nur den eines, innerhalb der Grenzen der jeder Regierung zustehenden Befugnisse gehaltenen und verabredeten Zusammenwirkens, zu einem gemeinsamen Zwecke an sich tragen (...)«.[350]

Vor diesem Hintergrund lief eine auf den 3. Juni 1832 datierte Einladung Bayerns an Baden, Württemberg, Hessen-Darmstadt, Hessen-Kassel und Nassau zu einer Konferenz in München ins Leere. Diese wurde als Versuch gewertet, ein auf Bayern zentriertes Separatbündnis außerhalb der Bundesebene zu begründen. Der preußische Bundestagsgesandte berichtete hierzu: »Baiern wollte offenbar den Schein einer Accession vermeiden, sondern den der Einleitung und Leitung gewinnen – worüber die anderen lachten.«[351]

Trotzdem bildete der der bayrischen Einladung beiliegende Entwurf einer »Punctation über das mit den benachbarten Staaten zur Erhaltung der öffentlichen Ruhe und Ordnung zu treffende Einverständniß«[352] gemeinsam mit Entwürfen Blittersdorffs und Grubens die Grundlage für die Beratungen der drei Bundestagsgesandten am 15. Juni 1832.[353] Deren Ergebnisse wurden in einem achtzehn Punkte umfassenden Konzeptpapier festgehalten, das den Regierungen als Grundlage für weitere Verhandlungen vorgelegt wurde.[354] Der materielle Teil sah, neben einer Reihe von polizeilichen Maßnahmen, die überwiegend in den späteren Bundesbeschluss aufge-

---

[350] Trott an Beroldingen, 7. Juni 1832, in: HStA Stuttgart, Best. E 50/01, Büschel 1268.
[351] Nagler an Ancillon, 22. Juli 1832, in: GStA PK Berlin, I. HA, Rep. 75 A, Nr. 453.
[352] Punctation über das mit den benachbarten Staaten zur Erhaltung der öffentlichen Ruhe und Ordnung zu treffende Einverständniß, in: HStA München, MdA, Nr. 1632; HStA Stuttgart, Best. E 50/01, Büschel 1268; GLA Karlsruhe, Abt. 48, Nr. 5188.
[353] Vgl. Siemann, Deutschlands Ruhe, S. 89 f.
[354] Verabredungen über die in Betreff der Volksversammlungen, Vereine usw. übereinstimmend zu treffenden Maßregeln, 15. Juni 1832, in: GLA Karlsruhe, Abt. 48, Nr. 5189; StA Darmstadt, Best. G 2 A, Nr. 51/3.

nommen wurden, die Regulierung einer Reihe zentraler Problemfelder transnationalen Strafrechts vor, nämlich,
- die wechselseitige Auslieferung politischer Flüchtlinge (Artikel 4);
- die stellvertretende Bestrafung eigener Untertanen für politische Auslandsstraftaten, so »als ob Sie das Verbrechen oder Vergehen, dessen Sie beschuldigt sind, im Inland begangen hätten« (Artikel 5);
- den freiwilligen Austausch von Informationen bezüglich geheimer »Verbindungen und die darin verflochtenen Individuen« und die wechselseitige Gewährung von Amtshilfe (Artikel 7);
- den Aufbau einer gemeinsamen »Liste« oder Kartei über politisch verdächtige Personen, um diese, »wo sie sich außerhalb Landes zu einem daselbst zu machenden Aufenthalt betreten laßen, alsbald aus- und in ihr Heimathland zurückzuweisen« (Artikel 9);
- die Überwachung und Ausweisung von Ausländern, »die wegen politischen Vergehen oder Verbrechen, die sie außerhalb der Vereinsstaaten begangen haben, geflüchtet sind, oder die aus Orten oder Gegenden kommen, wo sich Verbindungen zum Umsturz der deutschen Regierungen gebildet haben« (Artikel 10);
- sowie die wechselseitige Gewährung der Nacheile (Artikel 14).[355]

Die Besonderheit des Entwurfs lag nicht nur in dem Umfang der durchgespielten »politisch-polizeilichen Kooperationsformen«,[356] sondern auch darin, dass mit der Auslieferung politischer Verbrecher und der stellvertretenden Bestrafung politischer Auslandsstraftaten eigener Untertanen zwei in rechtswissenschaftlichen und öffentlichen Diskursen kontrovers diskutierte Problemfelder transnationalen Strafrechts reguliert werden sollten, woran sich die kommunikative Ausrichtung der Initiative zeigt. Allerdings handelte es sich bei den Vorschlägen der Bundestagsgesandten um ein Maximalprogramm, das über die im Vorfeld vereinbarte lockere, eher symbolische Abstimmung deutlich hinausging. So lehnten die beteiligten Regierungen besonders die Erstellung einer gemeinsamen Verdächtigenkartei ab. Zum einen wurde sie als ungeeignet betrachtet, das Hauptziel der Initiative zu erreichen, nämlich durch einen symboli-

---

[355] Verabredungen über die in Betreff der Volksversammlungen, Vereine usw. übereinstimmend zu treffenden Maßregeln, 15. Juni 1832, in: GLA Karlsruhe, Abt. 48, Nr. 5189; StA Darmstadt, Best. G 2 A, Nr. 51/3.
[356] Siemann, Deutschlands Ruhe, S. 93.

schen Akt zur Beruhigung der aufgeheizten Lage in Südwestdeutschland beizutragen und sicherheitspolitischen Maßnahmen eine zusätzliche Legitimation zu geben. Zu dem zuerst in Blittersdorffs Entwurf aufgetauchten Vorschlag bemerkte der württembergische Innenminister Jakob Friedrich Weishaar schon am 12. Juni 1832, dass dieser »zu inquisitorisch« sei und sein Bekanntwerden »leicht das erzeugen könne welchen er zu begegnen beabsichtige«.[357] Auch die badische Regierung »mißbilligte« den Aufbau einer Verdächtigenkartei als überflüssig und sah die Gefahr, dass diese Maßnahme den Verhandlungen ein »gehäßiges Ansehen« verleihen und weiteren Unruhen »Thür und Thor« öffnen würde.[358] Zum anderen standen einer solchen Maßnahme rechtliche Bedenken entgegen, die die politisch-polizeilichen Vorteile einer solchen Regelung überwogen. Weishaar führte in einem Gutachten vom 23. Juni aus, dass es der württembergischen Regierung nicht möglich sei, einem Beschluss zuzustimmen, der sie verpflichte, polizeiliche Maßnahmen allein auf Grundlage von Verdachtsmomenten durchzuführen:

> »Aber man kann nicht zugleich im Voraus sich auf generelle Zusagen einlassen, durch welche eine Regierung verpflichtet würde, auf das Vorhanden seyn gewisser an sich noch keine Schuld beweisenden, sondern höchstens einen Verdacht begründenden Thatsachen hin, ohne alle näheren eigenen Cognitionen, mit Zwangsmaßregeln gegen Individuen einzuschreiten, die sich vielleicht rechtfertigen könnten, wenn sie nur zur Rechtfertigung zugelassen würden. Der Unterzeichnende muss sich sonach gegen die unbedingte Zusage der Ausweisung der von einem anderen Staat auf die Liste der Verdächtigen gesetzten Ausländer erklären (...).«[359]

Auch der hessen-darmstädtische Ministerpräsident Karl Du Thil äußerte sich zu diesem Problem und führte aus, dass ein Austausch von Personendaten zur Ausführung exekutiver Maßnahmen nicht pauschal erfolgen könnte, sondern einen konkreten Anlass haben müsse:

---

[357] Weishaar an Beroldingen, 12. Juni 1832, in: HStA Stuttgart, Best. E 50/01, Büschel 1268.
[358] Beschluss des Ministeriums des Großherzoglichen Hauses und der auswärtigen Angelegenheiten, 24. Juni 1832, in: GLA Karlsruhe, Abt. 48, Nr. 5189.
[359] Ministerium des Innern an Ministerium der auswärtigen Angelegenheiten, 23. Juni 1832, in: HStA Stuttgart, Best. E 50/01, Büschel 1268.

»Ebenso kann die vorgeschlagene Maßregel, sich wechselseitig Listen gefährlicher Personen mitzuteilen, zumal wenn diese nicht mit Angaben specieller Thatsachen begleitet werden, zu Missverständnissen führen, weswegen man auch diese (...) modifiziert zu sehen wünscht. Dagegen hält man es allerdings für eine wesentliche Bestimmung, dass jede Regierung sich verpflichte, ihre hohen Mitpaciscenten auf einzelne Individuen, selbst wenn diese zu eigenen Unterthanen gehören, aufmerksam zu machen, sobald sie Ursache hat zu glauben, daß diese im Interesse geheimer Verbindungen oder aufrührerischer Absichten, sich von einem Staat zum anderen begebe.«[360]

Zu weiteren Erörterungen kam es jedoch nicht, da das badische Kalkül aufging und der Entwurf auf Drängen des preußischen Bundestagsgesandten innerhalb der Maßregelkommission diskutiert und modifiziert und am 28. Juni 1832 durch den hessen-darmstädtischen Bundestagsgesandten Gruben der Bundesversammlung vorgeschlagen wurde.[361] Neben der Verdächtigenkartei wurde auch die stellvertretende Bestrafung von politischen Auslandsstraftaten von Inländern und die Gewährung der Nacheile gestrichen. Diese beiden Punkte waren deshalb heikel, da die Verpflichtung zur Bestrafung eigener Untertanen für Auslandsstraftaten und die Genehmigung der Nacheile erhebliche Souveränitätseinschränkungen bedeutet hätten, die die meisten Staaten nicht pauschal gewähren wollten.

3.2.2 Die Ausbildung neuer Formate transnationaler Justiz- und Polizeikooperation: Die Bundeszentralbehörde und das Informationsbüro

3.2.2.1 *Metternichs Initiative zur Gründung einer geheimen Informationsbehörde in Mainz*

Zwar beruhigte sich die Lage nach dem Hambacher Fest zunächst, allerdings verdichteten sich im Winter 1832/33 die Nachrichten über neue Aktionen dissidenter Gruppen. Insbesondere berichteten öster-

---

[360] Du Thil an Gruben, 2. Juli 1832, in: StA Darmstadt, Best. G 2 A, Nr. 51/3.
[361] Protokolle Bundesversammlung 1832, 24. Sitzung, § 231, S. 942 ff. Zu den Verhandlungen in der Maßregelkommission siehe: Bericht Trott, 5. Juli 1832, in: HStA Stuttgart, Best. E 50/01, Büschel 1268; Nagler an Ancillon, 22. Juli 1832, in: GStA PK Berlin I. HA, Rep. 75 A, Nr. 453.

reichische Informanten über revolutionäre Komplotte, die auf die Gründung eines republikanischen Freistaats in Südwestdeutschland abzielten.[362] Besonders wurde vor öffentlichkeitswirksamen Aktivitäten der Landtage, politischer Publizistik und politischen Vereinen gewarnt, die der propagandistischen Vorbereitung dieses Plans dienen sollten. Metternich, der dies mindestens als einen Hinweis auf einen neuen revolutionären »Coup« wertete, bemühte sich seit dem Frühjahr 1833 daher um den Aufbau einer polizeilichen Informationsbehörde oder eines »Nachrichtendienstes«, in dem die präventiven Überwachungsaktivitäten der größeren Bundesstaaten gebündelt werden sollten:

> »Die diskontinuierliche, dezentrale Überwachung durch die einzelnen Regierungen und die umständliche zwischenstaatliche Zusammenarbeit der einzelnen politisch-polizeilichen Nachrichtendienste mußte beseitigt werden. Den permanent tätigen organisierten und zentralisierten Kräften sollte ein permanent tätiger, organisierter und zentralisierter geheimer Nachrichtendienst entgegengestellt werden.«[363]

Die Einrichtung einer formellen Bundesbehörde erschien allerdings nicht realisierbar. Sie hätte zum einen zu viel Aufmerksamkeit auf sich gezogen und wäre am Bundestag kaum durchsetzbar gewesen. Stattdessen sollten neben Österreich nur Preußen, Bayern und Württemberg beteiligt werden. Sitz der Behörde sollte Mainz im Zentrum des politisch unruhigen Rhein-Main-Raums sein. Die neue Informationsbehörde sollte aus allen zur Verfügung stehenden Quellen umfassend und kontinuierlich Informationen über Aktivitäten der Opposition im In- und Ausland sammeln, diese bearbeiten und weitergeben. Anders als die Zentraluntersuchungskommission sollte sie nicht im Rahmen von Strafverfahren agieren, sondern präventiv legale und illegale Aktivitäten der Opposition im In- und Ausland beobachten.[364] In diesem Zusammenhang ist wichtig darauf hinzuweisen, dass diese funktionale Beschränkung kaum in Zusammenhang mit dem modernen »Trennungsgebot« zwischen observierenden Nachrichtendiensten und ermittelnder Polizei gebracht werden

---

[362] Hoefer, Pressepolitik, S. 72.
[363] Hoefer, Pressepolitik, S. 73.
[364] Siemann, Deutschlands Ruhe, S. 136 f.

kann, welches vor allem auf den Schutz staatsbürgerlicher Rechte abzielt.[365] Im zeitgenössischen Verständnis wurden präventive Überwachung und reaktive Ermittlung unter das Gesamtkonzept der »Polizei« gefasst. Mit der Entscheidung, die Arbeit der Behörde auf den Gewinn und Austausch sicherheitsrelevanter Informationen zu beschränken, nahm Metternich vielmehr Rücksicht auf Souveränitätsansprüche Bayerns und Württembergs, da eine transnationale Kooperation auf rein polizeilicher Ebene deutlich einfacher zu erreichen und bewerkstelligen war.[366]

3.2.2.2 Das Frankfurter Attentat und die Gründung der Bundeszentralbehörde

Die Verhandlungen waren bereits fortgeschritten, als am Morgen des 3. Aprils 1833 ungefähr 70 bewaffnete und mit schwarz-rot-goldenen Armbändern uniformierte Personen die beiden zentralen Polizeiwachen Frankfurts angriffen und besetzten. Der Anschlag konnte zwar durch das Militär niedergeschlagen werden, insgesamt kamen jedoch neun Menschen ums Leben, sechs Soldaten, zwei Aufständische und ein unbeteiligter Bürger.[367] Allein die im Vergleich mit anderen Aufständen hohe Opferzahl lässt die immer noch übliche Marginalisierung des ausgehend von Heinrich von Treitschke heute meistens als »Frankfurter Wachensturm«,[368] bis zum Ende des 19. Jahrhunderts in Anlehnung an den offiziösen Diskurs als »Frankfurter Attentat« bezeichneten Ereignisses als harmlose und aus politischen Gründen aufgebauschte Episode fragwürdig erscheinen,[369] insbesondere da überwiegend die vermeintlich schlechte

---

[365] Siehe hierzu insgesamt: Dorn, Trennungsgebot.
[366] Hoefer, Pressepolitik, S. 73 f.
[367] Vgl. Zusammenstellung der gerichtlichen Untersuchungs-Resultate in Betreff der Meuterei zu Frankfurt a. M. vom 3. April 1833, nach den der Bundeszentralbehörde bis Ende März 1834 zugekommenen Akten, in: Görisch / Mayer, Untersuchungsberichte, S. 37 ff.
[368] Vgl. Treitschke, Deutsche Geschichte (Bd. 4), S. 287 ff.
[369] Anders als für das Hambacher Fest liegen für den Frankfurter Wachensturm nur wenige Spezialstudien vor, z. B.: Dietz, Frankfurter Attentat; Foerster, Preß- und Vaterlandsverein, S. 49 ff.; Gerber, Wachensturm; Hroch, Charakter; Jakob, Studentenverbindungen, S. 211 ff.; Roeseling, Burschenehre, S. 275 ff. Zur geschichtswissenschaftlichen Rezeption des Wachensturms siehe: Lönne-

Planung und der ausbleibende Erfolg, nicht aber die emotionale Wirkung des Anschlags als Bewertungsmaßstab herangezogen wird. Hans-Ulrich Wehler beurteilt den Wachensturm etwa als missglücktes »Intermezzo«, als »schlecht vorbereitete, nur Stunden währende Attacke einiger idealistisch-radikaler Brauseköpfe«, die den deutschen Regierungen den Vorwand zum straffen sicherheitspolitischen Einschreiten geliefert hätte.[370]

Nicht nur im Blick auf das Gewaltpotential, sondern auch wegen seiner überlokalen Dimension unterschied sich der Wachensturm von vergleichbaren Aufständen und Unruhen. So kam ein Großteil der Täter nicht aus Frankfurt, sondern war zur Durchführung des Anschlags in die Stadt gekommen. Neben Studenten der Universitäten Heidelberg, Würzburg und Erlangen waren darunter auch politische Flüchtlinge, die aus Frankreich gekommen waren, sowie ehemalige polnische Militärangehörige. Die Zusammensetzung der Gruppe, ihr pseudomilitärisches Auftreten, ihre Ausstattung – unter anderem wurden Feldkarten für den südwestdeutschen Raum gefunden –, das Verwenden revolutionärer Symbole und die Wahl Frankfurts, das administrative Zentrum des Deutschen Bundes, als Anschlagsort wiesen auf einen hohen Organisationsgrad und eine weiterreichende Zielsetzung hin, zumal parallel ein offenbar verknüpfter Aufstandsversuch in Württemberg, die so genannte »Franckh-Koseritz'sche Verschwörung«, gescheitert war. Metternich interpretierte in einem Schreiben an den österreichischen Bundestagsgesandten Joachim von Münch-Bellinghausen vom 13. April 1833 die bis dahin vorliegenden Ermittlungsergebnisse schon fast zwangsläufig als Beleg für die schon länger vermutete revolutionäre Verschwörung gegen den Deutschen Bund:

> »Um nunmehr der – der Sache zu gebenden Richtung eine feste Grundlage zu sichern, muß man streng den Gesichtspunct im Auge behalten, daß der in Frage stehende außerordentliche Vorfall nicht ausschließlich und nicht einmal vorzüglich gegen die Sicherheit (…) der freyen Stadt Frankfurt gerichtet war, sondern daß seine

---

cker, Wachensturm; Schmidt, Wachensturm. Zur hier nicht näher behandelten Intervention Frankreichs und Englands gegen die sicherheitspolitischen Maßnahmen des Bundes: Bieker, Interventionen.
[370] Wehler, Gesellschaftsgeschichte, S. 366.

wesentliche Tendenz, dahin ging, den deutschen Bund in dem Organe seiner Wirksamkeit anzugreifen und zu verletzen. So weit die Thatsachen vorliegen (...) so geht aus ihnen hervor, daß die Unordnung nicht durch Einwohner Frankfurts und nicht in dem Charakter einer gegen die Obrigkeit der Stadt gerichteten Empörung, entstanden, sondern daß es eine auswärts organisierte Bande von Fremden war, die in die Stadt drang um den Bundestag zu zerstäuben, sich der Bundescasse zu bemeistern und an der Stelle der vertriebenen Central-Authorität des jetzigen durch den deutschen Bund vereinigten Deutschlands, das neue so genannte einige und freye Deutschland zu proclamiren. Dahin deuteten die Feldzeichen, dahin die lauten Ausrufungen der Empörer: auf diesen Plan führen auch die vielen Materialien, welche sich notorisch bereits in den Händen der einzelnen deutschen Regierungen über das weiterhin über Deutschland verzweigte Complott, von welchen die Frankfurter Ereignisse offenbar nur ein Ausfluß waren, befinden.«[371]

Eine der schwierigsten Fragen bei der Aufarbeitung des Wachensturms war, wer für die Strafverfahren wegen des Anschlags zuständig sein sollte. Während Frankfurt als Tat- und Ergreifungsort die Untersuchung und Aburteilung der Teilnehmer für sich reklamierte, hatten Österreich, Preußen und Bayern andere Zielsetzungen. Österreich ging es weniger um die gerichtliche Verurteilung der einzelnen Aufständischen, sondern darum, durch eine zentralisierte strafrechtliche Untersuchung des Wachensturms weitere Informationen über die vermutete Verschwörung zu ermitteln. In dem oben zitierten Schreiben vom 13. April 1833 konzipierte Metternich hierzu ausgehend von der zweistufigen Struktur des Inquisitionsprozesses das Modell für eine »Centralbundesbehörde zur Untersuchung des Attentats v. 3. April«.[372] Die Grundidee war, das Untersuchungsverfahren vollständig durch den Bund führen zu lassen und nur das Spruchverfahren den bundesstaatlichen Gerichten zu überlassen. Die Kompetenzen der neuen Zentraluntersuchungsbehörde sollten damit deutlich über die der alten Zentraluntersuchungskommission hinausgehen, die lediglich im Rahmen der polizeilichen Voruntersuchung agieren und diese auch nicht selbst führen, sondern

---

[371] Metternich an Münch-Bellinghausen, 13. April 1833, in: Zerback, Reformpläne, S. 395. Siehe auch: Vortrag des Frankfurter Bundestagsgesandten Thomas, in: Protokolle Bundesversammlung 1833, 18. Sitzung, § 157, S. 431 ff.
[372] Metternich an Münch-Bellinghausen, 13. April 1833, in: Zerback, Reformpläne, S. 397.

nur die lokalen Untersuchungen begleiten durfte. Eine Kompetenz des Bundes für die Durchführung des Untersuchungsverfahrens sah Metternich dadurch begründet, dass eine unvollständige und zeitlich verzögerte Untersuchung des Anschlags eine unmittelbare Sicherheitsbedrohung für den Bund darstellen würde. Da angesichts der komplexen Gemengelage weder Frankfurt noch ein anderer Bundesstaat die Möglichkeiten hätten, dies zu gewährleisten, müsse der Bund die Untersuchungen übernehmen:

»Hier muss der Bund durchaus eine Gewährleistung dafür haben, daß alle Thatsachen streng und mit stetem Hinblicke auf das Gemeingefährliche des ganzen Unternehmens erörtert werden: er muß dafür sorgen können, daß die ohne Zweifel in die verschiedensten Länder auslaufenden Fäden der Verschwörung fest zusammengehalten werden; er muß den aus der Verschiedenheit der Jurisdictionen, denen die einzelnen Verbrechen unterliegen, entspringenden Mißständen durch Centralisation der Instruction des Processes abhelfen.«[373]

Die neue Zentraluntersuchungsbehörde sollte aus einem Frankfurter Untersuchungsrichter sowie etwa fünf weiteren Untersuchungsrichtern aus anderen Bundesstaaten zusammengesetzt werden und nach gemeinrechtlichen Grundsätzen das Untersuchungsverfahren durchführen. Wichtig war, dass dieser Behörde nicht nur die Untersuchung des Wachensturms, sondern die Ermittlung der dahinter liegenden Verschwörung obliegen sollte, was bedeutete, dass sie ihre Tätigkeit thematisch und zeitlich erheblich ausdehnen konnte. Zudem sollte die Untersuchungsbehörde regelmäßig Bericht an die Maßregelkommission erstatten, die diese Informationen zum Zweck weiterführender sicherheitspolitischer Maßnahmen an den Bundestag weiterleiten sollte. Damit hatte die von Metternich skizzierte Behörde eine Art indirektes Initiativrecht im Blick auf Bundesbeschlüsse, womit Metternich eine Idee des badischen Staatsministers Berstett aufgriff, der 1825 im Blick auf die Zentraluntersuchungskommission gefordert hatte, diese solle über ihre Rolle als Untersuchungsbehörde hinaus als beratendes rechts- und sicherheitspolitisches Expertengremium fungieren.[374]

---

[373] Metternich an Münch-Bellinghausen, 13. April 1833, in: Zerback, Reformpläne, S. 396.
[374] Siehe hierzu: Kapitel 3.1.4.2, S. 164.

Eine Kompetenz des Bundes zur Übernahme des Entscheidungsverfahrens sah Metternich dagegen nicht. Die Urteilsfällung sollte einem der »natürlichen« Gerichtsstände überlassen werden, also jedem Staat, der Zugriff auf einen Täter bekam und sich als kompetent erachtete:

> »Die Fällung des Urtheilsspruchs über die in Frage stehenden Verbrechen gebührt ausschließlich den Frankfurter Behörden, in sofern von Angehörigen der Stadt, oder von solchen Fremden die Rede ist, für die daselbst der forum delicti commissi geltend gemacht werden kann; oder den einzelnen Bundesregierungen, die bei ihren respektiven in der Sache befangenen Unterthanen, in der Verschwörung und in dem Angriffe gegen den deutschen Bund die eigene Sicherheit und die eigene Autorität verletzt finden und solche Verbrechen nach den bestehenden Landesgesetzen zu bestrafen wissen werden.«[375]

Metternichs Konzept war in vielen Fragen noch offen und unbestimmt. Adolf Löw bezeichnete es als ein unrealistisches »Maximalprogramm«, mit dem Metternich die Diskussion zwischen den Bundesstaaten »anstoßen« wollte, was ihm auch gelang.[376] Während etwa Hannover[377] und Baden[378] dem Vorschlag vorbehaltlos zustimmten, formulierten besonders Preußen und Bayern abweichende Positionen.[379]

Preußen war durch die Nähe Frankfurts zu seinen Rheinprovinzen und der Teilnahme mehrerer preußischer Untertanen am Wachensturm unmittelbarer von den Ereignissen betroffen als Österreich. Entsprechend ging es der preußischen Regierung weniger um abstrakte und übergreifende polizeiliche Ziele, sondern konkret darum, die Teilnehmer des Wachensturms konsequent und hart zu bestrafen. Hierzu wollte die preußische Regierung nicht nur das Untersuchungsverfahren, sondern auch das Spruchverfahren unter die Kontrolle des Bundes bringen. Hintergrund war auch ein tiefes Miss-

---

[375] Metternich an Münch-Bellinghausen, 13. April 1833, in: Zerback, Reformpläne, S. 396.
[376] Löw, Bundeszentralbehörde, S. 3.
[377] Kuefstein an Metternich, 26. April 1833, in: HHStA Wien, StK, Deutsche Akten, Nr. 33.
[378] Buol an Metternich, 27. April 1833, in: HHStA Wien, StK, Deutsche Akten, Nr. 33.
[379] Vgl. Löw, Bundeszentralbehörde, S. 4 ff.

trauen gegenüber den Frankfurter Behörden und der Frankfurter Gerichtsverfassung, die unter anderem die umstrittene exterritoriale Aktenversendung an Juristenfakultäten vorsah. Nachdem zwischenzeitlich sogar die Idee in Umlauf gebracht worden war, nur die Voruntersuchung bzw. die Spezialinquisition durch die von Metternich vorgeschlagene Zentraluntersuchungsbehörde führen zu lassen, wandte sich Karl Albert von Kamptz in einem umfassenden Promemoria an das preußische Kabinett, in dem er sich gegen jegliche Splittung des Verfahrens in Landes- und Bundeskompetenzen aussprach.[380] Im Blick auf das Untersuchungsverfahren führte er aus, dass eine Zuständigkeitsbegrenzung des Bundes auf die polizeiliche Voruntersuchung das Grundproblem der Untersuchung nicht lösen würde, nämlich ihren lokalen Charakter. So seien die schon aus den Untersuchungsverfahren der 1820er Jahren bekannten Probleme vorhersehbar, wie die langwierige Zirkulation der Untersuchungsakten, der umständliche Transport von Gefangenen für Konfrontationen oder die Möglichkeit für Verdächtige, ihre während der Voruntersuchung durch die Bundesbehörde abgelegten Geständnisse gegenüber den Landesbehörden noch einmal zu widerrufen.[381] Noch schwerwiegender sei diese Problematik im Blick auf das Entscheidungsverfahren, wo wieder mit voneinander abweichenden und zu milden Urteilen zu rechnen sei. Kamptz wollte die Strafverfahren gegen die Wachenstürmer daher vollständig zentralisieren, wobei er zwei Modelle im Auge hatte. Dies war erstens ein Bundesstrafgericht. Kamptz argumentierte, dass, selbst wenn eine Strafkompetenz des Bundes in der Bundesverfassung nicht angelegt sei, ein solches Gericht leicht geschaffen werden könne. Denn den Bundesregierungen sei es bei gravierenden Sicherheitsbedrohungen überlassen, die Kompetenzen des Bundes nach Belieben zu erweitern:

»Für Fürstenbünde gebietet es aber wohl höhere Interpretations-Regeln als für Kaufmanns Associationen und andere Privatcontracte, und als schriftliche und buchstäbliche Fassung (…). Es kommt indes auf eine nähere Erörterung der jetzt bestehenden Verfassung

---

[380] Promemoria Kamptz, 28. Mai 1833, in: HHStA Wien, StK, Deutsche Akten, Nr. 33.
[381] Promemoria Kamptz, 28. Mai 1833, in: HHStA Wien, StK, Deutsche Akten, Nr. 33.

nicht an, da es ja in der Macht des Bundes steht, sie zu ergänzen, und es daher nur darauf ankommt, der Bundesversammlung diese Ergänzung vorzuschlagen. Die Bundesfürsten haben in mehreren anderen Regierungsrechten ihre Souveränität aus höheren Bundesrücksichten beschränkt, (...). Was berechtigt dazu von vornhinein anzunehmen, daß sie auf ihre Unabhängigkeit jetzt eifersüchtiger geworden, jetzt nachdem die Erfahrung sie mehr wie damals belehrt hat, dass ihre Unabhängigkeit von einer Gewalt bedroht wird, welcher einzeln stehende Souveränitäten schon unterlegen sind, und welcher nur mit vereinter Bundeskraft widerstanden werden kann?«[382]

Ein Bundesstrafgericht würde etwaigen durch Verfassungen garantierten Untertanenrechten nicht entgegenstehen, solange die materielle Rechtsgrundlage nicht geändert würde. Formelle Aspekte wie Gerichtsstand und Prozessordnung unterlägen dagegen allein der Justizhoheit des Landesherrn, wobei die Anordnung spezieller Gerichtstände bei Fällen, die administrative Grenzen überlagerten, innerhalb der Bundesstaaten üblich sei:

»Es ist eine meines Erachtens nicht gegründete Voraussetzung, dass dadurch die Rechte der Angeschuldigten gekränkt werden. Sie haben allerdings ein Recht nach keinem härteren Gesetz bestraft zu werden als nach demjenigen gegen welches sie verbrochen haben. Hochverratsgesetze sind in ganz Deutschland wesentlich die ähnlichen, die Rechte der Angeschuldigten sind völlig geachtet und gewahrt, wenn bestimmt wird, dass sie nach ihren Landesgesetzen bestraft werden sollen. Auf den Gerichtshof und auf die Form des Prozesses haben sie aber keine Rechte; kein Angeschuldigter hat ein Widerspruchsrecht, wenn sein Landesherr ihn aus dem foro domicilii an das Forum delicti commissi ausliefert, oder wenn er aus vollgültigen Gründen entweder in seinem Lande, oder mit anderen Landesherren ein forum commune bestellen will. (...) Die Gesetze aller Länder gestatten solche gemeinschaftliche Gerichte bei Verbrechen die in mehreren Provinzen begangen sind, ohne Rücksicht ob in der einen oder der anderen Sache eine abweichende Prozess-Ordnung stattfindet. Im Jahr 1819 ward wegen Untersuchungen und Aburtheilung der demagogischen Umtriebe ein solches forum commune für die ganze (*Anm. preußische*) Monarchie angeordnet und ebenso werden jährlich solche gemeinschaftlichen

---

[382] Promemoria Kamptz, 28. Mai 1833, in: HHStA Wien, StK, Deutsche Akten, Nr. 33.

fora angeordnet, wenn Falschmünzer, Räuber, und andere Banden aus mehreren Provinzen ermittelt werden.«[383]

Als zweite, allerdings nachrangige Lösung schlug Kamptz ein »Gemeinschafts-Gericht« der betroffenen Staaten vor, das unter Aufsicht der Bundesversammlung stehen und eine Art »Hybrid« zwischen Bundesgericht und »internationalen« Gerichten darstellen sollte. Kamptz verwies dabei auf den gemeinrechtlichen Diskurs, der solche Gerichte bei Verbrechen, die mehrere Territorien betrafen und bei denen eine nicht auflösbare Konkurrenz der Gerichtsstände vorlag, vorschlug.[384] Obwohl die Einrichtung eines solchen Gerichts in der Literatur eher als Ausnahme empfohlen wurde, ging Kamptz so weit zu behaupten, diese Sondergerichte seien im Alten Reich regelmäßig aufgestellt und »oft auch von den Reichsgerichten vorgeschrieben« worden.[385] Ein solches Gericht sollte ausdrücklich kein »Bundesgericht«, sondern ein »rein landesherrliches von mehreren Regenten bestelltes Gericht« sein.[386] Trotzdem hätte der Bund das Recht, die Einrichtung eines solchen Gerichts anzuordnen und seine Arbeit zu überwachen. Die Kompetenz hierzu würde sich aus Artikel 2 DBA ergeben, da es sich beim Wachensturm um einen Angriff auf die Sicherheit des ganzen Bundes gehandelt habe. Die Bestimmung sei analog zur Überwachung der bundesstaatlichen Landtage und Zensurbehörden durch die Überwachungs- bzw. Aufsichtskommission und die Presskommission zu verstehen.[387]

Aufbauend auf diesen Überlegungen unterbreitete Kamptz einen Entwurf für die Zusammensetzung und Organisation eines Sondergerichts, der auf beide Varianten anwendbar war. Die Bundesversammlung sollte zehn Bundesstaaten wählen, die wiederum jeweils einen erfahrenen Richter abstellen sollten. Dem so gebildeten zehnköpfigen Richterkollegium sollte ein Präsident vorstehen, der direkt

---

[383] Promemoria Kamptz, 28. Mai 1833, in: HHStA Wien, StK, Deutsche Akten, Nr. 33.
[384] Vgl. Feuerbach, Lehrbuch, S. 792; Quistorp, Grundsätze, S. 139 f.
[385] Promemoria Kamptz, 28. Mai 1833, in: HHStA Wien, StK, Deutsche Akten, Nr. 33.
[386] Promemoria Kamptz, 28. Mai 1833, in: HHStA Wien, StK, Deutsche Akten, Nr. 33.
[387] Zur Presskommission und Überwachungskommission siehe: Siemann, Wandel, S. 66 f. u. 71 f.

durch die Bundesversammlung gewählt werden sollte, und zwar sowohl bei Einrichtung eines Bundes- als auch eines Gemeinschaftsgerichts. Der Präsident stellte entsprechend eine direkte Kontrollinstanz der Bundesversammlung dar. Dem Gericht sollte die Entscheidung überlassen werden, das Untersuchungsverfahren selbst zu führen oder es an die Behörden der Bundesstaaten zu delegieren. Im Untersuchungsverfahren sollte es gegenüber allen Landesbehörden weisungsbefugt sein und nach dem »gemeinem deutschen Criminalproceß« verfahren. Das Spruchverfahren sollte auf Grundlage des »gemeinen deutschen Criminalrechts« erfolgen. Analog zu den Bestimmungen des Tit. 20 § 15 des Preußischen Allgemeinen Landrechts sollten jedoch in Fällen, in denen die Strafgesetze des Heimatstaates des Beschuldigten milder waren, diese zur Anwendung kommen. Den jeweiligen Landesherren sollte das Recht zur Begnadigung oder zur Milderung des Urteils obliegen. Wichtig war, dass die neue Behörde wie die Zentraluntersuchungskommission regelmäßig Zwischenberichte über den Fortgang der Untersuchung vorlegen und ihre Erkenntnisse gedruckt publizieren sollte.[388]

Bayern wehrte sich gemeinsam mit Sachsen und Hessen-Darmstadt vehement gegen eine Bundesbehörde mit strafrechtlichen Kompetenzen. Die bayrische Regierung argumentierte, dass es politisch dringend notwendig sei, die Untersuchung des Wachensturms formell korrekt zu führen, um der Opposition keine Angriffsfläche zu bieten. Aus diesem Grund könnte man dem österreichischen Vorschlag einer Zentraluntersuchungsbehörde, so sinnvoll er aus praktischen Gesichtspunkten auch sei, nicht zustimmen:

> »Wenn man aber dagegen erwäget, daß die Fraction, welche gegenwärtig das materielle Recht mit Füßen tritt, ein gewonnenes Spiel haben würde, wenn sich die Bundes-Regierungen im Wege der Untersuchung von dem für sie bestehenden formellen Recht entfernen würden, und wenn die Fraction sich des Triumphes erfreuen würden könnte, die richterlichen Urtheile mit irgend einem Grunde der Nullität zu beschuldigen, so wird man nicht wohl Anstand nehmen können, von obiger, wenn auch noch so einladender Idee zurückzukehren.«[389]

---

[388] Promemoria Kamptz, 28. Mai 1833, in: HHStA Wien, StK, Deutsche Akten, Nr. 33.
[389] Weisung an die bayrische Bundestagsgesandtschaft, 21. April 1833, in: HStA München, MdA, Nr. 1702; HHStA Wien, StK, Deutsche Akten, Nr. 32.

Wie auf der Karlsbader Konferenz 1819 verwies die bayrische Regierung auf bayrische Verfassungsgrundsätze und das bayrische Strafgesetzbuch.[390] Die österreichischen Vorschläge würden mehrfach mit dem Verfassungsgrundsatz »Niemand darf seinem ordentlichen Richter entzogen werden« kollidieren (Bayrische Verfassung von 1818, Titel IV, Artikel 8).[391] So könne Bayern bei einer Verhaftung keine eigenen Untertanen an eine auswärtige Justizbehörde ausliefern (Bayrisches Strafgesetzbuch von 1813, Teil 2, Artikel 30). Dabei sei es egal, ob diese Behörde lediglich das Untersuchungsverfahren führen würde, da es sich um einen essentiellen Teil des Gesamtprozesses handeln würde. Zudem sei die vorgeschlagene Zentraluntersuchungsbehörde ein nach der bayrischen Verfassung ausdrücklich verbotenes, den ordentlichen Prozessgang umlaufendes Sondergericht, dessen Resultate keine Beweiskraft für ein bayrisches Verfahren hätten:

> »Eine auf diese Weise zusammengestellte Commission würde (...) ein durch kein Gesetz zu rechtfertigendes außerordentliches Spezial-Gericht seyn, deßen Handlungen und Protocolle nach strafrechtlichen Grundsätzen in keinem Bundesstaate anerkannt, und bey der Aburtheilung zur Grundlage genommen werden könnten. Eine solche Commission würde nicht einmal ein Gesetz haben, nach dessen Normen sie bey der Untersuchung und bey der unter ihren Gliedern obwaltenden Anstände zu verfahren hätte.«[392]

Neben diesen rechtlichen Bedenken war es das politische Ziel Bayerns, das Verfahren gegen die bayrischen Teilnehmer des Wachensturms selbst zu führen. Dies war eine Frage des nationalen Prestiges, denn es war blamabel, dass nach dem Hambacher Fest erneut eine große politische Aktion maßgeblich in Bayern vorbereitet und von bayrischen Untertanen durchgeführt worden war.[393] Eine ähnliche Strategie verfolgte die bayrische Regierung auch im Fall des Hambacher Fests, indem sie durch einen öffentlich inszenierten ordent-

---

[390] Vgl. Kapitel 3.1.1.2, S. 93.
[391] Weisung an die bayrische Bundestagsgesandtschaft, 21. April 1833, in: HStA München, MdA, Nr. 1702; HHStA Wien, StK, Deutsche Akten, Nr. 32.
[392] Weisung an die bayrische Bundestagsgesandtschaft, 7. Mai 1833, in: HStA München, MdA, Nr. 1702.
[393] Vgl. Jakob, Studentenverbindungen, S. 211 ff.; Polster, Studentenbewegung, S. 247 ff.

lichen Strafprozess versuchte ihren politischen Ruf im In- und Ausland wiederherzustellen.[394] Der in mehreren Weisungen an die bayrische Bundestagsgesandtschaft erörterte Plan der bayrischen Regierung lässt sich folgendermaßen zusammenfassen: Im Idealfall sollten die Frankfurter Behörden lediglich die polizeiliche Voruntersuchung führen. Nach Abschluss der Frankfurter Voruntersuchung sollten die bayrischen Untertanen an Bayern ausgeliefert werden. Zu diesem Zweck hatte Bayern bereits vorläufig etwaige Frankfurter Untersuchungsergebnisse als »beweiskräftig« für ein bayrisches Strafverfahren anerkannt.[395] Gegenüber der Bundesversammlung sollte diese Maßnahme mit dem Fehlen eines Frankfurter Strafgerichts begründet werden. Bayrische Untertanen sollten nicht »nach Versendung der Acten an irgend eine Juristen-Facultät, sondern von verlässigen Bayerischen Richter-Personen nach streng gesetzlicher Untersuchung gemäß Bayerischer Strafgesetze abgeurtheilt werden«.[396] Da die bayrische Regierung eine Auslieferung der Frankfurter Gefangenen jedoch für unwahrscheinlich hielt, sollte unabhängig von dieser Frage eine mit der Zentraluntersuchungskommission vergleichbare Bundeskommisson eingerichtet werden, die die Frankfurter Untersuchung überwachen und mit Untersuchungen in anderen Bundesstaaten verknüpfen sollte. Diese Kommission sollte jedoch keine strafrechtlichen, sondern nur administrative Befugnisse haben:

> »Übrigens erscheint (...) es als eine gesonderte Frage, was zu thun seyn dürfte, um bey der großen Gemeingefährlichkeit der hier in Frage stehenden Verbrechen, (...) dem gesamten Bunde eine Gewährleistung dafür zu geben, daß mit der möglichsten Genauigkeit, Umsicht, und Beschleunigung daselbst verfahren werde. Wenn auch (...) dem ordentlichen Gerichte zu Frankfurt eine Central-Bundesbehörde zum Zwecke strafrichterlicher Untersuchung, und also mit strafrichterlicher Qualität, keineswegs substituiert werden kann, so könnte es doch allerdings zweckmäßig erscheinen, jenem kompetenten Untersuchungs-Gerichte aus staatspolizeylichen Rück-

---

[394] Vgl. Gallo, Verhandlungen, S. 26.
[395] Weisung an die bayrische Bundestagsgesandtschaft, 22. April 1833, in: HStA München, MdA, Nr. 1702; HHStA Wien, StK, Deutsche Akten, Nr. 32.
[396] Weisung an die bayrische Bundestagsgesandtschaft, 22. April 1833, in: HStA München, MdA, Nr. 1702; HHStA Wien, StK, Deutsche Akten, Nr. 32.

sichten, Commissäre der einzelnen Bundesstaaten zu dem Zwecke an die Seite zu stellen, daß sie das Interesse ihrer Staaten, und des gesamten Bundes hierbey an Ort und Stelle zu wahren, sich von der Genauigkeit und Strenge der Untersuchungsführung zu überzeugen, und durch gegenseitige Mittheilungen und Aufschlüsse, besonders in Beziehung auf die gleichartigen und mitverwebten Untersuchungen in den einzelnen teutschen Staaten, zur Gründlichkeit, Vollständigkeit und Beschleunigung der (…) besonders wichtigen Untersuchung beyzuwirken hätten.«[397]

Die Aufgabe Metternichs bestand nun darin, einen Kompromiss zwischen diesen Positionen zu finden. Seine Überlegungen fasste er in einer Instruktion an den Bundestagsgesandten Münch-Bellinghausen zusammen.[398] Metternich war nach wie vor von der Zulässigkeit einer Zentraluntersuchungsbehörde zur Durchführung des Untersuchungsverfahrens überzeugt, da der Artikel 28 WSA seiner Meinung nach allgemeinen Sicherheitsinteressen des Bundes einen Vorrang vor Rechtsgrundsätzen der Bundesstaaten einräumte.[399] Allerdings wollte er wegen des daraus resultierenden politischen Schadens eine Kampfabstimmung in der Bundesversammlung vermeiden. Aus diesem Grund hielt er auch den preußischen Vorschlag, das Untersuchungsverfahren und das Entscheidungsverfahren vollständig durch den Bund führen zu lassen, für unrealistisch. Ohnehin war für ihn die Frage, ob die neue Behörde strafrechtliche Kompetenzen haben sollte, nebensächlich. Wichtiger war, dass sie ihren »Zweck« erfüllen konnte. Dieser bestand für Metternich darin, Informationen über die hinter dem Wachensturm stehende Verschwörung zu erfassen, zu systematisieren und verfügbar zu machen. Die neue Behörde sollte »als förderndes Bindungsmittel und Licht verbreitendes Centrum zwischen den über ganz Deutschland zerstreuten Gerichten (…)« dienen.[400] Zur Erfüllung dieser Aufgabe brauchte die neue Behörde nach Metternichs Auffassung keine straf-

---

[397] Weisung an die bayrische Bundestagsgesandtschaft, 21. April 1833, in: HStA München, MdA, Nr. 1702; HHStA Wien, StK, Deutsche Akten, Nr. 32.
[398] Metternich an Münch-Bellinghausen, 2. Juni 1833, in: HHStA Wien, StK, Deutsche Akten, Nr. 33. Vgl. Löw, Bundeszentralbehörde, S. 7 f.
[399] Metternich an Münch-Bellinghausen, 2. Juni 1833, in: HHStA Wien, StK, Deutsche Akten, Nr. 33.
[400] Metternich an Münch-Bellinghausen, 2. Juni 1833, in: HHStA Wien, StK, Deutsche Akten, Nr. 33.

rechtlichen Kompetenzen, so dass das von Bayern vorgeschlagene Format einer die Untersuchungen begleitenden und koordinierenden, polizeilichen Bundeskommission ausreichte, wobei nicht nur die Frankfurter Untersuchungen, sondern alle Untersuchungen wegen des Wachensturms in ihren Kompetenzbereich fallen sollten. Damit wäre Metternichs Grundanliegen eigentlich erfüllt gewesen, jedoch musste er auch die Wünsche Preußens berücksichtigen, das sich einen stärkeren Einfluss des Bundes auf die Untersuchungsführung in den kleineren Bundesstaaten wünschte. Dieses Problem versuchte Metternich zu lösen, indem die neue Bundeskommission weiterhin die Aufgabe haben sollte, die Untersuchungsverfahren in den Bundesstaaten durch Akteneinsicht zu kontrollieren und der Maßregelkommission über die Durchführung und den Verlauf der Untersuchungsverfahren in den Bundesstaaten zu berichten und gegebenenfalls Beschwerden über einzelne Behörden und Regierungen zu äußern:

> »Aber schon das bloße Gefühl ihrer Einsicht in die Acten, u. daß sie von Bundeswegen hierzu berufen und bevollmächtigt sey, wird gröberen Mißbräuchen bei einzelnen Behörden streuen; und eine belegte Klage der Commission, (...) angebracht bei der betreffenden Regierung u. in schlimmsten Falle beym Bundestage, würde sicher ohne allen Erfolg nicht bleiben.«[401]

Die nähere Ausgestaltung eines Bundesbeschlusses überließ Metternich Münch-Bellinghausen, der einen Präsidialantrag ausarbeiten und einreichen sollte. Metternichs einzige ausdrückliche Vorgabe betraf die Zusammensetzung der Behörde. Sie sollte sich nicht, wie es unter anderem von Preußen und Sachsen vorgeschlagen wurde, aus Kommissaren der unmittelbar betroffenen Regierungen zusammensetzen, sondern aus fünf Kommissaren aus durch die Bundesversammlung gewählten Bundesstaaten. Hierdurch sollte eine ausreichende Berücksichtigung der Interessen des Bundes und besonders eine Beteiligung Österreichs sichergestellt werden.[402] Münch-Bellinghausen stellte den Antrag jedoch nicht selbst, sondern nutzte

---

[401] Metternich an Münch-Bellinghausen, 2. Juni 1833, in: HHStA Wien, StK, Deutsche Akten, Nr. 33.
[402] Metternich an Münch-Bellinghausen, 2. Juni 1833, in: HHStA Wien, StK, Deutsche Akten, Nr. 33.

hierzu die Maßregelkommission. So konnte er sich im Vorfeld vertraulich mit den wichtigsten Bundestagsgesandten abstimmen, größere Konflikte vor der Abstimmung ausräumen und den Eindruck vermeiden, es würde sich um eine österreichische Maßnahme handeln. Die Ausarbeitung des Entwurfs überließ Münch-Bellinghausen dem badischen Bundestagsgesandten Friedrich von Blittersdorff, der nach den Vorgaben Metternichs ein Konzept für einen Bundesbeschluss ausarbeitete.[403] Aus verhandlungstaktischen Gründen drängte Münch-Bellinghausen auf eine schnelle Beschlussfassung, um die übrigen Bundestagsgesandten mit dem Antrag überraschen und den Beschluss ohne großen Widerstand durchbringen zu können.[404] Am 20. Juni 1833 stellte Blittersdorff im Namen der Maßregelkommission vor der Bundesversammlung den Antrag zur Gründung einer »Centralbehörde des Bundes« mit Sitz in Frankfurt, der einstimmig angenommen wurde.[405]

3.2.2.3 Funktionen und rechtliche Ausgestaltung der Bundeszentralbehörde

Der die Bundeszentralbehörde konstituierende »Bundesbeschluss wegen eines gegen den Bestand des Deutschen Bundes und die öffentliche Ordnung in Deutschland gerichteten Komplotts«[406] sah, wie von Metternich vorgegeben, die Wahl von fünf Bundesregierungen vor, die je einen Kommissar ernennen durften (Artikel 2 und 3). Dies waren die Regierungen von Österreich, Preußen, Bayern, Württemberg und Hessen-Darmstadt. Aufgabe der Behörde war es, die »näheren Umstände, den Umfang und den Zusammenhang des gegen den Bestand des Bundes und gegen die öffentliche Ordnung in Deutschland gerichteten Complotts«, das hinter den

---

[403] Blittersdorff an Türckheim, 20. Juni 1833, in: GLA Karlsruhe, Abt. 48, Nr. 1465.
[404] Bericht Blittersdorff, 20. Juni 1833, in: GLA Karlsruhe, Abt. 48, Nr. 1839.
[405] Protokolle Bundesversammlung 1833, 26. Sitzung, § 258, S. 568 ff.
[406] Bundesbeschluss wegen eines gegen den Bestand des Deutschen Bundes und die öffentliche Ordnung in Deutschland gerichteten Komplotts vom 30. Juni 1833, in: Protokolle Bundesversammlung 1833, 26. Sitzung, § 258, S. 575 f. Siehe auch: Huber, Dokumente, S. 135; Meyer, Corpus Juris (Teil 2), S. 285 f.; Kotulla, Verfassungsrecht, S. 742 ff.

Frankfurter Ereignissen vermutet wurde, aufzuklären (Artikel 1). Hierzu sollte sie die eingeleiteten politischen Untersuchungen der Bundesstaaten für den Bund beobachten, die Kommunikation zwischen den Landesbehörden »befördern« und für die »Gründlichkeit, Vollständigkeit und Beschleunigung« der einzelnen Untersuchungen sorgen. Die mit politischen Untersuchungen beschäftigten Landesbehörden waren verpflichtet, »fortwährend und schleunigst« relevante Informationen an die Bundeszentralbehörde weiterzugeben und durch die Bundeszentralbehörde an sie gestellte Requisitionen direkt und umfassend zu erfüllen (Artikel 4 und 5). Die Bundeszentralbehörde hatte zudem das Recht, Kommissare als Beobachter an die Untersuchungsorte zu entsenden. Dort durften sie Akten einsehen und an Verhören teilnehmen, allerdings keinen Einfluss auf die Untersuchung nehmen (Artikel 6).

Die konkreten Eingriffsmöglichkeiten der Bundeszentralbehörde lagen damit deutlich hinter den ursprünglichen Vorschlägen Österreichs und Preußens, die mindestens auf die Durchführung des Untersuchungsverfahrens durch den Bund abgezielt hatten. Friedrich von Blittersdorff, der »Konstrukteur« der Bundeszentralbehörde, führte gegenüber seiner Regierung aus, es handele sich eigentlich nicht um eine »Untersuchungs-Commission des Bundes«, sondern nur um eine »die Untersuchungen in den einzelnen Bundesstaaten beaufsichtigende Behörde des Bundes«.[407] Trotzdem gingen die Kompetenzen der Bundeszentralbehörde in einem anderen Punkt weiter als ursprünglich geplant. Dadurch, dass sich ihr Aufgabenfeld nicht auf die Untersuchung des Wachensturms beschränkte, sondern ausgehend von Metternichs Wunsch auf das dahinter liegende »Complott« abzielte, war ein erheblicher thematischer Spielraum garantiert. Denn entsprechend der inquisitorischen Prozessmaximen hatte die Bundeszentralbehörde nun die Pflicht und Kompetenz, allen im Rahmen der Untersuchung auftretenden Hinweisen nachzugehen. Das Narrativ des »Komplottes« bzw. der »Verschwörung« diente hier also als eine Art Generalermächtigung.[408] Blittersdorff erläuterte, dass diese »Generalisierung« des Kommissionsauftrags wegen des

---

[407] Bericht Blittersdorff, 20. Juni 1833, in: GLA Karlsruhe, Abt. 48, Nr. 1839.
[408] Vgl. Foerster, Preß- und Vaterlandsverein, S. 50 f.

Umfangs der Untersuchungen und der von Preußen und auch Bayern geforderten Kontrollfunktion der Bundeszentralbehörde notwendig gewesen sei. Insbesondere sei es darum gegangen sicherzustellen, dass die Bundeszentralbehörde ihre Kompetenzen aus Artikel 5 und 6 gegenüber unzuverlässigen Bundesstaaten vollumfänglich ausspielen konnte: »Die Bestimmungen sind auf Bundesstaaten wie Frankfurt, Hamburg, Altenburg, Hildburghausen berechnet, von denen angenommen werden muß, daß ohne ein kräftiges Einwirken des Bundes dem Übel nicht abgeholfen werden kann.«[409] Ursprünglich hatte Blittersdorff diese Aufsichtsfunktion sogar als zentrale Aufgabe der Bundeszentralbehörde im Bundesbeschluss festschreiben wollen, war damit aber am Widerstand des württembergischen und substituierten bayrischen Bundestagsgesandten Trott gescheitert, der sich nicht für befugt hielt, einer solchen Formulierung zuzustimmen. Blittersdorffs erste Version des Artikels 1 lautete:

> »Zu Frankfurt wird eine Central Behörde des Bundes niedergesetzt, welche die Aufgabe hat, möglichst genaue Kenntniß des die öffentliche Ordnung in Deutschland betreffenden Komplotts und des einen Ausfluß hiervon bildenden Attentats vom 3ten April sowie dessen Verzweigungen zu erhalten und über den Gang der Untersuchungen in den einzelnen Bundesstaaten im gemeinsamen Interesse des Bundes die notwendige Aufsicht und Kontrolle auszuüben.«[410]

In diesem Zusammenhang hatte der preußische Bundestagsgesandte Nagler in der Maßregelkommission gefordert, der Bundeszentralbehörde gegenüber den Frankfurter Behörden eine außerordentliche, »mehr eingreifende Stellung zu geben«, was der österreichische Bundestagsgesandte Joachim von Münch-Bellinghausen wiederum ablehnte, da er meinte, dies sei bundesrechtlich nicht begründbar und würde die wichtige Kooperation zwischen Bundeszentralbehörde und Frankfurter Behörden wegen des damit verbundenen Vertrauensverlusts behindern.[411]

---

[409] Bericht Blittersdorff, 20. Juni 1833, in: GLA Karlsruhe, Abt. 48, Nr. 1839.
[410] Bericht Trott, 20. Juni 1833, in: HStA München, MdA, Nr. 1714.
[411] Münch-Bellinghausen an Metternich, 27. Juni 1833, in: HHStA Wien, StK, Deutsche Akten, Nr. 33.

Für die Ausgestaltung der Bundeszentralbehörde waren laut Blittersdorff weiterhin die Erfahrungen mit der Zentraluntersuchungskommission von entscheidender Bedeutung. So habe er der neuen Behörde bewusst »keine Attributionen verliehen (...), welche man früher als unpraktisch und vom Ziele ablenkend erkannte«.[412] Gemeint waren die kaum genutzten, aber hoch konfliktträchtigen Kompetenzen der Zentraluntersuchungskommission, selbst Verhöre durchzuführen, Gefangene nach Mainz bringen zu lassen und der verunglückte Begriff der »Oberleitung«.[413] Gleichzeitig enthielt der Beschluss aber auch eine Reihe von Ergänzungen und Modifikationen, die aus der Praxis der Zentraluntersuchungskommission resultierten. So wurde bestimmt, dass das Verfahren der Bundeszentralbehörde in einer Geschäftsordnung geregelt werden sollte, um Konflikten innerhalb der Behörde effektiver vorbeugen und sie regulieren zu können. Wichtig war zudem, dass die Bundeszentralbehörde direkt mit den Untersuchungsbehörden kommunizieren durfte und nicht wie die Zentraluntersuchungskommission ihre Requisitionen an die jeweiligen Landesregierungen richten musste. Dies hatte praktische und politische Gründe. Einerseits wurden die Kommunikationswege verkürzt, anderseits wurde durch die Verlagerung der Kommunikation von der diplomatischen auf die justizielle Ebene ihr politisches Konfliktpotential reduziert, was gerade in Anbetracht der Kontrollfunktion der Bundeszentralbehörde von großer Bedeutung war.

Ein weiterer wichtiger Punkt war, dass die Arbeit der Bundeszentralbehörde im Vergleich zur Zentraluntersuchungskommission im größeren Umfang mit der der Bundesversammlung verknüpft werden sollte, indem sie als beratendes sicherheits- und rechtspolitisches Expertengremium fungieren sollte. Die Zentraluntersuchungskommission war mit der Bundesversammlung nur insofern verbunden gewesen, als dass sie ihr berichtspflichtig war und sich zur Klärung interner Konflikte an einen speziellen Bundestagsausschuss wenden sollte, der ansonsten aber keine Funktionen hatte. Die Bundeszentralbehörde wurde dagegen als eine Art Subkommission

---

[412] Blittersdorff an Türckheim, 20. Juni 1833, in: GLA Karlsruhe, Abt. 48, Nr. 1465.
[413] Vgl. Kapitel 3.1.2.1, S. 110 ff.

der Maßregelkommission konstruiert. Diese Idee hatte Metternich schon am 29. April 1833 angedeutet, als kurzzeitig die Wiedereinberufung der Zentraluntersuchungskommission diskutiert wurde.[414] Gegenüber seinem bayrischen Vertrauten Fürst Wrede bezeichnete er die Maßregelkommission dabei als eigentliche Nachfolgerin der Zentraluntersuchungskommission und stellte die Frage nach möglichen Hilfseinrichtungen:

> »Bestünde die ehemalige Central-Untersuchungs-Commission, so wäre die Behörde ganz gefunden. Sie besteht nicht mehr und sonach kann sie nicht wieder geschaffen werden. Ich sage dies nicht in einem abstract-rechtlichen Sinne, denn in demselben liegt das Hinderniß nicht, sondern in Folge politischer Erwägungen. Man bedarf dieser Commission aber auch nicht; deren Ersatz besteht bereits. (…) Bereits im vorigen Jahr hat die Bundesversammlung einer aus ihrer Mitte gewählten Commission die Pflicht aufgelegt, über die Fragen der Sicherheit zu wachen. – Diese Commission ist die wahre Behörde, um die Central-Information zu leiten und deren Erfolge zur Kenntniß der Bundesversammlung zu bringen. Welche Hilfe wäre der Commission noch zu geben. Dieß ist eine Frage welche der Bundesversammlung angehört.«[415]

Diese »Hilfe« war die Bundeszentralbehörde, die der Maßregelkommission als beratendes Organ beigeordnet war. Ähnlich wie bei der Zentraluntersuchungskommission hatte sich die Bundeszentralbehörde bei organisatorischen Fragen »über die Leitung und Beförderung der Untersuchungen« an die Maßregelkommission zu wenden und ihr regelmäßig über die Untersuchungsergebnisse zu berichten (Artikel 7, Absatz 1). Entscheidender war jedoch, dass die Behörde über die bloße Zusammenstellung von Untersuchungsergebnissen hinaus Kompetenz und Verpflichtung hatte, die Maßregelkommission auf praktische Problemfelder hinzuweisen. So sollte die Bundeszentralbehörde ihre allgemeine Berichterstattung mit Anträgen zur »gründlicher Hebung des Übels« verbinden (Artikel 7, Absatz 2).

---

[414] Eine Wiedereinberufung der lediglich vertagten Zentraluntersuchungskommission wäre möglich gewesen, wurde wegen der Mängel der Behörde und der öffentlichen Wirkung der Maßnahme aber niemals ernsthaft diskutiert. Die Wahl Frankfurts als Sitz der Bundeszentralbehörde und die Bezeichnung »Behörde« anstatt »Kommission« waren sogar bewusst gesetzte Abgrenzungsmerkmale zwischen den beiden Einrichtungen. Vgl. Löw, Bundeszentralbehörde, S. 2; Siemann, Deutschlands Ruhe, S. 94 f.
[415] Metternich an Wrede, 29. April 1833, in: Bibl, Metternich, S. 370.

Dies konnten Anregungen zu legislativen und exekutiven Maßnahmen sein, aber auch Beschwerden über einzelne Behörden und Regierungen. Der preußische Außenminister Ancillon beschrieb diese Funktion der Bundeszentralbehörde folgendermaßen:

> »Die Bundes-Central-Behörde ist allerdings keine untersuchende und auch keine die Untersuchungen in den einzelnen Staaten dirigierende Behörde – sie ist vielmehr das Organ, wodurch der durch Artikel 28 der Schluss Acte angeordnete Bundestags-Ausschuss in den Stande gesetzt werden soll, die ihm nöthigen Nachrichten und Materialien zu erhalten um auf verfassungsmäßigen Wege seine Anträge bei der Bundesversammlung selbst zu machen. (...) Sie referiert in Bezug auf die einzelnen Theile des Geschäfts von Zeit zu Zeit im Allgemeinen über das was sie zu bemerken gefunden an den Bundestags-Ausschuß, extrahiert die Verfügungen welche sie für nöthig erachtet und verfolgt auf diese Weise den ihr vorgeschriebenen Zweck indem sie den Bundestags-Ausschuß als einen integrierenden Theil des Deutschen Bundessystems veranlaßt von den ihm beigelegten Attributionen Gebrauch zu machen.«[416]

Vor dem Hintergrund der stärkeren Integration der Bundeszentralbehörde in das Bundesgefüge war auch der augenscheinlich nebensächliche Artikel 8 des Bundesbeschlusses, der die Finanzierung der Bundeszentralbehörde regelte, von Bedeutung. Dieser sah vor, dass die Bundeszentralbehörde komplett durch Bundesmittel getragen werden sollte. Bei der Zentraluntersuchungskommission hatte der Bund lediglich die allgemeinen Kosten für Raummieten, Möblierung, Heizkosten, Hilfspersonal, Arbeitsmaterial, Portokosten sowie für die Untersuchung relevanter Zeit- und Flugschriften getragen. Die Diäten und Reisekosten der Kommissare und ihrer Sekretäre wurden dagegen von den jeweiligen Bundesstaaten finanziert. Über die Frage der Finanzierung kam es dann auch zur größten Kontroverse über die Ausgestaltung der Bundeszentralbehörde. Baden, das an der Zentraluntersuchungskommission, aber nicht an der Bundeszentralbehörde beteiligt war, forderte die Rückerstattung der für die Zentraluntersuchungskommission aufgewendeten Mittel, scheiterte jedoch mit dieser Forderung.[417]

---

[416] Ancillon an Eichmann, 7. Juli 1833, in: GStA PK Berlin, III. HA, MdA, Abt. I, Nr. 8197.
[417] Vgl. Protokolle Bundesversammlung 1833, 41. Sitzung, § 426, S. 886/887; Protokolle Bundesversammlung 1834, 7. Sitzung, § 89, S. 158 ff.; 11. Sitzung,

3.2.2.4 Die Gründung des Informationsbüros

Parallel zu den Verhandlungen um die Bundeszentralbehörde war die Ausgestaltung der von Österreich vor dem Wachensturm initiierten polizeilichen Informationsbehörde vorangegangen. Bereits im Mai war der als österreichischer Bevollmächtigter vorgesehene Polizeibeamte Karl Gustav Noé von Nordberg nach Mainz gereist und hatte erste Vorbereitungshandlungen vollzogen. In Preußen, Bayern und Württemberg verzögerte sich die Absendung der Kandidaten aus verschiedenen Gründen jedoch.[418] Nach der Gründung der Bundeszentralbehörde sahen die anderen Regierungen die Behörde aber als nicht mehr notwendig an und zogen sich schnell von dem Projekt zurück, so dass es zu einer »rein österreichischen Angelegenheit wurde«.[419] Österreich hielt deshalb an dem Projekt fest, da es die Bundeszentralbehörde und die neue Behörde nicht als konkurrierende, sondern als ergänzende Institutionen sah. Die Bundeszentralbehörde hatte zwar umfassenden Zugriff auf die Daten aus polizeilich-strafrechtlichen Untersuchungen der Bundesstaaten, aber dieser »Vorzug machte zugleich ihre Schwäche aus«.[420] Denn der Informationszufluss der Bundeszentralbehörde war auf diese Quellen beschränkt, eigene Ermittlungen und Nachforschungen konnte sie nicht durchführen. Entsprechend war sie vollständig abhängig vom Informationszufluss aus den Bundesstaaten. Gleichzeitig war die Perspektive der Bundeszentralbehörde sachlich und räumlich begrenzt. So lagen nur Sachverhalte im Blickfeld der Bundeszentralbehörde, in denen der Verdacht einer Straftat vorlag beziehungsweise strafrechtliche Untersuchungen eingeleitet worden waren. Die Bundeszentralbehörde konnte entsprechend nur eingeschränkt präventiv agieren. Zudem war ihr Kompetenzbereich formell auf den Deutschen Bund begrenzt, so dass sie nur begrenzten Zugang zu Informationen über Aktivitäten im Ausland hatte.[421]

---

§ 140, S. 306; 12. Sitzung, § 148, S. 326; 15. Sitzung, § 194, S. 421; 16. Sitzung, § 206, S. 455; 26. Sitzung, § 331, S. 671; 36. Sitzung, § 496, S. 906.
[418] Hoefer, Pressepolitik, S. 77 f.; Siemann, Deutschlands Ruhe, S. 143.
[419] Hoefer, Pressepolitik, S. 78.
[420] Siemann, Deutschlands Ruhe, S. 144.
[421] Hoefer, Pressepolitik, S. 79; Siemann, Deutschlands Ruhe, S. 144.

Da eine institutionelle Verknüpfung der beiden Einrichtungen nicht zu erreichen war, bemühte sich Österreich um eine personelle und organisatorische Verknüpfung. Noé von Nordberg wurde daher zunächst nach Frankfurt beordert, kehrte aber schon im Dezember 1833 wieder nach Mainz zurück, da die Stadt als polizeiliches Zentrum besser geeignet erschien. Dort erfolgte in den folgenden Jahren der Aufbau eines »Überwachungssystems und Agentennetzes« für den südwestdeutschen Raum und das benachbarte Ausland. Nachdem die Behörde zunächst als »Zentral-Polizei«, »Zentral-Polizei-Bureau« oder »Zentral-Überwachungs-Bureau« bezeichnet wurde, setzte sich allmählich der Name »Mainzer-Informations-Bureau« durch. In den folgenden Jahren entwickelte sich nicht nur ein reger Informationsaustausch, sondern auch eine wechselseitige »Nutzung« der Behörden. Während die Informationen des Informationsbüros in das bundesweite Kommunikationsnetzwerk der Bundeszentralbehörde eingespeist wurden, beauftragten die österreichische Bundestagsgesandtschaft und der österreichische Kommissar bei der Bundeszentralbehörde das Informationsbüro mit konkreten Observationsaufträgen im In- und Ausland.[422]

3.2.3 Die Frankfurter Bundeszentralbehörde

3.2.3.1 *Organisation und Arbeitsweise*

Die Bundeszentralbehörde begann im August 1833 mit ihrer Tätigkeit. Wie die Zentraluntersuchungskommission war sie nach dem Kollegiatsprinzip organisiert. Ein entscheidender Unterschied war jedoch, dass infolge des Artikels 3 des Bundesbeschlusses vom 30. Juni 1833 eine Geschäftsordnung bestand. Diese regelte Protokollführung, Sitzungsablauf, Antragstellung, Beschlussfassung, Schriftgutverwaltung und den Umgang mit Verfahrenskonflikten.[423] Auch wenn die Bundeszentralbehörde formell nicht die Nachfolgerin der Zentraluntersuchungskommission war, stand sie personell, institu-

---

[422] Hoefer, Pressepolitik, S. 80 ff.; Siemann, Deutschlands Ruhe, S. 143 ff.
[423] Geschäftsordnung für die durch hohen Bundestags-Beschluss vom 20. Juni 1833 niedergesetzte Bundes-Central-Behörde zu Frankfurt a. M, in: HStA Stuttgart, Best. E 301, Büschel 134.

tionell und organisatorisch in Kontinuität zu ihr. So waren der österreichische Kommissar Friedrich Moritz von Wagemann und der hessen-darmstädtische Kommissar Karl von Preuschen schon Mitglieder der Zentraluntersuchungskommission gewesen.[424] Außerdem wurden die Akten der Zentraluntersuchungskommission übernommen, die der inhaltliche Ausgangspunkt ihrer Arbeit und Vorbild für ihre eigene Schriftgutverwaltung waren.[425] Insbesondere legte die Geschäftsordnung der Bundeszentralbehörde die kontinuierliche Führung eines »Real und Personalindex« fest, eine der zentralen Innovationen der Zentraluntersuchungskommission.[426] Aus diesem Grund drängte die Bundeszentralbehörde die Landesbehörden von Anfang an auf eine formalisierte Abgabe von Personendaten.[427]
Die erste Referatsaufteilung gestaltete sich folgendermaßen: Der österreichische Kommissar Wagemann leitete die Arbeit der Bundeszentralbehörde geschäftsführend. Neben administrativen, »inneren« Aufgaben war er für die Korrespondenz mit den Landesbehörden und der Bundesversammlung zuständig. Daneben betreute er eine kleinere Untersuchung in Hessen-Homburg. Der preußische Kommissar war für die badische Untersuchung gegen den Journalisten Joseph Garnier[428] und die Untersuchungen gegen die Burschenschaft und andere politische Vereine in Bayern zuständig. Der bayrische Kommissar betreute die Untersuchungen gegen die Burschenschaften in Bonn, Gießen, Marburg, Kiel, Rostock und Heidelberg, der württembergische Kommissar die Frankfurter Untersuchung wegen des Wachensturms und die damit in direktem Zusammenhang stehenden Untersuchungen wegen der Mannheimer Filiale des »Press- und Vaterlandsvereins« in Baden sowie wegen der »Franckh-Koseritz'schen Verschwörung« in Württemberg. Der hessen-darmstädtische Kommissar sollte sich mit den Untersuchungen gegen die Burschenschaften in Tübingen und Jena beschäftigen.[429]

---

424 Zu den Kommissaren siehe: Löw, Bundeszentralbehörde, S. 50 ff.
425 Vgl. Protokolle Bundeszentralbehörde, 1. Sitzung, 17. August 1833, § 9, in: GStA PK Berlin, I. HA, Rep. 77, Tit. 10, Nr. 2, Bd. 1.
426 Vgl. Kapitel 3.1.2.2, S. 127.
427 Siemann, Deutschlands Ruhe, S. 99.
428 Siehe hierzu: Kapitel 3.2.3.2, S. 231 ff.
429 Vorläufige Referats-Verteilung bei der B. C. Behörde, 24. August 1833, in: HStA Stuttgart, Best. E 301, Büschel 134.

Mit Ausnahme der Franckh-Koseritz'schen Verschwörung, die ein sensibler Sonderfall war, da sie teilweise in einem Militärprozess behandelt wurde, war die Referatsverteilung so gestaltet, dass kein Kommissar Untersuchungen in seinem Heimatland betreute.[430] Hierdurch sollte eine neutrale Stellung bei der Kontrolle der bundesstaatlichen Behörden sichergestellt werden. Trotzdem wurden die Kommissare von ihren Regierungen angehalten, den Einfluss der Bundeszentralbehörde auf die eigenen Untersuchungen gering zu halten.[431] Der württembergische Gesandte Prieser wurde etwa instruiert, jedwede Teilnahme eines Kommissars der Bundeszentralbehörde an württembergische Verhören zu verhindern.[432] Der bayrische Kommissar Heinrichsen berichtete am 18. Oktober 1833:

> »Vor allem bemerke ich, daß auch nach der bey der Bundes-Centralbehörde berathenen und eingeführten Geschäftsordnung der Grundsatz angenommen wurde, daß kein Kommissär Referent in jenen Untersuchungen seyn solle, welche in dem Lande seines Souverains anhängig sind. (…) Hierbey muss ich jedoch ausführen, daß ungeachtet ich nicht Referent sondern nur Votant in den im Königreiche Bayern anhängigen dergleichen Untersuchungen seyn konnte, ich doch nicht unterließ, von allen diesen Untersuchungen genaue Kenntniß mit zu erwerben, (…) beständige Controle (…) über dieselben erstatteten Vorträge zu führen, und dafür zu wachen, daß keine Eingriffe in die nur den königl. bayrischen Untersuchungs- und erkennenden Richtern zustehenden Competenzverhältnisse gemacht werden (…).«[433]

In den folgenden Jahren kamen weitere Themenkomplexe hinzu, die zeitlich nach dem Wachensturm lagen und teilweise durch die

---

[430] Zu den Ermittlungsergebnissen wegen der Franckh-Koseritz'schen Verschwörung siehe: Aktenmäßige Darstellung; Wagemann, Darlegung, S. 33 ff. Siehe auch: Arnsberg, Demokraten.

[431] Zu der strukturellen Problematik der Neutralität und Unabhängigkeit der Kommissare bemerkt Adolf Löw: »Man betonte zwar des Öfteren, die Zentralbehörde vertrete die Gesamtbelange des Bundes und nie die der einzelnen Regierungen. Das trifft zu, solange das Allgemeininteresse des Bundes mit den Sonderinteressen des Einzelstaates identisch war. Sonst fühlten sich die von den Regierungen deputierten Beamten in maßgeblichen Verhandlungen zuerst als Preußen, Bayern usw. und dann erst als Glieder einer überstaatlichen Zentralbehörde.« (Löw, Bundeszentralbehörde, S. 50)

[432] Schwab an Prieser, 20. Juli 1833, in: HStA Stuttgart, Best. E 50/01, Büschel 599.

[433] Bericht Heinrichsen, 18. Oktober 1833, in: HStA München, MdA, Nr. 1702.

Bundeszentralbehörde selbst ermittelt wurden.[434] Hierbei handelte es sich in erster Linie um den 1834 entdeckten »Männerbund«, die »Umtriebe im Großherzogtum Hessen« mit den zentralen Figuren Friedrich Ludwig Weidig und Georg Büchner, die Aktivitäten der deutschen politischen Flüchtlinge in Frankreich und der Schweiz, insbesondere im Rahmen des Geheimbundes »Junges Deutschland«, die »Umtriebe im Kurfürstentum Hessen« mit der zentralen Figur Sylvester Jordan sowie den so genannten »Bund der Geächteten«.[435] In diesem Zusammenhang ist es nicht ganz richtig, wenn Wolfram Siemann ausführt, die Bundeszentralbehörde habe ihren Geschäftsbereich durch die Ermittlung dieser Fälle »erweitert«.[436] Vielmehr handelte sie im Sinne des Bundesbeschlusses vom 20. Juni 1833, der alle oppositionellen Aktivitäten potentiell zu Teilen eines Gesamtkomplotts erklärte, dessen »Umstände«, »Umfang« und »Zusammenhang« die Bundeszentralbehörde ermitteln sollte. Diese Interpretation des Bundesbeschlusses wurde am 10. Oktober 1833 in einem separaten Bundesbeschluss sogar noch einmal dezidiert festgehalten, nachdem es zu Unstimmigkeiten über die Frage der Aktenabgabe bzw. Informationspflicht der Landesbehörden gekommen war.[437] Vorausgegangen war eine Beschwerde bzw. Antrag der Bundeszentralbehörde, dass mehrere Landesbehörden ihre Akten gar nicht, selektiv oder erst nach ausdrücklicher Aufforderung eingesandt hätten.[438] So hatte die Bundeszentralbehörde beispielsweise erfahren, dass die hessen-darmstädtischen Behörden sich bei der Aktein-

---

[434] Für einen ersten Überblick über die von der Bundeszentralbehörde betreuten Untersuchungen sind ihre edierten Berichte geeignet. Siehe: Görisch/Mayer, Untersuchungsberichte; Kowalski, Hauptberichte.
[435] Der Einfluss der Bundeszentralbehörde auf einzelne Prozesse ist ein Forschungsdesiderat und kann hier nur punktuell und exemplarisch dargestellt werden. Bisher liegen kaum wissenschaftlichen Ansprüchen genügende Untersuchungen vor, die sich mit einem von der Bundeszentralbehörde betreuten Prozess beschäftigten. Angerissen wird diese Thematik bei: Gerber, Wachensturm; Roeseling, Burschenehre, S. 275 ff.
[436] Siemann, Deutschlands Ruhe, S. 96.
[437] Bundesbeschluss wegen der Mitteilung der Verhandlungen der mit der Untersuchung staatsverbrecherischer Unternehmungen beauftragten Landesbehörden an die Centralbehörde des Bundes vom 10. Oktober 1833, in: Protokolle Bundesversammlung 1833, 43. Sitzung, § 454, S. 953.
[438] Bundeszentralbehörde an Maßregelkommission, 25. September 1833, in: Protokolle Bundesversammlung 1833, 43. Sitzung, § 454, S. 949 ff.

sendung auf Untersuchungen beschränkten, die »unmittelbar ein Complott gegen den Durchlauchtigsten Deutschen Bund oder die Frankfurter Meuterei (...)« betrafen, sich aber nicht verpflichtet sahen, andere politische Untersuchungen zu melden.[439] Entsprechend ging es nicht nur um administrative Fragestellungen, sondern darum zu klären, für welche Fälle die Bundeszentralbehörde eigentlich zuständig war. Die Bundesversammlung bestätigte daraufhin einen umfassenden Kompetenzanspruch der Bundeszentralbehörde in sämtlichen Prozessen, welche die »gegen den Bund, die einzelnen Regierungen und die öffentliche Sicherheit überhaupt gerichteten verbrecherischen Unternehmungen« betrafen.[440]

Im Unterschied zur Zentraluntersuchungskommission, die in ihrer Anfangsphase kaum an konkreten Untersuchungen beteiligt war, stand die Bundeszentralbehörde von Anfang an im engen Kontakt zu den Landesbehörden. Dies lag daran, dass die Bundeszentralbehörde an die Arbeit der Zentraluntersuchungskommission anschließen konnte und entsprechend schneller handlungsfähig war. Zudem ergaben sich anders als zu Beginn der 1820er Jahre viele Betätigungsfelder. Dies waren neben den Untersuchungen wegen des Wachensturms und verknüpfter Aufstandspläne in anderen Bundesstaaten in erster Linie Ermittlungen gegen die Burschenschaft, die im gesamten Bundesgebiet fast tausend Personen betrafen und bis etwa 1836 dauerten. Diese waren im Mai 1833 durch eine Aussage des Heidelberger Burschenschafters Hermann Müller in Preußen ausgelöst worden, der detaillierte Angaben zur Organisation und Entwicklung der Burschenschaft gemacht und damit eine Welle von Verhaftungen und Geständnissen ausgelöst hatte.[441] Dies schien die über den Wachensturm hinausgehende Verschwörung zu bestätigen, rechtfertigte die Tätigkeit der Bundeszentralbehörde und gab ihr konkrete Anknüpfungspunkte.

---

[439] Bundeszentralbehörde an Maßregelkommission, 25. September 1833, in: Protokolle Bundesversammlung 1833, 43. Sitzung, § 454, S. 950.
[440] Bundesbeschluss wegen der Mitteilung der Verhandlungen der mit der Untersuchung staatsverbrecherischer Unternehmungen beauftragten Landesbehörden an die Centralbehörde des Bundes vom 10. Oktober 1833, in: Protokolle Bundesversammlung 1833, 43. Sitzung, § 454, S. 953.
[441] Roeseling, Burschenehre, S. 286 ff.

Die Arbeitsweise der Bundeszentralbehörde glich dem von der Zentraluntersuchungskommission nach der Entdeckung des Jünglingsbundes entwickelten Verfahren. Grundlage war die Sammlung, Auswertung und Aufbereitung des von den Bundesstaaten zur Verfügung gestellten Untersuchungsmaterials. Insbesondere waren dies Vernehmungsprotokolle, Untersuchungsberichte und Personenlisten, aber auch Briefe, Flugschriften, Liedtexte und sonstige private Aufzeichnungen. Außerdem wurde die Bundeszentralbehörde von den Untersuchungsbehörden der Bundesstaaten über den allgemeinen Stand der Untersuchungen und besondere Vorkommnisse wie das Verhalten und den Gesundheitszustand von Gefangenen, Fluchtversuchen oder Absprachen unter den Gefangenen, so genannte »Kollusionen«, informiert. Die so gewonnenen Informationen wurden in An- oder Rundschreiben kommuniziert, wobei die Bundeszentralbehörde für die Letzteren das für die Zentraluntersuchungskommission angeschaffte Lithographiegerät benutzte.[442] Lithographierte Rundschreiben erließ die Bundeszentralbehörde dann, wenn Informationen für mehrere Untersuchungen relevant erschienen.[443]

Ergänzend wurden systematisch öffentliche Quellen wie Zeitschriften ausgewertet. Diese wurden von der Bundeszentralbehörde als Informationsquelle und Beweismittel benutzt. Zudem erhielt sie so Hinweise über oppositionelle Aktivitäten im Ausland. Die Auswertung von Zeitungen diente jedoch auch der Kontrolle der Landesbehörden, da sich die Bundeszentralbehörde so selbständig über deren Aktivitäten informieren konnte:

> »Für ihre Aufgabe ist eben so, wie die gerichtliche Erhebung, auch die vollständige Kenntnis der Tagesgeschichte der politischen Welt nothwendig; weil die Central Behörde nur durch die Kenntnis die thatsächlichen Momente des revolutionären Treibens in ihrem Inneren gehörig erkennen, und beurtheilen kann. Die Central-Behörde kann aber auch dergleichen Blätter als Aktenstücke nicht entbehren, weil zu oft jenes Treiben sein Feld in den öffentlichen Blättern sucht und findet, diese Blätter daher entweder wahre

---

[442] Protokolle Bundeszentralbehörde, 1. Sitzung, 17. August 1833, § 8, in: GStA PK Berlin, I. HA, Rep. 77, Tit. 10, Nr. 2, Bd. 1. Vgl. Kapitel 3.1.2.2, S. 128.
[443] Zum Beispiel: Protokolle Bundeszentralbehörde, 54. Sitzung, 14. Juni 1834, § 912, in: GStA PK Berlin, I. HA, Rep. 77, Tit. 10, Nr. 2, Bd. 3.

Corpora delicti werden, oder doch Spuren und Indizien von solchen Umtrieben oder gefährlichen Verbindungen geben; so wie sie die meisten Anhaltspunkte zu den Verzweigungen mit dem Auslande liefern. Endlich kommt die Central Behörde gewöhnlich durch die öffentlichen Blätter zuerst in die Kenntniß von dem gerichtlichen Vorgang und von den verschiedenen richterlichen Erkenntnissen, und wird vielleicht schon nächstens in der Lage seyn, auf solche öffentliche Nachrichten Anträge und Beschlüsse zu gründen.«[444]

Wie die Zentraluntersuchungskommission kooperierte die Bundeszentralbehörde eng mit der wiederbelebten preußischen Ministerialkommission.[445] Wichtig war, dass Preußen im Blick auf die Kommunikation zwischen Bundeszentralbehörde und Landesbehörden die Ausnahmeregelung durchgesetzt hatte, dass nicht die Untersuchungsbehörden und Gerichte, sondern die Ministerialkommission Ansprechpartner der Bundeszentralbehörde war. Die Ministerialkommission hatte somit die Möglichkeit, die Bundeszentralbehörde direkt und die anderen Landesbehörden indirekt zu beeinflussen. Die Ministerialkommission lieferte der Bundeszentralbehörde nicht nur Informationen aus den umfangreichen preußischen Untersuchungen, sondern generierte sie durch Requisitionen auch selbst.[446] Die schon aus den 1820er Jahren bekannte Doppelstruktur aus Requisitionen der Bundeszentralbehörde und der Ministerialkommission wurde folglich wiederbelebt, war allerdings wegen des weiter gefass-

---

[444] Die Bundeszentralbehörde plante untersuchungsübergreifend folgende 14 Zeitschriften anzuschaffen: Königlich Preußische Staatszeitung; Allgemeine Zeitung; Hamburger Correspondent; Frankfurter Jahrbücher; Fremdenliste der Stadt Frankfurt; Frankfurter Oberpostzeitung; Journal de Francfort; »Deutsche« Frankfurter Journal; Beobachter (Stuttgart); Württembergische Zeitung; Rhein und Main Zeitung; Le Constitutionnel; Journal de Debat; La Tribune. Spezielle regionale Zeitungen und Flugblätter, die für einzelne Untersuchungen wichtig waren, sollten durch die jeweiligen Referenten gesondert angefordert werden. Hiervon ausgehend ging die Bundeszentralbehörde schnell dazu über, ergänzend zu ihrer eigentlichen Tätigkeit Auffälligkeiten in der Berichterstattung oder Verstöße gegen die Pressegesetzgebung des Bundes an die Bundesversammlung zu melden. (Protokolle Bundeszentralbehörde, 3. Sitzung, 3. September 1833, § 50, in: GStA PK Berlin, I. HA, Rep. 77, Tit. 10, Nr. 2, Bd. 1).
[445] Nolte, Demagogen, S. 99 ff.; Siemann, Deutschlands Ruhe, S. 190 ff. Siehe auch: Kapitel 3.1.3, S. 140 ff.
[446] Löw, Bundeszentralbehörde, S. 35.

ten Kompetenzrahmens der Bundeszentralbehörde nicht so umfassend. Die Ministerialkommission versuchte zudem wieder, die Untersuchungen in Preußen zu zentralisieren. Hierzu bemühte sie sich um Auslieferungen preußischer Untertanen und ließ Verdächtige aus anderen Bundesstaaten innerhalb Preußens rigoros verhaften.[447] Die Kommunikation zwischen Bundeszentralbehörde und Ministerialkommission verlief allerdings nicht immer reibungslos. So beschwerte sich die Ministerialkommission im Juli 1834 massiv darüber, dass die Bundeszentralbehörde in einem an mehrere Bundesstaaten versendeten Aufsatz über die Tübinger Burschenschaft und den Stuttgarter Burschentag ausgeführt hatte, die Angaben des in Berlin vernommenen Burschenschafters Otto über die Gefährlichkeit der Burschenschaft seien vermutlich »übertrieben«. Die Ministerialkommission sah hierin nicht nur einen Affront gegen die Berliner Untersuchungsführung, sondern auch eine Verharmlosung der Burschenschaft.[448]

Ein weiteres Ziel der Bundeszentralbehörde war es, die Untersuchungsbehörden bei der Erlangung der für die strafrechtliche Verurteilung in den meisten Staaten essentiellen Geständnisse zu unterstützen. So gelang es der Bundeszentralbehörde durch die Verknüpfung unterschiedlicher Untersuchungen erfolgreich Aussagenketten zu erzeugen, die zur schnellen Überführung einer Reihe von Verdächtigen führten.[449] Hierzu werteten die Referenten ihnen zugesandte Untersuchungsakten auf Lücken und Widersprüche aus, versuchten Verbindungen zu anderen Untersuchungen herzustellen und forderten die Landesbehörden auf, die Verdächtigen mit den Aussagen aus anderen Untersuchungen zu konfrontieren und ergänzende Verhöre vorzunehmen. Das eigentliche Hauptziel war jedoch nicht die strafrechtliche Überführung einzelner Personen, sondern an Informationen über die vermutete Verschwörung insgesamt zu gelangen. So drängte die Bundeszentralbehörde im Fall des Wachenstürmers Rochau die Frankfurter Behörden etwa, weitere Vernehmungen durchzuführen, obwohl dieser seine Teilnahme am Wachensturm

---

447 Figge, Reuter; Roeseling, Burschenehre, S. 279.
448 Protokolle Bundeszentralbehörde, 57. Sitzung, 4. Juli 1834, § 987, in: GStA PK Berlin, I. HA, Rep. 77, Tit. 10, Nr. 2, Bd. 3.
449 Roeseling, Burschenehre, S. 285 ff.

bereits gestanden hatte, um an Informationen über organisatorische Strukturen der Burschenschaft und Mittäter zu gelangen.[450]

Wie die Zentraluntersuchungskommission unterstützte die Bundeszentralbehörde Gegenüberstellungen von Tatverdächtigen aus verschiedenen Bundesstaaten im Rahmen von transnationalen Konfrontationen.[451] Diese ordnete sie zwar nicht an, empfahl sie den Landesbehörden aber und half bei der Organisation.[452] Beispielsweise organisierte die Bundeszentralbehörde den Transport der Studenten Obermüller und Eimer von Frankfurt zur württembergischen Festung Hohenasperg bzw. nach Berlin. Insbesondere forderte sie die auf dem Weg liegenden Staaten zur Übernahme der notwendigen Sicherheitsmaßnahmen auf.[453] In einem anderen Fall versuchte sie zwischen Frankfurt und Bayern zu vermitteln, da es zu einem Konflikt um den Ort der Konfrontation gekommen war. Der in München inhaftierte Burschenschafter Krämer sollte mit fünf Frankfurter Gefangenen konfrontiert werden.[454] Bayern verlangte aber, dass die Konfrontation in Bayern stattfinden sollte, da eine bayrische Untersuchung nicht außerhalb des bayrischen Territoriums geführt werden könne. Daher sollten die Verdächtigen in das in der Nähe Frankfurts, aber in Bayern gelegene Aschaffenburg gebracht werden. Frankfurt und die Bundeszentralbehörde argumentierte jedoch, dass es nicht einzusehen sei, warum fünf Frankfurter Gefangene nach

---

[450] Protokolle Bundeszentralbehörde, 83. Sitzung, 14. November 1834, § 1628, in: GStA PK Berlin, I. HA, Rep. 77, Tit. 10, Nr. 2, Bd. 4.

[451] Konfrontation zwischen Gefangenen aus verschiedenen Bundesstaaten wurden etwa durchgeführt zwischen dem Student Zehler, der von Frankfurt nach München gebracht wurde (Prieser an Schwab, 23. Juli 1834, in: HStA Stuttgart, Best. E 301, BÜ 134); dem Apotheker Trapp, der von Hessen-Darmstadt nach Württemberg gebracht wurde (Protokolle Bundeszentralbehörde, 60. Sitzung, 21. Juli 1834, § 1071, in: GStA PK Berlin, I. HA, Rep. 77, Tit. 10, Nr. 2, Bd. 3). Weitere Beispiele mit Verweisen auf die Protokolle Bundeszentralbehörde bei: Löw, Bundeszentralbehörde, S. 25, Anm. 36.

[452] Siehe z. B.: Protokolle Bundeszentralbehörde, 83. Sitzung, 14. November 1834, § 1628, in: GStA PK Berlin, I. HA, Rep. 77, Tit. 10, Nr. 2, Bd. 4.

[453] Protokolle Bundeszentralbehörde, 72. Sitzung, 22. September 1834, § 1342; 82. Sitzung, 12. November 1834, § 1603, in: GStA PK Berlin, I. HA, Rep. 77, Tit. 10, Nr. 2, Bd. 4; 84. Sitzung, 24. November 1834, § 1641, in: GStA PK Berlin, I. HA, Rep. 77, Tit. 10, Nr. 2, Bd. 5.

[454] Protokolle Bundeszentralbehörde, 61. Sitzung, 29. Juli 1834, § 1083, in: GStA PK Berlin, I. HA, Rep. 77, Tit. 10, Nr. 2, Bd. 3.

Aschaffenburg gebracht werden sollten, um dort mit einem einzigen bayrischen Gefangenen konfrontiert zu werden, zumal Krämer ohnehin von München in die Nähe Frankfurts gebracht würde. Entscheidend für die Zulässigkeit einer solchen Maßnahme sei nicht der Ort der Untersuchung, sondern die Kompetenz des Untersuchungsrichters:

> »Der Grund und Boden, auf welchem der Confrontations Akt vor sich geht, gibt oder nimmt diesem Akte nicht an Gültigkeit, wenn nur die Gerichtsperson, die ihn vornimmt hierzu kompetent und sofern sie außerhalb ihres Gerichtsbezirks handelt, höheren Orts legitimiert ist. Es ist hier ganz derselbe Fall, wie bei dem Apotheker Trapp von Friedberg. Der Behufs Rekognition durch die württembergischen Inquisiten Dorn und Koseritz, nach Ludwigsburg und Hohenasperg gebracht, daselbst confrontiert und vernommen wurde, ohne daß es den großhzl. Hessischen Gerichtsstellen beifiel, zu verlangen, daß die Rekognition in dem – hart an der württembergischen Grenze bei Heilbronn gelegenen – großhzl. Hessischen Orte Wimpfen vorgenommen werde. Die Vornahme von Rekognitionen und Confrontationen im Auslande läßt sich in manchen Fällen durchaus nicht vermeiden und kann daher auch in Bayern nicht wohl verboten sein.«[455]

Dass die Konfrontation trotz dieses Einwirkens nicht durchgeführt wurde, zeigt exemplarisch, dass die Einflussmöglichkeiten der Bundeszentralbehörde bei derartigen Konflikten zwischen den Bundesstaaten sehr eingeschränkt waren. Zwar lassen sich einige Fälle nachweisen, in denen die Bundeszentralbehörde versuchte, als Vermittlerin zwischen den Behörden der Bundesstaaten aufzutreten, aber besonders wenn sie versuchte, sich gegen größere Bundesstaaten durchzusetzen, war dies meistens erfolglos.

Ihre Kompetenz, am Gerichtsort Akten einzusehen und an Verhören teilzunehmen, nahm die Bundeszentralbehörde kaum wahr. Direkte Akteneinsicht nahm die Bundeszentralbehörde offenbar nur beim benachbarten Frankfurter Polizeiamt, wo der Bundeszentralbehörde ein Raum zur Verfügung stand, in dem der zuständige Kommissar, um »Zeitverlust und Störungen« durch Requisitionen und Aktenversendungen zu vermeiden, arbeiten konnte.[456] Als die

---

[455] Protokolle Bundeszentralbehörde, 61. Sitzung, 29. Juli 1834, § 1083, in: GStA PK Berlin, I. HA, Rep. 77, Tit. 10, Nr. 2, Bd. 3.
[456] Protokolle Bundeszentralbehörde, 53. Sitzung, 13. Juni 1834, § 873, in: GStA PK Berlin, I. HA, Rep. 77, Tit. 10, Nr. 2, Bd. 3.

Maßregelkommission die Bundeszentralbehörde im Sommer 1834 aufforderte, aufgrund ausbleibender Untersuchungsergebnisse an den Frankfurter Verhören des Wachenstürmers Wilhelm Obermüller teilzunehmen, fügte sich die Bundeszentralbehörde dem zwar, nahm in ihr Protokoll jedoch die Gründe auf, die grundsätzlich gegen eine Anwendung dieser Kompetenz sprachen.[457] So sei ihre Teilnahme eigentlich überflüssig, da sie nicht aktiv eingreifen, sondern nur beobachten dürfe. Da sie prinzipiell in der Lage sei, sich allein aus den Untersuchungsprotokollen ein ausreichendes Bild der Lage zu machen, sei ein zusätzlicher Informationsgewinn kaum zu erwarten.[458] Vielmehr wäre zu befürchten, dass die Anwesenheit eines Kommissars den eigentlichen Untersuchungsführer hemmen würde. Die Teilnahme eines Kommissars würde eine besonders drastische und sanktionierende persönliche Kontrollmaßnahme bedeuten, die das Verhältnis zwischen Bundeszentralbehörde und Untersuchungsbehörde erheblich belasten würde. Im Frankfurter Fall habe es sich als strategisch sinnvoller erwiesen, sensibel mit der lokalen Untersuchungsbehörde umzugehen und zu versuchen, auf informellem Weg Einfluss auf die Untersuchungen zu nehmen:

> »Die bisher erfahrene gute Bereitwilligkeit der hiesigen Behörden schien übrigens eine thunliche Rücksicht und Schonung (…) räthlich zu machen, zumal als die persönlich genommene Einsicht der Akten im hiesigen Untersuchungshause dem betreffenden Mitgliede der Centralbehörde Gelegenheit gab, durch mündliche Rücksprache manche Anweisung mit gutem Erfolg zu hinterlassen.«[459]

---

[457] Protokolle Bundeszentralbehörde, 53. Sitzung, 13. Juni 1834, § 873, in: GStA PK Berlin, I. HA, Rep. 77, Tit. 10, Nr. 2, Bd. 3.

[458] Obwohl es sich bei der Bundeszentralbehörde um kein Gericht handelte, entsprach die Auffassung, die Sachlage allein auf Grundlage der Untersuchungsakten bewerten zu können, einem der zentralen Prinzipien des gemeinrechtlichen Inquisitionsverfahrens. Die Urteilsfindung erfolgte hier allein auf Grundlage der Untersuchungsakten und ohne persönlichen Kontakt zwischen Richter und Beschuldigten. Gerber berichtet in diesem Zusammenhang, dass es mehrfach zu Konflikten zwischen den Frankfurter Untersuchungsrichtern, die Rücksicht auf den physischen und psychischen Zustand der Gefangenen nehmen wollten, und der Bundeszentralbehörde kam, die allein auf Grundlage der Verhörprotokolle auf eine effiziente Untersuchungsführung drängte. (Vgl. Gerber, Wachensturm, S. 192 f.)

[459] Protokolle Bundeszentralbehörde, 53. Sitzung, 13. Juni 1834, § 873, in: GStA PK Berlin, I. HA, Rep. 77, Tit. 10, Nr. 2, Bd. 3.

Der Vorgang weist auf einen weiteren wesentlichen Aspekt der Arbeit der Bundeszentralbehörde hin, nämlich die Kontrolle der Landesbehörden. Neben den Frankfurter Behörden standen dabei zunächst besonders die Universitätsämter Heidelberg und Kiel, die für die Untersuchungen gegen die lokalen Burschenschaften zuständig waren, später das Hofgericht Gießen und die kurhessischen Behörden im Fokus. Im Blick auf die Universitätsämter beklagte sich der bayrische Kommissar Heinrichsen 1833 beispielsweise, dass sie die Untersuchungen nur »oberflächlich und ohne alle Energie« führen würden. Eine der Hauptaufgaben der Bundeszentralbehörde würde darin liegen, »in allen zu ihrer Kenntnis gekommenen Untersuchungen die Lücken aufzufüllen, welche sie in denselben bemerkte, abgebrochene Fäden wieder anzuknüpfen und durch Beyschaffung nöthigen Materials die Thätigkeit der Gerichte anzuregen.«[460] Wie die Requisitionen der Zentraluntersuchungskommission und der preußischen Ministerialkommission in den 1820er Jahren hatten die Requisitionen der Bundeszentralbehörde entsprechend nicht nur den Zweck, Täter zu überführen und Informationen zu generieren, sondern auch durch kontinuierlichen Informationszufluss die Landesbehörden zur Fortsetzung und Vertiefung der Untersuchungen zu bringen.[461] Konkret berichtete der bayrische Kommissar Heinrichsen im Oktober 1833, dass im Fall der Untersuchungen gegen die Kieler Burschenschaft erst durch die Übersendung umfangreichen Materials ein Abbruch der Untersuchungen verhindert worden sei:

> »Das erwähnte Universitätsamt (Anm.: Kiel) war schon im Begriffe die Untersuchung gegen 11 sehr gravirte Studenten ganz zu suspendieren, als die Centralbehörde ein sehr detailliertes Requisitionsschreiben an die Behörde in Kiel erließ (…) und derselben mehrere Aussagen von den zu Heidelberg und Berlin verhafteten Individuen mittheilte, wodurch die Untersuchung nun von neuen beginnt und von neuen geführt werden kann.«[462]

Dieses Verfahren wurde systematisch angewendet. Wichtig war, dass ein am 5. Juni 1834 verabschiedeter Bundesbeschluss bestimmte, dass

---

460 Bericht Heinrichsen, 24. Dezember 1833, in: HStA München, MdA, Nr. 1702.
461 Vgl. Kapitel 3.1.3, S. 145 ff.
462 Bericht Heinrichsen, 18. Oktober 1833, in: HStA München, MdA, Nr. 1702.

keine Untersuchung aus dem Kompetenzbereich der Bundeszentralbehörde abgeschlossen und kein Gefangener aus der Untersuchungshaft entlassen werden durfte, solange die Bundeszentralbehörde noch Informationen und Nachfragen bezüglich eines Falls hatte.[463] Der Beschluss wurde in erster Linie als Spezifikation der Bundesbeschlüsse vom 20. Juni und 10. Oktober 1833 gesehen, wurde aber auch aus der gemeinrechtlichen Verpflichtung abgeleitet, vor Abschluss des Untersuchungsverfahrens alle relevanten Beweise zu berücksichtigen. Dabei wurde argumentiert, dass wegen des transnationalen Charakters der vermuteten Verschwörung gegen den Bund keine Landesbehörde eine vollständige Beweisaufnahme garantieren könne, so dass sich die Mitwirkung der Bundeszentralbehörde auch durch Landesrecht rechtfertigen ließe. Der württembergische Bundestagsgesandte führte in den entsprechenden Bundestagsverhandlungen etwa aus:

»Es liegt in der Natur der Sache und den allenthalben geltenden processualischen Normen, daß der Richter die Untersuchung nicht schliesse, bevor er sich nicht überzeugt hält, daß alle ihm zu Gebote stehenden Quellen zur Eruirung der Schuld oder Unschuld des Angeschuldigten erschöpft sind. Bei dem Complotte, wodurch die Einsetzung der Central-Bundesbehörde veranlaßt worden ist, das, seinem Zwecke und hinlänglich bekannten Thatsachen nach, auf ein einzelnes Territorium sich nicht beschränkt, dessen Teilnehmer vielmehr durch mehrere Länder Deutschlands verbreitet sind, ist eine Hauptquelle für die einzelnen Untersuchungen in den zu erwartenden Mitteilungen der Central-Bundesbehörde, welcher die Uebersicht sämtlicher Untersuchungen beiwohnt, zu finden. Es unterliegt daher keinem Zweifel, daß ein Richter, welcher ohne überzeugt zu seyn, daß er aus jener Quelle keine weitere Aufklärung zu erwarten habe (und diese Ueberzeugung kann ihm nur durch die Centralbehörde selbst gegeben werden) einen Angeschuldigten, der nicht etwa bloß zur Verhütung von Collusionen, für die Dauer, wo solche zu besorgen wären, verhaftet worden, sondern Flucht verdächtig ist, der Haft entlassen, oder ein definitives Erkenntniß über ihn fällen würde, sich einer Pflichtverletzung schuldig machen würde, und daß die gesetzlichen Mittel gegen ihn, wie gegen jeden

---

[463] Bundesbeschluss wegen der Einsendung von Acten an die Centralbehörde vor Fällung von Definitiv-Erkenntnissen vom 5. Juni 1834, in: Protokolle Bundesversammlung 1834, 22. Sitzung, § 277, S. 574.

pflichtvergessenen Beamten, in Anwendung gebracht werden könnten.«[464]

Dies führte dazu, dass die schon für sich komplexen Untersuchungsverfahren wegen der Beteiligung der Bundeszentralbehörde, die die Einsendung der Untersuchungsakten und die Bearbeitung eventueller Nachfragen beinhaltete, in allen Bundesstaaten außergewöhnlich lange dauerten. Besonders drastisch zeigte sich dies in den bekannten Prozessen gegen Friedrich Ludwig Weidig in Hessen-Darmstadt und Sylvester Jordan in Hessen-Kassel, in denen die Untersuchungsverfahren auch aufgrund andauernder Anfragen der Bundeszentralbehörde mehrere Jahre dauerten. Besonders wegen des Selbstmords Weidigs lösten diese eine öffentliche Diskussion über die Reform des Inquisitionsprozesses aus.[465] In kleineren Fällen konnte die lange Untersuchungshaft jedoch auch dazu führen, dass die tatsächliche Haftzeit verkürzt wurde. Die Bundeszentralbehörde verlängerte das Untersuchungsverfahren jedoch nicht nur durch die Zuführung neuer Informationen, sondern griff häufiger konkret in die Untersuchungsverfahren ein. So forderte sie das Frankfurter Appellationsgericht im Verfahren gegen den Männerbund etwa auf, vor Abschluss der Gesamtuntersuchung gegen keinen Gefangenen das Spruchverfahren einzuleiten, da »die Aussagen und Geständnisse jedes einzelnen Inkulpaten mit denen seiner Verbrechensgenossen in unzertrennlichen Zusammenhange stehen« würden.[466] Dieser Einfluss der Bundeszentralbehörde auf die Strafverfahren wurde immer wieder kritisiert. So begründete der Verteidiger des in Hessen-Kassel 1837 wegen Hochverrats zu zehnjähriger Haft verurteilten Carl Otto Schönfeld eine Nichtigkeitsbeschwerde beispielsweise damit, dass die Unabhängigkeit des Gerichts verletzt worden sei.[467] Da die Ausführungen des Verteidigers mit dem Urteil veröffentlicht werden sollten, beschwerte sich die Bundeszentralbehörde bei der kurhessischen Regierung und verlangte,

---

[464] Votum der württembergischen Gesandtschaft, in: Protokolle Bundesversammlung 1834, 2. Sitzung, § 20, S. 32.
[465] Siehe hierzu vor allem: Schulz/Welcker, Inquisition. Zu dem durch die politischen Prozesse der 1830er Jahre ausgelösten Diskurs über die Reform des Inquisitionsprozesses insgesamt siehe: Ignor, Strafprozess, S. 225 ff.
[466] Protokolle Bundeszentralbehörde, 117. Sitzung, 6. August 1835, § 2604, in: GStA PK Berlin, I. HA, Rep. 77, Tit. 10, Nr. 2, Bd. 7.
[467] Emmerich, Verbrechen, S. 335.

allerdings vergeblich, dass die entsprechenden Passagen gelöscht oder zumindest kommentiert werden sollten.[468]

3.2.3.2 Berichte und Anträge der Bundeszentralbehörde

Die Kommunikation zwischen der Bundeszentralbehörde und der Bundesversammlung bzw. der Maßregelkommission war ausgehend von den Bestimmungen des Artikels 7 des Bundesbeschlusses vom 30. Juni 1833 durch zwei Formate geprägt: erstens durch »Berichte«, in denen die Bundeszentralbehörde Untersuchungsergebnisse darstellte und zweitens durch »Anträge«, in denen sie auf konkrete Problemstellungen einging und, mehr oder weniger direkt, Handlungsempfehlungen aussprach. Die »Berichte« der Bundeszentralbehörde ähnelten denen der Zentraluntersuchungskommission, wobei die Berichterstattung insgesamt strukturierter ablief. Die Bundeszentralbehörde hielt an dem Doppelformat von (Spezial-)Aufsätzen und (Übersichts-)Berichten fest.[469] Die Spezialaufsätze wurden überwiegend an die Maßregelkommission, teilweise aber auch nur an die betroffenen Bundesstaaten übersandt.[470] Übersichtsberichte wurden 1835,[471] 1836,[472] 1838,[473] 1839,[474] 1840[475]

---

[468] Protokolle Bundeszentralbehörde, 184. Sitzung, 18. Mai 1837, § 4749, in: GStA PK Berlin, I. HA, Rep. 77, Tit. 10, Nr. 2, Bd. 10.

[469] Kowalski, Hauptberichte, S. XX f.; Löw, Bundeszentralbehörde, S. 22.

[470] Die an die Maßregelkommission übergebenen Aufsätze finden sich in: BA Berlin, DB 8, Nr. 2 bis 6. Für weitere Fundstellen siehe: Löw, Bundeszentralbehörde, S. VII ff. Einzelne Spezialaufsätze sind abgedruckt in: Görisch/Mayer, Untersuchungsberichte; Kowalski, Hauptberichte, S. 115 ff.

[471] Bericht der Bundeszentralbehörde vom 21. April 1835, in: BA Berlin, DB 8, Nr. 3; Protokolle Bundeszentralbehörde, 107. Sitzung, 21. April 1835, § 2235, in: GStA PK Berlin, I. HA, Rep. 77, Tit. 10, Nr. 2, Bd. 6.

[472] Aktenmäßige Übersicht der seit 25 Jahren in Deutschland stattgehabten revolutionären Umtriebe nebst einigen Andeutungen über den Ursprung und die Mittel zu einer gründlichen Hebung dieses Uebels, 2. April 1836, in: BA Berlin, DB 8, Nr. 4; HStA Stuttgart, Best. E 301, Büschel 135.

[473] Bericht der Bundeszentralbehörde vom 26. Juli 1838, in: Protokolle Bundesversammlung 1839, 21. Sitzung, § 282, Beilage 3, S. 709 ff.

[474] Bericht der Bundeszentralbehörde vom 6. Juli 1839, in: Protokolle Bundesversammlung 1839, 21. Sitzung, § 282, Beilage 5, S. 783 ff.

[475] Bericht der Bundeszentralbehörde vom 1. Oktober 1840, in: Protokolle Bundesversammlung 1840, 28. Sitzung, § 326, Beilage 2, S. 589 ff.; Kowalski, Hauptberichte, S. 79 ff.

sowie im Januar[476] und September 1842[477] eingereicht. Die Berichterstattung bzw. Untersuchungsdokumentation umfasste neben den die Untersuchungsergebnisse referierenden Berichten auch das 1838 präsentierte, 1867 Personen umfassende »Alphabetische Verzeichniß derjenigen Personen, gegen welche nach den Akten der Centralbehörde wegen revolutionairer Umtriebe, im Untersuchungswege eingeschritten worden ist«. Dieses Personenverzeichnis, das auf Grundlage des Personenindex der Bundeszentralbehörde erstellt und an die formellen Standards des ebenfalls durch die Bundeszentralbehörde geführten »Flüchtlingsverzeichnisses«[478] angepasst war, wurde 1842 noch einmal um 273 Personen ergänzt und ist heute in erster Linie unter dem Namen »Schwarzes Buch« bekannt.[479] Ähnlich wie bei modernen polizeilichen Gefährder- und Gewalttäterdateien war das Kriterium für die Aufnahme in das Schwarze Buch nicht die strafrechtliche Verurteilung wegen eines politischen Delikts, sondern lediglich, dass schon einmal ein entsprechendes Ermittlungsverfahren eingeleitet worden war.[480] Auch wenn das Schwarze Buch häufig herangezogen wird, um Ausmaß und Qualität der politischen Verfolgungen im Deutschen Bund zu illustrieren, war es für die Sicherheitspraxis bedeutungslos. Das Verzeichnis erschien zu spät und war für eine flächendeckende Verbreitung und den praktischen Gebrauch zu unhandlich. Aus diesem Grund wurde es auch nicht gedruckt. Preußen und Bayern ließen jedoch Abschriften anfertigen.[481]

Während die Berichte an die Bundesversammlung für den internen Gebrauch gedacht waren, wurde 1839 eine für die Öffentlichkeit bestimmte »Darlegung der Haupt-Resultate aus den wegen der

---

[476] Bericht der Bundeszentralbehörde vom 31. Januar 1842, in: Protokolle Bundesversammlung 1842, 23. Sitzung, § 254, Beilage 6, S. 459¹ ff.; Kowalski, Hauptberichte, S. 179 ff.
[477] Schlußbericht der Bundeszentralbehörde vom 9. September 1842, Protokolle Bundesversammlung 1842, 25. Sitzung, § 269, Beilage 1, S. 611 ff.; Kowalski, Hauptberichte, S. 274 ff.
[478] Zum Flüchtlingsverzeichnis siehe: Kapitel 4.2.4, S. 408 ff.
[479] »Schwarzes Buch«, in: BA Berlin, DB 8, Nr. 7. Vgl. Siemann, Deutschlands Ruhe, S. 98 f.; Süss, Schwarzes Buch, S. 28 ff.
[480] Süss, Schwarzes Buch, S. 25 f. Zum Gefährderkonzept siehe: Chalkiadaki, Gefährderkonzepte.
[481] Siemann, Deutschlands Ruhe, S. 98, Anm. 101; Süss, Schwarzes Buch, S. 30.

revolutionären Complotte der neueren Zeit in Deutschland geführten Untersuchungen« publiziert, welche die bis dahin angefertigten Berichte publikumsgerecht zusammenfasste.[482] Kurz zuvor waren bereits Berichtsfragmente über die Untersuchungen in Württemberg und Hessen-Darmstadt ungenehmigt veröffentlicht worden.[483] Auch wenn es innerhalb der Bundeszentralbehörde Bedenken gab, Untersuchungsergebnisse zu publizieren, war die durch die Bundesdruckerei veröffentlichte »Darlegung der Haupt-Resultate« nicht einfach nur eine Reaktion auf die unautorisierten Veröffentlichungen.[484] Diese stellten nur den entscheidenden Anstoß dar, um die schon länger diskutierte Publikation wirklich durchzuführen.[485] Wie bei anderen Veröffentlichungen dieser Art, war es das Ziel, die Öffentlichkeit über das Ausmaß der aufgedeckten Verschwörung aufzuklären und damit die Bundesmaßnahmen zu legitimieren.[486] Der Verfasser des Berichts, der preußische Kommissar Mathis, bemerkte hierzu:

> »Die Veröffentlichung der Untersuchungsresultate habe vorzugsweise den Zweck, den rechtlich gesinnten Teil der Nation zu überzeugen, der über das Wesen des revolutionären Treibens in Unkenntnis geblieben sei und deshalb die Notwendigkeit der ergriffenen Maßregeln nicht einsehe. Sei dieser Teil der Nation aus seiner Täuschung gekommen, so werde den Revolutionären der Boden für ihre Arbeit fehlen. Solle dieser Zweck erreicht werden, so dürfe die Darlegung durch ihre Haltung nicht zurückschrecken.«[487]

Eine Besonderheit war der durch den württembergischen Kommissar Prieser »mehr privatim«[488] angefertigte Bericht, der am 2. April 1836 eingereicht wurde. Während die übrigen Berichte fortsetzend und weitgehend deskriptiv Ergebnisse und Entwicklung der durch die

---

[482] Wagemann, Darlegung. Abgedruckt in: Protokolle Bundesversammlung 1839, 21. Sitzung, § 282, Beilage 6, S. 793 ff.; Kowalski, Hauptberichte, S. 3 ff.
[483] Aktenmäßige Darstellung; Schäffer, Actenmäßige Darstellung.
[484] Vgl. Görisch/Mayer, Untersuchungsberichte, S. 16.
[485] Vgl. Löw, Bundeszentralbehörde, S. 29.
[486] Vgl. Härter, Political Crime; Piereth, Propaganda.
[487] Darlegung der Haupt-Resultate aus den wegen der revolutionären Komplotte der neueren Zeit in Deutschland geführten Untersuchungen. Auf den Zeitabschnitt mit Ende Juli 1838. Vorbemerkungen des Referenten, in: Kowalski, Hauptberichte, S. 5.
[488] Löw, Bundeszentralbehörde, S. 28.

Bundeszentralbehörde betreuten Untersuchungen darstellten, analysierte Prieser in einer weiter gefassten Perspektive die Aktivitäten der oppositionellen Bewegung im Blick auf Ausdrucksformen, Entwicklungstendenzen und Personenpotenziale. Hiervon ausgehend versuchte er, Aussagen »über den Grad, über die Ursachen, und über die Mittel zu einer gründlichen Hebung des revolutionären Uebels« zu treffen.[489] Es handelte sich somit um eine Mischung zwischen »Bericht« und »Antrag«, die außerhalb der eigentlichen Berichtsserie stand. Prieser war der Ansicht, dass der Bund »politische Verbrechen« langfristig nicht reaktiv durch »Maasregeln der Polizey und der Justiz« verhindern könnte, sondern nur durch einheitliche Reformen in den bundesstaatlichen Justiz- und Verwaltungssystemen. Neben einer weiteren Verschärfung der Zensur, einer stärkeren staatlichen Kontrolle des »Schulunterrichts und Erziehungswesen«, der Entlassung unzuverlässiger Staatsangestellter, der Einführung einer dienstrechtlichen Verpflichtung zu regierungsloyalem Verhalten und der Beschränkung landständischer Rechte gehörte hierzu insbesondere die »Verbesserung der (…) Mängel der Strafgesetze, des gerichtlichen Verfahrens und der Policey-Verwaltung«.[490] Obwohl er die einzelnen Problemfelder ausführlich beschrieb und analysierte, verzichtete Prieser darauf, konkrete Lösungsvorschläge zu machen, da er der Meinung war, dass die Bundeszentralbehörde zwar dazu verpflichtet sei, der Bundesversammlung entsprechende Hinweise zu geben, dass sie sich jedoch »mit Vermeidung spezieller und detaillierter Vorschläge oder Gesetzentwürfe auf allgemeine Andeutungen« zu beschränken habe.[491]

---

[489] Aktenmäßige Übersicht der seit 25 Jahren in Deutschland stattgehabten revolutionären Umtriebe nebst einigen Andeutungen über den Ursprung und die Mittel zu einer gründlichen Hebung dieses Uebels, 2. April 1836, in: BA Berlin, DB 8, Nr. 4; HStA Stuttgart, Best. E 301, Büschel 135. Vgl. Löw, Bundeszentralbehörde, S. 29.
[490] Vgl. Fischer, Nation, S. 409 f.
[491] Aktenmäßige Übersicht der seit 25 Jahren in Deutschland stattgehabten revolutionären Umtriebe nebst einigen Andeutungen über den Ursprung und die Mittel zu einer gründlichen Hebung dieses Uebels, 2. April 1836, in: BA Berlin, DB 8, Nr. Nr. 4; HStA Stuttgart, Best. E 301, Büschel 135. Vgl. Löw, Bundeszentralbehörde, S. 29.

Im Blick auf die »Anträge« der Bundeszentralbehörde lassen sich zwei Typen ausmachen. Dies waren erstens »ersuchende« Anträge, die die Bundeszentralbehörde selbst betrafen und auf die Bestätigung, Auslegung oder Anpassung des Kommissionsauftrags sowie auf die Unterstützung ihrer Arbeit in einzelnen Fällen abzielten.[492] Diese Anträge gelangten nicht zwangsläufig vor die Bundesversammlung, sondern wurden zunächst durch die Maßregelkommission geprüft, die dann über das weitere Verfahren entschied. Die ersten dieser Anträge waren die oben geschilderten Beschwerden der Bundeszentralbehörde wegen der verzögerten Aktenversendung im September 1833.[493] Anträge der Bundeszentralbehörde, die nicht vor die Bundesversammlung gelangten, betrafen beispielsweise die Frage nach der Korrespondenz zwischen der Bundeszentralbehörde und außerdeutschen Behörden.[494]

Daneben existierte ein zweiter Antragstyp, der sich als »Empfehlung« beschreiben lässt und von der Bundeszentralbehörde auch »Anzeige-Bericht« genannt wurde.[495] Die Bundeszentralbehörde wies die Bundesversammlung mit diesen Empfehlungen auf Problemfelder hin, die außerhalb ihres Kompetenzbereichs lagen, ihr für die Sicherheit des Bundes jedoch relevant erschienen. Damit kam sie der bei ihrer Gründung intendierten Funktion nach, eine Verbindung zwischen Rechts- und Sicherheitspraxis sowie der Bundesversammlung herzustellen. Viele der zwischen 1833 und 1842 durch den Bund erlassenen sicherheitspolitischen Maßnahmen lassen sich direkt oder indirekt auf solche Empfehlungen der Bundeszentralbehörde zurückführen. Beispiele wären ein Bundesbeschluss wegen der Veröffentlichung von Nachrichten über politische Untersuchungen in Zeitschriften,[496] die Festlegung einheitlicher Standards bei der Kontrolle und der Erfassung von Personaldaten von Postreisenden,[497] das Verbot von Urteilssprüchen durch juristische Fakultä-

---

[492] Vgl. Löw, Bundeszentralbehörde, S. 13.
[493] Protokolle Bundesversammlung 1833, 43. Sitzung, § 454, S. 949 ff.
[494] Siehe: Kapitel 3.2.3.3, S. 241 ff.
[495] Vgl. Protokolle Bundeszentralbehörde, 119. Sitzung, 19. August 1835, § 2664, in: GStA PK Berlin, I. HA, Rep. 77, Tit. 10, Nr. 2, Bd. 7.
[496] Protokolle Bundesversammlung 1833, 40. Sitzung, § 417, S. 843 ff.
[497] Protokolle Bundesversammlung 1834, 2. Sitzung, § 25, S. 47 ff.

ten[498] oder das Verbot der Ausstellung von Reisepässen durch Universitätsbehörden.[499]

Im Blick auf das Antragswesen ist besonders die Entstehung des oben genannten Bundesbeschlusses vom 5. Juni 1834 erwähnenswert, der bestimmte, dass ohne Genehmigung der Bundeszentralbehörde keine Untersuchung aus ihrem Kompetenzbereich abgeschlossen und kein Gefangener aus der Untersuchungshaft entlassen werden durfte.[500] Hier überlagerten sich nämlich nicht nur beide Antragstypen, sondern der Fall illustriert auch anschaulich das für die Praxis des Bundesregimes charakteristische Zusammenspiel zwischen Rechts- und Sicherheitspraxis der Bundesstaaten, Strafrechtsdiskurs und Normsetzung des Bundes, in dessen Zentrum die Bundeszentralbehörde stand. Anlass dieses Beschlusses war der Fall des badischen Journalisten Joseph Heinrich Garnier. Garnier lebte seit dem Ende der 1820er Jahre in Paris und war ein aktives und gut vernetztes Mitglied der oppositionellen Szene.[501] Am 21. März 1833 wurde die badische Regierung nun vom preußischen Außenminister Ancillon gewarnt, er habe aus »zuverlässiger Quelle« erfahren, dass Garnier als Präsident und Emissär einer in Paris bestehenden deutschen »Propaganda-Gesellschaft« mit dem Namen »Sühnungsbund« versuchen würde, über Straßburg nach Deutschland einzureisen.[502] Er würde planen, Geldmittel und Abonnenten für ein großes politi-

---

[498] Protokolle Bundesversammlung 1834, 41. Sitzung, § 584, S. 1035 ff. u. 1042ᵃ ff.
[499] Protokolle Bundesversammlung 1834, I. Registratur der Sitzung vom 9. Oktober 1834, S. 925ʷ.
[500] Bundesbeschluss wegen der Einsendung von Acten an die Centralbehörde vor Fällung von Definitiv-Erkenntnissen vom 5. Juni 1834, in: Protokolle Bundesversammlung 1834, 22. Sitzung, § 277, S. 574.
[501] Foerster, Preß- und Vaterlandsverein, S. 63; Schieder, Arbeiterbewegung, S. 15 ff.
[502] Ancillon an badische Regierung, 21. März 1833, in: GLA Karlsruhe, Abt. 236, Nr. 8792. Bei dieser Quelle handelte es sich um die österreichische Regierung. Am 13. März 1833 hatte der österreichische Bundestagsgesandte Münch-Bellinghausen im Auftrag Metternichs seinem preußischen Kollegen Nagler die Abschrift eines Agentenberichts aus Paris übergeben, der weitgehend der preußischen Requisition an Baden entsprach. Die preußische Regierung hatte sich dann entschlossen, auch die süddeutschen Regierung vor Garnier zu warnen. (Nagler an Ancillon, 13. März 1833; Brenn an Ancillon, 16. März 1833, in: GStA PK, III. HA, MdA, Abt. I, Nr. 8028).

sches »Journal« zu gewinnen und Kontakte zwischen dem »allgemeinen revolutionären Centralpunkt« in Paris und Deutschland zu knüpfen.[503] Das Fahndungsinteresse galt dabei einerseits Garnier, der als einer der gefährlichsten deutschen Oppositionellen beurteilt wurde. Anderseits ging es aber auch darum, über Garnier an Informationen über die Struktur und Organisation der oppositionellen Bewegung zu gelangen, da dieser Kontakt zu »Patrioten« aus Frankreich und anderen europäischen Staaten pflegen und Empfehlungsschreiben an die »exaltirtesten Individuen Teutschlands« mit sich führen würde.[504] Tatsächlich wurde Garnier am 3. April 1833 – am Tag des Wachensturms – beim Grenzübertritt in Rastatt identifiziert und am 5. April 1833 in Karlsruhe verhaftet.

Alle Befürchtungen schienen sich zu bestätigen, da in den Unterlagen Garniers ein Brief eines Italieners namens »Strozzi« gefunden wurde, in dem die Bildung polnischer und deutscher Ableger des revolutionären italienischen Netzwerks »Junges Italien« und die Bildung einer die nationalen Sektionen übergreifenden Dachorganisation mit dem Namen »Junges Europa« angeregt wurde.[505] Vermutlich mit Hilfe Österreichs, Preußens und Russlands gelang es den badischen Behörden zu ermitteln, dass es sich bei »Strozzi« um den Decknamen des Organisators des »Jungen Italiens« – Giuseppe Mazzini – handelte.[506]

Der Untersuchung gegen Garnier wurde entsprechend Bedeutung für den ganzen Bund zugemessen, weshalb die Bundesversammlung am 1. Juli 1833 über den Fall beriet und beschloss, dass der Fall Garnier in den Kompetenzbereich der Bundeszentralbehörde fallen

---

[503] Ancillon an badische Regierung, 21. März 1833, in: GLA Karlsruhe, Abt. 236, Nr. 8792.
[504] Ancillon an badische Regierung, 21. März 1833, in: GLA Karlsruhe, Abt. 236, Nr. 8792.
[505] Zum »Jungen Italien« und zum »Jungen Europa« siehe: Clemens, Einigungsbewegung; Keller, Junges Europa.
[506] Bereits am 15. April 1833 berichtete der preußische Gesandte in Karlsruhe Otterstedt an Ancillon, der russische Gesandte in Karlsruhe von Moltke habe ihm mitgeteilt, dass ein »Strozzi« mehrfach im Zusammenhang mit oppositionellen Aktivitäten in Italien in Erscheinung getreten sei (Otterstedt an Ancillon, 15. April 1833 in: GStA PK, III. HA, MdA, Abt. I, Nr. 8028). Zu Giuseppe Mazzini siehe: Mack Smith, Mazzini.

sollte.[507] Allerdings wurde Garnier Anfang August durch das badische Hofgericht Rastatt für »klagfrei« erklärt, was nicht bedeutete, dass das Gericht ihn für unschuldig hielt, sondern dass die Beweislage nicht für eine Verurteilung ausreichte.[508] Vorausgegangen war unter anderem eine öffentliche Kampagne zu Gunsten Garniers, die von einer Petition seiner Mutter ausgegangen war und sich gegen das lange Untersuchungsverfahren gerichtet hatte. Carl von Rotteck hatte den Fall in der Sitzung der Zweiten Kammer des badischen Landtags vom 2. Juli 1833 zu einer deutschlandweit beachteten Kritik am geheimen und »polizeilichen« Charakter des inquisitorischen Untersuchungsverfahrens genutzt.[509]

Die Bundeszentralbehörde versuchte noch, die Publikation und Vollstreckung des Urteiles zu verhindern oder wenigstens eine weitere Hafthaltung Garniers zu erreichen, bis ihre eigenen Ermittlungen abgeschlossen waren. Am 28. September 1833 wurde Garnier jedoch ohne Rücksichtnahme hierauf aus der Haft entlassen. Trotz der Auflage, seinen Heimatort Rastatt nicht zu verlassen, floh er unmittelbar darauf nach Frankreich.[510] Besondere Empörung löste bei der Bundeszentralbehörde aus, dass das badische Innenministerium zuvor die Forderung abgelehnt hatte, Garnier präventiv in Sicherheitshaft zu nehmen. Dies wäre zwar möglich gewesen, hätte

---

[507] Protokolle Bundesversammlung 1833, 28. Sitzung, Ungedrucktes Separat Protokoll; Bundeszentralbehörde an Maßregelkommission, 25. September 1833, in: BA Berlin, DB 8, Nr. 1.
[508] Urtheil gegen Joseph Garnier aus Rastatt wegen geheimer staatsgefährlicher Verbindungen, 10. August 1833, in: BA Berlin, DB 8, Nr. 1. Der § 18 des badischen Strafedikts von 1803 unterschied vier Formen von Freisprüchen: »1) eine Schuldloserklärung, wenn die That nicht von dem Angeklagten begangen ist, oder nicht aus seiner freien Handlung hervorging; 2) Strafloserklärung, wenn die That gesetzliche Entschuldigungsgründe für sich hat; 3) Klagfreierklärung, wenn die Beweise zur ordentlichen Strafe nicht hinreichen; 4) klagfrei und verdachtlos wird der Angeklagte erklärt, wenn er all Inzichten beseitigte.« (Mittermaier, Strafverfahren (Bd. 2), S. 532, Anm. 9).
[509] Protokoll der 2. Kammer des badischen Landtags, 18. Sitzung, in: Landtags-Zeitung 1833, S. 278 ff.
[510] Bundeszentralbehörde an Maßregelkommission, 2. Oktober 1833, in: BA Berlin, DB 8, Nr. 1. Vgl. Protokolle Bundesversammlung 1833, 51. Sitzung, § 545, S. 1163 f.

aber durch das urteilsprechende Hofgericht Rastatt angeordnet werden müssen.[511]

Die Bundeszentralbehörde setzte nun beide Antragstypen gewissermaßen komplementär ein, um der Problematik beizukommen. Zum einen wies sie die Maßregelkommission in einem auf den 16. Oktober 1834 datierten »Anzeigebericht« auf die ihrer Meinung nach zu große Dominanz der Gerichte in politischen Prozessen hin, durch die die »Erhaltung der öffentlichen Ruhe und Sicherheit in Deutschland gefährdet werden könnte«.[512] Der Fall Garnier hätte nämlich gezeigt, dass Behandlung und Aufsicht über politische Verdächtige nicht ausschließlich den Gerichten überlassen werden dürfe. Die Gerichte seien durch »juridische Beweisgrundsätze« in ihrer Handlungs- und Urteilsfähigkeit nicht nur beschränkt, sondern häufig auch politisch unzuverlässig. Vielmehr müsse eine stärkere Steuerung und Kontrolle des Strafverfahrens unter polizeilichen Aspekten erfolgen:

> »Wenn hiernach die Polizei-Behörden unzuständig werden, sobald eine Criminal-Untersuchung begründet erscheint; die Gerichte aber (...) nur auf den Grund eines vollen juridischen Beweises, der gerade bei politischen Umtrieben so schwer zu führen ist, verurtheilen dürfen; so kann es nicht fehlen, daß nicht selten die gefährlichsten Menschen, deren revolutionäres Treiben notorisch ist, freigesprochen, und in Folge dessen in den Stand gesetzt

---

[511] Protokolle Bundesversammlung 1833, 51. Sitzung, § 545, S. 1164. Innerhalb der Bundeszentralbehörde kam es zu einer Diskussion über die Zulässigkeit dieses Verhaltens. Der preußische und der österreichische Kommissar argumentierten, dass die Kompetenzen der Bundeszentralbehörde direkt aus der Bundesakte abgeleitet seien und somit über dem Recht der Bundesstaaten stehen würden. Aus diesem Grund dürfe kein Bundesstaat Requisitionen der Bundeszentralbehörde mit Verweis auf Landesgesetze abschlägig beantworten. Die Mehrheit der Kommissare meinte jedoch, dass die Bundeszentralbehörde nicht die Kompetenz habe »Verfügungen zu treffen, welche in das den zuständigen Landesbehörden obliegende polizeiliche und gerichtliche Verfahren (...) unmittelbar eingreifen, und mit den betreffenden Partikular Landesgesetzen in Widerspruch stehen würden«. Da die Bundeszentralbehörde kein Jurisdiktionsrecht habe und den Landesbehörden nicht übergeordnet sei, könne sie lediglich auf eine korrekte Anwendung der Landesgesetze drängen, sich im Zweifelsfall aber nicht über diese Gesetze hinwegsetzen (Bundeszentralbehörde an Maßregelkommission, 16. Oktober 1833, in: BA Berlin, DB 8, Nr. 1).
[512] Bundeszentralbehörde an Maßregelkommission, 16. Oktober 1833, in: BA Berlin, DB 8, Nr. 1.

werden, die gesellschaftliche Ordnung auf das Neue zu gefährden. Die Geschichte der neuesten Zeit hat solches durch famose Beispiele zur Genüge bewiesen.«[513]

Problematisch sei besonders, dass in vielen Staaten nicht die rechtlichen Möglichkeiten, sondern der politische Willen fehlen würde, um die notwendigen polizeilichen Maßnahmen anzuordnen:

> »Nach unserem Dafürhalten ist die, jenem System zum Grunde liegende moderne Ansicht, welche die Staatsregierung zur Parthey herabwürdigt, und die Gerichte zum Richter zwischen ihr und ihren Feinden bestellt, eben damit aber die Existenz der Regierung in die Hände der Gerichte legt, ebenso unrichtig als verderblich. Die souveräne Staatgewalt muß unseres Erachtens höher stehen, als die Gerichte, das heißt: sie muß, da sie für die Erhaltung der öffentlichen Ordnung und Sicherheit verantwortlich ist, auch die Befugnis besitzen, politischen Umtrieben, welche ohne noch in eigentliche Verbrechen überzugehen, die Ruhe des Landes gefährden und die Grundlagen des Staates untergraben, durch polizeiliche Maaßregeln wirksam zu begegnen, und staatsgefährliche Menschen, welche den Händen der Justiz zu entgehen wußten, zur Zeit der Gefahr durch einstweilige Detention unschädlich zu machen.«[514]

Die Bundeszentralbehörde verzichtete jedoch auf eine Handlungsempfehlung, sondern vermerkte, dass diese Äußerungen nicht als Beschwerde oder Initiative gemeint seien, sondern lediglich auf ein allgemeines Problem hinweisen sollten:

> »Indessen begnügen wir uns, durch vorstehende Andeutungen die Aufmerksamkeit eines hohen Bundestags-Ausschusses auf einen Gegenstand gelenkt zu haben, welcher uns, zumal in der gegenwärtigen Zeit, sorgfältige Erwägung zu verdienen scheint, und haben den hiervon etwa zu machenden Gebrauch der Weisheit eines hohen Bundestags-Ausschusses geziemend anheimzugeben.«[515]

---

[513] Bundeszentralbehörde an Maßregelkommission, 16. Oktober 1833, in: BA Berlin, DB 8, Nr. 1. Die Bundeszentralbehörde spielte hier auf den Freispruch der Organisatoren des Hambacher Fests und ganz besonders auf die Haftentlassung des Apothekers Trapp in Hessen-Darmstadt an, die parallel zu einem Konflikt mit dem Hofgericht Gießen geführt hatten. (Vgl. BA Berlin, DB 8, Nr. 1; Fischer, Nation, S. 406 f.; Noellner, Actenmäßige Darlegung, S. 459 ff.)
[514] Bundeszentralbehörde an Maßregelkommission, 16. Oktober 1833, in: BA Berlin, DB 8, Nr. 1.
[515] Bundeszentralbehörde an Maßregelkommission, 16. Oktober 1833, in: BA Berlin, DB 8, Nr. 1.

Unabhängig hiervon stellte die Bundeszentralbehörde zwei »ersuchende« Anträge, die speziell auf die Klärung des Streits mit dem Hofgericht Rastatt und allgemein auf eine Stärkung ihrer Position gegenüber den Gerichten in der Frage der Akteneinsendung abzielten,

> »1) daß das Hofgericht zu Rastatt über die Competenz der Centralbehörde belehrt werde, auch daß ihr die Garnierschen Acten ungesäumt zur Einsicht verabreicht würden, und zur Zeit die Urteilspublication ausgesetzt bleibe;
>
> 2) daß von den Regierungen sämmtlicher Bundesstaaten solche Maaßregeln getroffen würden, daß die Centralbehörde ähnlichen Anständen (wie den in Baden erfahrenen) in Zukunft nicht mehr begegne, und wenn sich im Interesse der gesamten Untersuchungen ein einzelnes Gericht ersucht habe, die Fällung des Urtheils noch aussetzten, ihrer Requisition genügt werde.«[516]

Ausgehend von diesen Anträgen, entwickelte nun wiederum die Maßregelkommission einen Vorschlag für einen Bundesbeschluss, der beide Problemfelder – die Kontrolle des Untersuchungsverfahrens nach polizeilichen Kriterien und die Stärkung der Bundeszentralbehörde gegenüber der Landesbehörden – kombinierte und am 5. Juni 1834 zum Bundesbeschluss erhoben wurde.[517] So lange die Ermittlungen der Bundeszentralbehörde liefen, sollte

> »unter Fortdauer der gesetzlichen Maaßregeln zur Sicherung der Personen der Inculpaten, keine Definitiverkenntnisse abzugeben seyen, bis die möglichst zu beschleunigende Erklärung der Centralbehörde und die Erledigung der von derselben nach Einsicht der Acten geschehenen Requisitionen erfolgt seyn werden«.[518]

De facto bedeutete dies, dass der Abschluss der bundesstaatlichen Untersuchungen und ganz besonders das Ende der Untersuchungshaft von der Zustimmung der Bundeszentralbehörde abhängig gemacht werden sollte. Die Bundeszentralbehörde wurde also zur Lösung des von ihr selbst gemeldeten Problemfeldes instrumentalisiert.

---

[516] Protokolle Bundesversammlung 1833, 51. Sitzung, § 545, S. 1162 f.
[517] Vgl. Fischer, Nation, S. 407 f.
[518] Protokolle Bundesversammlung 1833, 51. Sitzung, § 545, S. 1166.

Die Bundeszentralbehörde meldete der Maßregelkommission jedoch nicht nur Probleme, sondern wurde andersherum von der Bundesversammlung auch als Expertenkommission eingesetzt. Nachdem es beispielsweise in Frankfurt zu mehreren Gefängnisausbrüchen gekommen war, wurde die Bundeszentralbehörde 1834 durch die Bundesversammlung beauftragt,

> »von der offenbar noch fortdauernden üblen Beschaffenheit und mangelhaften Beaufsichtigung der betreffenden hiesigen Criminalgefängnisse genaue Kenntniß zu nehmen, und darüber, so wie über die zur Beseitigung dieser Mängel etwa zu treffenden Anordnungen, sich gutachtlich äussern«.[519]

Besonders interessant ist, dass die Bundeszentralbehörde in diesem Kontext mit der Bundesmilitärkommission zusammenarbeitete, wobei Vertreter der beiden Gremien kurzzeitig eine ressortübergreifende Spezialkommission bildeten. Im Auftrag der Maßregelkommission prüfte der württembergische Kommissar Prieser mit dem preußischen Bevollmächtigten bei der Bundesmilitärkommission, Ludwig von Wolzogen, die Möglichkeit, die Frankfurter Gefangenen in die Bundesfestung Mainz zu verlegen und empfahl diese Maßnahme in einem gemeinschaftlichen Gutachten.[520] Daraufhin beschloss die Bundesversammlung die notwendigen Umbauten vornehmen zu lassen und jeweils ein Mitglied der Bundeszentralbehörde und der Militärkommission mit der Bauaufsicht zu beauftragen.[521]

3.2.3.3 Die Bundeszentralbehörde als polizeiliche Nachrichtenstelle

Mit dem Abebben der großen Welle von politischen Prozessen und der zunehmenden Verlagerung oppositioneller Aktivitäten in das benachbarte Ausland erweiterte sich ab etwa 1835/36 das Tätigkeitsprofil der Bundeszentralbehörde. Wie von Metternich im Vorfeld ihrer Gründung angedacht, flossen in der Bundeszentralbehörde

---

[519] Protokolle Bundesversammlung 1834, 18. Sitzung, § 230, S. 495.
[520] Protokolle Bundesversammlung 1834, 23. Sitzung, § 296, S. 593 f.
[521] Protokolle Bundesversammlung 1834, 23. Sitzung, § 296, S. 594 f. Zu den langwierigen Verhandlungen um die Verlegung der Frankfurter Gefangenen nach Mainz siehe: Gerber, Wachensturm, S. 197 ff.; Struve, Öffentliches Recht (Teil 1), S. 290 ff.

unabhängig von strafrechtlichen Untersuchungen politisch-polizeiliche Informationen zusammen, die als »vertrauliche« Hinweise oder Notizen an die Landesregierungen weitergeleitet wurden.[522] Wichtig ist jedoch darauf hinzuweisen, dass diese Funktion im Vergleich zu den anderen beiden Tätigkeitsfeldern – Koordination und Kontrolle der strafrechtlichen Untersuchungsverfahren sowie Berichterstattung an die Bundesversammlung – quantitativ eher ein Nebenaspekt blieb. Die Informationsquelle der Bundeszentralbehörde war in erster Linie das Informationsbüro, das über den österreichischen Kommissar Mitteilungen an die Bundeszentralbehörde weitergab. Punktuell kamen diese Nachrichten aber auch von Preußen und Baden, wobei Baden wegen seiner geographischen Lage im Grenz- und Transitraum zu Westeuropa eine zentrale strategische Rolle bei der Überwachung der Verkehrswege, der Sicherung der Außengrenze des Bundesgebiets und der Beobachtung politischer Flüchtlinge zukam.

Die Bundeszentralbehörde beschränkte sich nicht auf die reine Weitergabe dieser Informationen, sondern verband ihre Requisitionen häufig mit konkreten Bitten um weitergehende Nachforschungen oder exekutive Maßnahmen wie Observationen, Hausdurchsuchungen, Beschlagnahmungen und sogar Verhaftungen.[523] Der abweichende Charakter dieser Requisitionen zeigte sich besonders darin, dass sie nicht an die ursprünglich mit der Bundeszentralbehörde korrespondierenden gerichtlichen Untersuchungsbehörden, sondern an die obersten Polizeibehörden der Bundesstaaten, in der Regel die Innenministerien, gerichtet waren. Dabei dehnte die Bundeszentralbehörde ihren Wirkungsbereich auch in das benachbarte Ausland aus. Beispielsweise wies sie im Juli 1835 die badische Regierung auf einen Straßburger Putzhändler mit dem Namen Maresquelle hin. Dieser stand im Verdacht, als Kontaktmann zwischen deutschen und französischen Oppositionellen zu agieren und dazu unter anderem Reisen in das Rhein-Main-Gebiet unternommen zu haben. Anders als bei innerdeutschen Requisitionen forderte die Bundeszentralbehörde zwar keine konkreten Maßnahmen ein, hielt sich aber für verpflichtet, es »hohen Ermessen anheimzugeben,

---

[522] Löw, Bundeszentralbehörde, S. 24 f.; Siemann, Deutschlands Ruhe, S. 95.
[523] Vgl. Budach, Waldeck, S. 198 ff.; Siemann, Deutschlands Ruhe, S. 96.

welche polizeiliche Vorkehrungen für den Fall eines ferneren Verkehres dieses Maresquelle mit großherzogl. badischen Unterthanen zu treffen seyn möchte«.[524] Die badische Regierung kam dieser indirekten Aufforderung umgehend nach und beauftragte den für die Überwachung Straßburgs zuständigen Kehler Kommandanten Friedrich Asbrand, Erkundigungen einzuholen und mit dem Straßburger Präfekten in Kontakt zu treten.[525] Tatsächlich bestätigten die Ermittlungen Asbrands ein politisches Engagement Maresquelles, jedoch kaum das von der Bundeszentralbehörde gezeichnete Bild eines umtriebigen und gewieften Verschwörers:

> »Rücksichtlich der Geisteskräfte soll derselbe von Mutter Natur sehr stiefmütterlich begabt worden seyn. Das derselbe je Reisen zu politischen Zwecke unternommen, will man aus mehrfachen Gründen sehr bezweifeln nämlich 1) weil jeder Verein sich hüten würde einen mit so geringen Verstande begabten Mann zu vertrauen und denselben zum Abgesandten zu wählen, 2) weil derselbe fast stets kränklich u. bey seinem geringen Vermögen Reisen aus eigenen Mitteln unternehmen nicht im Stande sey.«[526]

Durch ihre Requisitionen schuf die Bundeszentralbehörde zudem Ansätze eines politisch-polizeilichen Überwachungs- und Fahndungsnetzwerks, das zwar nicht so weitreichend war wie das des nach 1848 etablierten Polizeivereins, jedoch als dessen Vorläufer gesehen werden kann.[527] Im Fokus standen besonders die Einführungen politischer Schriften und das Eindringen gefährlicher Personen in das Bundesgebiet. Dabei beschränkte sich die Bundeszentralbehörde nicht auf deutsche Oppositionelle, sondern beschäftigte sich auch mit Personen aus anderen Staaten, insbesondere mit reisenden Polen. Die Verschränkung der verschiedenen Sicherheitsebenen soll im Folgenden an einem Beispiel aus dem Sommer 1835 illustriert werden. Im August 1835 meldeten die Frankfurter Behörden an die Bundeszentralbehörde, dass ein ehemaliger polnischer Offizier

---

[524] Bundeszentralbehörde an Ministerium des Innern, 25. Juli 1836, in: GLA Karlsruhe, Abt. 236, Nr. 8795.
[525] Ministerium des Innern an Asbrand, 4. August 1836, in: GLA Karlsruhe, Abt. 236, Nr. 8795.
[526] Asbrand an Ministerium des Innern, 30. August 1836, in: GLA Karlsruhe, Abt. 236, Nr. 8796.
[527] Siehe hierzu: Jäger, Vernetzung, S. 274 ff.; Siemann, Mazzini.

namens Joseph Zalesky mit einem in Straßburg ausgestellten Pass nach Frankfurt eingereist sei und nach kurzem Aufenthalt die Stadt in Richtung Ems (Nassau) verlassen habe. Zwar habe sich Zalesky nichts zu Schulden kommen lassen, allerdings vermute man, dass es sich um einen »Emmissär der französischen Propaganda handeln« würde. Diese Nachricht deckte sich mit besorgniserregenden Informationen über einen reisenden polnischen Revolutionsflüchtling, die der Bundeszentralbehörde kurz zuvor durch das Informationsbüro übermittelt worden waren:

> »Auf vertraulichen Wege seien uns Notizen zugekommen, nach welchen Emissaire der revolutionären Verbindungen in Frankreich sich nach Polen (...) zur Ausführung eines Attentats einzuschleichen beabsichtigen. Als solcher Emissair sei uns (...) auch der Pole Adolph Zaleski genannt worden. Nach einer anderen vertraulichen Notiz habe der Pole Zaleski sich von Brüssel aus nach der Schweiz unter falschem Namen begeben wollen, wo er angeblich mit Ungeduld erwartet werde, um an die Spitze einer gegen Baden gerichteten Expedition gestellt zu werden.«[528]

Diese Informationen wurden durch mehrere aktuelle Zeitungsartikel bestätigt, die auf »die Existenz eines Complotts hindeuteten«.[529] Die Bundeszentralbehörde wandte sich entsprechend umgehend an die nassauischen Behörden und bat darum, Zalesky observieren zu lassen und gegebenenfalls gegen ihn »einzuschreiten«. Zwei Tage später meldeten die nassauischen Behörden, dass sie Zaleskys Gepäck und Papiere durchsucht, dabei aber nichts Verdächtiges gefunden hätten. Zalesky habe die Anweisung erhalten, Nassau innerhalb von 24 Stunden zu verlassen.

Dass diese Fahndungstätigkeit der Bundeszentralbehörde in den Bundesstaaten jedoch durchaus kritisch gesehen wurde, zeigt der Fall des Krakauer Flüchtlings Thomas Swiderski. In diesem Fall hatte die Bundeszentralbehörde ein ursprünglich an Frankfurt gerichtetes Rechtshilfegesuch der unter dem Protektorat Österreichs, Russlands und Preußens stehenden Freien Stadt Krakau auf Initiative Wagemanns an Hessen-Darmstadt, Nassau, Baden, Württemberg, Hessen-

---

[528] Protokolle Bundeszentralbehörde, 119. Sitzung, 19. August 1835, § 2664, in: GStA PK Berlin, I. HA, Rep. 77, Tit. 10, Nr. 2, Bd. 7.
[529] Protokolle Bundeszentralbehörde, 119. Sitzung, 19. August 1835, § 2664, in: GStA PK Berlin, I. HA, Rep. 77, Tit. 10, Nr. 2, Bd. 7.

Kassel und Bayern sowie an die Provinzialregierungen Rheinbayerns und der preußischen Rheinprovinz weitergeleitet.[530] Dabei wurden die angesprochenen Bundesstaaten aufgefordert, Swiderski nicht nur zu verhaften, sondern umgehend an Krakau auszuliefern. Tatsächlich wurde Swiderski kurz darauf beim Übertritt der württembergisch-bayrischen Grenze in Neu-Ulm durch die bayrischen Behörden verhaftet, so dass die Maßnahme aus polizeilicher Perspektive ein Erfolg war. In Württemberg bestanden jedoch große Zweifel an der Zulässigkeit des Vorgangs, da das Krakauer Requisitionsschreiben nicht direkt, sondern nur über die Bundeszentralbehörde an die betroffenen Regierungen gegangen war und weil der Fall gar nicht in der Kompetenz der Bundeszentralbehörde lag, da Swiderski seine Taten im Ausland begangen hatte und sie sich nicht gegen den Deutschen Bund gerichtet hatten.[531]

Bereits 1833/34 war es zu einer Diskussion über die Frage gekommen, ob die Bundeszentralbehörde ihren Wirkungsbereich über die Bundesgrenzen hinaus ausdehnen sollte. Ausgelöst worden war diese durch die preußische Ministerialkommission, welche die Bundeszentralbehörde in zwei Fällen aufgefordert hatte, über die Bundesversammlung auf diplomatischem Weg Requisitionen an Frankreich und Schweden wegen der Vernehmung verschiedener Zeugen zu stellen.[532] Die Ministerialkommission sah größere Erfolgsaussichten in einem Gesuch der »neutralen« Bundesinstitutionen, da besonders Frankreich solchen Rechtshilfegesuchen eigentlich nicht nachkam. Zudem hätten sich Streitigkeiten nicht negativ auf die preußische Außenpolitik ausgewirkt. Innerhalb der Bundeszentralbehörde bestand grundsätzlich die Bereitschaft, dem preußischen Antrag nachzukommen. Allerdings glaubten die Kommissare nicht an einen Erfolg des Gesuchs und es war fraglich, ob überhaupt die Kompetenz

---

530 Wagemann an Metternich, 5. Mai 1837, in: HHStA Wien, StK, Deutsche Akten, Nr. 26.
531 Vgl. HStA Stuttgart, Best. E 50/01, Büschel 606; HStA Stuttgart, Best. E 301, Büschel 169.
532 Bericht Prieser, 30. August 1834, in: HStA Stuttgart, Best. E 301, Büschel 134; Protokolle Bundeszentralbehörde, 54. Sitzung, 14. Juni 1834, § 905; 58. Sitzung, 9. Juli 1834, § 1015, in: GStA PK Berlin, I. HA, Rep. 77, Tit. 10, Nr. 2, Bd. 3.

hierzu bestand. Der österreichische Kommissar Wagemann führte aus:

> »In der Regel kann nun die Cent. Behörde ihre Mitwirkung wohl nur bei den deutschen Gouvernements eintreten laßen, weil sie nach Art. 1 des Bundesbeschlusses vom 20. Juni 1833 nur angewiesen ist, gegenseitige Mittheilungen und Aufschlüße unter den, in den einzelnen Bundesstaaten mit Untersuchung beschäftigten Behörden zu befördern. Die Cent. Behörde stände daher vielmehr selbst in der Lage, sobald sich Vernehmungen im Auslande als nothwendig herausstellen, diese in diplomatischen Wege, jedoch durch Requisitionen an dasjenige Deutsche Gouvernement, in deßen Bezirk die betreffende Untersuchung anhängig ist, einzuleiten.«[533]

Eine Anfrage der Bundeszentralbehörde an die Maßregelkommission, wie sie mit dem preußischen Anliegen umzugehen habe, wurde jedoch abschlägig beantwortet. Diese argumentierte, dass der Bund gar nicht über die notwendigen diplomatischen Dienste verfüge, um solche Anfragen zu übermitteln. Der württembergische Kommissar Prieser berichtete hierüber:

> »Es wurde daher dem uns vorgesetzten Bundestags-Ausschusse ein zwölf Bogen starkes Requisitions-Schreiben an den französischen Staats-Prokurator in Straßburg zur Weiterbeförderung auf diplomatischen Wege vorgelegt, worauf uns aber, wie vorauszusehen war, von jenem Ausschusse erwidert wurde, daß dem vorgestellten Ansuchen vom Bundestage, der keinen Gesandten in Frankreich habe, auf keinen Fall entsprochen werden könne. Wolle die Preußische Regierung die fragliche Requisition nicht fallen lassen, so möge sie sich damit selbst an das französische Gouvernement wenden.«[534]

Im Oktober 1836 wandte sich die Bundeszentralbehörde erneut mit einem Antrag an die Maßregelkommission, eine Requisition an eine außerdeutsche Behörde stellen zu dürfen. Es ging um den Hochverratsprozess gegen den ursprünglich aus Hessen-Darmstadt stammenden Journalisten Ernst Schüler. Schüler war als Teilnehmer des Wachensturms 1833 in die Schweiz geflohen und 1836 im Kanton Bern eingebürgert worden.[535] Kurz darauf wurde er wegen seiner

---

[533] Protokolle Bundeszentralbehörde, 58. Sitzung, 9. Juli 1834, § 1015, in: GStA PK Berlin, I. HA, Rep. 77, Tit. 10, Nr. 2, Bd. 3.
[534] Bericht Prieser, 30. August 1834, in: HStA Stuttgart, Best. E 301, Büschel 134.
[535] Urner, Kolonienbildung, S. 109 ff.

politischen Aktivitäten wegen Hochverrats angeklagt.[536] Da es in diesen Zusammenhang zu umfassenderen Untersuchungen im Flüchtlingsmilieu kam, erhoffte sich die Bundeszentralbehörde, von Bern relevante Informationen für ihre eigenen Untersuchungen erhalten zu können. Ein ähnliches Vorgehen lässt sich auch in dem aufsehenerregenden Prozess wegen des Mordes an dem deutschen Studenten Ludwig Lessing 1835 in Zürich beobachten, als nicht die Bundeszentralbehörde, aber unter anderem die preußische Ministerialkommission versuchte, durch Requisitionen an über den Fall hinausreichende Informationen über die deutsche Flüchtlingsszene zu gelangen.[537] Die Bundeszentralbehörde fragte daher bei der Maßregelkommission an, ob eine Requisition auf diplomatischem Weg durch die Bundesversammlung übermittelt werden könnte. Diese lehnte dies jedoch erneut ab, überließ es der Bundeszentralbehörde aber, »das Requisitionsschreiben direkt an das peinliche Verhöramt zu Bern abgehen zu lassen.«[538]

Gegen eine direkte Kommunikation mit den Berner Behörden bestanden innerhalb des Bundeszentralbehörde jedoch Bedenken. Der österreichische Kommissar Wagemann führte aus, dass erstens immer noch unklar sei, ob die Bundeszentralbehörde wirklich die Kompetenz habe, »mit einer ihr vom h. Bundestag für ihre Verhandlungen nicht bezeichneten Authorität /: außerhalb Deutschlands :/ in Correspondenz zu treten«; zweitens, dass es sich bei der Bundeszentralbehörde um keine ordentliche Gerichtsbehörde (»iudicium formatum«) handeln würde, so dass ihre Requisitionen auch einfach ignoriert; und drittens sogar als Provokation empfunden werden könnte.[539] Trotzdem entschied sich die Bundeszentralbehörde, ein Requisitionsschreiben an die Berner Behörden abzusenden, wobei sie ausdrücklich im Protokoll festhielt, dass hieraus »keine Consequenz für zukünftige Fälle gezogen werden soll.«[540]

---

536 Vgl. Der Process.
537 Gschwend, Studentenmord, S. 143 ff.
538 Protokolle Bundeszentralbehörde, 162. Sitzung, 29. Oktober 1836, § 4132, in: GStA PK Berlin, I. HA, Rep. 77, Tit. 10, Nr. 2, Bd. 9.
539 Protokolle Bundeszentralbehörde, 162. Sitzung, 29. Oktober 1836, § 4132, in: GStA PK Berlin, I. HA, Rep. 77, Tit. 10, Nr. 2, Bd. 9.
540 Protokolle Bundeszentralbehörde, 162. Sitzung, 29. Oktober 1836, § 4132, in: GStA PK Berlin, I. HA, Rep. 77, Tit. 10, Nr. 2, Bd. 9.

Zudem sollte das Schreiben nur die nötigsten Informationen über die deutschen Untersuchungen enthalten, da man Indiskretionen befürchtete. Kurz vor der Versendung am 5. November 1836 intervenierte jedoch Wagemann, der durch seine Regierung darauf hingewiesen worden war, dass es zu diplomatischen Unstimmigkeiten wegen der Schweizer Flüchtlingspolitik gekommen sei und eine Einmischung der Bundeszentralbehörde – bei der es sich um keine Gerichts-, sondern um eine außerordentliche Sicherheitsbehörde des Bundes handeln würde – sich negativ auf die Verhandlungen auswirken könnte:

> »Unter diesen Umständen dürfte es heute bedenklicher erscheinen, von Seite der Cent. Behörde mit einer Requisition, die kein Interesse für die Schweizer Behörde hat, und die nur von der letztern eine Gefälligkeit im außerordentlichen Wege in Anspruch nimmt, dazwischen zu treten, und vielleicht höheren politischen Verhandlungen hinderlich zu werden; eine Rücksicht, welche vorzügliche Beachtung von der Cent. Behörde erheischt, da jene Verhandlungen dasselbe Ziel, welches der Cent. Behörde gesetzt ist, – Sicherung der öffentlichen Ruhe und Ordnung – verfolgen und dasselbe noch weit wirksamer zu erreichen vermögen.«[541]

Stattdessen schlug Wagemann vor, auf das Requisitionsschreiben gänzlich zu verzichten und alternativ »die bei der Sache betheilten deutschen Gerichtsstellen zur angemessenen Zeit und so wie es erforderlich sein wird, aufzufordern, nach Maßgabe des Interesses ihrer Untersuchungen selbst und unmittelbar die Akten zu Bern zu requirieren«.[542] Dieser Vorschlag Wagemanns weist auf ein interessantes Phänomen hin, nämlich die Praxis der Bundeszentralbehörde, über Requisitionen außenpolitische Maßnahmen der Bundesstaaten zu beeinflussen oder sogar anzuregen und so zumindest indirekt über die Bundesgrenzen hinaus zu agieren. Im Fall des nach Belgien geflohenen Heidelberger Studenten Ludwig Clausing, gegen den unabhängig voneinander wegen eines Mordversuchs und wegen seiner Mitgliedschaft in der Burschenschaft ermittelt wurde, drängte die Bundeszentralbehörde die badische Regierung beispielsweise,

---

[541] Protokolle Bundeszentralbehörde, 163. Sitzung, 5. November 1836, § 4157, in: GStA PK Berlin, I. HA, Rep. 77, Tit. 10, Nr. 2, Bd. 9.
[542] Protokolle Bundeszentralbehörde, 163. Sitzung, 5. November 1836, § 4157, in: GStA PK Berlin, I. HA, Rep. 77, Tit. 10, Nr. 2, Bd. 9.

einen Auslieferungsantrag zu stellen, obwohl bekannt war, dass Belgien keine politischen Flüchtlinge auslieferte.[543] Bemerkenswert war, dass die Bundeszentralbehörde mit dem »gemeinen« Charakter von Clausings Verbrechen argumentierte, aber gleichzeitig auf seine Bedeutung als Informationsquelle für die politischen Untersuchungen innerhalb des Bundes verwies, woraus sie ihren Kompetenzanspruch ableitete. Dabei bewertete sie den Fall weniger unter strafrechtlichen als unter polizeilichen Aspekten. Als das badische Justizministerium sich nämlich noch einmal genauer erkundigte, wie man angesichts der offensichtlichen politischen Bedeutung des Falls gegenüber Belgien glaubhaft versichern solle, dass Clausing nach einer Auslieferung nicht wegen eines politischen Delikts verurteilt werde, führte die Bundeszentralbehörde aus, dass die Bestrafung eines politischen Delikts nicht nötig sei, da Clausing wegen des Mordversuchs bereits zu Tode verurteilt worden wäre und man ihn lediglich als Zeugen benötige:

> »Da gegen den Inquisiten wegen eines gemeinen Verbrechens auf Todesstrafe erkannt sei, so bedürfe es keiner Verantwortung und Bestrafung desselben wegen der ihm gleichfalls zu Last liegenden Theilnahme an der revolutionären Verbindung der Heidelberger Burschenschaft nach dem Grundsatze ›poena major absorbet minorem‹, und es könne daher nach dem Ermeßen der Cent. Behörde unbedenklich der Regierung in Belgien das Versprechen gegeben werden, daß Inquisit wegen früherer politischen Vergehen zu keiner Verantwortung und Strafe gezogen werde, obgleich derselbe nach wirklicher Auslieferung blos pro informatione und gleichfalls als Zeuge über die revolutionaire Verbindung der Heidelberger Burschenschaft immer noch vernommen werden könnte.«[544]

Die Fälle dokumentieren insgesamt eine Tendenz zur »Verpolizeilichung« der Bundeszentralbehörde, indem sie über den Rahmen des inquisitorischen Untersuchungsverfahrens hinaus versuchte, präventive und exekutive Sicherheitsmaßnahmen der Bundesstaaten zu steuern und zu koordinieren. Dass sie letztendlich wenig erfolgreich

---

[543] Bundeszentralbehörde an Universitätsamt Heidelberg, 7. Januar 1834, in: UA Heidelberg, RA, 6956. Zum Fall Clausing und zum belgischen Auslieferungsgesetz siehe ausführlich: Kapitel 4.2.2.1, S 356 ff. und Kapitel 4.2.2.2, S. 370 ff.
[544] Protokolle Bundeszentralbehörde, 33. Sitzung, 3. März 1834, § 463, in: GStA PK Berlin, I. HA, Rep. 77, Tit. 10, Nr. 2, Bd. 2.

darin war, weist auf ein bereits aus den 1820er Jahren bekanntes Problem des Bundesregimes hin. So erschloss die Bundeszentralbehörde zwar neue Problem- und Aufgabenfelder, das statische und politisch heikle Format einer bundesrechtlich eingebetteten Untersuchungskommission ließ jedoch kaum Spielraum für Weiterentwicklungen. Bemerkenswert ist aber, dass Österreich und Preußen im Nachmärz versuchten, in Leipzig eine permanente »Bundespolizeibehörde« mit weitreichenden polizeilichen Kompetenzen zu bilden. Diese sollte unabhängig von strafrechtlichen Untersuchungen die Überwachung und Verfolgung »revolutionärer Erscheinungen« koordinieren und kontrollieren und hierzu sogar Sonderermittler entsenden und exekutive Maßnahmen anordnen dürfen.[545] Zwar scheiterte dieser Vorschlag am Widerstand der Mittelstaaten, die hierin einen massiven Eingriff in ihre »Polizeiverwaltung« sahen, dennoch verdeutlicht der Vorgang, dass die sicherheitspolitischen Diskurse nach 1848 an die Problemstellungen und Erfahrungen des Vormärz anknüpften.

3.2.4 Strafrechtliche Maßnahmen des Deutschen Bundes

3.2.4.1 Das Verbot der exterritorialen Aktenversendung

Ab Januar 1834 kam es in Wien zu einer großen Konferenz von Repräsentanten der Mitglieder des Engeren Rats der Bundesversammlung, der so genannten »Wiener Kabinettskonferenz« bzw. nach 1820 zweiten »Ministerkonferenz«.[546] Diese war durch Österreich und Preußen initiiert worden und hatte ähnlich wie die Karlsbader Konferenz und die erste Wiener Ministerkonferenz eine

---

[545] Vgl. Beschlussentwurf zur Errichtung einer Zentralen Bundespolizeibehörde, 4. August 1851, abgedruckt bei: Beck/Schmidt, Dokumente, S. 23 ff.; Müller, Reaktion, S. 79 ff. Zu diesem Vorgang siehe ausführlich: Müller, Nation, S. 101 ff.; Siemann, Deutschlands Ruhe, S. 247 ff.

[546] Eine zusammenhängende und detaillierte Darstellung der Wiener Kabinettskonferenzen existiert nicht. Knappe Überblicksdarstellungen und Einzelaspekte bei: Huber, Verfassungsgeschichte (Bd. 2), S. 177 ff.; Hofmann, Universitätspolitik, S. 67 ff.; Kotulla, Verfassungsgeschichte, S. 373 ff.; Pelger, Schlußprotokoll; Treitschke, Deutsche Geschichte (Bd. 4), S. 329 ff.; Zerback, Reformpläne, S. XXXIX ff. Gedrucktes Quellenmaterial bei: Weech, Correspondenzen, S. 119 ff.; Zerback, Reformpläne, S. 429.

doppelte Funktion. Erstens wollte sich besonders Metternich angesichts der veränderten bundespolitischen Gesamtlage seit der Julirevolution, die sich vor allem im Anwachsen des konstitutionellen Blocks ausdrückte, einen persönlichen Eindruck und direkten Zugang zu den wichtigsten deutschen Regierungen verschaffen.[547] Wie 1819/20 diente die Konferenz damit zunächst einmal der Stabilisierung der politischen Beziehungen innerhalb des Bundesverbandes. Zweitens ging es darum, in einem konzentrierten Format, in dem direkte intergouvernementale Kommunikation möglich war, eine Reihe bundespolitischer Grundsatzfragen zu klären, die nicht nur, aber insbesondere die innere Sicherheit des Bundes betrafen.[548] Das Hauptergebnis der ein halbes Jahr dauernden Konferenz war ein am 12. Juni 1834 beschlossenes, voluminöses und inhaltlich wenig stringentes Schlussprotokoll, welches, nachdem es 1843 durch eine Indiskretion öffentlich bekannt geworden war, unter dem unheilschwangeren Namen »Die Sechzig Artikel« firmierte.[549] Inhaltlich lässt es sich in mehrere thematische Blöcke aufspalten, von denen lediglich einige zu Bundesbeschlüssen erhoben wurden.[550] Dies führt in klassischen verfassungsgeschichtlichen Arbeiten immer wieder zu der Frage nach seinem Rechtscharakter, da es wegen der Zusammensetzung der Konferenz zwar faktisch, wegen seines Zustandekommens aber nicht formell bundesrechtlichen Statuts hatte.[551] Die behandelten Themenkomplexe waren die Einsetzung eines Bundesschiedsgerichts (Artikel 3–14),[552] die weitere Beschränkung landständischer Rechte (Artikel 1; Artikel 15–27),

---

547 Zerback, Reformpläne, S. XLI.
548 Zerback, Reformpläne, S. XLI.
549 Zur Entstehung und Veröffentlichung der Sechzig Artikel siehe: Pelger, Schlußprotokoll, S. 439 ff. Die Sechzig Artikel sind abgedruckt bei: Huber, Dokumente, S. 137 ff.; Kotulla, Verfassungsrecht, S. 746 ff.; Pelger, Schlußprotokoll, S. 452 ff.
550 Kotulla, Verfassungsgeschichte, S. 374.
551 Vgl. Huber, Verfassungsgeschichte (Bd. 2), S. 178 ff.; Kotulla, Verfassungsgeschichte, S. 373 f.
552 Vgl. Bundesbeschluss wegen der Errichtung eines Schiedsgerichtes zur Entscheidung der Streitigkeiten zwischen den Regierungen und Ständen vom 30. Oktober 1834, in: Protokolle Bundesversammlung 1834, 37. Sitzung, Loco dictaturae gedrucktes Plenarprotokoll, S. 930 ff. Siehe auch: Kotulla, Verfassungsrecht, S. 766 ff.; Meyer, Corpus Juris (Teil 2), S. 316 f.

Zensurbestimmungen (Artikel 28–35), die Überwachung der Universitäten (Artikel 38–56)[553] und das im Folgenden näher besprochene Verbot der Beteiligung von juristischen Fakultäten und Schöffenstühlen bei Strafprozessen vor so genannten »Gemeinschaftsgerichten« durch »Aktenversendung« (Artikel 57).[554]

Bei der Aktenversendung handelte es sich um ein gemeinrechtliches Verfahren, mit dem seit dem Spätmittelalter auf die geringe Professionalisierung der Justizsysteme reagiert worden war.[555] Vor allem Patrimonialgerichte, kleinere Territorien und Reichsstädte, je nach Sachlage aber auch mittlere und größere Reichsstände versandten dabei vor Abschluss des Verfahrens ihre Akten zur Prüfung an juristische »Experten«, in erster Linie juristische Fakultäten, aber auch an – häufig mit Juristen besetzte – Schöffenstühle. Bei diesen externen Gutachten handelte es sich nicht einfach um unverbindliche Stellungnahmen. Vielmehr stellten sie de facto das Urteil dar:

> »Das Institut der Actenversendung besteht also darin, daß ein Gericht die spruchreifen Acten eines vor ihm verhandelten Rechtsstreites, entweder weil ihm die Entscheidung zweifelhaft und bedenklich erscheint, oder auf Verlangen einer Partei oder sonst nach Vorschrift der Reichs- und Landesgesetzgebung an ein von ihm ausgewähltes gehörig besetztes Spruchcollegium zur Einholung eines Rechtsgutachtens einschickt, um dieses Rechtsgutachten alsdann unverändert in seinem Namen und unter seiner gerichtlichen Autorität zu publiciren. Actenversendung ist also verschieden von einer bloßen Anfrage über eine allgemeine Rechtsregel und auch von einem bloßen Rechtsgutachten, welches Privatpersonen oder Verwaltungsbehörden für sich von einem Spruchcollegium oder einzelnen Gelehrten verlangen, und welches nur eine moralische und wissenschaftliche Autorität behält.«[556]

---

[553] Vgl. Bundesbeschluss über gemeinsame Maßregeln in Betreff der Universitäten und Erziehungsanstalten Deutschlands vom 13. November 1834, in: Protokolle Bundesversammlung 1834, 39. Sitzung, § 546, S. 976 ff. Siehe auch: Kotulla, Verfassungsrecht, S. 768 ff.; Meyer, Corpus Juris (Teil 2), S. 320 ff.

[554] Vgl. Bundesbeschluss die Auslegung der im Art. 12 der Deutschen Bundesacte enthaltenen Bestimmungen wegen der Verschickung der Acten auf eine Deutsche Facultät oder an einen Schöppenstuhl vom 13. November 1834, in: Protokolle deutschen Bundes-Versammlung 1834, 39. Sitzung, § 547, S. 988 f. Siehe auch: Kotulla, Verfassungsrecht, S. 775; Meyer, Corpus Juris (Teil 2), S. 323 f.

[555] Zur allgemeinen Einführung siehe: Oestmann, Aktenversendung.

[556] Welcker, Actenversendung, S. 240.

Dieser Einfluss nichtstaatlicher Akteure auf die Strafrechtsprechung – vor allem wenn diese zusätzlich aus anderen Territorien kamen – wurde im Kontext zunehmender Staatsbildung immer kritischer gesehen und kontinuierlich zurückgedrängt. In den meisten größeren Staaten war die exterritoriale Aktenversendung an auswärtige juristische Fakultäten bereits in der Mitte des 18. Jahrhunderts verboten.[557] Trotzdem gingen in der Zeit des Deutschen Bundes noch einige kleinere Bundesstaaten ohne eigene Universität dieser Praxis nach.[558] Zudem sah die Bundesakte bei Zivilprozessen vor so genannten »Gemeinschaftsgerichten« die Aktenversendung vor. Hierbei ging es um Folgendes: Der Artikel 12 DBA verpflichtete die Bundesstaaten zur Garantie einer dreiinstanzlichen Straf- und Zivilgerichtsbarkeit.[559] Bundesstaaten mit weniger als 300.000 Einwohnern wurden verpflichtet, als dritte Instanz gemeinschaftliche Obergerichte zu bilden. Gemeinschaftliche Obergerichte waren das Oberappellationsgericht Jena (Ernestinische Staaten und Reuß), das Oberappellationsgericht Zerbst (Anhaltinische und Schwarzburgische Staaten), das Oberappellationsgericht Parchim (Mecklenburgische Staaten) und das Oberappellationsgericht der vier Freien Städte in Lübeck (Bremen, Hamburg, Frankfurt und Lübeck).[560] Bei Zivilstreitigkeiten vor diesen Gemeinschaftsgerichten stand jeder Partei das Recht zu, vor dem Urteilsspruch die Aktenversendung an eine juristische Fakultät oder einen Schöffenstuhl zu beantragen. Laut Michael Kotulla lag die Motivation, an der als anachronistisch empfundenen Aktenversendung festzuhalten, an dem »Restmisstrauen gegenüber der sachlichen Kompetenz der neu in Kleinstaatregie zu schaffenden Gerichtshöfe«.[561]

Nun war es im Laufe der 1820er und 1830er Jahre zu Fällen gekommen, in denen die Gemeinschaftsgerichte nicht nur in Zivilrechts-, sondern auch in Strafrechtsfällen Akten an auswärtige juris-

---

[557] Härter, Policey und Strafjustiz (Bd. 1), S. 478.
[558] Für einen Überblick über die Handhabung der Aktenversendung in den Bundesstaaten siehe: Protokolle Bundesversammlung 1835, 27. Sitzung, § 447, S. 930 ff.
[559] Huber, Verfassungsgeschichte (Bd. 1), S. 616 ff.; Kotulla, Verfassungsgeschichte, S. 340 f.
[560] Huber, Verfassungsgeschichte (Bd. 1), S. 618.
[561] Kotulla, Verfassungsgeschichte, S. 340.

tische Fakultäten versandt hatten. Gegen diese Praxis wandte sich eine Initiative der preußischen und österreichischen Delegationen bei der Wiener Kabinettskonferenz. Diese zielte darauf ab, die Aktenversendung in Kriminalfällen vor den Gemeinschaftsgerichten durch einen Bundesbeschluss explizit als Verstoß gegen Artikel 12 DBA zu erklären und damit zu verbieten.[562] Das Motiv dieser Initiative lag offensichtlich darin, einen Einfluss der als politisch unzuverlässig eingeschätzten Universitäten auf die im Kontext des Wachensturms anstehenden politischen Prozesse zu verhindern. Dieser Vorschlag wurde ohne nähere Diskussion in das Schlussprotokoll aufgenommen und im November 1834 wortgleich zum Bundesbeschluss erhoben:

> »Da sich ergeben hat, daß die im Art. 12 der Bundesacte enthaltene Bestimmung wegen Verschickung der Acten auf eine Deutsche Facultät oder an einen Schöppenstuhl zur Abfassung des Endurtheils zum Theil auch auf Polizei- und Criminalerkenntnisse ausgedehnt worden ist, eine solche Auslegung aber nicht in dem Sinne jenes Artikels liegt, so erklärt die Bundesversammlung, daß der gedachte Art. 12 der Bundesacte nur auf Civilstreitigkeiten Anwendung zu finden habe.«[563]

Eine ähnliche Initiative, die im Rückbezug auf den Freispruch mehrerer Organisatoren des Hambacher Festes im Landauer Assisenprozess auf ein Verbot von Geschworenengerichten bei politischen Prozessen abzielte, scheiterte dagegen.[564] Dieses Verbot sollte ursprünglich den Artikel 58 des Schlussprotokolls darstellen, wurde jedoch im letzten Moment durch Bayern verhindert.[565]

Kurz nach dem Erlass des Bundesbeschlusses wandte sich der badische Bundestagsgesandte Friedrich von Blittersdorff am 27. No-

---

[562] Weech, Correspondenzen, S. 200 f.

[563] Bundesbeschluss die Auslegung der im Art. 12 der Deutschen Bundesacte enthaltenen Bestimmungen wegen der Verschickung der Acten auf eine Deutsche Facultät oder an einen Schöppenstuhl vom 13. November 1834, in: Protokolle deutschen Bundes-Versammlung 1834, 39. Sitzung, § 547, S. 988 f. Siehe auch: Kotulla, Verfassungsrecht, S. 775; Meyer, Corpus Juris (Teil 2), S. 323 f. Zur Annahme desr Maßnahme durch die Konferenz siehe: Weech, Correspondenzen, S. 273.

[564] Weech, Correspondenzen, S. 193 f. Zum Landauer Assisenprozess siehe: Gallo, Verhandlungen; Hoffmann, Assisengericht; Hüls, Wirth, S. 326 ff.; Kermann, Quellen, S. 83 ff.

[565] Weech, Correspondenzen, S. 273.

vember 1834 im Namen der Maßregelkommission an die Bundesversammlung und beantragte weitergehende Maßnahmen in der Frage der Aktenversendung.[566] Blittersdorffs Vortrag beruhte wiederum auf einem sicherheitspolitischen Antrag der Bundeszentralbehörde, den diese bereits am 20. März 1834 eingereicht hatte. Dieser hatte folgenden Hintergrund: Im Frühjahr 1834 hatte die Bundeszentralbehörde erfahren, dass nach der Frankfurter Strafgerichtsverfassung auf Wunsch der Angeklagten in erster und zweiter Instanz eine auswärtige Juristenfakultät durch Aktenversendung beteiligt werden konnte.[567] Bei der Bundeszentralbehörde löste diese Nachricht große Verärgerung aus und sie wandte sich umgehend mit einem ausführlichen Bericht an die Maßregelkommission.[568] In diesem Bericht vereinten sich die »üblichen« Argumente gegen die Beteiligung von Juristenfakultäten an der Strafrechtsprechung mit spezielleren Argumenten gegen ihre Beteiligung an politischen Prozessen. So führte die Bundeszentralbehörde aus, dass den Mitgliedern juristischer Fakultäten trotz akademischer Meriten das »Hauptmoment der richterlichen Qualification« fehlen würde, nämlich die durch regelmäßige Spruchpraxis erworbene Erfahrung.[569] Diese sei aber Voraussetzung für die richtige »Abwägung der Beweisstücke für Schuld und Unschuld, und zur Abmessung der Strafen, welche oft in einem weiten richterlichen Arbitrio stehen«.[570] Weiterhin unterläge die Gutachtenerstellung in juristischen Fakultäten keiner inhaltlichen Aufsicht. Während innerhalb der Justizsysteme durch das

---

[566] Protokolle Bundesversammlung 1834, 42. Sitzung, § 584, S. 1035 ff.

[567] Antwortschreiben des peinlichen Verhöramtes der freien Stadt Frankfurt an die Centralbehörde des Deutschen Bundes, 11. März 1834, in: Protokolle Bundesversammlung 1834, 42. Sitzung, § 584, Beilage 3, S. 1042^f.

[568] Bericht der durch den Bundesbeschluss vom 20. Juni 1833 niedergesetzten Centralbehörde des Deutschen Bundes an den in Folge des Artikels 28 der Wiener Schlußacte gewählten Bundestags-Ausschuß, 20. März 1834, in: Protokolle Bundesversammlung 1834, 42. Sitzung, § 584, Beilage 3, S. 1042^a ff.

[569] Bericht der durch den Bundesbeschluss vom 20. Juni 1833 niedergesetzten Centralbehörde des Deutschen Bundes an den in Folge des Artikels 28 der Wiener Schlußacte gewählten Bundestags-Ausschuß, 20. März 1834, in: Protokolle Bundesversammlung 1834, 42. Sitzung, § 584, Beilage 3, S. 1042^b.

[570] Bericht der durch den Bundesbeschluss vom 20. Juni 1833 niedergesetzten Centralbehörde des Deutschen Bundes an den in Folge des Artikels 28 der Wiener Schlußacte gewählten Bundestags-Ausschuß, 20. März 1834, in: Protokolle Bundesversammlung 1834, 42. Sitzung, § 584, Beilage 3, S. 1042^b.

Kollegiatsprinzip sowie die Fachaufsicht durch Landesjustizkollegien und Justizministerien eine rationale Urteilsfindung garantiert sei, sei dies bei den Fakultäten – begünstigt durch die institutionelle Unabhängigkeit der Universitäten und geringe interne Amtshierarchien – nicht gewährleistet.[571] Die abstrakte, wissenschaftliche Herangehensweise von Professoren würde dabei leicht zu eigenwilligen und praxisfernen Ergebnissen führen. Neben diesen generellen Bedenken käme im Fall politischer Prozesse erschwerend hinzu, dass der politische »Fanatismus« vieler Studenten maßgeblich von den Professoren ausgehen würde, so dass es fahrlässig sei, diese an politischen Prozessen zu beteiligen.[572] Als Beleg für ihre Ausführungen nannte die Bundeszentralbehörde mehrere Beispielfälle mit politischem Kontext aus den Jahren 1832/33, in denen die Frankfurter Gerichtsbehörden auf Grundlage von Gutachten von juristischen Fakultäten aus ihrer Perspektive zu milde geurteilt hatten. Die gutachtenden Fakultäten waren in diesen Fällen Göttingen, Tübingen und Berlin.[573] Um im Fall der Wachenstürmer ein Urteil auf der Basis des Gutachtens einer Juristenfakultät zu verhindern, schlug die Bundeszentralbehörde vor, einen Bundesbeschluss zu erlassen, der es »sämmtlichen Juristenfacultäten untersagt (...), in den nicht im Lande geführten Untersuchungen, die ein politisches Verbrechen, namentlich Hochverrath, betreffen, ein Urtheil abzufassen«.[574] Frankfurt – das keine Universität besaß – sollte so gezwungen werden, auf die Inanspruchnahme einer juristischen Fakultät zu

---

[571] Bericht der durch den Bundesbeschluss vom 20. Juni 1833 niedergesetzten Centralbehörde des Deutschen Bundes an den in Folge des Artikels 28 der Wiener Schlußacte gewählten Bundestags-Ausschuß, 20. März 1834, in: Protokolle Bundesversammlung 1834, 42. Sitzung, § 584, Beilage 3, S. 1042^b.

[572] Bericht der durch den Bundesbeschluss vom 20. Juni 1833 niedergesetzten Centralbehörde des Deutschen Bundes an den in Folge des Artikels 28 der Wiener Schlußacte gewählten Bundestags-Ausschuß, 20. März 1834, in: Protokolle Bundesversammlung 1834, 42. Sitzung, § 584, Beilage 3, S. 1042^c.

[573] Bericht der durch den Bundesbeschluss vom 20. Juni 1833 niedergesetzten Centralbehörde des Deutschen Bundes an den in Folge des Artikels 28 der Wiener Schlußacte gewählten Bundestags-Ausschuß, 20. März 1834, in: Protokolle Bundesversammlung 1834, 42. Sitzung, § 584, Beilage 3, S. 1042^c ff.

[574] Bericht der durch den Bundesbeschluss vom 20. Juni 1833 niedergesetzten Centralbehörde des Deutschen Bundes an den in Folge des Artikels 28 der Wiener Schlußacte gewählten Bundestags-Ausschuß, 20. März 1834, in: Protokolle Bundesversammlung 1834, 42. Sitzung, § 584, Beilage 3, S. 1042^e.

verzichten und stattdessen das Oberappellationsgericht der vier Freien Städte in Lübeck zur zweiten Instanz zu machen.[575]
Ausgehend von diesem Bericht führte Blittersdorff gegenüber der Bundesversammlung aus, dass die bisher wegen der Aktenversendung getroffenen Bestimmungen nicht ausreichend seien. So würde sich der Bundesbeschluss vom 13. November 1834 lediglich auf die Aktenversendung bei Prozessen vor den drittinstanzlich zuständigen Gemeinschaftsgerichten beziehen. In erster und zweiter Instanz sei sie aber weiterhin möglich.[576] Ausgehend von den Ausführungen der Bundeszentralbehörde schlug Blittersdorff zwei Lösungsansätze vor: Entweder sollte ein Verbot der Aktenversendung in politischen Strafprozessen ergehen, oder es sollte – wie von der Bundeszentralbehörde vorgeschlagen – den Universitäten verboten werden, entsprechende Rechtsgutachten zu erstellen. Über den Vorschlag der Bundeszentralbehörde hinaus empfahl die Maßregelkommission jedoch, die Aktenversendung in Strafprozessen insgesamt zu verbieten, da die Trennung von politischen und gemeinen Untersuchungen in der Praxis kaum möglich sei:

> »Einstweilen erlaubt sich der Ausschuß nur die Andeutung, daß die höchsten und hohen Bundesregierungen in Uebereinstimmung mit dem in der 39. dießjährigen Bundestagssitzung gefaßten Beschlusse Motive finden könnten, um die Versendung der Acten nicht nur in politischen Strafsachen, sondern in allen Strafsachen im Allgemeinen zu verhindern, indem die Grenzlinie zwischen politischen und nicht politischen Verbrechen und Vergehen, insbesondere bei polizeilichen Voruntersuchungen, schwer zu ziehen ist, und man daher bei der von der Centralbehörde beantragten beschränktern Anordnung Gefahr liefe, daß ein schädliches Schwanken und Unsicherheit in einem der wichtigsten Zweige der Gerechtigkeitspflege gebracht, und dadurch der Zweck des Bundes wiederum theilweise vereitelt würde.«[577]

Nach einer intensiven Debatte, in der sich insbesondere die kleineren Bundesstaaten vehement gegen ein Verbot der Aktenversendung

---

[575] Bericht der durch den Bundesbeschluss vom 20. Juni 1833 niedergesetzten Centralbehörde des Deutschen Bundes an den in Folge des Artikels 28 der Wiener Schlußacte gewählten Bundestags-Ausschuß, 20. März 1834, in: Protokolle Bundesversammlung 1834, 42. Sitzung, § 584, Beilage 3, S. 1042ᵉ. Vgl. Polgar, Oberappellationsgericht.
[576] Vgl. Abegg, Bundestagsbeschlüsse, S. 358 f.
[577] Protokolle Bundesversammlung 1834, 42. Sitzung, § 584, S. 1037.

ausgesprochen hatten, erfolgte knapp ein Jahr später, am 5. November 1835, tatsächlich ein Bundesbeschluss, der die Aktenversendung in »Polizei- und Kriminalsachen« an juristische Fakultäten anderer Bundesstaaten verbot.[578] Die Bundesstaaten, in denen die Aktenversendung an juristische Fakultäten und Schöffenstühle in Strafprozessen noch üblich war, wurden angewiesen, sie bis zum 1. Januar 1837 einzustellen. Zugleich sollten die Bundesstaaten mit Universitäten dafür sorgen, dass die juristischen Fakultäten ab diesem Zeitpunkt keine Akten mehr annahmen.[579]

Der Vorgang ist eines der eindrücklichsten Beispiele für das grundsätzlich vorhandene Integrationspotential der Sicherheitspolitik des Bundes im Bereich des Strafrechts.[580] So erfolgte hier ausgehend von einem sicherheitspolitischen Bundesbeschluss eine punktuelle Angleichung und Modernisierung. Zwar wurden die Beschlüsse als Teil der sicherheitspolitischen Ausnahmegesetzgebung des Bundes 1848 wieder aufgehoben,[581] dennoch ist es unwahrscheinlich, dass die Bundesstaaten, die die Bestimmungen überwiegend in ihre Rechtsordnungen implementierten, zur Praxis der Aktenversendung in Strafprozessen zurückkehrten.[582] Lediglich in Zivilprozessen war sie weiterhin üblich und wurde erst durch die Reichsjustizgesetze 1877 aufgehoben.[583] Bezeichnend war jedoch auch, dass die Bestimmungen oberflächlich und destruktiv blieben. So kritisierte August Abegg 1848 im »Archiv der Criminalrechts«, dass es sich bei der Aktenversendung zwar durchaus um ein reformbedürftiges Feld gehandelt habe, die Beschränkung auf ein Verbot jedoch zeigen würde, dass mit dem Beschluss nur sicherheitspolitische, aber keine rechtspolitischen Ziele verfolgt worden seien.[584]

In Zusammenhang mit Abeggs Kritik ist es ein interessantes Detail, dass das Verbot der Aktenversendung bereits vor der Revolu-

---

[578] Protokolle Bundesversammlung 1835, 27. Sitzung, § 447, S. 930 ff.
[579] Bundesbeschluss wegen der Verschickung der Acten in Polizei- und Criminal-Sachen an Facultäten und Schöppenstühle vom 5. November 1835, in: Protokolle Bundesversammlung 1835, 27. Sitzung, § 447, S. 944 f. Siehe auch: Kotulla, Verfassungsrecht, S. 777 f.; Meyer, Corpus Juris (Teil 2), S. 324.
[580] Vgl. Kesper-Biermann, Einheit, S. 264 ff.
[581] Vgl. Zachariä, Staats- und Bundesrecht (Bd. 2), S. 216, Anm. 9.
[582] Vgl. Heffter, Einfluß, S. 231 f.
[583] Huber, Verfassungsgeschichte (Bd. 1), S. 619.
[584] Abegg, Bundestagsbeschlüsse, S. 352 f.

tion 1848 wie kaum ein anderer sicherheitspolitischer Bundesbeschluss im rechtswissenschaftlichen Diskurs analysiert und kritisiert wurde. Dies lag an seinem lediglich verdeckt-repressiven Charakter, der eine Kritik im Rahmen einer politisch unverfänglichen, prozessrechtlichen Analyse durchaus möglich machte, und ganz besonders daran, dass sich die juristischen Fakultäten fachlich angegriffen und unter Generalverdacht gestellt fühlten. So führte August Wilhelm Heffter 1840 beispielsweise aus:

>»Wahrhaft schmerzlich mußte jedoch die Verfügung der Bundesgewalt (...) die Deutschen Spruchcollegien selbst berühren, nicht wegen der Entziehung des mit der Abfassung von Erkenntnissen verbundenen Verdienstes, der doch für den Einzelnen nur unbedeutend ist und leicht durch den Gewinn an Zeit für andere Arbeiten und Studien ersetzt wird, überhaupt nicht wegen der Maaßregel an sich, deren Zweckmäßigkeit nicht zu contestiren seyn mag, als vielmehr wegen ihrer wahrscheinlichen politischen Veranlassung; wegen des Mißtrauens, welches die Deutschen Regierungen durch ihre Beschlüsse gegen die juristischen Fakultäten an den Tag gelegt haben, daß diese mit einem Interdict hinsichtlich eines Rechts geschlagen werden mussten, was sie nicht usurpirt hatten, sondern ihnen seit der Errichtung Deutscher Universitäten frei und willig eingeräumt war, Kaiser und Reich in unzähligen gesetzlichen Verfügungen und Privilegien bestätigt hatten.«[585]

3.2.4.2 Regulierung von Jurisdiktionskonflikten um Gerichtsstand und Strafrechtsprechung

Neben dem offiziellen Tagungsprogramm wurden auf der Wiener Kabinettskonferenz weitere Themenkomplexe besprochen, die zwar nicht entschieden, jedoch zur Bearbeitung an die Bundesversammlung weitergereicht wurden. Sie betrafen besonders die Regulierung von Jurisdiktionskonflikten um die interdependenten Problemfelder »Gerichtsstand« und »Auslieferung«, die Vereinheitlichung und Kontrolle der politischen Strafrechtsprechung und den strafrechtlichen Schutz der Bundesverfassung. Derartige Konflikte waren in den 1820er Jahren zwar schon vorgekommen, letztendlich aber eine Ausnahme geblieben.[586] Mit dem Frankfurter Wachensturm und

---

[585] Heffter, Einfluß, S. 233. Vgl. Elvers, Praktische Arbeiten, S. V ff.
[586] Siehe hierzu: Kapitel 3.1.4, S. 150 ff.

den Ermittlungen gegen die Burschenschaft und andere Gruppen seit dem Frühjahr 1833 änderte sich dies, denn die Bundesstaaten hatten es mit einem noch nicht da gewesenen Ausmaß von Verflechtungen und Kollisionen zu tun. Der preußische Legationsrat Ernst Wilhelm Krug äußerte etwa kurz nach dem Wachensturm bezüglich der Frage des Gerichtsstands:

> »Das Thema ist zu stark für Diplomaten. Die Justiz, ein immer, besonders auch in Preußen, großartig gepflegter Zweig der Souveränität, will in jedem souveränen Staat geschont sein. Fast liegt der Fall einer offenbaren Kollision derjenigen Gerichtsbarkeiten, die es gibt, vor. Das forum delicti, apprehensionis und domicilii konkurrieren. Wie wird es möglich werden, die tausend Hindernisse zu überwinden?«[587]

Besonders die Ansprüche Bayerns und Preußens kollidierten mit denen anderer Bundesstaaten. Wie schon in den Verhandlungen um die Bundeszentralbehörde deutlich geworden war, wollte Bayern die Untersuchungen gegen eigene Untertanen selbst führen und drängte daher vergeblich auf die Auslieferung mehrerer Bayern, die wegen des Wachensturms und der Teilnahme an der Heidelberger Burschenschaft in Frankfurt und Baden verhaftet worden waren.[588] Sehr konfliktträchtig war die Praxis Preußens, Mitglieder der Burschenschaft aus anderen Bundesstaaten stellvertretend zu bestrafen, anstatt sie an ihre Heimatbehörden auszuliefern. In einem besonders umstrittenen Fall, der zwei gebürtig aus Holstein stammende Kieler Burschenschafter betraf, die erst nach einer Requisition der dänischen Behörden in Berlin verhaftet worden waren, wurde dies damit begründet, dass eine stellvertretende Bestrafung gemein- und gewohnheitsrechtlich zulässig sei, zumal sich die politischen Aktivitäten der Burschenschaft gegen den Deutschen Bund und damit gegen alle Bundesstaaten gerichtet hätten:

> »Wäre von einem so genannten gemeinen Verbrechen die Rede, so würde die Auslieferung keinen Anstand haben, das Verbrechen der Conspiration mit dem engeren Vereine der so genannten deutschen Burschenschaft gegen alle Fürsten Deutschlands und ihre Regierungen, zu deren Umsturz und Errichtung einer Republik, bethei-

---

[587] Zitiert nach: Gerber, Wachensturm, S. 185.
[588] Siehe hierzu z. B.: HStA München, MdA, Nr. 1702, 1703, 1704; UA Heidelberg, RA, Nr. 6893, 6987.

ligt aber, gleichgültig wo die Verbrecher dieser Conspiration zugetreten sind und welchem Staate sie angehören, alle deutschen Regenten und Regierungen und in solchen Fällen hat stets das forum deprehensionis als competent gegolten, wenn gleich darüber keine Bestimmung, namentlich nicht in Beziehung auf die jetzigen Bundesverhältnisse, ausgesprochen ist, auch hat sich dieserhalb seit dem Jahre 1819 eine Praxis gebildet, indem seitdem hier und anderswo in Deutschland Untersuchungen gegen Angeschuldigte inländische und ausländische Teilnehmer demagogische Umtriebe oder ergriffene Aufruhrstifter statt gefunden haben, ohne dass eine Reclamation von Seiten der betreffenden ausländischen Regierung erfolgt wäre.«[589]

Der preußische Kabinettsminister Carl Friedrich Heinrich von Wylich und Lottum erklärte dieses Vorgehen mit der Unzuverlässigkeit der Gerichte der anderen Bundesstaaten, die besonders beim Freispruch der Organisatoren des Hambacher Festes im Sommer 1833 offensichtlich geworden sei.[590] Es sei notwendig, Personen, die die Sicherheit Preußens gefährden würden, selbst zu bestrafen, anstatt sie

»an eine Bundesregierung auszuliefern, die unter dem Einfluss einer der Autorität feindseligen Ständeversammlung und einer Justizverwaltung steht die in neuerer Zeit in verschiedenen Bundesstaaten bereits Beispiele einer wider die öffentliche Ordnung sich auflehnenden Gesinnung gegeben hat, zum Teil sogar durch Geschworenengerichte entscheiden lässt, deren Urteilsprüche zum öffentlichen Ärgernis gereichen (…).«[591]

Über die Frage der Auslieferungspraxis kam es innerhalb der preußischen Regierung im Winter 1833 jedoch zu einem Disput zwischen Außenminister Ancillon und der neuen preußischen Ministerialkommission, die sich aus dem Staatsminister des Innern und der Polizei Gustav von Brenn und den beiden Justizministern Karl Albert von Kamptz und Heinrich Gottlob von Mühler zusammensetzte.[592] So plädierte die Ministerialkommission für eine umfassende Unter-

---

[589] Kabinettsorder an das Ministerium der Auswärtigen Angelegenheiten, 7. März 1834, in: GStA PK Berlin, I. HA, Rep. 75, Nr. 458; GStA PK Berlin, I. HA, Rep. 77, Tit. 500, Nr. 9.
[590] Vgl. Gallo, Verhandlungen; Hoffmann, Assisengericht; Hüls, Wirth, S. 326 ff.; Kermann, Quellen, S. 83 ff.
[591] Lottum an Staatsministerium, 2. Januar 1834, in: GStA PK Berlin, I. HA, Rep. 90, Tit. 31, Nr. 9.
[592] Vgl. Siemann, Deutschlands Ruhe, S. 191.

suchung und stellvertretende Bestrafung von Untertanen anderer Bundesstaaten und versuchte eine entsprechende Verordnung durchzusetzen, auf die später noch näher eingegangen wird. Der Außenminister warnte dagegen vor den außenpolitischen Konsequenzen eines preußischen Alleingangs. Ancillon problematisierte besonders, dass mit dem Artikel 8 der Zehn Artikel, der die Auslieferung flüchtiger politischer Verbrecher vorsah, eine Norm bestand, die so ausgelegt werden konnte, als ob die Gerichtsstände des Wohnorts und des Tatorts gegenüber dem Gerichtsstand der Ergreifung vorrangig seien und entsprechend mit der von der Ministerialkommission beantragten Verordnung kollidieren würden.[593]

Tatsächlich argumentierte Dänemark in dem oben erwähnten Fall, Preußen sei durch die Zehn Artikel verpflichtet, die beiden Burschenschafter auszuliefern, da es sich um dänische Untertanen handele und der Tatort in Dänemark liege. Die preußische Regierung führte dagegen an, dass sich die Auslieferungsverpflichtung nur auf Taten beziehen würde, die sich eindeutig gegen einen einzelnen Bundesstaat gerichtet hätten und wegen denen die Täter flüchtig seien. Im Fall der Kieler Burschenschafter sei dies aber nicht der Fall, da die Teilnahme an der Burschenschaft nicht nur ein Verbrechen gegen Dänemark, sondern gegen alle Bundesstaaten darstellen würde. Ein preußischer Gerichtsstand sei daher gerechtfertigt. Darüber hinaus hätten die beiden Studenten sich auch nicht nach Preußen geflüchtet, um einer Verhaftung zu entgehen.[594]

Diese Konfliktlage war kein Einzelfall. Im Fall des aus Aschaffenburg stammenden Burschenschafters Adam Schuster, der wegen eines aus Heidelberg nach Frankfurt versendeten Drohbriefs in Baden inhaftiert worden war, interpretierte Bayern den Artikel 8 der Zehn Artikel ebenfalls als Auslieferungsverpflichtung an den Heimatstaat. Das Hofgericht Mannheim führte dagegen aus, dass sich die Auslieferungsverpflichtung nur auf flüchtige Personen beziehen würde:

---

[593] Ministerialkommission an Staatsministerium, 16. Oktober 1833; Ancillon an Staatsministerium, 13. Dezember 1833 und 15. Januar 1834, in: GStA PK Berlin, I. HA, Rep. 90, Tit. 31, Nr. 9.
[594] Antrag Staatsministerium, 11. März 1833, in: GStA PK Berlin, I. HA, Rep. 90, Tit. 31, Nr. 9.

»Das Bundestagsgesetz v. 5. Juli 1832 § 8 verfügt zwar eine Auslieferung wegen politischen Verbrechen, allein bloß hinsichtlich derjenigen, welche in einem Bundesstaat politische Vergehen oder Verbrechen begangen und um der Strafe zu entgehen in anderes Bundesland sich geflüchtet haben. Darum scheint sich zu ergeben, daß man im Staat der requirierenden Behörde das Verbrechen begangenen haben müsste und sich darauf in einen anderen Staat geflüchtet haben (...).«[595]

Aufgrund dieser kriminal- und außenpolitisch heiklen Unklarheit drängte Ancillon darauf, auf der bevorstehenden Wiener Kabinettskonferenz die Frage zu diskutieren:

»Ob und unter welchen Voraussetzungen und Bedingungen ein Unterthan eines Bundesstaates, welcher wegen Teilnahme an einem, auf Umsturz der Bundes-Verfassung abzielenden Unternehmen in einem anderen Bundesstaat ergriffen und zur Untersuchung gezogen wird, von Seiten des letzteren Staates an den ersteren auszuliefern sey oder dessen Auslieferung verweigert werden könne?«[596]

Tatsächlich stellte Ancillon in der neunten Sitzung der Kabinettskonferenz den Antrag, den Artikel 8 der Zehn Artikel zu präzisieren und die Auslieferungsverpflichtung nicht von Tatort und Herkunft, sondern vom Objekt des Verbrechens abhängig zu machen:

»Um den Bundesbeschluss daher mit allgemein anerkannten Prinzipien in Einklang zu bringen, muß man anerkennen entweder, daß darin von Verbrechen geredet wird, welche gegen alle oder doch wenigstens gegen die betreffenden Regierungen, und nicht blos gegen eine derselben gerichtet waren; oder, daß unter dem Ausdruck diejenigen, welche in einem Bundesstaat politische Vergehen oder Verbrechen begangen, solche verstanden sind, welche ausschließlich gegen denjenigen Bundesstaat, in welchem sie das Verbrechen verübt, conspiriert haben. Nach der ersten Auslegung würde in dem betreffenden Falle die Auslieferung erfolgen müßen, nach der letzteren dagegen nicht.«[597]

---

[595] Hofgericht Mannheim an Universitätsamt Heidelberg, 10. Juli 1833, in: UA Heidelberg, RA, Nr. 6893.
[596] Ancillon an Staatsministerium, 13. Dezember 1833, in: GStA PK Berlin, I. HA, Rep. 90, Tit. 31, Nr. 9.
[597] Protokolle Kabinettskonferenz 1834, 9. Sitzung, Beilage D, in: StA Darmstadt, Best. G 1, Nr. 152. Siehe auch: Weech, Correspondenzen, S. 260 ff.

Dementsprechend ging es nicht um eine Verlängerung der befristeten Zehn Artikel,[598] sondern um eine Korrektur oder sogar Annullierung ihrer Bestimmungen zur Auslieferung. Denn Ancillon ging es darum, den praktisch ohnehin gegebenen Vorrang des Gerichtsstands der Ergreifung bzw. das Prinzip der stellvertretenden Strafrechtspflege bundesrechtlich zweifelsfrei zu (re-)legitimieren. Besonders Metternich befürwortete eine Modifikation der Zehn Artikel in diesem Sinne und schlug vor, sie an die Bestimmungen des Münchengrätzer Abkommens vom September 1833 anzupassen, in dem Österreich, Preußen und Russland sich die wechselseitige Auslieferung von Personen zugesichert hatten, die sich des Hochverrats, der Majestätsbeleidigung, bewaffneter Aufstände oder der Teilnahme an geheimen politischen Verbindungen schuldig gemacht hatten. Hier griff die Auslieferungsverpflichtung allerdings nur, wenn das Delikt eindeutig gegen den requirierenden Staat begangen worden war.[599]

Unmittelbar an die Beratungen über einen ersten Entwurf wegen der Auslieferungsfrage in der zehnten Konferenzsitzung[600] knüpften Verhandlungen über die bereits in den 1820er Jahren kontrovers diskutierte Fragen nach der Kontrolle und Vereinheitlichung der Strafrechtsprechung und des legislativen Schutzes der Bundesverfassung an. Ein entsprechender Antrag wurde von dem hessendarmstädtischen Gesandten Peter Joseph von Gruben gestellt. Das Thema stand aber auch auf der Agenda mehrerer Gesandtschaften, für die er gewissermaßen stellvertretend sprach.[601] In seinem Antrag schlug Gruben vor, über einen Bundesbeschluss zu verhandeln, der festlegen sollte,

> »daß die gegen den Bund, als solchen, begangenen Verbrechen von den Gerichten eines jeden Bundesstaates mit denselben Strafen zu belegen seyen, welchen die Verbrechen unterliegen würden, wenn

---

[598] Vgl. Mettgenberg, Attentatsklausel, S. 16; Reiter, Asyl, S. 37.
[599] Protokolle Kabinettskonferenz 1834, 9. Sitzung, in: StA Darmstadt, Best. G 1, Nr. 152; Grimm, Auslieferungswesen, S. 454. Zum Münchengrätzer Abkommen siehe: Kapitel 4.2.2.1, S. 364 ff.
[600] Protokolle Kabinettskonferenz 1834, 10. Sitzung, Beilage C, in: StA Darmstadt, Best. G 1, Nr. 152.
[601] Bericht Gruben, 9. Mai 1834, in: StA Darmstadt, Best. G 1, Nr. 151/1.

die Verbrechen gegen ihre eigenen Landesherren gerichtet gewesen wären«.[602]

Hintergrund des Antrags war die Sorge vieler Bundesregierungen vor erneuten Streitigkeiten um die Auslegung der Hochverratsbestimmungen bei den anstehenden Entscheidungsverfahren gegen die Wachenstürmer, Burschenschafter und sonstige politische Dissidenten. Ein Problem, das bereits aus den Prozessen der 1820er Jahre bekannt war. Friedrich von Blittersdorff führte 1837 im badischen Landtag über die Funktion des später erlassenen Bundesbeschlusses aus:

> »Die Veranlassung, sage ich, war durch die Gerichte gegeben, weil offenbare Verschwörungen gegen die einzelnen Staaten aus falschen und irrigen Theorien straflos gelassen wurden, woraus große Gefahren für ganß Deutschland hervorgingen, und weil der Bund die Verpflichtung hatte, die Gerichte, wenn sie sich von dem rechten Wege verirren, durch die Bundesregierungen auf den rechten Weg zurückzuführen.«[603]

Grubens Antrag zielte zudem auf die eng verbundene Spezialfrage ab, ob die Gerichte der Bundesstaaten überhaupt kompetent waren, Handlungen, die sich gegen den gesamten Bundesverband richteten, zu bestrafen. In Preußen hatte man ausgehend von den Erfahrungen im Fall Gustav Asverus bereits im Herbst 1833 auf einzelstaatlicher Ebene hierauf reagiert.[604] Ausgangspunkt war folgender Antrag der Ministerialkommission im Oktober 1833:

> »Die in Folge des Aufstandes zu Frankfurt seit dem April dieses Jahres theils dort, theils in anderen Staaten und namentlich auch hier, gegen mehrere der Theilnahme an jenem Attentate verdächtigte Individuen eingeleiteten Untersuchungen haben das Bestehen geheimer Verbindungen, die auf eine gewaltsame Umwälzung der Verfassung des Deutschen Bundes abzwecken, außer allen Zweifel gesetzt. Diesseitige Gerichtsbehörden werden in solchen bereits anhängig gewordenen oder künftig vielleicht noch anhängig werdenden Untersuchungen erkennen müssen. Bei diesen Entscheidungen ist aber ein doppelter Zweifel der Richter mit Gewissheit

---

[602] Protokolle Kabinettskonferenz 1834, 10. Sitzung, in: StA Darmstadt, Best. G 1, Nr. 152.
[603] Protokolle der zweiten Kammer der badischen Ständeversammlung 1837, 24. Sitzung, in: Verhandlungen badische Ständeversammlung 1837, S. 21.
[604] Zum Fall Asverus siehe: Kapitel 3.1.4.3, S. 171 ff.

vorherzusehen, nämlich: Erstens darüber, ob überhaupt und nach welchen Gesetzen dergleichen Attentate gegen den Deutschen Bund zu strafen sind? Zweitens darüber, ob die Kompetenz der diesseitigen Gerichte auch in denjenigen Fällen begründet sei, wo solche Attentate von Ausländern im Auslande verübt worden und nach welchen Gesetzen dieselben dann zu beurteilen seien?«[605]

Das Ergebnis der daraufhin eingeleiteten Beratungen war die bereits oben erwähnte Kabinettsorder vom 6. April 1834, die zur »Bekehrung und Nachachtung« der Gerichte bestimmt war und erstmals die Bestrafung von Verbrechen gegen den Deutschen Bund gesetzlich regelte. Sie verpflichtete die preußischen Gerichte, Handlungen, die gegen den Deutschen Bund gerichtet waren, als Hochverrat an Preußen zu bewerten.[606] Die Order hatte deklaratorischen Charakter, konstituierte also keinen neuen Straftatbestand, sondern erläuterte die von den Gerichten erwartete Auslegung des bestehenden preußischen Rechts.

Über vergleichbare Instrumente des Bundes zur Kontrolle und Angleichung der Strafrechtsprechung in politischen Prozessen war schon auf der Karlsbader Konferenz 1819 und besonders nach dem Urteil gegen den Burschenschafter Rudolf Schwarz 1824 vergeblich beraten worden.[607] Diese Diskussion gewann jedoch nach dem Freispruch der Organisatoren des Hambacher Fests im Sommer 1833 wieder an Fahrt. Das Ziel des hessen-darmstädtischen Antrags lag entsprechend darin, durch den Bund ein politisch-polizeiliches »Rechtsprechungs- und Aufsichtsinstrument«[608] zur Kontrolle und Disziplinierung der bundesstaatlichen Untersuchungsbehörden und Gerichte zu schaffen. Anders als in Preußen war ein so gravierender politischer Eingriff in die zunehmend verfassungsrechtlich gesicherte Unabhängigkeit der Gerichte in konstitutionellen Bundesstaaten innenpolitisch nämlich kaum durchsetzbar. Du Thil erklärte gegenüber Gruben, dass so eine Norm daher durch den Deutschen Bund erlassen werden müsse, da »eine gesetzliche Bestimmung dieser Art,

---

[605] Votum der Ministerialkommission, 16. Oktober 1833, in: GStA PK Berlin, I. HA, Rep. 90, Tit. 31, Nr. 9.
[606] Kabinettsorder vom 6. April 1834, in: GStA PK Berlin, I. HA, Rep. 75 A, Nr. 458. Siehe auch: Figge, Reuter, S. 383 f.
[607] Zum Fall Schwarz siehe: Kapitel 3.1.4.2, S. 161 ff.
[608] Wittreck, Verwaltung, S. 42.

die vor 10 Jahren nicht dem mindesten Anstand unterworfen gewesen wäre, gegenwärtig in mancher Ständeversammlung den lebhaftesten Widerspruch finden werde.«[609]

3.2.4.3 Der Bundesbeschluss wegen Bestrafung von Vergehen gegen den Deutschen Bund und Auslieferung politischer Verbrecher

Auf der Grundlage der in der 10. Sitzung der Kabinettskonferenz geäußerten Überlegungen und Wünsche erarbeitete eine Kommission aus dem bayrischen Vertreter Arnold von Mieg, dem badischen Vertreter Sigismund von Reitzenstein und dem oldenburgischen Vertreter Günther von Berg einen Entwurf für einen Bundesbeschluss wegen der Bestrafung von Verbrechen gegen den Deutschen Bund und der Auslieferung politischer Verbrecher.[610] Dieser sah in Artikel 1 vor, dass das Prinzip der Strafbarkeit der Verbrechen gegen den Deutschen Bund durch alle Bundesstaaten anerkannt und durch Landesgesetze fixiert werden sollte:

> »Da der deutsche Bund ein unmittelbar zum Schutze der Unverletzbarkeit und Unabhängigkeit der deutschen Staaten gegründeter und unauflöslicher Verein ist, so enthält auch jedes wo immer versuchte oder ausgeführte Unternehmen gegen dessen Existenz, Integrität, oder gegen den öffentlichen Frieden in demselben, einen Angriff auf die Sicherheit jedes der einzelnen Staaten, welche zum angegebenen Zwecke im Bunde zusammengetreten sind, und fällt als solches der Strafrechtspflege dieser Staaten nach deren ganzen Umfange anheim. Die Regierungen werden daher darauf bedacht seyn, in die Strafgesetzgebung ihrer Länder die in solcher Hinsicht nöthigen Ergänzungen in möglichst übereinstimmender Weise auf verfassungsmäßigem Wege anzuerkennen.«[611]

Der Artikel 2 sah vor, dass »Unterthanen fremder, zum deutschen Bunde nicht gehöriger Regierungen«, die sich im Ausland direkt oder indirekt an einem der in Artikel 1 beschriebenen Angriffe gegen den Deutschen Bund beteiligt hatten, durch alle Bundesstaaten an

---

[609] Du Thil an Gruben, 29. November 1834, in: StA Darmstadt, Best. G 2 A, Nr. 52/2.
[610] Protokolle Kabinettskonferenz 1834, 15. Sitzung, Beilagen B, in: StA Darmstadt, Best. G 1, Nr. 152.
[611] Protokolle Kabinettskonferenz 1834, 15. Sitzung, Beilagen B, in: StA Darmstadt, Best. G 1, Nr. 152.

einer Einreise in das Bundesgebiet gehindert und bei einer Verhaftung ausgewiesen werden sollten. Diese Bestimmung bezog sich primär auf polnische Flüchtlinge in der Schweiz und Frankreich, um die es zeitgleich zur Kabinettskonferenz zu internationalen Konflikten gekommen war.[612] Der Artikel 3 regelte die Auslieferung politischer Verbrecher innerhalb des Bundesgebietes, die nur dann verpflichtend sein sollte, wenn sich das Verbrechen explizit gegen den requirierenden Bundesstaat gerichtet hatte:

> »Zugleich verpflichten sich sämmtliche Bundesglieder gegenseitig, denjenigen Individuen, die sich, sey es auf dem Bundesgebiete, sey es im Auslande, verbrecherischer Handlungen gegen einen der verbündeten deutschen Souveraine oder gegen die Existenz, die Integrität, die Verfassung oder die innere oder äußere Sicherheit eines deutschen Bundesstaats schuldig gemacht, oder sich in eine, auf dergleichen Zwecke abzielende Verbindung eingelassen haben, weder Schutz noch Zuflucht zu gewähren, sondern vielmehr die unmittelbare Auslieferung jeder, der erwähnten Verbrechen angeschuldigten Personen anzuordnen, wenn von der betheiligten Regierung darum angesucht wird.«[613]

Obwohl es sich prinzipiell um zwei verschiedene Themenfelder handelte, hatte die Kombination der Bestimmungen zur Bestrafung und Auslieferung politischer Delinquenten eine Funktion. Indem die Bundesstaaten bundesrechtlich verpflichtet werden sollten, politische Verbrechen gegen den Deutschen Bund selbst zu sanktionieren und bei politischen Verbrechen gegen andere Bundesstaaten die Täter auszuliefern, sollte durch den neuen Bundesbeschluss das gemeinrechtliche Prinzip »aut dedere aut iudicare« auf Bundesebene eingeführt und eine systematische Verfolgung politischer Verbrechen sicher gestellt werden.[614] Dies hatte einen konkreten Grund, denn nach dem Hambacher Fest hatten einige Bundesstaaten politische Verdächtige aus anderen Bundesstaaten nicht verhaftet, untersucht und bestraft, sondern nur ausgewiesen. Ancillon hatte wegen der kurz aufeinander folgenden Ausweisungen des Braunschweiger Publizisten Georg Fein aus Bayern, Baden, Hessen-Darmstadt und Hessen-Kassel im Sommer 1832 ausgeführt:

---

[612] Siehe hierzu: Kapitel 4.2.2.3, S. 375 ff.
[613] Protokolle Kabinettskonferenz 1834, 15. Sitzung, Beilagen B, in: StA Darmstadt, Best. G 1, Nr. 152.
[614] Zum Prinzip »aut dedere aut iudicare« siehe: Kapitel 2.4, S. 69 f.

»Die Erfahrung lehrt, daß die Art und Weise wie von einigen Regierungen des deutschen Bundes mit den, auf ihrem Gebiete betroffenen und einem anderen Bundes Staate als Unterthanen angehörigen Volks Aufwieglern neuerlich in mehreren Fällen verfahren Worden ist, der Absicht, die Weiter Verbreitung des verwerflichen Geistes zu verhindern, keineswegs gehörig entspricht. Wie das Beispiel des Braunschweigischen Dr. Georg Fein zeigt, haben sich die betreffenden Regierungen darauf beschränkt, sich eines solchen, auf ihrem Gebiete ergriffenen Individuums, wenn es ein fremder Unterthan ist, durch dessen Abführung über die nächste Landes Grenze zu entledigen, indem sie es dem Nachbarstaate überließen, nach dem auch er die nachtheiligen Folgen des Aufenthalts eines solchen Menschen empfunden, den selben weiter zu schaffen.«[615]

Da es nach der Vorstellung des Entwurfes zu Unklarheiten kam und der Gegenvorschlag gemacht wurde, die Themenfelder Auslieferung und Strafrechtsprechung zu trennen und zwei separate Bundesbeschlüsse zu verabschieden, verständigte sich die Kabinettskonferenz darauf, zunächst keinen Beschluss zu fassen. Den Regierungen wurden die Überlegungen und Entwürfe aber mitgeteilt, damit sie »über die darin im allgemeinen Umrißen bezeichneten Puncte den betreffenden Bundestagsgesandten die zur Faßung zweckmäßiger Beschlüsse dienenden Instruktionen baldigst ertheilen (...)« konnten.[616] Ab November 1834 wurden am Bundestag vorläufig und vertraulich Stellungnahmen eingereicht.[617] Diese Stellungnahmen waren die Grundlage eines Abstimmungsentwurfs, der knapp ein Jahr später, im Oktober 1835, durch Österreich und Preußen in Separatverhandlungen ausgearbeitet wurde.[618]

In diesen Gesprächen kam es zu einer kleineren Kontroverse über die Frage der zeitlichen Ausdehnung des Bundesbeschlusses. Sie ist vor allem deshalb interessant, da sich an ihr exemplarisch die unterschiedlichen Perspektiven, Strategien und Zielsetzungen der beiden Großmächte bei der Bekämpfung politischer Kriminalität aufzeigen lassen. So lag der Schwerpunkt der preußischen Aktivitäten im Rahmen einer eher »deutschen« Perspektive auf der unmittelbaren

---

615 Zitiert nach: Figge, Reuter, S. 382.
616 Protokolle Kabinettskonferenz 1834, 15. Sitzung, in: StA Darmstadt, Best. G 1, Nr. 152.
617 Protokolle Bundesversammlung 1835, 27. Sitzung, § 437, S. 898 ff.
618 Vgl. Figge, Reuter, S. 373 ff.

exekutiven und strafrechtlichen Verfolgung. Entsprechend war es der preußischen Regierung wichtig, den Beschluss so zu fassen, dass er für die laufenden preußischen Verfahren anwendbar war bzw. diese nicht behinderte. Daher bestand sie darauf, dass der Beschluss, wie die Kabinettsorder vom 6. April 1834, deklaratorischen Charakter haben sollte. Österreich ordnete die Ereignisse im Deutschen Bund aus einer eher »europäischen« Perspektive ein. Exekutive Maßnahmen und strafrechtliche Verfolgung hatten dabei einen geringen Stellenwert, auch weil Österreich von den Ereignissen im Deutschen Bund kaum betroffen war. Die österreichische Regierung ging daher zunächst dogmatischer an die Abfassung des Entwurfes heran und wollte ausdrücklich festhalten, dass der Beschluss keine rückwirkende Geltung haben sollte. Nachdem Preußen aus den erwähnten Gründen hiergegen protestierte, lenkte Österreich aber schnell ein, da der Beschluss für Österreich praktisch nahezu bedeutungslos war. Metternich führte gegenüber Ancillon aus:

> »Nachdem aber 1.) kein Oesterreichisches Gericht mit eine Untersuchung über solche Verbrechen gegen den Bund dermal beschäftigt, 2.) auch kein Oesterreichischer Unterthan, so viel wir wissen, im Ausland in eine solche impliciert, endlich 3) nach sachkundigen Dafürhalten, unsere Gerichte, hätten sie wirklich, wie es der Fall nicht ist, gegen solche Verbrechen pro praeterito zu sprechen, selbst durch Bundesbeschluss in der von Preußen vorgeschlagenen Redaktion sich nicht gebunden halten würden, ein später erlaßenes Gesetz auf früher begangene Verbrechen anzuwenden, so haben S. Majestät es mit Ihrer strengen Gewißenhaftigkeit in Justizsachen vereinbar gefunden, mir zu gestatten, daß ich, um den Wünschen des Königl. Cabinetts zu entsprechen, und um nicht, durch die Redaktion unseres Votums in anderen B. Staaten zu Anständen die uns fremd sind, Anlaß zu geben, den Gr. Münch zur Proponierung des Art. 1 in beiliegender Faßung anweisen konnte.«[619]

Im November 1835 wurde das Abstimmungsverfahren eingeleitet.[620] Der österreichisch-preußische Abstimmungsentwurf enthielt nicht mehr die Bestimmungen zur Ausweisung nichtdeutscher Unterthanen, da man dieses Themenfeld durch den Artikel 7 der Zehn Artikel

---

[619] Metternich an Trautmansdorff, 27. Oktober 1835, in: GStA PK Berlin, I. HA, Rep. 75 A, Nr. 458.
[620] Protokolle Bundesversammlung 1835, 27. Sitzung, § 437, S. 898 ff.

vom 5. Juli 1832 ausreichend geregelt sah.⁶²¹ Die Bestimmungen zur Auslieferung wurden grundsätzlich übernommen, allerdings durch die Zusätze ergänzt, dass die Auslieferungsverpflichtung bei Untertanen »des um die Auslieferung angegangenen Staates« sowie bei Personen, bei denen der requirierte Staat ein Bestrafungsinteresse hatte, nicht greifen sollte. Bei Kompetenzkonflikten sollte der Grundsatz der »Prävention« gelten: »Sollte das Unternehmen, dessen der Auszuliefernde bezichtigt ist, gegen mehrere einzelne Bundesstaaten gerichtet seyn, so hat die Auslieferung an jenen dieser Staaten zu geschehen, welcher darum zuerst das Ansuchen stellt.«⁶²² Diese Bestimmungen konnten noch problemlos abgehandelt werden, laut der württembergischen Regierung handelten sie nicht »von Aufstellung neuer Grundsätze, sondern lediglich von Vorschriften (…), welche in allgemeinen Rechtsprinzipien und völkerrechtlichen Normen längst begründet seien«.⁶²³

Allerdings bahnte sich bereits in den Vorabstimmungen 1834 eine Meinungsverschiedenheit zwischen Bayern und den übrigen Bundesstaaten wegen der Bestimmungen über die Verbrechen gegen den Deutschen Bund an. So hatte der auf Wiener Kabinettskonferenz erarbeitete Entwurf vorgesehen, dass die Bestimmungen des Bundesbeschlusses keine unmittelbare Rechtswirkung haben, sondern durch bundesstaatliche Gesetze umgesetzt werden sollten. Gegen diese Bestimmung erhob sich in den Vorverhandlungen allerdings massiver Widerstand. Die Regierungen der meisten konstitutionellen Staaten beabsichtigten nämlich genau im Gegenteil, durch einen unmittelbar an die Gerichte der Bundesstaaten gerichteten Bundesbeschluss den Weg der Landesgesetzgebung zu umgehen. Die hessendarmstädtische Gesandtschaft kritisierte, dass ein Beschluss in der vorgelegten Fassung verheerende Wirkung auf laufende Untersuchungen habe, da er die Bestrafung von Verbrechen gegen den Deutschen Bund von einem in vielen Staaten momentan gar nicht zu schaffenden Landesgesetz abhängig mache und damit sogar noch

---

⁶²¹ Protokolle Bundesversammlung 1835, 27. Sitzung, § 437, S. 914.
⁶²² Protokolle Bundesversammlung 1835, 27. Sitzung, § 437, S. 914. Zum gemeinrechtlichen Grundsatz der Prävention siehe: Kapitel 2.4, S. 70.
⁶²³ Gutachten des Geheimen Rats, 9/13. Juni 1836, in: HStA Stuttgart, Best. E 50/01, Büschel 618.

mehr Zweifel bei den Gerichten hervorrufen würde.[624] Zentral war die Abstimmung der hannoverschen Gesandtschaft.[625] Diese schlug ausgehend von einer umfassenden Darlegung über die staatsrechtliche Verzahnung des Bundes und der Bundesstaaten vor, sämtliche deutsche Gerichte durch einen Bundesbeschluss unmittelbar und »unzweideutig« zu verpflichten, Angriffe auf den Deutschen Bund grundsätzlich als Hochverrat zu bewerten.[626] Der Beschluss sollte die Bestimmungen zum Hochverrat in den Strafgesetzen der Bundesstaaten aber nicht homogenisieren, sondern lediglich für die konsequente Anwendung der Landesgesetze sorgen:

> »Die Königliche Gesandtschaft verhehlt sich dabei nicht, daß auf diese Weise lediglich eine gleichförmige Anwendung des Grundprincips, nicht aber eine allerdings wünschenswerthe Uebereinstimmung in dem Strafmaaße hinsichtlich der Vergehen gegen den Bund erreicht werden könne. Dagegen aber muß man auch die allgemeine praktische Wirksamkeit des Grundsatzes für das Wesentliche der Sache halten. Ist diese einmal gesichert, so wird Niemand, der sich eines Verbrechens gegen den Bund schuldig macht, hirfüro einer ernstlichen Bestrafung entgehen können. Denn, wenn auch die peinlichen Gesetze der einzelnen Bundesstaaten in vielen Puncten divergieren, so unterliegt es dennoch keinem Zweifel, daß eine jede dieser Legislationen strenge und abschreckende Strafen gegen die Verbrechen des Hoch- und Landes-Verrathes bereits angedroht habe und auch bei zukünftiger etwaiger Abänderung des jetzt Bestehenden androhen werde.«[627]

Ausgehend von diesen Ausführungen reichte Hannover einen Entwurf für einen Bundesbeschluss ein, der später wortwörtlich in den österreichisch-preußischen Abstimmungsentwurf übernommen wurde:

> »Da nicht nur der Zweck des Deutschen Bundes in der Erhaltung der Unabhängigkeit und Unverletzbarkeit der Deutschen Staaten besteht, sondern auch die Verfassung des Bundes, wegen ihres wesentlichen Zusammenhanges mit den Verfassungen der einzelnen Bundesstaaten, als ein nothwendiger Bestandtheil des letzteren angesehen werden muß, hieraus aber sich von selbst ergibt, daß ein gegen den Bund oder dessen Verfassung gerichteter Angriff zugleich

---

[624] Protokolle Bundesversammlung 1835, 27. Sitzung, § 437, S. 899 f.
[625] Protokolle Bundesversammlung 1835, 27. Sitzung, § 437, S. 901 ff.
[626] Protokolle Bundesversammlung 1835, 27. Sitzung, § 437, S. 904.
[627] Protokolle Bundesversammlung 1835, 27. Sitzung, § 437, S. 904.

ein Angriff gegen jeden einzelnen Bundesstaat in sich begreift; So soll jedes feindselige Unternehmen gegen dessen Existenz, die Integrität, oder die Verfassung des Deutschen Bundes, oder gegen den öffentlichen Frieden und die gesetzliche Ordnung in demselben, von den competenten Gerichten des einzelnen Bundesstaaten, nach Maaßgabe der in den letzteren bestehenden oder noch zu erlassenden Gesetze, nach welchen eine gleiche gegen den einzelnen Staat begangene Handlung als Hochverrath, Landesverrath oder unter einer anderen Benennung zu richten wäre, beurtheilt und bestraft werden.«[628]

Die hier geplante direkte Einflussnahme des Bundes auf die Strafgesetzgebung und Strafrechtsprechung der Bundesstaaten rief jedoch den Widerstand Bayerns hervor, das wegen der bayrischen Verfassung und des bayrischen Strafgesetzbuchs in diesem Punkt wenig Spielraum hatte. Bayern war auch maßgeblich an der Ausarbeitung des ersten Entwurfes auf der Wiener Kabinettskonferenz beteiligt gewesen und hatte sich in der Vorabstimmung ausdrücklich für dessen Annahme ausgesprochen.[629] Seinen Widerstand gegen den hannoverschen Entwurf begründete Bayern am Bundestag mit legislatorischen Problemen. So wären nach der bayrischen Strafgesetzgebung weder Handlungen von Ausländern noch Handlungen gegen den Deutschen Bund als Hochverrat klassifizierbar, so dass eine Änderung des bayrischen Strafgesetzbuchs erforderlich sei. Hierfür wäre nach der bayrischen Verfassung jedoch die Mitwirkung des Landtags erforderlich. Eine Umgehung des Landtags durch einen unmittelbar wirkenden Bundesbeschluss würde somit einen Bruch der bayrischen Verfassung darstellen. Dies wollte man vorgeblich aus praktischen Gründen verhindern, da sich die bayrischen Gerichte nicht an einen solchen Beschluss gebunden fühlen und sich die Landstände angesichts des strittigen Verfahrensgangs einer Angleichung der bayrischen Strafgesetzgebung widersetzen könnten.[630]

Hinzu kamen bundesrechtliche und politische Bedenken, die aber nur innerhalb der bayrischen Regierung ausgeführt wurden. So sah Bayern in dem Vorgang eine unzulässige Kompetenzaneignung des

---

[628] Protokolle Bundesversammlung 1835, 27. Sitzung, Beilage 1, S. 957.
[629] Protokolle Bundesversammlung 1835, 27. Sitzung, § 437, S. 900 f.
[630] Antrag des Ministeriums des Äußern, 24. Mai 1836, in: HStA München, MdI, Nr. 65890. Vgl. Gise an Lerchenfeld, 26. Mai 1836 und Metternich an Münch, 17. Juni 1836, in: HHStA Wien, GKA, Frankfurt-Bundestag, Nr. 10.

Bundes. Obwohl dies in den Protokollen der Bundesversammlung nicht ausdrücklich festgehalten wurde, geht aus dem Verfahrensgang und Äußerungen verschiedener Bundestagsgesandten hervor, dass die österreichische Präsidialgesandtschaft einen Beschluss auf Grundlage von Artikel 2 DBA vorsah, also eine Maßnahme zum Schutz der inneren Sicherheit des Bundes. Die bayrische Regierung argumentierte jedoch, dass die Berufung auf die Sicherheit des Bundes keine ausreichende Ermächtigungsgrundlage für einen Eingriff in die Strafgesetzgebung als zentrales Element der bundesstaatlichen Souveränität darstellen würde:

>»Niemals ist, und nimmermehr kann zugegeben werden, daß dem Bunde eine Strafgewalt in den Bundesstaaten über die betreffenden Unterthanen übertragen worden sei: Diese ist ein Teil der Justizhoheit, die jeder Staat ausschließlich nur in seinen Gebiete übt, und ein Teil der gesetzgebenden Gewalt im Staate, welche eben bei der vom Bunde garantierten Unabhängigkeit und Unverletzbarkeit der einzelnen deutschen Staaten jeden Bundessouverän ungeschmälert zu erhalten ist. Es kann deswegen nicht zugestanden werden, dass die Bundesversammlung einen Beschluss fasse, welcher für die Bundesstaaten ein Strafgesetz zu bilden hätte, wonach die Richter materiell über Verbrechen und Vergehen der Untertanen zu urtheilen hätten.«[631]

Da der Artikel 2 DBA den Schutz der Sicherheit des Bundes und der Souveränität der Bundesstaaten als gleichrangige Bundeszwecke festschrieb, der Sicherheit des Bundes aber nun ein Vorrang eingeräumt werden sollte, lag nach bayrischer Auffassung eine Abänderung von Grundgesetzen des Bundes im Sinne von Artikel 6 DBA vor. Demnach hätte der Beschluss nicht durch einfache Mehrheit im Engeren Rat, sondern einstimmig durch das Gesamtplenum verabschiedet werden müssen.[632] Bayern hätte den Beschluss nach dieser Interpretation also ohne weiteres verhindern können. Bemerkenswert ist, dass die württembergische Regierung zu einem ähnlichen Ergebnis kam, indem sie davon ausging, dass es sich bei dem geplanten Bundesbeschluss nicht um eine »einfache Sicherheitsmaßregel« han-

---

[631] Vortrag im Ministerrat, 14. April 1836, in: HStA München, MdI, Nr. 65889.
[632] Zum Abstimmungsverfahren der Bundesversammlung siehe: Kapitel 2.2, S 53 f.

delte. Der Beschluss würde vielmehr eine »Organische Einrichtung« schaffen, also ein dauerhaftes Instrument zur Erreichung des Bundeszweckes. Hierfür waren ebenfalls die verfahrensrechtlichen Voraussetzungen des Artikels 6 DBA zu erfüllen.[633]

Ein weiterer Punkt war, dass Bayern sich weigerte, bundesrechtlich festzuschreiben, »daß die Verfassung des Deutschen Bundes überall einen integrierenden Theil der Verfassung des einzelnen Bundesstaates in sich begreife, dass ein deutscher Staat nicht anders als im Bunde, der Bedingung seiner politischen Existenz, zu denken sei.«[634] Bayern befürchtete, dass aufbauend auf dieser Aussage und unter dem Vorwand des Arguments der »Sicherheit« der Einfluss des Bundes auf die Bundesstaaten und besonders deren Jurisdiktion perspektivisch ausgedehnt würde. Bayern war besonders deshalb alarmiert, da bei der Gründung der Zentraluntersuchungskommission und der Bundeszentralbehörde intensiv über die Einrichtung eines Bundesstrafgerichtshofs diskutiert worden war:

> »Baiern, als der erste und erinnertste unter den rein deutschen Staaten kann nicht gleichgültig zusehen, wenn Theorien entwickelt werden, welche den Grund-Charakter des Bundes verrücken, die in der Bundes- und Schlußacte enthaltenen Vertragsbestimmungen, welche bei ihrer Anwendung der strengsten Auslegung unterliegen, im weitesten Sinne mit erzwungenen Konsequenzen interpretieren, den Staatenbund und die Bundesverfassung in solchen Umfange betrachten, dass überall die eigene Regierung und die eigene Verfassung eines Bundesstaates nur ein integrierender Teil der Bundesverfassung und des Bundes wäre, so, dass man nicht mehr fern stünde, anstatt eines Staatenbundes einen Bundes Staat vor Augen zu haben, und vielleicht, da der Blick einmal auf die Legislation und die Staatsgewalt gerichtet ist, die lange gewährte Idee der Konstituierung eines Bundesgerichts verwirklicht zu sehen.«[635]

Obwohl Österreich im Sommer 1836 Druck auf Bayern ausübte, dem Beschluss zuzustimmen, rückte es nicht von seiner ablehnenden Haltung ab. Das Problem, das sich hieraus ergab, war, dass einem

---

[633] Vortrag im Ministerrat, 14. April 1836, in: HStA München, MdI, Nr. 65889.
[634] Vortrag im Ministerrat, 14. April 1836, in: HStA München, MdI, Nr. 65889.
[635] Vortrag im Ministerrat, 14. April 1836, in: HStA München, MdI, Nr. 65889.

nicht einstimmig gefassten Beschluss, besonders wenn der fundamentale Widerspruch Bayerns öffentlich bekannt geworden wäre, die notwendige Autorität gefehlt hätte. Dies wäre gerade vor dem Hintergrund, dass der Beschluss eine disziplinierende Wirkung auf die Gerichte haben sollte, fatal gewesen. Am Ende verständigten sich Österreich und Bayern auf einen für das flexible Verfahren am Bundestag charakteristischen Kompromiss: Bayern erklärte sich bereit, nicht direkt gegen den Beschluss zu stimmen, sondern indirekt durch einen Verweis auf die vertrauliche Vorabstimmung, in der es sich für den auf der Wiener Kabinettskonferenz erarbeiteten Entwurf ausgesprochen hatte. So sollte aus Rücksicht auf die kleineren konstitutionellen Staaten eine Diskussion um den Bundesbeschluss vermieden werden. Im Gegenzug sollte der Bundesbeschluss – allerdings nur inoffiziell – für Bayern keine unmittelbare Geltung haben, sondern ausnahmsweise auf dem Wege der Landesgesetzgebung umgesetzt werden, was jedoch nie geschah.[636]

Die endgültige Beschlussfassung durch den Engeren Rat fand am 18. August 1836 statt.[637] Die Implementierung des Bundesbeschlusses in die Rechtsordnungen der Bundesstaaten erfolgte nicht einheitlich. In den meisten Bundesstaaten wurde er aufgrund seiner unmittelbaren Wirkung nur publiziert, teilweise aber auch in die neu entstehenden Strafgesetzbücher eingearbeitet.[638] Mittelfristig wurden die Grundprinzipien der Auslieferung politischer Verbrecher und der Strafbarkeit von Verbrechen gegen den Deutschen Bund jedoch in fast alle deutschen Strafrechtsordnungen eingeführt. Bemerkenswert ist, dass der Beschluss nach der Auflösung des Deutschen Bundes zwar seine Gültigkeit verlor, der Artikel 1 aber »unter Hinweglassung der Motive und Einschaltung anderer in das Gebiet der injuria publica gehörigen Fälle« in den Artikel 74 der Verfassung des Norddeutschen Bundes (1867) und des Deutschen Reiches (1871) übernommen wurde.[639]

---

[636] Vgl. Metternich an Münch, 25. Juli 1836, in: HHStA Wien, GKA, Frankfurt-Bundestag, Nr. 10; Bericht Gise, 27. Juli 1836, in: HStA München, MdI, Nr. 65890.
[637] Protokolle Bundesversammlung 1836, 16. Sitzung, § 226, S. 561f.
[638] Vgl. Goldammer, Materialien, S. 79 u. 213f.; Scheurlen, Bemerkungen, S. 511ff.
[639] Zachariä, Bedeutung, S. 214.

Obwohl die Bestimmungen des Beschlusses nach Aussage des Freiburger Juristen Carl von Rotteck in juristisch und politisch interessierten Kreisen »die tiefste Sensation«[640] erregten, behandelte der juristische Diskurs ihn nur sehr zurückhaltend. Dies lag an der Brisanz von Äußerungen zum politischen Strafrecht im Allgemeinen, die sich hier noch einmal erhöhte, da der Beschluss offensichtlich nicht rechtlicher, sondern sicherheitspolitischer Natur war. Die Besprechung des Beschlusses erfolgte in erster Linie informell und meistens erst nach der Revolution von 1848. Die ausführlichste zeitgenössische Kritik fand bezeichnenderweise mündlich statt, als 1837 in der zweiten Kammer der badischen Landtags über die Publikation des Beschlusses beraten wurde.[641] Dies lag daran, dass die Redebeiträge der Abgeordneten nicht unter die Zensurbestimmungen fielen und strafrechtlich schwieriger zu verfolgen waren. Besonders die liberalen Abgeordneten Carl von Rotteck, Adolf Sander und Carl Theodor Welcker übten hier massive Kritik. Diese betraf neben der offensichtlichen Aushebelung des badischen Gesetzgebungsverfahrens – wie in Bayern, waren auch in Baden Änderungen der Strafgesetzgebung von der Zustimmung des Landtags abhängig – auch materielle Aspekte. In abgeschwächter und geraffter Form wiederholte Rotteck seine Kritik 1847 in der 2. Auflage des »Rotteck-Welckerschen Staatslexikons«, verwies aber, um die Zensur zu umgehen, auf seine drastischeren Ausführungen im gedruckten Landtagsprotokoll.[642] Rottecks Kernkritikpunkt, es würde sich nicht um einen »strafrechtlichen«, sondern um einen »polizeilichen« Beschluss handeln, wurde schon im Titel dieses Artikels deutlich, der in Abgrenzung zu dem von seinem Heidelberger Kollegen Carl Joseph Anton Mittermaier verfassten Artikel »Hochverrath (Juristisch)« »Hochverrath (Politisch)« lautete.[643]

Die badische Regierung beharrte in der Landtagssitzung darauf, dass der Beschluss bedenkenlos publiziert werden könne, da weder

---

[640] Protokolle der zweiten Kammer der badischen Ständeversammlung 1837, 24. Sitzung, in: Verhandlungen badische Ständeversammlung 1837, S. 18.
[641] Protokolle der zweiten Kammer der badischen Ständeversammlung 1837, 24. Sitzung, in: Verhandlungen badische Ständeversammlung 1837, S. 17 ff.
[642] Rotteck, Hochverrath, S. 47 f. Siehe auch: Mittermaier, Hochverrath, S. 39 f.
[643] Vgl. Mittermaier, Hochverrath.

die Bestimmungen zum Hochverrat noch zur Auslieferung wesentliche Änderungen für die badische Strafrechtsordnung und Strafrechtspraxis mitbringen würden. Besonders Rotteck kritisierte dagegen, dass diese Interpretation die politische Dimension des Beschlusses nicht erfassen würde. Insbesondere in dem vagen Sicherheits- und Verfassungsbegriff des Artikels sah er ein Instrument zur willkürlichen Kriminalisierung unliebsamer politischer Handlungen in den Bundesstaaten:

> »Denn was heißt der Ausdruck Angriff? Wenn man freilich von der Existenz und der Integrität spricht, so ist dies etwas, wo die Loyalität eines dagegen gerichteten Angriffs sich in keinem Fall behaupten lässt. (…) Was aber die andere Bestimmung betrifft, daß auch gegen die Sicherheit und die Verfassung des deutschen Bundes ein Hochverrath begangen werden könne, so sind diese beiden Ausdrücke viel zu unbestimmt und schwankend, als daß man sich dabei beruhigen könnte. Was kann nicht Alles als ein Angriff auf die Sicherheit des deutschen Bundes ausgelegt werden, und welche Handlungen, Bestrebungen und Worte sind nicht schon als ein Angriff gegen die Sicherheit des deutschen Bundes oder einzelner Länder erklärt worden? Alles kann man für einen solchen Hochverrath erklären, denn der Bundestag selbst hat das uncontrolirte unbeschränkte Recht zu statuieren, zu interpretieren und den Ausspruch zu thun. Er hat das Recht auszusprechen, daß das Athmen in freier Luft ein Verbrechen gegen den deutschen Bund sey.«[644]

Weiterhin sah Rotteck, ähnlich wie die bayrische und die württembergische Regierung, in dem Beschluss einen unzulässigen Eingriff in die Souveränitätsrechte Badens auf legislativer und justizieller Ebene. Insbesondere sah er den durch Artikel 14 der badischen Verfassung garantierten Grundsatz der richterlichen Unabhängigkeit gefährdet:

> »Man hat von der Regierung selbst behauptet, daß dieser Bundesbeschluss die Absicht gehabt habe, die gerichtlichen Urtheile in einigen deutschen Staaten über Handlungen der fraglichen Art zu modificiren, oder vielmehr daß die Veranlassung zu dem Bundesbeschluß darin gelegen sey, daß die Richter falsch, daß heißt, nicht so geurtheilt hätten, wie man es hat haben wollen. Wenn dieses der Zweck des Beschlusses ist, so hat der Bundestag für sich selbst die Function eines obersten Justizministeriums für ganz Deutschland

---

[644] Protokolle der zweiten Kammer der badischen Ständeversammlung 1837, 24. Sitzung, in: Verhandlungen badische Ständeversammlung 1837, S. 19.

ergriffen, und ich glaube keineswegs, daß dieses gut ist, denn es läuft ganz und zunächst gegen die Verfassung und die höchste gesetzgebende Gewalt ist uns genommen. (…) Die Justiz ist frei in unserem Lande, und die Rechtsgesetzgebung ist auch frei, (…).«[645]

Auch die Bestimmungen zur Auslieferung kritisierte Rotteck scharf, wobei er sich auf die nach der französischen Julirevolution in ganz Europa aufgeflammte Diskussion um das politische Asyl bezog.[646] So führte Rotteck aus, dass die Verpflichtung zur Auslieferung politischer Flüchtlinge gegen den mittlerweile »allgemein anerkannten völkerrechtlichen Grundsatz« des politischen Asyls verstoßen würde.[647] Dieser gelte auch zwischen den deutschen Staaten, da der Deutsche Bund kein Bundesstaat, sondern nur ein Bund souveräner Staaten sei. Diese Auffassung hatte Rotteck im juristischen Diskurs jedoch exklusiv. Zwar setzte sich seit Mitte der 1830er Jahre auch in Deutschland das Konzept des politischen Asyls durch, jedoch nur in Beziehung zu außerdeutschen Staaten.[648] Die überwiegende Mehrheit der rechtswissenschaftlichen Autoren ging davon aus, dass wegen der besonderen räumlichen und politischen Verflechtung innerhalb des Bundes die Auslieferung politischer Flüchtlinge gerechtfertigt sei. Heinrich Marquardsen führte 1858 in der 3. Auflage des Staatlexikons in einem Nachtrag zu Rotteks Artikel aus, dass an dem Bundesbeschluss vom 18. August 1836 lediglich die Beschränkung auf »Politische Verbrechen« zu kritisieren sei:

> »Man hat häufig in dieser Bundesverpflichtung zur Auslieferung politischer Verbrecher eine Härte gesehen, die nicht darin liegt. Principiell wird sich nichts dagegen einwenden lassen, daß eine Staatenverbindung sich Rechtshülfe gegen Angriffe auf ein einzelnes Glied gewährt, und die Angriffe, welche diese Verabredungen haben erfahren müssen, waren nur deshalb gerechtfertigt, weil auf jedem andern Gebiete, die Consequenzen der Staateneinigung nicht gezogen wurden, (…).«[649]

---

[645] Protokolle der zweiten Kammer der badischen Ständeversammlung 1837, 24. Sitzung, in: Verhandlungen badische Ständeversammlung 1837, S. 29.
[646] Siehe hierzu: Kapitel 4.2.2, S. 353 ff.
[647] Protokolle der zweiten Kammer der badischen Ständeversammlung 1837, 24. Sitzung, in: Verhandlungen badische Ständeversammlung 1837, S. 32.
[648] Siehe hierzu: Kapitel 4.2.2.1, S. 357 ff.
[649] Marquardsen, Auslieferung, S. 52. Siehe auch: Bar, Privat- und Strafrecht, S. 594 f.; Bluntschli, Auslieferung, S. 523; Mohl, Revision, S. 140 ff.

Da der Bundesbeschluss erst nach Abschluss der meisten politischen Untersuchungen verabschiedet wurde, war seine praktische Wirkung allem Anschein nach gering. Dies ist jedoch gerade im Fall der Bestimmungen wegen der Verbrechen gegen den Deutschen Bund schwierig zu bewerten, da der Beschluss letztendlich »materiell kein neues Strafrecht begründen, sondern nur die Ausübung des ohnedies bestehenden bei politischen Verbrechen sichern wollte«.[650] Diese disziplinierende Wirkung lässt sich empirisch kaum nachvollziehen. Bemerkenswert ist allerdings, dass die in dem Bundesbeschluss angelegte Verhaftungs- und Bestrafungsverpflichtung im Sinne des Prinzips »aut dedere aut iudicare« in einigen Fällen durch die Bundeszentralbehörde angemahnt wurde.[651] Als Baden im September 1836 den Kurhessen Peter Mott, der sich in der Schweiz am Geheimbund »Junges Deutschland« beteiligt hatte, an seinen Heimatstaat auslieferte und dies damit begründete, dass Baden ein im Ausland durch einen Ausländer begangenes politisches Verbrechen nicht bestrafen könne,[652] rügte die Bundeszentralbehörde diese Ansicht, da jeder Bundesstaat verpflichtet sei, jedes Verbrechen gegen den Deutschen Bund zu bestrafen:

> »Der Zweck des jungen Deutschlands war erwiesener Maßen der, auf gewaltsame Weise die bestehende Bundes-Verfassung sowohl als die Verfassungen der einzelnen Staaten in Deutschland umzustürzen, diese Verbindung war mithin gegen das Großherzogtum Baden, wie gegen jeden anderen Bundesstaat gerichtet und die Competenz der Gerichte des Großherzogtums Baden, wie die der übrigen deutschen Staaten, gegen jedes Mitglied des Jungen Deutschlands die Untersuchung zu führen und das Erkenntniß zu fällen, dürfte an sich nicht zu bezweifeln sey. Dieser Grundsatz ist auch mit dem über diese Frage in abstracto gefaßten hohen Bundesbeschluße übereinstimmend.«[653]

---

[650] Zachariä, Bestrafung, S. 48.
[651] Protokolle Bundeszentralbehörde, 211. Sitzung, 19. Mai 1838, § 5607, in: GStA PK Berlin, I. HA, Rep. 77, Tit. 10, Nr. 2, Bd. 12; Pratobevera an Metternich, 29. Januar 1842, in: HHStA Wien, StK, Deutsche Akten, Nr. 31.
[652] Winter an Bundeszentralbehörde, 16. September 1836, GLA Karlsruhe, Abt. 236, Nr. 8796.
[653] Mathis an Winter, 26. September 1836, in: GLA Karlsruhe, Abt. 236, Nr. 8796.

Aus dieser Privilegierung und Verpflichtung des Gerichtsstands der Ergreifung ergab sich jedoch umgekehrt das Problem, dass der Beschluss bei Kompetenzkonflikten nahezu wirkungslos war. So verzichtete Preußen 1841 im Fall eines in Frankfurt wegen der Teilnahme am »Bund der Geächteten« verhafteten preußischen Untertans auf einen Auslieferungsantrag, da Frankfurt durch den Bundesbeschluss vom 18. August 1836 eindeutig berechtigt war, den Fall zu übernehmen. Für die Begründung des Gerichtsstands waren nicht die Staatsangehörigkeit und der Tatort, sondern nur das Objekt des Verbrechens ausschlaggebend:

> »(…) Frankfurt ist also hier eben sowohl als Preußen verletzt oder bedroht, und würde einem diesseitigen Auslieferungsgesuche aus diesem Beschlusse sein eigenes Recht und seine eigene Pflicht aus demselben Beschlusse entgegen setzen können. Wir erachten daher selbst die nur bedingte Berufung auf diesen Beschluss für rechtlich nicht begründet, überdies aber auch deshalb hier für gefährlich, weil sie möglicher Weise in der Folge gegen uns geltend gemacht werden könnte. Denn es würde daraus folgen, daß wir zur Auslieferung eines Frankfurter Staatsangehörigen verpflichtet wären. In einem solchen Falle würde aber die Königliche Regierung, weil sie selbst mit bedroht ist, ihr eigenes Strafrecht geltend zu machen und die Auslieferung zu verweigern genöthigt sein.«[654]

Die Konsequenz war, dass solche Fälle wie in der Zeit vor dem Bundesbeschluss individuell ausgehandelt wurden, wobei sich die Bundesregierungen aber in der Regel kooperativ und kompromissbereit zeigten.

Ein interessantes Detail ist, dass der preußische Ministerresident in Frankfurt, Rudolf von Sydow, seiner Regierung 1841 vorschlug, den Bundesbeschluss vom 18. August 1836 in eine Art »Bundesstrafgesetz« umzuwandeln. Sein Argument war, dass dem Hauptproblem politischer Strafrechtsprechung im Deutschen Bund – der »Verschiedenheit im Straf-Erkenntnisse in den verschiedenen Bundesstaaten gegen politische Verbrechen ganz gleicher Art, und unter auch sonst völlig gleichen Voraussetzungen« – nach wie vor nichts entgegengesetzt worden sei.[655] Dies sei nicht nur willkürlich und ungerecht,

---

[654] Mühler an Werther, 26. Februar 1841, in: GSTA PK Berlin, III. HA, MdA, Abt. I, Nr. 8041.
[655] Sydow an Werther, 30. April 1841, in: GStA PK Berlin, III. HA, MdA, Abt. I, Nr. 8201.

sondern würde dem Gedanken der »Rechtsgleichheit innerhalb des Bundesgebietes« widersprechen. Sydow schlug daher vor, den Bundesbeschluss so umzugestalten, dass Verbrechen gegen den Deutschen Bund in jedem Bundesstaat mit derselben Strafe belegt werden sollten:

> »Um eine wirksame Hilfe hiergegen zu erlangen, wäre es nöthig, die Verbrechen gegen den Bund, welche der Bundesbeschluss vom 18. August 1836 in den einzelnen Bundesstaaten den gegen diese selbst begangenen Verbrechen gleichstellt, im ganzen Bundesgebiete mit gleicher Strafe zu belegen, woran sich nach und nach eine Assimilierung des sonstigen Strafrechts der Bundesstaaten, wenigstens so weit es öffentliche Verbrechen betrifft, von selbst anschließen müßte.«[656]

Sydows Vorschlag blieb zunächst folgenlos, jedoch belebte der preußische Bundestagsgesandte Heinrich von Bülow die Diskussion erneut, als er seiner Regierung am Beginn des Jahres 1842 vorschlug, durch den Bund eine juristische Expertenkommission zusammenstellen zu lassen, die die Strafgesetzgebung der Bundesstaaten vergleichend analysieren und einen Entwurf eines Bundesstrafgesetzes für politische Verbrechen erarbeiten sollte. Diese Kommission sollte durch den preußischen Kommissar bei der Bundeszentralbehörde, Adolf von Brauchitsch, geleitet werden.[657] Justizminister Heinrich Gottlob von Mühler lehnte diesen Vorschlag jedoch ab, da er glaubte, dass ein auf Rechtsvergleichung basierendes Bundesstrafgesetz »wegen der Verschiedenheit der materiellen und formellen Strafgesetzgebung in den deutschen Staaten« aussichtslos, und selbst wenn es zustande käme, politisch kaum durchsetzbar sei.[658] Stattdessen verständigten sich Preußen und Österreich darauf, die Bundeszentralbehörde anzuweisen, in ihrer Berichterstattung noch einmal auf die Problematik hinzuweisen, allerdings nicht im Sinne einer Hand-

---

[656] Sydow an Werther, 30. April 1841, in: GStA PK Berlin, III. HA, MdA, Abt. I, Nr. 8201.
[657] Bülow an Maltzan, 10. Januar 1842, in: GStA PK Berlin, III. HA, MdA, Abt. I, Nr. 8201.
[658] Mühler an Werther, 10. Februar 1842, in: GStA PK Berlin, III. HA, MdA, Abt. I, Nr. 8201.

lungsempfehlung, sondern um eine Sensibilisierung unter den Bundesstaaten zu erreichen.[659]

3.2.4.4 Die Diskussion um eine Bundesamnestie

Als Reaktion auf das Abklingen der politischen Unruhen wurden in vielen europäischen Staaten am Ende der 1830er Jahre Amnestien für politische Verbrecher erlassen. Diese sollten der Bevölkerung das symbolische Ende des Ausnahmezustands signalisieren und zur Befriedung des politischen Lebens beitragen.[660] Von Staaten des Deutschen Bundes wurden Amnestien, die politische Verbrecher einschlossen, durch Österreich im zur Habsburger Monarchie gehörenden Lombardo-Venetien (1838/40)[661] sowie durch Hessen-Darmstadt (1839),[662] Preußen (1840)[663] und Württemberg (1841)[664] erlassen. Diese Amnestien waren häufig mit besonderen dynastischen Ereignissen wie Thronwechseln (Österreich und Preußen) und Thronjubiläen (Württemberg) verbunden und sollten Zeichen für monarchische Weitsicht und Gnade des Herrschers sein. In Hessen-Darmstadt wurden die Gnadenerlasse zudem mit der Unreife vieler lediglich »verführter« Angeklagter sowie der »Zerknirschung« und »Reue«, die diese in den Untersuchungen gezeigt hätten, begründet.[665]

Dass mit Österreich und Preußen die beiden wichtigsten Bundesstaaten Amnestien erlassen hatten, löste in der Öffentlichkeit die

---

[659] Canitz an Maltzan, 28. März 1842, in: GStA PK Berlin, III. HA, MdA, Abt. I, Nr. 8201. Siehe auch: Protokolle Bundesversammlung 1842, 23. Sitzung, § 254, Beilage 6, S. 459[70] f.; Kowalski, Hauptberichte, S. 270 f.

[660] Zu rechtshistorischem Kontext und politischen Funktionen von Amnestien im 19. Jahrhundert siehe: Kesper-Biermann, Gerechtigkeit. Zur Amnestiepraxis in verschiedenen deutschen Staaten nach der 48er Revolution siehe: Piereth, Revolutionsbewältigung; Piereth, Milde.

[661] Vgl. Brunet, Begnadigungen.

[662] Ministerium des Innern und der Justiz an Hofgericht der Provinz Oberhessen, 7. Januar 1839, in: Schäffer, Actenmäßige Darstellung, S. 71 f.

[663] Amnestie-Orders vom 10. August und 10. September 1840, in: Justiz-Ministerialblatt Preußen 1840, Beilage vom 18. September 1840.

[664] Königliche Verordnung betreffend der Erlassung einer Amnestie vom 25. September 1841, in: Regierungsblatt Württemberg 1841, S. 429 ff.

[665] Ministerium des Innern und der Justiz an Hofgericht der Provinz Oberhessen, 7. Januar 1839, in: Schäffer, Actenmäßige Darstellung, S. 71 f.

Forderung nach einer politischen Amnestie für den gesamten Bund aus und tatsächlich kam es 1841/42 zu geheimen Verhandlungen zwischen den Großmächten über diese Thematik.[666] Diese waren durch den preußischen Ministerresidenten in Frankfurt, Rudolf von Sydow, und den preußischen Kommissar bei der Bundeszentralbehörde, Adolf von Brauchitsch, im Frühjahr 1841 zunächst innerhalb der preußischen Regierung angeregt worden.[667] Der Hintergrund war, dass in mehreren Bundesstaaten Untersuchungen gegen Handwerker eingeleitet worden waren, die sich in der Mitte der 1830er Jahre in der Schweiz und Frankreich in politischen Handwerkervereinen engagiert hatten. Laut Sydow und Brauchitsch waren diese Prozesse ungerecht und übertrieben, da die Taten zeitlich lange zurück lagen und von geringer Relevanz waren. Es sei an der Zeit einen »Abschnitt zwischen der Vergangenheit und der Gegenwart« zu machen.[668] Eine von Preußen ausgehende, durch den Bund erlassene Amnestie sei nicht nur ein wirksames Mittel, um dieses Problem zu lösen, sondern auch eine Möglichkeit sich öffentlich und bundespolitisch zu profilieren.

Sydow präzisierte diese Überlegungen im Juni 1841 in einem umfassenden Gutachten mit dem Titel »Über das Bedürfnis einer von Bundeswegen zu ertheilenden allgemeinen Amnestie für politische Verbrecher und über die Modalitäten zweckmäßiger Herbeiführung einer solchen Bundes-Maßregel«.[669] Sydow führte aus, dass die seit dem Beginn der 1830er Jahre durchgeführten politischen Untersuchungen rückblickend als Misserfolg zu bewerten seien. Hierfür seien in erster Linie die mangelhafte Sicherheits- und Strafrechtspolitik einzelner Bundesstaaten verantwortlich. So wäre es kaum gelungen, »Hauptschuldige« zu belangen, stattdessen hätten sich die

---

[666] Exemplarisch für die öffentliche Meinung sind die in mehreren deutschen Zeitungen abgedruckten Ausführungen der Opposition im badischen Landtag aus den Sitzungen vom 19. und 25. Juli 1842, in: Allgemeine Zeitung, 27. Juli 1842, S. 1660 ff.

[667] Brauchitsch an Mühler, 24. April 1841; Sydow an Werther, 30. April 1841, in: GStA PK Berlin, III. HA, MdA, Abt. I, Nr. 8201.

[668] Sydow an Werther, 30. April 1841, in: GStA PK Berlin, III. HA, MdA, Abt. I, Nr. 8201.

[669] Sydow an Werther, 11. Juni 1841; Sydow, Über das Bedürfnis einer von Bundeswegen zu ertheilenden allgemeinen Amnestie, in: GStA PK Berlin, III. HA, MdA, Abt. I, Nr. 8201.

Untersuchungen auf »eine große Zahl von minder gefährlichen Theilnehmern« konzentriert, deren teils zu strenge, teils zu milde Bestrafung zusätzliche Unruhe in der Bevölkerung provoziert habe. Die Gelegenheit, einen versöhnlichen Schlussstrich zu ziehen, sei günstig, da die als frankophil geltende Opposition durch die außenpolitischen Auseinandersetzungen in der »Rheinkrise«[670] im Moment wenig Rückhalt in der Bevölkerung habe:

> »Ein solcher Abschnitt ist mehr als durch Anderes vorbereitet worden durch die seit dem Spätherbste vorigen Jahres eingetretene wesentliche Veränderung in den Beziehungen Deutschlands zu Frankreich. Die Wiederbelebung eines Deutschen Nationalgefühls hat über jedes Unternehmen den Stab gebrochen, dessen Gelingen nur möglich wäre mit Hülfe des gemeinsamen Feindes, oder durch Schwächung Deutschlands diesem gegenüber. Viel mehr hierdurch, als durch die theilweise Aufdeckung ihrer Umtriebe, haben die bisherigen geheimen Verbindungen an Gefährlichkeit verloren (…).«[671]

Diese Amnestie müsste durch den Deutschen Bund erlassen werden. Dies läge daran, dass die politischen Untersuchungen zwar in den Bundesstaaten stattgefunden hätten, durch die Öffentlichkeit aber als Bundesmaßnahme wahrgenommen worden seien. Die inkohärente und unkoordinierte Erlassung von Amnestien durch die Bundesstaaten würde zudem weiteren Unmut provozieren. Der Vorteil einer Bundesamnestie sei weiterhin, dass die Großmächte die Kontrolle über die Bedingungen der Amnestiegewährung hätten:

> »Nur wenn sie am Bundestage berathen wird, lassen sich nämlich mit Sicherheit die Bedingungen und Grenzen festsetzen, welche die Gerechtigkeit und die Sorge für die Sicherheit Deutschlands erheischt, während wenn die Sache den einzelnen Regierungen überlassen bliebe, Mißgriffe aller Art sich so wenig vermeiden ließen, daß vermuthlich an mehr als einem Orte die im Geiste des Rechts herbeigeführte Anordnung den Charakter eines

---

[670] In Frankreich war im Laufe des Jahres 1840 die Forderung nach einer Rückgabe der nach dem Wiener Kongress verloren gegangenen linksrheinischen Territorien des Deutsches Bundes laut geworden, was in Deutschland zur Mobilisierung des nationalen Diskurses und antifranzösischer Ressentiments geführt hatte. Siehe hierzu z. B. einführend: Hahn/Berding, Reformen, S. 462 ff.; Müller, Deutscher Bund, 24 f.; Wehler, Gesellschaftsgeschichte, S. 398 f.
[671] Sydow, Über den das Bedürfnis einer von Bundeswegen zu ertheilenden allgemeinen Amnestie, in: GStA PK Berlin, III. HA, MdA, Abt. I, Nr. 8201.

gewöhnlichen, der Revolution gemachten Zugeständnisses erhielte.«[672]

Als Hauptschwierigkeit der Bundesamnestie beschrieb Sydow die Frage, welchen Personengruppen sie gewährt werden sollte. Er sprach sich für eine umfassende Amnestiegewährung aus, die sowohl Untersuchungshäftlinge als auch Verbannte und politische Flüchtlinge einschließen sollte. Erstere seien durch die lange Untersuchungshaft, letztere durch die lange Abwesenheit ausreichend bestraft worden. Allerdings sollte für politische Flüchtlinge eine zeitliche Frist gesetzt werden, in der sich diese unter Beteuerung ihrer Reue zu melden hätten. Auf diese Weise sollte dafür gesorgt werden, dass möglichst wenige Flüchtlinge wirklich zurückkehrten. Großen bundespolitischen Widerstand erwartete Sydow nicht. Lediglich von Kurhessen – wo noch mehrere politische Prozesse liefen – und dem in strafrechtlichen Fragen sensiblen Bayern sei dieser zu erwarten. Sydow glaubte jedoch, dass Bedenken leicht durch eine persönliche Einflussnahme bei den jeweiligen Herrschern ausgeräumt werden könnten. Eine Vorstellung, die angesichts der Bedeutung des Begnadigungsrechts als Privileg des Landesherrn und des grundsätzlichen Widerstands der Bundesstaaten gegen strafrechtliche Maßnahmen des Deutschen Bundes rückblickend ausgesprochen naiv wirkt.

Sydow schlug vor, dass Preußen und Österreich zunächst gemeinsam den Antrag an die Bundesversammlung stellen sollten, die Maßregelkommission zu beauftragen, mit Unterstützung der Bundeszentralbehörde ein Gutachten zur Amnestiefrage zu erstellen. Der Vorteil in dieser Vorgehensweise läge darin, dass auf Grund des unverbindlichen Charakters einer solchen Anfrage kein Widerstand in der Bundesversammlung zu erwarten sei, man aber in jedem Fall einen politischen Erfolg verbucht habe, da »selbst wenn nachher nichts weitere erfolgt, schon vor ganz Deutschland die Absicht der beiden Mächte constatiert« sei.[673] Der Inhalt des Gutachtens der Maßregelkommission und die Bundeszentralbehörde sollte aber

---

[672] Sydow, Über den das Bedürfnis einer von Bundeswegen zu ertheilenden allgemeinen Amnestie, in: GStA PK Berlin, III. HA, MdA, Abt. I, Nr. 8201.
[673] Sydow, Über den das Bedürfnis einer von Bundeswegen zu ertheilenden allgemeinen Amnestie, in: GStA PK Berlin, III. HA, MdA, Abt. I, Nr. 8201.

durch die Großmächte vorgegeben werden und folgenden Inhalt haben: Durch den Bund sollte ein Stichtag festgesetzt werden, ab dem rückwirkend alle wegen politischer Verbrechen inhaftierten, in Untersuchung stehenden oder geflohenen Personen begnadigt werden sollten. Die Begnadigung sollte an die Anerkennung »des Unrechts des Verbrechens« und das Versprechen, »sich in Zukunft von jeder ähnlichen Verirrung frei zu halten«, geknüpft sein.[674] Sollte der Begnadigte erneut auffällig werden, sollte zusätzlich zur neuen Strafe »auch die ungekürzte gesetzliche Strafe des jetzt verziehenen Verbrechens eintreten.«[675] Diese Bestimmungen sollten subsidiär zu bereits bestehenden Amnestien der Bundesstaaten sein. Um eine höchstmögliche »Publicität« des Beschlusses zu erreichen, sollte er gemeinsam mit einem »in populärer Sprache« abgefassten Bericht der Bundeszentralbehörde nicht nur in Deutschland, sondern in ganz Europa und den USA verbreitet werden.[676] Sydows Idee war es entsprechend, durch das Gesetzgebungsverfahren und den Amnestieerlass das Ende der politischen Untersuchungen zu kommunizieren.

Innerhalb der preußischen Regierung stieß Sydows Vorstoß allerdings auf wenig Zustimmung. Justizminister Heinrich Gottlob von Mühler führte beispielsweise aus, dass eine Amnestie angesichts noch laufendender Untersuchungen unangebracht sei. Zudem würde eine durch die Bundesversammlung erlassene Amnestie der traditionellen Funktion der Gnadengewährung als performativem Wegbegleiter dynastischer Herrschaft widersprechen. Entsprechend sei die Legitimität einer solchen Maßnahme fraglich, zumal der inflationäre Erlass von Amnestien das Rechtssystem insgesamt destabilisieren würde:

> »Allgemeine Amnestien sind nur bei einem Thronwechsel, weil er ein neues Band knüpft, nur bei anderen höchst wichtigen Veranlassungen königlicher Huld an ihrem Ort. Außerdem führen sie das Urteil der Menge über die Herrschaft des Gesetzes irre. Man weiß nicht recht, was die Regierung will; man erblickt Willkür oder

---

[674] Sydow, Über den das Bedürfnis einer von Bundeswegen zu ertheilenden allgemeinen Amnestie, in: GStA PK Berlin, III. HA, MdA, Abt. I, Nr. 8201.
[675] Sydow, Über den das Bedürfnis einer von Bundeswegen zu ertheilenden allgemeinen Amnestie, in: GStA PK Berlin, III. HA, MdA, Abt. I, Nr. 8201.
[676] Sydow, Über den das Bedürfnis einer von Bundeswegen zu ertheilenden allgemeinen Amnestie, in: GStA PK Berlin, III. HA, MdA, Abt. I, Nr. 8201.

Mangel an klarem Bewußtsein, wo man Gerechtigkeit und Stärke erwartet.«[677]

Sydow brachte sein Anliegen im Oktober 1841 jedoch erneut in einem Bericht an den König vor. In diesem hob er vor dem Kontext der Rheinkrise die Bedeutung einer Bundesamnestie als nationales Projekt hervor, das als Vehikel zur Rehabilitierung und Weiterentwicklung des Deutschen Bundes dienen könnte:

> »Das aus der drohenden Kriegsgefahr hervorgegangene Gefühl der Einheit unter den deutschen Regierungen ist noch nicht völlig wieder verloren gegangen. Preußen und Oestereich sind enger als je mit einander verbunden. Die Ueberzeugung, daß der deutsche Bund nicht blos vorhanden sei, um gefährliche und den Regierungen unerwünschte Regungen zu unterdrücken, sondern daß er auch zum Schutze Deutschlands kräftig handeln könne, beginnt Wurzel zu fassen, und es entspricht dieser Ueberzeugung, wenn der Bundestage dem erstarkten Vaterlande durch einen gemeinschaftlichen Gnadenact das Vertrauen zeigt, daß fremde oder einheimische Verlockung zu politischen Verbrechen fortan ohne Erfolg bleiben werde.«[678]

Tatsächlich kam es Dezember 1841 in Wien zu einem Gespräch zwischen dem preußischen Gesandten Karl von Canitz und Dallwitz und dem österreichischen Bundestagsgesandten Joachim von Münch-Bellinghausen über die Frage einer Bundesamnestie.[679] Die österreichische Regierung lehnte den Vorschlag jedoch rundweg ab. So bezeichnete Münch-Bellinghausen das Begnadigungsrecht als »Prärogative der Landeshoheit«, die vom Bund nicht angetastet werden dürfe, und betonte, dass der Bund im Allgemeinen und die Bundeszentralbehörde im Speziellen weder Jurisdiktionsrechte noch Eingriffsrechte auf bundesstaatliche Strafverfahren hätten.

Obwohl die Gespräche über eine Bundesamnestie damit gescheitert waren, sind sie für die Bewertung des Bundesregimes von Bedeutung. Sie zeigen nämlich, dass nicht nur über repressive

---

[677] Votum Mühler, 22. Mai 1841, in: GStA PK Berlin, III. HA, MdA, Abt. I, Nr. 8201.
[678] Bericht Sydow, 3. Oktober 1841, in: GStA PK Berlin, III. HA, MdA, Abt. I, Nr. 8201.
[679] Canitz an Maltzan, 20. Dezmeber 1841, in: GStA PK Berlin, III. HA, MdA, Abt. I, Nr. 8201.

Sicherheitsmaßnahmen nachgedacht wurde, sondern auch »Modi wie Aushandeln, Schlichtung, Herrschaftskompromiss und Gnade«[680] eine Rolle spielten. Dass Amnestien als versöhnliche, öffentlichkeitswirksame Maßnahmen nicht durch den Bund, sondern durch die Bundesstaaten durchgeführt wurden, weist zudem auf eine wichtige Funktion des Deutschen Bundes hin. Durch die Mehrschichtigkeit des Bundesregimes hatten die Bundesstaaten die Möglichkeit, »negative« Sicherheitsmaßnahmen über den Bund abzuwickeln bzw. als Bundesmaßnahmen zu deklarieren, »positive« Maßnahmen aber für sich zu beanspruchen. Politisches Konfliktpotential konnte entsprechend auf das abstrakte politische Gebilde Deutscher Bund abgeleitet und innenpolitische Auseinandersetzungen auf diese Weise abgeschwächt werden. Bildlich gesprochen nahm der Deutsche Bund damit die für die Regulierung politischer Konflikte wichtige Rolle des Spannungsableiters ein.

3.2.5 Initiativen und Modelle zur Weiterentwicklung von Justiz- und Polizeikooperation im Deutschen Bund nach 1833

3.2.5.1 *Die Initiative des Herzoglich Sächsischen Polizeirats Friedrich Eberhardt zur Gründung einer deutschen Polizeivereinigung*

Neben der Angleichung von Strafgesetzgebung und Strafrechtsprechung war die Weiterentwicklung der Justiz- und Polizeikooperation ein wichtiges bundespolitisches Thema. Nach dem Frankfurter Wachensturm ging ein erster Impuls vom Polizeirat Friedrich Eberhardt aus Sachsen-Coburg-Gotha aus, der den Aufbau einer präventiv ausgelegten, strukturierten Kooperation der Polizeibehörden der Bundesstaaten vorschlug. Dass die Anregung zu einer solchen Maßnahme aus einem Kleinstaat kam, mag zunächst überraschen, passte aber ins Gesamtbild. So zeigt auch die Entwicklung des transnationalen Strafrechts im Bund, dass gerade im territorial fragmentierten mitteldeutschen Raum mit geringen einzelstaatlichen Machtressour-

---

[680] Härter, Revolten, S. 13.

cen ein erhebliches Bedürfnis und konzeptionelles Potential hinsichtlich zwischenstaatlicher Zusammenarbeit vorhanden war.[681] Eberhardt entwickelte sich in den folgenden Jahren zu einem der profiliertesten deutschen Experten im Bereich der Polizeikooperationen und gab mit dem »Allgemeinen Polizeianzeiger« bzw. »Eberhardt's allgemeinen Polizei-Anzeiger« eines der wichtigsten deutschen Fahndungsblätter heraus.[682]

Eberhardt hatte kurz nach dem Wachensturm in einem Rundschreiben mehrere große Polizeibehörden um Informationen gebeten und darauf hingewiesen, »wie sehr unter den jetzigen Umständen, ein kräftiges Zusammenwirken geeigneter Polizeibeamter in den verschiedenen Ländern Deutschlands nothwendig, und wie nur auf diese Weise zu hoffen sey, den Absichten der Meuterer, (…), mit Nachdruck begegnen zu können«.[683] Diese Aktion war offenbar relativ erfolgreich, so dass Eberhardt einen Schritt weiter ging und am 7. Juli 1833 bei seiner Regierung die Idee einer strukturierten Kooperation zwischen den Polizeibehörden der Bundesstaaten einreichte. In einer durch den Bund einberufenen konstituierenden Konferenz sollten dafür zunächst leitende Polizeibeamte aus verschiedenen Staaten über eine »Vereinigung« der deutschen Polizeibehörden in Form von regelmäßigem Informationsaustausch und Arbeitsteilung bei der Bekämpfung politischer Kriminalität beraten:

> »Würde nun (…) von Seiten des Bundestags auf solche Vereinigung aller brauchbaren Sicherheitsbeamten Bedacht genommen, wie ganz anders würde es um die öffentliche Ruhe stehen? Bei weiten nützlicher und wirksamer als die Militärgewalt werden sich die vereinigten Kräfte der Polizeibeamten verschiedener Kreise berühren, und es wäre daher wohl der Mühe werth, daß von dem deutschen Bunde vorerst eine Versammlung tüchtiger, von dem Revoluzionsfieber nicht ergriffenen Polizei-Männer veranlaßt und der Wirkungskreis jedes Einzelnen genau bestimmt werden möchte.«[684]

---

[681] Vgl. Kapitel 2.4, S. 76 f.
[682] Siemann, Deutschlands Ruhe, S. 418 ff.
[683] Bundeszentralbehörde an Maßregelkommission, 7. Januar 1834, in: BA Berlin, DB 8, Nr. 1; HHStA Wien, StK, Deutsche Akten, Nr. 14.
[684] Bundeszentralbehörde an Maßregelkommission, 7. Januar 1834, in: BA Berlin, DB 8, Nr. 1; HHStA Wien, StK, Deutsche Akten, Nr. 14.

Die Besonderheit dieses leider nur sehr vagen und auch nicht im Original auffindbaren Vorschlags lag darin, dass Eberhardt ein zu diesem Zeitpunkt neues Modell transnationaler Polizeikooperation ins Spiel brachte. So hatte es sich etwa bei dem durch Metternich eingebrachten Vorschlag eines Informationsbüros um ein zentralistisches und institutionalisiertes Kooperationsformat gehandelt, in dem die beteiligten Staaten durch Kommissare vertreten wurden, wodurch sie de facto den Charakter politischer Gremien hatten. Eberhardts Vorschlag zielte dagegen auf eine durch Konferenzen, systematische Kommunikation und Aufgabenteilung dezentral strukturierte, direkte Kooperation der eigentlichen Sicherheitsakteure ab.[685] Über die Herzoglich Sächsische Bundestagsgesandtschaft gelangte dieser Vorschlag an die Bundeszentralbehörde, welche ihn mit großem Interesse aufgriff. Wagemann berichtete an Metternich, die Bundeszentralbehörde habe nur auf eine Gelegenheit gewartet, der Bundesversammlung die »Organisierung eines, durch alle deutsche Staaten verzweigten, enge zusammenhängenden und in ein aus tüchtigen und erfahrenen Polizeibeamten aufgestelltes Centrum zusammenlaufenden Polizeiverbandes« vorzuschlagen.[686] So sei man sich innerhalb der Bundeszentralbehörde einig, dass das Erstarken revolutionärer Gruppen im direkten Zusammenhang mit einer zu schwachen präventiven Überwachung »der öffentlichen Anstalten, der Briefpost, Eilwagen, Lohnkutscher« sowie des Fehlens »nachbarlicher Unterstützung« zwischen den Bundesstaaten stehe.[687]

Am 7. Januar 1834 reichte die Bundeszentralbehörde bei der Maßregelkommission einen sicherheitspolitischen Antrag ein, in dem sie unter Bezugnahme auf Eberhardts Schreiben auf die Bedeutung polizeilicher Zusammenarbeit für die Sicherheit des Bundes hinwies, allerdings auf konkrete Vorschläge zu legislativen und exekutiven Maßnahmen verzichtete. Der österreichische Kommissar Friedrich Moritz von Wagemann führte aus, der Bundeszentralbe-

---

[685] Vgl. Siemann, Deutschlands Ruhe, S. 244.
[686] Wagemann an Metternich, 9. Januar 1834, in: HHStA Wien, StK, Deutsche Akten, Nr. 14.
[687] Wagemann an Metternich, 9. Januar 1834, in: HHStA Wien, StK, Deutsche Akten, Nr. 14.

hörde würde hierzu die Expertise in der allgemeinen »Polizei-Verwaltung« und Kenntnisse der bundesstaatlichen »Provinzial-Verfassungen« fehlen.[688] Jedoch ging die Bundeszentralbehörde ausführlich und abstrakt auf das Verhältnis repressiv-strafrechtlicher und präventiv-polizeilicher Maßnahmen ein:

> »In Zeiten großer politischer Aufregung ist wie die Erfahrung lehrt, die Strafjustiz überhaupt nicht ausreichend, um den Staat vollkommen sicher zu stellen, weil der Richter an beschränkende Formen gebunden und auf bestimmte Thatsachen verwiesen, in seiner Wirksamkeit meistentheils zu sehr gehemmt ist, um die verborgenen Quellen und Führer solcher Unruhen erfassen zu können, nachfolgende Bestrafungen einzelner Ausbrüche aber (…) selten im Stande sind, dem Fortschreiten des insgeheim genährten aufrührerischen Geistes Einhalt zu thun. Wie willkommen ist hier die Polizeigewalt, welche in ihrer freieren Bewegung allenthalben das Zweckmäßige vorkehren, auf den allgemeinen Grund und Charakter der Erscheinungen mehr Bedacht nehmen, die Unruhestifter schärfer beobachten und überhaupt schneller und kräftiger handeln kann, wenn es gilt, die Complotte und Pläne der Meuterer zu entdecken und zu zerstören.«[689]

Die Maßregelkommission ging auf den Antrag der Bundeszentralbehörde nicht ein und beantwortete ihn noch nicht einmal, so dass Eberhardts Initiative im Blick auf das Vormärz-Regime eine Episode blieb, die – wenn überhaupt – verfahrensgeschichtlich relevant ist, da sie das Zusammenspiel zwischen den verschiedenen Regimeebenen illustriert. In mittel- bis langfristiger Perspektive ist sie jedoch ausgesprochen bedeutsam, da sie maßgebliche sicherheitspolitische Entwicklungen im Deutschen Bund vorwegnahm. Dies betraf die von Eberhardt angedachte direkte Zusammenarbeit der bundesstaatlichen Polizeibehörden im Rahmen eines dezentralen, aber dennoch strukturierten Kooperationsformats. Dieses Modell wurde – allerdings unabhängig vom Deutschen Bund – nach der Revolution 1848 im System des »Polizeivereins« verwirklicht.[690] Es beruhte auf der

---

[688] Wagemann an Metternich, 9. Januar 1834, in: HHStA Wien, StK, Deutsche Akten, Nr. 14.

[689] Bundeszentralbehörde an Maßregelkommission, 7. Januar 1834, in: BA Berlin, DB 8, Nr. 1; HHStA Wien, StK, Deutsche Akten, Nr. 14.

[690] Zum Polizeiverein siehe: Beck/Schmidt, Dokumente; Deflem, Police Union; Haalck, Koordinierungsmaßnahmen; Jäger, Vernetzung; Siemann, Deutschland Ruhe, S. 242 ff.; Siemann, Polizeiverein.

»persönlichen und regelmäßigen Begegnung der ›höheren Polizeibeamten‹ der größeren deutschen Staaten« im Rahmen der so genannten »Polizeikonferenzen«,[691] der Aufteilung Deutschlands in polizeiliche Bezirke, so genannte »Rayons«,[692] die arbeitsteilig von den regionalen Vormächten überwacht wurden, sowie dem unmittelbaren Nachrichtenaustausch zwischen den Polizeibehörden durch so genannte »Wochenberichte«.[693] An der Konzeption und Gründung des Polizeivereins 1851 war Eberhardt – mittlerweile im sächsischen Staatsdienst – maßgeblich beteiligt.[694]

3.2.5.2 Die ersten Initiativen zur Auflösung der Bundeszentralbehörde und die Diskussion um ein Informationskomitee

Die Diskussion um die Weiterentwicklung der Justiz- und Polizeikooperation im Deutschen Bund war ab 1835 eng mit der um die Zukunft der Bundeszentralbehörde verwoben. Eine erste Initiative zur Auflösung der Bundeszentralbehörde ging im Frühjahr 1835 von Baden aus. Auslöser war ein Konflikt zwischen der badischen Regierung und der Bundeszentralbehörde um die badische Vereinsgesetzgebung. Die Bundeszentralbehörde hatte im Sommer 1834 die Maßregelkommission darauf hingewiesen, ihr sei im Rahmen der Untersuchungen gegen die Mannheimer Filiale des Press- und Vaterlandsvereins aufgefallen, dass das badische Vereinsgesetz vom 26. Oktober 1833[695] gegen den Artikel 2 der Zehn Artikel vom 5. Juli 1832 verstoßen würde. Dieser sehe ein allgemeines Verbot politischer Vereine vor. Das badische Vereinsgesetz mache ein Vereinsverbot aber von dem Nachweis eines »verbrecherischen Zweckes« abhängig, mit der Konsequenz, dass in Baden das Bestehen politischer Vereine bis zum Abschluss eines entsprechenden Strafverfahrens bundes-

---

[691] Siemann, Deutschlands Ruhe, S. 254. Die Protokolle der Polizeikonferenzen sind abgedruckt bei: Beck/Schmidt, Dokumente.
[692] Siemann, Deutschlands Ruhe, S. 258 f.
[693] Siemann, Deutschlands Ruhe, S. 259 ff.
[694] Siemann, Deutschlands Ruhe, S. 244 ff.
[695] Badisches Vereinsgesetz vom 26. Oktober 1833, in: Grossherzoglich Badisches Regierungsblatt 1833, S. 209 f.

rechtswidrig möglich sei. Da die Zehn Artikel in Baden auch nicht publiziert worden seien, sähe man sich gezwungen, die Maßregelkommission auf diesen Bundesrechtsverstoß aufmerksam zu machen.[696] Die badische Regierung, die über Friedrich von Blittersdorff, der Mitglied der Maßregelkommission war, über den Antrag informiert wurde und wegen des Streits um die Rückerstattung der Kosten für die Zentraluntersuchungskommission, dem Fall Garnier und der allgemeinen Kritik der Bundeszentralbehörde an der badischen Untersuchungsführung ohnehin nicht gut auf die Behörde zu sprechen war, reagierte über diese erneute Bloßstellung am Bundestag empört.[697] Der badische Außenminister Johann von Türckheim führte aus, dass die Kontrolle der Umsetzung von Bundesrecht in den Bundesstaaten nicht im Kompetenzbereich der Bundeszentralbehörde liegen würde und dass der Vorgang ein Hinweis auf einen »Mangel an sonstiger Beschäftigung« sei.[698] Die Bundeszentralbehörde habe mit ihrem Verhalten ein »neues Motiv« geliefert, um das kostspielige Institut, »das den hiervon gehegten Erwartungen nur in geringen Maaße entsprochen habe, recht bald wieder eingehen zu lassen«.[699] Nachdem sie zunächst die Stimmung unter den kleineren Bundesstaaten ausgelotet hatte, versuchte die badische Regierung im Frühjahr 1835, Preußen für eine Auflösung der Bundeszentralbehörde zu gewinnen. In einer Verbalnote legte der badische Gesandte in Berlin, Carl Ludwig von Franckenberg-Ludwigsdorff, dar, dass die Bundeszentralbehörde keine befriedigenden Ergebnisse erwarten

---

[696] Protokolle Bundeszentralbehörde, 60. Sitzung, 21. Juli 1834, § 1080, in: GStA PK Berlin, I. HA, Rep. 77, Tit. 10, Nr. 2, Bd. 3; Bundeszentralbehörde an Maßregelkommission, 21. Juli 1834, in: BA Berlin, DB 8, Nr. 3. Der umstrittene Artikel 1 des badischen Vereinsgesetzes lautete: »Die Staats-Regierung kann jederzeit einen Verein, der die Sicherheit des Staats oder daß allgemeine Wohl gefährdet, auflösen, und dessen Fortbestehen verbieten. Die Theilnahme an solchen Vereinen, die von der Staats-Regierung durch öffentlich verkündetes Verbot ausdrücklich untersagt worden ist, ist strafbar.«
[697] Zum Verhältnis Badens zur Bundeszentralbehörde siehe: Löw, Bundeszentralbehörde, S. 43 ff.
[698] Türckheim an Blittersdorff, 5. September 1834, in: GLA Karlsruhe, Abt. 49, Nr. 1261.
[699] Türckheim an Blittersdorff, 5. September 1834, in: GLA Karlsruhe, Abt. 49, Nr. 1261.

lasse, die hohen, durch den Bund getragenen Kosten nicht rechtfertige und überhaupt durch ihr Verhalten »allgemeines Mißfallen« erregen würde.[700] Preußen wies dieses Anliegen jedoch vehement zurück. Die Ministerialkommission legte in einem internen Schriftwechsel dar, dass die Bundeszentralbehörde als »Centralpunkt« der politischen Untersuchungen nach wie vor dringend gebraucht würde. Besonders habe sie sich um die Kontrolle der unzuverlässigen Bundesstaaten verdient gemacht. Von daher sei es nicht verwunderlich, dass ausgerechnet Baden, wo viele Untersuchungen »mit Schlaffheit und ohne nöthigen Ernst geführt worden«, die Bundeszentralbehörde gerne auflösen würde.[701]

Die badische Initiative blieb aber nicht folgenlos. Metternich, der über den Vorgang informiert war, wandte sich im Mai 1835 ebenfalls wegen der Auflösungsfrage und vor allem wegen einer möglichen Nachfolgeinstitution an Preußen.[702] Auch er war der Meinung, dass wegen der vielen schwebenden Untersuchungen eine Auflösung der Bundeszentralbehörde nicht zur Debatte stünde. Da der Bestand der Bundeszentralbehörde jedoch an die Dauer der laufenden politischen Untersuchungen gekoppelt und deren Ende mittelfristig absehbar sei, war er der Meinung, dass Preußen und Österreich sich auf eine Auflösung zumindest vorbereiten sollten. Anders als die preußische Ministerialkommission, die in ihrer Reaktion auf den Antrag Badens als zentrale Funktion der Bundeszentralbehörde die Unterstützung und Kontrolle von politischen Strafprozessen betont hatte, hob Metternich ihre Rolle als Sammel- und Verteilstelle von politisch-polizeilichen Informationen hervor. Während die justiziellen Funktionen der Bundeszentralbehörde nach Abschluss der Untersuchungen überflüssig werden würden, sei der präventive Nachrichtenaustausch zwischen den Bundesstaaten von langfristiger Bedeutung. Durch eine Auflösung der Bundeszentralbehörde würde dieser wichtige »Centralpunkt« des Bundes jedoch wegfallen,

---

[700] Verbalnote der badischen Gesandtschaft an das preußische Außenministerium, 25. März 1835, in: GStA PK Berlin, III. HA, MdA, Abt. I, Nr. 8198. Vgl. Löw, Bundeszentralbehörde, S. 59 f.; Siemann, Deutschlands Ruhe, S. 99 f.
[701] Ministerialkommission an Ancillon, 6. April 1835, in: GStA PK Berlin, III. HA, MdA, Abt. I, Nr. 8198.
[702] Metternich an Trautmannsdorff, 31. Mai. 1835, in: GStA PK Berlin, III. HA, MdA, Abt. I, Nr. 8198.

»in welchen sich zum Nutzen und Frommen aller deutschen Regierungen die in den einzelnen Ländern des Bundes vorkommenden Notizen über die revolutionären Umtriebe des Tages sammelten. In staatspolizeilicher Hinsicht scheine uns dieser Zweck der Bundes Centralbehörde gewiß nicht minder wichtig und beachtenswerth, als Interesse der höheren Justiz im Bund, die der Behörde gegebene Bestimmung einer Controlierung und Unterstützung der einzelnen Hochverrathsuntersuchungen. Wenn die letztgedachte Bestimmung durch Schließung der Untersuchungen von selbst wegfiele so wird der erst erwähnte Zweck, bei dem Stande der öffentlichen Angelegenheiten in der Welt noch lange ein evidentes, tiefgefühltes Bedürfnis des Tages vorstellen.«[703]

Metternichs Idee war es daher, nach der Auflösung der Bundeszentralbehörde ein polizeiliches Informationskomitee am Bundestag einzurichten, das von den Bundesregierungen eingesandte »Notizen über revolutionäre Umtriebe« sammeln und zusammenzustellen sollte.[704] Organisatorisches Vorbild sollte das in Österreich 1834 eingerichtete »Zentralinformationskomitee« sein, in welchem die Staatskanzlei, die Polizeihofstelle und die Justizabteilung ihre Informationen über oppositionelle Aktivitäten sammelten und austauschten.[705] Analog zu diesem Informationsaustausch »zwischen verschiedenen Behörden eines desselben Staates« sollte der Bund nach der Auflösung der Bundeszentralbehörde ein aus drei Beamten bestehendes Komitee einberufen.[706] Dieses Informationskomitee sollte direkt an die Maßregelkommission angeschlossen sein und

»die von den einzelnen deutschen Regierungen, nach einer diesfalls von ihnen zu übernehmenden Verpflichtung, eingehenden Notizen über die in ihren Staaten entdeckten Umtriebe revolutionärer und propagandistischer Art (...) zu sammeln und zusammen zu stellen; über das Zusammengestellte von Zeit zu Zeit dem B.T. Ausschusse Bericht zu erstatten und letzterem Anheim zu geben, daß er die Regierungen in fortwährender Kenntniß desjenigen, was ihnen im

---

[703] Metternich an Trautmannsdorff, 31. Mai. 1835, in: GStA PK Berlin, III. HA, MdA, Abt. I, Nr. 8198.
[704] Metternich an Trautmannsdorff, 31. Mai. 1835, in: GStA PK Berlin, III. HA, MdA, Abt. I, Nr. 8198.
[705] Vgl. Siemann, Deutschlands Ruhe, S. 161 ff.
[706] Metternich an Trautmannsdorff, 31. Mai. 1835, in: GStA PK Berlin, III. HA, MdA, Abt. I, Nr. 8198.

Interesse der Handhabung öffentlicher Ordnung und Sicherheit in ihren Staaten wichtig seyn kann, erstatte«.[707]

Der Vorschlag war nicht identisch mit dem des Frühjahrs 1833 bezüglich einer geheimen Informationsbehörde.[708] War es damals um eine vom Bund unabhängige, institutionalisierte multilaterale Kooperation zwischen den großen Bundesstaaten gegangen, sollte das Informationskomitee durch die Verknüpfung mit der Maßregelkommission bundesrechtlich eingebettet sein. Dies hatte zwei Vorteile: Erstens hätte das Informationskomitee die Möglichkeit gehabt, durch Berichte, Anträge und Empfehlungen Einfluss auf die Bundesversammlung zu nehmen – ein Verfahren, das sich bei der Bundeszentralbehörde sehr bewährt hatte. Zweitens hätte die neue Einrichtung nicht bloß auf einer losen intergouvernementalen Vereinbarung oder – wie bei der Zentraluntersuchungskommission und der Bundeszentralbehörde – auf einer Ausnahmegesetzgebung beruht. Durch die Koppelung an die Maßregelkommission wäre der Auftrag des Informationskomitees direkt aus dem Artikel 2 DBA bzw. Artikel 28 WSA ableitbar gewesen. Damit hätte es eine permanente, organische Einrichtung zur Erfüllung des Bundeszwecks dargestellt und wäre kaum auflösbar gewesen. Hierzu passte Metternichs Vorschlag, dass die Kosten nicht durch den Bund, sondern durch die die Mitglieder der Behörde entsendenden Bundesstaaten übernommen werden sollten, um – wie im Fall der Initiative Badens – aus tagespolitischen Konstellationen erwachsene Streitigkeiten auszuschließen.

Preußen reagierte auf den Vorschlag zurückhaltend. Ancillon führte gegenüber dem preußischen Gesandten in Wien, Mortimer von Maltzahn, aus, dass man Metternichs Vorschlägen zwar prinzipiell zustimme, aber Bedenken habe, ob der Vorschlag bundespolitisch durchsetzbar sei, da die konstitutionellen Staaten ein Informationskomitee als Kontroll- und Machtinstrument der Großmächte empfinden könnten. Zudem sei fraglich, inwieweit die kleineren und mittleren Bundesstaaten in der Lage seien, einen angemessenen Beitrag zu dieser Behörde zu leisten und verantwortungsvoll mit

---

[707] Metternich an Trautmannsdorff, 31. Mai. 1835, in: GStA PK Berlin, III. HA, MdA, Abt. I, Nr. 8198.
[708] Siehe: Kapitel 3.2.2.1, S. 190 ff.

den übermittelten Informationen umgehen würden. Da der Abschluss der Untersuchungen und die Auflösung der Bundeszentralbehörde aber noch lange nicht absehbar wären, hätte das Thema keine Dringlichkeit.[709]

Obwohl sich die beiden Großmächte einig waren, die Bundeszentralbehörde vorerst nicht aufzulösen, wurde die Frage kurze Zeit später noch einmal aktuell. Vermutlich im Zusammenhang mit dem Abschluss des ersten Übersichtsberichtes am 21. April 1835 setzten sich im Mai 1835 auch Hessen-Darmstadt und Bayern bei Österreich für eine Auflösung ein.[710] Diese durchaus ernst zu nehmende Initiative erübrigte sich jedoch durch das Attentat des napoleonischen Kriegsveteranen Joseph Fieschi auf den französischen König Louis Philippe am 28. Juli 1835.[711] In dem Attentat, aber auch in der Verdichtung entsprechender Nachrichten im Vorfeld, sah Metternich einen Hinweis auf das Erstarken einer gesamteuropäischen »Umsturzpartei«, die durch spektakuläre und symbolträchtige Aktionen das politische System Europas destabilisieren wolle.[712] Unter anderem war Metternich durch den österreichischen Bevollmächtigten bei der Bundes-Militärkommission, Ludwig von Welden, darauf hingewiesen worden, dass es in Frankfurt schon lange Gerüchte über ein Attentat auf Louis Philippe gegeben habe, die so konkret gewesen seien, dass die Stadt Frankfurt die französischen Behörden gewarnt habe.[713] Für Metternich bedeutete dies, dass die Bundeszentralbehörde auf keinen Fall aufgelöst werden durfte, sondern versuchen musste, mögliche Verbindungen zwischen Deutschland und dem Attentat zu ermitteln.[714] Vor dem Hintergrund, dass es der Bundes-

---

[709] Ancillon an Maltzahn, 21. Juni 1835, in: GStA PK Berlin, III. HA, MdA, Abt. I, Nr. 8198.
[710] Löw, Bundeszentralbehörde, S. 61; Siemann, Deutschlands Ruhe, S. 102.
[711] Zu dem Fieschi-Attentat siehe: Kapitel 4.2.2.2, S. 372 ff.
[712] Metternich an Apponyi, 14. August 1835, in: Metternich-Winneburg, Nachgelassene Papiere (Bd. 6), S. 41 ff. Vgl. Siemann, Staatsmann, S. 67 f.
[713] Welden an Metternich, 1. August 1835, in: HHStA Wien, StK, Deutsche Akten, Nr. 34.
[714] Metternich an Trautmannsdorff, 17. August 1835, in: GStA PK Berlin, I. HA, Rep. 77, Tit. 10, Nr. 11, Bd. 1; Metternich an Münch-Bellinghausen, 7. August 1835, in: HHStA Wien, StK, Deutsche Akten, Nr. 34. Vgl. Siemann, Deutschlands Ruhe, S. 102.

zentralbehörde nicht gelang solche Verbindungen aufzudecken,[715] wäre es leicht, diesen Vorgang als politische Instrumentalisierung eines zeitlich und räumlich begrenzten Ereignisses zu interpretieren, zumal das Attentat gar nicht innerhalb des Bundes stattfand. Hierbei muss jedoch bedacht werden, dass die deutschen Regierungen erst 1830 erfahren hatten, wie ein von Paris ausgehendes, revolutionäres Signal innerhalb des »europäischen Kommunikationsraums« eine Welle sozial und politisch motivierter Unruhen ausgelöst hatte, so dass das Attentat aus ihrer Perspektive eine erhebliche Bedrohungslage kreierte.[716]

Im März 1836 war es erneut Baden, das die Diskussion um Auflösung und Nachfolge der Bundeszentralbehörde wiederbelebte. Der vom Bundestagsgesandten zum Staatsminister aufgestiegene Friedrich von Blittersdorff – der Konstrukteur der Bundeszentralbehörde – wandte sich mit dem Vorschlag an Metternich, die Bundeszentralbehörde aufzulösen oder zu vertagen, da die Untersuchungen wegen des »Komplotts« des Jahres 1833 weitgehend abgeschlossen seien, womit die Behörde ihre ursprüngliche Funktion verloren habe.[717] Die Erfahrung mit der Zentraluntersuchungskommission hätte gezeigt, dass es wichtig sei, außerordentliche »politische« (im Sinne von »polizeiliche«) Institutionen des Bundes nach Erfüllung ihres Zwecks so schnell wie möglich aufzulösen, um bundespolitische Streitigkeiten zu vermeiden. Eine solche Situation wäre fatal, da es in zukünftigen Notsituationen schwierig werden würde, vergleichbare Institutionen politisch durchzusetzen. Allerdings sei es wichtig, die Funktion der Bundeszentralbehörde als polizeiliche Nachrichtenstelle zu konservieren, denn unabhängig von strafrechtlichen Untersuchungen würde »in Deutschland das Bedürfnis gefühlt, für die politische Polizey einen Centralpunct zu besitzen, indem diese Polizey von dem einzelnen Staat, selbst bei der größten Thätigkeit

---

[715] Schoeler an Ancillon, 17. Oktober 1835, in: GStA PK Berlin, I. HA, Rep. 77, Tit. 10, Nr. 11, Bd. 1.
[716] Siemann, Stratege, S. 770 ff.
[717] Blittersdorff an Friedrich, 24. März 1836, in: GStA PK Berlin, III. HA, MdA. Abt. I, Nr. 8198; HHStA Wien, StK, Deutsche Akten, Nr. 34; Siemann, Deutschlands Ruhe, S. 102 f.

und Umsicht nicht gehörig gehandhabt werden kann«.[718] Die Bundeszentralbehörde sollte hierzu personell reduziert und nicht mehr mit Richtern, sondern mit zwei Polizeibeamten besetzt werden. Diese sollten »mit den obersten Polizeibehörden der einzelnen B. Staaten in fortwährender Verbindung (…) bleiben und diesen die erforderlichen Mittheilungen (…) machen, sowie umgekehrt von ihnen zu empfangen (…)«.[719]

Dieser Vorschlag war weniger Ausdruck eines »Kurswechsels«[720] als eines ambivalenten Verhältnisses Badens zur Bundeszentralbehörde. So befand sich das Großherzogtum im Blick auf die primären Funktionen der Bundeszentralbehörde – Unterstützung und Kontrolle von strafrechtlichen Untersuchungen – in einem Dauerkonflikt mit der Behörde, der durch den politischen Streit um ihre Finanzierung noch verstärkt wurde. Die Argumente Badens für eine Auflösung oder Vertagung der Bundeszentralbehörde waren im Kern dieselben wie ein Jahr zuvor: Der Kommissionsauftrag sei erfüllt und die hohen Kosten nicht mehr gerechtfertigt. Neu war, dass Baden nun versuchte, Aspekte der Behördentätigkeit funktional abzugrenzen und in ein neues, kostengünstiges Format zu überführen, von dem kein Einfluss auf den Bereich der Strafrechtspflege ausging. Denn Baden bewertete die eher sekundäre, aus der Praxis erwachsene präventiv-polizeiliche Tätigkeit der Bundeszentralbehörde sehr positiv. Insbesondere bei der Überwachung und Abwehr politischer Flüchtlinge hatte die badische Regierung umfassend mit der Bundeszentralbehörde kooperiert. Dieser Themenbereich stellte einen zentralen Aspekt der Sicherheitspolitik der badischen Regierung dar, die sich Mitte der 1830er Jahre in der latenten Sorge vor einem Überfall politischer Flüchtlinge aus der Schweiz und Frankreich befand. Diese Furcht mag zwar rückblickend irrational wirken, jedoch war 1834 im Herzogtum Savoyen – das sich in einer ähnlichen geopolitischen Lage befand – genau dieser Fall eingetreten.[721]

---

[718] Blittersdorff an Friedrich, 24. März 1836, in: GStA PK Berlin, III. HA, MdA, Abt. I, Nr. 8198.
[719] Blittersdorff an Friedrich, 24. März 1836, in: GStA PK Berlin, III. HA, MdA, Abt. I, Nr. 8198; HHStA Wien, StK, Deutsche Akten, Nr. 34.
[720] Siemann, Deutschlands Ruhe, S. 102.
[721] Siehe hierzu: Kapitel 4.2.2.3, S. 379.

Metternich nutzte den badischen Antrag, um bei Preußen das Informationskomitee wieder in Erinnerung zu bringen.⁷²² Metternich wollte die Bundeszentralbehörde zwar noch nicht auflösen, da Baden aber einen mit dem Informationskomitee vergleichbaren Vorschlag eingebracht hatte, sah er die Möglichkeit, dessen Gründung zumindest vorzubereiten. Erneut stimmte Preußen grundsätzlich zu, knüpfte die Auflösung oder Vertagung der Bundeszentralbehörde sowie Beratungen über eine Nachfolgeinstitution aber ausdrücklich an den Abschluss aller durch die Bundeszentralbehörde betreuten Strafverfahren, da »erst nach erfolgtem rechtskräftigen Erkenntnisse die Gewißheit vorhanden sei, daß für das Beste der Untersuchungen die Vermittlung oder sonstige Thätigkeit der Central-Behörde nicht mehr nothwendig werde (…)«.⁷²³

Erst im Januar 1837 beschäftigte sich der preußische Bundestagsgesandte Friedrich von Schoeler eingehender mit den Vorschlägen Blittersdorffs und Metternichs.⁷²⁴ Sein umfassendes, an Außenminister Ancillon gerichtetes Gutachten stellte einen entscheidenden Wendepunkt dar. Nach Schoeler war die »eigenthümliche Beschaffenheit« der Bundeszentralbehörde als Hybrid zwischen Polizei- und Justizbehörde ihrem Hauptzweck geschuldet, die Untersuchungsverfahren in den Bundesstaaten zu unterstützen und zu kontrollieren. Damit habe sie zwar keine richterliche Funktion, dadurch dass die Kommissare aber ausgebildete Juristen bzw. Richter seien und die Bundeszentralbehörde im Rahmen von Strafverfahren agieren würde, habe »das polizeyliche Element sich dem strafrichterlichen untergeordnet«.⁷²⁵ Das von Blittersdorff und Metternich vorgeschlagene Informationskomitee sei dagegen eine reine Polizeiinstitution, die präventiv und unabhängig von strafprozessualen Normen agieren würde:

---

⁷²² Metternich an Trautmanndorff, 17. April 1836, in: GStA PK Berlin, III. HA, MdA, Abt. I, Nr. 8198.
⁷²³ Ancillon an Schoeler, 16. Juli 1836, in: GStA PK Berlin, III. HA, MdA, Abt. I, Nr. 8198, vgl. Siemann, Deutschlands Ruhe, S. 103 f.
⁷²⁴ Schoeler an Ancillon, 15. Januar 1837, in: GStA PK Berlin, III. HA, MdA, Abt. I, Nr. 8199.
⁷²⁵ Schoeler an Ancillon, 15. Januar 1837, in: GStA PK Berlin, III. HA, MdA, Abt. I, Nr. 8199.

»Die Mittheilungen der Bundes-Central-Behörde bestehen in der Hauptsache nach, in ihr zugehenden gerichtlichen Protokollen, welche eidlich bekräftigte Zeugen-Aussagen oder zugleich objectiv festgestellte Bekenntnisse von Angeschuldigten enthalten. Sie haben daher immer die stärkste Praesumption der Glaubwürdigkeit für sich. Bei Polizey-Nachrichten, die in einem Centrum zusammenlaufen und von da aus weiter mitgetheilt werden, fällt dies weg: Jeder Nachricht ist nur so viel Werth beizulegen, als der Empfangende, nach immer aufs Neue anzustellender Prüfung, der Quelle Vertrauen zu schenken weiß.«[726]

Diese polizeiliche Ausrichtung der neuen Institution – »das kleinliche Nachrichten-Wesen, die Verdächtigung unbescholtener Personen durch unsichere Agenten usw.« – sei für sich genommen schon problematisch, unmöglich sei es aber, dass das »rechtsstaatliche« Preußen mit dem »polizeistaatlichen« Österreich im Bereich der politischen Polizei institutionalisiert kooperieren würde:

»Bei aller hohen Achtung, (...) für Oesterreich, (...), vermag ich doch nicht zu verkennen, daß Oesterreichs deutsche Politik der Preußischen fast diametral entgegen steht, und daß die vom Standpuncte Oesterreichischer Politik in Deutschland gehandhabte politische Policey unmöglich ein für Preußen wünschenswerthe oder auch nur erträgliche sein kann. Ueberdies weicht im Allgemeinen, abgesehen von einem speziell Oesterreichischen Intereße, die Art und Weise, wie in Oesterreich Polizeyliches behandelt wird, so sehr von dem in Preußen Üblichen und für Preußen Angemeßenen ab, daß schon aus diesem Grunde ein unmittelbares Zusammenwirken von Preußen und Oesterreich mir hierbei schwer denkbar ist.«[727]

3.2.5.3 Das Modell einer koordinierenden und beratenden Justizkommission und die vorläufige Verlängerung der Bundeszentralbehörde

Die preußische Regierung schloss sich der Auffassung Schoelers an, so dass das Projekt eines Informationskomitees am Bundestag

---

[726] Schoeler an Ancillon, 15. Januar 1837, in: GStA PK Berlin, III. HA, MdA, Abt. I, Nr. 8199.
[727] Schoeler an Ancillon, 15. Januar 1837, in: GStA PK Berlin, III. HA, MdA, Abt. I, Nr. 8199.

gescheitert war.⁷²⁸ Auch Österreich war allmählich von der Idee abgerückt und hatte begonnen, die Mittel für das Mainzer Informationsbüro aufzustocken.⁷²⁹ Stattdessen rückte nun die Umgestaltung und Verschlankung der Bundeszentralbehörde in ihrer aktuellen Funktion in den Fokus. Im Juli 1837 kam es zu einem Konsolidierungsgespräch zwischen dem preußischen Polizeiminister Gustav von Rochow, Schoeler und dem österreichischen Bundestagsgesandten Joachim von Münch-Bellinghausen in Frankfurt.⁷³⁰ Dort einigte man sich darauf, die Bundeszentralbehörde in eine »Bundes-Justiz-Commission« umzuwandeln. Diese Justizkommission sollte – »um das Gehäßige eines Polizei-Bureaus zu vermeiden« – aus drei Richtern bestehen, die zur Kostenreduktion jedoch einen niedrigeren Dienstgrad als die Kommissare der Bundeszentralbehörde haben sollten.⁷³¹ Die Justizkommission sollte wie die Bundeszentralbehörde Nachrichten aus strafrechtlichen Untersuchungen sammeln und weitergeben, aber keine »controllierende Einwirkung auf den Gang der Untersuchungen« nehmen dürfen. Zur Erleichterung ihrer Tätigkeit und zur Verbesserung der Kommunikation zwischen den Bundesstaaten sollte ein entsprechender Bundesbeschluss die Bundesstaaten ergänzend verpflichten, nach dem Vorbild Preußens, Bayerns und Württembergs alle politischen Untersuchungen an einem Gericht zu konzentrieren. Wichtig war, dass die Justizkommission zur Maßregelkommission in einem ähnlichen Verhältnis stehen sollte »wie die Militair-Commission zum Ausschusse im Militair-Angelegenheiten«.⁷³² Das Konzept der Justizkommission war also auf keinen Fall identisch mit dem von Metternich 1835/36 angeregten Modell eines politisch-polizeilichen Informationskomitees.⁷³³ Vielmehr ging es

---

⁷²⁸ Vgl. Promemoria Philipsborn, 15. Juli 1837, in: GStA PK Berlin, III. HA, MdA, Abt. I, Nr. 8199.
⁷²⁹ Siemann, Deutschlands Ruhe, S. 104 f. u. 148 ff.
⁷³⁰ Schoeler an Werther, 10. Juli 1837; Promemoria Philipsborn, 15. Juli 1837, in: GStA PK Berlin, III. HA, MdA, Abt. I, Nr. 8199.
⁷³¹ Promemoria Philipsborn, 15. Juli 1837, in: GStA PK Berlin, III. HA, MdA, Abt. I, Nr. 8199.
⁷³² Schoeler an Werther, 10. Juli 1837, in: GStA PK Berlin, III. HA, MdA, Abt. I, Nr. 8199. Zur Militärkommission siehe: Angelow, Sicherheitspolitik, S. 50 f.; Keul, Bundesmilitärkommission.
⁷³³ Siemann schreibt irrtümlich, die Justizkommission sei eine 1838 aufgekommene Idee Metternichs gewesen und lediglich eine andere Bezeichnung für

darum, die Bundeszentralbehörde in ihrer Funktion als strafrechtliche Koordinations- und Aufsichtsstelle – das Hauptanliegen Preußens – sowie als sicherheitspolitisches Expertengremium mit Einfluss auf die Bundesversammlung und Zugang zu relevanten Informationen aus den Bundesstaaten – das Hauptanliegen Österreichs – unter leichter Reduktion von Personal, Mitteln und Kompetenzen in eine organische Bundesreinrichtung bzw. permanente Bundeskommission umzuwandeln.

Um die Erfolgsaussichten zu erhöhen, verständigte man sich darauf, einen entsprechenden Vorschlag nicht durch eine der beiden Bundestagsgesandtschaften, sondern über die Bundeszentralbehörde einzubringen. Bereits am 18. Juli 1837 veranlasste Münch-Bellinghausen per Präsidialantrag einen Bundesbeschluss, der die Bundeszentralbehörde aufforderte, der Bundesversammlung über den Stand ihrer Tätigkeit zu berichten und

> »Vorschläge zu machen, damit auch nach Auflösung der Centralbehörde der mittelst derselben zwischen den Regierungen bisher statt gefundene Austausch der Nachrichten über die revolutionären Umtriebe keine Unterbrechung erleide und im Interesse sämmtlicher Regierungen über derlei in den einzelnen Ländern des Deutschen Bundes noch vorfallende Untersuchungen in geeigneter Weise eine Concentrierung der dießfälligen Notizen statt finde.«[734]

Zeitgleich wurde der preußische Kommissar bei der Bundeszentralbehörde, Ludwig Emil Mathis, mit der Abfassung eines entsprechenden Berichts und der Ausarbeitung eines Konzepts für eine Justizkommission beauftragt. Die Entwürfe gingen im Oktober 1837 zunächst zur Prüfung nach Berlin und Wien, worüber die Kommissare Bayerns, Württembergs und Hessen-Darmstadts allerdings nicht informiert wurden.[735] Mathis' Entwurf entsprach dabei weitgehend dem, was in Frankfurt vereinbart worden war: Nach Abschluss der wichtigen politischen Untersuchungen in Hessen-Darmstadt sollte eine aus drei Richtern unterer Dienstkategorien bestehende Justizkommission zusammentreten, der durch die Bundestagsgesandtschaften kontinuierlich Informationen über politische

---

das schon länger verfolgte Projekt einer »Zentralbundespolizei« bzw. eines Informationskomitees gewesen. (Siemann, Deutschlands Ruhe, S. 104 f.).
[734] Protokolle Bundesversammlung 1837, 20. Sitzung, § 244, S. 583 f.
[735] Löw, Bundeszentralbehörde, S. 69 f.

Untersuchungen in den Bundesstaaten zukommen sollten. In den Bundesstaaten sollten diese Untersuchungen bei einem Zentralgericht konzentriert werden. Die Aufgabe der Justizkommission sollte darin bestehen,

> »den Austausch aller in Bezug auf revolutionäre Umtriebe vorkommenden Notizen zu besorgen, den Untersuchungs-Operaten der einzelnen Bundesstaaten eine gleichförmige, dem Hauptzwecke der Centralisierung entsprechende Richtung zu geben, endlich eine verläßliche und umfassende Übersicht des Zustandes der inneren Ruhe der Bundesstaaten von Zeit zu Zeit zu liefern«.[736]

Mathis' ursprünglicher Entwurf wurde jedoch noch leicht abgeändert. Österreich hielt die verpflichtende Einrichtung von Zentralgerichten im Blick auf die kleineren Bundesstaaten zwar für sinnvoll, sah sich selbst wegen des »Umfangs seiner zum deutschen Bund gehörenden Provinzen« und der durch »verschiedenartige Nationalität bedingten Verschiedenheiten in der Gestaltung der einzelnen Unter-Behörden« aber nicht in der Lage einen entsprechenden Beschluss umzusetzen.[737] Daher wurde diese Passage nicht imperativ, sondern lediglich als Empfehlung formuliert.[738]

Nachdem sich die beiden Großmächte verständigt hatten, versuchte man Bayern für die Vorschläge zu gewinnen, um eine Mehrheit in der Bundeszentralbehörde – die den Antrag per Mehrheitsbeschluss annehmen musste – und besonders in der Bundesversammlung sicherzustellen. Die bayrische Regierung, die im Februar 1838 durch die österreichische Gesandtschaft über die Pläne informiert wurde, lehnte eine permanente Justizkommission des Bundes jedoch kategorisch ab, da man befürchtete, diese könne sich mittelfristig zu einem machtpolitischen Instrument der Großmächte entwickeln.[739] Maximal wollte sie sich anstatt einer vollständigen Auf-

---

[736] Grundidee für das die Centralbehörde substituierende Institut, 5. Oktober 1837, in: GStA PK Berlin, III. HA, MdA, Abt. I, Nr. 8199. Vgl. Protokolle Bundesversammlung 1839, 21. Sitzung, § 282, Beilage 3, S. 771.
[737] Metternich an Trautmansdorff, 17. Februar 1838, in: GStA PK Berlin, III. HA, MdA, Abt. I, Nr. 8200.
[738] Mathis' Gutachten und der überarbeitete Entwurf sind abgedruckt in: Protokolle Bundesversammlung 1839, 21. Sitzung, § 282, Beilage 3, S. 766 ff.
[739] Vgl. Löw, Die Frankfurter Bundeszentralbehörde, S. 70 f.; Siemann, Deutschlands Ruhe, S. 105 f.

lösung auf eine Vertagung der Bundeszentralbehörde einlassen.[740] Die beiden Großmächte entschieden sich daraufhin mit schweren Bedenken, den Bericht durch Mathis noch einmal abändern zu lassen und die Auflösung der Bundeszentralbehörde und die Einführung einer Justizkommission sowie die Vertagung der Bundeszentralbehörde als gleichberechtigte Alternativen in den Bericht aufzunehmen, in der Hoffnung, dass die Bundesversammlung der ersten Variante zustimmen würde. Eine Vertagung der Bundeszentralbehörde sollte jedoch an das endgültige Ende aller Untersuchungen und die Publikation des für die Öffentlichkeit bestimmten Abschlussberichts geknüpft werden.[741]

Am 26. Juli 1838 kam es innerhalb der Bundeszentralbehörde zur Abstimmung über Mathis' Bericht.[742] Während neben den Kommissaren der beiden Großmächte auch die von Württemberg und Hessen-Darmstadt der Einreichung von zwei alternativen Vorschlägen zustimmten, erörterte der bayrische Kommissar Heinrich Arnold von der Becke in seinem Votum ausführlich die politischen und rechtlichen Bedenken Bayerns gegen die Einführung einer Justizkommission. Diese lagen insbesondere darin, dass Bayern den Versuch einer unzulässigen und verschleierten Verlängerung der Bundeszentralbehörde vermutete. Von der Becke führte aus, die Behörde sei ursprünglich nur mit der Untersuchung des »Complottes« der Jahre 1832/33 beauftragt worden, konkret die Untersuchungen des Wachensturms, der Burschenschaft sowie politischer Vereinsbildungen und Aufstandsplänen in Württemberg, den beiden Hessen, Frankfurt und Homburg. Dass ihr Kompetenzbereich »vermöge der Praxis der Central-Behörde und in Übereinstimmung mit einem späteren Beschlusse hoher Bundesversammlung vom 10. Oktober 1833« auf alle politischen Untersuchungen im Deutschen Bund ausgedehnt worden sei, stünde nicht im Widerspruch zu ihrem zweck- und

---

[740] Metternich an Trautmansdorff, 5. Mai 1838, in: GStA PK Berlin, III. HA, MdA, Abt. I, Nr. 8200.
[741] Protokolle Bundesversammlung 1839, 21. Sitzung, § 282, Beilage 3, S. 773.
[742] Auszug aus dem Sitzungsprotokoll der Bundes-Central-Behörde, 26. Juli 1838, in: GStA PK Berlin, III. HA, MdA, Abt. I, Nr. 8200.

zeitgebundenen Charakter.[743] Dies sei notwendig gewesen, da man bei Beginn einer politischen Untersuchung immer habe prüfen müssen, »ob deren Gegenstand nicht mit jenem Complotte zusammenhänge und nach dem Zustand Deutschlands im Jahre 1833, der Zusammenhang eher als Vereinzelung zu vermuthen war«.[744] Dies würde aber nichts daran ändern, dass sich die Tätigkeit der Bundeszentralbehörde immer nur auf ein »in der Zeit begrenztes factisches Ereigniß« und nicht auf »eine ganze Classe von strafbaren Handlungen« bezogen habe.[745] Die Bundeszentralbehörde sei nach wie vor ausschließlich für die Vorgänge aus den Jahren 1832/33 zuständig und nur so lange, wie die entsprechenden Untersuchungen noch nicht abgeschlossen seien, habe die Bundeszentralbehörde bzw. der Bund ein Recht, auf kriminalpolizeiliche Informationen aus den Untersuchungsverfahren in den Bundesstaaten zuzugreifen. Da diese Untersuchungen kurz vor dem Abschluss stünden, müsse die der »Function eines Staatsprocurators« ähnelnde Tätigkeit der Bundeszentralbehörde ein Ende haben.[746] Der Vorschlag einer Justizkommission würde dem widersprechen, da er offensichtlich nicht die Auflösung, sondern die Fortsetzung der Bundeszentralbehörde unter leicht veränderten Rahmenbedingungen vorsehe:

> »Nun geht der Vorschlag des H. Referenten eigentlich dahin, die Centralbehörde nicht aufzulösen, sondern dieselbe mit einigen Modificationen fortbestehen zu lassen. Denn es kann meines Erachtens nicht behauptet werden, daß man eine Anstalt auflöse, wenn nur der Name geändert, die Zahl der Mitglieder vermindert, und einige Beschränkung der Competenz statuiert wird. Bei einer Veränderung dieser Art ist durchaus nichts wesentlich Neues gegeben, sondern es fällt nur einiges hinweg, was früher vorhanden war. Der Vorschlag des H. Referenten dürfte daher schon aus einem formellen Grunde als unzulässig erscheinen.«[747]

---

[743] Auszug aus dem Sitzungsprotokoll der Bundes-Central-Behörde, 26. Juli 1838, in: GStA PK Berlin, III. HA, MdA, Abt. I, Nr. 8200.
[744] Auszug aus dem Sitzungsprotokoll der Bundes-Central-Behörde, 26. Juli 1838, in: GStA PK Berlin, III. HA, MdA, Abt. I, Nr. 8200.
[745] Auszug aus dem Sitzungsprotokoll der Bundes-Central-Behörde, 26. Juli 1838, in: GStA PK Berlin, III. HA, MdA, Abt. I, Nr. 8200.
[746] Auszug aus dem Sitzungsprotokoll der Bundes-Central-Behörde, 26. Juli 1838, in: GStA PK Berlin, III. HA, MdA, Abt. I, Nr. 8200.
[747] Auszug aus dem Sitzungsprotokoll der Bundes-Central-Behörde, 26. Juli 1838, in: GStA PK Berlin, III. HA, MdA, Abt. I, Nr. 8200.

Neben diesen rechtlichen Bedenken war laut von der Becke aber auch keine Bedrohungslage erkennbar, die ein Fortbestehen der Bundeszentralbehörde rechtfertige. Die Aufgabe der Bundeszentralbehörde oder ihres »Surrogates« könne nicht präventiver Natur sein, sondern läge allein darin, die Aufklärung »begangener Verbrechen« im Rahmen strafrechtlicher Untersuchungen zu unterstützen. Daher sei die einzige vorstellbare Variante, die Behörde zu vertagen und notfalls wieder einzuberufen:

> »Der Maßstab, nach welchem deren Auflösung, Fortbestand und Surrogat zu beurtheilen sein dürften, bleibt (...) immer nur der Zustand, wie er sich in der Gegenwart darstellt, um so mehr, als die Behörde, wenn deren Thätigkeit unterbrochen war, nötigenfalls in der kürzesten Zeitfrist wieder in Wirksamkeit gesetzt werden kann.«[748]

Unter normalen Umständen dürfe der Austausch von polizeilichen Informationen nicht über eine spezielle Bundesinstitution, sondern nur durch die direkte Kommunikation zwischen den Bundesstaaten stattfinden. Die sei im Sinne des Artikels 6 der Zehn Artikel vom 5. Juli 1832, der die Bundesstaaten verpflichtete, »sich wechselseitig mit Notizen über alle Entdeckungen staatsgefährlicher geheimer Verbindungen und der darin verflochtenen Individuen, auch in Verfolgung deßfallsiger Spuren, jederzeit aufs schleunigste und bereitwilligste unterstützen«.[749] Allgemeine Informationen könnten durch die Bundestagsgesandtschaften aber jederzeit der Bundesversammlung mitgeteilt werden.[750]

Obwohl die Bundeszentralbehörde ihren Bericht mit den beiden alternativen Vorschlägen direkt bei der Maßregelkommission einreichte, dauerte es über ein Jahr, bis er der Bundesversammlung präsentiert wurde. Die beiden Großmächte glaubten nämlich nicht

---

[748] Auszug aus dem Sitzungsprotokoll der Bundes-Central-Behörde, 26. Juli 1838, in: GStA PK Berlin, III. HA, MdA, Abt. I, Nr. 8200.

[749] Bundesbeschluss über Maßregeln zur Aufrechthaltung der gesetzlichen Ordnung und Ruhe in Deutschland vom 5. Juli 1832, in: Protokolle Bundesversammlung 1832, 24. Sitzung, § 231, S. 951 ff. Siehe auch: Huber, Dokumente, S. 134 f.; Meyer, Corpus Juris (Teil 2), S. 250 ff.; Kotulla, Verfassungsrecht, S. 737 ff. Zur Entstehung des Bundesbeschlusses siehe: Kapitel 3.2.1, S. 178 ff.

[750] Auszug aus dem Sitzungsprotokoll der Bundes-Central-Behörde, 26. Juli 1838, in: GStA PK Berlin, III. HA, MdA, Abt. I, Nr. 8200.

mehr daran, die Justizkommission noch durchsetzen zu können und versuchten die von Bayern geforderte Vertagung der Bundeszentralbehörde so lange wie möglich hinauszuzögern.[751] Nachdem er im Vorfeld mit Hilfe mehrerer Kleinstaaten eine Mehrheit organisiert hatte, ließ Münch-Bellinghausen – für die meisten Mittelstaaten offenbar überraschend – im September 1839 in der Maßregelkommission über den Bericht beraten und hielt daraufhin im Namen der Kommission einen Vortrag, in dem der Bundesversammlung die Vertagung der Bundeszentralbehörde empfohlen wurde.[752] Die Vertagung sollte jedoch von einem unterminierten Bericht der Maßregelkommission abhängig gemacht werden, so dass die Großmächte letztendlich die Kontrolle über die Einleitung des Vertagungsverfahrens hatten.[753] Dieser Antrag der Maßregelkommission wurde gegen die Stimmen Bayerns, Württembergs, Badens und Kurhessens, die wie einige Kleinstaaten auf eine Instruktionseinholung pochten, noch in derselben Sitzung mit einfacher Mehrheit angenommen.[754] Mit diesem Bundesbeschluss war die Diskussion um eine mögliche Nachfolgeinstitution zunächst beendet und der Auftrag der Bundeszentralbehörde de facto auf unbestimmte Zeit verlängert worden.

3.2.5.4 *Der preußische Thronwechsel und die Vertagung der Bundeszentralbehörde*

Die Diskussion um die Zukunft der Bundeszentralbehörde nahm aber schon 1840 eine erneute Wendung. Nach der Thronbesteigung des auf Aussöhnung mit der liberalen Bewegung bedachten Wilhelm IV. setzte in Preußen eine Phase der politischen Entspannung ein, die sich besonders im Abbau von symbolbehafteten Instrumenten der politischen Repression äußerte. Kurz nach der Thronbesteigung kam es zu einer Amnestie für politische Verbrecher und am 5. Oktober 1840 wurde die preußische Ministerialkommission aufgelöst. Auch das Außenministerium wurde aufgefordert, »dahin zu wirken, daß

---

[751] Löw, Bundeszentralbehörde, S. 73 ff.
[752] Löw, Bundeszentralbehörde, S. 74 f.
[753] Protokolle Bundesversammlung 1839, 21. Sitzung, § 282, Beilage 3, S. 773.
[754] Protokolle Bundesversammlung 1839, 21. Sitzung, § 282, S. 692 f.

die Auflösung der Central-Untersuchungs-Behörde in Frankfurt a/M. beschleunigt werde, (...)«.[755] Allerdings konnte der König überzeugt werden, die Bundeszentralbehörde noch weiter arbeiten zu lassen, da es im Oktober im Zusammenhang mit dem so genannten »Bund der Geächteten« in Frankfurt zu einer Reihe von Verhaftungen gekommen war.[756] Von der Position, die Behörde nach Abschluss der Untersuchungen nicht zu vertagen, sondern vollständig aufzulösen, rückte er jedoch nicht ab:

> »Obwohl ich Ihnen durch Meine Ordre vom 5. v. M. die Einwirkung auf die beschleunigte Auflösung der Bundes-Central-Behörde in Frankfurt a/M. empfohlen habe, so habe ich doch auf des Justizministers und des Ministers von Rochow später eingegangene Berichte von neuen dort stattgefundenen Verhaftungen, die eine Verlängerung der Arbeiten dieser Behörde nothwendig machen werden, den Kammergerichtsrath von Brauchitsch an Stelle des versetzten Vice-Präsidenten von Stampff zum diesseitigen Mitgliede der Bundes-Central-Behörde ernannt. Ich wiederhole aber Meinen Wunsch, daß dieselbe aufgelöst werden möge, sobald die Umstände es nur gestatten, und Meinen Auftrag an Sie, dahin zu wirken, daß dies dann geschehe.«[757]

Nachdem die Bundeszentralbehörde in ihrem Bericht vom 31. Januar 1842 ausgeführt hatte, dass die 1840 eingeleiteten Untersuchungen nahezu abgeschlossen seien und es aktuell auch keine Hinweise auf neue oppositionelle Aktivitäten gäbe, kam es im Sommer zum diplomatischen Vorstoß Preußens.[758] Im Juni wurde der preußische Gesandte in Wien Karl von Canitz und Dallwitz beauftragt, neben dem Abzug der Bundestruppen aus Frankfurt bei Metternich die »förmliche, unbedingte Auflösung« der Bundeszentralbehörde oder wenigstens eine Vertagung unter sofortiger »Zurückziehung sämtli-

---

[755] Abschrift Kabinettsorder, 5. Oktober 1840, in: GStA PK Berlin, III. HA, MdA, Abt. I, Nr. 8201. Vgl. Nolte, Demagogen, S. 100 f.; Siemann, Deutschlands Ruhe, S. 106 u. 195 f.

[756] Vgl. Bericht der Bundeszentralbehörde vom 31. Januar 1842, in: Protokolle Bundesversammlung 1842, 23. Sitzung, § 254, Beilage 6, S. 67 ff.; Kowalski, Hauptberichte, S. 266 ff. Zum Bund der Geächteten siehe: Zimmermann, Freiheit und Recht, S. 199 ff.

[757] Weisung an Werther, 19. November 1840, in: GStA PK Berlin, III. HA, MdA, Abt. I, Nr. 8201.

[758] Vgl. Bericht der Bundeszentralbehörde vom 31. Januar 1842, in: Protokolle Bundesversammlung 1842, 23. Sitzung, § 254, Beilage 6, S. 459 ff.

cher Mitglieder der Central-Behörde« zu erreichen.⁷⁵⁹ Im Falle einer Weigerung Metternichs sollte Canitz – allerdings informell und mündlich – mit einer Kampfabstimmung in der Bundesversammlung drohen.⁷⁶⁰ Am 6. Juli 1842 berichtete Canitz über sein Treffen mit Metternich. Dieser hätte sich vehement gegen eine Auflösung der Bundeszentralbehörde ausgesprochen und argumentiert, dass es jederzeit notwendig sein könne, die Bundeszentralbehörde wiedereinzuberufen und dass die Auflösung der Bundeszentralbehörde von der Opposition als Signal wahrgenommen werden würde, »neuen Unfug zu beginnen, wie die Abschaffung einer Katze den Ratten und Mäusen gute Tage verheiße«.⁷⁶¹ Canitz war daher der Auffassung, dass maximal eine schnelle Vertagung der Bundeszentralbehörde erreichbar sei, zumal der Erfolg einer Kampfabstimmung fraglich sei:

> »Diese Ansicht (*Anm.: Metternichs*) steht der unsrigen diametral entgegen, ich habe deshalb geglaubt, mich an die Instruction halten zu müssen, (…), um zu versuchen, ob sich die Gegensätze nicht in einer Weise, vereinigen ließen, wonach die Commission (auf deren Nothwendigkeit das Kaiserliche Cabinet besteht) zwar insofern fortbestehen würde, daß man sie – nach der Analogie der Spruchmänner der Schiedsgerichte – nöthigen Falls wieder zusammenstellen könnte, zugleich aber die Absicht seiner Majestät des Königs, (…), erfüllt würde, daß die Arbeiten der Commission geschloßen werden, daß sie auseinander geht, und daß in Frankfurt reiner Tisch gemacht werde. Zwei lange Unterredungen über die Angelegenheit mit dem Fürsten selbst, so wie alle Äußerungen, die ich schon früher von Sr. Durchlaucht und von anderen Personen, deren Stimme von einigem Gewicht sein dürfte, vernommen, haben mich überzeugt, daß mehr hier nicht zu bewirken ist. Welcher Ansicht sich die Majorität der Bundes-Versammlung anschließen möchte, wenn man es darauf ankommen ließe, ohne eine vorgängige Einigung zwischen Österreich und Preußen festgestellt zu haben, vermag ich nicht zu beurtheilen, hier scheint man zu glauben, daß

---

⁷⁵⁹ Weisung an Bülow, 20. Juni 1842, in: GStA PK Berlin, III. HA, MdA, Abt. I, Nr. 8202.
⁷⁶⁰ Bericht Bülow, 5. Juni 1842, in: GStA PK Berlin, III. HA, MdA, Abt. I, Nr. 8202.
⁷⁶¹ Canitz an Bülow, 6. Juli 1842, in: GStA PK Berlin, III. HA, MdA, Abt. I, Nr. 8202.

sich viele Stimmen für die Beibehaltung der Centralbehörde erklären würden.«[762]

Auch in Österreich gab es Bedenken, es in der Auflösungsfrage auf einen offenen Konflikt mit Preußen ankommen zu lassen. Der österreichische Staatsrat Johann Baptist von Pilgram wies Metternich darauf hin, dass eine öffentliche Auseinandersetzung unabhängig vom Ergebnis einen Gewinn an Popularität für die preußische Regierung bedeuten würde. Da die Wiedereinberufung der Bundeszentralbehörde ohnehin unwahrscheinlich sei, bei neuen politischen Unruhen der Einfluss Österreichs und der konservativen Kräfte aber wieder steigen würde, so dass leicht eine neue Behörde geschaffen werden könne, sei ein Konflikt vermeidbar.[763] Trotzdem setzte Metternich die Vertagung der Bundeszentralbehörde durch. Gerade im Blick auf die öffentliche Meinung war für ihn eine Vertagung der ideale Mittelweg zwischen schlichtendem Entgegenkommen und der Demonstration politischer Stärke:

> »In der Vertagung läge einerseits das Seitens der deutschen Regierungen vor der Welt abgelegte Zeugnis, daß ein wesentlicher Fortschritt zum Guten geschehen, u. für den Augenblick der Stoff der Untersuchungen über revolutionaires Treiben erschöpft ist u. doch andererseits die Demonstration, daß die Regierungen auch fortan wachen u. bereit seyen werden dem sich wieder zeigenden Uebel bei dessen erstem Aufbrechen kraftvoll zu begegnen.«[764]

Schon am 25. August 1842 beschloss die Bundesversammlung nach einem Antrag der Maßregelkommission die Vertagung der Bundeszentralbehörde und die Abgabe eines Schlussberichts.[765] Ende 1842 war die Arbeit der Bundeszentralbehörde endgültig beendet und sie wurde – obwohl es 1845 noch einmal kurz entsprechende Überlegungen gab – nie wieder einberufen.[766] In der Abstimmung fasste

---

[762] Canitz an Bülow, 6. Juli 1842, in: GStA PK Berlin, III. HA, MdA, Abt. I, Nr. 8202.
[763] Pilgram an Metternich, 15. Juli 1842, in: HHStA Wien, StK, Deutsche Akten, Nr. 35.
[764] Metternich an Trautmannsdorff, 30. Juni 1842, in: GStA PK Berlin, III. HA, MdA, Abt. I, Nr. 8202.
[765] Protokolle Bundesversammlung 1842, 23. Sitzung, § 252, S. 431 f.
[766] Vgl. Obermann, Schriftstücke, S. 394; Siemann, Deutschlands Ruhe, S. 108.

der preußische Gesandte die Argumente, die für eine Vertagung der Bundeszentralbehörde sprachen, noch einmal zusammen, wobei er die symbolische Bedeutung der Maßnahme als Zeichen für den Abschluss der politischen Verfolgungswelle seit dem Frankfurter Wachensturm und der Wiederherstellung der allgemeinen Sicherheit im Deutschen Bund hervorhob:

> »Die Centralbehörde zu pecuniärer Belästigung der Regierungen und zur Schmälerung ihres eigenen Ansehens geschäftlos beisammen bleiben zu lassen, kann wohl um so weniger in der Absicht der hohen Bundesversammlung liegen, je freudiger die jetzige Heimkehr der Mitglieder der Centralbehörde in ganz Deutschland als ein neues sicheres Zeichen einer günstigeren Gestaltung der Dinge und des Vertrauens der Regierungen auf ungestörten Fortbestand der öffentlichen Ruhe, Sicherheit und Ordnung begrüßt werden, und je gewisser sie deßhalb dazu beitragen wird, mit der innern Kraft des gemeinsamen Vaterlands dessen Heil und Ehre zu befestigen und zu erhöhen.«[767]

3.3 Zwischenfazit

Überblickt man die innere Entwicklung des Bundesregimes zusammenfassend und unter Berücksichtigung der Gesamtfragestellung, so lässt sich feststellen, dass das Bild eines von Metternich bzw. Österreich stringent entwickelten und gesteuerten »Reaktionssystems« unzutreffend ist. Dies betrifft zunächst die Frage nach den Akteuren des Bundesregimes. Zwar nahm Metternich in politischen Entscheidungsprozessen eine dominierende und gestaltende Rolle ein, trotzdem zeigen die rekonstruierten Verhandlungen und Fälle, dass sicherheitspolitische Maßnahmen des Bundes auch im Interesse Preußens und der größeren Mittelstaaten liegen mussten und teilweise sogar erst auf deren Initiative erfolgten. Metternichs zentrale Rolle ergab sich auch daraus, dass ihm als wichtigstem außenpolitischem Vertreter der Vormacht des Deutschen Bundes die Aufgabe zukam, die komplexen und mehrdimensionalen bundespolitischen Entscheidungsprozesse zu koordinieren und zu moderieren. Er war die erste Anlaufstelle für sicherheitspolitische Initiativen und ver-

---

[767] Protokolle Bundesversammlung 1842, 23. Sitzung, § 252, S. 431.

mittelte zwischen den verschiedenen bundespolitischen Akteuren. Diese zentrale Rolle im politischen System des Deutschen Bundes wurde von Österreich nicht nur beansprucht, sondern war auch in der Bundesakte angelegt und wurde von den anderen Bundesstaaten aktiv eingefordert, was auf das Fortleben formeller, aber auch informeller politischer Strukturen und Verfahren aus dem Alten Reich hindeutet.[768]

So wie die persönliche Rolle Metternichs tendenziell überschätzt wird, wird diejenige Preußens häufig unterschätzt. So hatte Österreich aufgrund seiner exponierten Rolle im Bundessystem zwar in der Regel das letzte Wort bei bundespolitischen Entscheidungen, dennoch war der Einfluss Preußens ähnlich hoch. Die Großmächte folgten über den gesamten Untersuchungszeitraum unterschiedlichen sicherheitspolitischen Schwerpunkten. Während Österreich es primär auf eine präventiv-polizeiliche, mittel- bis langfristig angelegte Ausgestaltung der Sicherheitspolitik des Bundesregimes anlegte und vor allem auf zentralisierte Informationsbeschaffung und Kooperation setzte, zielte Preußen eher auf repressiv-strafrechtliche und kurzfristig wirkende Maßnahmen ab. Preußen versuchte in diesem Zusammenhang mehrfach und stärker als Österreich, den Deutschen Bund als Instrument zur sicherheits- und rechtspolitischen Integration und Kontrolle der Klein- und Mittelstaaten einzusetzen. Diese unterschiedlichen Ausrichtungen erklären sich daraus, dass Preußen als »deutscher« Staat von den Ereignissen innerhalb des Deutschen Bundes unmittelbarer betroffen war als Österreich, für das der Deutsche Bund nur ein Konfliktfeld von mehreren innerhalb der Habsburgermonarchie war. Österreich bewertete sie entsprechend eher distanziert aus einer ganzheitlichen oder europäischen Perspektive.

Obwohl die beiden Großmächte das Bundesregime dominierten, darf der Einfluss der kleineren Bundesstaaten nicht unterschätzt werden. So lässt sich beobachten, dass Projekte der Großmächte durchaus am Widerstand der Mittelstaaten scheitern konnten oder angepasst werden mussten, wobei sich besonders Bayern als Verfechter bundesstaatlicher Souveränität profilierte. Dies lag zum einen

---

[768] Vgl. Press, Altes Reich, S. 27 ff.

am politischen Selbstverständnis Bayerns als Vormacht des »Dritten Deutschlands«, aber auch daran, dass Bayern aufgrund seiner Verfassung und seines Strafgesetzbuchs anders als die meisten anderen Bundesstaaten diesbezüglich relativ unflexibel war. Andersherum konnten sicherheitspolitische Initiativen aber auch von kleineren Bundesstaaten ausgehen, wobei sich das Phänomen beobachten lässt, dass konstitutionelle Staaten wie Baden oder Hessen-Darmstadt versuchten, brisante und unpopuläre Maßnahmen über den Deutschen Bund abzuwickeln. Die Verlagerung von Maßnahmen auf die Bundesebene stellte demnach besonders für die kleineren Bundesstaaten eine Möglichkeit dar, sich sicherheitspolitische Optionen zu schaffen und abstrakte Drohkulissen gegenüber Dissidenten aufzubauen, sollte aber auch dazu führen, Konflikte innerhalb der Bundesstaaten zu vermeiden oder zu entschärfen.

Dies weist auf die Bedeutung der Öffentlichkeit für die Sicherheitspolitik des Deutschen Bundes hin. Zivilgesellschaftliche Akteure hatten zwar kaum direkten Einfluss, trotzdem stellte die Öffentlichkeit bzw. die publizierte öffentliche Meinung ein Element des Bundesregimes dar. So standen die sicherheitspolitischen Maßnahmen des Bundes nicht im luftleeren Raum, sondern waren in öffentliche Diskurse und Debatten eingebettet. Die Frage nach der öffentlichen Meinung hatte in politischen Entscheidungsprozessen häufig einen regulierenden oder abmildernden Einfluss, da es angesichts des Bedrohungsszenarios einer Revolution wichtig erschien, politische Konflikte nicht durch überzogene oder falsch kommunizierte Maßnahmen eskalieren zu lassen. Zudem lassen sich Ansätze einer – allerdings kaum systematisch umgesetzten – Kommunikationsstrategie erkennen, die darauf abzielte, der Öffentlichkeit durch offizielle und semioffizielle Publikationen die eigene Handlungsfähigkeit zu demonstrieren und sie von der Legitimität sicherheitspolitischer Maßnahmen zu überzeugen. In diesem Zusammenhang ist es ein wichtiges Ergebnis, dass für das Bundesregime zumindest punktuell auch Integration und Deeskalation eine Rolle spielten, so dass sich ein Ensemble von Konfliktregulierungsstrategien beobachten lässt, das über das Bild eines rein repressiven Überwachungs- und Verfolgungssystems hinausgeht. Allerdings spielten solche Instrumente eine eher untergeordnete Rolle und besonders die Diskussion um eine Bundesamnestie zeigt, dass es den politischen Akteuren weniger um Kompromissbereitschaft und Reformwillen als um sicherheitspolitisches Kalkül ging.

Auch der Deutsche Bund hatte als Institution für die Entwicklung des Bundesregimes Relevanz. Zwar wurden bundespolitische Entscheidungen häufig auf intergouvernementaler Ebene angeregt und vorverhandelt, die inhaltliche Ausgestaltung erfolgte jedoch meist im Rahmen der Bundesversammlung, die als ständiger Gesandtenkongress nicht nur eine legislative Funktion hatte, sondern auch als Informations- und Kommunikationsforum diente. Dabei kam den wenigen bundespolitisch profilierten Bundestagsgesandten eine besondere Bedeutung zu. Dies erklärt, warum neben dem österreichischen Bundestagsgesandten Münch-Bellinghausen der langjährige badische Gesandte Blittersdorff nach dem Wachensturm eine die Bedeutung seines Bundesstaates übersteigende Rolle einnehmen konnte und die bundespolitischen Maßnahmen wesentlich mitgestaltete. Durch die Etablierung der Maßregelkommission und der Bundeszentralbehörde als Bundesgremien mit einer Art sicherheitspolitischem Initiativrecht lässt sich zudem beobachten, dass sicherheitspolitische Maßnahmen im kleineren Umfang durch die Bundesversammlung selbst initiiert wurden.

Auch inhaltlich stellten die als Bundesregime konzipierten sicherheitspolitischen Normen, Institutionen, Diskurse und Praktiken trotz gewisser Kontinuitätsstränge weder chronologisch noch strukturell eine planvoll und systematisch aufeinander bezogene Ganzheit dar. Die Formierung transnationaler Regimestrukturen innerhalb des Deutschen Bundes erfolgte vielmehr situativ, meist als unmittelbare Reaktion auf als konkret empfundene Sicherheitsbedrohungen, wobei dem Szenario einer transnationalen, revolutionären Verschwörung die Funktion eines Rechtsfertigungsnarrativs zukam, das einzelstaatliche Souveränitätsbedenken zumindest temporär überwog. Trotz des vergleichsweise hohen Maßes an Institutionalisierung und Verrechtlichung waren diese Regimestrukturen allerdings nie über einen längeren Zeitraum stabil, sondern durchgehend von politischen Auseinandersetzungen um Legitimität und Umfang der Bundesmaßnahmen begleitet. Dieses Phänomen lässt sich als Wechselspiel von Ver- und Entsicherheitlichungsprozessen beschreiben, wobei sich das »Dilemma« beobachten lässt, dass die sicherheitspraktische, vor allem aber die kommunikative Herstellung von

Sicherheit Bundesmaßnahmen überflüssig erscheinen ließ oder, noch gravierender, dass diese im Hinblick auf andere politische Zielgrößen durch die Bundesstaaten als Sicherheitsbedrohung wahrgenommen wurden.[769]

Dieser Konflikt betraf vor allem das Verhältnis zwischen den sicherheitspolitischen Kompetenzen des Bundes und der bundesstaatlichen Souveränität im Allgemeinen sowie der Justizhoheit im Speziellen. Er weist zudem auf die zentrale strukturelle Entwicklung des Bundesregimes hin, die Ausdifferenzierung von »Strafrecht« und »Polizei« als getrennte sicherheitspolitische Handlungsebenen. Diese Entwicklung wurde auf der Karlsbader Konferenz angelegt, war aber, anders als die Vorstellung eines präventiv ausgerichteten »Metternichschen« Polizeisystems suggeriert, nicht das Ergebnis programmatischer Erwägungen, sondern realpolitischer Gegebenheiten. So hatten die meisten politischen Akteure – auch Metternich – 1819 zunächst die Übernahme polizeilicher und strafrechtlicher Funktionen durch den Deutschen Bund vorgesehen. Dies entsprach dem Konzept des gemeinrechtlichen Inquisitionsverfahrens als Gesamtkomplex sozialer Kontrollmechanismen, in dem polizeiliche und strafrechtliche Elemente eine Einheit bildeten. Dieses etablierte Modell erwies sich in Karlsbad jedoch als nicht vereinbar mit der als zentrales Souveränitätsmerkmal konzipierten, in einigen Bundesstaaten durch Verfassungen und Strafrechtskodifikation bereits normativ eingehegten Justizhoheit.

In Reaktion auf diese Problematik entstand experimentell und situativ eine in dieser Form neue transnationale polizeiliche Handlungsebene, in deren Zentrum die Zentraluntersuchungskommission und die Bundeszentralbehörde standen. Deren Besonderheit bestand darin, dass sich die Arbeit der beiden Behörden primär im Rahmen strafrechtlicher bzw. gerichtlicher Untersuchungen abspielte, allerdings nicht auf die Rechtsprechung, sondern auf die Ermittlung, Aufbereitung und Verbreitung polizeilicher Informationen abzielte. Die hieraus resultierende polizeiliche Durchdringung politischer Prozesse durch Bundesinstitutionen stellte ein wesentliches Merkmal des Bundesregimes dar, war aufgrund des kompromiss-

---

769 Vgl. Conze, Sicherheit als Kultur, S. 365.

haften Charakters jedoch konfliktträchtig und von andauernden Kollisionen zwischen Bundes- und Landeskompetenzen sowie zwischen Polizei und Strafjustiz geprägt. Gerade im Bereich der politischen Polizei kam der mehrdimensionale Regimecharakter der Bundesicherheitspolitik zudem sehr offensichtlich zum Tragen. Zwar hatten die Zentraluntersuchungskommission und die Bundeszentralbehörde aufgrund ihrer schwierigen rechtlichen und institutionellen Lage nur eingeschränkten Handlungsspielraum, Preußen und Österreich nahmen in der Rechts- und Sicherheitspraxis jedoch komplementäre Funktionen wahr, die allerdings nicht systematisch ausgeformt waren. Dabei spiegelten sich die oben angedeuteten, abweichenden Zielsetzungen der Großmächte wider, indem Preußen über die Ministerialkommission vor allem im Bereich des Strafrechts, Österreich über das Informationsbüro im Bereich der politischen Polizei transnational aktiv war.

Obwohl der Deutsche Bund nur polizeiliche bzw. sicherheitspolitische Kompetenzen hatte, waren strafrechtliche Maßnahmen ein wesentliches Element der Bundessicherheitspolitik. Wichtig ist jedoch, dass diese kaum auf die Veränderung des materiellen Strafrechts der Bundesstaaten bzw. auf die Schaffung eines eigenen politischen Strafrechts des Deutschen Bundes abzielten, sondern auf die Harmonisierung der Strafrechtsprechung im Hinblick auf Untersuchungsführung und Strafzumessung und auf die Regulierung von Kompetenzkonflikten. Überblickt man diese Maßnahmen, so fällt auf, dass sie durchaus Felder betrafen, die vom juristischen Diskurs als reformbedürftig betrachtet wurden. Hierzu gehörten etwa die weite Auslegungskompetenz der Gerichte im Rahmen des Inquisitionsverfahrens, die exterritoriale Aktenversendung, aber auch die Schaffung eines innerdeutschen Kollisionsrechts im Hinblick auf Problemfelder transnationalen Strafrechts wie Gerichtsstand, Ausweisung oder Auslieferung. Trotzdem folgten diese Maßnahmen kaum einem reformatorischen Impuls oder gar einem rechtspolitischen Konzept, sondern waren das Ergebnis punktueller sicherheitspolitischer Erwägungen und zielten auf die Kontrolle bzw. die Exklusion von als politisch unzuverlässig eingeschätzten judikativen Akteuren ab, hatten also einen stark polizeilichen Charakter. Dies kann als Fortsetzung der »vormodernen« gemeinrechtlichen Praxis gesehen werden, situativ, komplementär und unter ordnungs- und sicherheitspolitischen Gesichtspunkten auf Strafjustiz und Strafgesetzgebung einzuwirken.[770] Der Deutsche Bund bediente sich dabei etablierter sicherheitspolitischer und strafrechtlicher Instrumente des Alten Reichs, was sich etwa an der Reaktivierung des Prinzips »aut dedere aut iudicare« durch den Bundesbeschluss vom 18. August 1836 zeigt. Dies ist auch deshalb ein wichtiges Ergebnis, da bezüglich der Strafrechtsgeschichte des 19. Jahrhunderts üblicherweise Modernisierungseffekte betont werden, hier aber Kontinuitätslinien zur Vormoderne offensichtlich werden.[771]

---

770 Vgl. Härter/Graaf, Vom Majestätsverbrechen, S. 7.
771 Siehe hierzu: Härter, Die Entwicklung des Strafrechts, S. 74 ff.

4. Normen, Diskurse und Praktiken des Bundesregimes in Beziehungen zu außerdeutschen Staaten

4.1 Die Ausbildung von transnationalen Regimestrukturen auf europäischer Ebene bis zur Julirevolution 1830

4.1.1 Der Umgang mit politischen Flüchtlingen: Normen, Diskurse und Praktiken

4.1.1.1 *Joseph Görres und die »Gastfreiheit« in Frankreich*

Seit dem Beginn der 1820er Jahre nahmen die deutschen Regierungen zunehmend auch Aktivitäten im Ausland als Bedrohung für die innere Sicherheit des Deutschen Bundes wahr. Obwohl letztendlich nur wenige deutsche Oppositionelle nach den Karlsbader Beschlüssen ins Ausland geflohen waren, primär nach Frankreich und in die Schweiz, wurde ihnen große Aufmerksamkeit geschenkt.[1] Dies lag daran, dass es sich überwiegend um prominente Persönlichkeiten handelte und sich angesichts einer Reihe von augenscheinlich im Zusammenhang stehenden politischen Gewaltereignissen in verschiedenen europäischen Staaten das Szenario oder Narrativ einer transnational agierenden, revolutionären »Umsturzpartei« ausbildete und verfestigte.[2] Die Zentraluntersuchungskommission ging in ihrem Hauptbericht davon aus, dass eine wesentliche Entwicklung der 1820er Jahre die Transnationalisierung der deutschen Oppositionsbewegung durch die Flucht wichtiger »Revolutionäre« gewesen sei. Hätten die Deutschen ausländischen Nationalbewegungen zunächst feindselig gegenüber gestanden, seien sie durch die Verla-

---

[1] Zu den politischen Flüchtlingen der 1820er Jahre siehe: Reiter, Asyl, S. 81 ff.
[2] Zur politischen Situation am Beginn der 1820er Jahre siehe insgesamt: Fahrmeir, Europa, S. 37 ff.

gerung ihrer Aktivitäten ins Ausland schnell zu einer wichtigen »Fraction der allgemeinen Bewegung, welche (...) die Ruhe von Europa (...) zu erschüttern drohte«, geworden.[3]

Für die sicherheitspolitischen Interaktionen der 1820er Jahre war es wichtig, dass das Szenario einer transnational agierenden Umsturzpartei von den meisten europäischen Regierungen geteilt wurde. »Terrorismus und Sicherheitspolitik« waren europäische Themen.[4] Der häufig bemühte ideologische Gegensatz zwischen einem liberalen westlichen und einem konservativen östlichen Staatenblock spielte in den 1820er Jahren hierbei kaum eine Rolle.[5] So waren besonders Frankreich und England 1819/20 mit durchgeführten und vereitelten politischen Gewaltereignissen wie Attentaten und Aufständen konfrontiert, die durchaus in Zusammenhang mit dem transnational rezipierten Attentat Sands gesetzt wurden.[6] In einer viel beachteten französischen Publikation mit dem Titel »Des Sociétés secrètes en Allemagne et en d'autres contrées« wurde das Sand-Attentat etwa als Teil einer gesamteuropäischen Verschwörung beschrieben, die den Umsturz in allen europäischen Staaten zum Ziel habe.[7] Die innenpolitischen Reaktionen der europäischen Regierungen auf die wahrgenommene Bedrohungslage ähnelten sich. Frankreich weichte nach dem Attentat auf den Duc de Berry 1820 beispielsweise die formellen Rahmenbedingungen des strafrechtlichen Untersuchungsverfahrens auf und verschärfte die Pressezensur. Metternich kommentierte: »Im Grunde sind diese beiden letzten Gesetze nichts als Nachahmungen unserer Karlsbader Beschlüsse.«[8] Grundsätzlich bestand somit eine Basis für umfassendere sicherheitspolitische Kooperationen auf europäischer Ebene und tatsächlich kam es in verschiedenen zwischenstaatlichen Konstellationen zur Ausbildung von transnationalen Regimestrukturen. Obwohl zumindest am Beginn der 1820er Jahre mit den regelmäßig abgehaltenen »Monarchenkongressen« sogar ein Forum für Aus-

---

[3] Hauptbericht Zentraluntersuchungskommission, 14. Dezember 1827, S. 121, in: Bundesarchiv, DB 7, Nr. 10.
[4] Siemann, Stratege, S. 713 ff.
[5] Siemann, Stratege, S. 714.
[6] Siemann, Stratege, S. 715 ff.; Zamoyski, Phantome, S. 231 ff.
[7] Langres, Sociétés. Siehe auch: Zamoyski, Phantome, S. 235.
[8] Zitiert nach: Siemann, Stratege, S. 717 f.

tausch und Koordination bestand, waren diese Strukturen im Unterschied zum innerdeutschen Bundesregime aber kaum institutionalisiert und verrechtlicht und hatten stark diskursiven Charakter. Zentral waren dabei vor allem zwei Themenfelder, die im Mittelpunkt öffentlicher Debatten, politischer Verhandlungen, aber auch der Sicherheitspraxis standen: der transnationale Umgang mit politischen Flüchtlingen sowie Polizeikooperation und Informationsaustausch.

Unmittelbar nach den Karlsbader Beschlüssen war es zu einer ersten Fluchtbewegung deutscher Oppositioneller ins Ausland gekommen. Besonders Straßburg erschien für deutsche Flüchtlinge wegen seiner geographischen und kulturellen Nähe zu Deutschland als geeigneter Rückzugsort mit guten infrastrukturellen Möglichkeiten zu politischer Agitation. Insgesamt hatte sich Frankreich seit etwa 1815 zum bevorzugten Exil von politischen Flüchtlingen aus ganz Europa entwickelt, wobei die Deutschen im Vergleich zu den Flüchtlingen aus Südeuropa lediglich eine kleine Gruppe bildeten.[9] Der Status der Flüchtlinge war jedoch prekär, da kein rechtlicher Anspruch auf politisches Asyl bestand, so dass eine Auslieferung prinzipiell immer möglich war. Zwar hatte es kurz nach der Französischen Revolution erste tentative Konzeptionen eines politischen Asylrechts gegeben,[10] grundlegend für die französische Nichtauslieferungspraxis war jedoch die Reform des französischen Strafrechts in der napoleonischen Zeit. Ausgehend vom juristischen Reformdiskurs des 18. Jahrhunderts, der die territoriale Souveränität Frankreichs betont hatte, praktizierte Frankreich eine besonders strikte Variante des »Territorialitätsprinzips«, bei der Auslieferungen als »mesure extraordinaire« auf schwere Kriminalfälle beschränkt wurden.[11] Zu Gute kam den Flüchtlingen zudem, dass es den französischen Behörden kaum möglich war, politische Flüchtlinge auszuliefern, ohne die öffentliche Meinung gegen sich aufzubringen, da das Prinzip des politischen Asyls populär war und öffentlich diskutiert wurde. Zudem bestanden innerhalb der französischen Administration selbst durchaus Sympathien für die deutsche Opposition. Die Möglichkeiten der politischen Betätigung für Oppositionelle aus

---

[9] Vgl. Burgess, Land of Liberty, S. 36 ff.; Diaz, Asile, S. 45 ff.
[10] Vgl. Härter, Kirchenasyl, S. 326 f.; Noiriel, Tyrannie, S. 32 ff.
[11] Hélie, Traité, S. 194 ff. Siehe auch: Kapitel 2.4, S. 73.

dem Ausland waren jedoch beschränkt. So standen politische Flüchtlinge in Frankreich unter strenger polizeilicher Aufsicht und politisch auffälligen Flüchtlingen drohte die Ausweisung.[12]

Die Maßnahmen der deutschen Regierungen blieben daher zunächst auf polizeilich-überwachender Ebene. Die im Elsass gut vernetzte badische Regierung beobachtete seit September 1819, dass sich in Straßburg häufiger deutschen Studenten, Professoren und Buchdrucker aufhielten.[13] Hierüber informierte sie die beiden Großmächte. Metternich riet der badischen Regierung jedoch vor einem voreiligen diplomatischen Einschreiten ab, um die günstige Lage zur Observation nicht zunichte zu machen.[14] Die badische Regierung versuchte stattdessen, auf lokaler Ebene Einfluss zu nehmen, indem sie ihre Grenzkontrollen verstärkte, den Straßburger Bürgermeister de Kentzinger aufforderte, verdächtige Deutsche zu überwachen, und drohte »beim ersten aufrührerischen Artikel oder Buch, das aus Straßburg eingeführt werde, die Einfuhr von Druckschriften aus Frankreich überhaupt zu verbieten und bei der Bundesversammlung ein gleiches allgemeines Einfuhrverbot zu beantragen«.[15]

Für Aufsehen sorgte besonders die Flucht des berühmten Koblenzer Publizisten Joseph Görres im Herbst 1819 nach Straßburg. Innerhalb der preußischen Regierung gab es kurzzeitig Überlegungen, einen Auslieferungsantrag an Frankreich zu stellen. Da dieser wegen der politischen und rechtlichen Gesamtkonstellation aber kaum erfolgversprechend war, verzichtete man darauf.[16] Angesichts des befürchteten »Andranges revolutionärer Schriften« aus Frankreich erschien es wichtiger, die französische Regierung für die konsequente Anwendung polizeilicher Maßnahmen zu gewinnen, anstatt einen aufreibenden Konflikt wegen der Bestrafung einer einzigen Person zu beginnen.[17] Von einem Gesuch bei der französischen Regierung erhoffte sich der preußische Polizeiminister Friedrich von Schuckmann entsprechend nur:

---

[12] Reiter, Asyl, S. 92.
[13] Bericht der Mainzer Zentraluntersuchungskommission an die Bundesversammlung, 10. November 1819, abgedruckt bei: Siemann, Protokolle, S. 311 f.
[14] Müller, Görres, S. 8.
[15] Müller, Görres, S. 13.
[16] Mettgenberg, Görres, S. 59 f.; Müller, Görres, S. 22 f.
[17] Mettgenberg, Görres, S. 60.

»Polizeiliche Aufsicht der Fremden zweideutigen Rufes, insbesondere die fortgesetzte Kontrolle ihrer Korrespondenz; Einschreiten bei Vergehen gegen fremde Regierungen; und Unterwerfung aller in deutscher Sprache gedruckten Schriften unter die Zensur, sobald sie nach Deutschland kämen.«[18]

Eine Auslieferung Görres' war auch deshalb unrealistisch, da es diesem gelungen war, in den französischen Medien eine publikumswirksame Debatte über die Frage des politischen Asylrechts zu platzieren und die französische Regierung unter öffentlichen Druck in der Flüchtlingsfrage zu setzen. Auslöser war eine in mehreren französischen Zeitungen abgedruckte Erklärung, in der Görres den Schutz politisch Verfolgter als Verpflichtung aller zivilisierten Nationen darstellte.[19] Görres führte aus, die Erfahrungen der letzten Jahre hätten gezeigt, dass keine öffentliche oder politische Person vor willkürlicher Verfolgung sicher sei. Er selbst habe sich daher trotz aller politischen Antipathien nach dem Sieg der Alliierten für politische Gefangene aus Frankreich engagiert. Diese »Hospitalität« würde er nun von der französischen Regierung einfordern, und zwar nicht als persönliche Begünstigung, sondern als »Recht«:

»Aujourd'hui, je réclame la même hospitalité, non comme une faveur, ce qui serait incompatible avec mon honneur, mais comme un droit. Et le Bédouin aussi l'exerce cette hospitalité, fût-ce contre son ennemi; ne serait-elle donc point une loi pour l'Europe civilisée, dans des temps pleins de troubles, de fureurs de parti, de révolutions, de bouleversements inattendus, où nul écrivain, nul homme d'état même n'a la certitude que ce qu'il accorde aujourd'hui ne sera pas demain réclamé par lui-même.«[20]

---

[18] Mettgenberg, Görres, S. 60. Der Fall Görres ist zudem eines der ersten und besonders gut dokumentierten Beispiele für die systematische Überwachung politischer Flüchtlinge im Ausland durch angeworbene Vertrauenspersonen und Informanten, so genannte »Konfidenten«, sowie entsendete Agenten. So beruht Karl Alexander von Müllers Arbeit zu Görres' Aufenthalt in Straßburg maßgeblich auf Berichten des österreichischen Polizeikommissars Dominik Rother, der sich im Winter 1819 – mit Wissen der französischen Behörden – in die Straßburger Flüchtlingsszene einschleuste und zeitweise mit Görres und anderen Flüchtlingen zusammenlebte. Siehe: Müller, Görres.
[19] Constitutionnel, 29. Oktober 1819, S. 2; Moniteur universel, 30. Oktober 1819, S. 1394 f. Deutsche Übersetzung, in: Görres, Rheinprovinzen, S. 168 f.
[20] Constitutionnel, 29. Oktober 1819, S. 2; Moniteur universel, 30. Oktober 1819, S. 1395. Deutsche Übersetzung: »Die nämliche Hospitalität, die ich damals geübt, darf ich jetzt nicht als eine Begünstigung, die ich mit Ehre nicht

Provokant an der Erklärung war nicht nur, dass Görres das »Recht« auf einen Aufenthalt in Frankreich einforderte, sondern vor allem war es der Begriff der »hospitalité«, der im deutschen in der Regel mit »Gastrecht« übersetzt wurde, allerdings verschiedene Bedeutungsebenen hatte.[21] So wurde »Gastrecht« einerseits als Sammelbegriff für Rechtsnormen bezüglich des Aufenthalts von Ausländern verwendet, bezeichnete aber andererseits auch ein dem Asyl ähnliches, allerdings nicht mit ihm identisches religiös-ethisches Gebot, Fremde als gleichberechtigte »Pflege- und Schutzgenossen« oder »Gastfreunde« aufzunehmen.[22] Görres verwendete den Begriff im letzteren Sinne und wendete sich damit gegen die »absonderlichen Verpflichtungen«, die die französische Regierung politischen Flüchtlingen auferlegte.[23]

Von der französischen Regierung wurde diese Stellungnahme vor allem als Forderung nach der uneingeschränkten Gewährung individueller Freiheitsrechte für politische Flüchtlinge betrachtet, insbesondere nach einem Recht zum ungehinderten politischen Engagement. Wie ernst Görres kurzes Schreiben angesichts der in Frankreich zu diesem Zeitpunkt akuten Flüchtlingsfrage wahrgenommen wurde, zeigt, dass in den »halboffiziellen« Regierungsblättern »Journal de Paris« und »Moniteur universel« kurz darauf eine Erwiderung publiziert wurde.[24] Diese ist von besonderer Bedeutung, da hier die Maximen der französischen Flüchtlingspolitik ausführlich dargelegt wurden. So wurde die Nichtauslieferung politischer Flüchtlinge zwar nicht in Frage gestellt, die Gewährung von Schutz aber von der Beachtung der innen- und außenpolitischen Interessen Frankreichs abhängig gemacht. Nur so lange Flüchtlinge sich hieran hielten, könne man von einer Art »Recht« auf Asyl sprechen, das bei

---

nachsuchen dürfte, sondern als ein Recht in Anspruch nehmen. Auch der Beduine übt dies Gastrecht sogar gegen seine Feinde aus, und es ist um so mehr in dem gesitteten Europa in der jetzigen Zeit voll Unruhe, Parteiwut, Umwälzungen und Schicksalswechseln geboten, wo kein Schriftsteller, ja selbst kein Staatsmann wissen kann, ob er dessen, was er heute gestattet, nicht morgen selbst bedürftig ist.« (Görres, Rheinprovinzen, S. 169).

[21] Siehe z. B.: Mellin, Wörterbuch, S. 710.
[22] Siehe den ausführlichen Artikel im Staatslexikon: Jordan, Gastrecht.
[23] Görres, Rheinprovinzen, S. 167.
[24] Moniteur universel, 1. November 1819, S. 1402. Deutsche Übersetzungen in: Görres, Rheinprovinzen, S. 170 ff.; Mettgenberg, Görres, S. 45 ff.

schweren Verstößen aber auch verwirkbar sei, so dass es sich eher um eine »Gunst« handeln würde. Die Erklärung war als Warnung an Görres zu verstehen, seine Aktivitäten als politischer Schriftsteller in Frankreich nicht fortzusetzen und keine unerwünschten Konflikte mit den Staaten des Deutschen Bundes zu provozieren, wobei auch Bezug auf seine antifranzösische Rhetorik während der napoleonischen Zeit genommen wurde.[25]

Görres reagierte hierauf mit einer weiteren öffentlichen Stellungnahme, in der er der französischen Regierung, die er als Urheber ausmachte, unter anderem vorwarf, sie habe durch die Erklärung die Karlsbader Beschlüsse auf das französische Territorium ausgedehnt.[26] Auch die liberale französische Presse unterstützte Görres und verwies neben der ungerechtfertigten politischen Verfolgung in Preußen besonders auf die Souveränität Frankreichs, die jeder sich in Frankreich aufhaltenden Person unabhängig von äußeren Einflüssen die gleichen Rechte garantiere. Der liberale »Censeur Européen« führte etwa aus:

> »Der Fremde, der den französischen Boden betritt, ist wie der Ingeborene den Gesetzen Frankreichs unterworfen; eben deshalb kann er aber auch die Wohltaten dieser Gesetze in Anspruch

---

[25] Moniteur universel, 1. November 1819, S. 1402. Die unter anderem in der Allgemeinen Zeitung abgedruckte deutsche Übersetzung lautete: »Aber wir dürfen dem Herrn Görres nicht zugeben, daß die Gastfreiheit, die er fordert, und die Frankreich ihm zugesteht, als ein Recht und nicht als eine Gunst in Anspruch genommen werden könne. Wir wollen hier nicht erörtern, ob das Wort ›Recht‹ in diesem Falle nicht uneigentlich angewendet wäre; unsere Emigrierten und Flüchtlinge könnten darüber mit mehr Kenntnis absprechen. Aber wir können uns nicht enthalten, von den Pflichten zu sprechen, welche die Gastfreundschaft jedem Fremden, der sie in Anspruch nimmt, auflegt. Diese Pflichten bestehen nicht nur in strenger Beobachtung der Gesetze des Landes, das ihn aufnimmt, sondern auch in Achtung der Verhältnisse, die zwischen diesem Lande und seinem ehemaligen Vaterlande bestehen. Wir sind demnach z. B. überzeugt, daß Herr Görres, wenn er das bittere und ungerechte in dem, was er in Deutschland gegen Frankreich schrieb, erkennt, sehr geneigt sein wird, die Unschicklichkeit zu fühlen, die er beginge, wenn er in Frankreich gegen Deutschland schreiben wollte. Die Gastfreundschaft wird demnach nur durch gewissenhafte Erfüllung aller Pflichten, die sie auflegt, zu einer Art von Recht; aber ihrer Natur nach ist sie eine Gunst, und die Flüchtlinge, die ein Gegenstand derselben sind, müssen sich wohl in Acht nehmen, sie in eine Quelle von Gefahr und Unrecht zu verwandeln.« (Allgemeine Zeitung, 9. November 1819, S. 1250).
[26] Görres, Rheinprovinzen, S. 173 ff.

nehmen, und es ist einleuchtend, daß er ebenso wie wir Franzosen selbst, die öffentlichen Rechte Frankreichs genieße. Mit einem Worte, der Fremde ist derselben Regierung unterworfen wie alle Franzosen. Man darf willkürlich seine Person und sein Eigentum so wenig antasten, als die Person und das Eigentum irgend eines Franzosen, man kann ihn so wenig wie einen Ingeborenen vom französischen Boden verbannen, man ist nicht berechtigt, seine Schriften einer Zensur zu unterwerfen, seinen Glauben zu beunruhigen, ihn dem gehörigen Richter zu entziehen, wie man das alles einem französischen Bürger auch nicht tun darf. Man kann, die Gesetze selbst beobachtend, ihn verpflichten, die Landesgesetze zu beobachten, weiter nichts. In keinem Falle können die Minister Polizeimaßregeln gegen ihn nehmen.«[27]

Die Befürchtungen von Görres bewahrheiteten sich bereits im Frühjahr 1820. Nach dem Attentat auf den Duc de Berry in Paris am 13. Februar 1820 verschärfte die französische Regierung ihren innenpolitischen Kurs gegenüber oppositionellen Kräften.[28] In diesem Zusammenhang wurden als radikal eingeschätzte Ausländer, wie der als Hintermann des Attentats auf Kotzebue verdächtigte Karl Follen, aus Frankreich ausgewiesen.[29] Gemäßigte Kräfte wie Görres durften zwar im Land bleiben, waren aber durch verschärfte Zensur- und Polizeigesetze extrem eingeschränkt und in einer rechtlich und politisch unsicheren Lage, so dass Frankreich den Status als wichtigstes Rückzugsgebiet deutscher Oppositioneller schnell verlor.

4.1.1.2 Das Konzert der Großmächte und das Schweizer Asyl

Wegen der restriktiven französischen Flüchtlingspolitik verlagerten sich die Aktivitäten der deutschen Oppositionellen vermehrt in die Schweiz. Wie in Frankreich beruhte die Aufnahme von politischen Flüchtlingen auch in der Schweiz nicht auf einer systematisch-rechtlichen Grundlage, vielmehr handelte es sich um eine seit der Frühen Neuzeit vor allem auf lokaler Ebene gepflegte Praxis, in der sich der rechtliche und politische Sonderstatus der eidgenössischen Stände ausdrückte. Grundlage war entsprechend keine »moderne«, national-

---

[27] Die zitierte Übersetzung ist aus der Allgemeinen Preußischen Staatszeitung und u. a. abgedruckt bei: Mettgenberg, Görres, S. 45.
[28] Zu dem Attentat siehe: Siemann, Stratege, S. 715 ff.
[29] Müller, Görres, S. 168 f.; Spindler, Follen, S. 71.

liberale Konzeption eines politischen Asylrechts oder eine auf »Neutralität« abzielende politische Maxime. Vielmehr hatte das Schweizer Asyl mehr mit den in ganz Europa verbreiteten, vormodernen Asylen gemein, welche durch sakrale Einrichtungen wie Kirchen oder Klöster sowie privilegierte Inhaber von weltlichen Herrschaftsrechten aus religiösen und politischen Motiven gewährt wurden.[30] Bezeichnend war, dass es keine einheitliche Asylpolitik der Schweiz gab, sondern dass große Abweichungen zwischen den verschiedenen Kantonen bestanden.[31]

Im November 1820 kam es erstmals zu einer auf dem Troppauer Monarchenkongress abgesprochenen diplomatischen Initiative Österreichs und Preußens, die sich gegen den Aufenthalt mehrerer deutscher Flüchtlinge im Kanton Graubünden richtete.[32] Die beiden Großmächte hatten erfahren, dass sich in Chur offenbar ein »Club« deutscher und italienischer Oppositioneller gebildet hatte. Dabei sollte es sich unter anderen um den bekannten Professor Wilhelm Snell, der nach einer diplomatischen Initiative Nassaus aus Russland ausgewiesen worden war,[33] wo er eine Anstellung an der deutschsprachigen Universität Dorpat innehatte, und besonders den aus Frankreich übergesiedelten Karl Follen handeln. Metternich befürchtete eine Verbindung zu vermeintlichen Aufstandsplänen in Tirol und eine Allianz zwischen deutschen und italienischen Revolutionären.[34] Die beiden Großmächte warnten in ihren Noten vor insgesamt sieben gefährlichen Personen und verwiesen auf die durch Frank-

---

[30] Vgl. Härter, Asyl, S. 484. Die Konstruktion des politischen Asyls als zentrales Merkmal der Schweizer Neutralität lässt sich als Reaktion auf die im 19. Jahrhundert latenten Flüchtlings- und Asylkonflikte betrachten, in denen die Großmächte immer wieder mit dem Entzug des auf dem Wiener Kongress garantierten Status der Neutralität drohten. Die Verknüpfung der Themenfelder »Neutralität« und »Asyl« wurde entsprechend von Außen herangetragen und erst im späten 19. Jahrhundert historiographisch ausgebaut (Suter, Neutralität, S. 163 ff.).
[31] Zur Geschichte des Asyls in der Schweiz insgesamt siehe: Theler, Asyl.
[32] Bonjour, Neutralität, S. 242; Brand, Auswirkungen, S. 143 ff.; Oechsli, Geschichte der Schweiz, S. 640 ff.; Schweizer, Neutralität, S. 659 ff.; Tillier, Eidgenossenschaft, S. 135 ff. Zum Troppauer Kongress allgemein siehe: Schneider, Troppau.
[33] Brand, Auswirkungen, S. 177.
[34] Emerson, Metternich, S. 125. Vgl. Hauptbericht Zentraluntersuchungskommission, 14. Dezember 1827, S. 125, in: BA Berlin, DB 7, Nr. 10.

reich durchgeführten Ausweisungen aus Straßburg, verzichteten aber darauf, eine entsprechende Maßnahme einzufordern. Die Schweiz wurde nur allgemein um polizeiliche Überprüfung und Überwachung gebeten, wobei bei der Übergabe der Noten offenbar doch informell eine Ausweisung gefordert wurde.[35] Zwar wurde von den Graubündner Behörden der Aufenthalt der gemeldeten Personen bestätigt, allerdings nicht das Bestehen revolutionärer Strukturen. Da die Informationen der Großmächte zu ungenau waren, um ein weiteres diplomatisches Einschreiten zu rechtfertigen – so waren besonders die Namen die verdächtigten Personen nicht vollständig bekannt –, verlief sich der Vorgang.[36]

Die Schweizer Asylpolitik war auch auf dem folgenden Monarchenkongress in Laibach 1821 Gegenstand internationaler Beratungen, wobei weniger deutsche als italienische Flüchtlinge als Problem wahrgenommen wurden. Diese hatten sich an Aufständen in verschiedenen italienischen Staaten beteiligt.[37] In zwei Kollektivnoten forderten Russland, Österreich und Preußen die Schweiz zur Ausweisung der Flüchtlinge und zu einem Verbot von Äußerungen der Schweizer Presse zu außenpolitischen Themen auf.[38] Die Einschränkungen der Asylgewährung wurden mit dem Verweis auf die durch Großmächte garantierte internationale Ordnung begründet, aus der auch die Neutralität der Schweiz abgeleitet sei. Aufgrund ihrer besonderen geographischen Lage im Zentrum der europäischen Krisenregionen ergebe sich hieraus eine Verantwortung der Schweiz für die Sicherheit ihrer Nachbarstaaten, der sie mit ihrer partikularistischen Asylpolitik nicht gerecht werden würde.[39]

Da sich die Asylpolitik der Schweizer Kantone jedoch auch in der Folgezeit nicht wesentlich änderte, verschärften die Großmächte auf dem Kongress von Verona 1822 den politischen Druck. Der Gesandte

---

[35] Brand, Auswirkungen, S. 143 f.
[36] Brand, Auswirkungen, S. 146 ff.
[37] Vgl. Bonjour, Neutralität, S. 243; Oechsli, Geschichte der Schweiz, S. 644 ff.; Schweizer, Neutralität, S. 672 f. Zu den politischen Unruhen in Italien 1820/21 im Allgemeinen siehe: Siemann, Stratege, S. 724 f.; Späth, Revolution; Zamoyski, Phantome, S. 267 ff. u. 297 ff.
[38] Schweizer, Neutralität, S. 673 ff.
[39] Note der Gesandten von Österreich, Russland und Preußen an den Vorort Zürich, 19. Mai 1821, in: Tillier, Eidgenossenschaft, S. 176.

Sardinien-Piemonts in Wien, Graf Pralormo, hatte im Vorfeld in einer Denkschrift die immer noch latente Bedrohungslage für seinen Staat durch den Aufenthalt von Flüchtlingen in den Schweizer Grenzkantonen betont und ein gemeinsames Vorgehen der europäischen Mächte gefordert.[40] Alle Revolutionäre sollten aus Kontinentaleuropa ausgewiesen und ihnen gegebenenfalls die Auswanderung nach Amerika ermöglicht werden. Zu einem koordinierten Vorgehen aller Großmächte kam es zwar nicht – besonders England, das von einer Massenausweisung aus Kontinentaleuropa schwer betroffen gewesen wäre, wollte nicht hierauf eingehen –, allerdings veranlassten die Gespräche Metternich im März 1823 zu einem diplomatischen Vorstoß. In einer Verbalnote forderte er die Schweiz auf, die Duldung gefährlicher politischer Flüchtlinge einzustellen, da dies ansonsten als feindlicher Akt und Verstoß gegen die Schweizer Neutralität gewertet werden würde, die nicht nur Recht, sondern auch Verpflichtung gegenüber den Garantiemächten sei.[41]

Am 21. April 1823 verständigten sich Österreich, Russland, Preußen, Frankreich, Sardinien-Piemont und Neapel bei einem Anschlusstreffen in Paris darauf, dass die Konferenzteilnehmer von der Schweiz in einem »Kollektivschritt die Austreibung der wegen politischer Vergehen gerichtlich Verurteilten Flüchtlinge verlangen und Listen ihrer in diese Kategorie fallenden Untertanen übergeben sollten«.[42] Weiterhin wurde darüber beraten, die ausgewiesenen Flüchtlinge über Hamburg nach Amerika auszuschiffen, ein Vorschlag, dem Frankreich aber zunächst nicht zustimmte.[43] Den Teilnehmern ging es entsprechend nicht um die Durchsetzung von Strafansprüchen, sondern um die Regulierung des politischen Konflikts durch räumliche Exklusion – eine Strategie die sich im Laufe des 19. Jahrhunderts immer wieder beobachten lässt.[44]

Anhaltende Gerüchte über eine militärische Besetzung sowie die Tatsache, dass sich auch Frankreich gegen ihre Flüchtlingspolitik

---

[40] Note du comte Pralormo sur les mesures à prendre par rapport aux émigrés, 20. September 1822, in: Bianchi, Storia, S. 364 ff.
[41] Vgl. Bonjour, Neutralität, S. 245; Oechsli, Geschichte der Schweiz, S. 665 ff.; Schweizer, Neutralität, S. 679 f.
[42] Oechsli, Geschichte der Schweiz, S. 669.
[43] Oechsli, Geschichte der Schweiz, S. 669.
[44] Vgl. Osterhammel, Verwandlung, S. 206 ff.; Klemke, Exilierung.

gewendet hatte, veranlasste die Schweizer »Tagsatzung«[45] am 14. Juli 1823 zum Erlass des so genannten »Preß- und Fremdenkonklusums«.[46] Aus Rücksicht auf die innere und äußere Sicherheit der Schweiz empfahl die Tagsatzung den Kantonen neben einer verschärften Pressezensur restriktive fremdenpolizeiliche Maßnahmen. So sollten Ein- und Ausreisen von Ausländern durch verstärkte Pass- und Visakontrollen erschwert werden. Personen, die sich wegen eines Verbrechens in die Schweiz geflüchtet oder sich während ihres Aufenthalts in der Schweiz politisch auffällig verhielten, sollten durch die Kantone nicht mehr geduldet werden.[47] Diese Bestimmungen gingen entsprechend über die in Paris vorformulierten Forderungen hinaus. Diese hatten sich nämlich nur auf Personen bezogen, die in ihrem Heimatstaat bereits rechtskräftig verurteilt waren, wohingegen das Schweizer Fremdenkonklusum auch Maßnahmen gegen Personen vorsah, gegen die lediglich Verdachtsmomente bestanden.[48]

Obwohl es in der folgenden Wochen tatsächlich zu einer breit angelegten Ausweisungskampagne gegen italienische Flüchtlinge kam, erfolgte im August 1823 der in Paris vereinbarte »Kollektivschritt«. Frankreich war zwischenzeitlich umgeschwenkt und hatte einer systematischen, transnational koordinierten Ausweisung politischer Dissidenten aus Kontinentaleuropa zugestimmt. Grundlage des diplomatischen Schritts war ein am 31. Juli 1823 verabschiedetes Protokoll, das im August durch die Gesandten der beteiligten Staaten als diplomatische Note bei der Tagsatzung eingereicht wurde.[49] Durch die »gleichzeitige, aber separate« Einreichung der Noten sollte

---

[45] Bei der Tagsatzung handelte es sich um einen mit der deutschen Bundesversammlung vergleichbaren Gesandtenkongress der 22 unabhängigen Schweizer Kantone, der v. a. für die Außenpolitik und das Militärwesen der Eidgenossenschaft zuständig war. Tagungsort waren im zweijährigen Turnus die Kantone Luzern, Bern und Zürich, die dann als »Vorort« die geschäftsführende Leitung übernahmen (Würgler, Tagsatzung).

[46] Bonjour, Neutralität, S. 246 ff.; Oechsli, Geschichte der Schweiz, S. 675 ff.; Schweizer, Neutralität, S. 685 f.

[47] Maßregeln in Hinsicht auf den Mißbrauch der Druckerpresse und auf die Fremdenpolizey, 14. Juli 1823, in: Offizielle Sammlung, S. 71 f.

[48] Oechsli, Geschichte der Schweiz, S. 675 f.

[49] Das Protokoll ist abgedruckt bei: Tillier, Eidgenossenschaft, S. 266.

der »Eindruck« der Maßnahme auf die Schweiz verstärkt werden.[50] In dem Protokoll war festgelegt, dass die jeweiligen Gesandten auf Grundlage von Personenlisten die Ausweisung ihrer Staatsangehörigen aus der Schweiz fordern sollten. Der Schweiz sollte es untersagt werden, diesen Personen die Ausreise nach Portugal, Spanien sowie in die Territorien der unterzeichnenden Staaten zu gestatten. Den aus der Schweiz ausgewiesenen Flüchtlingen sollten vielmehr mit Genehmigung der unterzeichnenden Staaten Pässe zur Reise nach Hamburg oder Bremen ausgestellt werden, von wo aus sie nach Amerika reisen sollten. Allerdings wurden nur von Österreich, Frankreich und Sardinien-Piemont entsprechende Listen eingereicht, die etwa 200 Personen umfassten, so dass besonders die preußische und die russische Note lediglich unterstützenden Charakter hatten.[51]

4.1.1.3 Die Auslieferung politischer Verbrecher: Diskurs und Praxis

Die Ausweisung der italienischen Flüchtlinge aus der Schweiz war zum Jahreswechsel 1823/24 Gegenstand einer transnationalen Debatte über das politische Asylrecht. Diese ist deswegen von besonderer Bedeutung, da sie in Deutschland und Frankreich primär von regierungsnahen Zeitschriften geführt wurde und deshalb nicht nur repräsentativ für die öffentliche Meinung, sondern auch für die Positionen verschiedener europäischer Regierungen ist.[52] Ausgelöst hatte die Debatte der liberale »Constitutionnel«, der in seiner Ausgabe vom 10. Dezember 1823 die Ausweisung der politischen Flüchtlinge aus der Schweiz scharf attackierte und das politische Asyl als eine von allen europäischen Staaten zu beachtende rechtspolitische Maxime einforderte.[53]

Der Artikel des Constitutionnel ist dabei lediglich ein Beispiel für einen seit dem Ende der napoleonischen Zeit in ganz Europa geführten Diskurs um das Asylrecht, bei dem sich verschiedene

---

50 Oechsli, Geschichte der Schweiz, S. 677.
51 Vgl. Oechsli, Geschichte der Schweiz, S. 676 ff.
52 Vgl. Martitz, Rechtshilfe (Abt. 2), S. 149 ff.
53 Constitutionnel, 10. Dezember 1823, S. 1 f.

Argumentationslinien überlagerten.[54] Dies war erstens und allgemein die rechtstheoretische Forderung nach der Koppelung des Strafrechts an das nationalstaatliche Territorium, die mit dem politischen Ideal einer höchst möglichen Eigenständigkeit und Unabhängigkeit gegenüber dem Ausland verschwamm.[55] Dabei wurden internationale Rechtshilfe in Form von stellvertretender Strafrechtspflege oder Auslieferungen als widernatürlicher Eingriff von außen betrachtet und sollten, wenn überhaupt, auf wenige, vertraglich vereinbarte Einzelfälle beschränkt werden. Diese Forderung bezog sich nicht nur auf politische Delikte, sondern auf jede Art von Kriminalität. In diesem Sinne argumentierte der Constitutionnel, dass im Ausland begangene Verbrechen sich nicht gegen Gesellschaft und Rechtsordnung des Gastlandes richten würden, woraus sich im Rahmen einer liberalen und humanistischen Grundsätzen folgenden Politik ein Recht auf Asyl ergeben würde. Jeder Kriminelle habe trotz seiner Taten prinzipiell die Möglichkeit auf einen Neuanfang verdient, denn insgesamt sei Humanität als höhere Handlungsmaxime einzuschätzen als Recht, »l'humanité a gravé dans le cœur des tous les hommes une maxime d'une application universelle: Secourez les malheureux«.[56]

Das zweite, speziellere Argument für ein politisches Asylrecht war der relative, von politischen Konstellationen abhängige Charakter politischer Delikte. Der Schutz politischer Flüchtlinge aus fremden Staaten durch Asylgewährung war ein vergleichsweise junges Konzept, das sich seit dem ausgehenden 18. Jahrhundert herausgebildet hatte. Zuvor war die Asylgewährung vor allem ein innerstaatliches Phänomen, das unsystematisch von verschiedenen kirchlichen und weltlichen Herrschaften ausgeübt wurde, im Zuge der allmählichen Durchsetzung des staatlichen Gewaltmonopols seit dem 16. Jahrhundert aber nahezu vollkommen abgeschafft worden war.[57] Die Erfahrungen mit den mit der Französischen Revolution und der

---

[54] Für Deutschland lässt sich dies insbesondere am Beispiel der öffentlichen Diskussion um die Auslieferung des ehemaligen preußischen Militärangehörigen Christian von Massenbach durch Frankfurt an Preußen 1819 nachvollziehen. Siehe: Mettgenberg, Massenbach.
[55] Vgl. Härter, Formierung, S. 54 f.
[56] Constitutionnel, 10. Dezember 1823, S. 2.
[57] Vgl. Härter, Kirchenasyl; Härter, Asyl.

napoleonischen Herrschaft verbundenen politischen Verfolgungen machte das Modell eines politischen Asylrechts in öffentlichen und rechtswissenschaftlichen Diskursen besonders unter humanitären Gesichtspunkten populär.[58] Insbesondere in Frankreich bestand zudem das Gefühl einer solidarischen Verpflichtung gegenüber den national-liberalen Bewegungen in anderen europäischen Staaten. Diesem Argumentationsmuster folgend führte der Constitutionnel aus, dass das allgemeine Prinzip der Asylgewährung umso mehr für politische Delikte gelten müsse, da diese nicht das Resultat »de la perversité du coeur, mais des opinions de l'esprit« seien.[59] Die Erfahrung der letzten Jahrzehnte sei Beleg für die Willkürlichkeit politischer Strafverfolgung und die Notwendigkeit eines politischen Asylrechts. Dass nun ausgerechnet die Schweiz dem Druck der Großmächte unter Aufgabe ihrer liberalen und republikanischen Werte nachgegeben habe, sei bezeichnend für den Zustand Europas: »Notre époque semble destinée à présenter les contradictions les plus remarquables en politique. Les habitants de l'Helvétie les successeurs de Guillaume Tell ont fermé leurs portes au Italiens qui aspiraient à la liberté (...).«[60]

Metternichs Berater Friedrich von Gentz reagierte hierauf mit einem Gegenartikel im offiziösen »Österreichischen Beobachter«.[61] Gentz führte zunächst aus, dass die Beurteilung von Straftaten nicht ausgehend vom Einzelfall und unter dem Gesichtspunkt der »Menschlichkeit« erfolgen dürfe, sondern abstrakt im Hinblick auf den verursachten gesellschaftlichen Schaden. Diese Problematik würde sich bei »bürgerlichen« Verbrechen etwa in der verzerrten öffentlichen Wahrnehmung von Gewaltdelikten auf der einen und Vermögensdelikten der anderen Seite zeigen.[62] Bei den politischen Verbrechen läge dieses Phänomen noch gravierender vor, da sowohl die Öffentlichkeit als auch die Täter sie nur als Einzelereignis bzw. aufgrund ihrer Qualität als ungefährlich wahrnehmen würden. Die Erfahrungen der jüngsten Zeit würden jedoch zeigen – hier drehte

---

58 Vgl. Lammasch, Auslieferung, S. 27 ff.; Martitz, Rechtshilfe (Abt. 2), S. 141 ff.; Reiter, Asyl, S. 19 ff.
59 Constitutionnel, 10. Dezember 1823, S. 2.
60 Constitutionnel, 10. Dezember 1823, S. 2.
61 Österreichischer Beobachter, 5. Februar 1824, S. 165 ff.
62 Österreichischer Beobachter, 5. Februar 1824, S. 166.

Gentz die historisierende Argumentation der Asylbefürworter gewissermaßen um –, dass Verbrechen gegen den Staat aufgrund ihrer gesellschaftszersetzenden Auswirkungen die gefährlichsten seien. Aus diesem Grund sei es unbedacht und fahrlässig zu behaupten, im Ausland begangene politische Delikte hätten keinen Einfluss auf den asylgewährenden Staat, denn angesichts der enger werdenden sozialen und politischen Verbindungen zwischen den europäischen Staaten könnte kein Mitglied des »Föderativ-Körpers« Europa »verstümmelt, verwundet, oder verpestet werden (...), ohne daß das Unheil mehr oder weniger tief in alle übrigen eindringe«.[63] Daher sei es im Gegenteil sinnvoll, die Auslieferung des Hochverrats überführter Verbrecher auf internationaler Ebene verpflichtend zu machen:

> »Noch gibt es freilich keine positive, vertragsmäßige Norm, welche das wechselseitige Verfahren der Regierungen gegen fremde Verbrecher bestimmte, und in einzelnen Staaten ist sogar die unbedingte Zulassung und Duldung derselben, durch einseitige Gesetze, oder eingewurzeltes Herkommen zur Regel geworden. Wenn die Frage aber je vor dem Tribunal des Völker-Rechts, der Völkermoral, und der gesunden Vernunft verhandelt werden sollte, so würde die Entscheidung nicht lange zweifelhaft seyn.«[64]

Gegen Gentz' Forderung einer pauschalen Auslieferungs- bzw. Ausweisungspflicht wandte sich nun wieder das konservative, regierungsnahe »Journal des débats«. Es argumentierte, dass angesichts der abweichenden politischen und juristischen Bewertungen politischer Straftaten in Europa die Frage des politischen Asyls nicht nur anhand rechtlicher Kriterien gelöst werden könne, sondern auch humanitäre Gesichtspunkte mit einbezogen werden müssten:

> »Nous avons fait remarquer en passant le danger d'admettre les principes généraux desquels l'Observateur autrichien vouloir déduire l'obligation impérieuse de tout gouvernement de déférer aux réquisitions d'un Etat qui demande l'éloignement de son territoire des individus, sujets du gouvernement réclamant, condamnés dans leur pays pour crimes ou délits politiques. En rendant toute justice aux intentions du publiciste allemand et à la conduite de la puissance dont il plaide la cause dans un cas spécial, nous avons

---

[63] Österreichischer Beobachter, 5. Februar 1824, S. 167.
[64] Österreichischer Beobachter, 5. Februar 1824, S. 167.

dit que les principes généraux qu'il invoquait avoient le défaut d'être incertains en eux-mêmes, d'être dépourvus de toute sanction diplomatique positive, d'être rejetés ou révoqués en doute par les plus grandes puissances de l'Europe et encore, par-dessus tout, d'avoir l'inconvénient de pouvoir servir également à persécuter la vertu opprimée, et à poursuivre le crime vaincu, à écraser aussi bien les infortunés les plus illustres, les plus respectables, que les hommes coupables ou les combinaisons perturbatrices.«[65]

Im Zusammenhang mit der Diskussion um ein politisches Asylrecht erscheint es sinnvoll, auf die eigentliche Auslieferungspraxis zwischen den europäischen Staaten bei politischen Delikten einzugehen. Insgesamt ist auffallend, dass Auslieferungen als zwischenstaatliches Rechtsgeschäft gegenüber der Ausweisung als – zumindest formell – einzelstaatlicher Sicherheitsmaßnahme eine untergeordnete Rolle spielten.[66] Dies lag an den schon mehrfach erwähnten generellen Bedenken der meisten europäischen Regierungen gegenüber Auslieferungen, aber auch daran, dass die Ausweisung das deutlich flexiblere Instrument darstellte. So zeigen die Vorgeschichte des Schweizer Fremdenkonklusums, aber auch andere Einzelfälle wie die Ausweisung Karl Follens aus Frankreich oder Wilhelm Snells aus Russland, dass diese häufig erst nach diplomatischen Beschwerden erfolgten und damit doch das Ergebnis einer sicherheitspraktischen Interaktion waren. Der Vorteil dieser Verfahrensweise lag darin, dass

---

[65] Journal des debats, 20. Februar 1824, S. 1. Eine in mehreren deutschen Zeitschriften abgedruckte Übersetzung lautete: »Wir haben neulich im Vorbeygehen bemerkt, wie gefährlich es sey, die allgemeinen Grundsätze zuzugeben, aus denen der Oesterr. Beobachter die gebieterische Verpflichtung jeder Regierung ableiten wollte, den Requisitionen eines Staats, welcher die Entfernung von Individuen verlangt, die Unterthanen der reclamirenden Macht und in ihrem Vaterlande wegen politischer Verbrechen oder Vergehen verurtheilt sind, Folge zu leisten. Indem wir den Absichten des Deutschen Publicisten und dem Betragen der Macht, deren Sache er in einem speciellen Falle führt, alle Gerechtigkeit widerfahren ließen, behaupteten wir, die allgemeinen Grundsätze, auf welche er sich berufe, hätten den Fehler, daß sie an sich unbestimmt wären daß es ihnen an einer positiven diplomatischen Sanction fehle, daß sie von den größten Mächten in Europa verworfen oder in Zweifel gezogen würden, und endlich, daß sie obendrein den Nachtheil hätten, eben so gut dazu dienen zu können, die unterdrückte Tugend als das besiegte Verbrechen zu verfolgen, eben so gut die erlauchten, achtungswürdigsten, eben im Unglück befindlichen Personen als verbrecherische Menschen und ruhestörende Anschläge zu vernichten.« (Hamburgischer Correspondent, 27. Februar 1824, S. 1).
[66] Vgl. Martitz, Rechtshilfe (Abt. 2), S. 151 f.

typische und schwer lösbare rechtliche Problemstellungen des Auslieferungsverkehrs, insbesondere das Erfordernis der »beiderseitigen Strafbarkeit«,[67] das einen komplexen und langwierigen rechtlichen Nachweis der Schuld des Täters erforderlich machte, wegfielen und stattdessen eine informelle, »polizeiliche« Beschwerde genügte. Hinzu kam, dass es den meisten Regierungen bei leichteren politischen Straftaten oder, wie im Fall der italienischen Flüchtlinge, bei schwer überblickbaren Gruppen ohnehin weniger um die Durchsetzung von Strafansprüchen als um die polizeiliche Kontrolle und Ausschaltung politisch auffälliger Personen ging.

Dies bedeutet jedoch nicht, dass Auslieferungen bei als politisch etikettierbaren Straftaten nicht vorkamen, wobei die rechtliche Differenzierung von »politischen« und »gemeinen« Straftaten, die seit den 1830er Jahren im Auslieferungsverkehr eine große Bedeutung gewann und diskursiv bereits vorbereitet wurde, in den 1820er Jahren zumindest theoretisch keine besondere Rolle spielte.[68] Wichtig für eine Auslieferung war in erster Linie die Schwere oder »Verwerflichkeit« des Delikts. Gentz hatte im Zusammenhang mit seiner Forderung nach einer Auslieferungspflicht für »politische Verbrecher« in diesem Sinne ausgeführt, dass hiervon leichte politische Straftaten wie etwa Presse- oder Vereinsdelikte ausgenommen und nur rechtlich zweifelsfrei überführte »Hochverräter« betroffen sein sollten.[69] Entscheidend war aber auch die politische Konstellation. Die preußische Regierung begründete die Auslieferung eines russischen Studenten an Russland, gegen den nur ein Verdacht bestand, in Wilna an einer den italienischen »Carbonari« ähnlichen Verbindung teilgenommen zu haben, mit den freundschaftlichen Verhältnissen zwischen den beiden Höfen, den »unangenehmen Erörterungen«, welche einer Ablehnung des Antrags folgen könnten und damit, dass

> »Verbrechen gegen die innere Sicherheit des Staats zu denjenigen Verbrechen gehören, in welchen sowohl wegen ihrer Schwere, als wegen der mit deren Untersuchung außerhalb des Staats verbunde-

---

[67] Siehe hierzu: Stüdemann, Rechtshilfe, S. 35 ff.
[68] Vgl. Lammasch, Auslieferung, S. 33; Martitz, Rechtshilfe (Abt. 2), S. 164.
[69] Österreichischer Beobachter, 5. Februar 1824, S. 168. Zum Hochverrat siehe: Kap. 2.1, S. 45 ff.

nen, wesentliche Schwierigkeiten die Auslieferung minder bedenklich ist«.[70]

Im Rahmen der Verhandlungen über die Verlängerung des preußisch-russischen Deserteurkartells im Jahr 1830 sicherten sich die beiden Regierungen in einem geheimen Zusatzprotokoll sogar zu, politische Verbrecher wechselseitig auszuliefern.[71] Die russische Regierung hatte eigentlich geplant einen entsprechenden Passus in den offiziellen Vertrag aufzunehmen. Die preußische Regierung lehnte dies jedoch aus rechtlichen und vermutlich auch politischen Bedenken ab und ließ sich lediglich auf eine Art Absichtserklärung ein:

»Bei der Verschiedenheit in der Gesetzgebung, welche in dieser Beziehung in beiden Staaten obwaltet, hat man zwar nicht auf den Russischer Seits gemachten Antrag in seinem ganzen Umfange eingehen können, es hat sich jedoch gleichwohl nicht vermeiden laßen, sich im Allgemeinen gegenseitig die Bereitwilligkeit zur Auslieferung politischer Verbrecher, insofern die Natur des einzelnen Falles es gestattet, zuzusichern.«[72]

Überhaupt erscheint es im Blick auf die Auslieferungspraxis der 1820er Jahre wichtig, auf Militärverbrechen einzugehen. So fällt auf, dass die meisten der in der Literatur unter dem Gesichtspunkt der Auslieferung politischer Verbrecher zusammengetragenen Fälle aus der Zeit vor 1830 Militärangehörige und höhere Beamte betreffen.[73] Dies erstaunt nicht, da gerade Militärverbrechen als besonders gravierend wahrgenommen wurden und die Auslieferung von straffällig gewordenen Militärangehörigen in Kontinentaleuropa etabliert und im Rahmen der so genannten Kartell-Konventionen schon länger und flächendeckend vertraglich fixiert war.[74] Österreich ord-

---

[70] Alopaeus an Bernstoff, 17. Dezember 1823, in: GStA PK Berlin, III. HA, MdA, Abt. I, Nr. 8548.
[71] Déclaration, 29. März 1830, in: GStA PK Berlin, I. HA, Rep. 84 a, Nr. 7581. Siehe zudem: Preußisch-Russische Kartellkonvention, 17./29. März 1830, in: Gesetzsammlung Preußen 1830, S. 85 ff.
[72] Schönburg an Danckelmann, 26. Juni 1830, in: GStA PK Berlin, I. HA, Rep. 84 a, Nr. 7581. Siehe auch: Martens, Recueil (Bd. 8), S. 123 ff.; Martitz, Rechtshilfe (Abt. 2), S. 166 ff.
[73] Vgl. Lammasch, Auslieferung, S. 27 ff.; Martitz, Rechtshilfe (Abt. 2), S. 141 ff.; Mettgenberg, Tandy; Mettgenberg, Massenbach; Reiter, Asyl, S. 19 ff.
[74] Vgl. Kapitel 2.4, S. 71.

nete im Zusammenhang mit dem überwiegend von Offizieren durchgeführten russischen Dekabristenaufstand im Dezember 1825 etwa an, Ausländer, die »von der russischen Regierung als Teilnehmer der in Rußland ausgebrochenen Verschwörung reclamiert werden, (...) ohne Dazwischenkunft der Gerichtsbehörden und des sonst bei solchen Fällen üblichen Verfahrens« auszuliefern.[75] Die Niederlande und mehrere Schweizer Kantone, darunter der in Personalunion mit Preußen stehende Kanton Neuchâtel, lieferten 1822 Teilnehmer der »Belforter Verschwörung«, einem Putschversuch bonapartistischer Militärangehöriger, an Frankreich aus.[76] Der preußische Außenminister Bernstorff führte gegenüber Staatskanzler Hardenberg aus, er habe den zuständigen Gouverneur angewiesen, zwei von Frankreich requirierte Teilnehmer des Aufstands bei einer Verhaftung auszuliefern, da dies bei solchen Vorfällen üblich und im Interesse aller europäischen Regierungen sei.[77] Diese Fälle können allerdings kaum als repräsentativ für die Auslieferungspraxis der europäischen Regierungen betrachtet werden, verdeutlichen aber, dass insbesondere im Fall von »staatsgefährlichen« Verbrechen eine außergewöhnlich hohe Kooperationsbereitschaft bestand, die die Ausbildung transnationaler Regimestrukturen in diesem Feld erleichterte.

4.1.2 Polizeikooperation und Informationsaustausch

Auf dem Kongress von Verona 1822 wurde das Thema der Transnationalisierung der europäischen Oppositionsbewegungen neben den Problemstellungen Auslieferung und Asyl noch unter einem anderen Blickwinkel besprochen, nämlich der Kooperation bei der Überwachung dissidenter Gruppen. Nachdem es 1821/22 zu einer Verdichtung von beunruhigenden Nachrichten über neue Verschwörungen und geplante Aufstände und Attentate gekommen war, unterbreitete Metternich dem russischen Zaren den Vorschlag, die polizeilichen Überwachungsaktivitäten Russlands, Preußens, Öster-

---

[75] Justiz-Hofdecret an sämmtliche Appelationsgerichte, 10. März 1826, in: Maucher, Handbuch, S. 229 f.
[76] Zur Belforter Verschwörung siehe: Zamyoski, Phantome, S. 310 f.
[77] Bernstorff an Hardenberg, 6. März 1822, in: GStA PK Berlin, III. HA, MdA, Abt. I, Nr. 8124.

reichs und Frankreichs in einem in Wien angesiedelten »comité central« zu bündeln. Dieser Vorschlag stand im Kontext von Beratungen über eine zentrale Polizeibehörde für die italienischen Staaten.[78] Metternichs Konzeption dieser beiden Behörden glich weitgehend der von ihm in den 1830er Jahren für den Deutschen Bund geplanten »Informationsbehörde«.[79] Anders als die Mainzer Zentraluntersuchungskommission sollten die beiden streng geheimen Behörden nicht im Rahmen von Strafverfahren agieren, sondern sich auf das präventive Sammeln und Systematisieren von polizeilichem Wissen beschränken. Die Zentraluntersuchungskommission und die italienische Behörde sollten dabei zu regionalen Dependancen der Wiener Zentrale entwickelt werden. Durch die Bündelung der polizeilichen Aktivitäten der kontinentalen Großmächte erhoffte sich Metternich, ein umfassendes europäisches Überwachungsnetzwerk errichten zu können:

> »Nous nous occupons dans ce moment de la formation d'une Commission en Italie semblable dans son but à celle de Mayence, mais qui en différera essentiellement dans toutes ses formes; elle sera composée d'individus délégués par tous les Gouvernements de la Péninsule. Les découvertes que fera la Commission Italienne seront également soumises au Comité central. La création de ce Comité une fois arrête, il sera utile de demander au Gouvernement français de déléguer de son côté un homme de toute confiance pour prendre part à ses travaux. L'existence du Comité central devra rester enveloppé du secret le plus profond, et n'être connue que d'un seul individu dans le Cabinet de chacun des quatre Etats. Par ce moyen on créerait sans bruit comme sans effort un centre de surveillance, qui embrasserait toute l'Europe à l'exception de l'Espagne, du Portugal et de l'Angleterre.«[80]

Zur Errichtung der beiden Behörden kam es nicht, da die Idee einer Institutionalisierung transnationaler Polizeikooperation letztendlich unrealistisch und wohl eher ein Gedankenspiel war. Dies hatte vor allem zwei Gründe. Zum einem wurde polizeiliches Wissen immer mehr als strategischer Wert im Wettbewerb der europäischen Mächte betrachtet. Angesichts des großen Aufwandes, mit dem es generiert wurde, bestand nur geringe Bereitschaft, es potentiellen Konkurren-

---

[78] Vgl. Furlani, Metternichs Plan; Nichols, Pentarchy, S. 205 ff.
[79] Siehe hierzu: Kapitel 3.2.2.1, S. 190 ff.
[80] Zitiert nach: Furlani, Metternichs Plan, S. 193.

ten uneingeschränkt zur Verfügung zu stellen und vor allem dessen Herkunft offen zu legen. Zum anderen standen die westeuropäischen Staaten, aber auch Preußen und die deutschen Mittelstaaten zunehmend unter dem Druck der Öffentlichkeit, die entsprechende Projekte als nationalen Prestigeverlust und besonders als repressive Einflussnahme von außen bewertete, so dass die meisten Regierungen sie von vornherein ausschlossen. Die – ebenfalls zunehmend prekären – Kooperationen innerhalb des Deutschen Bundes stellten hier eine Ausnahme dar, da sie sich im Rückbezug auf die Bundesakte rechtlich und politisch einigermaßen absichern ließen.

Dies schloss allerdings nicht aus informell und gegenstandsbezogen zu kooperieren. So übermittelte Frankreich regelmäßig Informationen über als gefährlich eingeschätzte Personen an deutsche Regierungen, besonders dann wenn diese versuchten, nach Deutschland einzureisen. Dabei wurden »Passwesen und Visumszwang« als Instrumente zur Kontrolle der Mobilität von auffälligen Personen genutzt.[81] Beispielsweise warnte Frankreich die preußische Regierung im November 1822 in einem detaillierten Schreiben vor einem ehemaligen preußischen Offizier namens »Rochow« oder »Rochau«, der sich seit 1820 in Paris und London aufgehalten hatte und als »un agent trés actif d'intrigues politiques« eingeschätzt wurde. Dieser hatte ein Visum für eine Reise nach Frankfurt beantragt. Die französische Regierung bat Preußen darum, Rochau überwachen zu lassen und Informationen über sein Verhalten weiterzugeben.[82] In einem anderen Fall warnte die französische Gesandtschaft Preußen vor der Einreise des französischen Advokaten Louis Milan, den sie als »un des agents les plus actifs de parti Révolutionnaire« bezeichnete.[83]

Auch Metternich pflegte in den 1820er Jahren Kontakte zu hohen französischen Beamten. Insbesondere der Direktor der Pariser Polizei, François Franchet d'Esperey, der auch die wichtigste Quelle der preußischen Regierung war, übermittelte regelmäßig Informationen.[84] Interessant ist, dass Metternich darauf verzichtete, mit engli-

---

[81] Zu dieser Thematik insgesamt: Fahrmeir, Abgrenzung.
[82] Französischer Geschäftsträger in Berlin an Ancillon, 11. November 1821, in: GStA PK Berlin, III. HA, MdA, Abt. I, Nr. 8122.
[83] Bourgoing an Bernstorff, 18. Januar 1826, in: GStA PK Berlin, III. HA, MdA, Abt. I, Nr. 8131.
[84] Emerson, Metternich, S. 52.

schen Regierungsmitgliedern oder Beamten eine ähnliche Kooperation aufzubauen, obwohl er grundsätzlich annahm, dass dort Interesse daran bestünde. Allerdings hielt er die englische Polizei aufgrund ihrer rechtlichen und administrativen Beschränkungen (v. a. Pressefreiheit) für nicht effektiv genug, um eine gleichberechtigte Kooperation aufzubauen.[85]

Mit Russland kooperierten Österreich, Preußen und auch kleinere deutsche Staaten in den 1820er Jahren kontinuierlich, jedoch waren auch diese Kooperationen weder systematisch noch präventiv ausgelegt. Bis auf wenige Ausnahmen dienten die übermittelten Informationen situativ und gegenstandsbezogen der unmittelbaren Gefahrenabwehr und wurden wohl ohne zentrale Koordination durch die sehr selbständig agierenden russischen Gesandtschaften in Deutschland übermittelt.[86] Eher symbolisch-performativen als sicherheitspraktischen Charakter hatte die Übergabe eines durch eine russische Untersuchungskommission angefertigten Berichts wegen des Dekabristenaufstandes an die Bundesversammlung 1826.[87] Dieser Bericht wurde von der russischen Regierung in französischer Sprache in ganz Europa verbreitet und hatte wohl vor allem den Zweck, das harte Einschreiten gegen die Aufständischen zu rechtfertigen, das international kritisch betrachtet wurde.[88] Im September 1826 wurde er in der »Allgemeinen Literatur Zeitung« gemeinsam mit einer »aktenmäßigen Darstellung« des Breslauer Prozesses gegen den Jünglingsbund umfassend besprochen.[89] Die Breslauer Akten beruhten dabei im Wesentlichen auf Ermittlungsergebnissen der Zentraluntersuchungskommission, die hier gewissermaßen vorpubliziert wurden.[90] Die Rezension, die von Karl Albert von Kamptz stammte, setzte die beiden Darstellungen in einen inhaltlichen Zusammenhang und beschrieb die Ereignisse als Auswüchse einer seit dem 18. Jahrhun-

---

[85] Emerson, Metternich, S. 54.
[86] Siehe z. B.: GStA PK Berlin, III. HA, MdA, Abt. I, Nr. 8534.
[87] Protokolle Bundesversammlung 1826, 22. Sitzung, § 87, S. 169 f.
[88] Rapport.
[89] Allgemeine Literatur Zeitung 1826, Nr. 223, Sp. 121 ff.; Nr. 224, Sp. 129 ff.; Nr. 226, Sp. 145 ff.; Nr. 227, Sp. 153 ff.; Nr. 228, Sp. 161 ff.; Nr. 230, Sp. 177 ff.; Nr. 231, Sp. 185 ff.; Nr. 232, Sp. 193 ff.; Nr. 233, Sp. 201 ff.
[90] Siehe: Anton, Erkenntniss.

derts anwachsenden, europäischen »Verschwörungsbewegung«.[91] Neben der transnationalen Dimension dieser »Kommunikationskampagne« ist an dem Vorgang besonders die Ähnlichkeit zwischen dem hier konstruierten Narrativ einer paneuropäischen Revolutionsbewegung und der im national-liberalen Diskurs allgegenwärtigen Vorstellung einer »Regierungsverschwörung« der drei konservativen Großmächte bemerkenswert, welche die Analyse der Sicherheitspraxis freilich nicht bestätigt. Vielmehr kann dies als ein eindrückliches Beispiel für die für Sicherheitsregime charakteristische Interdependenz und strukturelle Ähnlichkeit sicherheitspolitischer und dissidenter Bedrohungsnarrative gedeutet werden.[92]

4.1.3 Die Ermittlungen wegen des Geheimen Bundes

Im Blick auf die Interaktionen mit außerdeutschen Staaten kam den Ermittlungen wegen des Geheimen Bundes ab 1824 zentrale Bedeutung zu.[93] Diese werden hier gesondert dargestellt, da die deutschen Staaten hierbei mit verschiedenen europäischen Staaten interagierten und sich Diskurse und Praktiken um die Untersuchungsfelder Auslieferung, Asyl und Polizeikooperation stark überlagerten. Ausgangspunkt war die Verhaftung des »politischen Abenteurers« Johannes Wit von Dörring 1824.[94] Wit von Dörring war in Jena Mitglied des »engeren Vereins« der Burschenschaft gewesen und hatte unter anderem mit Karl Ludwig Sand und Karl Follen in Kontakt gestanden. Unmittelbar nach den Karlsbader Beschlüssen war er nach London geflohen. Dort hatte er sich publizistisch betätigt und offenbar den Kontakt zu englischen Oppositionellen gesucht, weshalb er im Januar 1820 ausgewiesen werden sollte und das Land deshalb verließ.[95] In der folgenden Zeit hielt er sich in Frankreich, Italien und der Schweiz auf und knüpfte Kontakte in verschiedenen oppositionellen Milieus. Schließlich wurde er in Sardinien-Piemont

---

[91] Vgl. Mohrmann, Studien, S. 81.
[92] Vgl. Kapitel 2.1, S. 44 ff.
[93] Zum Geheimen Bund siehe auch: Kapitel 3.1.2.2, S. 123 ff.
[94] Zu Wit von Dörrings Biographie siehe: Blesch, Studien.
[95] Thierbach, Wit von Dörring, S. 56 f. Siehe auch: Wit von Dörring, Fragmente (Bd. 1), S. 118 ff.

verhaftet und später an das zu Österreich gehörende Lombardo-Venetien ausgeliefert. Nachdem ihm die Flucht aus einem Mailänder Gefängnis gelungen war, gelangte er 1822/23 in die Schweiz, wo er sich als Informant für verschiedene europäische Regierungen betätigte. Dort publizierte er 1823 anonym eine Schrift mit dem Titel »Die revolutionären Umtriebe in der Schweiz«, in der er unter anderem Andeutungen über ein die »revolutionären Umtriebe« in Europa koordinierendes »comité directeur« machte.[96]

Im Februar 1824 wurde er in Bayreuth verhaftet. Nachdem Wit von Dörring in bayrischer Haft von der Entdeckung des Geheimen Bundes erfuhr, machte er erste Aussagen über die Aktivitäten der so genannten »Unbedingten«, einer radikalen Untergruppe der Burschenschaft im Vorfeld des Sand-Attentats, sowie über Verhandlungen zwischen Karl Follen und französischen Oppositionellen in Paris 1820, was ihn endgültig ins Zentrum der Ermittlungen rückte. So sah die Mainzer Zentraluntersuchungskommission die Chance, über Wit von Dörring erstmals an Informationen »über die höchst wahrscheinlich bestanden habende und noch bestehende Vereinigung deutscher Revolutionäre mit den Gleichgesinnten im Ausland« zu gelangen, und Metternich kommentierte, dass »wohl keiner der in Köpenick Verhafteten so tief in die Sekten und Geheimnisse aller Länder initiiert war, wie eben Wit von Dörring.«[97]

Nach längeren Verhandlungen wurde Wit von Dörring im Juli 1824 nach Köpenick gebracht. Anders als häufig dargestellt, wurde er aber nicht an Preußen ausgeliefert, vielmehr wurde das während der Ermittlungen gegen den Jünglingsbund entwickelte Verfahren der transnationalen Ermittlung angewendet.[98] Zwar hatte die preußische Regierung einen Auslieferungsantrag gestellt, der von Bayern aber abgelehnt wurde, da nur Dänemark als Heimatstaat und Österreich wegen der Flucht aus dem Mailänder Gefängnis einen Anspruch auf eine Auslieferung hätten.[99]

---

[96] Wit von Dörring, Umtriebe. Zu den zu diesem Zeitpunkt in ganz Europa kursierenden Gerüchten über eines solches »Comité directeur« siehe auch: Zamoyski, Phantome, S. 308 ff.
[97] Zitiert nach: Blesch, Studien, S. 42 f.
[98] Siehe hierzu: Kapitel 3.1.3, S. 143 ff.
[99] Vgl. Blesch, Studien, S. 41 f.

In Preußen legte er ein umfassendes schriftliches Geständnis ab, in dem er besonders Karl Follen, Wilhelm Wesselhöft und Wilhelm Snell schwer belastete.[100] Eine Konsequenz dieser Aussagen war die spektakuläre Verhaftung des französischen Professors Victor Cousin im Oktober 1824 in Dresden.[101] Diesen hatte Wit von Dörring als einen der wichtigsten Kontaktleute der deutschen »Revolutionäre« in Frankreich denunziert. Unter anderem sollte er 1820 an Verhandlungen über eine Allianz zwischen einer französischen »union libérale« und deutschen »Demagogen« beteiligt gewesen sein, die angeblich von Karl Follen initiiert worden waren.[102] Anfang September 1824 wurde die preußische Gesandtschaft in Paris durch den Direktor der Pariser Polizei, Franchet d'Esperey, vertraulich informiert, dass Cousin zu einer Reise nach Dresden aufgebrochen wäre, vordergründig als Begleitung eines jungen französischen Adeligen, der in Dresden heiraten wolle, vermutlich aber aus politischen Gründen.[103]

Die preußische Regierung forderte die Zentraluntersuchungskommission daraufhin auf, von Sachsen die Verhaftung Cousins zu verlangen.[104] Offensichtlich glaubte Preußen, dass die sächsische Regierung einer Requisition der Zentraluntersuchungskommission in dieser politisch und strafrechtlich heiklen Angelegenheit – es handelte sich um eine mehrere Jahre zurückliegende, nicht sicher nachgewiesene Tat eines Franzosen, die er in seinem Heimatland begangen haben sollte – eher nachkommen würde.[105] In ihrer Requisition an die sächsische Regierung verwies die Zentraluntersuchungskommission auf die Bedeutung einer Verhaftung Cousins für die Sicherheit

---

[100] Wit von Dörring, der auch Einsicht in die preußischen Untersuchungsakten erhielt, publizierte seine Angaben später in einer viel beachteten Biographie. Dies verfestigte im zeitgenössischen Diskurs das Bild des opportunistischen Verräters, das im Laufe des 19. Jahrhunderts immer wieder aufgegriffen wurde. Siehe: Wit von Dörring, Fragmente.
[101] Zu Cousin siehe: Ody, Cousin.
[102] Vgl. Hauptbericht Zentraluntersuchungskommission, 14. Dezember 1827, S. 126 f., in: BA Berlin, DB 7, Nr. 10.
[103] Die Nachricht ist abgedruckt in: Bréville, Arrestation (Teil 1), S. 491. Siehe auch: Emerson, Metternich, S. 5 f.; Hofmeister, Briefe, S. 375 f.; Ody, Cousin, S. 54 f.
[104] Protokolle Zentraluntersuchungskommission, 229. Sitzung, 6. Oktober 1824, § 2050, in: GLA Karlsruhe, Abt. 233, Nr. 1730.
[105] Vgl. Hofmeister, Briefe, S. 375.

des gesamten Deutschen Bundes und versuchte damit Bedenken wegen der Nationalität Cousins und dem Tatort Paris auszuräumen:

»Es lässt sich nun nichts erkennen, daß die Maßregel der Arrestation gegen eine im Ausland domicilierte Person, wenn sie mit Inländern gegen die in dem Vaterlande der letzteren bestehende ordentliche Verfassung conspirirt und sodann in demjenigen Territorium, gegen dessen Regierung die Conspiration gerichtet ist sich betreten lässt allgemeinen rechtlichen Prinzipien zufolge stattnehmig sey. Daneben erscheint es höchst wünschenswerth durch alle und jede zweckmäßige und angemessen Mittel über diese für das allgemeine Beste und die Ruhe Deutschlands höchst wichtige Angelegenheit ein größeres Licht zu verbreiten. Und endlich ist es keineswegs unwahrscheinlich daß die im Jahre 1820 beabsichtigte staatsgefährliche Verbindung nicht nur damals wirklich bewirkt worden sey sondern sogar in diesem Augenblick noch existiere, indem uns noch neuerlich Spuren der Communication der deutschen mit den französischen Revolutionäres zur Kenntniß gekommen sind.«[106]

Tatsächlich wurde Cousin unmittelbar nach seiner Ankunft in Dresden am 14. Oktober 1824 verhaftet, kurz darauf an Preußen ausgeliefert und in Köpenick inhaftiert.[107] Die französische Regierung protestierte zunächst gegen die Verhaftung und Auslieferung Cousins, da der französische Geschäftsträger in Dresden nicht über den Vorgang informiert worden war, Cousin sich keines Verbrechens gegen Preußen schuldig gemacht hatte und weil er mit einem offiziellen französischen Pass gereist war. Pikant war in diesem Zusammenhang, dass der sächsische Außenminister die Maßnahme mit der Note Franchet d'Espereys rechtfertigte, welche der französischen Regierung unbekannt war.[108]

Die Besonderheit am Fall Cousin war, dass er nicht nur auf diplomatischer Ebene, sondern auch in einer aufgeregten öffentlichen Debatte ausgetragen wurde. Dabei griffen verschiedene französische Zeitungen die preußische Regierung scharf an. Der Constitutionnel schrieb in seiner Ausgabe vom 4. November 1824, dass es sich bei dem Vorfall um eine Angelegenheit der nationalen Ehre

---

[106] Protokolle Zentraluntersuchungskommission, 229. Sitzung, 6. Oktober 1824, § 2050, in: GLA Karlsruhe, Abt. 233, Nr. 1730.
[107] Zur der bis zum April 1825 andauernden Untersuchung Cousins in Köpenick siehe: Bréville, Arrestation (Teil 2); Ody, Cousin, S. 54 ff.
[108] Vgl. Bréville, Arrestation (Teil 1), S. 495 f.

handeln würde und fragte, ob Franzosen im Ausland vor politischer Strafverfolgung durch Drittstaaten noch sicher seien, wobei er auf die vermeintliche politische und rechtliche Rückständigkeit Preußens anspielte:

> »Les soldats d'une monarchie absolue pourront-ils impunément faire, en quelque sorte, prisonniers nos concitoyens sur un territoire étranger et ami? La police de nos voisins nous atteindra-t-elle hors des limites de leur territoire? Leur tribunaux occultes, leurs prisons d'état engloutirons ils les sujets d'un roi constitutionnel, lorsque ces sujets, désignes comme suspects, viendront à voyager hors de leur pays?«[109]

In seiner Ausgabe von 24. November 1824 bezeichnete der Constitutionnel die Auslieferung Cousins und seine Inhaftierung in Köpenick als Bruch des Völkerrechts. Der Vorgang sei zudem ein Sinnbild für die außenpolitische Schwäche und Servilität der französischen Regierung, die, anders als England, nicht in der Lage sei, ihre Staatsbürger im Ausland zu schützen:

> »Nous avons remarqué dans le supplément du 16me volume l'article consacré à Victor Cousin, l'un de nos plus savants écrivains, qui gémit aujourd'hui, loin de sa patrie, dans une rigoureuse captivité, victime d'un pouvoir étranger, qui a méconnu en lui le droit de gens et celui de la justice. La qualité de Français n'est plus une protection en Europe; nous sommes, à cet égard, moins heureux que les habitants de l'Angleterre. Le gouvernent prussien n'aurait jamais osé à la Saxe l'extradition d'un savant anglais, quelles que fussent ses opinions. Mais le ministre britannique veille sur l'honneur national; M. Canning n'est pas l'esclave d'une influence étrangère.«[110]

In regierungsnahen deutschen Zeitungen riefen diese Äußerungen heftige Gegenreaktion hervor. Der Kernvorwurf war, dass die franzö-

---

[109] Constitutionnel, 4. November 1824, S. 1. Eine in mehreren deutschen Zeitungen abgedruckte Übersetzung lautete: »Können, fragt man sich, die Soldaten eines absoluten Monarchen ungestraft unsere Mitbürger auf einem fremden und befreundeten Gebiethe arretieren? Kann die Polizei unserer Nachbarn uns auch noch außerhalb den Gränzen ihres Gebiethes erreichen? Können ihre geheimen Tribunale, ihre Staats-Gefängnisse den Unterthan eines constitutionellen Königs in ihren Bereich ziehen, wenn dieser Unterthan, als verdächtig angeklagt, als Reisender sich schon außerhalb ihres Gebiethes befindet?« (Bayreuther Zeitung, 12. November 1824, S. 981 f.).

[110] Constitutionnel, 24. November 1824, S. 3.

sischen Medien den Fall allein unter politischen und persönlichen Gesichtspunkten bewerten, aber weder die Umstände noch den rechtlichen Kontext des Verfahrens gegen Cousin berücksichtigen würden. In einem in mehreren deutschen Zeitungen abgedruckten Artikel hieß es etwa, dass die Verhaftung Cousins nicht ungerechtfertigt sei, da ein konkreter Verdacht gegen ihn vorläge, der im Rahmen einer strafrechtlichen Untersuchung geprüft werden müsse.[111] Die Inhaftierung und Untersuchung eines französischen Staatsbürgers wegen des Verdachts eines gegen einen deutschen Staat im Ausland begangenen Verbrechens sei rechtlich vollkommen zulässig. Vielmehr sei es heuchlerisch und bezeichnend für den fehlenden juristischen Sachverstand der französischen Presse, hierin einen Verstoß gegen das »Völkerrecht« zu sehen, da die französische Gesetzgebung die Bestrafung von Auslandsverbrechen selbst explizit vorschreiben würde.[112]

Ein anderer, unter anderem in der Bayreuther Zeitung publizierter Artikel beschäftigte sich mit der Rolle der Zentraluntersuchungskommission bei der Verhaftung und Auslieferung Cousins.[113] Dieser Artikel ist deshalb bemerkenswert, da er detailliert auf die Gründe für die Verhaftung Cousins und die Kommunikation zwischen den beteiligten Behörden einging, wie überhaupt die gesamte Diskussion davon geprägt war, dass Ermittlungsdetails und Informationen über die behördlichen Abläufe öffentlich bekannt wurden. Überwiegend wurden diese Informationen wohl bewusst lanciert, um die Öffentlichkeit von der Rechtmäßigkeit des Vorgangs zu überzeugen. Solche anonymen und kommentarhaften Stellungnahmen stammten häufig direkt von Regierungsmitgliedern. Friedrich von Blittersdorff bezog beispielsweise öfters in der wenig erfolgreichen »Mannheimer Zei-

---

[111] Allgemeine Zeitung, Beilage, 3. Dezember 1824, S. 897 f.
[112] Allgemeine Zeitung, Beilage, 3. Dezember 1824, S. 897. Die Äußerungen bezogen sich auf die Artikel 5 und 6 des Code d'instruction criminelle von 1808: »Article 5: Tout Français qui se sera rendu coupable, hors du territoire de France, d'un crime attentatoire à la sûreté de l'État, de contrefaction du sceau de l'État, de monnaies nationales ayant cours, de papiers nationaux, de billets de banque autorisés par la loi, pourra être poursuivi, jugé et puni en France, d'après les dispositions des lois françaises. Article 6: Cette disposition pourra être étendue aux étrangers qui, auteurs ou complices des mêmes crimes, seraient arrêtés en France, ou dont le Gouvernement obtiendrait l'extradition.«
[113] Bayreuther Zeitung, 2. Dezember 1824, S. 1041 f.

tung« in pointierten und polemischen Stellungnahmen anonym Position zu öffentlichen Themen.[114] Dass in Frankreich jedoch sogar die vertrauliche Note Franchet d'Espereys bekannt wurde, was der französischen Regierung den Vorwurf einbrachte, Cousin an Preußen verraten zu haben, war dagegen wohl kaum beabsichtigt und ist eher auf Indiskretionen zurückzuführen.[115]

Der Artikel rechtfertigte die Auslieferung Cousins mit den besonderen staatsrechtlichen Verhältnissen des Deutschen Bundes. So hätten sich Cousins Handlungen nicht gegen einen einzelnen deutschen Staat, sondern gegen den Deutschen Bund bzw. Deutschland in seiner Gesamtheit gerichtet. Solche Fälle lägen im Kompetenzbereich der Zentraluntersuchungskommission, die Sachsen um die Verhaftung und Auslieferung und Preußen um die Untersuchung Cousins gebeten habe. Wegen der Zuständigkeit des Bundes, sei die Auslieferung Cousins nicht als eine transnationale Interaktion zwischen zwei souveränen Staaten, sondern als quasi-nationale Sicherheitsmaßnahme innerhalb eines Territoriums anzusehen, so dass sie politisch, rechtlich und moralisch unzweifelhaft sei:

> »Indem die sächsische Regierung jener Requisition genüge leistete, die Preussische dieser Einladung entsprach, haben beide nur die Obliegenheiten erfüllt, welche ihnen ihr Verhältniß zum Deutschen Bunde vorschreibt, und deren Rechtfertigung und Vertretung nicht mehr dem einzelnen Staate, sondern der Gesamtheit zukommt, in deren Rahmen und Kraft hier gehandelt worden, und welche als politischer Körper in der Reihe der Europäischen Staaten anerkannt dasteht. Die geschehene Verhaftnehmung ist hiernach weder als eine Sächsische, noch als eine Preußische, sondern lediglich als eine Deutsche Angelegenheit anzusehen, und es heißt den Standpunct der Dinge völlig verkennen, sie zu etwas anderen machen zu wollen. Von diesem Gesichtspuncte aus fällt von selbst aller Anschein von Unregelmäßigkeit weg, welche man in der sogenannten Auslieferung und Transportierung des Verhafteten nach Berlin hat finden wollen, denn der Bundesbehörde steht in dem ganzen Umfange des Bundes die gleiche Wirksamkeit zu. Von Seiten des Bundes selbst aber ist die Verhaftnehmung des Professors Cousin nur in Gemäßheit des ganz unstreitbar feststehenden Rechtens verfahren worden, vermöge dessen jeder Staat befugt ist, im Umfange seines Gebieths jeden Fremden zu verhaften und zur

---

[114] Vgl. Leuschner, Intelligenzblatt, S. 49 ff.
[115] Vgl. Emerson, Metternich, S. 52.

gesetzlichen Untersuchung zu ziehen, der sich eines Verbrechens gegen diesen Staat schuldig macht, oder der Theilnahme an solchen Verbrechen durch wichtige Anzeigen verdächtig wird.«[116]

Auch die deutschen Flüchtlinge in der Schweiz gerieten durch die Aussagen Wit von Dörrings wieder ins Blickfeld. Diese waren vom Schweizer Fremdenkonklusum 1823 kaum betroffen gewesen. Dies lag vor allem an ihrer geringen Zahl und daran, dass gegen sie keine ausreichenden Verdachtsmomente vorlagen, die ein diplomatisches Einschreiten gerechtfertigt hätten. Da sich die meisten Deutschen ruhig verhielten und zum Teil als akademische Lehrkräfte gut integriert waren, war ihr Aufenthalt zudem auch im Interesse der Schweizer Kantone. Durch die Ermittlungsergebnisse bezüglich des Geheimen Bundes änderte sich dies aber. Im Fokus stand insbesondere die Universität Basel, an der mit Karl Follen, Wilhelm Snell und Wilhelm Wesselhöft drei der am gefährlichsten eingeschätzten politischen Flüchtlinge als Professoren angestellt waren.[117] Am 21. Mai 1824 verbot Preußen wegen der »verderblichen Tendenz« ihrer Professoren seinen Untertanen den Besuch der Universität Basel.[118]

Zeitgleich kam es zu Beratungen zwischen Österreich und Preußen über eine mögliche Auslieferung der drei Baseler Professoren sowie des ebenfalls durch Wit von Dörring schwer belasteten Turnlehrers Karl Völkers, der in Chur lebte. Metternich schlug vor, dass die Heimatregierungen der Verdächtigen, Sachsen-Weimar (Karl Völker, Wilhelm Wesselhöft), Hessen-Darmstadt (Karl Follen) und Nassau (Wilhelm Snell), die Auslieferungsanträge stellten sollten, ein Vorschlag, den der preußische Polizeiminister Friedrich von Schuckmann jedoch ablehnte. Schuckmann glaubte, es sei wirkungsvoller, die Gesandtschaften der beiden Großmächte durch die drei Heimatregierungen hierzu akkreditieren zu lassen, da es Letzteren an außenpolitischem Gewicht fehlen würde, den Antrag wirklich durchzusetzen.[119] Zudem plante Preußen, die Verdächtigen in Köpenick untersuchen zu lassen, so dass eine direkte Auslieferung an Preußen

---

[116] Bayreuther Zeitung, 2. Dezember 1824, S. 1041 f.
[117] Vgl. Brand, Auswirkungen, S. 167 ff.
[118] Allerhöchste Kabinettsorder, betreffend die Verwaltung der akademischen Disziplin, 21. Mai 1824, in: Koch, Universitäten, S. 119 f.
[119] Oechsli, Geschichte der Schweiz, S. 699.

sinnvoller erschien. Tatsächlich reichten Preußen und Österreich im August 1824 zwei gleichlautende Anträge beim Schweizer Vorort Bern ein, in denen im Namen der drei Heimatregierungen die Auslieferung Follens, Snells, Wesselhöfts und Völkers durch die Kantone Basel und Graubünden an Preußen gefordert wurde.[120] Diese Anträge wurden auch von der russischen Gesandtschaft unterstützt.[121]

Hiervon unabhängig hatte Preußen bereits einige Monate zuvor die Auslieferung Adolf Follens – den Bruder Karl Follens – vom Kanton Aargau gefordert. Gegen Adolf Follen lief seit 1820 in Preußen ein Untersuchungsverfahren wegen seiner Teilnahme an der Burschenschaft. Allerdings war er 1821 gegen die eidliche Versicherung, sich nach der Urteilsfällung wieder am Gerichtsort einzufinden, einer so genannten »juratorischen Kaution«, aus der Untersuchungshaft entlassen worden und hatte sich daraufhin in die Schweiz abgesetzt. 1823 war er durch das Oberlandesgericht Breslau zu zehnjähriger Festungshaft wegen Hochverrats verurteilt worden, woraufhin Preußen eine freiwillige Rückkehr oder eine Auslieferung durch den Kanton Aargau forderte.[122]

Jedoch kam es in keinem der Fälle zu einer Auslieferung. Insbesondere die Regierung des Kantons Basel wehrte sich vehement gegen eine Auslieferung ihrer Professoren, da sie die in den Noten geäußerten Anschuldigungen nicht als ausreichende Rechtsgrundlage für eine Auslieferung betrachtete, was innerhalb der Schweiz zu einem heftigen Konflikt mit dem Vorort Bern führte.[123] Vor einer endgültigen Eskalation der Auseinandersetzung flohen Völker, Wesselhöft und Karl Follen mit Unterstützung der lokalen Behörden jedoch nach England und in die USA. Adolf Follen, der aufgrund einer schweren Krankheit nicht reisefähig war, und Wilhelm Snell blieben zwar in der Schweiz, jedoch verlief sich der Fall letztendlich. Zwar berieten die Großmächte bis in den Sommer 1826 über

---

[120] Die Auslieferungsanträge sind in Auszügen abgedruckt bei: Heusler, Geschichtsblatt, S. 220 f.
[121] Brand, Auswirkungen, S. 169.
[122] Brand, Auswirkungen, S. 151 ff.
[123] Brand, Auswirkungen, S. 174 ff.

diplomatische Sanktionen gegen die Schweiz, eine solche Maßnahme erschien jedoch nicht gerechtfertigt.[124]
Ohnehin lag die Bedeutung des Vorfalls vor allem darin, dass nach der diplomatisch erzwungenen Flucht führender deutscher Oppositioneller aus der Schweiz vorerst kein sicheres kontinentaleuropäisches Asylland mehr existierte. Die Schweiz schloss 1828 sogar einen Auslieferungsvertrag mit Österreich ab, der die wechselseitige Auslieferung von politischen Verbrechern festgelegte.[125] In Europa kam ab diesem Zeitpunkt nur noch England als sicheres Asylland in Frage. Auf den ersten Blick waren alle Voraussetzungen für einen sicheren Aufenthalt erfüllt, denn die englische Regierung lieferte grundsätzlich nicht aus und wies seit 1826 auch keinen Ausländer mehr aus.[126] Zudem war England im Vergleich zu Frankreich innenpolitisch stabil und anders als die Schweiz diplomatisch kaum unter Druck zu setzen. Allerdings hatten politische Flüchtlinge hier kaum eine Möglichkeit, ihren Lebensunterhalt zu finanzieren, so dass England bis auf wenige Ausnahmen während der gesamten ersten Hälfte des 19. Jahrhunderts für deutsche Flüchtlinge nur eine Durchgangsstation in die USA war.[127]

4.2 Auflösung und Neuformierung der Regimestrukturen nach der Julirevolution 1830

4.2.1 Flüchtlinge und Gefährdermilieus

Das europäische Revolutionsjahr 1830 mit erfolgreichen Umstürzen in Frankreich und Belgien sowie niedergeschlagenen Aufständen unter anderem in Polen sowie mehreren deutschen und italienischen Staaten stellte im Blick auf den transnationalen Umgang mit Dissidenz bzw. politischer Kriminalität in mehrfacher Hinsicht einen

---

[124] Vgl. Brand, Auswirkungen, S. 199 ff.
[125] Vertrag zwischen dem Oesterreichischen Kaiser-Staate und der Schweizerischen Eidgenossenschaft wegen gegenseitiger Auslieferung der Verbrecher, 14. Juli 1828, in: Gesetze und Verordnungen Österreich 1830, S. 255 ff.
[126] Porter, Refugee Question, S. 3.
[127] Reiter, Asyl, S. 94.

Wendpunkt dar.[128] So sorgten die politischen Veränderungen auf europäischer Ebene dafür, dass sich die regimeähnlichen Strukturen, die sich in den 1820er Jahre herausgebildet hatten, zunächst auflösten. Während die meisten europäischen Regierungen während der 1820er Jahre national-liberalen Gruppen ablehnend gegenüber gestanden und zumindest auf polizeilicher Ebene gegen sie kooperiert hatten, gewannen genau diese Gruppen und Milieus in Frankreich und im neuentstandenen Belgien, aber auch in einigen Schweizer Kantonen an politischem und diskursivem Einfluss. Auch wenn die neuen, politisch eher gemäßigten bürgerlichen Regierungen in Westeuropa radikaleren Kräften ablehnend gegenüberstanden, waren transnationale Kooperationen durch außenpolitische Ideologisierung und gestiegene formelle und informelle Kontrolle durch Öffentlichkeit und Parlamente gerade am Beginn der 1830er Jahre kaum noch möglich.

Eine innenpolitische Konsequenz mit transnationalen Auswirkungen war zudem die Liberalisierung von Vereins- und Pressewesen und vor allem die (Wieder-)Einführung des Prinzips der Nichtauslieferung politischer Verbrecher in Frankreich, Belgien und der Schweiz.[129] Diese politischen und rechtlichen Entwicklungen korrelierten mit erheblichen Flucht- und Migrationsbewegungen aus den Gebieten, in denen Revolutionen und Aufstände gescheitert waren.[130] In Kombination mit der konkreten Erfahrung revolutionärer Umstürze und vermehrt auftretender politischer Gewaltereignisse mit transnationaler Dimension sorgte dieser Transnationalisierungsschub dafür, dass das Narrativ oder Szenario einer grenzübergreifend agierenden europäischen Revolutionspartei zunehmend ins Zentrum sicherheitspolitischer Aktivitäten rückte.[131]

Wesentliche Akteure dieser vermeintlichen Verschwörung waren aus deutscher Perspektive die so genannten »politischen Flüchtlinge«. Der Begriff des politischen Flüchtlings hatte dabei einen anderen

---

[128] Zu den Ereignissen in den verschiedenen Staaten siehe z. B.: Church, Europe; Fahrmeir, Europa, S. 136 ff.; Langewiesche, Europa, S. 37 ff. u. 156 ff.; Siemann, Stratege, S. 764 ff.
[129] Reiter, Asyl, S. 95 ff.
[130] Zum politischen Exil im Vormärz insgesamt siehe: Hahn, Möglichkeiten; Reiter, Asyl; Siemann, Exil.
[131] Härter, Formierung, S. 58 f.

Bedeutungsgehalt als heute und wurde in der Regel für Personen verwendet, die sich einer Strafverfolgung durch Flucht entzogen hatten, gleichbedeutend mit dem heute eher üblichen Begriff »Flüchtiger«.[132] Das Bundesregime zählte zu dieser Gruppe aber nicht nur Personen, die vor einer drohenden Strafe ins Ausland geflohenen waren, sondern auch Personen, die sich freiwillig dorthin begeben hatten, um sich politisch zu betätigen. Der Flüchtlingsbegriff hatte also gewisse Ähnlichkeiten mit dem modernen Begriff des »Gefährders«. Diese Herangehensweise schlug sich besonders in den so genannten »Flüchtlingsverzeichnissen« nieder, in denen die Bundeszentralbehörde zwischen 1834 und 1842 als politisch gefährlich eingeschätzte Deutsche im Ausland registrierte.[133] Die Flüchtlingsverzeichnisse umfassten zwei Kategorien gefährlicher Personen im Ausland: zum einen »Flüchtlinge«, im Sinne von flüchtigen »Angeschuldigten« und »Verurteilten«, zum anderen »Verdächtige«, im Sinne von Personen, die »ohne daß schon förmlich gegen sie eingeschritten wäre, der Teilnahme an revolutionären Umtrieben verdächtig erscheinen«.[134] Zur Kategorie der »Verdächtigen« gehörten beispielsweise Heinrich Heine und Ludwig Börne, die wegen »Abfassung und Verbreitung revolutionärer Schriften« im Ausland aufgeführt wurden. Maßstab waren also nicht nur rechtliche, sondern auch sicherheitspolitische bzw. polizeiliche Kriterien.

Die Flüchtlingsverzeichnisse sind auch deshalb von Bedeutung, da sie einen qualitativen und quantitativen Orientierungspunkt in der Flüchtlingsproblematik bieten. Eine erste Liste vom Sommer 1834, die im Kontext einer größeren Fluchtbewegung nach dem Hambacher Fest und dem Wachensturm entstand, umfasste 137 durch die Bundesstaaten gemeldete Personen, die »sich den wegen Teilnahme

---

[132] Erst durch die hohe Bedeutung der politischen Verbrechen in den Asyl- und Auslieferungsdiskursen wurde der Flüchtlingsbegriff zunehmend exklusiv für diese Deliktgruppe angewendet und verlor in der zweiten Hälfte des 19. Jahrhunderts seine pejorative Konnotation. In diesem Sinne beschrieb der dem deutschen »Flüchtling« entsprechende Begriff »réfugié« in Frankreich bereits seit der Julirevolution einen an moralische, politische und vor allem rechtlichen Voraussetzungen geknüpften Aufenthaltsstatus, der mit einer besonderen Schutzbedürftigkeit verbunden war.
[133] Siehe: Kapitel 4.2.4, S. 408 ff.
[134] Protokolle Bundesversammlung 1835, 17. Sitzung, § 275, S. 557.

an revolutionären Umtrieben und andern politischen Verbrechen in verschiedenen Bundesstaaten gegen sie eingeleiteten Untersuchungen in den letzten drei Jahren durch die Flucht entzogen haben«.[135] Davon hielten sich 55 in Frankreich, 42 in der Schweiz und 20 in den USA auf. In England und Belgien, den anderen wichtigen europäischen Asylländern, war es dagegen jeweils nur eine Person. Weitere bekannte Aufenthaltsorte von einzelnen Flüchtlingen im Ausland waren Helgoland, Algier oder Holland. Im Juli 1835 folgte das modifizierte »Tabellarische Verzeichnis der deutschen politischen Flüchtlinge und anderer im Ausland befindlichen Verdächtigen«.[136] Unter die Kategorie »Flüchtling« fielen 161 Personen, unter die Kategorie »Verdächtiger« 26 Personen. Von diesen insgesamt 187 Personen hielten sich 73 in der Schweiz, 61 in Frankreich, 30 in den USA, vier in England und drei in Belgien auf. Zwei Flüchtlinge waren noch in Deutschland, jeweils einer in den Niederlanden und Dänemark, von zehn Personen war der Aufenthaltsort nicht bekannt. Das Flüchtlingsverzeichnis wurde 1836[137] und 1838[138] modifiziert und ergänzt, wobei sich an der grundsätzlichen Tendenz wenig änderte: Die Zahl der politischen Flüchtlinge und Verdächtigen belief sich auf etwa 200 Personen und die beiden mit weitem Abstand wichtigsten Asylländer waren Frankreich und die Schweiz.

Nicht nur wegen ihrer großen Anzahl, sondern auch wegen ihres Einflusses auf Deutschland hatten laut dem das erste Flüchtlingsverzeichnis begleitenden Bericht der Bundeszentralbehörde in erster Linie die Flüchtlinge in Frankreich und der Schweiz sicherheitspolitische Bedeutung. Diese würden sich nämlich »großen Theils mit der Abfassung und Verbreitung revolutionärer, für Deutschland berechneter Schriften und mit Bearbeitung deutscher Handwerkergesellen für ihre hochverrätherischen Zwecke beschäftigen«.[139] Dies weist auf einen weiteren zentralen Aspekt der Regimeaktivitäten hin,

---

[135] Protokolle Bundesversammlung 1834, 28. Sitzung, § 364, S. 730.
[136] Protokolle Bundesversammlung 1835, 17. Sitzung, § 275, S. 556 ff. und die loco dictaturae gedruckten Beilagen. Das Verzeichnis ist außerdem abgedruckt bei: Ilse, Untersuchungen, Anhang 2.
[137] Protokolle Bundesversammlung 1836, 2. Sitzung, § 49, S. 110 u. 154ª ff.
[138] Protokolle Bundesversammlung 1838, 34. Sitzung, § 383, S. 1042 u. 1059 ff.
[139] Protokolle Bundesversammlung 1835, 17. Sitzung, § 275, S. 557.

nämlich den Schutz des Bundesgebietes vor Sicherheitsbedrohungen aus dem Ausland in Form von politischen Schriften und im Ausland politisierter Personen. Der hinlänglich bearbeitete Aspekt der Pressepolitik wird im Folgenden nur kursorisch behandelt.[140] Der Aspekt der im Ausland politisierten Personen muss dagegen stärker ins Auge gefasst werden, da sich gerade die Politisierung breiter Bevölkerungsschichten zu einem wesentlichen Bedrohungsszenario entwickelte. So existierte neben den ungefähr 200 als konkret gefährlich eingeschätzten »Flüchtlingen« und »Verdächtigen« noch eine deutlich größere Gruppe von potentiell gefährlichen Personen, die sich vor allem aus mobilen Handwerkergesellen und auch Studenten zusammensetzte und die nicht, wie gelegentlich angegeben, mehrere tausend, aber doch einige hundert Personen umfasste und damit eine kritische und schwer zu kontrollierende Masse bildete.[141] Neben den Feldern Auslieferung und Asyl sowie Polizeikooperation entwickelten sich daher die Überwachung dieser Milieus vor Ort und der polizeiliche Grenzschutz zu einem dritten wichtigen Feld des Bundesregimes.

4.2.2 Das politische Asyl und die Auslieferung politischer Flüchtlinge

4.2.2.1 *Rechtliche und politische Rahmenbedingungen*

Das traditionelle europäische Asylland Frankreich entwickelte sich nach der Julirevolution wieder zum wichtigsten Rückzugsgebiet für politische Flüchtlinge. Unter dem Druck der liberalen Öffentlichkeit, in der schon in den 1820er Jahren das Konzept eines Asyls für Ausländer im Allgemeinen sowie für politische Flüchtlinge im Speziellen populär war, erklärte die französische Regierung im Februar 1831, in Zukunft Flüchtlinge weder ausliefern noch Auslieferungen von anderen Regierungen verlangen zu wollen. In der älteren Forschungsliteratur gibt es eine Meinungsverschiedenheit darüber, ob diese Erklärung eine Reaktion auf öffentliche Proteste zu Gunsten des 1829 von Frankreich an Neapel wegen eines Militär-

---

[140] Vgl. Müller, Schmuggel.
[141] Vgl. Schieder, Arbeiterbewegung, S. 125; Adler, Geheimberichte S. 21.

delikts ausgelieferten und dort wegen Hochverrats zum Tode verurteilten Offiziers Antonio Gallotti war oder aber aus Solidarität mit den Revolutionsflüchtlingen aus Polen und Italien geschah.[142] Hans Henning Hahn schließt sich der ersten Meinung mit dem Argument an, dass es erst ab Herbst 1831 eine nennenswerte Menge an Flüchtlingen in Frankreich gegeben habe.[143] Hierfür spricht ein weiterer Punkt. Bei der »Affäre Gallotti« ging es nicht nur um die Frage der Auslieferung politischer Verbrecher. In erster Linie wurde über das Todesurteil und die damit verbundene Frage diskutiert, ob die französische Regierung den mit einer Auslieferung verbundenen Souveränitäts- und Kontrollverlust hinnehmen dürfe. Entsprechend wollte die französische Regierung nicht nur politische, sondern überhaupt keine Verbrecher mehr ausliefern.[144] Unter anderem sollten mit Preußen, Bayern und Sardinien-Piemont bestehende Deserteurskartelle gekündigt werden.[145] Der badische Gesandte berichtete am 12. März 1831, dass niemand in Paris daran zweifeln würde,

> »daß das französische Gouvernement die Absicht hat, die in dieser Hinsicht in England und den nordamerikanischen Freistaaten bereits bestehenden, aller Civilisation widerstreitende Grundsätze der unbeschränktesten Hospitalität auch bei sich einzuführen, in Zukunft die Auslieferung aller Verbrecher zu verweigern«.[146]

Kurz nach diesen Ausführungen kam es jedoch zu einem Regierungswechsel und die neue französische Regierung ruderte zurück, da sie Nachteile für die eigene Strafrechtspflege und die innere Sicherheit Frankreichs befürchtete.[147] Allerdings erklärte sie, Auslieferungen bei Delikten, die nach französischem Recht als politisch klassifiziert würden, nicht mehr durchzuführen. Hierbei handelte es sich um die Delikte, die innerhalb Frankreichs nach der Julirevolution aufgrund

---

[142] Lammasch, Auslieferung, S. 34 f.; Martitz, Rechtshilfe (Abt. 2), S. 184.
[143] Hahn, Möglichkeiten, S. 135.
[144] Zu der Erklärung insgesamt siehe: Martitz, Rechtshilfe (Abt. 2), S. 336 f.; Seruzier, Examen, S. 9.
[145] Seruzier, Examen, S. 9. Siehe auch: Bericht der badischen Gesandtschaft in Paris, 12. März 1831, in: GLA Karlsruhe, Abt. 234, Nr. 7076.
[146] Bericht der badischen Gesandtschaft in Paris, 12. März 1831, in: GLA Karlsruhe, Abt. 234, Nr. 7076.
[147] Martitz, Rechtshilfe (Abt. 2), S. 337 f.; Reiter, Asyl, S. 28.

ihres von politischen Konstellationen abhängigen Charakters durch mildere Strafen und besondere Prozessbedingungen »privilegiert« worden waren.[148] Hierzu zählten etwa Hoch- und Landesverrat, Pressevergehen, Verstöße gegen Vereinsgesetze, aber auch Aufstände und Amtsvergehen.[149] Zur Einführung des bereits in den 1820er Jahren geforderten Asylrechts unter voller Gewährung der »Hospitalität« kam es in Frankreich jedoch nicht. Zwar stellte die französische Regierung unter dem Druck der öffentlichen Meinung insbesondere für polnische Flüchtlinge erhebliche Unterstützungsgelder zur Verfügung, allerdings koppelte sie diese an Auflagen, die der polizeilichen Kontrolle der Flüchtlinge dienten.[150] Insbesondere erließ sie im Frühjahr 1832 ein bis 1848 immer wieder verlängertes Gesetz, das es ihr ermöglichte, den Aufenthaltsort der unterstützen Flüchtlinge festzulegen und sie gegebenenfalls in »Depots« zu internieren. Bei Zuwiderhandlungen sowie Störungen der öffentlichen Ruhe und Ordnung drohte die Ausweisung.[151] Flüchtlinge, die nicht finanziell gefördert wurden, durften ihren Aufenthaltsort zwar wählen, sich aber nicht in größeren Städten sowie in den Grenzregionen aufhalten. Allerdings konnten auch Ausländer, die nicht als Flüchtlinge gemeldet waren – dies betraf die meisten Deutschen –, aus »polizeilichen« Gründen aus Frankreich ausgewiesen werden. Grundlage hierfür war das noch aus der Revolutionszeit stammende Fremdengesetz vom »28 Vendémaire des Jahres VI«, das es der französischen Regierung erlaubte, Ausländer bei dem Verdacht von Störungen der öffentlichen Ordnung und Ruhe ohne Gerichtsverfahren auszuweisen. Jacques Matter führte 1833 hierzu aus, »dies Gesetz ist elastisch; es ist eines von jenen, mit denen man machen kann, was man will«.[152]

---

[148] Vgl. Baltzer, Grundlagen, S. 37 ff.; Delbecke, Political Offence; Löwenfeld, Auslieferungsverträge, S. 77 ff.; Reiter, Asyl, S. 19 ff.
[149] Vgl. Chauveau/Helie, Theorie, S. 12.
[150] Burgess, Land of Liberty, S. 47 ff.; Reiter, Asyl, S. 112; Wiltberger, Flüchtlinge, S. 66 ff.
[151] Loi relative aux étrangers réfugiés qui résideront en France, 21. April 1832, abgedruckt bei: Burgess, Land of Liberty, S. 57, Anm. 28.
[152] Matter, Einfluß, S. 438. Für einen konkreten Anwendungsfall siehe: Ruge, Schriften, S. 394 f.

Asyl- und Auslieferungspraxis beruhten in Frankreich also im Vergleich zu den 1820er Jahren weniger auf einer Veränderung der rechtlichen als der politischen Rahmenbedingungen. Anders verhielt sich dies im 1830 aus den südlichen Provinzen der Niederlande hervorgegangenen Königreich Belgien, das für deutsche politische Flüchtlinge als Zufluchtsort zwar praktisch bedeutungslos war,[153] aber als erster Staat Auslieferung und Asyl systematisch verrechtlichte und damit auch die internationale Rechtslage nachhaltig veränderte.[154] Die Grundlage hierfür war das am 1. Oktober 1833 verabschiedete »Loi sur les extraditions«.[155] Dieses Gesetz beschränkte die Kompetenz der belgischen Regierung, Ausländer auszuliefern, auf schwere Verbrechen, die nach dem Enumerationsprinzip abschließend im Gesetz benannt wurden. Hierzu gehörten etwa Mord, Totschlag, Brandstiftung, verschiedene Betrugsdelikte, Münzfälschung oder Diebstahl. Auslieferungen konnten dabei nur stattfinden, wenn der requirierende Staat die Bedingungen des belgischen Gesetzes im Rahmen eines Auslieferungsvertrags anerkannt hatte. Der Artikel 6 des Gesetzes schrieb ausdrücklich vor, dass nach der Auslieferung keine Verurteilung wegen eines politischen Delikts, einer mit einem politischen Delikt verbundenen Straftat (»Konnexe Delikte«) oder sonstiger nicht im Gesetz bzw. Auslieferungsvertrag aufgeführter Handlungen erfolgen durfte:

> »Il sera expressément stipulé dans ces traités que l'étranger ne pourra être poursuivi ou puni pour aucun délit politique antérieur à l'extradition, ni pour aucun fait connexe à un semblable délit, ni pour aucun des crimes ou délits non prévus par la présente loi; sinon toute extradition, toute arrestation provisoire sont interdites.«

Die Klausel zielte auf die auch in Belgien präsente Affäre Gallotti ab, wurde aber auch als Solidaritätsbekundung zu Gunsten der polnischen Revolutionäre verstanden und resultierte aus den eigenen »revolutionären« Erfahrungen:

> »Wenige Jahre nach ihrer eigenen erfolgreichen Revolution identifizierten sich die belgischen Parlamentarier direkt mit ihren unter-

---

153 Vgl. Reiter, Asyl, S. 116 ff.
154 Vgl. Martitz, Rechtshilfe (Abt. 2), S. 1 ff. u. 185 ff.
155 Loi sur les extraditions, 1. Oktober 1833, in: Nypels, Complément, S. 466. Deutsche Übersetzung bei: Mittermaier, Gesetz.

legen Gesinnungsgenossen. Sie wollten sicherstellen, daß erfolglose Revolutionäre, die ihre Heimatländer vor allem aus politischen Gründen in die Hand bekommen wollten, nicht wegen im Rahmen des Aufstands begangener gemeiner Delikte (z. B. Raub von öffentlichen Kassen, Beschlagnahmungen etc.) ausgeliefert werden konnten. Aus diesem Grund wurden die ›crimes connexes‹, d. h. die mit einem politischen Delikt verbundenen gemeinen Verbrechen, von der Auslieferung ausgenommen.«[156]

Voraussetzung für eine Auslieferung war zudem die Einreichung eines Strafurteils oder vergleichbarer Unterlagen durch die Regierung bzw. die diplomatischen Dienste des requirierenden Staats, wodurch eine juristische und politische Prüfung des Falls ermöglicht werden sollte. Diese Verlegung des Auslieferungsverfahrens auf die diplomatische Ebene stellte einen wesentlichen Unterschied zum gemeinrechtlichen bzw. in Deutschland üblichen Auslieferungsverfahren dar, bei dem die Kommunikation zwischen den betroffenen Lokal- und Justizbehörden stattfand.[157] Diese »Politisierung« des Auslieferungsverfahrens wurde von deutschen Staaten häufig als umständlich kritisiert, von der belgischen Regierung jedoch damit gerechtfertigt, dass es wichtig sei, die politische Kontrolle über die Einhaltung der Vertragsvorschriften zu behalten.[158]

Ausgehend von diesen Bestimmungen schloss Belgien in den folgenden Jahren eine große Zahl von Auslieferungsverträgen ab und verbreitete den Grundsatz der Nichtauslieferung politischer Verbrecher auf internationaler Ebene. Dieser Effekt wurde dadurch verstärkt, dass Frankreich 1834 als erster Staat einen entsprechenden Vertrag mit Belgien abschloss, dessen Grundprinzipen ab diesem Zeitpunkt als Leitlinien seiner Rechtshilfepolitik fungierten.[159] Angesichts der Zehn Artikel vom 5. Juli 1832, dem Bundesbeschluss wegen Bestrafung von Vergehen gegen den Deutschen Bund und Auslieferung politischer Verbrecher vom 18. August 1836 sowie des später näher zu besprechenden Münchengrätzer Abkommens von

---

[156] Reiter, Asyl, S. 31.
[157] Vgl. Mittermaier, Strafverfahren (Bd. 2), S. 403 ff.
[158] Vgl. Gutachten des Geheimen Rats betreffend den Abschluß eines Staatsvertrags mit Belgien über die gegenseitige Auslieferung von Verbrechern, 15. Oktober 1845, in: HStA Stuttgart, Best. E 40 76, Nr. 31.
[159] Martitz, Rechtshilfe (Abt. 2), S. 227; Reiter, Asyl, S. 32.

1833, in welchem sich Russland, Preußen und Österreich wechselseitig die Auslieferung politischer Delinquenten zusagten, mag es überraschen, dass Preußen schon 1836, als zweiter Staat überhaupt, einen solchen Vertrag mit Belgien abschloss. Dieser Vertragsabschluss war das Resultat einer realpolitischen Entscheidung, die auch deswegen von besonderem Interesse ist, da hier das Bedrohungspotential politischer Kriminalität im Rahmen einer ganzheitlichen kriminalpolitischen Perspektive betrachtet wurde.

Unmittelbar nach dem Erlass des belgischen Auslieferungsgesetzes erreichten das preußische Justizministerium heftige Beschwerden aus den preußischen Rheinprovinzen, da Belgien in einigen drastischen Kriminalfällen wegen des Fehlens eines Vertrags geflohene Täter nicht ausgeliefert hatte. Ausschlaggebend war besonders ein Schreiben des Aachener Oberprokurators Wilhelm Joseph Biergans, der den mittlerweile zum Justizminister aufgestiegenen Karl Albert von Kamptz Ende Oktober 1833 im Zusammenhang mit einem Mordfall um den Abschluss eines entsprechenden Vertrages bat, da die »so häufig vorkommende Flucht hiesiger Verbrecher auf das belgische Gebiet« eine erhebliche Gefährdung der Sicherheitslage in den Rheinprovinzen darstellen würde.[160] Ab dem Frühjahr 1834 kam es daher zunächst innerhalb der preußischen Regierung zu einem intensiven Austausch über einen Auslieferungsvertrag mit Belgien. Dass politische Straftaten und auch Desertion nach dem belgischen Auslieferungsgesetz nicht unter die auslieferungswürdigen Delikte fielen, wurde dabei als wenig problematisch betrachtet. Kamptz, der sich 1824 im Kontext der Diskussion um das Schweizer Fremdenkonklusum im »Jahrbuch für preußische Gesetzgebung« noch öffentlich für eine Auslieferungsverpflichtung für politische Verbrechen ausgesprochen hatte,[161] führte nun aus, dass Preußen bei einem Vertragsabschluss in dieser Hinsicht nichts zu verlieren habe, da es hierdurch zumindest wieder Auslieferungen bei den im Gesetz genannten gemeinen Verbrechen erwirken könne:

---

[160] Biergans an Kamptz, 28. Oktober.1833, in: GStA PK Berlin, I. HA, Rep. 84 a, Nr. 46795.
[161] Kamptz, Bruchstücke, S. 94. Zum Fremdenkonklusum siehe: Kapitel 4.1.1.2, S. 327 f.

»Will die jetzige Belgische Regierung die Auslieferung belgischer politischer Verbrecher nicht haben; so verbleiben wir in unserer politischen Freiheit, und unsere politischen Verbrecher darf die belgische Regierung uns doch nicht ausliefern; deshalb und da dies also in facto, jetzt schon besteht, so dürfte hierin allein kein Grund liegen, die Konvention abzulehnen, da sie auch mit jener Beschränkung einem, als dringend anerkannten Bedürfniße für die im Artikel 1 bezeichneten Verbrechen abhilft.«[162]

Weitaus problematischer sah die preußische Regierung dagegen den Artikel 6 des Gesetzes, der vorsah, dass nach einer Auslieferung wegen eines gemeinen Verbrechens keine Verurteilung wegen eines politischen Verbrechens mehr erfolgen durfte. Diese Vorbehalte bezogen sich einerseits auf die politische Wirkung der Nennung dieses Grundsatzes in einem zu publizierenden Vertrag, anderseits auf die damit verbundene Beschränkung der preußischen Justizhoheit. Kamptz führte hierzu in seinem Votum aus:

»Zwar kann auch wenn die Konvention nicht zu Stande kommt, die preußische Regierung der dort bezeichneten staatsverbrecherischen Individuen wenn sie das Preußische Territorium nicht betreten, sich nicht bemächtigen (...), so ist es doch ein Unterschied, ob man das stillschweigend geschehen läßt, was nicht zu ändern ist, oder ob man durch ausdrücklichen Vertrag einem Rechte entsagen soll, welches, wie das vorliegende – einen, wegen eines andern Vergehens ausgelieferten Verbrecher wegen des höherem ihm zu Last fallenden Staatsverbrechens zu bestrafen – mit der Würde und Sicherheit des Staats unzertrennbar zusammen hängt. Wie die belgische Regierung es mit ihrer Selbstachtung zu vereinigen vermag, zu der Bestimmung jenes Art. 6 des Gesetzes Reciprocität von ihrer Seite anzubieten, mag sie bei sich selbst verantworten, ich halte es aber für unverantwortlich, daß sie es wagt, bei unserer Regierung nur die Möglichkeit vorauszusetzen, daß sie sich zu einer solchen Stipulation ihrerseits erniedrigen könne.«[163]

Kamptz sah hierin zudem einen Verstoß gegen Preußens bundesrechtliche Verpflichtung, politische Verbrechen gegen den Deutschen Bund und andere Bundesstaaten strafrechtlich zu verfolgen. Dabei spielte er auf die im Frühjahr 1834 auf der Wiener Ministerial-

---

[162] Votum Kamptz, 19. Dezember 1834, in: GStA PK Berlin, I. HA, Rep. 84 a, Nr. 7557.
[163] Votum Kamptz, 19. Dezember 1834, in: GStA PK Berlin, I. HA, Rep. 84 a, Nr. 7557.

konferenz getroffenen Verabredungen wegen der Bestrafung und Auslieferung bei politischen Verbrechen gegen den Deutschen Bund an, wegen denen zeitgleich die Verhandlungen am Bundestag liefen:

> »Mag der belgische Justiz-Minister Lebeau unwißend genug sein, um von dem was außer Belgien gilt, und also vom Deutschen Bunde etwas gehört zu haben; so hätte er doch andere Verhältnisse nicht übersehen sollen. Seine Majestät können als Bundes-Mitglied den übrigen Bundesfürsten gegenüber diese Stipulation nicht eingehen. Wenn ein badischer Verbrecher bei uns einen Diebstahl begangen hat und ins belgische flüchtet, auf unsere Requisition an uns ausgeliefert wird und bei der Untersuchung sich ergibt, daß er gegen den Deutschen Bund, gegen unsere Alliierten, ja gegen uns selbst Hochverrath oder andere politische Verbrechen betrieben oder begangen hat, und darin noch jetzt befangen ist, so sollen wir ihn deshalb in Ruhe lassen, und durch den Vertrag, das belgische General-Protektorat über diese Gattung von Verbrechen anerkennen.«[164]

Nach langwierigeren internen Beratungen unterbreitete das preußische Außenministerium Belgien einen Kompromissvorschlag, der darin bestand, dass Preußen auf die Auslieferung von Personen, die über ihr gemeines Verbrechen hinaus ein politisches Verbrechen begangen hatten oder gegen die nur ein entsprechender Verdacht vorlag, gänzlich verzichten wollte. Damit ging Preußen über die Anforderungen des belgischen Auslieferungsgesetzes hinaus, löste aber das Dilemma, politische Verbrechen aufgrund eines bilateralen Abkommens unter Umständen nicht ahnden zu können. Der Artikel 7 des am 29. Juli 1836 geschlossenen Vertrags sah entsprechend vor:

> »Die Bestimmungen der gegenwärtigen Konvention können nicht auf Individuen Anwendung finden, die sich irgend ein politisches Verbrechen haben zu Schulden kommen lassen. Sollte es sich finden, daß eines der im Art. 1 erwähnten Verbrechen mit einem politischen Vergehen verbunden ist, so kann die Auslieferung nicht eher erfolgen, als bis Seitens des kontrahierenden Gouvernements besondere, der Gesetzgebung beider Länder angemessene Bestimmungen getroffen worden sind.«[165]

---

[164] Votum Kamptz, 19. Dezember 1834, in: GStA PK Berlin, I. HA, Rep. 84 a, Nr. 7557. Zu den Verhandlungen wegen des Bundesbeschlusses siehe: Kapitel 3.2.4, S. 255 ff.

[165] Auslieferungsvertrag zwischen Preußen und Belgien, 29. Juli 1836, in: Gesetzsammlung Preußen 1836, S. 221 ff.

Der preußische-belgische Auslieferungsvertrag von 1836 war der Ausgangs- und Anknüpfungspunkt für eine Reihe von Auslieferungsverträgen zwischen deutschen Staaten sowie Belgien und Frankreich, die auf den Grundsätzen des belgischen Auslieferungsgesetzes von 1833 beruhten.[166] Wie im Fall Preußens überwogen auch bei den meisten kleineren deutschen Staaten die allgemeinen kriminalpolitischen Vorteile eines Auslieferungsvertrages gegenüber den Bedenken wegen der Nichtauslieferung politischer Verbrecher.[167]

Vor diesem Hintergrund bemühte sich Preußen seit Mitte der 1840er Jahre, auch Verträge mit den USA und England abzuschließen, welche auf dem Enumerationsprinzip beruhten und politische Verbrechen ausschlossen. Mit den USA gelang ein Vertragsschluss 1852 nach langwierigen Verhandlungen, bei denen vor allem das Konzept der Nichtauslieferung eigener Untertanen von den USA zunächst abgelehnt wurde.[168] Der Vertrag wurde durch Preußen für die Mitglieder des Zollvereins ausgehandelt und auch für mehrere Bundesstaaten mitratifiziert (u. a. Sachsen, Hessen-Kassel, Hessen-Darmstadt, Braunschweig, Nassau).[169] Württemberg trat dem Vertrag 1854 bei.[170] Bayern, Hannover und Baden bestanden dagegen auf separaten Vertragsabschlüssen, so dass mehrere nahezu identische

---

[166] Belgien mit: Baden, Hessen-Kassel, Hannover (1845); Bayern, Sachsen-Coburg-Gotha, Braunschweig, Anhalt-Bernburg, Sachsen-Altenburg, Sachsen-Weimar, Sachsen-Meiningen, Anhalt-Koethen (1846). Frankreich mit: Baden (1844); Preußen (1845); Bayern (1846); Lübeck, Bremen, Oldenburg, Mecklenburg-Strelitz, Mecklenburg-Schwerin (1847); Hamburg (1848); Sachsen (1850); Württemberg, Hessen-Darmstadt, Frankfurt, Hessen-Kassel (1853); Bayern, Waldeck (1854).
[167] Für weiteres Archivmaterial zu Vertragsverhandlungen mit Frankreich und Belgien siehe z. B.: GLA Karlsruhe, Abt. 49, Nr. 311; GLA Karlsruhe, Abt. 234, Nr. 7079; GStA PK Berlin, III. HA, MdA, Abt. III, Nr. 5404; HStA München, MdA, Nr. 65907; HStA Stuttgart, Best. E 40/76, Büschel 31; HStA Stuttgart, Best. E 40/76, Büschel 246; HStA Wiesbaden, Abt. 210, Nr. 5988; HStA Wiesbaden, Abt. 210, Nr. 5989; NLA Hannover, Hann. 26a, Nr. 3440; NLA Hannover, Hann. 26a, Nr. 3470; StA Marburg, Best. 9a, Nr. 2688.
[168] Clarke, Extradition, S. 47 f.; Eimers, Preussen, S. 212 ff.
[169] Vertrag zwischen Preußen und anderen Staaten des Deutschen Bundes und den Vereinigten Staaten von Nordamerika wegen der in gewissen Fällen zu gewährenden Auslieferung flüchtiger Verbrecher, 16. November 1852 in: Gesetzsammlung Preußen 1853, S. 645 ff.
[170] Eppinger, Auslieferungswesen, S. 60 ff.; Martitz, Verträge, S. 27.

Verträge zwischen deutschen Staaten und den USA bestanden.[171] Laut dem amerikanischen Gesandten in London waren im bayrisch-amerikanischen Vertrag nur aus »nationaler Eifersucht« zwei Formulierungen abgeändert.[172] Als England 1843 mit Frankreich und den USA Auslieferungsverträge schloss, hoffte auch Preußen einen Vertragsabschluss erwirken zu können.[173] Allerdings entzog sich England den preußischen Avancen. Unter anderem verwies die englische Regierung darauf, dass sie nur mit unmittelbar an britische Territorien grenzenden Staaten Auslieferungsverträge abschließen würde.[174]

Österreich war als einziger großer deutscher Staat nicht an diesem Prozess beteiligt. Dies lag daran, dass, anders als für die westdeutschen Staaten, der Rechtshilfeverkehr mit Frankreich und Belgien für Österreich praktisch bedeutungslos war. Österreich bemühte sich stattdessen um Auslieferungsabkommen mit südöstlichen Nachbarterritorien wie Moldau und Serbien und besonders mit oberitalienischen Staaten.[175] Diese Position erlaubte es Österreich, Verträge mit Belgien und Frankreich wegen des Prinzips der Nichtauslieferung politischer Verbrecher kategorisch abzulehnen. Als Kurhessen sich 1841 bei den anderen Bundesstaaten über deren Umgang mit der belgischen Auslieferungsfrage erkundigte, führte die österreichische Regierung aus, dass sie den Abschluss eines Auslieferungsvertrages mit Belgien aufgrund des Grundsatzes der Nichtauslieferung politischer Verbrecher für rechtlich unmöglich und politisch unangemessen halte.[176] Mit der habsburgischen Sekundogenitur Toskana schloss Österreich 1834 in diesem Sinne einen Auslieferungsvertrag ab, der

---

[171] Vgl. Eimers, Preussen, S. 222 f.

[172] Eimers, Preussen, S. 222 f.

[173] Zu den englischen Auslieferungsverträgen siehe: Clarke, Extradition, S. 67 ff.

[174] Die Verhandlungen sind dokumentiert in: GStA PK Berlin, III. HA, MdA, Abt. III, Nr. 258.

[175] Diese Vorgänge wurden nicht ausgewertet. Einen Zugang zu Vertragsverhandlungen und zu konkreten Fällen bieten die Indexbände zu den Beständen der Staatskanzlei im HHStA Wien. Siehe z. B. unter den Stichwörtern »Deserteure« und »Vagabunden/Verbrecher« folgende Bände: HHStA Wien, StK, Indizes, 1835; HHStA Wien, StK, Indizes, 1836.

[176] Bericht des kurhessischen Gesandten in Wien, 12. September 1843, in: StA Marburg, Best. 9a, Nr. 2688.

ausdrücklich die Auslieferung bei einer ganzen Reihe von politischen Delikten (z. B. »Hochverrat«, »Störung der öffentlichen Ruhe im Staate«, »Aufstand«, »Widersetzlichkeit gegen die bewaffnete Macht«, »gewaltsame Handlungen gegen Staatsobrigkeiten oder obrigkeitliche Personen«) sowie potentiell mit ihnen verbundenen Straftaten vorsah.[177] Im selben Jahr veröffentlichten Österreich und Sardinien-Piemont eine gemeinsame Erklärung, in der beide Staaten die wechselseitige Auslieferung politischer Verbrecher ankündigten:

> »Laut einer Mittheilung der k. k. geheimen Haus-, Hof- und Staatskanzley sind die beyden Höfe von Oesterreich und Sardinien, ohne zwar eine eigene Convention wegen Auslieferung von Verbrechern zu schließen, doch nach der bereits bestandenen Uebung in der gegenseitigen Zusage förmlich übereinkommen: daß künftig nicht bloß gemeine, sondern auch politische Verbrecher, welche entweder Oesterreichische oder Sardinische Unterthanen sind, wenn sie von ihrer competenten Gerichtsbehörde ordnungsgemäßig und im Wege der betreffenden Gesandtschaft mit der Zusicherung des Reciprocums reclamirt werden, ohne Anstand ausgeliefert werden sollen.«[178]

Metternich erläuterte in einem Vortrag an den Kaiser, dass die Übereinkunft mit Sardinien weniger eine rechtliche als eine politische Funktion habe und als Aussage gegen das politische Asyl bzw. den Grundsatz der Nichtauslieferung politischer Verbrecher gedacht sei:

> »Ungeachtet der zwischen der hiesigen und Sardinischen Regierung faktisch bestehenden Willfährigkeit flüchtig gewordener Verbrecher, wenn sie ordnungsmäßig reclamirt werden auszuliefern, so hat die (*Anm. die Staatskanzlei*) es dennoch für angemessen befunden sich unter den gegenwärtigen Umständen sich dieser Willfährigkeit in Ansehung des sogenannten politischen Verbrechens bestimmter zu verfügen, da der in neuerer Zeit von den Revolutionärs und mehreren constitutionellen Regierungen aufgestellte Unterschied zwischen gemeinen Verbrechen und solchen welche gegen den Monarchen und die Regierung gerichtet sind und die

---

[177] Vertrag wegen gegenseitiger Auslieferung der Verbrecher zwischen Österreich und Toskana, 6. August 1834, in: Gesetze und Verordnungen Österreich 1836, S. 194 ff.
[178] Hofkanzlei-Dekret wegen wechselseitiger Auslieferung gemeiner und politischer Verbrecher zwischen Österreich und Sardinien, 17. April 1834, in: Gesetze und Verordnungen Österreich 1836, S. 111.

mit dem Namen des politischen begründet werden, nach den neueren Theorien aber zur Auslieferung nicht qualificieren, leicht zu Mißverständnissen und zu gefährdenden Folgerungen für die Sicherheit des Staates führen könnten.«[179]

In einem ähnlichen Kontext stand das 1833 bei einem Treffen in Münchengrätz erarbeitete Abkommen zwischen Russland, Österreich und Preußen bezüglich ihrer polnischen Provinzen.[180] In drei separat unterzeichneten Verträgen trafen die drei Staaten neben der Zusage von militärischer Unterstützung bei zukünftigen Aufständen Vereinbarungen bezüglich der Auslieferung politischer Verbrecher sowie polizeilicher Maßnahmen. Diese ähnelten den nach dem Hambacher Fest durch den Deutschen Bund erlassenen Zehn Artikeln vom 5. Juli 1832.[181] Der Artikel 6 des österreichisch-russischen bzw. Artikel 5 des preußisch-russischen Vertrags legte fest, dass Personen, die sich des Hochverrats, der Majestätsbeleidigung, bewaffneter Aufstände oder der Teilnahme an geheimen politischen Verbindungen schuldig gemacht hatten, ausgeliefert werden sollten:

> »Aucun individu qui se sera rendu coupable dans les Etats de l'une des Puissances contractantes du crime de haute trahison, de lèse-majesté, de rébellion à main armée, ou qui aura conspiré contre la sûreté du trône et le Gouvernement légitime, ne pourra trouver protection ni asyle dans les Etats de l'autre. Les deux Cours s'engagent au contraire à prendre les mesures les plus efficaces pour qu'un individu prévenu d'un des crimes indiqués ci-dessus ne puisse se soustraire à l'action des lois, et même a en ordonner l'extradition, s'il était réclamé par le Gouvernement auquel il appartient.«

Bemerkenswert ist, dass diese Bestimmungen im preußischen Publikationspatent unter dem Begriff »politische Verbrechen« zusammengefasst wurden, so dass eine der ersten deutschen Definitionen dieser

---

[179] Vortrag wegen wechselseitiger Auslieferung der Verbrecher zwischen Österreich und Sardinien, 11. April 1834, in: HHStA Wien, StK, Vorträge, Nr. 273.
[180] Convention établissant la garantie mutuelle des possessions polonaises et l'extradition des criminels politiques, 19. September 1833, in: Martens, Recueil (Bd. 4), S. 454 ff.; Convention conclue avec la Prusse à Berlin pour une action commune contre les Polonais, 4. Oktober 1833 in: Martens, Recueil (Bd. 8), S. 187 ff.
[181] Vgl. Kapitel 3.2.1, S. 178 ff.

Deliktgruppe entstand.¹⁸² Der Artikel 7 des österreichisch-russischen bzw. Artikel 6 des preußisch-russischen Vertrags bestimmte, dass so genannte »Sujet mixte«, also Personen mit einer »doppelten Staatsbürgerschaft«, eine Konstellation, die bei Polen häufiger vorkam, alternativ zur Auslieferung stellvertretend bestraft werden konnten. Weiterhin verpflichtete der Artikel 8 des österreichisch-russischen bzw. Artikel 7 des preußisch-russischen Vertrags zur polizeilichen Überwachung und wechselseitigen Meldung gefährlicher Personen, zum Verbot »patriotischer« Vereine, zur Überwachung des Grenzverkehrs und ganz besonders zum Austausch sicherheitsrelevanter Informationen:

> »Les Hautes Puissances contractantes s'engagent en outre à soumettre à une surveillance particulière les individus qui ont pris part aux derniers troubles en Pologne, ou dont les menées dangereuses pourraient leur être signalées par la suite; à ne pas tolérer chez elles la formation de sociétés soi-disant patriotiques, ou d'autres, qui sous des noms différents poursuivraient le même but; à tenir la main à ce que les facilités accordées par le traité de Vienne aux habitans limitrophes pour leurs pratiques journaliers (Gränz-Verkehr) ne servent à favoriser des correspondances illicites, un trafic clandestin d'armes ou de munitions, ou le recèlement de fugitifs. Enfin elles s'engagent à se communiquer réciproquement tous les renseignemens qui pourraient intéresser la sûreté ou la tranquillité de leurs Etats respectifs.«

Peter S. Squire vermutet, dass die Bestimmungen zur Auslieferung vor allem auf die politisch-polizeiliche Überwachung der polnischen Emigration abzielten, wobei seine Erklärung wenig überzeugend ist. So seien die Bestimmungen dem russischen Bedürfnis geschuldet gewesen, durch Rechtshilfeersuche an Informationen über Aktivitä-

---

¹⁸² »Wer in den preussischen, österreichischen und russischen Staaten sich der Verbrechen des Hochverrats, der beleidigten Majestät, oder der bewaffneten Empörung schuldig gemacht, oder sich in eine gegen die Sicherheit des Thrones und der Regierung gerichtete Verbindung eingelassen hat, soll in dem anderen der drei Staaten weder Schutz noch Zuflucht finden. Die drei Höfe verbinden sich vielmehr, die unmittelbare Auslieferung eines jeden, der erwähnten Verbrechen bezichtigten Individuums anzuordnen, wenn dasselbe von der Regierung, welcher es angehört, reclamiert wird. Dabei ist aber verstanden, daß die Bestimmungen keine rückwirkende Kraft haben sollen.« (Publikationspatent wegen der mit Österreich und Russland getroffenen Stipulation hinsichtlich der Auslieferung politischer Verbrecher, 15. März 1834, in: Gesetzsammlung Preußen 1834, S. 21).

ten der Oppositionen im Ausland zu gelangen.[183] Wahrscheinlicher ist dagegen die Darstellung von Friedrich Fromhold Martens in seiner Edition der internationalen Verträge Russlands im 19. Jahrhundert. Danach lag der Ursprung dieser Vereinbarung in diplomatischen Irritationen unmittelbar nach der Niederschlagung des polnischen Novemberaufstands 1831, als Preußen und Österreich unter anderem hochrangige polnische Militärs nicht an Russland ausgeliefert hatten.[184] Angesichts der Tatsache, dass Österreich und Preußen das Prinzip der Nichtauslieferung politischer Verbrecher nicht anerkannten und in den 1820er Jahren nachweislich an Russland auslieferten, irritiert besonders ein von Martens wiedergegebener Bericht des russischen Botschafters in Wien. Nach diesem begründete Österreich die Nichtauslieferung von zwei polnischen Revolutionären nämlich damit, dass es in Österreich unüblich sei politische Verbrecher auszuliefern:

> »Parfois le gouvernement autrichien délivrait sans difficultés les criminels politiques aux autorités russes, bien qu'il refusa l'extradition du prince Adam Czartoryski et du comte Ledochowski, affirmant qu'il n'était point d'usage de délivrer les individus prévenus de crimes politiques.«[185]

Aus diesem Zitat hat Ferdinand von Martitz geschlossen, dass Österreich dem »liberalen Dogma« des politischen Asyls »gehuldigt« hätte.[186] Auch wenn sich der Kontext des von Martens angeführten Berichts nicht zweifelsfrei aufklären lässt, waren die Gründe für die Nichtauslieferung der polnischen Aufstandsteilnehmer insgesamt wohl andere. So war nämlich unklar, ob sich die polnischen Revolutionsteilnehmer überhaupt eines auslieferungswürdigen Verbrechens schuldig gemacht hatten, denn es war zumindest umstritten, ob es sich um einen illegitimen inneren Aufstand oder aber um eine militärische Auseinandersetzung zwischen Polen und Russland handelte. Zudem ging es angesichts der angespannten politischen Lage zwischen den Großmächten nach der Julirevolution, großer polni-

---

[183] Squire, Metternich and Benckendorff, S. 160.
[184] Vgl. Martens, Recueil (Bd. 4), S. 449 ff.; Martens, Recueil (Bd. 8), S. 164 ff.; Martitz, Rechtshilfe (Abt. 2), S. 151 ff.
[185] Martens, Recueil (Bd. 4), S. 449 f.
[186] Martitz, Rechtshilfe (Abt. 2), S. 153.

scher Bevölkerungsanteile, einer Vielzahl bewaffneter polnischer Militärangehöriger in den Grenzgebieten und einer großen öffentlichen Anteilnahme zu Gunsten der Polen für Österreich und Preußen auch darum, sich möglichst neutral zu verhalten, um nicht in den Konflikt involviert zu werden.[187] Auslieferungen hätten dabei durchaus als aktive Parteinahme gedeutet werden können. Stattdessen wiesen Österreich und Preußen die Aufstandsteilnehmer aus bzw. ließen sie nach Westeuropa durchreisen. Vor diesem Hintergrund sollten die Münchengrätzer Vereinbarungen auch ausdrücklich keine Rückwirkung auf die Zeit vor 1833 haben. Auch wenn sich in der Zeit nach 1833 Fälle feststellen lassen, in denen das Münchengrätzer Abkommen angewandt wurde,[188] war seine Funktion wohl eher eine politische als eine rechtliche. Nach »Innen« ging es darum, das angespannte Verhältnis zwischen den drei »Ostmächten« zu stabilisieren, wobei die Verabredungen bezüglich der Auslieferung ein Zugeständnis Österreichs und Preußens an Russland waren. Nach »Außen« sollte es insbesondere das Signal an die Aufstandsteilnehmer senden, dass sie im Grenzgebiet zu Polen auf keinen Fall sicher agieren konnten. Aus diesem Grund bestand wohl Preußen auch darauf, dass die Bestimmungen zur Auslieferung politischer Verbrecher als einzige nicht geheim blieben, sondern verpflichtend publiziert wurden.[189]

4.2.2.2 Nichtauslieferung politischer Flüchtlinge durch Frankreich und Belgien und die Problematik der konnexen Delikte

Auf praktischer Ebene beschränkten sich Konflikte um die Auslieferung politischer Flüchtlinge zwischen deutschen Staaten sowie Frankreich und Belgien vor allem auf die Jahre 1832/33, als die

---

[187] Zu der transnationalen Rezeption und den diplomatischen Interaktionen nach dem Novemberaufstand siehe: Kocój, Novemberaufstand; Seide, Novemberrevolution; Seide, Wiener Akten.
[188] Für ein Fallbeispiel siehe z. B.: GStA PK Berlin, III. HA, MdA, Abt. III, Nr. 11464.
[189] Zum Verfahren der Publikation in Preußen siehe: GStA PK Berlin, III. HA, MdA, Abt. I, Nr. 8685.

deutschen Regierungen erstmals im größeren Umfang mit dem Konzept der Nichtauslieferung politischer Verbrecher konfrontiert wurden. Dies betraf zunächst nach Frankreich geflüchtete Teilnehmer des Hambacher Fests. Etwas skurril wirkt dabei ein Gutachten des bayrischen Staatsprokurators in Zweibrücken, in dem dieser ausführte, dass die Auslieferung der Journalisten Ernst Ludwig Daniel Große und Daniel Friedrich Ludwig Pistor nach französischem Recht zulässig sei, da der Inhalt ihrer Reden auf dem Hambacher Fest darauf hindeuten würde, dass sie »die Revolution« weniger aus politischen als aus privaten Gründen hätten provozieren wollen. Ein Zeuge habe angeben, Pistor hätte in seinen Reden »nicht nur auf den Umsturz der politischen Ordnung hingearbeitet, sondern insbesondere auch in grellen Farben seine Armuth vorzuspiegeln gesucht, und gerade in diesem Punkt hat er den größten Eindruck bei der Menge hervorgerufen«.[190] Daher läge kein politisches, sondern eine auslieferungswürdiges gemeines Verbrechen vor, da beide vorgehabt hätten, sich als Nutznießer des provozierten politischen Umsturzes zu bereichern:

> »Hieraus ergiebt sich wohl, daß diese Herren neben ihren politischen Plänen auch noch die Tendenz hatten, durch Aufreizung zur Rebellion für die Sicherheit ihrer Person zu sorgen. Die Umtriebe der Partheymänner und besonders der Doktoren Große und Pistor hatten also nach den obigen Bemerkungen zu schließen nicht allein das politische Verbrechen der Staatsumwälzung sondern auch das Verbrechen gegen das Leben und das Eigenthum der Personen zum Zweck ›envers les personnes et les propriétés‹.«[191]

Auch wenn diese Argumentation konstruiert wirkt und – wenig überraschend – auch nicht zum Erfolg führte, weist sie doch auf das zentrale Problem des Prinzips der Nichtauslieferung politischer Verbrecher hin, nämlich die Überlagerung von gemeinen und politischen Straftaten bzw. der »konnexen Delikte«:

> »Die belgischen und französischen Liberalen hatten es bewußt vermieden, genau zu definieren, welche Delikte als politisch oder

---

[190] Bericht des General-Prokurators in Zweibrücken, 19. August 1832, in: HStA München, MdA, Nr. 9309.
[191] Bericht des General-Prokurators in Zweibrücken, 19. August 1832, in: HStA München, MdA, Nr. 9309.

als konnex unter die Privilegierung fielen. Sie wollten jede Möglichkeit ausschließen, daß politische Straftäter wie gemeine Verbrecher behandelt werden konnten. Damit umgingen sie ein grundsätzliches Problem, denn reine politische Verbrechen sind kaum zu finden. Meist liegt eine Mischung aus politischer und gemeiner Kriminalität vor.«[192]

Für die Praxis bedeutete diese Auffassung, dass Frankreich und Belgien beim kleinsten Anzeichen eines politischen Zusammenhangs Auslieferungen verweigerten, was besonders bei schweren Gewalttaten zu Konflikten führte. Ein Beispiel hierfür ist der Fall der gescheiterten Befreiung des Journalisten und Organisators des Hambacher Festes Johann Georg August Wirth im April 1834.[193] Wirth war kurz zuvor in Zweibrücken wegen Majestätsbeleidigung zu zwei Jahren Haft verurteilt worden und sollte nach Kaiserslautern verlegt werden.[194] In der Nähe von Homburg wurde der Transport von mehreren bewaffneten Personen angegriffen, wobei ein Wachmann angeschossen und ein Pferd getötet wurde. Zwar konnte der Angriff abgewehrt werden, jedoch gelang es den Tätern nach Frankreich zu fliehen. Bayern forderte von Frankreich daraufhin ihre Auslieferung und argumentierte, dass es sich nicht um ein politisches Delikt, sondern um das »gemeine Verbrechen des versuchten Meuchelmordes in Rotte auf offener Landstraße und der gewaltsamen Befreiung eines Corrections-Sträflings« handeln würde.[195] Für diese Auffassung sprach, dass die meisten Angreifer angeworben und bezahlt worden waren und somit offenbar keine politischen Intentionen hatten.[196] Trotzdem lehnte die französische Regierung wegen des politischen Kontextes der Tat eine Auslieferung ab. Dabei handelte es sich nicht zwangsläufig um die Rechtsauffassung der französischen Regierung, die selbst wenig Interesse an der Aufnahme von Gewalttätern aus unteren sozialen Schichten hatte.[197] Allerdings kam eine Auslieferung schon deshalb nicht in Frage, da der Fall öffentlich bekannt

---

[192] Reiter, Asyl, S. 42. Siehe auch: Wijngaert, Political Offence, S. 14.
[193] Vgl. HStA München, MdA, Nr. 9311; LA Speyer, Best. H 1, Nr. 965; LA Speyer, Best. J 1, Nr. 14.
[194] Vgl. Hüls, Wirth, S. 346 ff.
[195] General-Staats-Prokurator Zweibrücken an Regierung des Rheinkreises Speyer, 17. Mai 1834, in: LA Speyer, Best. H 1, Nr. 965.
[196] Vgl. Hüls, Wirth, S. 349.
[197] Vgl. Reiter, Asyl, S. 114.

geworden war. Dies stellte ein erhebliches Problem dar, da dies die französische Regierung im Blick auf eine Auslieferung handlungsunfähig machte. Als Frankfurt 1837 in einer vergleichbaren Konstellation plante, die Auslieferung von zwei Gefangenenwärtern zu fordern, die Teilnehmern des Wachensturms zur Flucht verholfen hatten, berichtete der österreichische Kommissar bei der Bundeszentralbehörde, Friedrich Moritz von Wagemann, an Metternich, dass eine Auslieferung deshalb unwahrscheinlich sei, da die französischen Zeitungen von dem Vorgang erfahren hätten und die öffentliche Meinung zu Gunsten der Flüchtlinge beeinflussen würden.[198] Im Fall der gescheiterten Befreiung Wirths kam Frankreich der bayrischen Regierung jedoch dadurch entgegen, dass die Täter ins Landesinnere verwiesen wurden, von wo aus die meisten schnell nach Amerika emigrierten.[199]

Dass Frankreich und Belgien sich mit ihrer Auslieferungspraxis kriminalpolitisch auf einem schmalen Grad bewegten, zeigt der Fall des Heidelberger Studenten Ludwig Clausing.[200] Clausing hatte 1833 nach einer vermeintlichen Ehrverletzung auf der Heidelberger Fronleichnamsprozession – er war öffentlich gemaßregelt worden, weil er geraucht und eine Mütze getragen hatte – versucht, einen seiner Kontrahenten in dessen Wohnung zu erschießen.[201] Die sich anschließenden Hausdurchsuchungen ergaben, dass Clausing sich offenbar aktiv an der Heidelberger Burschenschaft beteiligt hatte. Die Ermittlungen wurden daraufhin auf zwei Ebenen geführt, nämlich wegen versuchten Mordes und wegen Mitgliedschaft in einer ver-

---

[198] Wagemann an Metternich, 23. Februar 1837, in: HHStA Wien, StK, Deutsche Akten, Nr. 25.
[199] Siehe die Kurzbiographien der fünf Täter Franz Joseph Marschall, Friedrich Christian Jacob Kurtz, Franz Zöller, Carl August Stuckart, Friedrich Couturier in: Süss, Schwarzes Buch, S. 32 ff.
[200] Zum Fall Clausing siehe: GLA Karlsruhe, Abt. 233, Nr. 39427; UA Heidelberg, RA, Nr. 6956; Protokolle Bundeszentralbehörde, 21. Sitzung, 14. Dezember 1834, § 283; 25. Sitzung, 7. Januar 1834, § 297, in: GStA PK Berlin, I. HA, Rep. 77, Tit. 10, Nr. 2, Bd. 1.
[201] Siehe auch die Ausführungen von Severin Roeseling, der den Fall unter dem Gesichtspunkt der »studentischen Ehre« analysiert: Roeseling, Burschenehre, S. 336 ff. Weiterhin die Selbstdarstellung der Ereignisse durch Clausing in seiner im amerikanischen Exil verfassten Autobiographie: Clausing, German Student.

botenen politischen Verbindung. Clausing gelang es jedoch nach Straßburg fliehen, wo er durch einen Reisenden identifiziert wurde. Baden stellte umgehend einen Auslieferungsantrag, der von Frankreich, da Clausing sich bei der französischen Behörden als politischer Flüchtling gemeldet hatte, aber zunächst abgelehnt wurde. Baden musste nun zuerst nachweisen, dass die Ermittlungen wegen des Mordes nicht in Zusammenhang mit Clausings politischen Aktivitäten standen. Bis dieser Nachweis erbracht worden war, hatte Clausing sich bereits nach Belgien abgesetzt.

Baden bemühte sich erneut um eine Auslieferung, allerdings bestand nun das Problem, dass Belgien nur an Staaten auslieferte, mit denen ein Auslieferungsvertrag bestand, und dass Clausing bereits in Abwesenheit zu Tode verurteilt worden war, weshalb die belgische Regierung Sorge hatte, bei einer Auslieferung den Zorn der Öffentlichkeit auf sich zu ziehen. Clausing, der befürchtete, dass das Bekanntwerden der Tatumstände Nachteile für ihn haben könnte, floh, bevor es zu einer Entscheidung über den Antrag kam, über England in die USA, wo er für die Strafverfolgungsbehörden de facto unerreichbar war. Während dies im Fall eines »rein« politischen Delikts letztendlich die Ideallösung gewesen wäre, so war dies bei einem Mordversuch ein großes Problem, da die badische Regierung unter Druck stand, die Tat zu bestrafen. Der Fall Clausing war dann auch ein entscheidender Beweggrund für Baden, in den folgenden Jahren Auslieferungsverträge mit Belgien und Frankreich abzuschließen.[202]

Trotz solcher Fälle kam es im Vormärz zu keiner strukturellen Diskussion um eine »Entpolitisierung« schwerer Delikte. Diese setzte erst nach der 48er Revolution ein und führte 1856 zur belgischen »Attentatsklausel«, die Angriffe auf Staatsoberhäupter aus der Gruppe der nichtauslieferungswürdigen Delikte ausschloss.[203] Dennoch hatte sich diese Entwicklung schon seit den 1830er Jahren angebahnt. Ausschlaggebend hierfür war ein Wandel in der Wahrnehmung und

---

[202] Zu den badischen Verhandlungen mit Belgien und Frankreich wegen Auslieferungsverträgen siehe: GLA Karlsruhe, Abt. 49, Nr. 311; GLA Karlsruhe, Abt. 234, Nr. 7079.
[203] Vgl. Martitz; Rechtshilfe (Abt. 2), S. 367 ff.; Mettgenberg, Attentatsklausel; Reiter, Asyl, S. 46 ff.; Wijngaert, Political Offence, S. 136 ff.

Manifestation politischer Kriminalität. Zwar wurde dies selten deutlich ausgesprochen, aber das in den 1820ern und frühen 1830ern in aufgeklärten Diskursen geforderte politische Asylrecht beruhte auf einer idealisierten Vorstellung des politischen Kriminellen als Mitglied des »juste milieu«, der primär wegen Meinungsverbrechen verfolgt wurde. Ausgehend von den Erfahrungen mit der tatsächlichen Asylpraxis wandelte oder ergänzte es sich zunehmend um das Bild des aufgrund seiner Herkunft und Handlungsweisen »asozialen« Gewalttäters ohne echte politische Motive. Die sich unmittelbar an die Implementierung des Prinzips der Nichtauslieferung politischer Verbrecher anschließende Verschärfung der innenpolitischen Maßnahmen gegen politische Flüchtlinge in Belgien und Frankreich sind in diesem Kontext zu sehen.[204]

Ein Schlüsselereignis war das schon mehrfach angesprochene Attentat des korsischen Kriegsveteranen Joseph Fieschi auf Louis Philippe mit einer aus mehreren Gewehrläufen bestehenden »machine infernale« während der Parade zum fünften Jahrestag der Julirevolution am 28. Juli 1835.[205] Dessen Bedeutung lag neben der als neuartig empfundenen und zeitgenössischen Ehrbegriffen widersprechenden Attentatsästhetik insbesondere in der bewussten Inkaufnahme ziviler Opfer. Hierin unterschied sich das Attentat erheblich von den bekannten Attentaten durch Karl Ludwig Sand, Karl Löning oder Pierre Louis Louvel, die gezielt mit Stichwaffen durchgeführt wurden. Hinzu kam, dass Fieschi, anders als frühere Attentäter, die in der Regel aus akademischen, administrativen oder militärischen Kontexten kamen, seine Tat kaum politisch legitimieren konnte, sondern eher persönliche Motive anführte.[206] Die mittelfristige Bedeutung des Attentats lag darin, dass es beeinflusst durch eine intensive Berichterstattung und einen Personenkult um Fieschi, der als Symbol des Protests gegen die »restaurative« Ordnung stilisiert wurde, Auftakt einer Serie typologisch ähnlicher Attentate auf Staatsoberhäupter in ganz Europa war, darunter allein sechs auf Louis

---

[204] Reiter, Asyl, S. 112.
[205] Für Darstellungen des Attentats siehe: Giesselmann, Manie (Bd. 1), S. 361 ff.; Zamoyski, Phantome, S. 452 ff.
[206] Zum Prozess gegen Fieschi siehe z. B.: Auszug aus dem Berichte; Merkwürdiger Prozeß.

Philippe in der Zeit bis 1846.[207] Durch dieses geteilte und latente Bedrohungsszenario bildete sich der Grundkonsens heraus, bei Gewaltakten gegenüber Staatsoberhäuptern und politischen Funktionsträgern zu kooperieren, worin ein wesentliches Element einer europäischen »Sicherheitskultur« zum Umgang mit politischer Kriminalität gesehen werden kann.

Ein nicht unerheblicher Faktor war, dass besonders Frankreich selbst in die Lage geriet, mit anderen Regierungen kooperieren zu müssen. Unmittelbar nach Fieschis Attentat hatte die französische Regierung die preußischen Behörden gebeten, ihre Grenzkontrollen zu verschärfen und verdächtige Personen festzunehmen.[208] Ein ähnliches Verfahren hatte man auch infolge des Wachensturms angewendet, als die französischen Behörden ihre Grenze schlossen und Teilnehmer des Aufstands an der Grenze abgewiesen wurden.[209] Anfang August 1835 wurde in Saarbrücken ein verdächtiger Franzose mit dem Namen Gilbert Simeon Bardon verhaftet, nach dem im Zusammenhang mit dem Attentat gefahndet wurde.[210] Als Frankreich die Auslieferung Bardons verlangte, kam es innerhalb der preußischen Regierung zu einer Diskussion, ob und wie die Situation politisch zu nutzen sei. Justizminister Heinrich Gottlob von Mühler schlug Außenminister Ancillon vor, die Auslieferung Bardons an die Bedingung der »Reziprozität« zu knüpfen, so dass Frankreich in Zukunft selbst politische Delinquenten ausliefern oder zumindest »kleine« Rechtshilfe etwa durch Übermittlung von gerichtlichen Mitteilungen (z. B. Steckbriefe) oder der Durchführung von Verhören leisten müsse:

> »Wenn nach dem Inhalt dieses Berichts das Weitere wegen Auslieferung des p. Bardon auf den diplomatischen Weg verwiesen worden ist und hiernach die Sache zur Erörterung bei eurer Excellenz gebracht werden dürfte, so erlaube ich mir zur Benutzung bei diesen Verhandlungen in Erinnerung zu bringen, daß in den

---

[207] Giesselmann, Manie (Bd. 1), S. 362 f.
[208] Nagler an Bodelschwingh, 30. Juli 1835, in: LHA Koblenz, Best. 403, Nr. 2150.
[209] Vgl. Reiter, Asyl, S. 114; Wentzcke, Straßburg, S. 240 ff.
[210] Dern an Bodelschwingh, 14. August 1835, in: LHA Koblenz, Best. 403, Nr. 2150; Bodelschwingh an Rochow, 19. August 1815, in: GStA PK Berlin, III. HA, MdA, Abt. III, Nr. 5403.

hier anhängigen Untersuchungen gegen hochverätherische Umtriebe seitens der Königlich Französischen Regierung jede Tätigkeit verweigert worden ist. (...) Sollte Gegenwärtig nach dem Attentate vom 28. Juli. C die französische Regierung bei den desfallsigen Untersuchungen die Mitwirkung der diesseitigen Regierung in Anspruch nehmen, so dürfte es jedenfalls nicht überflüssig sein einen Versuch zu machen sich der Reziprozität der Kgl. Französischen Regierung zu versichern, damit Frankreich nicht länger ein unerreichbares Asyl für die deutschen Verbrecher abgebe.«[211]

Tatsächlich lassen sich während der 1830er und 1840er Jahre in den Rheinprovinzen einige Fälle beobachten, in denen Preußen aus Frankreich geflüchtete Anhänger der Bourbonen aus revanchistischen Motiven unterstützte.[212] Ein solches Vorgehen kam im Fall eines Königsattentats jedoch nicht in Frage. Aus diesem Grund lehnte es Ancillon ab, eine Auslieferung Bardons an Bedingungen zu knüpfen, da dies aufgrund der politischen und rechtlichen Rahmenbedingungen einer Ablehnung des französischen Antrags entsprochen hätte:

»Was nun die Berücksichtigung eines solchen Antrages betrifft, so verkennt das u. M. zwar auch seinerseits nicht, wie wünschenswerth es wäre, wenn man daraus Veranlassung nehmen könnte, sich der Reziprozität der Französischen Regierung in Beziehung auf die der Teilnahme an hochverräterischen Umtrieben diesseits beschuldigten Individuen zu versichern, da es allerdings ein großer Üebelstand ist, daß die deutschen politischen Verbrecher in Frankreich eine Freistätte finden. Das u. M. glaubt E. E. jedoch darauf ganz erg. aufmerksam machen zu müssen, daß, wie sehr die Franz. Regierung ihrerseits auch bereit sein möchte, dem diesseitigen Wunsch, hierunter nachzukommen, dieselbe zur Zeit sich doch noch nicht in der Lage befindet, uns die Auslieferung von politischen Verbrechern förmlich zuzusichern, da dies nach den Grundsätzen der bestehenden franz. Gesetzgebung unzulässig ist, eine Abänderung der letzteren aber nicht ohne Zustimmung der Kammern erfolgen kann. Wollte man die Auslieferung des p. Bardon von der Zusicherung der Reziprozität abhängig machen, so würde, da die Französische Regierung solche zu gewähren außer Stande ist, dies einer Verweigerung gleich kommen. Das u. M. ist der Meinung, daß, wenn auf diplomatischem Weg ein Antrag auf Auslieferung

---

[211] Rochow an Ancillon, 27. August 1835, in: GStA PK Berlin, III. HA, MdA, Abt. I, Nr. 8012; GStA PK Berlin, III. HA, MdA, Abt. III, Nr. 5403.

[212] Siehe z. B.: LHA Koblenz, Best. 403, Nr. 2100; LHA Koblenz, Best. 403, Nr. 2175.

des p. Bardon gemacht werden sollte, demselben umsomehr gleich Folge zu geben sei.«[213]

Nach der Auslieferung Bardons versuchte Mühler trotzdem, die Situation politisch zu nutzen. Er hoffte, Frankreich würde sich aus Dank zumindest bereit erklären, dem politischen Flüchtling Jacob Venedey eine Vorladung wegen seines Prozesses vor dem Kammergericht Köln zu übermitteln: »Da in Folge des Attentats vom 28. July die königlich französische Regierung verschiedentlich in den Fall gekommen ist, bei der diesseitigen Regierung Anträge zu machen und letztere niemals zurück gewiesen worden sind (...).«[214] Tatsächlich entsteht der Eindruck, dass die französische Regierung nach 1835 Requisitionen deutscher Regierungen im Rahmen ihrer Möglichkeiten bereitwilliger nachkam, wobei sich dies kaum monokausal durch die preußische Kooperationsbereitschaft im Kontext des Fieschi-Attentats, sondern wohl in erster Linie durch den insgesamt härteren Kurs gegen oppositionelle Gruppen erklären lässt.[215]

4.2.2.3 Die Asylkonflikte mit der Schweiz

In der Schweiz hatte seit dem Ende der 1820er Jahre ein Liberalisierungsprozess eingesetzt (»Regeneration«), der durch die französische Julirevolution verstärkt wurde, sich 1830 in einer »Welle von Protest- und Forderungsbewegungen« verdichtete und sich auf die politische Grundausrichtung vieler Kantone auswirkte.[216] Vor dem Hintergrund dieses politischen Umbruchs betonte die Schweiz wieder stärker ihre Souveränität gegenüber dem Ausland und eine Reihe von Kantonen ging zu einer großzügigen Asylpraxis über.[217] Bereits 1829 hatte die Schweizer Tagsatzung das Press- und Fremdenkonklusum von 1823 nicht verlängert, da sie der Auffassung war, hierdurch eine für die »Unabhängigkeit und Selbstständigkeit« der

---

[213] Ancillon an Rochow, 9. September 1835, in: GStA PK Berlin, III. HA, MdA. Abt. I, Nr. 8012; GStA PK Berlin, III. HA, MdA, Abt. III, Nr. 5403.
[214] Mühler an Ancillon, 19. September 1835, in: GStA PK Berlin, III. HA, MdA, Abt. I, Nr. 8034.
[215] Vgl. Reiter, Asyl, S. 116.
[216] Schaffner, Direkte Demokratie, S. 193. Zusammenfassend: Koller, Regeneration.
[217] Reiter, Asyl, S. 104 f.; Theler, Asyl, S. 194 f.

Schweiz gefährliche, »gleichsam vertragsmäßige Verpflichtung mit dem Ausland übernommen« zu haben.[218] In Anlehnung an die Entwicklungen in der Asyl- und Auslieferungsfrage in Frankreich und Belgien verbot der liberale Kanton Bern 1834 Auslieferungen wegen politischer Vergehen, da dies »weder mit den Grundsätzen der Humanität, noch mit der Verfassung und gegenwärtigen Staatsverwaltung der Republik verträglich« sei.[219] Aus diesem Grund sollten die bestehenden Auslieferungsverträge der Schweiz mit Österreich und Baden so modifiziert werden, »daß die gegenseitige Auslieferungspflicht sich ausschließend auf Solche beschränke, die sich gemeinschädlicher Verbrechen schuldig gemacht haben, oder derselben verdächtig sind«.[220] Bereits 1832 hatten die Schweiz und Frankreich einen seit 1828 bestehenden, auf dem Enumerationsprinzip basierenden Auslieferungsvertrag in diesem Sinne abgeändert und »Hochverrat« aus der Gruppe der auslieferungswürdigen Delikte gestrichen.[221]

Die Schweizer Flüchtlingspolitik wurde schon 1830, als sich insbesondere italienische Flüchtlinge in die Schweiz begaben, kritisch beäugt. Allerdings konnten sich die kontinentalen Großmächte nicht mehr auf ein gemeinsames Vorgehen verständigen.[222] Nicht nur aus deutscher Perspektive war die Schweiz das problematischste europäische Asylland. So sammelten sich in der Schweiz zunehmend aus Frankreich und Belgien vertriebene »radikale« Oppositionelle, denen die Schweiz als einziges Rückzugsgebiet in Kontinentaleuropa blieb. Ähnlich wie in Frankreich hielten sich zusätzlich zu dieser relativ kleinen Personengruppe in der Schweiz tausende Arbeitsmi-

---

[218] Beschluss über die Beseitigung der Beschlüsse vom 14. Heumonat 1823 über den Mißbrauch der Druckerpresse in Beziehung auf das Ausland und die Fremdenpolizei, 8. Juli 1829, in: Offizielle Sammlung, S. 230.
[219] Beschluss des Großen Rates zur Aufhebung der Concordate über Auslieferung wegen politischer Vergehen, 19. Juni 1834, in: Gesetze Bern 1834, S. 204. Siehe auch: Schmidt, Flüchtlinge, S. 42 f.
[220] Beschluss des Großen Rates zur Aufhebung der Concordate über Auslieferung wegen politischer Vergehen, 19. Juni 1834, in: Gesetze Bern 1834, S. 204.
[221] Vertrag zwischen der Eidgenossenschaft und der Krone Frankreich, betreffend verschiedene nachbarliche, gerichtliche und polizeiliche Verhältnisse, 30. Juli 1833 sowie weiteres Quellenmaterial, in: Offizielle Sammlung, S. 306 ff.
[222] Schweizer, Neutralität, S. 705.

granten auf, deren Politisierung ein erhebliches Bedrohungsszenario darstellte. Gleichzeitig waren die kleinen Schweizer Kantone administrativ kaum in der Lage, eine restriktive Ausländerpolitik durchzusetzen. Anders als für die Polen, für die die Schweiz nur eine Ausweichlösung war, war die Schweiz für deutsche und auch italienische Flüchtlinge wegen der geographischen und der kulturellen Nähe zum Heimatland ein attraktiver Aufenthaltsort. Joseph Inauen führt im Blick auf die Deutschen aus:

> »Die Schweiz galt den deutschen Flüchtlingen als geeignetes und beliebtes Asylland. Die Sympathien der Bevölkerung und zum Teil der Regierungen ermöglichten ihnen einen ungestörten Aufenthalt und eine fast uneingeschränkte Tätigkeit; die Pressefreiheit gestattete ihnen die Benutzung der Zeitungen und die Verbreitung von Flugschriften und anderer politischer Literatur; die Vereinsfreiheit gewährte ihnen die Möglichkeit des Zusammenschlusses; zudem war die Schweiz, selbst mehrheitlich deutschsprachig, unmittelbar vor den Toren Deutschlands gelegen, die Grenze schwach bewacht und leicht heimlich zu überschreiten.«[223]

Im Blick auf Deutschland rückte die Asylpolitik der Schweiz besonders nach den Ereignissen um den Frankfurter Wachensturm im April 1833 in den Fokus. So hatten sich mehrere als Teilnehmer und Hintermänner verdächtigte Personen in die Schweiz geflüchtet oder waren aus Frankreich dorthin ausgewiesen worden.[224] Parallel hatte sich eine größere Gruppe von polnischen Flüchtlingen aus Frankreich mit dem Ziel in die Schweiz begeben, die Wachenstürmer von dort aus zu unterstützen.[225] Dies führte zu einer verstärkten Sicherung der Grenzen durch die süddeutschen Staaten und zu einer ersten Forderung der Bundesversammlung an die Schweiz und Frankreich am 15. Mai 1833, deutsche und polnische Flüchtlinge aus den Grenzgebieten zu entfernen und im Landesinnern unter polizeiliche Aufsicht zu stellen.[226] Der Kanton Zürich, der zu diesem Zeitpunkt als Vorort fungierte, reagierte hierauf schon am 22. Mai

---

[223] Inauen, Brennpunkt, S. 120.
[224] Zu den in die Schweiz geflüchteten Teilnehmern des Wachensturms siehe: Protokolle Bundesversammlung 1834, 14. Sitzung, § 188, S. 410 ff.
[225] Vgl. Inauen, Brennpunkt, S. 128 ff.
[226] Protokolle Bundesversammlung 1833, 21. Sitzung, § 188, S. 471; Beilagen zur 21. Sitzung, § 188, S. 487 f. Siehe auch: Ziegenhorn, Zuständigkeiten, S. 84 f.

1833 mit einer Note, in der er mitteilte, die Note des Deutschen Bundes an die Kantonsregierungen weitergeleitet zu haben und überzeugt sei, dass die Forderungen auch umgesetzt werden würde.[227] Der Vorgang zeigt zwei Hauptprobleme beim Umgang mit der Schweiz, nämlich das Fehlen eines zentralen außenpolitischen Ansprechpartners und die innenpolitischen Kompetenzen der aus auswärtiger Perspektive schwer berechenbaren Kantone. Ein weiteres Problem war, dass die Schweiz als Binnenland nicht in der Lage war, Personen auszuweisen, ohne sich vorher mit den Nachbarstaaten abzusprechen. Nach Verhandlungen zwischen dem Schweizer Vorort und Vertretern des Deutschen Bundes, in denen unter anderem diskutiert wurde, die polnischen Flüchtlinge über den Rhein in die Niederlande und von dort aus nach England und die USA auszuschiffen, erklärte sich Frankreich schließlich bereit, die Polen durch sein Territorium nach England durchziehen zu lassen.[228]

In Württemberg äußerte das Justizministerium im Juni 1833 die Idee, von der Schweiz die Auslieferung des an der Franckh-Koseritz'schen Verschwörung beteiligten Publizisten Rudolf Lohbauer sowie vier geflohener Burschenschafter zu verlangen.[229] Das Außenministerium sprach sich jedoch dagegen aus. Die Schweiz habe sich bekanntermaßen den politischen »Grundsätzen der französischen Regierung« verschrieben und würde nach neuesten Informationen des badischen Ministerresidenten in Bern, Alexander von Dusch, auf keinen Fall politische Flüchtlinge ausliefern.[230] Ein Auslieferungsantrag würde daher nur zu einem sinnlosen und »unangenehmen« außenpolitischen Konflikt führen. Zudem sei problematisch, dass Württemberg während der innenpolitischen Auseinandersetzungen in der Schweiz 1830 selbst politische Flüchtlinge aufgenommen habe:

> »Voraussichtlich wird ferner eine solche Auslieferung nie anders, als gegen Zusicherung der Reziprozität statt gegeben werden; es ent-

---

[227] Protokolle Bundesversammlung 1833, 25. Sitzung, § 250, S. 559.
[228] Reiter, Asyl, S. 105; Ziegenhorn, Zuständigkeiten, S. 85.
[229] Ministerium der Jusitz an Ministerium der auswärtigen Angelegenheiten, 28. Juni 1833, in: HStA Stuttgart, Best. E 301, Büschel 103.
[230] Ministerium der auswärtigen Angelegenheiten an Ministerium der Justiz, 5. Juli 1833, in: HStA Stuttgart, Best. E 301, Büschel 103.

steht also um so mehr die Frage, ob diese Zusicherung diesseits ertheilt werden könne, als von den aus Anlaß der neuerlichen Staats-Veränderungen in der Schweiz von dort entflohenen Personen sich gegenwärtig einige in Württemberg befinden.«[231]

Aus diesem Grund beschränkte sich die württembergische Regierung im Sinne der Note des Deutschen Bundes darauf, gegenüber dem Schweizer Vorort Zürich lediglich die Verweisung Lohbauers und der geflohenen Studenten aus den Grenzkantonen in das Landesinnere zu verlangen, da »zu befürchten stehe, daß sie die Ruhe des Nachbarstaates durch fortgesetzte Umtriebe zu stören suchen werden (...)«.[232] Das Stadtgericht München versuchte dagegen im Herbst vom Kanton Zürich die Auslieferung von vier geflohenen Burschenschaftern zu erwirken, wurde jedoch »unter Berufung auf das in der Schweiz geltende Asylrecht« abgewiesen.[233]

Zu einer ersten Eskalation in der Flüchtlingsfrage kam es im Februar 1834 nach dem so genannten »Savoyerzug«.[234] Eine Gruppe polnischer, französischer, italienischer und auch deutscher Oppositioneller, darunter auch geflohene Teilnehmer des Wachensturms, hatten von der Schweiz aus versucht, in das zu Sardinien-Piemont gehörende Herzogtum Savoyen einzufallen. Organisiert hatte die Aktion der berüchtigte italienische Oppositionelle Giuseppe Mazzini.[235] Der Angriff konnte zwar von den lokalen Behörden abgewehrt werden, war jedoch Auslöser eines internationalen Einschreitens gegen die Schweizer Asylpolitik, das maßgeblich von Österreich initiiert und koordiniert wurde. Im Blick auf Deutschland nutzte Metternich aus, dass sich wegen der Wiener Kabinettskonferenz zu diesem Zeitpunkt die wichtigsten außenpolitischen Vertreter der deutschen Staaten in Wien aufhielten, so dass sich dort nicht formell,

---

231 Ministerium der auswärtigen Angelegenheiten an Ministerium der Justiz, 5. Juli 1833, in: HStA Stuttgart, Best. E 301, Büschel 103.
232 Ministerium der auswärtigen Angelegenheiten an Ministerium der Justiz, 9. August 1833, in: HStA Stuttgart, Best. E 301, Büschel 103.
233 Protokolle Bundesversammlung 1834, 14. Sitzung, § 188, S. 411; Protokolle Bundeszentralbehörde, 26. Sitzung, 16. Januar 1834, § 316, in: GStA PK Berlin, I. HA, Rep. 77, Tit. 10, Nr. 2, Bd. 1.
234 Detaillierte Darstellungen des Savoyerzuges bei: Lenherr, Ultimatum, S. 193 ff.; Schweizer, Neutralität, S. 706 ff.
235 Eschen, Junges Deutschland, S. 29 f.

aber in jedem Fall praktisch das politische Zentrum des Deutschen Bundes befand.[236] Das Ergebnis der Beratungen war eine Serie inhaltlich nahezu gleicher Noten an den Schweizer Vorort, welche von deutscher Seite durch Österreich, Baden, Württemberg, Bayern, Preußen und die Bundesversammlung einreicht wurden. Weiterhin beteiligten sich Sardinien-Piemont, das Königreich beider Sizilien und Russland an diesem in der Schweizer Historiographie gelegentlich martialisch als »Notenkrieg« bezeichneten Vorgang.[237] Frankreich war als einziger Nachbarstaat nicht beteiligt.

Die Schweiz wurde in diesen Noten auf ihre sich aus dem Neutralitätsstatus ergebende, »völkerrechtliche Verpflichtung« hingewiesen, ihre Nachbarstaaten vor von ihrem Territorium aus geführten Angriffen zu schützen und aufgefordert, die Teilnehmer des Savoyerzuges sowie sonstige, »indirekt« für die Sicherheit der Nachbarstaaten gefährliche Personen auszuweisen.[238] Andernfalls würden polizeiliche Sicherheitsmaßnahmen zu Ungunsten der Schweiz getroffen werden. In Wien war hierzu konkret vereinbart worden, die Ein- und Ausreisebestimmungen zu beschränken, um die Bewegungsmöglichkeiten Oppositioneller besser kontrollieren zu können und ganz besonders um

> »der Eidgenossenschaft ein Vorgefühl der noch strengeren, den ihr so wichtigen Verkehr mit dem Ausland nochmals beschränkenden Massnehmungen zu geben, zu welcher sich die Grenz-Nachbarn der Schweiz unfehlbar bewogen finden werden, verweigert sie denselben ihr gegenwärtiges auf die klarsten Rechtsgrundsätze gegründetes Begehren«.[239]

Die Verknüpfung zwischen der Neutralitäts- und Asylfrage erfolgte in den Noten allerdings nur implizit. Deutlicher wurde dagegen der badische Staatsminister Friedrich von Blittersdorff, der diese Auffassung in einem Artikel mit dem Titel »Ueber Auslieferung der Hochverräter« in der Mannheimer Zeitung griffig ausformulierte:

> »Die unbeschränkte Aufnahme der Hochverräter und Empörer ist bei dem gegenwärtigen Zustand der Dinge eine kaum verdeckte

---

[236] Vgl. Lenherr, Ultimatum, S. 222 ff.; Inauen, Brennpunkt, S. 130 ff.
[237] Lenherr, Ultimatum, S. 214 ff.
[238] Lenherr, Ultimatum, S. 229 ff.
[239] Vortrag Metternich, 3. März 1834, zitiert nach: Lenherr, Ulitmatum, S. 226.

feindselige Handlung, indem die politischen Flüchtlinge von sicherer Stätte aus den Moment erspähen, wo sie ihre frevelhaften Unternehmungen wieder aufs Neue beginnen können. Der Hehler ist aber nicht viel besser als der Stehler, sagt das Sprichwort. So will z. B. die Schweiz, im Herzen Europas gelegen, daß man ihre Neutralität allwärts anerkennt und achte; sie aber scheut sich nicht, den politischen Verbrechern jeder Art eine Zufluchtsstätte darzubieten. Heißt dies die Neutralität achten, wenn man gestattet, daß solche Verbrecher von Anfang bis zu Ende des Jahres gegen die Ruhe der Nachbarstaaten conspirieren, und letztere dadurch nöthigen, die Schweiz gleichsam mit einen Cordon zu umgeben?«[240]

Metternichs Hauptansprechpartner waren neben Preußen in erster Linie die Regierungen Bayerns, Württembergs und Badens, da sie als Nachbarstaaten die Maßnahmen konkret umsetzen mussten. Ein erheblicher Streitpunkt waren dabei die durch die Beschränkung des Grenzverkehrs verursachten wirtschaftlichen Schäden, die die süddeutschen Staaten ähnlich hart getroffen hätten wie die Schweiz.[241] Dennoch war es Metternich wichtig, auch den Deutschen Bund miteinzubeziehen, selbst wenn dieser exekutiv kaum einen Beitrag leisten konnte. Die Idee hierhinter war nicht nur, den Effekt der Notenserie zu verstärken, sondern angesichts der transnationalen Verflechtungen des Savoyerzugs auch die nicht unmittelbar betroffenen deutschen Staaten sicherheitspolitisch zu integrieren.[242] Die Kompetenz des Deutschen Bundes zu einer diplomatischen Beschwerde wurde dabei aus seiner Zuständigkeit für die innere Sicherheit Deutschlands abgeleitet und somit die idealtypische Trennung von innerer und äußerer Sicherheit aufgelöst.[243] In derselben Sitzung, in der die Note an die Schweiz verabschiedet wurde, wurde zudem ein durch die Maßregelkommission schon länger vorbereiteter Bundesbeschluss zur Abstimmung gestellt, der sich gegen den Aufenthalt polnischer Flüchtlinge im Bundesgebiet richtete und der mit den Ereignissen in der Schweiz gerechtfertigt wurde.[244] Der am

---

240 Beilage zur Mannheimer Zeitung, 8. Februar 1834. Handschriftlicher Entwurf des Artikels in: GLA Karlsruhe, Abt. 52, Nr. 82.
241 Inauen, Brennpunkt, S. 136 f. Zu den wirtschaftlichen Folgen einer Grenzsperre siehe: Lenherr, Ultimatum, S. 304 ff.
242 Vgl. Inauen, Brennpunkt, S. 132.
243 Protokolle Bundesversammlung 1834, 9. Sitzung, § 103, S. 183 ff.
244 Protokolle Bundesversammlung 1834, 9. Sitzung, § 114, S. 207 ff.

17. April 1834 verabschiedete Bundesbeschluss sah ein Einreiseverbot für »in die polnische Insurection verwickelte Flüchtlinge« ohne österreichischen, preußischen oder russischen Pass oder Visum, die Ausweisung solcher Personen bei Antreffen im Bundesgebiet sowie die zentrale Erfassung aller im Sinne des Beschlusses legalen polnischen Flüchtlinge vor.[245]

Die Schweiz kam der Forderung nach einer pauschalen Ausweisung von als gefährlich eingeschätzten Personen nicht nach. Stattdessen berief sie sich auf ihr Recht, als souveräner Staat Asyl zu gewähren, und wies eine Verantwortung für den Savoyerzug zurück.[246] Erst nach zwei weiteren von Österreich koordinierten Notenserien, ersten konkreten Beschränkungen des Grenzverkehrs sowie der Androhung einer totalen Grenzsperre lenkte sie teilweise ein.[247] Bereits Mitte Mai wurden Teilnehmer des Savoyerzugs ausgewiesen und im Juni erklärte der Vorort Zürich in einer Zirkularnote an die Nachbarstaaten, die Schweiz würde »Flüchtlinge, welche das ihnen gegönnte Asyl mißbrauchen, indem sie die Ruhe anderer Staaten zu stören suchen,« in Zukunft ausweisen.[248]

»Normalisiert«[249] waren die Verhältnisse damit aber nur vorübergehend, denn bereits im Juli 1834 sorgte das so genannte »Steinhölzli Fest« im Kanton Bern für den nächsten Eklat. Beim Steinhölzli Fest handelte es sich um eine größere Versammlung deutscher Handwerker, die durch den nicht mit dem literarischen »Jungen Deutschland« zu verwechselnden politischen Geheimbund »Junges Deutschland« organisiert und durchgeführt worden war. Das Junge Deutschland war eine nationale Sektion des primär aus politischen Flüchtlingen bestehenden Netzwerks »Junges Europa«, das nach dem Savoyerzug von Giuseppe Mazzini initiiert worden war und seinen

---

[245] Maaßregeln wegen der nach Deutschland kommenden oder allda sich aufhaltenden Polnischen Flüchtlinge, in: Protokolle Bundesversammlung 1834, 15. Sitzung, § 192, S. 417 ff.

[246] Schreiben des Schweizerischen Vorortes Zürich an die Bundesversammlung, 18. März 1834, in: Protokolle Bundesversammlung 1834, 12. Sitzung, § 147, S. 323 ff. Vgl. Lenherr, Ultimatum, S. 239 ff.

[247] Lenherr, Ultimatum, S. 258 ff.

[248] Schreiben des Schweizerischen Vororts Zürich an Österreich, Bayern, Württemberg und Baden, 24. Juni 134, in: Protokolle Bundesversammlung 1834, 27. Sitzung, § 339, S. 699 f.

[249] Inauen, Brennpunkt, S. 134.

Schwerpunkt im liberalen Kanton Bern hatte. Organisationsgrad und Reichweite des Jungen Europa werden bis heute sehr unterschiedlich eingeschätzt und lassen sich wie bei den meisten politischen Geheimbünden nachträglich kaum beurteilen. Auffallend ist allerdings, dass die Forschungsarbeiten, die stark auf eine zentralisierte Struktur und organische Entwicklung abzielen, direkt oder indirekt auf den Berichten der Bundeszentralbehörde sowie sonstigen polizeilichen Materialien beruhen, meistens ohne deren Kontext und Perspektive zu reflektieren.[250] Dass der Charakter des »Jungen Europa« schon unter den Zeitgenossen umstritten war, zeigen die im nächsten Kapitel dargestellten Verhandlungen zwischen Österreich und Frankreich über eine Polizeikooperation 1836. Während die Österreicher von einer stringent agierenden Organisation ausgingen, sahen die französischen Behörden im Jungen Europa eher ein ideologisches und identitätsstiftendes Label, hinter dem sich ein heterogenes Netzwerk von Einzelpersonen und Kleingruppen verbarg.[251]

Aus der hier relevanten Perspektive der deutschen Sicherheitsbehörden – die bereits seit der Verhaftung Joseph Garniers im April 1833 die Pläne Mazzinis zur Gründung eines oppositionellen Netzwerks kannten –[252] stellten Junges Europa und Junges Deutschland eine erhebliche Bedrohung dar. Dies lag zum einen am transnationalen Charakter des »Jungen Europa«, der auf eine grenzübergreifend koordinierte Verschwörung europäischer Oppositioneller hinwies, und zum anderen daran, dass besonders die Mitglieder des Jungen Deutschlands versuchten, durch die Integration von Handwerkern eine Politisierung breiter Bevölkerungsschichten zu erreichen. Diese politische Strategie unterschied sich also erheblich von elitären Modellen wie der Burschenschaft. Zu diesem Zweck wurden seit Juni 1834 öffentliche Handwerkerversammlungen organisiert, von denen das Steinhölzlifest mit 150 Teilnehmern die größte, aber nicht die erste war.[253] Da die Schweiz noch systematischer als andere Staaten durch das Informationsbüro, die deutschen Gesandtschaften

---

250 Zum Beispiel: Eschen, Junges Deutschland, S. 13 f. u. 35 ff.; Schieder, Arbeiterbewegung, S. 29 ff. u. 327 ff. Zu dieser Problematik siehe auch: Kapitel 3.1.2.3, S. 135 ff.
251 Vgl. Kapitel 4.2.3, S. 395 ff.
252 Vgl. Kapitel 3.2.3.2, S. 231 ff.
253 Schieder, Arbeiterbewegung, S. 35 ff.

und die Behörden der angrenzenden deutschen Staaten überwacht wurde, waren diese frühen Aktivitäten des Jungen Deutschlands den deutschen Regierungen nicht verborgen geblieben.[254] In diesem Zusammenhang hielten sich seit dem Savoyerzug hartnäckig Gerüchte, deutsche Flüchtlinge würden planen, gemeinsam mit politisierten Handwerkern in Süddeutschland einzufallen. Dass man nicht sofort einschritt, hing wohl damit zusammen, dass man zunächst das weitere Verhalten der Schweizer Kantone nach den Auseinandersetzungen wegen des Savoyerzugs abwarten wollte und dass die Aktionen bis dahin noch nicht konkret und gewichtig genug waren.

Was genau bei der Veranstaltung in der Gaststätte Steinhölzli vorfiel, lässt sich nur schwer rekonstruieren, da die Berichterstattung und Bewertung des Ereignisses in einem aufgeregten und politisierten öffentlichen Diskurs stattfand. Die meisten Historiker sprechen in Anlehnung an Schweizer Quellen von einer ruhigen Veranstaltung »mit den üblichen Ausdruckformen bei politischen Festen«, die aus politischem Kalkül von den deutschen Regierungen aufgebauscht worden sei.[255] Regierungsnahe deutsche Quellen schilderten dagegen eine chaotische und aggressive Veranstaltung mit Analogien zum Hambacher Fest, bei der offen zur Revolution aufgerufen wurde, und rechtfertigten das Einschreiten der deutschen Regierungen auch mit der internationalen Aufmerksamkeit, die das Ereignis erregte. Der »Oesterreichische Beobachter« berichtete im Januar 1835 etwa:

> »Eine Anzahl teutscher Handwerksburschen und politischer Flüchtlinge kam an dem genannten Orte, dicht vor den Thoren der Stadt Bern, zusammen und feierte unter den Augen von mehreren tausend Zuschauern ein Fest, welches nicht bloß in Hinsicht der dabei vorkommenden Trinksprüche, Gesänge und Reden eine Wiederholung der berüchtigten Auftritte von Hambach war, sondern wobei die bisherigen Beleidigungen gegen die teutschen Regierungen auch noch überboten wurden, daß man eine Anzahl Fahnen mit den Wappenfarben der teutschen Fürsten aufpflanzte, um sie herabzureißen, zu beschimpfen und durch die revolutionären Farben der sogenannten deutschen Republik zu ersetzen. Als dieses Ereigniß durch die öffentlichen Blätter zur Kunde von ganz Europa kam, waren die beleidigten Höfe es ihrer eigenen Ehre

---

[254] Vgl. Protokolle Bundesversammlung 1834, 33. Sitzung, § 441, S. 845.
[255] Eschen, Junges Deutschland, S. 37. Siehe auch Schmidt, Flüchtlinge, S. 73 ff.

schuldig, Genugthuung für eine Beleidigung zu fordern, welche keine Regierung gegen fremde Mächte, mit denen sie in Frieden lebt, ohne sie zu ahnden, auf ihrem Gebiete dulden darf.«[256]

Das Steinhölzlifest war der Auftakt einer fast zwei Jahre andauernden, kleinteiligen Auseinandersetzung um die politischen Aktivitäten von Flüchtlingen und Handwerkern in der Schweiz, die mit diplomatischen, publizistischen und administrativen Mitteln geführt wurde. Hauptstreitpunkte waren dabei eine Schweizer Garantie bezüglich des Schutzes vor zukünftigen Übergriffen gegen das Ausland, das Einschreiten gegen »indirekte Ruhestörung« durch politische Agitation und Propaganda sowie die Frage, »wer ist Richter bei der Beurteilung der Gefährlichkeit der Flüchtlinge: das Ausland oder die Schweiz«.[257]

Im Fokus stand besonders der Kanton Bern, der nicht nur als Zentrum der oppositionellen Aktivitäten galt, sondern ab 1835 auch die Funktion des Schweizer Vororts wahrnahm. Angesichts des zunehmenden diplomatischen Drucks der Nachbarstaaten, dem sich nach dem Fieschi-Attentat auch Frankreich anschloss, und eines innenpolitischen Kurswechsels rückten die Schweizer Kantone dabei sukzessive von ihrer liberalen Auslegung des Asylrechts ab.[258] Im August 1836 ordnete ein Tagsatzungsbeschluss die Ausweisung politisch auffälliger Flüchtlinge an und im Rahmen der so genannten »Flüchtlingshatz« im Herbst 1836 mussten mehrere hundert Personen tatsächlich die Schweiz verlassen.[259] Im Kanton Bern betraf dies beispielsweise 136 als »mehr oder weniger verdächtig« eingeschätzte Personen.[260]

Die Schweiz war zwar auch nach 1836 ein wichtiges Rückzugsgebiet für deutsche Oppositionelle, größere diplomatische Kampagnen blieben jedoch aus. Stattdessen beschränkten sich die deutschen Regierungen auf die präventive Überwachung der Emigration vor Ort sowie den Schutz des Bundesgebietes vor der Einführung politi-

---

[256] Österreichischer Beobachter, 27. Januar 1835, S. 127.
[257] Inauen, Brennpunkt, S. 164.
[258] Vgl. Inauen, Brennpunkt, S. 138 ff.; Reiter, Asyl, S. 108 f.; Schmidt, Flüchtlinge, S. 78 ff.
[259] Inauen, Brennpunkt, S. 160 ff.; Schmidt, Flüchtlinge, S. 137 ff.
[260] Schmidt, Flüchtlinge, S. 139.

scher Schriften und der Einreise gefährlicher Personen.[261] Dies lag einerseits daran, dass die Schweizer Kantone von sich aus schärfer gegen politische Aktivitäten vorgingen, wie beispielsweise das Einschreiten des Kantons Zürich gegen den frühsozialistischen Theoretiker Wilhelm Weitling zeigt.[262] Anderseits wollten die beiden Großmächte angesichts gravierender innenpolitischer Spannungen zwischen konservativen und liberalen Kantonen seit dem Ende der 1830er Jahre die Schweiz nicht durch diplomatische Maßnahmen weiter destabilisieren, obwohl die süddeutschen Nachbarstaaten entsprechende Initiativen durchaus befürwortet hätten.[263]

4.2.3 Die Überwachung politischer Flüchtlinge und polizeiliche Kooperationen

Während es auf strafrechtlicher Ebene nach 1830 nur noch schwer möglich war transnational zu kooperieren, kam es zu einem Bedeutungszuwachs teilweise informeller polizeilicher Verfahren und Kooperationsformen, die rechtliche Entwicklungen wie das Prinzip der Nichtauslieferung politischer Verbrecher kompensierten oder ergänzten. Parallel zur nationalstaatlich aufgeladenen und daher kaum zu koordinierenden Strafjustiz differenzierte sich eine zweite, flexiblere sicherheitspolitische Handlungsebene aus, ein Prozess, der schon in den 1820er Jahren eingesetzt hatte. Deren Legitimationsbasis und Handlungsgrundlage waren weniger rechtliche und politische Prinzipien als administrative und polizeiliche Rationalitäten.

Preußen, Österreich und Russland hatten im Münchengrätzer Abkommen von 1833 diesbezüglich sogar eine normative Basis gelegt, indem unter anderem die kohärente Überwachung dissidenter Gruppen und der präventive Austausch polizeilicher Nachrichten vereinbart worden war.[264] Obwohl sich nach dem Münchengrätzer Treffen sogar ein russischer Polizeibeamter in Wien aufhielt, um sich über die Strukturen und Methoden der politischen Polizei in Österreich zu informieren, wäre es aber falsch, von einer systematischen

---

261 Inauen, Schurkenstaat, S. 210 ff.
262 Inauen, Schurkenstaat, S. 228 ff.
263 Inauen, Schurkenstaat, S. 248 f.
264 Siehe: Kapitel 4.2.2.1, S. 364 ff.

oder gar institutionalisierten Kooperation auszugehen.[265] Tatsächlich erfolgte der Informationsaustausch situativ, diente der unmittelbaren Gefahrenabwehr und war meistens eher einem konkreten Interesse des Informationsübermittlers als einer übergeordneten Strategie geschuldet. Der von Peter S. Squire aufgearbeitete Nachrichtenaustausch zwischen Metternich und Alexander von Benckendorff, dem Chef der nach dem Dekabristenaufstand in Russland gegründeten politischen Inlandspolizei – die so genannte »Dritten Abteilung« –, zeigt zudem, dass die Übermittlung von Informationen nicht nur auf Erkenntnisgewinn, sondern insbesondere auf die Bestätigung und Verfestigung politischer Beziehungen abzielte.[266] Ähnliche Strukturen lassen sich auch im preußisch-russischen Verhältnis beobachten. So dokumentieren die Akten des preußischen Außenministeriums ebenfalls einen regelmäßigen, letztendlich aber unsystematischen und oberflächlichen Austausch mit Russland, insbesondere bei der Überwachung der polnischen Emigration.[267]

Vor dem Hintergrund des resoluten Vorgehens Österreichs, Russlands und Preußens gegen das Schweizer Asyl ist es auf den ersten Blick überraschend, dass gegenüber Belgien entsprechende Initiativen ausblieben. Als Grund hierfür kann neben der schwierigen machtpolitischen Konstellation nach der Julirevolution, die ein Einschreiten des »konservativen Blocks« gegen das unter der Protektion Frankreichs und Englands stehende, liberale Musterland Belgien kaum ermöglichte, die belgische Sicherheits- bzw. Flüchtlingspolitik gesehen werden. Während es in der Schweiz keinen zentralen sicherheitspolitischen Ansprechpartner gab und polizeiliche Kooperationen und Interaktionen sich nur auf lokaler Ebene abspielten,

---

[265] Zu dem Aufenthalt in Wien siehe: Squire, Metternich-Benckendorff letters, S. 370 f.; Squire, Third department, S. 210 f.; Zamoyski, Phantome, S. 438 f.

[266] Vgl. Squire, Metternich-Benckendorff letters. Zur den Auslandsaktivitäten der Dritten Abteilung siehe: Squire, Third department, S. 207 ff.

[267] Zum Beispiel: Jordan an Ancillon, 14. Januar 1833; Otterstedt an Ancillon, 15. April 1833, in: GStA PK Berlin, III. HA, MdA, Abt. I, Nr. 8028; Otterstedt an Ancillon, 14. November 1833, in: GStA PK Berlin, III. HA, MdA, Abt. I, Nr. 8030; Maltitz an Ancillon, 6. Juli 1835, in: GStA PK Berlin, III. HA, MdA, Abt. I, Nr. 8033; Rochow an Ancillon, 28. September 1836, in: GStA PK Berlin, III. HA, MdA, Abt. I, Nr. 8036; Ancillon an Rochow, 23. August 1838, in: GStA PK Berlin, III. HA, MdA, Abt. I, Nr. 8038.

setzte Belgien im Innern nicht nur eine kohärente und restriktive Flüchtlings- und Asylpolitik durch, sondern trat auch international als Gegner radikaler politischer Kräfte auf und erschien somit als verlässlicher sicherheitspolitischer Partner. So versuchte Belgien, so wenige politische Flüchtlinge wie möglich ins Land zu lassen, und belegte die anwesenden Flüchtlinge mit strengen fremdenpolizeilichen Auflagen.[268] Als Reaktion auf Unruhen polnischer Flüchtlinge und das Pariser Attentat von Fieschi auf Louis Philippe erließ Belgien im September 1835 ein neues Fremdengesetz, das es ermöglichte, Ausländer wegen Störungen der öffentlichen Ruhe und Sicherheit sowie wegen Auslandsverbrechen, die nach dem belgischen Auslieferungsgesetz zu den auslieferungswürdigen Delikten zählten, auszuweisen.[269] In November 1835 berichtete der preußische Gesandte in Brüssel, Heinrich Friedrich von Arnim-Heinrichsdorff-Werbelow, dass »das neue Gesetz wonach Fremde aus Belgien vertrieben werden können, häufig angewendet wird und verdächtige Ausländer ohne viel Aufhebens davon zu machen über die Grenze gebracht werden, namentlich nach Frankreich, andere werden in Ostende nach England übergeschifft«.[270] In dieser Praxis drückte sich ein fundamentaler Gegensatz zwischen der liberalen Öffentlichkeit, welche den Grundsatz der Nichtauslieferung politischer Flüchtlinge durchgesetzt hatte, und der belgischen Regierung aus, die Flüchtlinge vor allem als Sicherheitsrisiko bewertete. Arnim berichtete 1836 über die Haltung König Leopolds zu den Flüchtlingen:

> »Was nun die persönlichen Ansichten des König Leopold betrifft, so kann ich Ew. Excellenz die Versicherung geben daß er den politischen Flüchtlingen keineswegs günstig ist. Ich habe oft mit dem Könige über sie gesprochen und leicht abnehmen können daß er sie als Unruhestifter und sehr schädliche Subjecte betrachtet. (…) Nach seiner Ansicht müßten sie alle nach Amerika oder England geschafft werden, wo sie unschädlich sind und in Folge der Theuerung nur darauf denken könnten sich die nöthigen Mittel zur Subsistenz zu

---

[268] Zur belgischen Flüchtlingspolitik im Vormärz siehe: Reiter, Asyl, S. 116 ff.
[269] Martitz, Rechtshilfe (Abt. 2), S. 637 ff.
[270] Arnim an Ancillon, 17. November 1835, in: GStA PK Berlin, III. HA, MdA, Abt. I, Nr. 8034.

verschaffen mithin nicht die Zeit hätten auf politische Umtriebe sich einzulassen.«[271]

Belgien ging aber nicht nur innenpolitisch gegen Flüchtlinge vor. So drang König Leopold bei Frankreich auf ein Einschreiten gegen die liberale Schweizer Asylpolitik[272] und die belgische Regierung kooperierte bei der Überwachung des oppositionellen Milieus mit dem benachbarten Preußen. Arnim berichtete 1835/36 regelmäßig von Treffen mit dem belgischen Außenminister, Felix de Muelenaere, bei denen vertraulich Informationen über politisch verdächtige Personen im belgisch-preußischen Grenzgebiet ausgetauscht wurden. Am 22. März 1835 berichtete Arnim, dass De Muelenaere ihm zugesichert habe, dass er,

> »von der Überzeugung ausgehend, daß den Plänen der Anarchisten nur durch ein gemeinsames Wirken aller Regierungen kräftig begegnet werden könne, er es sich stets werde angelegen sein lassen, nicht nur von allem was hinsichtlich der Pläne der Propaganda in besonderer Beziehung auf die Rheinprovinzen zu seiner Kenntnis gelange, sondern auch sonst von seinen allgemeinen Erfahrungen in dieser Hinsicht (…) mir Kenntnis zu geben«.[273]

Zudem sei die belgische Regierung »sowohl in ihrem eigenen als im Interesse der Nachbarländer« bereit, gegen auffällige Personen und »gefährliche Verbindungen« an der Grenze zu Preußen einzuschreiten und notfalls für deren Entfernung aus dem Grenzgebiet zu sorgen.[274] Diese Entwicklung veranlasste den preußischen Polizeiminister Gustav von Rochow, bei Ancillon die Einleitung von Verhandlungen über eine über den persönlichen Austausch zwischen Arnim und De Muelenaere hinausgehende, institutionalisierte polizeiliche Kooperation zu beantragen. Insbesondere sollten die grenznahen Polizeibehörden direkt Informationen über auffällige Personen und Aktivitäten austauschen können:

---

[271] Arnim an Ancillon, 29. August 1836, in: GStA PK Berlin, III. HA, MdA, Abt. I, Nr. 8036.
[272] Arnim an Ancillon, 29. August 1836, in: GStA PK Berlin, III. HA, MdA, Abt. I, Nr. 8036.
[273] Arnim an Ancillon, 22. März 1835, in: GStA PK Berlin, III. HA, MdA, Abt. I, Nr. 8033.
[274] Arnim an Ancillon, 22. März 1835, in: GStA PK Berlin, III. HA, MdA, Abt. I, Nr. 8033.

»Auch würde es meines Erachtens dem diesseitigen Interesse nicht minder entsprechen, wenn die belgischen Polizei-Behörden, namentlich an der Grenze, vom dortigen Gouvernement Anweisung erhielten, sich über ihre auf die revolutionären Umtriebe der Propaganda Bezug habende Wahrnehmung mit den diesseitigen Polizei-Behörden insonderheit mit dem Herrn Grafen von Arnim in unmittelbare Kommunikation zu setzen. Da ein solches besonders hinsichtlich des Fremden-Verkehrs einen günstigen Erfolg versprechendes Verfahren den Interessen des belgischen Gouvernements unter den jetzigen Umständen nicht weniger als denen der diesseitigen Regierung angemessen sein würde, so glaube ich hoffen zu dürfen, daß ein gegenseitiges Verständniß hierunter leicht herbei zu führen sein würde (...).«[275]

Zu einer solchen Kooperation kam es jedoch nicht. So hatte Ancillon Bedenken gegen einen pauschalen und kaum zu kontrollierenden Austausch von sensiblen Informationen zwischen Unterbehörden geäußert. Aus diesem Grund schlug Arnim De Muelenaere lediglich eine Kooperation der Unterbehörden bei der Überwachung einzelner Personen vor, was Letzterer allerdings wegen der Unzuverlässigkeit der belgischen Administration ablehnte, da er meinte, »daß man bei einem aus einer Revolution hervorgegangenen Lande gerade in dergleichen Beziehung nicht vorsichtig genug zu Werke gehen könne und mit zu wenig Sicherheit dabei auf die Unterbehörden zu zählen berechtigt sei«.[276]

Schwieriger gestalteten sich die Beziehungen zu Frankreich, was sich aber kaum durch die Fokussierung auf Asyl- und Auslieferungsproblematik erklären lässt. Zwar hielten sich in den 1830er Jahren mehrere tausend als politische Flüchtlinge anerkannte Personen in Frankreich auf, die Zahl der Deutschen war jedoch vergleichsweise gering. 1834 wurden beispielsweise höchstens drei Deutsche gegenüber 4270 Polen, 955 Italienern und 288 Spaniern als politische Flüchtlinge finanziell durch die französische Regierung unterstützt.[277] Hierin drückte sich zwar auch eine Benachteiligung der Deutschen bei der Vergabe der Unterstützungsgelder aus, allerdings

---

[275] Rochow an Ancillon, 2. März 1835, in: GStA PK Berlin, III. HA, MdA, Abt. I, Nr. 8033.
[276] Arnim an Ancillon, 14. Mai 1835, Rochow an Ancillon, 2. März 1835, in: GStA PK Berlin, III. HA, MdA, Abt. I, Nr. 8033.
[277] Schieder, Arbeiterbewegung, S. 112.

waren auch die totalen Zahlen vergleichsweise gering.[278] Eine von den französischen Behörden aufgestellte Übersicht weist für den Oktober 1835 gerade einmal 43 Personen aus, die sich bekanntermaßen einer politischen Strafverfolgung in Deutschland durch Flucht entzogen hatten.[279]

Obwohl von einer gewissen Dunkelziffer ausgegangen werden muss, war aus der Perspektive der deutschen Regierungen das größere Problem, dass sich seit der Julirevolution insbesondere in Paris eine große, kaum zu kontrollierende deutsche Emigrantenkolonie gebildet hatte. Dabei handelte es sich um Intellektuelle, die sich wegen des liberaleren politischen Klimas in Frankreich niedergelassen hatten – etwa die Mitglieder des literarischen »Jungen Deutschlands« – sowie eine kaum zu überblickende Zahl von Arbeitsmigranten. In erster Linie auf diese Emigranten und nicht auf politische Flüchtlinge bezieht sich die häufig kursierende Zahl von bis zu 20.000 Deutschen, die sich Anfang der 1830er Jahre in Frankreich aufhielten.[280] Obwohl gegen diese Personen in Deutschland keine Strafverfahren liefen bzw. sie keine politischen Verbrechen begangen hatten, stellten sie aus der Perspektive der Staaten des Deutschen Bundes eine Sicherheitsbedrohung dar. So bot Frankreich die Rahmenbedingungen, um durch publizistische Aktivitäten politischen Einfluss auf Deutschland zu nehmen. Zudem sorgte man sich – ähnlich wie im Blick auf die Schweiz – vor der Politisierung und Radikalisierung größerer Personengruppen, insbesondere Handwerkern und Arbeitern, die nach ihrer Rückkehr als Aktivisten und Multiplikatoren auftreten konnten.

Die deutschen Regierungen reagierten auf zwei Ebenen. Erstens bemühten sie sich, durch eigene Überwachung vor Ort einen Überblick über Personen und Ereignisse in Frankreich zu bekommen. Innerhalb Frankreichs erfolgte diese Überwachung in erster Linie durch Agenten und Konfidenten Österreichs bzw. des Informationsbüros, sowie – allerdings im deutlich geringeren Umfang – durch die

---

[278] Schieder, Arbeiterbewegung, S. 110 ff.
[279] Schieder, Arbeiterbewegung, S. 112.
[280] Reiter, Asyl, S. 112 f.

preußische Gesandtschaft in Paris.[281] Die Beobachtung der Grenzgebiete erfolgte dagegen durch die Polizeibehörden der an Frankreich angrenzenden Staaten. Dies betraf neben den Behörden der preußischen und bayrischen Rheinprovinzen insbesondere Baden, das aufgrund seiner besonderen geographischen Lage zwischen der Schweiz und dem Elsass eine hervorgehobene Stellung bei der Überwachung der Grenze und der Grenzgebiete hatte. Bemerkenswert ist zudem, dass der Kehler Kommandant Asbrand auf Bitten Preußens und der Bundeszentralbehörde im Elsass Observationen vornahm und sich informell mit dem Straßburger Präfekten über auffällige Personen austauschte.[282] Die besondere Rolle Badens betraf auch die zweite Ebene, nämlich die Kontrolle der Grenze hinsichtlich der Einführung politischer Schriften und der Einreise gefährlicher Personen. Ein illustratives Beispiel für die Verschränkung dieser beiden Ebenen – Observation im Ausland und Kontrolle der Grenze – ist der Fall Joseph Heinrich Garnier, bei dem durch das Informationsbüro in Paris Informationen über dessen Einreise nach Deutschland ermittelt und diese über Preußen an Baden weitergegeben wurden, worauf wiederum die Verhaftung Garniers beim Grenzübertritt erfolgte.[283]

Das Verhältnis zu den französischen Behörden war gerade zu Beginn der 1830er Jahre von Misstrauen geprägt. Im Herbst 1833 sorgte ein der preußischen Gesandtschaft zugespieltes, angeblich vom französischen Innenministerium verfasstes Schreiben für Aufregung, in dem die Präfekten der französischen Grenzdepartements Moselle, Bas-Rhin und Haut-Rhin aufgefordert wurden, deutsche Flüchtlinge zu unterstützen, da diese ungefährlich seien und ähnliche Zielsetzungen wie die französische Regierung hätten.[284] Asbrand wurde daraufhin auf Bitten Preußens nach Frankreich entsandt, um diese Informationen zu überprüfen. Bei seiner Rückkehr berichtete er jedoch, dass weder seine persönlichen Beobachtungen noch die bei seinen französischen Kontakten eingeholten Informationen den Inhalt des

---

[281] Vgl. Adler, Geheimberichte; Hoefer, Pressepolitik, S. 81 ff.; Nolte, Demagogen, S. 139 f.; Siemann, Deutschlands Ruhe, S. 130 ff.
[282] Siehe: Kapitel 3.2.3.3, S. 239.
[283] Zum Fall Garnier siehe: Kapitel 3.2.3.2, S. 226 ff.
[284] Zirkularschreiben an die Präfekten der Departements Moselle, Bas-Rhin und Haut-Rhein, 1. September 1833, in: GStA PK Berlin, III. HA, MdA, Abt. I, Nr. 8029.

Schreibens bestätigen würden. Die deutschen Flüchtlinge erhielten keine Sonderbehandlung und stünden wie andere Flüchtlinge »unter polizeylicher Aufsicht, dürfen ihren Wohnsitz nur 30 Stunden von der Grenze und 60 Stunden von Paris nehmen«.[285]

Tatsächlich weist nichts auf eine systematische Bevorzugung deutscher Flüchtlinge in Frankreich hin.[286] Zwar verhielt sich die französische Regierung relativ passiv gegenüber den deutschen Flüchtlingen, was aber wohl eher an ihrer geringen Zahl und im Vergleich zu anderen Gruppen geringem Bedrohungspotential für Frankreich lag. Aus diesem Grund wurden politische Aktivitäten von Deutschen lange nicht speziell überwacht.[287] Nach diplomatischen Beschwerden schritt Frankreich aber in der Regel ein und verwies Flüchtlinge in grenzferne Gebiete oder ganz außer Landes. Ein prominentes Beispiel ist die von Bayern geforderte Verweisung Johann Georg Wirths aus dem Grenzort Wissembourg nach Nancy 1837.[288] Selbst wenn die Betroffenen Frankreich nicht verlassen mussten, war ein Verweis in die französische Provinz hoch problematisch, da sie dort häufig nicht mehr in der Lage waren, ihren Lebensunterhalt zu finanzieren. Ein Brief Georg Büchners an seine Eltern aus Straßburg aus dem Jahr 1835 zeugt von der latenten Sorge der Flüchtlinge vor diplomatischen Beschwerden, die offenbar für viele Flüchtlinge der Anlass war, sich unauffällig zu verhalten oder Frankreich zu verlassen:

> »Wir stehen hier unter keinem gesetzlichen Schutz, halten uns eigentlich gegen das Gesetz hier auf, sind nur geduldet und somit ganz der Willkür des Präfekten überlassen. (…) Ich kann zwar auf Protection genug zählen, um mich hier halten zu können, aber das geht nur so lange, als die hessische Regierung nicht besonders meine Ausweisung verlangt, denn in diesem Fall spricht das Gesetz zu deutlich, als daß die Behörde ihm nicht nachkommen müßte. (…) Uns berührt folgende Thatsache: Dr. Schulz hat nämlich vor einigen Tagen den Befehl erhalten, Straßburg zu verlassen; er hatte hier ganz zurückgezogen gelebt, sich ganz ruhig verhalten und dennoch! Ich hoffe, daß unsere Regierung mich für zu unbedeu-

---

[285] Berichte Asbrand, 5. u. 10 Oktober 1833, in: GStA PK Berlin, III. HA, MdA, Abt. I, Nr. 8030.
[286] Reiter, Asyl, S. 115.
[287] Elsner / Grandjonc / Neu / Pelger, Fragmente, S. 11.
[288] Vgl. Hüls, Wirth, S. 412 ff.

tend hält, um auch gegen mich ähnliche Maßregeln zu ergreifen (…).«[289]

Dass auch politische Emigranten ohne Flüchtlingsstatus vor solchen Maßnahmen nicht sicher waren, zeigt die Affäre um die deutsche Emigrantenzeitung »Vorwärts!« 1844, in deren Folge unter anderem Karl Marx aus Frankreich ausgewiesen wurde.[290] Ausgelöst worden war diese durch einen Artikel des Herausgebers Karl Ludwig Bernays, in dem dieser ein gescheitertes Pistolenattentat des ehemaligen Bürgermeisters der Stadt Storkow, Heinrich Ludwig Tschech, auf Friedrich Wilhelm IV. glorifiziert hatte. Nach massiven diplomatischen Protesten Preußens wies die französische Regierung – die aufgrund mehrerer ähnlicher Attentate gegen Louis Philippe in dieser Hinsicht sensibilisiert war – mehrere Mitarbeiter der Zeitschrift als »Befürworter des Attentatismus« aus.[291] Preußen hatte zuvor eine Liste mit Personen eingereicht, deren Ausweisung gewünscht wurde.[292] Interessant ist, dass die französische Regierung sich in den Ausweisungsbescheiden zur Absicherung auf das allgemeine Fremdengesetzes vom 28 Vendémaire des Jahres VI und den Artikel 2 des Flüchtlingsgesetz von 21. April 1832 berief, was den komplementären Charakter dieser Vorschriften zeigt.[293] Die französische Regierung setzte ihre innenpolitischen Instrumente jedoch nicht beliebig ein. Beispielsweise forderten Österreich und Preußen im Winter 1836 die Ausweisung des im Paris lebenden Publizisten Jacob Venedey, was der französische Innenminister, Adrien de Gasparin, jedoch ablehnte, da dieser sich in Frankreich nichts habe zu Schulden kommen lassen. Der preußische Gesandte in Paris berichtete hierüber:

»Was die Ausweisung des Vennedey aus Frankreich betrifft, so hat der Kaiserlich Österreichische Botschafter schon vor einiger Zeit, im Auftrage des Fürsten Metternich, vertraulich, jedoch ohne Erfolg darauf angetragen. – Ich habe anbefohlener Maßen, nunmehr auch

---

[289] Büchner, Nachgelassene Schriften, S. 260.
[290] Vgl. Elsner/Grandjonc/Neu/Pelger, Fragmente, S. 13 ff.; Grandjonc, Vorwärts, S. 93 ff.
[291] Elsner/Grandjonc/Neu/Pelger, Fragmente, S. 13.
[292] Grandjonc, Vorwärts, S. 102.
[293] Der Ausweisungsbescheid für Arnold Ruge ist abgedruckt bei: Ruge, Schriften, S. 394 f. Zu den beiden Gesetzen siehe auch: Kapitel 4.2.2.1, S. 355.

meiner Seits diesen Antrag gestern bei dem Herrn Gasparin unterstützt, jedoch die Überzeugung mitgenommen, daß auch eine bloße Wegweisung des Vennedey nicht zu erreichen seyn wird, indem der Minister des Innern ganz unverhohlen erkärte: ›Die Französische Regierung habe dem genannten Individuum durchaus nichts zur Last zu legen, er verhalte sich ganz artig, es laufe nicht die geringste Klage gegen ihn ein, und unter diesen Umständen fehle es gänzlich an einem Motive gegen ihn in irgend einer Weise zu verfahren.‹«[294]

Kooperationen zwischen Frankreich und deutschen Regierungen gingen zunächst kaum über informelle Kontakte der Gesandtschaften oder lokaler Behörden hinaus. Dies änderte sich nach dem Attentatsversuch von Joseph Fieschi auf Louis Philippe im Sommer 1835 und der sich anschließenden Verschärfung des innenpolitischen Kurses gegenüber oppositionellen Gruppen.[295] Metternich sah nun die Möglichkeit, die französische Regierung für eine Zusammenarbeit zu gewinnen und sogar auf die französische Innenpolitik Einfluss zu nehmen. Daher beauftragte er im Februar 1836 den Leiter des Informationsbüros Karl Gustav Noé von Nordberg mit dem kurze Zeit später zum Ministerpräsidenten ernannten Adolphe Thiers in Kontakt zu treten.[296] Noé von Nordberg sollte die französische Regierung durch die Übermittlung von »Notizen über ältere und neuere Umtriebe« von der Gefahr einer internationalen »Verschwörung gegen die Monarchen«, deren »Hauptsitz« Frankreich sei, überzeugen. Diese würde durch »propagandistische« Aktivitäten die Bevölkerung gegen die Regierungen aufbringen und sei die eigentliche »Ursache« der nach wie vor latenten Revolutionsgefahr.[297] Als »Feuerbrände« der Verschwörung bezeichnete Metternich »a) die Mitglieder geheimer Gesellschaften, b) die politischen Flüchtlinge, und c) die Literaten, welche ihr Handwerk zum Apostolate für verderbliche Grundsätze mißbrau-

---

[294] Werther an Ancillon, 15. Dezember 1836, in: GStA PK Berlin, III. HA, MdA, Abt. I, Nr. 8036.
[295] Vgl. Giesselmann, Manie (Bd. 1), S. 361 ff.
[296] Metternich an Noé von Nordberg, 6. Februar 1836, in: HHStA Wien, StK, Deutsche Akten, Nr. 288. Vgl. Reinöhl, Informationsbüros, S. 266 f.
[297] Metternich an Noé von Nordberg, 6. Februar 1836, in: HHStA Wien, StK, Deutsche Akten, Nr. 288.

chen«.²⁹⁸ Über diese Personengruppen sollte Noé von Nordberg gezielt Informationen weitergeben und die französische Regierung zur »Auffindung wirksamer Mittel, um das bezeichnete dreyfache Übel zu zähmen«, bewegen. Diese Mittel sah Metternich in einer verschärften Anwendung der französischen Vereinsgesetze, der Einschränkung der Asylgewährung, der Verschärfung von polizeilichen Maßnahmen gegen Flüchtlinge sowie der Zerschlagung des »Schleichhandels mit gefährlichen Druckschriften«.²⁹⁹

Am 12. April 1836 berichtete Noé von Nordberg von seinem Treffen mit Thiers. Dieses beschrieb er insgesamt als konstruktiv, jedoch war es zu einer Differenz bei der Bewertung der Gefahrenlage gekommen. So hatte Noé von Nordberg Thiers Material über Aktivitäten der Geheimgesellschaft »Junges Europa« und Verbindungen zu französischen Oppositionellen vorgelegt, welches die von österreichischer Seite angenommene Verschwörung belegen sollte. Thiers sah hierin jedoch keinen Nachweis für eine stringent agierende politische Bewegung, sondern führte aus, »daß unter allen jenen Fraktionen der Bewegung bey weitem zu viele Spaltungen herrschen, um eine allgemeine Unternehmung besorgen zu müssen«.³⁰⁰ Aus seiner Sicht lag die Hauptgefahr in »Wiederholungen Fieschischer Attentate von einzelnen Fanatikern«, so dass der Austausch polizeilicher Informationen der konkreten Gefahrenabwehr und nicht der präventiven Überwachung dienen sollte.³⁰¹ Noé von Nordberg berichtete in den folgenden Wochen von einem durch Thiers angeregten Austausch mit Gasparin, der zu diesem Zeitpunkt noch Unterstaatssekretär im Innenministerium war.³⁰² Dieser verlief aus Noé von Nordbergs Perspektive jedoch unbefriedigend. So hielt er die französischen

---

[298] Metternich an Noé von Nordberg, 6. Februar 1836, in: HHStA Wien, StK, Deutsche Akten, Nr. 288.

[299] Metternich an Noé von Nordberg, 6. Februar 1836, in: HHStA Wien, StK, Deutsche Akten, Nr. 288.

[300] Noé von Nordberg an Metternich, 12. April 1836, in: HHStA Wien, StK, Deutsche Akten, Nr. 289.

[301] Noé von Nordberg an Metternich, 12. April 1836, in: HHStA Wien, StK, Deutsche Akten, Nr. 289.

[302] Noé von Nordberg an Metternich, 28. April 1836; Noé an Metternich, 9. Mai 1836; Noé von Norberg an Metternich, 12. Mai 1836; Noé an Metternich, 14. Mai 1836, in: HHStA Wien, StK, Deutsche Akten, Nr. 289.

Informationen für irrelevant und ärgerte sich darüber, dass Gasparin seine Berichte nicht ernst nahm. Gasparin hatte die von Noé von Nordberg geschilderte Gefahr einer revolutionären Verschwörung etwa als »imaginär«, die Aktionen der deutschen Emigration in Frankreich als »nichtig« und das »Junge Europa« als wirren »Traum« einiger Oppositioneller abgetan.[303] Metternich zog Noé von Nordberg daher im Juni 1836 wieder aus Paris ab. Er vermutete, das Pariser Innenministerium wolle aus dem Kontakt »möglichst viele Polizeynotizen gewinnen und möglichst wenige dafür hergeben«.[304] Die durch die französische Regierung übermittelten Informationen seien so wertlos, dass er annehme müsse, »daß ihre Polizey sehr schlecht bestellt ist, oder daß sie Gründe haben uns ihre Erfahrungen zu verschweigen: Beydes mag seine Richtigkeit haben«.[305] Dennoch bewertete er Noé von Nordbergs Reise als Erfolg, da es unabhängig von Inhalten gelungen sei, Kontakte nach Paris aufzubauen. Gegenüber Noé von Nordberg führte er aus:

> »Der Zweck ihrer Sendung nach Paris ist insofern erreicht, als ein Berührungspunkt zwischen der französischen und der österreichischen Polizey geschlossen wurde, welcher, sorgfältig unterhalten, in der Zukunft für das gemeinsame Beste benutzt werden kann.«[306]

Tatsächlich kam es im Herbst 1838 fast zu eine tiefergehenden, institutionalisierten polizeilichen Kooperation zwischen Österreich und Frankreich.[307] Im August 1838 wurde Noé von Nordberg erneut durch Metternich nach Paris geschickt, um sich mit dem französischen Ministerpräsidenten Louis-Mathieu Molé, dem Nachfolger Thiers', zu treffen.[308] Der konservative Molé plante offenbar verstärkt gegen oppositionelle Gruppen in Frankreich einzuschreiten und

---

[303] Noé von Nordberg an Metternich, 9. Mai 1836, in: HHStA Wien, StK, Deutsche Akten, Nr. 289.
[304] Metternich an Noé von Nordberg, 27. Mai 1836, in: HHStA Wien, StK, Deutsche Akten, Nr. 289.
[305] Metternich an Noé von Nordberg, 27. Mai 1836, in: HHStA Wien, StK, Deutsche Akten, Nr. 289.
[306] Metternich an Noé von Nordberg, 10. Juni 1836, in: HHStA Wien, StK, Deutsche Akten, Nr. 289.
[307] Vgl. Reinöhl, Informationsbüros, S. 267.
[308] Metternich an Noé von Nordberg, 7. August 1838, in: HHStA Wien, MdÄ, IB, Korrespondenz der Staatskanzlei mit der Mainzer Zentralpolizei, Nr. 2. Siehe auch: Metternich an Apponyi, 7. August 1838, in: HHSTA Wien, StAbt, Frankreich Korrespondenz, Nr. 311.

hatte Metternich um Unterstützung gebeten. Um »die reinen Absichten« Molés zu nutzen und um ihm in seiner »schwierigen Stellung nach Thunlichkeit an die Hand zu gehen«, hatte Metternich daraufhin das Angebot unterbreitet, einen »in der höheren Policey bewandten k. k. Polizeybeamten« als Berater nach Paris zu schicken.[309] Diese Aufgabe sollte durch den erfahrenen Noé von Nordberg übernommen werden, der hierfür »die größtmögliche Masse von generellen und speziellen Angaben über die uns bekannten, aus Frankreich ausgehenden und auf dieses Land einwirkenden, Umtriebe« für Molé aufbereiten und auf dessen Wunsch sogar ergänzende »Erhebungen« durchführen sollte.[310]

Molé war von Noé von Nordbergs Präsentation so beindruckt, dass er vorschlug, den Nachrichtenaustausch zwischen den Regierungen zu verstetigen und einen österreichischen Verbindungsbeamten in Paris zu stationieren, der direkt mit dem französischen Innenministerium kommunizieren sollte.[311] Noé schlug Metternich für diesen Posten seinen Mainzer Mitarbeiter Joseph Clanner Ritter von Engelshofen vor, dessen Aufgabenbereich und institutionelle Einbettung er folgendermaßen skizzierte:

> »Diesem Beamten läge dann ob, die Nachrichten der in Paris verwendeten Confidenten (…) zu übernehmen, hiervon die zur Mitteilung an das französische Gouvernement geeigneten Notizen auszuscheiden und solche, nachdem der Herr Botschafter hiervon Einsicht genommen, unmittelbar dem betreffenden Herrn Minister, oder, was wegen erleichterter und unauffälliger Communication am wünschenswertesten wäre, einem hierzu delegierten vertrauenswerthen Polizeybeamten zu übergeben. Von diesem hätte er auch die Gegenmittheilungen zu empfangen, welche er sofort samt aller (…) eingelieferten Berichte dem Centralbureau einzuschicken hätte, von wo sie nach bisher beobachteter Ordnung nebst den dort

---

[309] Metternich an Noé von Nordberg, 7. August 1838, in: HHStA Wien, MdÄ, IB, Korrespondenz der Staatskanzlei mit der Mainzer Zentralpolizei, Nr. 2.
[310] Metternich an Noé von Nordberg, 7. August 1838, in: HHStA Wien, MdÄ, IB, Korrespondenz der Staatskanzlei mit der Mainzer Zentralpolizei, Nr. 2.
[311] Noé von Nordberg an Metternich, 18. Oktober 1838, in: HHStA Wien, MdÄ, IB, Korrespondenz der Staatskanzlei mit der Mainzer Zentralpolizei, Nr. 3. Siehe auch: Apponyi an Metternich, 19. Oktober 1838, in: HHSTA Wien, StAbt, Frankreich Korrespondenz, Nr. 310.

eingelaufenen Rapporten wöchentlich Eurer Durchlaucht zu unterbreiten wären.«[312]

Engelshofen traf im November 1838 in Paris ein, allerdings weigerte sich der für die politische Polizei zuständige Innenminister, Marthe Camille Bachasson de Montalivet, mit ihm zusammen zu arbeiten. In einem persönlichen Gespräch mit Engelshofen begründete er seine Bedenken mit dem Risiko des öffentlichen Bekanntwerdens der Kooperation sowie der Sorge, Österreich könne in Frankreich eine »Polizei« organisieren.[313] Die österreichischen Beobachter mutmaßten jedoch, Montalivet sei von seinem regierungsinternen Rivalen Molé überrumpelt und im Vorfeld nicht über die Absprachen informiert worden und wolle nicht die politische Verantwortung in dieser heiklen Angelegenheit übernehmen.[314] Engelshofen wurde daher bereits im Januar 1839 wieder abberufen.

Interaktionen zwischen deutschen Staaten und England lassen sich kaum beobachten. Zwar befand sich ähnlich wie in Frankreich neben politischen Flüchtlingen und Exilanten auch eine größere Zahl von deutschen Handwerkern und Arbeitern in England und London wurde durch das Informationsbüro beobachtet, allerdings bestand kaum Grund zu diplomatischen Initiativen.[315] Der preußische Gesandte in London, Heinrich von Bülow, berichtete im November 1832 etwa, dass einige Oppositionelle aus Deutschland in London ein Zeitungsprojekt ins Leben gerufen hätten, jedoch würden sie keine »materielle« und »moralische« Unterstützung erhalten, so dass ein diplomatisches Einschreiten sie nur unnötig interessant machen würde:

»Bis jetzt ist das gegenwärtige Treiben der wenigen hiesigen deutschen Revolutionäre auch so gefahrlos und auf einen so obscuren

---

312 Noé von Nordberg an Metternich, 18. Oktober 1838, in: HHStA Wien, MdÄ, IB, Korrespondenz der Staatskanzlei mit der Mainzer Zentralpolizei, Nr. 3.
313 Engelshofen an Noé von Nordberg, 25. November 1838, in: HHStA Wien, MdÄ, IB, Korrespondenz der Staatskanzlei mit der Mainzer Zentralpolizei, Nr. 3.
314 Vgl. Engelshofen an Noé von Nordberg, 2. Dezember 1838, in: HHStA Wien, MdÄ, IB, Korrespondenz der Staatskanzlei mit der Mainzer Zentralpolizei, Nr. 3; Apponyi an Metternich, 23. Dezember 1838, in: HHSTA Wien, StAbt, Frankreich Korrespondenz, Nr. 310.
315 Vgl. Schieder, Arbeiterbewegung, S. 101 ff.

und kleinen Wirkungskreis beschränkt, daß es wohl nur durch das Einschreiten fremder Behörden eine Bedeutung bekommen könnte.«[316]

An dieser Situation änderte sich grundsätzlich wenig. England war zwar prinzipiell ein sicheres Asylland und wies Flüchtlinge anders als Frankreich und Belgien auch nicht aus, bot Deutschen aber kaum persönliche, berufliche und politische Perspektiven. Für politische Flüchtlinge war es meistens die letzte Anlaufstelle in Europa und häufig nur Durchgangsstation in die USA.[317] Anders als im Fall Frankreichs und Belgiens lassen sich für England in den 1830er Jahren auch keine Bemühungen deutscher Staaten feststellen, systematisch zu kooperieren. Der österreichische Kommissar bei der Bundeszentralbehörde Wagemann lehnte es 1837 sogar ab, dem englischen Gesandten am Bundestag, Sir Thomas Cartwright, polizeiliche Informationen zu übermitteln, als dieser ihn vertraulich darum bat:

> »Herr von Cartwright bemerkte weiter hierzu, wie wichtig es wäre, wenn er in den Besitz mehrerer solcher, England berührender Piècen gelangte, weil sein Gouvernement doch wissen müsse, was von diesen flüchtigen Leuten in London getrieben werde. Die Conversation blieb ohne alle weiteren Folgen, indem ich solche wieder abzubrechen fand.«[318]

Der Grund für das geringe Interesse an einer Kooperation lag wohl darin, dass die englische Polizei als wenig kompetent eingeschätzt wurde und zudem wegen rechtlicher Vorgaben in ihrem Handlungsspielraum vergleichsweise eingeschränkt war.[319] Das Fehlen einer Landgrenze erleichterte zudem die Überwachung des Personen- und Schriftverkehrs nach Deutschland, so dass geringer Handlungsdruck bestand. Gleichzeitig war die britische Regierung selbst in dieser Hinsicht zurückhaltend, da sie unter stärkerer öffentlicher und parlamentarischer Kontrolle stand.[320] Dies zeigte sich in einem als »letter opening affair« oder »post office espionage case« bekannt

---

[316] Bülow an Ancillon, 14. November 1832, in: GStA PK Berlin, III. HA, MdA, Abt. I, Nr. 8028.
[317] Reiter, Asyl, S. 118; Schieder, Arbeiterbewegung, S. 107 u. 114 ff.
[318] Wagemann an Metternich, 21. Januar 1837, in: HHStA Wien, StK, Deutsche Akten, Nr. 25.
[319] Vgl. Porter, Refugee Question, S. 159 f.
[320] Vgl. Porter, Refugee Question, S. 157 ff.

gewordenen Fall.[321] Nach Warnungen Metternichs und des österreichischen Geschäftsträgers in London, Philipp von Neumann, hatte das Home Secretary 1844/45 trotz Briefgeheimnisses den Schriftverkehr des in England lebenden italienischen Oppositionellen Giuseppe Mazzini überwacht und diese Informationen an Österreich weitergegeben. Diese Maßnahme wurde jedoch öffentlich bekannt und löste einen Sturm der Entrüstung aus, der sich besonders auf die gegen britische Souveränitäts- und Rechtsvorstellungen verstoßende Weitergabe von Informationen an eine ausländische Regierung bezog:

> »For it was another commonly held belief at the time that the British police did not help foreign police forces, even to investigate crimes which where clearly against English law. This was what much of the fuss over the Mazzini letter-opening affair in 1844 had been about: that not only had the letters been opened but that information from them had been communicated to a foreign government, (...).«[322]

Das Beispiel der »letter opening affair« ist in vielerlei Hinsicht charakteristisch für die Formierung transnationaler Sicherheitsregime im Vormärz. Zwar bestand ein übergreifendes Interesse an der Überwachung radikaler oppositioneller Kräfte, allerdings blieben Kooperationen fall- und gegenstandsbezogen und basierten meistens auf direkten persönlichen Kontakten. Dies lag vor allem daran, dass polizeiliches Wissen zunehmend als strategischer Vorteil betrachtet und nur gezielt geteilt wurde, aber auch daran, dass polizeiliche Kooperationen gerade für westeuropäische Regierungsvertreter angesichts einer zunehmend »nationalisierten« Öffentlichkeit, formeller und informeller Kontrollmechanismen und gerade nach der Julirevolution häufig instabilen Regierungsverhältnissen ein persönliches und politisches Risiko darstellten. Der sich hieraus ergebende informelle und fallbezogene Charakter transnationaler Kooperationen kann entsprechend als ein wesentliches Strukturmerkmal transnationaler Sicherheitsregime beschrieben werden und erlaubt es, flexibel und unverbindlich zu interagieren.

---

321 Vgl. Liedtke, Kommunikationswege, S. 91; Noether, Post Office.
322 Porter, Refugee Question, S. 157.

4.2.4 Der Schutz des Bundesgebietes vor Einflüssen aus dem Ausland

Der Deutsche Bund spielte als Akteur in den Bereichen Auslieferung / Asyl sowie Polizeikooperation nur eine untergeordnete Rolle. Über den gesamten Untersuchungszeitraum gesehen beschränkten sich die direkten diplomatischen Aktivitäten des Bundes auf einige Protestnoten wegen politischer Flüchtlinge sowie Solidaritätsbekundungen an Frankreich infolge von Attentaten.[323] Letztere sind inhaltlich und formell jedoch durchaus interessant, da die symbolische Versicherung von Anteilnahme und Solidarität unter Betonung der gemeinsamen zivilisatorischen Werte nach politischen Gewaltereignissen als ein wesentliches Element einer sich formierenden europäischen Sicherheitskultur gesehen werden kann.

Eine wichtige Rolle spielte der Bund dagegen bei dem Versuch, das Bundesgebiet vor negativen politischen Einflüssen aus dem Ausland abzuschirmen. Diese Maßnahmen umfassten besonders pressepolitische Bestimmungen sowie Mobilitätsbeschränkungen für verdächtige Personengruppen. Zu der ersten Gruppe gehörte, neben den allgemeinen Bestimmungen bezüglich importierter Schriften in den Zehn Artikeln von 1832 und den Sechzig Artikeln von 1834, etwa ein Verbot der Schriften des literarischen »Jungen Deutschlands«.[324] Zur zweiten Gruppe gehörten Reisebeschränkungen für Studenten und Handwerker, auf die im Folgenden näher eingegangen werden soll.

Die Maßnahmen gegen diese beiden traditionell mobilen Gruppen waren direkte Reaktionen auf das Steinhölzlifest. Am 28. August 1834 hielt der österreichische Bundestagsgesandte Joachim von Münch-Bellinghausen diesbezüglich einen Präsidialvortrag, der sich mit der Verbreitung revolutionärer Schriften, den vermehrten Reisen von Studenten in die Schweiz und in den süddeutschen Raum sowie

---

[323] Protokolle Bundesversammlung 1820, Loco dictaturae gedruckte Beilagen zur ungedruckten Registratur vom 19. Februar 1820; Protokolle Bundesversammlung 1835, § 283, S. 576; Protokolle Bundesversammlung 1837, § 2, S. 2 u. 51. Siehe auch: Ziegehorn. Internationale Zuständigkeiten, S. 83 ff.

[324] Müller, Schmuggel, S. 178 ff. Zum Verbot der Schriften des Jungen Deutschlands siehe: Protokolle Bundesversammlung 1835, 31. Sitzung, § 515, S. 1168 ff.

der drohendenden Politisierung von Handwerkern in der Schweiz beschäftigte. Die Maßregelkommission wurde daraufhin beauftragt, sich gutachterlich mit diesen Problemen zu befassen und der Bundesversammlung sicherheitspolitische Maßnahmen vorzuschlagen.[325] Bereits in der folgenden Bundestagssitzung vom 11. September 1834 hielt der badische Bundestagsgesandte Friedrich von Blittersdorff im Namen der Maßregelkommission zwei Vorträge, die sich mit den angesprochenen Problemfeldern beschäftigten. Der erste Vortrag betraf das »Wandern« sowie die »Versammlungen und Verbindungen« von Handwerkern.[326] Ausgehend von einem Bericht der Bundeszentralbehörde wies Blittersdorff auf die mangelhaften Sicherheitsmaßnahmen der Schweizer Behörden gegen politische Flüchtlinge sowie die Aktivitäten des Jungen Deutschlands hin, insbesondere die Formierung mehrerer ihm zugeordneter »Handwerkerverbindungen«. Da sich in Frankreich und Belgien ähnliche Verbindungen gebildet hätten, müsse man von einer neuen Strategie der revolutionären Partei ausgehen, die nach ihren letztendlich vergeblichen Bemühungen um Militärs und Studenten in den Handwerkergesellen ein neues »Instrument der Umwälzung« gefunden habe. Diese seien aufgrund ihrer großen Zahl und ihrer sozialen Stellung ideale politische Multiplikatoren und wegen ihrer vielen Auslandsaufenthalte leichte Objekte von Agitation:

> »Das Wandern der Handwerksgesellen nach Fremden Ländern gibt den Revolutionärs Gelegenheit, ihre Netze auszuspannen, ohne sich einer persönlichen Gefahr auszusetzen. Demnach sieht man die Deutschen politischen Flüchtlinge an den Orten, wo sie Schutz oder Duldung finden, emsig bemüht, unter den Deutschen Handwerksgesellen politische Verbindungen zu stiften, um ihre Grundsätze und Ansichten unter ihnen zu verbreiten. Die Handwerksgesellen, welche an diesen Verbindungen Theil genommen haben, sollen nach ihrer Rückkehr ins Vaterland dazu dienen, die ihnen im Auslande beigebrachten revolutionären Grundsätze unter ihren Mitbürgern weiter zu verteilen, und ähnliche politische Verbindungen zu Beförderung der revolutionären Zwecke ihrer Lehrer zu stiften.«[327]

---

[325] Protokolle Bundesversammlung 1834, 32. Sitzung, § 423, S. 834.
[326] Protokolle Bundesversammlung 1834, 33. Sitzung, § 441, S. 845 ff.
[327] Protokolle Bundesversammlung 1834, 33. Sitzung, § 441, S. 846.

Als Lösung dieses Problems schlug die Maßregelkommision eine stärkere Regulierung und Überwachung des Wanderns der Handwerker vor. Konkret sollten alle Handwerkergesellen aus Frankreich, Belgien und der Schweiz zurückzuberufen und Wanderungen in diese Länder nur noch ausnahmsweise erlaubt werden. Zudem sollten Handwerker nach ihrer Rückkehr streng überwacht und auch das Wandern sowie die Verbindungen der Handwerker innerhalb des Deutschen Bundes unter strenge polizeiliche Aufsicht gestellt werden. Die konkrete Ausgestaltung sollte den Bundesstaaten überlassen werden. Die Vorschläge der Maßregelkommission wurden am 15. Januar 1835 weitestgehend zum Bundesbeschluss erhoben und danach durch die Bundesstaaten umgesetzt.[328] Eine wichtige Änderung der Vorschläge der Maßregelkommission war, dass die vom Wanderverbot betroffenen Staaten im Bundesbeschluss nicht explizit genannt wurden, sondern sich die Bestimmungen auf diejenigen »Länder« und »Orte« bezogen, in denen verdächtige »Associationen und Versammlungen geduldet werden, so lange diese Duldung notorisch besteht«. Diese Formulierung war einerseits gewählt worden, um Frankreich nicht zu brüskieren und anderseits um einzelne Kantone, aber nicht automatisch die gesamte Schweiz mit Verboten belegen zu können.[329]

Für die praktische Bewertung des Wanderverbots ist es wichtig sich vor Augen zu halten, dass es sich weder um eine repressive Maßnahme gegen die »korporative Selbständigkeit« und »individuelle Freiheit« der Handwerkerschaft[330] noch um eine diplomatische Sanktion gegen die betroffenen Staaten handelte,[331] auch wenn diese Effekte bereitwillig in Kauf genommen wurden.[332] Die Regulierung des Wanderns der Handwerker war in erster Linie als Maßnahme zum Schutz der inneren Sicherheit des Bundes konzipiert und rechtlich auch so begründet. Dabei ging es weniger darum, Wanderungen ins Ausland zu verhindern, sondern andersherum darum,

---

[328] Protokolle Bundesversammlung 1835, 3. Sitzung, § 36, S. 56.
[329] Vgl. Protokolle Bundesversammlung 1834, 37. Sitzung, § 36, S. 950; 41. Sitzung. § 576, S. 1030 ff.
[330] Schieder, Arbeiterbewegung, S. 87.
[331] Schmidt, Flüchtlinge, S. 96 ff.
[332] Vgl. Ancillon an Olfers, 16. September 1834, in: GLA Karlsruhe, Abt. 236, Nr. 8762.

den Einfluss der deutschen Emigration auf das Bundesgebiet einzudämmen. Schon den Zeitgenossen war klar, dass ein totales Wanderverbot nicht durchzusetzen war.[333] Entsprechend ist es wenig überraschend, dass auch nach 1835 Wanderungen in die betroffenen Gebiete stattfanden, was in der älteren Literatur als Beleg für die Wirkungslosigkeit des Beschlusses herangezogen wird.[334] Entscheidender war aber, dass die traditionelle Praxis der Handwerkerwanderungen mit dem Verdacht eines politischen Delikts verknüpft wurde. Zurückkehrende Handwerker wurden systematisch aufgegriffen und überprüft und in vielen Bundesstaaten kam es zu größeren Prozessen gegen Mitglieder von politischen Handwerkervereinen, insbesondere des Jungen Deutschlands.[335] Auch einer der größten Fahndungserfolge der späten 1830er – die Aufdeckung verschiedener Verbindungen mit Namen wie Bund der »Geächteten, der Gerechten und der Deutschen«, die sich in Paris gegründet hatten – beruhte in erster Line auf Aussagen von nach ihrer Rückkehr vernommenen Handwerkern.[336]

Ein solcher Vorgang soll im Folgenden exemplarisch an der Verhaftung des Schuhmachers Peter Mott dargestellt werden. Der aus Fulda stammende Mott war im Juni 1836 durch die Gendarmerie im badischen Rheinbischoffsheim aufgegriffen worden. Da er auf entsprechende Nachfragen auffallend detaillierte Angaben über ein kurz zuvor erfolgtes Einschreiten der Behörden des Kantons Zürich gegen das Junge Deutschland machte, schöpfte die Polizeibehörde den Verdacht, dass er in diesen Vorgang verwickelt seien könnte.[337]

---

[333] Vgl. Ancillon an Olfers, 16. September 1834, in: GLA Karlsruhe, Abt. 236, Nr. 8762.
[334] Vgl. Schieder, Arbeiterbewegung, S. 87 f.; Schmidt, Flüchtlinge, S. 98.
[335] Vgl. Zusammenstellung der Ergebnisse aus den in Deutschland geführten Untersuchungen bezüglich des politischen Treibens in der Schweiz, insbesondere der Verbindung »Das Junge Deutschland«, 14. Januar 1836, in: HStA Stuttgart, Best. E 301, Büschel 158; Bericht der Bundeszentralbehörde vom 20. Juni 1838, in: Protokolle Bundesversammlung 1838, 21. Sitzung, Beilage 3 zu § 282, S. 757 ff.
[336] Vgl. Bericht der Bundeszentralbehörde vom 31. Januar 1842, in: Protokolle Bundesversammlung 1842, 23. Sitzung, Beilage 6 zu § 253, S. 19 ff.; Kowalski, Hauptberichte, S. 115 ff.
[337] Jägerfried an Winter, 20. Juni 1836, in: GLA Karlsruhe, Abt. 236, Nr. 8795.

Tatsächlich gelang es dem Ministerium des Innern aus öffentlichen Quellen in Erfahrung zu bringen, dass Mott sich unter dem Spitznamen »Winewald« in Zürich aktiv am Jungen Deutschland beteiligt hatte und offenbar von dort geflohen war.[338] Die Behörden in Rheinbischoffsheim erhielten daher einen ersten Katalog mit Fragen, die an Mott gestellt werden sollten:

> »1) Was ihm von dem Treiben der politischen Flüchtlinge in der Schweitz bekannt sey; 2) Ob er solche oder einige und welche dem Namen und der Personen nach kenne; 3) Wie und auf welche Weise die deutschen Handwerkergesellen dazu bestimmt oder verleitet werden, in die obgedachte Verbindung ›daß neue Deutschland‹ sich aufnehmen zu lassen; 4) Ob man daselbst Versammlungen gehalten und 5) was in solchen verhandelt worden; 6) Ob man die Handwerkergesellen zum Haß gegen ihre (…) Regierungen aufreitze; 7) Ob denselben zugemuthet werde, Schriften aufrührerischen Inhalts zu verbreiten und solche in ihre Heimath mitzunehmen, endlich 8) was ihm von den höheren Personen, von denen in seiner protokolarischen Vernehmlassung die Rede ist, bekannt und ob er nicht den Namen der einen oder der anderen angeben könne?«[339]

Mott wurde daraufhin mehrfach vernommen und insbesondere über Verbindungen zwischen Deutschland und der Schweiz befragt, woran sich auch die Bundeszentralbehörde und die württembergischen Behörden durch Requisitionen beteiligten.[340] Motts Aussagen stellten später einen Baustein der Berichterstattung der Bundeszentralbehörde über das Junge Deutschland dar.[341]

Der zweite Vortrag der Maßregelkommission in der Bundestagssitzung vom 11. September 1834 bezog sich auf ein Verbot des Besuchs der Universität Bern für deutsche Studenten, die als »eine Pflanzschule revolutionärer, die Ruhe und Ordnung der Deutschen Nachbarstaaten gefährdender Grundsätze« bezeichnet wurde.[342] Die

---

[338] Winter an Jägerfried, 21. Juni 1836, GLA Karlsruhe, Abt. 236, Nr. 8795. Siehe: Roschi, Bericht, S. 99.
[339] Winter an Jägerfried, 21. Juni 1836, in: GLA Karlsruhe, Abt. 236, Nr. 8795.
[340] Winter an Jägerfried, 30. Juni 1836; Winter an Jägerfried, 7. Juli 1836; Winter an Jägerfried, 18. Juli 1836; Wagemann an Winter, 14. Juli 1836; Winter an Jägerfried, 23. Juli 1836, in: GLA Karlsruhe, Abt. 236, Nr. 8795.
[341] Vgl. Bericht der Bundeszentralbehörde vom 20. Juni 1838, in: Protokolle Bundesversammlung 1838, 21. Sitzung, Beilage 3 zu § 282, S. 759 f.
[342] Protokolle Bundesversammlung 1834, 33. Sitzung, § 442, S. 849.

daraufhin beschlossene Sperre der Universität Bern war komplementär zu einer Reihe von Universitätsverboten, die bereits durch die Bundesstaaten erlassen worden waren.[343] Einige Wochen später beschloss die Bundesversammlung zudem, die Ausstellung von Reisepässen durch Universitäten zu untersagen. Die Regulierung der Ferienreisen von Studenten war schon seit 1833 ein bundespolitisches Thema gewesen, da sie als Instrument zum Aufbau und Erhalt revolutionärer Strukturen betrachtet wurden.[344] Am 22. September 1834 führte die Bundeszentralbehörde in einem Bericht an die Maßregelkommission aus, dass es in letzter Zeit auffällig viele Reisen von Studierenden in die politisch unruhigen Gegenden am Oberrhein gegeben habe, die vorgeblich dem »Vergnügen«, wahrscheinlich aber politischen Zwecken gedient hätten und mit Universitätspässen durchgeführt worden seien:

> »In gegenwärtiger bewegter Zeit, bei dem Treiben der deutschen Flüchtlinge in Straßburg und in der Schweitz, und den schon hier am Orte gemachten traurigen Erfahrungen, möchte das Reisen der Studenten nach dem südlichen Deutschland möglichst und wohl nur auf ganz zuverlässige Subjekte einzuschränken sein. Insonderheit halten wir es aber nicht für geeignet, daß die Universitäts-Gerichte den Studenten Pässe zu Reisen in das Ausland ausstellen.«[345]

Die Bundesversammlung empfahl den Bundesstaaten daraufhin, die Ausstellung von Pässen durch Universitätsbehörden einzuschränken, was auch überwiegend geschah.[346]

Die Maßnahmen des Bundes gegen Handwerker und Studenten können als Teil eines mit der voranschreitenden Staatsbildung einhergehenden, allgemeinen Versicherheitlichungsprozesses gesehen werden. Die »Politisierung« und »Kriminalisierung« transnationaler Strukturen und Praktiken von Handwerkern und Studenten, die

---

[343] Protokolle Bundesversammlung 1834, 33. Sitzung, § 442, S. 848 ff.
[344] Hofmann, Universitätspolitik, S. 66 f.
[345] Bundeszentralbehörde an Maßregelkommission, 22. September 1834, in: BA Berlin, DB 8, Nr. 3. Andreas C. Hofmann gibt an, der Antrag sei in der 36. Bundestagssitzung vom 9. Oktober 1833 gestellt worden. Hierbei handelt es sich offensichtlich um ein Versehen. Der Antrag wurde in der 36. Bundestagssitzung vom 9. Oktober 1834 gestellt (Protokolle Bundesversammlung 1834, 36. Sitzung, I. Registratur, S. 925^{w}1).
[346] Hofmann, Universitätspolitik, S. 82 f.

schon länger als Ordnungsproblem wahrgenommen wurden, stimulierten und rechtfertigten deren staatliche Regulierung und Domestizierung.[347] Gleichzeitig rief der durch den Bund und die beiden Großmächte erzeugte sicherheitspolitische Druck Professionalisierungs- und Standardisierungsprozesse hervor, die über den Bereich der politischen Kriminalität hinausreichten. So erfolgte 1834 etwa ein durch die Bundeszentralbehörde angeregter Bundesbeschluss, der einheitliche Standards für die Kontrolle und die Erfassung von Personaldaten von Postreisenden festlegte,[348] Frankfurt wurde nach dem Wachensturm durch den Deutschen Bund zur Reform seiner Polizeibehörden aufgefordert[349] und Preußen beschwerte sich 1836 bei Baden über die unprofessionellen Grenzkontrollen zur Schweiz, »weil die bezeichnete polizeiliche Aufsicht dem, zwar zahlreichen, Grenzzollpersonale mit übertragen sei, von diesem aber doch wohl nicht mit jener nöthigen Energie gehandhabt werde, als etwa durch die Gendarmerie oder ausschließliche Polizeibeamte«.[350]

Eine weitere Maßnahme des Deutschen Bundes gegen dissidente Auslandsaktivitäten war die Einrichtung und Führung des so genannten »Flüchtlingsverzeichnisses«.[351] Als Reaktion auf den Savoyerzug hatte sich die Bundeszentralbehörde im Februar 1834 mit einem Bericht über die Flüchtlingssituation in der Schweiz an die Maßregelkommission gewandt, in dem sie namentlich auf mehrere deutsche Flüchtlinge hinwies. Der Bericht sowie anliegendes Untersuchungsmaterial, unter anderem ein abgefangener Brief des geflohenen »Wachenstürmers« und Teilnehmers des Savoyerzugs Bernhard Lizius, sollten etwaige Auslieferungs- und Ausweisungsgesuche sowie sonstige diplomatische Schritte des Bundes oder der Bundesstaaten unterfüttern.[352] Die Maßregelkommission sah hierin zwar »schätzbares Material zu den diplomatischen Einschreitungen«, for-

---

347 Vgl. Fahrmeir, Paßwesen.
348 Protokolle Bundesversammlung 1834, 2. Sitzung, § 25, S. 47 ff.
349 Protokolle Bundesversammlung 1834, 28. Sitzung, § 297, S. 595 ff.; Protokoll Bundeszentralbehörde, 8. Sitzung vom 2. April 1834, § 567, in: GStA PK Berlin, I. HA, Rep. 77, Tit. 10, Nr. 2, Bd. 2.
350 Blitterdorff an Winter, 25. Januar 1836, in: GLA Karlsruhe, Abt. 236, Nr. 8765.
351 Süss, Schwarzes Buch, S. 19 f.
352 Protokolle Bundesversammlung 1834, 14. Sitzung, § 188, S. 410 ff.

derte die Bundeszentralbehörde aber darüber hinaus auf, ein systematisches Verzeichnis der wegen politischer Verbrechen »steckbrieflich« verfolgten Personen anzulegen, darin den vermuteten Aufenthaltsort anzugeben sowie die entsprechenden »Signalements« anzufügen.[353] Die Funktion des Verzeichnisses war weniger eine strafrechtliche als eine polizeiliche, indem alle Bundesstaaten in die Lage versetzt werden sollten, gefährliche Personen schnell zu identifizieren. Aus diesem Grund beantragte die Maßregelkommission bei der Vorstellung des 54 Personen umfassenden vorläufigen Verzeichnisses in der Bundestagssitzung vom 10. April 1834,[354] dass die Bundesstaaten der Bundeszentralbehörde nicht nur weitere Informationen über politische Flüchtlinge, sondern auch über gefährliche Personen zukommen lassen sollten, die sich im Ausland befanden, gegen die aber kein Strafverfahren lief:

> »Es gibt nämlich außer den Individuen, welche (…) sich der Untersuchung durch die Flucht entzogen haben, auch noch andere Individuen, die nicht minder gefährlich für die öffentliche Ruhe und Ordnung in Deutschland sind (…). Hierher gehören insbesondere jene Männer, welche absichtlich ihren Aufenthalt im Auslande gewählt haben, um von da aus Deutschland mit revolutionären, Regierungen und Privatpersonen verunglimpfenden Schriften zu überschwemmen, und die alles Mögliche anwenden, um in Deutschland eine Revolution herbeizuführen. – Es sind dies notorische Feinde des Deutschen Bundes und der Bundesstaaten, gegen die zum Theil nur deshalb keine gerichtliche Verfolgung eingeleitet ist, weil sie sich durch den von ihnen gewählten Aufenthalt zum Voraus dem Arme der Gerechtigkeit entzogen haben. Wenn der Ausschuss die Namen eines Börne, Heine, usw. nennt, wird er ohne weitern Zusatz seine Meinung deutlich gemacht haben.«[355]

Ende Juni 1834 reichte die Bundeszentralbehörde ein überarbeitetes Verzeichnis bei der Maßregelkommission ein, das 137 Flüchtlinge, allerdings noch keine »gefährlichen« Personen umfasste.[356] Für

---

[353] Protokolle Bundesversammlung 1834, 14. Sitzung, § 188, S. 411.
[354] Verzeichnis derjenigen Personen, welche in das gegen den Bestand des Bundes und die öffentliche Ordnung in Deutschland gerichtete Complott, insbesondere das am 3. April 1833 zu Frankfurt statt gehabte Attentat verflochten sind, und sich der gegen sie eingeleiteten Untersuchung durch die Flucht entzogen haben, in: HStA München, MdA, Nr. 1703.
[355] Protokolle Bundesversammlung 1834, 14. Sitzung, § 188, S. 412.
[356] Protokolle Bundesversammlung 1834, 28. Sitzung, § 364, S. 730 ff.; Süss, Schwarzes Buch, S. 22 f.

Selbstverständnis und Funktion der Bundeszentralbehörde war es charakteristisch, dass sie sich nicht einfach auf die Abgabe des Verzeichnisses beschränkte, sondern darüber hinaus Anträge und Empfehlungen zur weiteren Vorgehensweise sowie zur Verwendung des Verzeichnisses machte. So beantragte sie erstens, das Verzeichnis in gedruckter Form an die Bundesstaaten zu verteilen und diese aufzufordern, ihr fortlaufend Informationen über die aufgeführten Personen zu übermitteln und neue Flüchtlinge zu melden; zweitens das Verzeichnis als Grundlage zu nehmen, um bei Frankreich und den Schweizer Kantonen die Ausweisung der politischen Flüchtlinge oder zumindest deren Verweisung in grenzferne Regionen zu fordern; und drittens die diplomatischen Dienste der deutschen Staaten in der Schweiz und Frankreich anzuweisen »über den Aufenthalt und das Treiben der in diesen Ländern befindlichen Deutschen Flüchtlinge auf geeignetem Wege Erkundigung einzuziehen«.[357] Von der Bundeszentralbehörde war entsprechend eine dreifache Funktion des Verzeichnisses angedacht, indem es die sicherheitspolitischen Maßnahmen gegen Flüchtlinge innerhalb des Bundes koordinieren, diplomatische Schritte bei den Gastländern argumentativ unterstützen und bei der Überwachung der deutschen Emigration im Ausland helfen sollte. Zwar stimmte die Bundesversammlung dem ersten und dem dritten Punkt zu, lehnte diplomatische Maßnahmen des Bundes auf Grundlage des Flüchtlingsverzeichnisses aber ab. Die Maßregelkommission führte in ihrem Gutachten aus, dass der Deutsche Bund hinsichtlich der Schweiz erst anlässlich des Savoyerzugs eingeschritten sei und gegenüber Frankreich keine Gründe vorlägen, die ein solches Vorgehen rechtfertigen würden:

> »In der Zwischenzeit haben die von dem Deutschen Bunde unterstützten Schritte der deutschen, an die Schweiz angrenzenden Bundesstaaten, wegen Wegeweisung der in der Schweiz sich aufhaltenden, die Ruhe der Nachbarstaaten gefährdenden politischen Flüchtlinge, bei der Eidgenossenschaft den beabsichtigten Erfolg gehabt, und der Ausschuß ist daher des Dafürhaltens, daß in dieser Beziehung dermalen keine weiteren Beschlüsse zu fassen, vielmehr den erwähnten hierbei zunächst interessierten Bundesstaaten zu überlassen seyn werde, aus dem anliegenden Verzeichnisse diejeni-

---

[357] Protokolle Bundesversammlung 1834, 28. Sitzung, § 364, S. 730 f.

gen Notizen zu entnehmen, welche sie für geeignet erachten könnten, und darauf weitere Reclamation wegen Wegweisung solcher sich in der Schweiz etwa noch aufhaltenden Flüchtlinge gründen. Der Ansicht der Centralbehörde, daß gleiche Schritte wie bei der Schweiz auch bei Frankreich wegen der in letzern Staate sich aufhaltenden Deutschen politischen Flüchtlinge einzuleiten seyen, vermag der Ausschuß nicht beizutreten, indem es zu solchen Schritten an einem nahe liegenden und keiner Controverse fähigen Anlaß fehlt wie der von der Schweiz aus gegen Savoyen unternommene und gegen Deutschland beabsichtigte Einfall der politischen Flüchtlinge verschiedener Nationen war.«[358]

Das Verzeichnis wurde in den folgenden Jahren weiter modifiziert und ergänzt. Ein bisher kaum beachteter Verbesserungsvorschlag erfolgte im Dezember 1834 durch Kurhessen.[359] Wie andere Bundesstaaten hatte Kurhessen das Flüchtlingsverzeichnis an seine Polizeibehörden verteilt, wobei aufgefallen war, dass nicht für alle verzeichneten Personen Steckbriefe bzw. Informationen über die zuständigen Fahndungsbehörden vorlagen. Hieraus ergab sich das Problem, dass zurückkehrende Flüchtlinge mit Hilfe des Verzeichnisses zwar identifiziert werden konnten, das aber nicht zwangsläufig eine rechtliche Grundlage für ein Einschreiten bestand. Hierfür war nach wie vor ein konkretes Ersuchen der zuständigen Behörden in Form eines Steckbriefes bzw. eines Requisitionsschreibens notwendig, so dass diese bei einer Verhaftung je nach Informationsstand erst umständlich angefordert werden mussten.

Kurhessen beantragte daher bei der Bundesversammlung, dass das Verzeichnis um Angaben über »1) das Gericht, bei welchem die Untersuchung anhängig, 2) der Tag, an welchem der Steckbrief oder das Ersuchen an die – auch auswärtigen Behörden um Verhaftung erlassen worden, und 3) die Behörden, an welche der Verhaftete zunächst abzuliefern sey« zu ergänzen.[360] Die Bundesversammlung stimmte diesem Anliegen umgehend zu. Es handelte sich dabei nicht einfach nur um eine Maßnahme zur Verbesserung der Handhabung des Verzeichnisses. Vielmehr wurde das Flüchtlingsverzeichnis den

---

[358] Protokolle Bundesversammlung 1834, 28. Sitzung, § 364, S. 731 f.
[359] Protokolle Bundesversammlung 1834, 43. Sitzung, § 606, S. 1063; Süss, Schwarzes Buch, S. 23 f.
[360] Protokolle Bundesversammlung 1834, 43. Sitzung, § 606, S. 1062 f.

formellen Vorgaben eines »Steckbriefes«[361] angepasst, womit sich sein Charakter von einer »polizeilichen« Datensammlung zu einem »strafrechtlichen« Fahndungsregister verschob. Das nach den Vorschlägen der Maßregelkommission und Kurhessens überarbeitete »Tabellarische Verzeichnis der deutschen politischen Flüchtlinge und anderer im Ausland befindlichen Verdächtigen« wurde im Juli 1835 durch die Bundeszentralbehörde eingereicht.[362] Dieses beinhaltete neben den Kategorien »Flüchtlinge« und »Verdächtige« die beantragten Angaben zum Verfolgungsgrund, dem Zeitpunkt der Flucht, dem vermuteten Aufenthalt, der zuständigen Gerichtsbehörde, dem Datum der Veröffentlichung des Steckbriefes sowie ein Signalement mit körperlichen Merkmalen. In den Jahren 1836 und 1838 legte die Bundeszentralbehörde »Nachtragsverzeichnisse« vor, die im Aufbau dem ersten Verzeichnis entsprachen.[363] Kurz vor der Auflösung der Bundeszentralbehörde 1842 wurde zudem ein abschließendes »Verzeichnis aller im Auslande befindlicher deutschen Flüchtlinge« vorgelegt.[364]

Die praktische Bedeutung des Flüchtlingsverzeichnisses lässt sich nur schwer einschätzen. Die kurhessische Bundestagsgesandtschaft hatte in ihrem Antrag wegen der Ergänzung des Verzeichnisses beispielsweise angedeutet, dass sie nicht an eine große Relevanz glaube, »da die meisten der in Rede befindlichen Flüchtlinge aus Deutschland entwichen seyen und schwerlich dahin zurückkehren würden«.[365] Der wichtigste praktische Effekt lag wohl darin, dass – vergleichbar mit den Mobilitätsverboten für Handwerker und Studenten – die Bundesversammlung ein abstraktes Sicherheitsproblem definierte, welches durch die Flüchtlingsliste in die Sicherheits-

---

[361] »Steckbriefe sind offene Schreiben an alle Gerichts- und Polizeibehörden, mit der Aufforderung, einen flüchtigen Angeschuldigten, dessen Aufenthaltsort der Richter nicht kennt, zu ergreifen und auszuliefern. Sie bestehen aus zwei Theilen, nämlich dem Aufforderungsschreiben, und der möglichst genauen Personenbeschreibung des Flüchtigen. Das Verbrechen, wegen welches er in Untersuchung kam, wird genannt.« (Mittermaier, Strafverfahren (Bd. 1), S. 486).
[362] Protokolle Bundesversammlung 1835, 17. Sitzung, § 275, S. 556 ff. u. Anhang. Das Verzeichnis ist auch abgedruckt in: Ilse, Untersuchungen, Anhang Nr. 2.
[363] Protokolle Bundesversammlung 1836, 2. Sitzung, § 49, S. 110 u. 154^a ff.; Protokolle Bundesversammlung 1838, 34. Sitzung, § 383, S. 1042 u. 1059 ff.
[364] Süss, Schwarzes Buch, S. 24.
[365] Protokolle Bundesversammlung 1834, 43. Sitzung, § 606, S. 1062 f.

praxis der Bundesstaaten übersetzt wurde. So wurden die Verzeichnisse der Bundeszentralbehörde nicht nur in Staaten an der Außengrenze des Bundes, sondern beispielsweise auch in Hannover, das aufgrund seiner geographischen Lage von der Flüchtlingsproblematik eigentlich kaum betroffen war, bis an untere Verwaltungsbehörden weitergegeben und so ein tiefgehendes Problembewusstsein geschaffen.[366]

Für den praktischen Schutz des Bundesgebietes vor zurückkehrenden politischen Flüchtlingen und Verdächtigen lässt sich zudem beobachten, dass ergänzend zum Flüchtlingsverzeichnis die Requisitionen der Bundeszentralbehörde eine große Bedeutung hatten, da sie kurzfristig und gezielter eingesetzt werden konnten. Beispielsweise erfuhr die Bundeszentralbehörde im Sommer 1836 durch eine »vertrauliche Notiz« – wahrscheinlich des Informationsbüros –, dass in der »New Yorker Zeitung«[367] die Ausreise von zwei politischen Personen namens »Breidenstein« und »Spiehs« gemeldet worden sei, die »Amerika verlaßen und sich nach Deutschland mit Vaterlands-Beglückungsplänen eingeschifft hätten«.[368] Der Bundeszentralbehörde gelang es mit Hilfe des Flüchtlingsverzeichnisses schnell, »Breidenstein« als einen der Gebrüder August und Friedrich Breidenstein aus Hessen-Homburg zu identifizieren, »Spiehs« war dagegen unbekannt. Die Bundeszentralbehörde erließ daraufhin an die für die Überwachung der Außengrenze des Bundes wichtigen Hafenstädte Bremen und Hamburg sowie an Baden und die Behörden der bayrischen Rheinprovinz Requisitionsschreiben, in denen vor der Einreise der beiden Personen gewarnt wurde.[369]

4.3 Zwischenfazit

Betrachtet man die Beziehungen und Interaktionen des Bundesregimes mit außerdeutschen Staaten zusammenfassend, so ist es zunächst

---

[366] Riesener, Polizei, S. 184.
[367] Gemeint war wohl die 1834 gegründete, deutschsprachige »New Yorker Staats-Zeitung«.
[368] Protokolle Bundeszentralbehörde, 151. Sitzung, 7. Juli 1836, § 3690, in: GStA PK Berlin, I. HA, Rep. 77, Tit. 10, Nr. 2, Bd. 9.
[369] Protokolle Bundeszentralbehörde, 151. Sitzung, 7. Juli 1836, § 3690, in: GStA PK Berlin, I. HA, Rep. 77, Tit. 10, Nr. 2, Bd. 9.

wichtig, auf die Frage einzugehen, inwieweit überhaupt von einer einheitlichen Bundespolitik gesprochen werden kann. Die dargestellten Entwicklungen und Ereignisse zeigen zwar, dass der Deutsche Bund als außenpolitischer Akteur nur eine untergeordnete Rolle spielte. Dennoch wäre es falsch, von einer uneinheitlichen oder sogar gegensätzlichen Politik der deutschen Staaten auszugehen. Vielmehr vertraten Österreich und Preußen den Deutschen Bund, allerdings weniger im institutionellen als im politischen Sinne. Während Österreich im Rahmen einer nach außen gerichteten europäischen Politik die Überwachung oppositioneller Auslandsgruppen für die anderen Bundesstaaten übernahm und gemeinschaftliche diplomatische Initiativen anregte und koordinierte, fungierte Preußen eher nach innen gerichtet als Orientierungspunkt für die kleineren Bundesstaaten, etwa auf rechtspolitischer Ebene.[370] Zwar verfolgten die beiden Großmächte dabei eigene politische Ziele, dennoch scheint es nicht so, dass diese Aktivitäten den Interessen der anderen Bundesstaaten grundsätzlich entgegenliefen. Trotzdem war der Deutsche Bund nicht bedeutungslos. Seine Rolle bestand darin, Maßnahmen zur Abwehr negativer Einflüsse aus dem Ausland zu regulieren und zu harmonisieren.

Für den transnationalen Umgang mit politischer Kriminalität war es charakteristisch, dass sich Kooperationen kaum im Rahmen von Strafjustiz abspielten. Diese Entwicklung hatte sich bereits während der 1820er Jahre angebahnt und hatte ihre Ursachen weniger in liberalen Konzeptionen eines politischen Asylrechts bzw. in dem Prinzip der Nichtauslieferung politischer Krimineller als in der Formierung nationalstaatlicher Strafrechtsräume, die transnationale Interaktionen aus dem Bereich der Rechtshilfe erschwerten. Diese Entwicklung ging vor allem von den westeuropäischen Staaten aus, die aufgrund normativ eingehegter Strafrechtssysteme und wegen formeller und informeller Kontrollmechanismen (Parlamente, Öffentlichkeit) kaum Handlungsspielraum hatten. Aber auch die deutschen Regierungen agierten in diesem Bereich wegen seiner politischen Brisanz und symbolischen Bedeutung eher zurückhaltend, wie das Beispiel der deutsch-russischen Interaktionen nach dem

---

[370] Vgl. Doering-Manteuffel, Deutsche Frage, S. 20.

Novemberaufstand zeigt.[371] Dass die deutschen Staaten sich seit Mitte der 1830er Jahre teils aktiv um den Abschluss von Auslieferungsabkommen mit Belgien und Frankreich bemühten, ist vor dem Hintergrund zu sehen, dass Auslieferungen jeglicher Art ohne Staatsverträge kaum zu erwirken waren. Angesichts der als bedrohlich wahrgenommenen Steigerungen von Mobilität und transnationalen Verflechtungen wurde die Anerkennung des Prinzips der Nichtauslieferung politischer Krimineller als kleineres Sicherheitsrisiko eingeschätzt. Dies ist deshalb ein wichtiges Ergebnis, da sich hieran zeigt, dass politische Kriminalität trotz der hohen Bedeutung, welche ihr durch die Polizei- und Justizapparate zugemessen wurde, letztendlich aus einer ganzheitlichen kriminalpolitischen Perspektive bewertet wurde und quantitativ eine untergeordnete Rolle spielte. Ein wichtiger Aspekt ist zudem, dass Österreich als einziger großer deutscher Staat nicht an diesem Prozess beteiligt war, was als Hinweis auf eine zunehmende Entfernung Österreichs von den anderen deutschen Staaten gedeutet werden könnte.

Trotz der Etablierung des Prinzips der Nichtauslieferung politischer Krimineller blieb die Verrechtlichung des transnationalen Umgangs mit politischer Kriminalität oberflächlich. Dies zeigt sich vor allem daran, dass in keinem europäischen Staat ein Asylrecht im Sinne eines Rechtsanspruchs existierte. Ein wesentlicher Aspekt ist dabei, dass die liberale Asyl- und Auslieferungspraxis der westeuropäischen Staaten nicht nur von den Regierungen ausging, sondern auch eine Reaktion auf zivilgesellschaftliche Forderungen war. Diese Konstellation trug dazu bei, dass es im Schatten der nationalstaatlich aufgeladenen Strafjustiz zu einem Bedeutungszuwachs alternativer polizeilicher Verfahren kam. Dies betraf zum einen durch den Verweis auf die innere Sicherheit gerechtfertigte Maßnahmen wie Ausweisungen, Deportationen oder Internierungen, die sich als Alternative zur Rechtshilfe entwickelten und durch die, ohne auf nationalstaatliche Souveränitätsansprüche zu verzichten, flexibel auf von außen herangetragene Forderungen reagiert werden konnte. Zum anderen lässt sich beobachten, dass polizeilichen Kooperationen, die auf den Austausch von Wissen abzielten, eine zentrale Bedeutung

---

371 Vgl. Kapitel 4.2.2.1, S. 322 f.

zukam. Der polizeiliche Informationsaustausch war aber kaum systematisch und präventiv angelegt, sondern diente überwiegend der unmittelbaren Gefahrenabwehr und war meistens eher einem konkreten Interesse des Informationsübermittlers als einer übergeordneten Strategie geschuldet. Dies lag daran, dass polizeiliches Wissen zunehmend als strategischer Vorteil betrachtet wurde, so dass nur geringe Bereitschaft bestand, es potentiellen Konkurrenten uneingeschränkt zur Verfügung zu stellen. Der Austausch von Informationen diente zudem nicht nur dem Erkenntnisgewinn, sondern auch der Bestätigung und Verfestigung politischer und persönlicher Beziehungen. Ähnlich wie innerhalb des Deutschen Bundes lässt sich dabei beobachten, dass sich Ereignisse wie Attentate und Aufstände stimulierend und stabilisierend auf sicherheitspolitische Beziehungen auswirkten, indem sie Solidarisierungseffekte hervorriefen und transnationale Kooperationen innenpolitisch rechtfertigten.

Auf dieser Basis formierten sich im Vormärz auf europäischer Ebene Strukturen, die aufgrund ihrer Heterogenität und Flüchtigkeit zwar nicht mit dem innerdeutschen Bundesregime vergleichbar sind, aber zumindest als regimeähnlich beschrieben werden können. Ähnlich wie innerhalb des Deutschen Bundes war neben der Kontrolle und Abdrängung radikaler politischer Kräfte auch die Disziplinierung unzuverlässiger Staaten bzw. die Herstellung eines Mindestmaßes an sicherheitspolitischer Kohärenz bedeutsam. Besonders deutlich wird dies am Umgang mit der Schweiz, deren als inkonsequent und chaotisch wahrgenommene Flüchtlingspolitik nicht nur von den deutschen Staaten und Russland, sondern auch von den westeuropäischen Staaten als Risiko bewertet wurde. Dabei entwickelten sich kollektive diplomatische Kampagnen und Sanktionen, Reisebeschränkungen und Embargos zu sicherheitspolitischen Instrumenten, deren Androhung im Fall der Schweiz bereits genügte, um politische Forderungen durchzusetzen. Der Gegensatz in der Asylfrage spielte hierbei eine untergeordnete Rolle. Entscheidender war das gemeinsame Interesse an politischer Stabilität und Sicherheit.

5. Schluss

Das Hauptziel dieser Untersuchung war es, sicherheitspolitische Maßnahmen gegen politische Kriminalität im Deutschen Bund während des Vormärz aus einer möglichst ganzheitlichen Perspektive zu rekonstruieren und zu analysieren. Hierzu wurden relevante Normen, Diskurse und Praktiken als transnationales Sicherheits- bzw. Bundesregime konzipiert. Als ein zentrales Ergebnis lässt sich festhalten, dass die Formierung transnationaler Sicherheitsregime zum Umgang mit politischer Kriminalität weder innerhalb des Deutschen Bundes noch im Blick auf die Beziehungen zwischen deutschen und nichtdeutschen Staaten ein eindimensionaler, kohärenter und abschließender Prozess war. Regimestrukturen waren kaum das Ergebnis langfristiger kriminal- und sicherheitspolitischer Konzepte, sondern entstanden als Reaktion auf als konkret empfundene Sicherheitsbedrohungen und blieben in der Regel zeitlich und sachlich begrenzt. Dabei ist zu beobachten, dass mit dem Abklingen der Bedrohung der Wille zu Kooperation nachließ und sich Regimestrukturen auflösten. Dennoch etablierten sich mittelfristig Techniken und Muster der Gefahrenabwehr, die kurzfristig reaktiviert werden konnten. Diese als Ver- und Entsicherheitlichungsprozesse beschreibbaren Dynamiken können als Charakteristikum einer sich im Vormärz herausbildenden Sicherheitskultur gesehen werden und erklären sich aus dem Spannungsfeld von nationaler Souveränität, transnationalen Sicherheitsinteressen sowie öffentlichen Forderungen nach individueller Freiheit bzw. Sicherheit.

Ein wesentliches Merkmal war die Verdichtung von (Rechts-)Normen bezüglich des Umgangs mit politischer Kriminalität. Dieser Vorgang lässt sich aber kaum als Modernisierungs-, Liberalisierungs- oder Verrechtlichungsprozess darstellen, zumal auf materieller Ebene neben »modernen«, auf den Schutz individueller Freiheitsrechte abzielenden Prinzipien wie dem politischen Asyl auch »vormoderne« polizeiliche Prinzipien und Verfahren fortlebten und mit nachhaltiger Wirkung implementiert wurden. Bundes- und Konferenzbeschlüsse sowie bi- und multilaterale Verträge dienten nicht nur der Regulierung konkreter Konflikte und Koordinationsprobleme, die sich aus der Formierung nationalstaatlich definierter Rechtsräume ergaben, sondern auch der Reaktivierung und Stabilisierung bereits bestehender – teilweise informeller – Regimestrukturen nach innen und zunehmend auch ihrer Legitimierung oder Rechtfertigung nach außen. Rechtsnormen hatten für die Sicherheitsregime des Vormärz entsprechend auch eine symbolische oder kommunikative Funktion. Die gerade in Krisensituationen zu beobachtenden reflexhaften und inflationären Erlasse sicherheitspolitischer Bestimmungen können auch als Reaktion auf die Wahrnehmung oder Konzeptualisierung von politischer Kriminalität als Angriff auf Funktionalität und Legitimität der politischen Ordnung gedeutet werden. Auf diese Weise konnte Einigkeit und Handlungsfähigkeit demonstriert werden, wie überhaupt die Herstellung von Sicherheit angesichts zunehmend dynamischer und sich verselbstständigender öffentlicher Debatten und einem gesteigerten Legitimationsdruck nicht nur auf praktischer, sondern auch auf diskursiver Ebene stattfand. Ein Phänomen, das sich dadurch erklären lässt, dass es sich bei »Sicherheit« nicht um eine objektive und konstante, sondern um eine abstrakte, emotionale oder diskursive Größe handelt.[1]

Eine weitere wichtige Entwicklung transnationaler Sicherheitsregime im Vormärz, die auch große Bedeutung für die allgemeine Herausbildung einer normativen Ordnung transnationalen Strafrechts hatte, ist die besonders nach dem Revolutionsjahr 1830 einsetzende Deinstitutionalisierung und Fragmentierung polizeilicher und strafrechtlicher Kooperationen. So lässt sich beobachten, dass vor allem innerhalb des Deutschen Bundes, punktuell aber auch in anderen Kontexten, zunächst mit universalistischen, durch ihren Zweck legitimierten Modellen transnationaler Kooperation experimentiert wurde, die sich an vormodernen Normen, Institutionen und Verfahren orientierten. Dies zeigte sich insbesondere an der nach wie vor präsenten Vorstellung vom Strafrecht als übernationaler, globaler oder universeller Größe und an dem Versuch, auf föderaler

---

[1] Vgl. Kapitel 1.1, S. 5 f.

bzw. transnationaler Ebene Institutionen mit exekutiven und justiziellen Kompetenzen zu bilden. Obwohl zumindest innerhalb des Deutschen Bundes partiell umgesetzt, kollidierten derartige Modelle mit zunehmend ausgeformten Vorstellungen einzelstaatlicher Souveränität und wurden allmählich durch alternative Kooperationsformate verdrängt, die weniger auf die Bildung gemeinschaftlicher Normen und Institutionen als auf die rechtliche Einhegung zwischenstaatlicher Interaktionen, die Verbesserung der Kooperation einzelstaatlicher Akteure und eine durch rechtliche Harmonisierung und funktionale Integration zu erreichende, möglichst hohe sicherheitspolitische Kohärenz abzielten. Dies ist ein Vorgang, der im Deutschen Bund offensichtlich mit dem Erlass von einzelstaatlichen Verfassungen und Strafrechtskodifikationen korrelierte, im Vormärz allerdings noch nicht abgeschlossen war.

Dieser Vorgang ging mit einer zunehmenden strukturellen Trennung von justiziellen und polizeilichen Elementen und Funktionen einher. Parallel zur nationalstaatlich aufgeladenen Strafjustiz differenzierten sich polizeiliche und nachrichtendienstliche Verfahren heraus, deren Legitimationsbasis und Handlungsgrundlage weniger rechtliche und politische Prinzipien als administrative und polizeiliche Rationalitäten bzw. der Erhalt von Sicherheit und Ordnung waren und die komplementär und kompensatorisch zu Entwicklungen wie dem politischen Asyl wirkten. Ausschlaggebend hierfür war vor allem die kollektive Erfahrung der Französischen Revolution mit ihren Folgen, wobei der Vorstellung einer transnationalen revolutionären Verschwörung die Funktion eines Rechtfertigungsnarrativs zukam, das teilweise durch Sicherheitsregime selbst produziert wurde und unter dem in synchroner und diachroner Perspektive durchaus disparat wirkende Phänomene politischer Dissidenz zusammengefasst wurden. Diese sich im Vormärz auch unter dem Druck einer zunehmend nationalisierten Öffentlichkeit herausbildende Doppelstruktur von »Recht« und »Sicherheit« kann als ein wesentliches Merkmal einer sich allmählich herausbildenden europäischen, mittlerweile wahrscheinlich besser globalen oder transnationalen Sicherheitskultur gesehen werden und erklärt die bis heute regelmäßig beobachtbaren Kollisionen zwischen öffentlichen und politischen Rechtsauffassungen einerseits und administrativ-polizeilichen Sicherheitspraktiken anderseits.

Versucht man die bearbeiteten Ereignisse und Prozesse über den Untersuchungszeitraum hinaus einzuordnen, ist die Märzrevolution von 1848 ein erster wichtiger Referenzpunkt. Denn ihr Ausbruch könnte durchaus als Hinweis auf das Scheitern des Bundesregimes gedeutet werden. So wurde beispielsweise im Blick auf die Zentraluntersuchungskommission und die Bundeszentralbehörde ausgeführt, dass die politisch-polizeilichen Institutionen des Deutschen Bundes nicht überbewertet werden sollten, da sie personell nur gering besetzt waren und die Revolution von 1848 »weder voraussehen noch entscheidend behindern oder gar verhindern« konnten.[2] Diese Einschätzung ist jedoch problematisch, da sie erstens das mehrdimensionale Zusammenspiel zwischen koordinierenden Bundesinstitutionen und exekutiven und justiziellen Landesinstitutionen unterschätzt; zweitens außer Acht lässt, dass der Ausbruch der 48er Revolution nicht monokausal auf zielgerichtete Aktivitäten der bürgerlich-akademischen Opposition innerhalb des Deutschen Bundes – dem Hauptobjekt des Bundesregimes – zurückführbar ist, sondern seine Ursachen in einer »gesamtgesellschaftlichen Krise« der 1840er Jahre hatte, in der politische, wirtschaftliche und soziale Faktoren miteinander verschmolzen und die ganz Europa betraf;[3] sowie drittens nicht berücksichtigt, dass sich das in Karlsbad und nach der Julirevolution entstandene Bundesregime bereits am Anfang der 1840er Jahre weitgehend verflüchtigt hatte, indem vor allem die Frankfurter Bundeszentralbehörde nicht mehr aktiv war. Entsprechend kann die 48er Revolution zwar als Beleg für ein Scheitern der deutschen Regierungen bei der langfristigen Regulierung politischer und sozialer Konflikte, aber nicht als Bewertungsmaßstab für die Effizienz oder Funktionalität polizeilicher und strafrechtlicher Maßnahmen herangezogen werden. Letztendlich lässt sich die Frage nach dem Erfolg der Sicherheitsregime des Vormärz ohnehin nur schwer beantworten, da die heterogene Sicherheitspraxis und vor allem das Fehlen verbindlicher Kriterien dies kaum zulassen. Im Blick auf den Deutschen Bund wurden etwa die vermuteten politischen Verschwörungen nie aufgedeckt, das formelle

---

[2] Jäger, Verfolgung, S. 86. Ähnlich: Härter, Schlichtung, S. 151.
[3] Vgl. Hahn/Berding, Reformen, S. 534 ff.; Langewiesche, Europa, S. 164 ff.; Siemann, Staatenbund, S. 364 f., Wehler, Gesellschaftsgeschichte, S. 660 ff.

Ziel der Bundesmaßnahmen also nicht erreicht, gleichzeitig gelang es aber, die Aktivitäten dissidenter Gruppen – zumindest oberflächlich – einzudämmen. Insgesamt lässt sich festhalten, dass die Sicherheitsregime des Vormärz in Einzelfällen einen für den modernen Betrachter durchaus erstaunlichen praktischen Wirkungsgrad hatten, gerade im Blick auf transnationale Kommunikation und Kooperation. Das gelegentlich bemühte Bild einer allgegenwärtigen, willkürlichen, »totalitär« anmutenden Überwachungs- und Unterdrückungsmaschinerie bestätigt die Analyse der Rechts- und Sicherheitspraxis aber nicht.[4]

Allgemein lässt sich beobachten, dass sich die Tendenz zur Dezentralisierung, Entrechtlichung und Depolitisierung transnationaler Sicherheitsregime nach 1848 fortsetzte. Innerhalb des Deutschen Bundes kam es 1851 zwar noch einmal kurz zu einer Diskussion um die Gründung einer »Bundespolizeibehörde« mit exekutiven Kompetenzen, die allerdings ohne Ergebnis blieb.[5] Stattdessen kooperierten die politischen Polizeibehörden der Bundesstaaten im so genannten »Polizeiverein« unabhängig vom Deutschen Bund im Rahmen eines dezentralen, durch Konferenzen, Arbeitsteilung und geregelten Nachrichtenaustausch strukturierten Kooperationsformats.[6] Dieses Modell – das wie dargestellt bereits nach dem Frankfurter Wachensturm angedacht wurde[7] – kann als das direkte Ergebnis der Erfahrungen mit der Zentraluntersuchungskommission und der Bundeszentralbehörde gesehen werden, die aufgrund ihrer Bindung an Strafprozesse und ihres »supranationalen« Charakters in ihrer ursprünglichen Funktion zwar konfliktanfällig waren, sich als Foren zum Nachrichtenaustausch jedoch bewährt hatten. Diese Verschiebung vom »Institutions- oder Kommissionsmodus« hin zum flexibleren, die nationale Souveränität wahrenden »Kooperations- und Konferenzmodus« wurde über den Bereich der politischen Kriminalität hinaus kennzeichnend für transnationale Sicherheits-

---

4 Vgl. z. B. Zamoyski, Phantome des Terrors, S. 247 ff.
5 Siehe hierzu: Müller, Nation, S. 101 ff.; Siemann, Deutschlands Ruhe, S. 247 ff. Siehe auch: Kapitel 3.2.3.3, S. 246.
6 Zum Polizeiverein siehe: Beck/Schmidt, Dokumente; Deflem, Police Union; Haalck, Koordinierungsmaßnahmen; Jäger, Vernetzung; Siemann, Deutschlands Ruhe, S. 242 ff.; Siemann, Polizeiverein.
7 Vgl. Kapitel 3.2.5.1, S. 285 ff.

regime in der zweiten Hälfte des 19. Jahrhunderts und lässt sich auch auf europäischer bzw. »globaler« Ebene beobachten, etwa am Beispiel des »Anti-Anarchisten-Regimes« seit den 1880er Jahren oder der Bemühungen zur Bekämpfung des »Internationalen Verbrechens«.[8] Diese Bedeutungsverschiebung hin zur einzelstaatlichen bzw. nationalen Ebene lässt sich auch an anderen Stellen feststellen. So wurden die meisten der seit 1819 erlassenen Ausnahmegesetze des Bundes während der Märzrevolution aufgehoben und danach nur sporadisch wiederbelebt.[9] Dennoch wäre es ein Fehler, hieraus auf einen Abbruch der Kontinuitätslinien des Vormärz zu schließen, denn insgesamt werden Kontinuitäten weniger in Normen und Institutionen als in Praktiken und Diskursen zu suchen sein, was sich allerdings schwierig nachvollziehen lässt. Dabei entsteht angesichts der sicherheitspolitischen Inaktivität des Deutschen Bundes im Nachmärz leicht der Eindruck, die Maßnahmen gegen politische Kriminalität seien in diesem Zeitraum weniger stringent und konsequent gewesen.[10] Allerdings sollte man sich nicht dazu verleiten lassen, aus dem Fehlen normativer Bestimmungen auf Bundesebene zu starke Rückschlüsse auf die Rechts- und Sicherheitspraxis zu ziehen. Der Fokus wird nämlich zwangsläufig auf die Bundesstaaten gelenkt und lässt die Heterogenität des Mehrebenensystems Deutscher Bund stärker hervortreten, die im Vormärz durch die intensive Bundespolitik kaschiert wurde. Richard Kohnen hat treffend bemerkt, dass die »Tradition von Karlsbad« weniger in bundespolitischen Maßnahmen als in der Bereitschaft der Regierenden zu sehen ist, auf einzelstaatlicher Ebene und im Rahmen bi- und multilateraler Kooperationen gegen Dissidenz bzw. politische Kriminalität vorzugehen.[11]

Darüber hinaus muss bedacht werden, dass die sicherheitspolitischen Maßnahmen des Bundes im Vormärz primär darauf abzielten, legislative, exekutive und justizielle Aktivitäten der Bundestaaten zu

---

[8] Härter, Transnational Policing. Vgl. Jensen, Battle; Deflem, Policing; Jäger, Verfolgung.
[9] Zu den »reaktionären« Maßnahmen des Deutschen Bundes im Nachmärz siehe: Müller, Nation, S. 90 ff.; Kohnen, Pressepolitik.
[10] Vgl. Müller, Nation, S. 144 f.
[11] Kohnen, Pressepolitik, S. 61.

stimulieren und zu harmonisieren, und eher den Charakter einer Rahmengesetzgebung hatten. »Rechtliche« Kontinuitäten lassen sich entsprechend eher auf der einzelstaatlichen als auf der Bundesebene feststellen. So war beispielsweise das Prinzip der »Strafbarkeit der Verbrechen gegen den Deutschen Bund« Bestandteil der meisten seit den 1830er Jahren erlassenen Strafgesetzbücher, obwohl der entsprechende Bundesbeschluss von 1836 im Nachmärz weitergalt.[12] Bemerkenswert ist, dass in Verfassung und Strafgesetzbuch des Norddeutschen Bundes bzw. des Deutschen Reiches analoge Bestimmungen einflossen, die die Bundesstaaten verpflichteten, Handlungen gegen Verfassung, Institutionen und Personal des politischen Gesamtverbands so zu ahnden, als wären sie selbst betroffen.[13] Hier lässt sich konkret nachvollziehen, dass ein »polizeilich« motiviertes, auf die Disziplinierung justizieller Akteure der Bundesstaaten abzielendes Element des Bundesregimes direkt in die »moderne« deutsche Strafrechtsordnung einfloss.[14] Im Polizei- und Strafrecht des Deutschen Reiches und vor allem der deutschen Bundesstaaten werden sich vermutlich einige vergleichbare Beispiele finden lassen, etwa in der Presse-, Vereins- und Versammlungsgesetzgebung. Dies verdeutlicht etwa das 1878 durch das Reich erlassene »Gesetz gegen die gemeingefährlichen Bestrebungen der Sozialdemokratie«.[15] Das so genannte »Sozialistengesetz« wandte sich wie das Vormärz-Regime gegen Formate und Ausprägungen »Politischer Organisation«[16] (Vereine, Versammlungen, Druckschriften), die als Bestandteile einer Verschwörung gegen »Staats- und Gesellschaftsordnung« konzipiert

---

[12] Criminalgesetzbuch Sachsen 1836, Art. 82; Strafgesetzbuch Württemberg 1839, Art. 148; Criminal-Gesetzbuch Braunschweig 1840, § 81; Strafgesetzbuch Hessen-Darmstadt 1841, Art. 139; Strafgesetzbuch Baden 1845, § 595; Strafgesetz Österreich 1852, § 58; Strafgesetzbuch Sachsen 1855, Artikel 120. Vgl. Kapitel 3.2.4.3, S. 272.
[13] Vgl. Deutsche Reichsverfassung 1871, Art. 74; Deutsches Reichsstrafgesetzbuch 1871, § 81.
[14] Siehe hierzu ausführlich: Kapitel 3.1.4.3, S. 167 ff.; Kapitel 3.2.4.2, S. 255 ff.
[15] Gesetz gegen die gemeingefährlichen Bestrebungen der Sozialdemokratie vom 21. Oktober 1878, in: Deutsches Reichsgesetzblatt 1878, S. 351 ff.
[16] Vgl. Siemann, Deutschlands Ruhe, S. 460 f. Zum interdependenten Verhältnis von Polizei und Öffentlichkeit im 19. Jahrhundert siehe auch: Riesener, Polizei.

wurden, und enthielt Bestimmungen zur Eindämmung grenz- bzw. länderübergreifender Aktivitäten innerhalb des Reiches (Aufenthaltsverbote, Ausweisung). Darüber hinaus hatte es in Bezug auf die Bundesstaaten eine disziplinierende und harmonisierende Dimension und zielte nach zwei Attentatsversuchen auf Wilhelm I. auch auf »diskursive« Sicherheitsproduktion ab, so dass hier sowohl thematisch als auch konzeptionell Kontinuitäten zum Vormärz sichtbar werden.[17]

Eine ähnliche, allerdings etwas anders gelagerte Entwicklung lässt sich im Bereich des Auslieferungswesens beobachten. Hier gelang es der Bundesversammlung 1854 einen Bundesbeschluss zu verabschieden, der die Auslieferung »Gemeiner Verbrecher« innerhalb des Bundesgebietes regelte. Der Beschluss orientierte sich explizit an den im Vormärz getroffenen Bestimmungen über die Auslieferung politischer Verbrecher von 1836 und verpflichtete die Bundestaaten zur Auslieferung flüchtiger Krimineller unter Berücksichtigung des Prinzips der Nichtauslieferung eigener Untertanen und der stellvertretenden Strafrechtspflege und hatte subsidiäre Geltung zu spezielleren Bestimmungen in bundesstaatlichen Auslieferungsverträgen und Gesetzen.[18] Die an der gemeinrechtlichen Gerichtsstandslehre orientierte, mehrdimensionale Struktur des transnationalen Strafrechts im Deutschen Bund wurde also nicht beseitigt, sondern bestätigt. Der durch Preußen und Österreich initiierte Bundesbeschluss folgte wohl auch einem »repressiven« Impuls, indem durch ihn die umstrittene Fortgeltung des Prinzips der Nichtauslieferung politischer Verbrecher sichergestellt werden sollte.[19] Insbesondere die intergouvernementalen Vorverhandlungen zeigen jedoch, dass es tatsächlich in erster Linie um die Rationalisierung der Rechtshilfe im

---

[17] Ähnlich wie im Fall der Sicherheitspolitik des Deutschen Bundes wird das Sozialistengesetz in der Literatur primär unter dem Gesichtspunkt der »Repression« bzw. hinsichtlich seiner Auswirkungen auf die Sozialdemokratie behandelt. Unter den Aspekten »Sicherheit« und »Föderalismus« wird das Gesetz analysiert bei: Mühlnikel, Fürst, S. 177 ff.; Resch, Sozialistengesetz, S. 296 ff.

[18] Bundesbeschluss wegen gegenseitiger Auslieferung gemeiner Verbrecher auf dem Deutschen Bundesgebiet vom 26. Januar 1854, in: Protokolle Bundesversammlung 1854, 3. Sitzung, § 25, S. 41 ff. Siehe auch: Meyer, Corpus Juris (Teil 2), S. 594 f. Zu den Verhandlungen über den Bundesbeschluss siehe: Müller, Nation, S. 139 ff.

[19] Müller, Nation, S. 140.

Bundesgebiet ging, so dass der Beschluss sich einem allgemeinen Trend zur Verrechtlichung und Verregelung der zwischenstaatlichen Rechtsbeziehungen in der zweiten Hälfte des 19. Jahrhunderts zuordnen lässt.[20] Ein weiterer entscheidender Antrieb war die zunehmende Erfahrung und Wahrnehmung eines allgemeinen Ansteigens grenzübergreifender Mobilität und Kommunikation, die als grundsätzliches Sicherheitsrisiko eingeschätzt wurde. Dass Preußen und Österreich die Notwendigkeit eines entsprechenden Beschlusses gegenüber der Bundesversammlung damit begründeten, die zwischenstaatliche Strafrechtspflege innerhalb des Deutschen Bundes bedürfe angesichts zunehmender transnationaler Verflechtungen und verbesserter Verkehrsmöglichkeiten einer Regelung, war entsprechend nicht nur eine argumentative Strategie. Vielmehr kann hierin ein Hinweis auf das sich zunehmend ausformende Narrativ des modernen, »Internationalen Verbrechens«[21] gesehen werden:

> »Es ist wohl überflüssig, auf die Wichtigkeit hinzudeuten, welche die sichere Verfolgung der Verbrecher im Interesse der Rechtspflege und der allgemeinen Sicherheit haben muß, und wie schon allein durch den Bestand eines allgemeinen Uebereinkommens, welches flüchtigen Verbrechern es unmöglich machen soll im Auslande ein ungestörtes Asyl zu finden und sich der in ihrem Vaterlande verwirkten Strafe zu entziehen, auf die Verminderung der Verbrechen im Allgemeinen hingewirkt werden würde, während sonst den Uebelthätern in Folge der täglich sich mehrenden Reisegelegenheiten Anlockung und Möglichkeit zur Flucht in stets gesteigertem Maaße geboten wird.«[22]

Auch wenn es gängigen Interpretationsmustern und Geschichtsbildern widerspricht, weisen diese Beispiele darauf hin, dass die Abwehr der national-liberalen Bewegung als Großprojekt des Deutschen Bundes im Vormärz auf gesamtdeutscher Ebene Integrationseffekte stimulierte, die langfristig wirkten, über den Bereich der politischen Kriminalität hinausgingen und zur Ausbildung einer normativen Ordnung transnationalen Strafrechts beitrugen. Allerdings lässt sich dieser Vorgang kaum als »nationalstaatliche«, sondern eher als funk-

---

[20] Siehe hierzu: Vec, Recht. Zu den Vorverhandlungen zwischen Österreich und Preußen siehe: GStA PK Berlin, I. HA, Rep. 84 a, Nr. 6123.
[21] Siehe hierzu: Jäger, Verfolgung, S. 109 ff.
[22] Protokolle Bundesversammlung 1851, 32. Sitzung, § 261, S. 652.

tionale Integration beschreiben, indem es über die Bearbeitung gemeinsamer Problem- und Regelungsfelder in bestimmten Bereichen zu Verflechtungs- und Angleichungseffekten kam. Inwieweit die Formierung transnationaler Sicherheitsregime mit dem in der neueren Bundesforschung präferierten Modell einer aus einer liberal-demokratischen Perspektive »positiv« besetzten »Inneren Nationsbildung« kompatibel ist, bleibt aber fraglich.[23] Denn die angesprochenen Vorgänge lassen sich kaum als »progressive« Vereinheitlichungs- oder Verrechtlichungseffekte beschreiben: Einerseits blieb die (straf-)rechtliche Integration fragmentarisch und oberflächlich, anderseits überwogen letztendlich gegenteilige »Dezentralisierungs-« und »Entrechtlichungseffekte«. Eher lässt sich hierin ein zweiter Strang des Nationsbildungsprozesses sehen, dessen Bedeutung weniger in Vereinheitlichung und Zentralisierung als in der Ausbildung und Einübung föderativer Mechanismen liegt. Bemerkenswert ist in diesem Zusammenhang etwa, dass bereits unmittelbar nach der Reichsgründung 1871 – 29 Jahre vor dem »Bürgerlichen Gesetzbuch« – das erste gesamtdeutsche Strafgesetzbuch erlassen wurde, die Länder aber weitgehende Kompetenzen im Bereich von Strafjustiz und Polizei behielten. Dieser Vorgang kann durchaus als Fortsetzung des schon im Vormärz beobachtbaren Musters gesehen werden, durch Rechtsnormen Harmonisierungseffekte zu erzeugen und Einigkeit zu symbolisieren, die praktische Umsetzung aber den Einzelstaaten zu überlassen. Dieses Vorgehen ist allerdings kaum kompatibel mit dem Modell einer »liberal« oder »zivil« geprägten »Nationsbildung«, sondern weist auf ein anderes Nationsmodell hin, das an die föderativ-transnationale Tradition des Deutschen Bundes als Garant für die Erhaltung der Sicherheit Deutschlands anschloss.

---

[23] Siehe hierzu: Kapitel 1.2, S. 22.

Quellen und Literatur

Verwendete Archivbestände

Bundesarchiv Berlin-Lichterfelde (BA Berlin)

DB 7 Zentraluntersuchungskommission (DB 7)
DB 8 Bundeszentralbehörde (DB 8)

Generallandesarchiv Karlsruhe (GLA Karlsruhe)

Abteilung 48 Haus- und Staatsarchiv: III. Staatssachen (Abt. 48)
Abteilung 49 Haus- und Staatsarchiv: IV. Gesandtschaften (Abt. 49)
Abteilung 52 Nachlass Blittersdorf (Abt. 52)
Abteilung 233 Badisches Staatsministerium (Abt. 233)
Abteilung 234 Badisches Justizministerium (Abt. 234)
Abteilung 236 Badisches Innenministerium (Abt. 236)

Geheimes Staatsarchiv Preußischer Kulturbesitz (GStA PK Berlin)

I. Hauptabteilung Rep. 75 A Preußische Gesandtschaft am Bundestag (I. HA, Rep. 75 A)
I. Hauptabteilung Rep. 77 Ministerium des Innern (I. HA, Rep. 77)
I. Hauptabteilung Rep. 84 a Justizministerium (I. HA, Rep. 84 a)
I. Hauptabteilung Rep. 90 Staatsministerium, ältere Registratur (I. HA, Rep. 90)
I. Hauptabteilung Rep. 90 A Staatsministerium, jüngere Registratur (I. HA, Rep. 90 A)
III. Hauptabteilung Ministerium der auswärtigen Angelegenheiten (III. HA, MdA)

Haus-, Hof- und Staatsarchiv Wien (HHStA Wien)

Gesandtschafts- und Konsulatsarchive, Gesandtschaft Frankfurt Bundestag (GKA, Frankfurt-Bundestag)
Ministerium des Äußern, Informationsbüro, Korrespondenz der Staatskanzlei mit der Mainzer Zentralpolizei (MdÄ, IB, Korrespondenz der Staatskanzlei mit der Mainzer Zentralpolizei)

Staatenabteilung, Frankreich, Diplomatische Korrespondenz (StAbt, Frankreich, Korrespondenz)
Staatskanzlei, Deutsche Akten (StK, Deutsche Akten)
Staatskanzlei, Politische Indizes (StK, Indizes)
Staatskanzlei, Vorträge (StK, Vorträge)

Hauptstaatsarchiv München (HStA München)

Ministerium des Äußern (MdA)
Ministerium des Innern (MdI)

Hauptstaatsarchiv Stuttgart (HStA Stuttgart)

Bestand E 40/76 Ministerium der auswärtigen Angelegenheiten: Justizwesen (Best. E 40/76)
Bestand E 50/01 Ministerium der auswärtigen Angelegenheiten: Württembergische Bundestagsgesandtschaft in Frankfurt am Main (Best. E 50/01)
Bestand E 65 Württembergische Bundestagsgesandtschaft in Frankfurt am Main (Best. E 65)
Bestand E 301 Justizministerium (Best. E 301)

Hauptstaatsarchiv Wiesbaden (HStA Wiesbaden)

Bestand 210 Staatsministerium (Best. 210)

Landeshauptarchiv Koblenz (LHA Koblenz)

Bestand 403 Oberpräsidium der Rheinprovinz (Best. 403)

Landesarchiv Speyer (LA Speyer)

Bestand H 1 Regierung der Pfalz, Präsidialakten (Best. H 1)
Bestand J 1 Oberlandesgericht Zweibrücken, Akten (Best. J 1)

Niedersächsisches Landesarchiv Hannover (NLA Hannover)

Bestand Hannover 26a Justizministerium (Hann. 26a)
Depositum 103 VI Gesandtschaften (Dep. 103 VI)

Staatsarchiv Darmstadt (StA Darmstadt)

Bestand G 1 Staatsministerium (Best. G 1)

Bestand G 2 A Großherzoglich-Hessische Bundestagsgesandtschaft und Militärkommissionen (Best. G 2 A)
Bestand G 3 Gesandtschaften (Best. G 3)

Staatsarchiv Marburg (StA Marburg)

Bestand 9 a Kurhessisches Ministerium der auswärtigen Angelegenheiten und des Hauses (Best. 9 a)

Universitätsarchiv Heidelberg

Rektor, Senat und allgemeine Verwaltung (RA)

Gedruckte Quellen und Literatur bis 1866

Abegg, Julius Friedrich Heinrich, Über die Bundestagsbeschlüsse vom J. 1834, in Betreff der Versendung der Akten an Rechtsfacultäten in Criminalsachen, in: Archiv des Criminalrechts. Neue Folge (1848), S. 351–373. Zitiert: Abegg, Bundestagsbeschlüsse.

Abegg, Julius Friedrich Heinrich, Ueber die Bestrafung der im Auslande begangenen Verbrechen. Ein Versuch, Landshut 1819. Zitiert: Abegg, Bestrafung.

Aegidi, Ludwig Karl (Hrsg.), Die Schluss-Acte der Wiener Ministerial-Conferenzen zur Ausbildung und Befestigung des deutschen Bundes. Urkunden, Geschichten und Kommentare. 2 Bände, Berlin 1860/69. Zitiert: Aegidi, Schluss-Acte.

Aktenmäßige Darstellung der im Königreiche Württemberg in den Jahren 1831, 1832 und 1833 statt gehabten hochverrätherischen und sonstigen revolutionären Umtriebe, Stuttgart 1839. Zitiert: Aktenmäßige Darstellung.

Allgemeine Literatur Zeitung, 1785–1849. Zitiert: Allgemeine Literatur Zeitung.

Allgemeine Zeitung, 1798–1925. Zitiert: Allgemeine Zeitung.

Anton, Eduard, Erkenntniss wider die Mitglieder des sogenannten Jünglingsbundes auf den Grund der zu Cöpnick stattgefundenen Untersuchungen und der hierüber verhandelten Akten. Gesprochen dem Königl. Ober-Landesgericht Breslau, Halle 1826. Zitiert: Anton, Erkenntniss.

Archiv der großherzoglich-hessischen Gesetze und Verordnungen. Band 2: Vom Januar 1814 bis zum Ende des Jahres 1819, Darmstadt 1834. Zitiert: Archiv der großherzoglich-hessischen Gesetze.

Auszug aus dem Berichte des Grafen Portalis, eines der mit der Instruction des Fieschischen Prozesses beauftragt gewesenen Commissäre, in: Politisches Journal (1836), S. 97–150. Zitiert: Auszug aus dem Berichte.

Bar, Carl Ludwig von, Das internationale Privat- und Strafrecht, Hannover 1862. Zitiert: Bar, Privat- und Strafrecht.

Bauer, Anton, Entwurf eines Strafgesetzbuches für das Königreich Hannover. Mit Anmerkungen, Göttingen 1826. Zitiert: Bauer, Entwurf.

Bayreuther Zeitung, 1769–1863. Zitiert: Bayreuther Zeitung.

Berner, Albert Friedrich, Wirkungskreis des Strafgesetzes nach Zeit, Raum und Personen. Besonders von der Bestrafung der im Auslande begangenen Verbrechen, vom Asylrecht und von der Auslieferung der Verbrecher, von der Rückwirkung der Strafgesetze und vom Rechtsirrthum, Berlin 1853. Zitiert: Berner, Wirkungskreis.

Bianchi, Nicomede, Storia documentata della diplomazia Europea in Italia Dall'Anno 1814–1861. Volume II: Anni 1820–1830, Turin 1865. Zitiert: Bianchi, Storia.

Bluntschli, Johann Caspar, Auslieferung von politischen Verbrechern, in: Johann Caspar Bluntschli (Hrsg.), Deutsches Staats-Wörterbuch, Band 1, Stuttgart u. a. 1857, S. 520–524. Zitiert: Bluntschli, Auslieferung.

Büchner, Georg, Nachgelassene Schriften, Frankfurt am Main 1850. Zitiert: Büchner, Nachgelassene Schriften.

Bulmerincq, August von, Das Asylrecht und die Auslieferung flüchtiger Verbrecher. Eine Abhandlung aus dem Gebiet der universellen Rechtsgeschichte und des positiven Völkerrechts, Dorpat 1853. Zitiert: Bulmerincq, Asylrecht.

Chauveau, Adolphe / Hélie, Faustin, Théorie du code pénal. Tome 2, 4. Aufl., Paris 1861. Zitiert: Chauveau / Helie, Theorie.

Clausing, Ludwig, The proscribed German student. Being a sketch of some interesting incidents in the life and melancholy death of the late Lewis Clausing, New York 1836. Zitiert: Clausing, German Student.

Danz, Wilhelm August Friedrich, Grundsätze des Reichsgerichts-Prozesses, Stuttgart 1795. Zitiert: Danz, Grundsätze.

Der Oesterreichische Beobachter, 1810–1848. Zitiert: Österreichischer Beobachter.

Der Process gegen Ernst Schüler von Biel. Dargestellt in der Anklage-Akte, den beidinstanzlichen Vertheidigungen und dem oberstgerichtlichen Urtheile vom 8. Herbstmonat 1837, Bern 1837. Zitiert: Der Process.

Deutsches Reichsgesetzblatt, Berlin 1871–1945. Zitiert: Deutsches Reichsgesetzblatt.

Dresch, Leonhard von, Öffentliches Recht des deutschen Bundes und der deutschen Bundes-Staaten, Tübingen 1821. Zitiert: Dresch, Öffentliches Recht.

Elvers, Christian Friedrich, Praktische Arbeiten. Zur Förderung wissenschaftlicher Ausbildung des gemeinen Rechts, Rostock 1836. Zitiert: Elvers, Praktische Arbeiten.

Emmerich, Wilhelm, Verbrechen des Hochverraths an dem curhessischen Staat, durch Eintritt in die Verbindung »das junge Deutschland« in der Schweiz, in: Annalen der deutschen und ausländischen Criminal-Rechtspflege (1839), S. 331–392. Zitiert: Emmerich, Verbrechen.

Entscheidungsgründe in der wegen Hochverraths gegen G. G. K. in Stuttgart und Cons. geführten und durch Erkenntniss des K. Württembergischen Gerichtshofs in Eßlingen vom 26. und 27. Mai 1825 entschiedenen Untersuchungssache, in: Zeitschrift für die Criminal-Rechts-Pflege in den Preußischen Staaten mit Ausschluß der Rheinprovinzen (1830), S. 321–372. Zitiert: Entscheidungsgründe.

Feuerbach, Paul Johann Anselm von, Lehrbuch des gemeinen in Deutschland gültigen peinlichen Rechts. Mit vielen Anmerkungen und Zusatzparagraphen und mit einer vergleichenden Darstellung der Fortbildung des Strafrechts durch die neuen Gesetzgebungen, 14. Aufl., Gießen 1847. Zitiert: Feuerbach, Lehrbuch.

Feuerbach, Paul Johann Anselm von, Themis oder Beiträge zur Gesetzgebung, Landshut 1812. Zitiert: Feuerbach, Themis.

Gans, Salomon Philipp, Kritische Beleuchtung des Entwurfs eines Strafgesetzbuches für das Königreich Hannover, Celle 1828. Zitiert: Gans, Beleuchtung.

Gesetz- und Verordnungssammlung für die Herzoglich-Braunschweigischen Lande, Braunschweig 1832–1917. Zitiert: Gesetzsammlung Braunschweig.

Gesetze, Dekrete und Verordnungen des Kantons Bern, Bern 1805–1993. Zitiert: Gesetze Bern.

Gesetzsammlung für die Königlich Preußischen Staaten, Berlin 1810–1906. Zitiert: Gesetzsammlung Preußen.

Goltdammer, Theodor, Die Materialien zum Straf-Gesetzbuche für die Preußischen Staaten. Aus den amtlichen Quellen nach den Paragraphen des Gesetzbuches zusammengestellt und in einem Kommentar erläutert. Theil II: Den besonderen Theil enthaltend, Berlin 1852. Zitiert: Goltdammer, Materialien.

Görres, Joseph, In Sachen der Rheinprovinzen. Und in eigener Angelegenheit, Stuttgart 1822. Zitiert: Görres, Rheinprovinzen.

Grossherzoglich Badisches Regierungsblatt, Karlsruhe, 1809–1816. Zitiert: Grossherzoglich Badisches Regierungsblatt.

Hamburgischer Correspondent, 1731–1868. Zitiert: Hamburgischer Correspondent.

Heffter, August Wilhelm, Lehrbuch des gemeinen deutschen Criminalrechtes mit Rücksicht auf ältere und neuere Landesrechte, 4. Aufl., Halle 1848. Zitiert: Heffter, Lehrbuch.

Heffter, August Wilhelm, Ueber den Einfluß der Deutschen Bundesverfassung auf die Strafrechtspflege der Einzelstaaten, in: Archiv des Criminalrechts. Neue Folge (1840), S. 223–237. Zitiert: Heffter, Einfluß.

Hélie, Faustin, Traité de l'instruction criminelle, ou théorie du code d'instruction criminelle. Tome 2 : De l'action publique et de l'action civile, 2. Aufl., Paris 1866. Zitiert: Hélie, Traité.

Hepp, Ferdinand Carl Theodor, Beiträge zur Lehre vom Hochverrath nach gemeinem und nach Bernischem Strafrechte. In sechs Abhandlungen, Bern u. a. 1833. Zitiert: Hepp, Hochverrath.

Hepp, Ferdinand Carl Theodor, Commentar über das neue württembergische Straf-Gesetzbuch, nach seinen authentischen Quellen, den Vorlagen der Staats-Regierung und den ständischen Verhandlungen des Jahres 1838. Mit Erläuterungen und Registern versehen, Band 2, Abteilung 1, Tübingen 1842. Zitiert: Hepp, Commentar.

Hoffmann, Ludwig, Vollständige Verhandlungen vor dem königlich-bayerischen Appellationsgerichte des Rheinkreises und in den öffentlichen Sitzungen des ausserordentlichen Assisengerichts zu Landau vom 29. Juli 1833 und der folgenden Tage gegen Dr. Wirth, Zweibrücken 1833. Zitiert: Hoffmann, Assisengericht.

Hohnhorst, Levin Karl von, Vollständige Uebersicht der gegen Carl Ludwig Sand wegen Meuchelmordes, verübt an dem K. Russischen Staatsrath v. Kotzebue, geführten Untersuchung, 2 Bände, Stuttgart 1820. Zitiert: Hohnhorst, Uebersicht.

Huber, Ernst Rudolf (Hrsg.), Dokumente zur deutschen Verfassungsgeschichte. Band 1: Deutsche Verfassungsdokumente 1803–1850, 3. Aufl., Stuttgart 1978. Zitiert: Huber, Dokumente.

Ilse, Leopold Friedrich, Die braunschweigisch-hannoverschen Angelegenheiten und Zwistigkeiten vor dem Forum der deutschen Grossmächte und der Bundes-Versammlung. Mit Benutzung der diplomatischen Correspondenz der Grossmächte und Mittelstaaten, sowie des Bundes-Protokolls von 1827–1831, Berlin 1863. Zitiert: Ilse, Angelegenheiten.

Ilse, Leopold Friedrich, Geschichte der deutschen Bundesversammlung insbesondere ihres Verhaltens zu den deutschen National-Interessen, 3 Bände, Marburg 1861/62. Zitiert: Ilse, Bundesversammlung.

Ilse, Leopold Friedrich, Geschichte der politischen Untersuchungen, welche durch die neben der Bundesversammlung errichteten Commissionen, der Central-Untersuchungs-Commission zu Mainz und der Bundes-Central-Behörde zu Frankfurt in den Jahren 1819 bis 1827 und 1833 bis 1842 geführt sind, Frankfurt am Main 1860. Zitiert: Ilse, Untersuchungen.

Jarcke, Carl Ernst, Carl Ludwig Sand und sein, an dem kaiserlich-russischen Staatsrath v. Kotzebue verübter Mord. Eine psychologisch-criminalistische Erörterung aus der Geschichte unserer Zeit, Berlin 1831. Zitiert: Jarcke, Sand.

Jarcke, Carl Ernst, Handbuch des gemeinen deutschen Strafrechts mit Rücksicht auf die Bestimmungen der preußischen, österreichischen, baierischen und französischen Strafgesetzgebung, 2 Bände, Berlin 1827. Zitiert: Jarcke, Handbuch.

Jassoy, Daniel Ludwig, Welt und Zeit. Sechster und letzter Theil, Heidelberg 1828. Zitiert: Jassoy, Welt und Zeit.

Jordan, Sylvester, Lehrbuch des allgemeinen und deutschen Staatsrechts. Erste Abtheilung: Die Grundzüge des allgemeinen Staatsrechts, die geschichtliche und allgemeine Einleitung in das deutsche Staatsrecht und das deutsche Bundesrecht enthaltend, Kassel 1831. Zitiert: Jordan, Lehrbuch.

Jordan, Sylvester, Gastrecht (Fremdenrecht), in: Carl von Rotteck/Carl Theodor Welcker (Hrsg.), Das Staats-Lexikon. Encyklopädie der sämmtlichen Staatswissenschaften für alle Stände, Band 5, 2. Aufl., Altona 1847, S. 360–403. Zitiert: Jordan, Gastrecht.

Journal des débats, 1789–1944. Zitiert: Journal des débats.

Justiz-Ministerialblatt für die preußische Gesetzgebung und Rechtspflege, Berlin 1839–1933. Zitiert: Justiz-Ministerialblatt Preußen.

Kamptz, Karl Albert von, Bemerkungen über den Thatbestand und den Versuch des Hochverraths, in: Jahrbücher für die preußische Gesetzgebung, Rechtswissenschaft und Rechtsverwaltung (1820), S. 273–388. Zitiert: Kamptz, Bemerkungen.

Kamptz, Karl Albert von, Bruchstücke über das Recht eines Staats, die, gegen ihn im Auslande von einem Ausländer begangenen Verbrechen zu bestrafen, in:

Jahrbücher für die preußische Gesetzgebung, Rechtswissenschaft und Rechtsverwaltung (1824), S. 19–120. Zitiert: Kamptz, Bruchstücke.

Kappler, Friedrich, Handbuch der Literatur des Criminalrechts und dessen philosophischer und medizinischer Hülfswissenschaften für Rechtsgelehrte, Psychologen und gerichtliche Aerzte, Stuttgart 1838. Zitiert: Kappler, Handbuch.

Kappler, Friedrich, Sammlung der württembergischen Gerichts-Gesetze. Vierter Theil, Erste Abtheilung: Enthaltend die Gesetze vom Jahre 1806 bis 1820 einschließlich, Tübingen 1839. Zitiert: Kappler, Sammlung.

Kleinschrod, Gallus Aloys, Ueber den Einfluß der veränderten Staatsverfassung Deutschlands auf das Criminalrecht, in: Archiv des Criminalrechts (1807), S. 355–402. Zitiert: Kleinschrod, Einfluß.

Kletke, G. M., Die Staatsverträge des Königreichs Bayern in Bezug auf Justiz-, Polizei-, Administrations-, Landeshoheits-, Territorial- und Grenz-, Bundes-, Kirchen-, Militair-, Preß- & Nachdrucks-, Flußschifffahrts-, Post-, Eisenbahn-, Telegraphen- und Münz-Angelegenheiten von 1806 bis einschließlich 1858 systematisch und chronologisch zusammengestellt und herausgegeben, Regensburg 1860. Zitiert: Kletke, Staatsverträge.

Klüber, Johann Ludwig, Öffentliches Recht des Teutschen Bundes und der Bundesstaaten, 4. Aufl., Frankfurt am Main 1840. Zitiert: Klüber, Öffentliches Recht.

Klüber, Johann Ludwig / Welcker, Carl Theodor, Wichtige Urkunden für den Rechtszustand der deutschen Nation, Mannheim 1845. Zitiert: Klüber / Welcker, Urkunden.

Knapp, Hermann, Beiträge zur Strafgesetzgebung durch Erörterungen über den Entwurf eines Straf-Gesetzbuches für das Königreich Württemberg vom Jahr 1835, Stuttgart 1836. Zitiert: Knapp, Beiträge.

Koch, Johann Friedrich Wilhelm, Die Preussischen Universitäten. Eine Sammlung der Verordnungen, welche die Verfassung und Verwaltung dieser Anstalten betreffen, Band 2, Abteilung 1, Berlin u. a. 1840. Zitiert: Koch, Universitäten.

Königlich-Württembergisches Staats- und Regierungs-Blatt von den Jahren 1806–1810 incl., Stuttgart 1812. Zitiert: Staats- und Regierungsblatt Württemberg.

Krug, August Otto, Das Internationalrecht der Deutschen. Uebersichtliche Zusammenstellung der zwischen verschiedenen deutschen Staaten getroffenen Vereinbarungen über die Leistung gegenseitiger Rechtshülfe, mit Anmerkungen und Erläuterungen, Leipzig 1851. Zitiert: Krug, Internationalrecht.

Langres, Vincent Lombard de, Des sociétés secrètes en Allemagne, et en d'autres contrées. De la secte des illuminés, du tribunal secret, de l'assassinat de Kotzebue, etc, Paris 1819. Zitiert: Langres, Sociétés.

Le Constitutionnel, 1815–1914. Zitiert: Constitutionnel.

Le Moniteur universel, 1789–1901. Zitiert: Moniteur universel.

Mannheimer Zeitung, 1821–1834. Zitiert: Mannheimer Zeitung.

Marquardsen, Heinrich, Auslieferung. Nachtrag, in: Carl von Rotteck / Carl Theodor Welcker (Hrsg.), Das Staats-Lexikon. Encyklopädie der sämmtlichen

Staatswissenschaften für alle Stände, 3. Aufl., Leipzig 1858, S. 42–54. Zitiert: Marquardsen, Auslieferung.

Martin, Christoph, Lehrbuch des Teutschen gemeinen Criminal-Rechts. Mit besonderer Rücksicht auf das im Jahre 1813 publicirte Strafgesetzbuch für das Königreich Baiern, 2. Aufl., Heidelberg 1829. Zitiert: Martin, Lehrbuch.

Matter, Jacques, Ueber den Einfluß der Sitten auf die Gesetze und der Gesetze auf die Sitten. Eine von der französischen Akademie mit dem außerordentlichen Preis von 10,000 Franken gekrönte Preisschrift, Freiburg 1833. Zitiert: Matter, Einfluß.

Maucher, Ignaz, Sistematisches Handbuch des österreichischen Strafgesetzes über Verbrechen und der auf dasselbe sich unmittelbar beziehenden Gesetze und Verordnungen. Erster Theil, Wien 1844. Zitiert: Maucher, Handbuch.

Mellin, Georg Samuel Albert, Encyclopädisches Wörterbuch der kritischen Philosophie, Band 2, Jena u. a. 1799. Zitiert: Mellin, Wörterbuch.

Merkwürdiger Prozeß und Verurtheilung des Mörders Fieschi und seiner Mitangeklagten vor dem Pairshofe von Paris. Aus authentischen Quellen gesammelt und getreu der Wahrheit dargestellt, Berlin 1836. Zitiert: Merkwürdiger Prozeß.

Metternich's System oder die Ministerverschwörung in Wien vom Jahre 1834, Leipzig 1848. Zitiert: Metternich's System.

Meyer, Philipp Anton Guido von (Hrsg.), Corpus Juris Confoederationis Germanicae oder Staatsacten für Geschichte und öffentliches Recht des deutsches Bundes, 3 Teile, 3. Aufl., Frankfurt am Main 1858–1869. Zitiert: Meyer, Corpus Juris.

Mittermaier, Carl Josef Anton, Das deutsche Strafverfahren in der Fortbildung durch Gerichtsgebrauch und Particulargesetzbücher und in genauer Vergleichung mit dem englischen und französischen Strafprocesse, 2 Bände, 4. Aufl., Heidelberg 1845/46. Zitiert: Mittermaier, Strafverfahren.

Mittermaier, Carl Joseph Anton, Gesetz des Königreichs Belgien vom 1. October 1833 über die Auslieferung der Flüchtlinge, in: Kritische Zeitschrift für Rechtswissenschaft und Gesetzgebung des Auslandes (1834), S. 473–475. Zitiert: Mittermaier, Gesetz.

Mittermaier, Carl Joseph Anton, Hochverrath (Juristisch), in: Carl von Rotteck/ Carl Theodor Welcker (Hrsg.), Das Staats-Lexikon. Encyklopädie der sämmtlichen Staatswissenschaften für alle Stände, Band 7, 2. Aufl., Altona 1847, S. 30–46. Zitiert: Mittermaier, Hochverrath.

Mohl, Robert von, Revision der voelkerrechtlichen Lehre vom Asyle, Tübingen 1853. Zitiert: Mohl, Revision.

Neigebaur, Johann Daniel Ferdinand (Pseudonyme: Carl Follenberg, J. D. F. Mannsdorf, Rocholz, Rudolph Hug), Geschichte der geheimen Verbindungen der neuesten Zeit, 8 Hefte, Leipzig 1831–1834. Zitiert: Neigebaur, Geheime Verbindungen.

Noellner, Friedrich, Actenmäßige Darlegung des wegen Hochverraths eingeleiteten gerichtlichen Verfahrens gegen Pfarrer D. Friedrich Ludwig Weidig. Mit besonderer Rücksicht auf die rechtlichen Grundsätze über Staatsverbrechen und deutsches Strafverfahren, sowie auf die öffentlichen Verhandlungen über die politischen Processe im Großherzogthume Hessen überhaupt und die späteren Untersuchungen gegen die Brüder des D. Weidig, Darmstadt 1844. Zitiert: Noellner, Actenmäßige Darlegung.

Nypels, Jean Servais Guillaume, Complément de la théorie du code pénal de MM. Ad. Chauveau et F. Helie. Le droit pénal français progressif et comparé. Tome 3, Brüssel 1863. Zitiert: Nypels, Complément.

Offizielle Sammlung der das Schweizerische Staatsrecht betreffenden Aktenstücke, der in Kraft bestehenden Eidgenössischen Beschlüsse, Verordnungen und Concordate, und der zwischen der Eidgenossenschaft und den benachbarten Staaten abgeschlossenen besondern Verträge. Enthaltend den Zeitraum vom Jahr 1820 bis Ende des Jahres 1836, Band 2, Zürich 1838. Zitiert: Offizielle Sammlung.

Pfister, Ludwig Aloys, Merkwürdige Criminalfälle, 5 Bände, Heidelberg 1814-1820. Zitiert: Pfister, Criminalfälle.

Pfister, Ludwig, Aktenmässige Geschichte der Räuberbanden an den beiden Ufern des Mains, im Spessart und im Odenwalde. Enthaltend vorzüglich auch die Geschichte der weitern Verhaftung, Verurtheilung und Hinrichtung der Mörder des Handelmannes Jacob Rieder von Winterthur; nebst einer neueren Sammlung und Verdollmetschung mehrerer Wörter aus der Jenischen oder Gauner-Sprache, Heidelberg 1812. Zitiert: Pfister, Aktenmässige Geschichte.

Pfister, Ludwig, Nachtrag zu der aktenmässigen Geschichte der Räuberbanden an den beiden Ufern des Mains, im Spessart und im Odenwalde. Enthaltend vorzüglich auch die Geschichte der weitern Verhaftung, Verurtheilung und Hinrichtung der Mörder des Handelsmanns Jacob Rieder von Winterthur. Nebst einer neueren Sammlung und Verdollmetschung mehrerer Wörter aus der Jenischen oder Gauner-Sprache, Heidelberg 1812. Zitiert: Pfister, Nachtrag.

Preussens Gesetzgebung seit 1806. Register zur Gesetzsammlung im System der Materien, Berlin 1860. Zitiert: Preussens Gesetzgebung.

Protokolle der deutschen Bundesversammlung nebst den loco dictaturae gedruckten Beilagen, Frankfurt am Main 1816-1866. Zitiert: Protokolle Bundesversammlung.

Quistorp, Johann Christian von, Grundsätze des deutschen Peinlichen Rechts. Band 3, Abteilung 1, 6. Aufl., Leipzig u. a. 1821. Zitiert: Quistorp, Grundsätze.

Rapport de la Commission d'enquête, St. Petersburg 1826. Zitiert: Rapport.

Regierungs-Blatt für das Königreich Württemberg, Stuttgart 1824-1918. Zitiert: Regierungsblatt Württemberg.

Roschi, Jakob Emanuel, Bericht an den Regierungsrath der Republik Bern, betrefend die politischen Umtriebe, ab Seite politischer Flüchtlinge und andrer Fremden, in der Schweiz. Mit besonderer Rücksicht auf den Canton Bern, Bern 1836. Zitiert: Roschi, Bericht.

Rotteck, Carl von, Hochverrath (Politisch), in: Carl von Rotteck/Carl Theodor Welcker (Hrsg.), Das Staats-Lexikon: Encyklopädie der sämmtlichen Staatswissenschaften für alle Stände, Band 7, 2. Aufl., Altona 1847, S. 46-62. Zitiert: Rotteck, Hochverrath.

Ruge, Arnold, Gesammelte Schriften von Arnold Ruge, Band 5, Mannheim 1847. Zitiert: Ruge, Schriften.

Sammlung der hannöverschen Landesverordnungen und Ausschreiben, Hannover 1813-1817. Zitiert: Hannöversche Landesverordnungen.

Sammlung von Gesetzen, Verordnungen, Ausschreiben und anderen allgemeinen Verfügungen für Kurhessen, Kassel 1820-1866. Zitiert: Kurhessische Gesetzsammlung.

Schäffer, Martin, Actenmäßige Darstellung der im Großherzogthume Hessen in den Jahren 1832 bis 1835 stattgehabten hochverrätherischen und sonstigen damit in Verbindung stehenden verbrecherischen Unternehmungen, Darmstadt 1839. Zitiert: Schäffer, Actenmäßige Darstellung.

Scheurlen, Karl von, Bemerkungen über die Frage: Ob am Deutschen Bunde ein Hochverrath begangen werden könne, in: Archiv des Criminalrechts. Neue Folge (1838), S. 500-515. Zitiert: Scheurlen, Bemerkungen.

Schmalz, Theodor, Das teutsche Staats-Recht. Ein Handbuch zum Gebrauche academischer Vorlesungen, Berlin 1825. Zitiert: Schmalz, Staatsrecht.

Schulz, Wilhelm, Der Tod des Pfarrers Dr. Friedrich Ludwig Weidig. Ein actenmäßiger und urkundlich belegter Beitrag zur Beurtheilung des geheimen Strafprozesses und der politischen Zustände Deutschlands, Zürich u. a. 1843. Zitiert: Schulz, Weidig.

Schulz, Wilhelm / Welcker, Carl Theodor, Geheime Inquisition, Zensur und Kabinettsjustiz im verderblichen Bunde. Schlußverhandlung mit vielen neuen Aktenstücken über den Prozeß Weidig, Karlsruhe 1845. Zitiert: Schulz / Welcker, Inquisition.

Spangenberg, Ernst Peter Johann (Hrsg.), Sammlung der Verordnungen und Ausschreiben, welche für sämmtliche Provinzen des Hannoverschen Staats, jedoch was den Calenbergischen, Lüneburgischen, und Bremen und Werdenschen Theil betrifft, seit dem Schlusse der in denselben vorhandenen Gesetzsammlungen bis zur Zeit der feindlichen Usurpation ergangen sind. Dritter Theil. Die Jahre 1780 bis 1799 enthaltend, Hannover 1821. Zitiert: Spangenberg, Sammlung.

Sr. K.K. Majestät Franz des Ersten politische Gesetze und Verordnungen für sämmtliche Provinzen des Österreichischen Kaiserstaates mit Ausnahme von Siebenbürgen, Wien 1808-1836. Zitiert: Gesetze und Verordnungen Österreich.

Struve, Gustav von, Das öffentliche Recht des deutschen Bundes, 2 Teile, Mannheim 1846. Zitiert: Struve, Öffentliches Recht.

Tillier, Anton von, Geschichte der Eidgenossenschaft während der sogenannten Restaurationsepoche. Vom Anfange des Jahres 1814 bis zur Auflösung der ordentlichen Tagsatzung von 1830, Band 2, Bern 1849. Zitiert: Tillier, Eidgenossenschaft.

Tittmann, Carl August, Die Strafrechtspflege in völkerrechtlicher Rücksicht. Mit besonderer Beziehung auf die teutschen Bundesstaaten, Dresden 1817. Zitiert: Tittmann, Strafrechtspflege.

Tittmann, Karl August, Handbuch der Strafrechtswissenschaft und der deutschen Strafgesetzkunde, 2. Aufl., Halle 1824. Zitiert: Tittmann, Handbuch.

Verhandlungen der Stände-Versammlung des Großherzogtums Baden, Karlsruhe 1819-1904. Zitiert: Verhandlungen badische Ständeversammlung.

Verhandlungen der Zweiten Kammer der Landstände des Großherzogthums Hessen, Darmstadt 1820–1900. Zitiert: Verhandlungen Zweite Kammer Hessen-Darmstadt.

Wächter, Karl Georg von, Gemeines Recht Deutschlands insbesondere Gemeines Deutsches Strafrecht. Eine Abhandlung, Leipzig 1844. Zitiert: Wächter, Gemeines Recht.

Wagemann, Friedrich Moritz von, Darlegung der Haupt-Resultate aus den wegen der revolutionären Complotte der neueren Zeit in Deutschland geführten Untersuchungen. Auf den Zeitabschnitt mit Ende Juli 1838, Frankfurt am Main 1838. Zitiert: Wagemann, Darlegung.

Weech, Friedrich von (Hrsg.), Correspondenzen und Actenstücke zur Geschichte der Ministerconferenzen von Carlsbad und Wien in den Jahren 1819, 1820 und 1834, Leipzig 1865. Zitiert: Weech, Correspondenzen.

Weiss, Carl Eduard, System des deutschen Staatsrechts, Regensburg 1843. Zitiert: Weiss, System.

Welcker, Carl Theodor, Actenversendung, in: Carl von Rotteck/Carl Theodor Welcker (Hrsg.), Das Staats-Lexikon. Encyklopädie der sämmtlichen Staatswissenschaften für alle Stände, Band 1, Altona 1834, S. 237–247. Zitiert: Welcker, Actenversendung.

Wit von Dörring, Johannes, Die revolutionären Umtriebe in der Schweiz. Worte der Warnung. Einer hohen Tagsatzung und allen ächten Schweizern gewiedmet, Glarus 1823. Zitiert: Wit von Dörring, Umtriebe.

Wit von Dörring, Johannes, Fragmente aus meinem Leben und meiner Zeit, 3 Bände, Braunschweig 1827–1830. Zitiert: Wit von Dörring, Fragmente.

Zachariä, Heinrich Albert, Deutsches Staats- und Bundesrecht. Zweiter Theil. Das Regierungsrecht der Bundesstaaten und das Bundesrecht, 3. Aufl., Göttingen 1865–1867. Zitiert: Zachariä, Staats- und Bundesrecht.

Zachariä, Heinrich Albert, Handbuch des deutschen Strafprocesses. Systematische Darstellung des auf den Quellen des gemeinen Rechts und der neuern deutschen Gesetzgebung beruhenden Criminal-Verfahrens in wissenschaftlicher Begründung und Verbindung, 2 Bände, Göttingen 1863/68. Zitiert: Zachariä, Handbuch.

Zachariä, Heinrich Albert, Ueber die Bestrafung hochverrätherischer im Auslande begangener Handlungen, in: Archiv des Criminalrechts. Neue Folge (1852), S. 35–51. Zitiert: Zachariä, Bestrafung.

Zachariä, Karl Eduard, Ueber den Versuch des Verbrechens der Hochverraths, in: Archiv des Criminalrechts. Neue Folge (1838), S. 221–247; 344–371; 532–550. Zitiert: Zachariä, Versuch.

Zoepfl, Heinrich, Grundsätze des allgemeinen und deutschen Staatsrechts, 2 Bände, 5. Aufl., Heidelberg u. a. 1863. Zitiert: Zoepfl, Grundsätze.

Literatur nach 1866

Adler, Hans (Hrsg.), Literarische Geheimberichte. Protokolle der Metternich-Agenten. Band 1: 1840–1843, Köln 1977. Zitiert: Adler, Geheimberichte.

Altenhain, Karsten / Willenberg, Nicola (Hrsg.), Die Geschichte der Folter seit ihrer Abschaffung, Göttingen 2011. Zitiert: Altenhain / Willenberg, Folter.

Angelow, Jürgen, Der Deutsche Bund, Darmstadt 2003. Zitiert: Angelow, Deutscher Bund.

Angelow, Jürgen, Von Wien nach Königgrätz. Die Sicherheitspolitik des Deutschen Bundes im europäischen Gleichgewicht (1815–1866), München 1996. Zitiert: Angelow, Sicherheitspolitik.

Arnold, Martin M., Pressefreiheit und Zensur im Baden des Vormärz. Im Spannungsfeld zwischen Bundestreue und Liberalismus, Berlin 2003. Zitiert: Arnold, Pressefreiheit.

Arnsberg, Gad, Demokraten, »Ultraliberale« und sonstige Staatsfeinde. Zur württembergischen Militär- und Zivilverschwörung von 1831 bis 1833, in: Haus der Geschichte Baden-Württemberg (Hrsg.), Politische Gefangene in Südwestdeutschland, Tübingen 2001, S. 74–100. Zitiert: Arnsberg, Demokraten.

Asmus, Helmut, Das Wartburgfest. Studentische Reformbewegungen 1770–1819, Magdeburg 1995. Zitiert: Asmus, Wartburgfest.

Asmus, Helmut, Tugendbund, in: Helmut Reinalter (Hrsg.), Lexikon zu Demokratie und Liberalismus. 1750–1848/49, Frankfurt am Main 1993, S. 298–302. Zitiert: Asmus, Tugendbund.

Ay, Karl-Ludwig, Das Frag- und Antwortbüchlein des Darmstädter Offiziers Friedrich Wilhelm Schulz, in: Zeitschrift für bayerische Landesgeschichte (1972), S. 728–770. Zitiert: Ay, Frag- und Antwortbüchlein.

Baltzer, Christian, Die geschichtlichen Grundlagen der privilegierten Behandlung politischer Straftäter im Reichsstrafgesetzbuch von 1871, Bonn 1966. Zitiert: Baltzer, Grundlagen.

Bauer, Hartmut, Die Bundestreue. Zugleich ein Beitrag zur Dogmatik des Bundesstaatsrechts und zur Rechtsverhältnislehre, Tübingen 1992. Zitiert: Bauer, Bundestreue.

Beck, Friedrich / Schmidt, Walter (Hrsg.), Dokumente aus geheimen Archiven. Band 5: Die Polizeikonferenzen deutscher Staaten 1851–1866, Weimar 1993. Zitiert: Beck / Schmidt, Dokumente.

Behringer, Wolfgang, Sammelrezension Wiener Kongress, in: H-Soz-Kult.de (2017), http://www.hsozkult.de/publicationreview/id/rezbuecher-26597. Zitiert: Behringer, Sammelrezension.

Behringer, Wolfgang, Tambora und das Jahr ohne Sommer. Wie ein Vulkan die Welt in die Krise stürzte, München 2015. Zitiert: Behringer, Tambora.

Benz, Arthur, Politik in Mehrebenensystemen, Wiesbaden 2009. Zitiert: Benz, Mehrebenensysteme.

Beyrau, Dietrich, Rezension zu Adam Zamoyski, Phantome des Terrors. Die Angst vor der Revolution und die Unterdrückung der Freiheit 1789–1848, München 2016, in: H-Soz-Kult.de (2017), http://www.hsozkult.de/publicationreview/id/rezbuecher-26366. Zitiert: Beyrau, Rezension Zamoyski.

Bibl, Viktor, Metternich in neuer Beleuchtung. Sein geheimer Briefwechsel mit dem bayerischen Staatsminister Wrede nach unveröffentlichten Dokumenten, Wien 1928. Zitiert: Bibl, Metternich.

Bieker, Eva, Die Interventionen Frankreichs und Grossbritanniens anlässlich des Frankfurter Wachensturms 1833. Eine Fallstudie zur Geschichte völkerrechtlicher Verträge, Baden-Baden 2003. Zitiert: Bieker, Interventionen.

Blasius, Dirk, Geschichte der politischen Kriminalität in Deutschland (1800–1980). Eine Studie zu Justiz und Staatsverbrechen, Frankfurt am Main 1983. Zitiert: Blasius, Politische Kriminalität.

Blauert, Andreas/Wiebel, Eva, Gauner- und Diebslisten. Registrieren, Identifizieren und Fahnden im 18. Jahrhundert. Mit einem Repertorium gedruckter südwestdeutscher, schweizerischer und österreichischer Listen sowie einem Faksimile der Schäffer'schen oder Sulzer Liste von 1784, Frankfurt am Main 2001. Zitiert: Blauert/Wiebel, Gauner- und Diebslisten.

Blesch, Josephine, Studien über Johannes Wit, genannt von Dörring und seine Denkwürdigkeiten nebst einem Exkurs über die liberalen Strömungen von 1815–1819, Berlin u. a. 1917. Zitiert: Blesch, Studien.

Bleyer, Alexandra, Das System Metternich. Die Neuordnung Europas nach Napoleon, Darmstadt 2014. Zitiert: Bleyer, System Metternich.

Blumenauer, Elke, Journalismus zwischen Pressefreiheit und Zensur. Die Augsburger »Allgemeine Zeitung« im Karlsbader System (1818–1848), Köln 2000. Zitiert: Blumenauer, Journalismus.

Bonjour, Edgar, Geschichte der schweizerischen Neutralität. Vier Jahrhunderte eidgenössischer Aussenpolitik, Band 1, 3. Aufl., Basel 1967. Zitiert: Bonjour, Neutralität.

Botzenhart, Manfred, Deutsche Verfassungsgeschichte 1806–1949, Stuttgart 1993. Zitiert: Botzenhart, Verfassungsgeschichte.

Brand, Ernst, Die Auswirkungen der deutschen Demagogenverfolgung in der Schweiz, in: Basler Zeitschrift für Geschichte und Altertumskunde (1948), S. 137–208. Zitiert: Brand, Auswirkungen.

Brandt, Christian, Die Entstehung des Code pénal von 1810 und sein Einfluß auf die Strafgesetzgebung der deutschen Partikularstaaten des 19. Jahrhunderts am Beispiel Bayerns und Preußens, Frankfurt am Main 2002. Zitiert: Brandt, Entstehung.

Brandt, Peter, Das studentische Wartburgfest vom 18./19. Oktober 1817, in: Dieter Düding/Peter Friedemann/Paul Münch (Hrsg.), Öffentliche Festkultur. Politische Feste in Deutschland von der Aufklärung bis zum Ersten Weltkrieg, Reinbek bei Hamburg 1988, S. 89–112. Zitiert: Brandt, Wartburgfest.

Breil, Michaela, Die Augsburger »Allgemeine Zeitung« und die Pressepolitik Bayerns. Ein Verlagsunternehmen zwischen 1815 und 1848, Tübingen 1996. Zitiert: Breil, Allgemeine Zeitung.

Breuilly, John (Hrsg.), The Oxford handbook of the history of nationalism, Oxford 2013. Zitiert: Breuilly, Oxford Handbook.

Bréville, Charles, L'arrestation de Victor Cousin en Allemagne. 1824–1825, Teil 1, in: La Nouvelle Revue 7 (1910), S. 477–507. Zitiert: Bréville, Arrestation (Teil 1).

Bréville, Charles, L'arrestation de Victor Cousin en Allemagne. 1824–1825, Teil 2, in: La Nouvelle Revue 8 (1910), S. 26–48. Zitiert: Bréville, Arrestation (Teil 2).

Brüdermann, Stefan, Göttinger Studenten und akademische Gerichtsbarkeit im 18. Jahrhundert, Göttingen 1990. Zitiert: Brüdermann, Göttinger Studenten.

Brümmer, Manfred, Staat kontra Universität. Die Universität Halle-Wittenberg und die Karlsbader Beschlüsse 1819–1848, Weimar 1991. Zitiert: Brümmer, Staat.

Brunet, Francesca, Die Begnadigungen der Hochverräter im vormärzlichen Lombardo-Venetien. Politische und kommunikationstheoretische Perspektiven, in: Römische Historische Mitteilungen (2011), S. 303–314. Zitiert: Brunet, Begnadigungen.

Budach, Eckhard Werner, Das Fürstentum Waldeck in der Zeit des Deutschen Bundes. Studien zur Verfassungsgeschichte der Kleinstaaten 1815 bis 1866. Die Beziehungen des Fürstentums Waldeck zum Deutschen Bund und seinen einzelnen Mitgliedern, besonders Preussen, sowie die innere Verfassungsentwicklung des Staates, Kiel 1974. Zitiert: Budach, Waldeck.

Burg, Peter, Die deutsche Trias in Idee und Wirklichkeit. Vom alten Reich zum Deutschen Zollverein, Stuttgart 1989. Zitiert: Burg, Trias.

Burgess, Greg, Refuge in the Land of Liberty. France and its Refugees, from the Revolution to the End of Asylum 1787–1939, New York 2008. Zitiert: Burgess, Land of Liberty.

Burschel, Peter, Die Erfindung der Desertion. Strukturprobleme in deutschen Söldnerheeren des 17. Jahrhunderts, in: Ulrich Bröckling / Michael Sikora (Hrsg.), Armeen und ihre Deserteure. Vernachlässigte Kapitel einer Militärgeschichte der Neuzeit, Göttingen 1998, S. 112–140. Zitiert: Burschel, Erfindung.

Büssem, Eberhard, Die Karlsbader Beschlüsse von 1819. Die endgültige Stabilisierung der restaurativen Politik im Deutschen Bund nach dem Wiener Kongreß von 1814/15, Hildesheim 1974. Zitiert: Büssem, Karlsbader Beschlüsse.

Caestecker, Frank, Alien policy in Belgium 1840–1940. The creation of guest workers, refugees and illegal aliens, Providence u. a. 2000. Zitiert: Caestecker, Alien policy.

Caumanns, Ute, Verschwörungstheorien. Anthropologische Konstanten – historische Varianten, Osnabrück 2001. Zitiert: Caumanns, Verschwörungstheorien.

Chalkiadaki, Vasiliki, Gefährderkonzepte in der Kriminalpolitik. Rechtsvergleichende Analyse der deutschen, französischen und englischen Ansätze, Wiesbaden 2017. Zitiert: Chalkiadaki, Gefährderkonzepte.

Church, Clive H., Europe in 1830. Revolution and political change, London 1983. Zitiert: Church, Europe.

Clarke, Edward, A treatise upon the law of extradition with the conventions upon the subject existing between England & foreign nation and the cases decided thereon, London 1867. Zitiert: Clarke, Extradition.

Clemens, Gabriele B., Die italienische Einigungsbewegung und das Junge Europa, in: Klaus Ries (Hrsg.), Europa im Vormärz. Eine transnationale Spurensuche, Ostfildern 2016, S. 135–147. Zitiert: Clemens, Einigungsbewegung.

Conze, Eckart, Securitization. Gegenwartsdiagnose oder historischer Analyseansatz, in: Geschichte und Gesellschaft (2012), S. 453–467. Zitiert: Conze, Securitization.

Conze, Eckart, Sicherheit als Kultur. Überlegungen zu einer »modernen Politikgeschichte« der Bundesrepublik Deutschland, in: Vierteljahreshefte für Zeitgeschichte (2005), 357–379. Zitiert: Conze, Sicherheit als Kultur.

Conze, Werner, Sicherheit, Schutz, in: Otto Brunner/Werner Conze/Reinhart Koselleck (Hrsg.), Geschichtliche Grundbegriffe. Historisches Lexikon zur politisch-sozialen Sprache in Deutschland, Band 5, Stuttgart 1984, S. 831–862. Zitiert: Conze, Sicherheit.

Czech, Philip, Der Kaiser ist ein Lump und Spitzbube. Majestätsbeleidigung unter Kaiser Franz Joseph, Wien 2010. Zitiert: Czech, Majestätsbeleidigung.

Daase, Christopher, Sicherheitskultur als interdisziplinäres Forschungsprogramm, in: Christopher Daase/Philipp Offermann/Valentin Rauer (Hrsg.), Sicherheitskultur. Soziale und politische Praktiken der Gefahrenabwehr, Frankfurt am Main 2012, S. 23–44. Zitiert: Daase, Sicherheitskultur.

Dedner, Burghard (Hrsg.), Das Wartburgfest und die oppositionelle Bewegung in Hessen, Marburg 1994. Zitiert: Dedner, Wartburgfest.

Deflem, Mathieu, International Policing in Nineteenth-Century Europe. The Police Union of German States 1851–1866, in: International Criminal Justice Review (1996), S. 36–47. Zitiert: Deflem, Police Union.

Deflem, Mathieu, Policing World Society. Historical Foundations of International Police Cooperation, Oxford u. a. 2002. Zitiert: Deflem, Policing.

Delbecke, Bram, The Political Offence and the Safeguarding of the Nation State. Constitutional ideals, French Legal Standards and Belgian Legal Practice 1830–70, in: Comparative Legal History (2013), S. 45–74. Zitiert: Delbecke, Political Offence.

Diaz, Delphine, Un asile pour tous les peuples? Exilés et réfugiés étrangers en France au cours du premier XIXe siècle, Paris 2014. Zitiert: Diaz, Asile.

Dietz, Eduard, Das Frankfurter Attentat vom 3. April und die Heidelberger Studentenschaft. Ein Stück deutscher Kultur- und Rechtsgeschichte, Heidelberg 1906. Zitiert: Dietz, Frankfurter Attentat.

Dietz, Eduard, Die deutsche Burschenschaft in Heidelberg. Ein Beitrag zur Kulturgeschichte deutscher Universitäten, Heidelberg 1895. Zitiert: Dietz, Burschenschaft.

Dietz, Eduard, Neue Beiträge zur Geschichte des Heidelberger Studentenlebens, Heidelberg 1903. Zitiert: Dietz, Neue Beiträge.

Dietze, Carola, Die Erfindung des Terrorismus in Europa, Russland und den USA 1858–1866, Hamburg 2016. Zitiert: Dietze, Erfindung.

Doering-Manteuffel, Anselm, Die Deutsche Frage und das Europäische Staatensystem 1815–1871, 3. Aufl., München 2010. Zitiert: Doering-Manteuffel, Deutsche Frage.

Dorn, Alexander, Das Trennungsgebot in verfassungshistorischer Perspektive. Zur Aufnahme inlandsnachrichtendienstlicher Bundeskompetenzen in das Grundgesetz vom 23. Mai 1949, Berlin 2004. Zitiert: Dorn, Trennungsgebot.

Droß, Elisabeth, Vom Spottgedicht zum Attentat. Angriffe auf König Ludwig I. von Bayern (1825–1848), Frankfurt am Main u. a. 1994. Zitiert: Droß, Spottgedicht.

Düding, Dieter / Friedemann, Peter / Münch, Paul (Hrsg.), Öffentliche Festkultur. Politische Feste in Deutschland von der Aufklärung bis zum Ersten Weltkrieg, Reinbek bei Hamburg 1988. Zitiert: Düding, Festkultur.

Dülffer, Jost, Recht, Normen und Macht, in: Jost Dülffer / Wilfried Loth (Hrsg.), Dimensionen Internationaler Geschichte, München 2012, S. 169–187. Zitiert: Dülffer, Recht.

Eimers, Enno, Preussen und die USA, 1850 bis 1867. Transatlantische Wechselwirkungen, Berlin 2004. Zitiert: Eimers, Preussen.

Eisenhardt, Ulrich, Appellations- und Evokationsrecht, in: Historisches Lexikon Bayerns (2010), http://www.historisches-lexikon-bayerns.de/Lexikon/Appellations-_und_Evokationsrecht. Zitiert: Eisenhardt, Appellations- und Evokationsrecht.

Elsner, Helmut / Grandjonc, Jacques / Neu, Elisabeth / Pelger, Hans, Fragmente zu internationalen demokratischen Aktivitäten um 1848. M. Bakunin, F. Engels, F. Mellinet u. a., Trier 2000. Zitiert: Elsner / Grandjonc / Neu / Pelger, Fragmente.

Emerson, Donald Eugene, Metternich and the political police. Security and subversion in the Habsburg monarchy (1815–1830), Den Haag 1968. Zitiert: Emerson, Metternich.

Engehausen, Frank, Das Hambacher Fest, in: Armin Schlechter (Hrsg.), Kämpfer für Freiheit und Demokratie. Johann Georg August Wirth, Neustadt an der Weinstraße 2010, S. 21–35. Zitiert: Engehausen, Hambacher Fest.

Enzensberger, Hans Magnus, Der Hessische Landbote. Zwei Kontexte, in: Dietmar Goltschnigg (Hrsg.), Georg Büchner und die Moderne. Texte, Analysen, Kommentar, Berlin 2002, S. 347–360. Zitiert: Enzensberger, Hessischer Landbote.

Eppinger, Fritz, Übersicht über die Entwicklung des Auslieferungswesens in Württemberg, Stuttgart 1908. Zitiert: Eppinger, Auslieferungswesen.

Eschen, Andreas, Das Junge Deutschland in der Schweiz. Zur Vereinsorganisation der frühdemokratischen Bewegung im Vormärz, Frankfurt am Main u. a. 2004. Zitiert: Eschen, Junges Deutschland.

Evans, Richard J., Rituale der Vergeltung. Die Todesstrafe in der deutschen Geschichte 1532–1987, Berlin 2001. Zitiert: Evans, Rituale.

Fahrmeir, Andreas (Hrsg.), Rechtfertigungsnarrative. Zur Begründung normativer Ordnung durch Erzählungen, Frankfurt am Main 2013. Zitiert: Fahrmeir, Rechtfertigungsnarrative.

Fahrmeir, Andreas, Die Deutschen und ihre Nation. Geschichte einer Idee, Ditzingen 2017. Zitiert: Fahrmeir, Nation.

Fahrmeir, Andreas, Europa zwischen Restauration, Reform und Revolution 1815–1850, München 2012. Zitiert: Fahrmeir, Europa.

Fahrmeir, Andreas, Paßwesen und Staatsbildung im Deutschland des 19. Jahrhunderts, in: Historische Zeitschrift (2000), S. 57–96. Zitiert: Fahrmeir, Paßwesen.

Fahrmeir, Andreas, Rezension zu Adam Zamoyski, Phantome des Terrors. Die Angst vor der Revolution und die Unterdrückung der Freiheit 1789–1848, München 2016, in: sehepunkte.de (2017), http://www.sehepunkte.de/2017/02/28944.html. Zitiert: Fahrmeir, Rezension Zamoyski.

Fahrmeir, Andreas, Staatliche Abgrenzung durch Passwesen und Visumzwang, in: Jochen Oltmer (Hrsg.), Handbuch Staat und Migration in Deutschland seit dem 17. Jahrhundert, Berlin 2015, S. 221–243. Zitiert: Fahrmeir, Abgrenzung.

Fehrenbach, Elisabeth, Verfassungsstaat und Nationsbildung 1815–1871, 2. Aufl., München 2007. Zitiert: Fehrenbach, Verfassungsstaat.

Fenske, Hans, Das Hambacher Fest im Wandel der Wertung, in: Mitteilungen des Historischen Vereins der Pfalz (2009), S. 243–299. Zitiert: Fenske, Hambacher Fest.

Fenske, Hans, Restauration, in: Helmut Reinalter (Hrsg.), Lexikon zu Demokratie und Liberalismus. 1750–1848/49, Frankfurt am Main 1993, S. 274–277. Zitiert: Fenske, Restauration.

Figge, Gerhard, Fritz Reuter. Eine aktenmäßige Darstellung seines Prozesses und seiner Auslieferung, in: Zeitschrift für die gesamte Strafrechtswissenschaft (1942), S. 320–448. Zitiert: Figge, Reuter.

Fisch, Stefan, Geschichte der europäischen Universität, München 2015. Zitiert: Fisch, Universität.

Fischer, Karl, Die Nation und der Bundestag. Ein Beitrag zur deutschen Geschichte, Leipzig 1880. Zitiert: Fischer, Nation.

Flöter, Jonas / Wartenberg, Günther (Hrsg.), Die Dresdener Konferenz 1850/51. Föderalisierung des Deutschen Bundes versus Machtinteressen der Einzelstaaten, Leipzig 2002. Zitiert: Flöter / Wartenberg, Dresdener Konferenz.

Foerster, Cornelia, Der Press- und Vaterlandsverein von 1832–1833. Sozialstruktur und Organisationsformen der bürgerlichen Bewegung in der Zeit des Hambacher Festes, Trier 1982. Zitiert: Foerster, Press- und Vaterlandsverein.

Forst, Rainer / Günther, Klaus, Die Herausbildung normativer Ordnungen. Zur Idee eines interdisziplinären Forschungsprogramms, in: Rainer Forst / Klaus Günther (Hrsg.), Die Herausbildung normativer Ordnungen. Interdisziplinäre Perspektiven, Frankfurt am Main 2011, S. 11–30. Zitiert: Forst / Günther, Normative Ordnungen.

Fraenkel, Hans, Politische Gedanken und Strömungen in der Burschenschaft um 1821–1824. Männerbund und Jünglingsbund, in: Herman Haupt (Hrsg.), Quellen und Darstellungen zur Geschichte der Burschenschaft und der deutschen Einheitsbewegung, Band 3, Heidelberg 1912, S. 241–326. Zitiert: Fraenkel, Gedanken.

Franken, Klaus, Hochschulpolitik in Baden zwischen 1819 und 1848, Göttingen 1975. Zitiert: Franken, Hochschulpolitik.

Friedrich, Susanne, Drehscheibe Regensburg. Das Informations- und Kommunikationssystem des Immerwährenden Reichstags um 1700, Berlin 2007. Zitiert: Friedrich, Drehscheibe.

Frotscher, Werner / Pieroth, Bodo, Verfassungsgeschichte, 15. Aufl., München 2016. Zitiert: Frotscher / Pieroth, Verfassungsgeschichte.

Furlani, Silvio, Metternichs Plan einer italienischen Zentraluntersuchungskommission auf dem Kongress von Verona, in: Mitteilungen des Österreichischen Staatsarchivs (1978), S. 181-195. Zitiert: Furlani, Metternichs Plan.

Gallo, Theophil, Die Verhandlungen des außerordentlichen Assisengerichts zu Landau in der Pfalz im Jahr 1833. Verlauf, Grundlagen und Hintergründe, Sigmaringen 1996. Zitiert: Gallo, Verhandlungen.

Gerber, Harry, Der Frankfurter Wachensturm vom 3. April 1833. Neue Beiträge zu seinem Verlauf und seiner behördlichen Untersuchung, in: Paul Wentzcke (Hrsg.), Quellen und Darstellungen zur Geschichte der Burschenschaft und der deutschen Einheitsbewegung, Band 14, Berlin 1934, S. 171-212. Zitiert: Gerber, Wachensturm.

Gestrich, Andreas / Hirschfeld, Gerhard / Sonnabend, Holger, Ausweisung und Deportation. Formen der Zwangsmigration in der Geschichte, Stuttgart 1995. Zitiert: Gestrich / Hirschfeld / Sonnabend, Ausweisung.

Giesselmann, Werner, Die Manie der Revolte. Protest unter der französischen Julimonarchie (1830-1848), 2 Bände, München 1993. Zitiert: Giesselmann, Manie.

Görisch, Reinhard / Mayer, Thomas Michael (Hrsg.), Untersuchungsberichte zur republikanischen Bewegung in Hessen. 1831-1834, Frankfurt am Main 1982. Zitiert: Görisch / Mayer, Untersuchungsberichte.

Graaf, Beatrice de / Zwierlein, Cornel, Historicizing Security – Entering the Conspiracy Dispositive, in: Historical Social Research. Special Issue: The Production of Human Security in Premodern and Contemporary History (2013), S. 46-64. Zitiert: Graaf / Zwierlein, Historicizing Security.

Grandjonc, Jacques, Vorwärts! 1844. Marx und die deutschen Kommunisten in Paris. Beitrag zur Entstehung des Marxismus, 2. Aufl., Berlin 1974. Zitiert: Grandjonc, Vorwärts.

Granitza, Axel, Die Dogmengeschichte des internationalen Strafrechts seit Beginn des 19. Jahrhunderts, Freiburg 1961. Zitiert: Granitza, Dogmengeschichte.

Green, Abigail, Fatherlands. State-building and nationhood in nineteenth-century Germany, Cambridge 2001. Zitiert: Green, Fatherlands.

Grimm, Dieter, Deutsche Verfassungsgeschichte 1776-1866. Vom Beginn des modernen Verfassungsstaats bis zur Auflösung des Deutschen Bundes, Frankfurt am Main 1988. Zitiert: Grimm, Verfassungsgeschichte.

Grimm, Melitta, Das Auslieferungswesen im Recht des Deutschen Bundes, in: Zeitschrift für die gesamte Strafrechtswissenschaft (1928), S. 448-466. Zitiert: Grimm, Auslieferungswesen.

Gruner, Wolf D., Der Deutsche Bund. 1815-1866, München 2012. Zitiert: Gruner, Deutscher Bund.

Gschwend, Lukas, Der Studentenmord von Zürich. Eine kriminalhistorische und strafprozessanalytische Untersuchung über die unaufgeklärte Tötung des Studenten Ludwig Lessing aus Freienwalde (Preussen) am 4. November 1835, zugleich ein Beitrag zur Erforschung der politischen Kriminalität im Vormärz, Zürich 2002. Zitiert: Gschwend, Studentenmord.

Haalck, Jörgen, Die staatspolizeilichen Koordinierungsmaßnahmen innerhalb des Deutschen Bundes zwischen 1851 und 1866, in: Wissenschaftliche Zeitschrift der Universität Rostock. Gesellschafts- und Sprachwissenschaftliche Reihe (1959/60), S. 99–105. Zitiert: Haalck, Koordinierungsmaßnahmen.

Hadler, Frank/Middell, Matthias, Transnationalisierung in Ostmitteleuropa bis zum Ende des Ersten Weltkriegs, in: Frank Hadler/Matthias Middell (Hrsg.), Handbuch einer transnationalen Geschichte Ostmitteleuropas, Band 1, Göttingen u. a. 2017, S. 13–36. Zitiert: Hadler/Middell, Transnationalisierung.

Hahn, Hans Henning, Möglichkeiten und Formen politischen Handelns in der Emigration. Ein historisch-systematischer Deutungsversuch am Beispiel des Exils in Europa nach 1830 und ein Plädoyer für eine international vergleichende Exilforschung, in: Archiv für Sozialgeschichte (1983), S. 123–161. Zitiert: Hahn, Möglichkeiten.

Hahn, Hans-Werner, Geschichte des Deutschen Zollvereins, Göttingen 1984. Zitiert: Hahn, Zollverein.

Hahn, Hans-Werner/Berding, Helmut, Gebhardt Handbuch der deutschen Geschichte. Band 14: Reformen, Restauration und Revolution 1806–1848/49, 10. Aufl., Stuttgart 2010. Zitiert: Hahn/Berding, Reformen.

Hahn, Hans-Werner/Kreutzmann, Marko (Hrsg.), Der deutsche Zollverein. Ökonomie und Nation im 19. Jahrhundert, Köln u. a. 2012. Zitiert: Hahn/Kreutzmann, Zollverein.

Hahn, Sylvia/Komlosy, Andrea/Reiter-Zatloukal, Ilse, Ausweisung, Abschiebung, Vertreibung in Europa. 16.–20. Jahrhundert, Innsbruck 2006. Zitiert: Hahn/Komlosy/Reiter, Ausweisung.

Ham, Rüdiger, Bundesintervention und Verfassungsrevision. Der Deutsche Bund und die kurhessische Verfassungsfrage 1850/52, Darmstadt 2004. Zitiert: Ham, Bundesintervention.

Hanisch, Manfred, Für Fürst und Vaterland. Legitimitätsstiftung in Bayern zwischen Revolution 1848 und deutscher Einheit, München 1991. Zitiert: Hanisch, Fürst.

Hardtwig, Wolfgang, Protestformen und Organisationsstrukturen der deutschen Burschenschaft 1815–1833, in: Helmut Reinalter (Hrsg.), Demokratische und soziale Bewegungen zur Zeit der Restauration und im Vormärz in Mitteleuropa, Frankfurt am Main 1986, S. 37–76. Zitiert: Hardtwig, Protestformen.

Hardtwig, Wolfgang, Vormärz. Der monarchische Staat und das Bürgertum, 4. Aufl., München 1998. Zitiert: Hardtwig, Vomärz.

Härter, Karl, Asyl, Auslieferung und politisches Verbrechen während der »Sattelzeit« – Modernität und Kontinuität im Strafrechtssystem, in: Ute Schneider/Lutz Raphael (Hrsg.), Dimensionen der Moderne. Festschrift für Christof Dipper, Frankfurt am Main 2008, S. 481–502. Zitiert: Härter, Asyl.

Härter, Karl, Die Entwicklung des Strafrechts in Mitteleuropa 1770–1848. Defensive Modernisierung, Kontinuitäten und Wandel der Rahmenbedingungen, in: Rebekka Habermas/Gerd Schwerhoff (Hrsg.), Verbrechen im Blick. Perspektiven der neuzeitlichen Kriminalitätsgeschichte, Frankfurt am Main u. a. 2009, S. 71–107. Zitiert: Härter, Entwicklung.

Härter, Karl, Die Folter als Instrument policeylicher Ermittlung im inquisitorischen Untersuchungs- und Strafverfahren des 18. und 19. Jahrhunderts, in: Karsten Altenhain/Nicola Willenberg (Hrsg.), Die Geschichte der Folter seit ihrer Abschaffung, Göttingen 2011, S. 83–114. Zitiert: Härter, Folter.

Härter, Karl, Die Formierung transnationaler Strafrechtsregime, in: Rechtsgeschichte (2011), S. 36–65. Zitiert: Härter, Formierung.

Härter, Karl, Die Sicherheit des Rechts und die Produktion von Sicherheit im frühneuzeitlichen Strafrecht, in: Christoph Kampmann/Ulrich Niggemann (Hrsg.), Sicherheit in der Frühen Neuzeit. Norm, Praxis, Repräsentation, Köln 2013, S. 661–672. Zitiert: Härter, Sicherheit des Rechts.

Härter, Karl, Feuerbach, das Bayerische Strafgesetzbuch von 1813 und das Polizeistrafrecht, in: Arnd Koch/Michael Kubiciel/Martin Löhnig/Michael Pawlik (Hrsg.), Feuerbachs Bayerisches Strafgesetzbuch. Die Geburt liberalen, modernen und rationalen Strafrechts, Tübingen 2014, S. 129–147. Zitiert: Härter, Feuerbach.

Härter, Karl, Grenzen, Streifen, Pässe und Gesetze. Die Steuerung von Migration im frühneuzeitlichen Territorialstaat des Alten Reiches (1648–1806), in: Jochen Oltmer (Hrsg.), Handbuch Staat und Migration in Deutschland seit dem 17. Jahrhundert, Berlin 2015, S. 45–86. Zitiert: Härter, Grenzen.

Härter, Karl, Kriminalität, in: Handwörterbuch zur Deutschen Rechtsgeschichte, 18. Lieferung, Berlin 2013, Sp. 271–275. Zitiert: Härter, Kriminalität.

Härter, Karl, Legal Concepts of Terrorism as Political Crime and International Criminal Law in Eighteenth and Nineteenth Century Europe, in: Aniceto Masferrer (Hrsg.), Post 9/11 and the State of Permanent Legal Emergency. Security and Human Rights in Countering Terrorism, Dordrecht 2012, S. 53–75. Zitiert: Härter, Legal Concepts.

Härter, Karl, Policey und Strafjustiz in Kurmainz. Gesetzgebung, Normdurchsetzung und Sozialkontrolle im frühneuzeitlichen Territorialstaat, Zwei Bände, Frankfurt am Main 2005. Zitiert: Härter, Policey und Strafjustiz.

Härter, Karl, Political crime in early modern Europe. Assassination, legal responses and popular print media, in: European Journal of Criminology (2014), S. 142–168. Zitiert: Härter, Political Crime.

Härter, Karl, Reichstag und Revolution 1789–1806. Die Auseinandersetzung des immerwährenden Reichstags zu Regensburg mit den Auswirkungen der Französischen Revolution auf das Alte Reich, Göttingen 1992. Zitiert: Härter, Reichstag.

Härter, Karl, Revolten, politische Verbrechen, rechtliche Reaktionen und juristisch-politische Diskurse. Einleitende Bemerkungen, in: Karl Härter/Angela de Benedictis (Hrsg.), Revolten und politische Verbrechen zwischen dem 12. und 19. Jahrhundert. Rechtliche Reaktionen und juristisch-politische Diskurse, Frankfurt am Main 2013, S. 1–13. Zitiert: Härter, Revolten.

Härter, Karl, Schlichtung, Intervention und Politische Polizei. Verfassungsschutz und innere Sicherheit im Deutschen Bund, in: Michael Kotulla/Johannes Kalwoda (Hrsg.), Schutz der Verfassung. Normen, Institutionen, Höchst- und Verfassungsgerichte, Berlin 2013, S. 129–154. Zitiert: Härter, Schlichtung.

Härter, Karl, Security and Cross-border Political Crime. The Formation of Transnational Security Regimes in the 18th and 19th Century Europe, in: Historical Social Research. Special Issue: The Production of Human Security in Premodern and Contemporary History (2013), S. 96–106. Zitiert: Härter, Security.

Härter, Karl, Security and Transnational Policing of Political Subversion and International Crime in the German Confederation after 1815, in: Beatrice de Graaf/Ido de Haan/Brian Vick (Hrsg.), Securing Europe after Napoleon. 1815 and the New European Security Culture, Cambridge 2019 (Im Druck). Zitiert: Härter, Transnational policing.

Härter, Karl, Sicherheit und gute Policey im frühneuzeitlichen Alten Reich. Konzepte, Gesetze und Instrumente, in: Bernd Dollinger/Henning Schmidt-Semisch (Hrsg.), Sicherer Alltag? Politiken und Mechanismen der Sicherheitskonstruktion im Alltag, Wiesbaden 2016, S. 29–55. Zitiert: Härter, Sicherheit und gute Policey.

Härter, Karl, Strafrechts- und Kriminalitätsgeschichte der Frühen Neuzeit, Berlin 2018. Zitiert: Härter, Strafrechts- und Kriminalitätsgeschichte.

Härter, Karl, Strafverfahren im frühneuzeitlichen Territorialstaat. Inquisition, Entscheidungsfindung, Supplikation, in: Andreas Blauert/Gerd Schwerhoff (Hrsg.), Kriminalitätsgeschichte. Beiträge zur Sozial- und Kulturgeschichte der Vormoderne, Konstanz 2000, S. 459–480. Zitiert: Härter, Strafverfahren.

Härter, Karl, The Early Modern Holy Roman Empire of German Nation (1495–1806). A Multi-layered Legal System, in: Jeroen Duindam/Jill Harries/Caroline Humfress/Nimrod Hurvitz (Hrsg.), Law and Empire. Ideas, Practices, Actors, Leiden u. a. 2013, S. 111–131. Zitiert: Härter, Legal System.

Härter, Karl, The Permanent Imperial Diet in European Context, 1663–1806, in: Robert J.W. Evans/Michael Schaich/Peter H. Wilson (Hrsg.), The Holy Roman Empire 1495–1806, Oxford 2011, S. 115–135. Zitiert: Härter, Permanent Imperial Diet.

Härter, Karl, Vom Kirchenasyl zum politischen Asyl. Asylrecht und Asylpolitik im frühneuzeitlichen Alten Reich, in: Martin Dreher (Hrsg.), Das Antike Asyl. Kultische Grundlagen, rechtliche Ausgestaltung und politische Funktion, Köln u. a. 2003, S. 301–336. Zitiert: Härter, Kirchenasyl.

Härter, Karl/Graaf, Beatrice de, Vom Majestätsverbrechen zum Terrorismus. Politische Kriminalität, Recht, Justiz und Polizei zwischen Früher Neuzeit und 20. Jahrhundert, in: Beatrice de Graaf/Karl Härter (Hrsg.), Vom Majestätsverbrechen zum Terrorismus. Politische Kriminalität, Recht, Justiz und Polizei zwischen Früher Neuzeit und 20. Jahrhundert, Frankfurt am Main 2012, S. 1–22. Zitiert: Härter/Graaf, Majestätsverbrechen.

Härter, Karl/Hannappel, Tina/Tyrichter, Conrad/Walter, Thomas, Terrorismus für die Rechtsgeschichte? Neuerscheinungen zur Geschichte politischer Gewalt im 19. und 20. Jahrhundert, in: Rechtsgeschichte (2014), S. 374–385. Zitiert: Härter/Hannappel/Tyrichter/Walter, Terrorismus.

Hartung, Fritz, Deutsche Verfassungsgeschichte vom 15. Jahrhundert bis zur Gegenwart, 9. Aufl., Stuttgart 1969. Zitiert: Hartung, Verfassungsgeschichte.

Haupt, Herman, Karl Follen und die Gießener Schwarzen. Beiträge zur Geschichte der politischen Geheimbünde und der Verfassungs-Entwicklung der alten Burschenschaft in den Jahren 1815–1819, Gießen 1907. Zitiert: Haupt, Follen.

Heer, Georg, Geschichte der Deutschen Burschenschaft. Zweiter Band: Die Demagogenzeit. Von den Karlsbader Beschlüssen bis zum Frankfurter Wachensturm (1820–1833), Heidelberg 1927. Zitiert: Heer, Burschenschaft.

Heinen, Holger, Beleidigung eines ausländischen Staatsoberhauptes. Historische Entwicklung und aktuelle Gesetzeslage in den Niederlanden (Art. 118 Sr) und in Deutschland (§ 103 StGB), Münster 2005. Zitiert: Heinen, Beleidigung.

Henche, Albert, Die Karlsbader Konferenzen nach den amtlichen Berichten und den vertraulichen Briefen des Frh. von Marschall von Bieberstein an den Herzog Wilhelm von Nassau, in: Nassauische Annalen (1939), S. 83–100. Zitiert: Henche, Karlsbader Konferenzen.

Hettling, Manfred (Hrsg.), Bürgerliche Feste. Symbolische Formen politischen Handelns im 19. Jahrhundert, Göttingen 1993. Zitiert: Hettling, Bürgerliche Feste.

Heusler, Andreas, Ein Geschichtsblatt aus der Periode der Karlsbader Beschlüsse. Verhandlungen der deutschen Großmächte mit der Schweiz über die Auslieferung Wilhelm Snell's und Karl Follen's in Basel, in: Monatsblätter für innere Zeitgeschichte (1868), S. 207–236. Zitiert: Heusler, Geschichtsblatt.

Hippel, Wolfgang von, Friedrich Landolin Karl von Blittersdorf, 1792–1861. Ein Beitrag zur badischen Landtags- und Bundespolitik im Vormärz, Stuttgart 1967. Zitiert: Hippel, Blittersdorf.

Hodenberg, Christina von, Die Partei der Unparteiischen. Der Liberalismus der preußischen Richterschaft 1815–1848/49, Göttingen 1996. Zitiert: Hodenberg, Partei.

Hoefer, Frank Thomas, Pressepolitik und Polizeistaat Metternichs. Die Überwachung von Presse und politischer Öffentlichkeit in Deutschland und den Nachbarstaaten durch das Mainzer Informationsbüro (1833–1848), München 1983. Zitiert: Hoefer, Pressepolitik.

Hofmann, Andreas C., Bibliographie zu Restauration und Vormärz. Deutsche Geschichte 1815 bis 1848, in: historicum.net (2010), https://www.historicum.net/de/themen/restauration-und-vormaerz/bibliographie/. Zitiert: Hofmann, Bibliographie.

Hofmann, Andreas C., Deutsche Universitätspolitik im Vormärz zwischen Zentralismus, Transstaatlichkeit und Eigenstaatlichkeitsideologien (1815/19 bis 1848), München 2014, http://d-nb.info/1115144650/34. Zitiert: Hofmann, Universitätspolitik.

Hofmann, Andreas C., Suprastaatlichkeit, Interstaatlichkeit und Transstaatlichkeit. Ein Drei-Ebenen-Modell zur Beschreibung zwischenstaatlicher Beziehungen im Deutschen Bund, in: Melanie Hühn (Hrsg.), Transkulturalität, Transnationalität, Transstaatlichkeit, Translokalität. Theoretische und empirische Begriffsbestimmungen, Berlin 2010, S. 133–149. Zitiert: Hofmann, Suprastaatlichkeit.

Hofmeister, Johannes (Hrsg.), Briefe von und an Hegel. Band 3: 1823–1831, Hamburg 1977. Zitiert: Hofmeister, Briefe.

Hroch, Miroslav, Der soziale Charakter des Frankfurter Wachensturms 1833, in: Karl Obermann / Josef Polišensky (Hrsg.), Aus 500 Jahren deutsch-tschechoslowakischer Geschichte, Berlin 1958, S. 149–169. Zitiert: Hroch, Charakter.

Huber, Ernst Rudolf, Bundesexekution und Bundesintervention. Ein Beitrag zur Frage des Verfassungsschutzes im Deutschen Bund, in: Archiv des öffentlichen Rechts (1953), S. 1–57. Zitiert: Huber, Bundesexekution.

Huber, Ernst Rudolf, Deutsche Verfassungsgeschichte seit 1789. Band 2: Der Kampf und Einheit und Freiheit 1830 bis 1850, 3. Aufl., Stuttgart 1988. Zitiert: Huber, Verfassungsgeschichte (Bd. 2).

Huber, Ernst Rudolf, Deutsche Verfassungsgeschichte seit 1789. Band 1: Reform und Restauration 1789 bis 1830, 2. Aufl., Stuttgart 1990. Zitiert: Huber, Verfassungsgeschichte (Bd. 1).

Hüls, Elisabeth, Johann Georg August Wirth (1798–1848). Ein politisches Leben im Vormärz, Düsseldorf 2004. Zitiert: Hüls, Wirth.

Ignor, Alexander, Geschichte des Strafprozesses in Deutschland, 1532–1846. Von der Carolina Karls V. bis zu den Reformen des Vormärz, Paderborn u. a. 2002. Zitiert: Ignor, Strafprozess.

Inauen, Josef, Brennpunkt Schweiz. Die süddeutschen Staaten Baden, Württemberg und Bayern und die Eidgenossenschaft 1815–1840, Fribourg 2008. Zitiert: Inauen, Brennpunkt.

Inauen, Josef, Vom »Schurkenstaat« zur vertrauenswürdigen Republik. Die Beziehungen zwischen Baden, Württemberg und Bayern und der Schweiz im Vormärz 1840–1848 und der Wandel in der Wahrnehmung der Eidgenossenschaft durch die süddeutschen Staaten bis 1871, Fribourg 2013. Zitiert: Inauen, Schurkenstaat.

Ingraham, Barton L., Political crime in Europe. A comparative study of France, Germany, and England, Berkley u. a. 1979. Zitiert: Ingraham, Political Crime.

Jaberg, Sabine, Systeme kollektiver Sicherheit in und für Europa in Theorie, Praxis und Entwurf. Ein systemwissenschaftlicher Versuch, Baden-Baden 1998. Zitiert: Jaberg, Systeme.

Jäger, Jens, Die informelle Vernetzung der Polizei nach 1848, in: Zeitschrift der Savigny-Stiftung für Rechtsgeschichte. Germanistische Abteilung (1999), S. 266–313. Zitiert: Jäger, Vernetzung.

Jäger, Jens, Verfolgung durch Verwaltung. Internationales Verbrechen und internationale Polizeikooperation 1880–1933, Konstanz 2006. Zitiert: Jäger, Verfolgung.

Jakob, Josef, Die Studentenverbindungen und ihr Verhältnis zu Staat und Gesellschaft an der Ludwigs-Maximilian-Universität Landshut / München von 1800 bis 1833, Hagen 2002, https://ub-deposit.fernuni-hagen.de/receive/mir_mods_00000052. Zitiert: Jakob, Studentenverbindungen.

Jensen, Richard Bach, The Battle against Anarchist Terrorism. An International History 1878–1934, Cambridge 2014. Zitiert: Jensen, Battle.

Jensen, Richard Bach, The Rise and Fall of the 'Social Crime' in Legal Theory and International Law. The Failure to Create a New Normative Order to Regularize Terrorism, 1880–1930s, in: Max Planck Institute for European Legal History Research Paper Series (2018), https://ssrn.com/abstract=3100744. Zitiert: Jensen, Social Crime.

Jeßberger, Florian, Der transnationale Geltungsbereich des deutschen Strafrechts. Grundlagen und Grenzen der Geltung des deutschen Strafrechts für Taten mit Auslandsberührung, Tübingen 2011. Zitiert: Jeßberger, Geltungsbereich.

Kallenberg, Fritz, Das Hambacher Fest und die Bundesbeschlüsse vom Sommer 1832, in: Alois Gerlich (Hrsg.), Hambach 1832. Anstöße und Folgen, Wiesbaden 1984, S. 190–201. Zitiert: Kallenberg, Hambacher Fest.

Keller, Hans Gustav, Das »Junge Europa« 1834–1836. Eine Studie zur Geschichte der Völkerbundsidee und des nationalen Gedankens, Zürich 1938. Zitiert: Keller, Junges Europa.

Kermann, Joachim, Quellen zur Geschichte der deutschen Freiheits- und Einheitsbewegung unter besonderer Berücksichtigung des Hambacher Festes, in: Aufklärung – Vormärz – Revolution. Jahrbuch der internationalen Forschungsstelle Demokratische Bewegungen in Mitteleuropa von 1770–1850 an der Universität Innsbruck (1993/95), S. 70–98. Zitiert: Kermann, Quellen.

Kermann, Joachim / Nestler, Gerhard / Schiffmann, Dieter, Freiheit, Einheit und Europa. Das Hambacher Fest von 1832. Ursachen, Ziele, Wirkungen, Ludwigshafen 2006. Zitiert: Kermann / Nestler / Schiffmann, Freiheit.

Kesper-Biermann, Sylvia, Die Grenzen des Strafrechts. Zur Abgrenzung von »Criminal-« und »Policeyrecht« in Deutschland und der Schweiz während des 19. und frühen 20. Jahrhunderts, in: Claudia Opitz / Brigitte Studer / Jakob Tanner (Hrsg.), Kriminalisieren – Entkriminalisieren – Normalisieren. Criminaliser – décriminaliser – normaliser, Zürich 2006, S. 177–193. Zitiert: Kesper-Biermann, Grenzen.

Kesper-Biermann, Sylvia, Einheit und Recht. Strafgesetzgebung und Kriminalrechtsexperten in Deutschland vom Beginn des 19. Jahrhunderts bis zum Reichsstrafgesetzbuch 1871, Frankfurt am Main 2009. Zitiert: Kesper-Biermann, Einheit.

Kesper-Biermann, Sylvia, Gerechtigkeit, Politik und Güte. Gnade im Deutschland des 19. Jahrhunderts, in: Zeitschrift für Juristische Zeitgeschichte (2012), S. 21–47. Zitiert: Kesper-Biermann, Gerechtigkeit.

Kesper-Biermann, Sylvia, Security, Transnational Law and Emotions. The History of the Transnational Anti-Torture Regime from the Enlightenment to the 1984 United Nations Convention Against Torture, in: Max Planck Institute for European Legal History Research Paper Series (2018), https://ssrn.com/abstract=3096470. Zitiert: Kesper-Biermann, Anti-Torture Regime.

Keul, Wolfgang, Die Bundesmilitärkommission (1819–1866) als politisches Gremium. Ein Beitrag zur Geschichte des Deutschen Bundes, Frankfurt am Main u. a. 1977. Zitiert: Keul, Bundesmilitärkommission.

Klein, Dieter, Kriminalpolitik Hessen-Darmstadts im Herzogtum Westfalen 1802–1816, Marburg 1973. Zitiert: Klein, Kriminalpolitik.

Kleinbreuer, Stefan, Das Rheinische Strafgesetzbuch. Das materielle Strafrecht der Rheinprovinz und sein Einfluss auf die Strafgesetzgebung in Preussen und im Norddeutschen Bund, Bonn 1999. Zitiert: Kleinbreuer, Strafgesetzbuch.

Klemke, Ulrich, »Eine Anzahl überflüssiger Menschen«. Die Exilierung politischer Straftäter nach Übersee. Vormärz und Revolution 1848/49, Frankfurt am Main 1994. Zitiert: Klemke, Exilierung.

Klemmer, Lieselotte, Aloys von Rechberg als bayerischer Politiker 1766–1849, München 1975. Zitiert: Klemmer, Rechberg.

Koch, Wilhelm, Die Nacheile im deutschen öffentlichen Recht und im Völkerrecht, Greifswald 1917. Zitiert: Koch, Nacheile.

Kocój, Henryk, Preussen und Deutschland gegenüber dem Novemberaufstand 1830–1831, Katowice 1990. Zitiert: Kocój, Novemberaufstand.

Kohnen, Richard, Pressepolitik des Deutschen Bundes. Methoden staatlicher Pressepolitik nach der Revolution von 1848, Tübingen 1995. Zitiert: Kohnen, Pressepolitik.

Koller, Christian, Regeneration, in: Historisches Lexikon der Schweiz (2010), http://www.hls-dhs-dss.ch/textes/d/D9800.php. Zitiert: Koller, Regeneration.

Kondylis, Panajotis, Reaktion, Restauration, in: Otto Brunner / Werner Conze / Reinhart Koselleck (Hrsg.), Geschichtliche Grundbegriffe. Historisches Lexikon zur politisch-sozialen Sprache in Deutschland, Band 5, Stuttgart 1984, S. 179–230. Zitiert: Kondylis, Reaktion.

Kossack, Heinz, Die gesellschaftliche Stellung der Berliner Universität im Spiegel der Wirksamkeit der außerordentlichen Regierungsbevollmächtigten in den Jahren 1819–1848, 2 Bände, Leipzig 1977. Zitiert: Kossack, Gesellschaftliche Stellung.

Kotulla, Michael, Deutsche Verfassungsgeschichte. Vom Alten Reich bis Weimar (1495–1934), Berlin u. a. 2008. Zitiert: Kotulla, Verfassungsgeschichte.

Kotulla, Michael, Deutsches Verfassungsrecht 1806–1918. Eine Dokumentensammlung nebst Einführungen. Band 1: Gesamtdeutschland, Anhaltische Staaten und Baden, Heidelberg 2006. Zitiert: Kotulla, Verfassungsrecht.

Kotulla, Michael, Die Entstehung der Kriegsverfassung des Deutschen Bundes vor dem Hintergrund verfassungsrechtlicher und verfassungspolitischer Kontroversen in der Bundesversammlung 1816–1823, in: Zeitschrift der Savigny-Stiftung für Rechtsgeschichte. Germanistische Abteilung (2000), S. 122–237. Zitiert: Kotulla, Kriegsverfassung.

Kowalski, Werner, Vom kleinbürgerlichen Demokratismus zum Kommunismus. Die Hauptberichte der Bundeszentralbehörde in Frankfurt am Main von 1838 bis 1842 über die deutsche revolutionäre Bewegung, Berlin 1978. Zitiert: Kowalski, Hauptberichte.

Kramer, Margarete, Die Zensur in Hamburg 1819 bis 1848. Ein Beitrag zur Frage staatlicher Lenkung der Öffentlichkeit während des deutschen Vormärz, Hamburg 1975. Zitiert: Kramer, Zensur.

Kreutzmann, Marko, Die höheren Beamten des Deutschen Zollvereins. Eine bürokratische Funktionselite zwischen einzelstaatlichen Interessen und zwischenstaatlicher Integration (1834–1871), Göttingen 2012. Zitiert: Kreutzmann, Höhere Beamte.

Kreutzmann, Marko, Die höheren Verwaltungsbeamten des Deutschen Zollvereins – Eine nationale Funktionselite?, in: Hans-Werner Hahn / Marko Kreutzmann (Hrsg.), Der deutsche Zollverein. Ökonomie und Nation im 19. Jahrhundert, Köln u. a. 2012, S. 195–226. Zitiert: Kreutzmann, Funktionselite.

Kunze, Rolf-Ulrich, Nation und Nationalismus, Darmstadt 2005. Zitiert: Kunze, Nation.

Lachenicht, Susanne, Das Hambacher Fest (1832). Ein nationales Ereignis in transnationaler Perspektive, in: Joachim Eibach (Hrsg.), Europäische Wahrnehmungen 1650–1850, Hannover 2008, S. 319–337. Zitiert: Lachenicht, Hambacher Fest.

Lammasch, Heinrich, Das Recht der Auslieferung wegen politischer Verbrechen, Wien 1884. Zitiert: Lammasch, Auslieferung.

Langbein, John H., Torture and the law of proof. Europe and England in the ancien régime, Chicago 1977. Zitiert: Langbein, Torture.

Lange, Katrin, Gesellschaft und Kriminalität. Räuberbanden im 18. und frühen 19. Jahrhundert, Frankfurt am Main u. a. 1994. Zitiert: Lange, Räuberbanden.

Langewiesche, Dieter, Europa zwischen Restauration und Revolution 1815–1849, 4. Aufl., München 2004. Zitiert: Langewiesche, Europa.

Langewiesche, Dieter, Reich, Nation, Föderation. Deutschland und Europa, München 2008. Zitiert: Langewiesche, Reich.

Lenherr, Luzius, Ultimatum an die Schweiz. Der politische Druck Metternichs auf die Eidgenossenschaft infolge ihrer Asylpolitik in der Regeneration (1833–1836), Bern u. a. 1991. Zitiert: Lenherr, Ultimatum.

Leuschner, Udo, Vom Intelligenzblatt zur demokratischen Kampfpresse. Mannheimer Zeitungen bis 1850, Mannheim 2008, http://www.udo-leuschner.de/pdf/PresseMA.pdf. Zitiert: Leuschner, Intelligenzblatt.

Liang, Hsi-Huey, The rise of modern police and the European state system from Metternich to the Second World War, Cambridge 1992. Zitiert: Liang, Modern Police.

Liebmann, Edgar, Der Deutsche Bund, in: Werner Daum (Hrsg.), Handbuch der europäischen Verfassungsgeschichte im 19. Jahrhundert. Institutionen und Rechtspraxis im gesellschaftlichen Wandel. Band 2: 1815–1847, Bonn 2012, S. 783–822. Zitiert: Liebmann, Deutscher Bund.

Liedtke, Rainer, N M Rothschild & Sons. Kommunikationswege im europäischen Bankenwesen im 19. Jahrhundert, Köln 2006. Zitiert: Liedtke, Kommunikationswege.

Löhr, Isabella, Transnationale Geschichte und internationale Rechtsregime, in: Connections. A Journal for Historians and Area Specialists (2005), www.connections.clio-online.net/article/id/artikel-633. Zitiert: Löhr, Transnationale Geschichte.

Lönnecker, Harald, Archiv und Bücherei im Bundesarchiv Koblenz (Bestand DB 9), in: burschenschaftsgeschichte.de (2015), http://www.burschenschaftsgeschichte.de/pdf/archiv_deutsche_burschenschaft.pdf. Zitiert: Lönnecker, Archiv und Bücherei.

Lönnecker, Harald, Der Frankfurter Wachensturm 1833. 175 Jahre Aufstand für nationale Einheit und Freiheit, in: Burschenschaftliche Blätter (2008), S. 111–118. Zitiert: Lönnecker, Wachensturm.

Löw, Adolf, Die Frankfurter Bundeszentralbehörde von 1833–1842, Gelnhausen 1932. Zitiert: Löw, Bundeszentralbehörde.

Löwenfeld, Erörterung des Begriffes politischer Verbrechen und Vergehen im Sinne der Auslieferungsverträge des Deutschen Reichs, in: Zeitschrift für die gesamte Strafrechtswissenschaft (1885), S. 2–114. Zitiert: Löwenfeld, Auslieferungsverträge.

Maasburg, M. Friedrich von, Geschichte der obersten Justizstelle in Wien (1749–1848). Grösstentheils nach amtlichen Quellen, 2. Aufl., Prag 1891. Zitiert: Maasburg, Oberste Justizstelle.

Mack Smith, Denis, Mazzini, New Haven u. a. 1994. Zitiert: Mack Smith, Mazzini.

Maierhöfer, Christian, »Aut dedere – aut iudicare«. Herkunft, Rechtsgrundlagen und Inhalt des völkerrechtlichen Gebotes zur Strafverfolgung oder Auslieferung, Berlin 2006. Zitiert: Maierhöfer, Aut dedere.

Malettke, Klaus, 175 Jahre Wartburgfest, 18. Oktober 1817–18. Oktober 1992. Studien zur politischen Bedeutung und zum Zeithintergrund der Wartburgfeier, Heidelberg 1992. Zitiert: Malettke, Wartburgfest.

Mannes, Gast / Weber, Josiane, Zensur im Vormärz (1815–1848). Literatur und Presse in Luxemburg unter der Vormundschaft des Deutschen Bundes. Begleitbuch zur Ausstellung »Zensur im Vormärz in Luxemburg (1815–1848)« in der Nationalbibliothek Luxemburg, Luxemburg 1998. Zitiert: Mannes / Weber, Zensur.

Martens, Friedrich Fromhold, Recueil des traités et conventions conclus par la Russie avec les puissances étrangères. Tome 4: Traités avec l'Autriche 1815–1849, St. Petersburg 1878. Zitiert: Martens, Recueil (Bd. 4).

Martens, Friedrich Fromhold, Recueil des traités et conventions conclus par la Russie avec les puissances étrangères. Tome 7: Traités avec l'Allemagne 1811–1821, St. Petersburg 1885. Zitiert: Martens, Recueil (Bd. 7).

Martens, Friedrich Fromhold, Recueil des traités et conventions conclus par la Russie avec les puissances étrangères. Tome 8: Traités avec l'Allemagne 1825–1888, St. Petersburg 1888. Zitiert: Martens, Recueil (Bd. 8).

Martens, Georg Friedrich von (Hrsg.), Table générale du Recueil des Traités de G. F. de Martens et de ses continuateurs 1494–1874. Partie alphabétique, Göttingen 1876. Zitiert: Martens, Table générale.

Martitz, Ferdinand von, Die Verträge des Königreichs Württemberg über internationale Rechtshilfe, Tübingen 1889. Zitiert: Martitz, Verträge.

Martitz, Ferdinand von, Internationale Rechtshilfe in Strafsachen. Beiträge zur Theorie des positiven Völkerrechts der Gegenwart. Zwei Abteilungen, Leipzig 1888 / 1897. Zitiert: Martitz, Rechtshilfe.

Martschukat, Jürgen, Inszeniertes Töten. Eine Geschichte der Todesstrafe vom 17. bis zum 19. Jahrhundert, Köln u. a. 2000. Zitiert: Martschukat, Todesstrafe.

Mattern, Pierre, »Kotzebue's Allgewalt«. Literarische Fehde und politisches Attentat, Würzburg 2011. Zitiert: Mattern, Kotzebue's Allgewalt.

Meier, Uwe, Neigebaur, Johann Daniel Ferdinand, in: Neue Deutsche Biographie (1999), https://www.deutsche-biographie.de/gnd100219756.html#ndbcontent. Zitiert: Meier, Neigebaur.

Meisner, Heinrich Otto, Die Protokolle des Deutschen Bundestages von 1816–1866. Eine quellenkundliche Untersuchung, in: Archivar. Zeitschrift für Archivwesen (1951), S. 1–22. Zitiert: Meisner, Protokolle.

Metternich-Winneburg, Richard (Hrsg.), Aus Metternich's nachgelassenen Papieren, Acht Bände, Wien 1880–1884. Zitiert: Metternich-Winneburg, Nachgelassene Papiere.

Mettgenberg, Wolfgang, Christian von Massenbach. Ein Beitrag zur Geschichte des Auslieferungsrechts, in: Zeitschrift für Internationales Recht (1910), S. 172–204. Zitiert: Mettgenberg, Massenbach.

Mettgenberg, Wolfgang, Die Attentatsklausel im deutschen Auslieferungsrecht, Tübingen 1906. Zitiert: Mettgenberg, Attentatsklausel.

Mettgenberg, Wolfgang, Ein Deutscher darf nicht ausgeliefert werden! Artikel 112 Abs. 3 der Reichsverfassung, Berlin 1925. Zitiert: Mettgenberg, Reichsverfassung.

Mettgenberg, Wolfgang, James Napper Tandy. Ein Beitrag zur Geschichte des Auslieferungsrechts, in: Niemeyers Zeitschrift für Internationales Recht (1918), S. 323–356. Zitiert: Mettgenberg, Tandy.

Mettgenberg, Wolfgang, Joseph Görres. Ein Beitrag zur Geschichte des Auslieferungsrechts, in: Zeitschrift für Internationales Privat- und Öffentliches Recht (1908), S. 40–60. Zitiert: Mettgenberg, Görres.

Mohnhaupt, Heinz / Grimm, Dieter, Verfassung. Zur Geschichte des Begriffs von der Antike bis zur Gegenwart. Zwei Studien, 2. Aufl., Berlin 2002. Zitiert: Mohnhaupt / Grimm, Verfassung.

Mohrmann, Heinz, Studien über russisch-deutsche Begegnungen in der Wirtschaftswissenschaft (1750–1825), Berlin 1959. Zitiert: Mohrmann, Studien.

Moldenhauer, Rüdiger, Aktenbestand, Geschäftsverfahren und Geschäftsgang der »Deutschen Verfassungsgebenden Reichsversammlung« (Nationalversammlung) 1848 / 49 und ihrer Ausschüsse, in: Archivalische Zeitschrift (1965), S. 47–91. Zitiert: Moldenhauer, Aktenbestand.

Moses, Annett, Kriminalität in Baden im 19. Jahrhundert. Die »Übersicht der Strafrechtspflege« als Quelle der historischen Kriminologie, Stuttgart 2006. Zitiert: Moses, Kriminalität.

Mühlnikel, Marcus, Fürst, sind Sie unverletzt? Attentate im Kaiserreich 1871–1914, Paderborn 2014. Zitiert: Mühlnikel, Fürst.

Müller, Jürgen, Der Deutsche Bund 1815–1866, München 2006. Zitiert: Müller, Deutscher Bund.

Müller, Jürgen, Der Deutsche Bund und die ökonomische Nationsbildung. Die Ausschüsse und Kommissionen des Deutschen Bundes als Faktoren politischer Integration, in: Hans-Werner Hahn / Marko Kreutzmann (Hrsg.), Der deutsche Zollverein. Ökonomie und Nation im 19. Jahrhundert, Köln u. a. 2012, S. 283–302. Zitiert: Müller, Ökonomische Nationsbildung.

Müller, Jürgen, Deutscher Bund und deutsche Nation. 1848–1866, Göttingen 2005. Zitiert: Müller, Nation.

Müller, Jürgen, Quellen zur Geschichte des Deutschen Bundes. Abteilung III: Quellen zur Geschichte des Deutschen Bundes (1850–1866). Band 1: Die Dresdener Konferenz und die Wiederherstellung des Deutschen Bundes 1850 / 51, München 1996. Zitiert: Müller, Dresdener Konferenz.

Müller, Jürgen, Quellen zur Geschichte des Deutschen Bundes. Abteilung III: Quellen zur Geschichte des Deutschen Bundes (1850–1866). Band 2: Der Deutsche Bund zwischen Reaktion und Reform 1851–1858, München 1998. Zitiert: Müller, Reaktion.

Müller, Karl Alexander von, Görres in Strassburg 1819 / 20. Eine Episode aus dem Beginn der Demagogenverfolgungen, Stuttgart u. a. 1926. Zitiert: Müller, Görres.

Müller, Thomas Christian, Der Schmuggel politischer Schriften. Bedingungen exilliterarischer Öffentlichkeit in der Schweiz und im Deutschen Bund (1830–1848), Tübingen 2001. Zitiert: Müller, Schmuggel.

Müller-Kinet, Hartmut, Die höchste Gerichtsbarkeit im deutschen Staatenbund. 1806–1866, Bern 1975. Zitiert: Müller-Kinet, Gerichtsbarkeit.
Nichols, Irby C., The European pentarchy and the congress of Verona, 1822, Den Haag 1971. Zitiert: Nichols, Pentarchy.
Niehaus, Michael, Das Verhör. Geschichte – Theorie – Fiktion, München, München 2003. Zitiert: Niehaus, Verhör.
Nipperdey, Thomas, Deutsche Geschichte 1800–1866. Bürgerwelt und starker Staat, München 1994. Zitiert: Nipperdey, Deutsche Geschichte.
Nitschke, Peter, Verbrechensbekämpfung und Verwaltung. Die Entstehung der Polizei in der Grafschaft Lippe, 1700–1814, Münster 1990. Zitiert: Nitschke, Verbrechensbekämpfung.
Noether, Emiliana P., »Morally Wrong« or »Politically Right«? Espionage in her Majesty's Post Office, 1844–45, in: Canadian Journal of History (1987), S. 41–57. Zitiert: Noether, Post Office.
Noiriel, Gérard, La tyrannie du national. Le droit d'asile en Europe 1793–1993, Paris 1991. Zitiert: Noiriel, Tyrannie.
Nolte, Jakob, Demagogen und Denunzianten. Denunziation und Verrat als Methode polizeilicher Informationserhebung bei den politischen Verfolgungen im preußischen Vormärz, Berlin 2007. Zitiert: Nolte, Demagogen.
Obenaus, Walter, Die Entwicklung der preußischen Sicherheitspolizei bis zum Ende der Reaktionszeit, Berlin 1940. Zitiert: Obenaus, Sicherheitspolizei.
Obermann, Karl, Unveröffentlichte Schriftstücke Metternichs vom Sommer 1845 über deutsche Angelegenheiten, in: Mitteilungen des Österreichischen Staatsarchivs (1970), S. 388–397. Zitiert: Obermann, Schriftstücke.
Ody, Hermann Joseph, Victor Cousin. Ein Lebensbild im deutsch-französischen Kulturraum, Saarbrücken 1953. Zitiert: Ody, Cousin.
Oechsli, Wilhelm, Geschichte der Schweiz im 19. Jahrhundert. Band 2: 1813–1830, Leipzig 1913. Zitiert: Oechsli, Geschichte der Schweiz.
Oehler, Dietrich, Internationales Strafrecht, Köln 1973. Zitiert: Oehler, Internationales Strafrecht.
Oelschlägel, Thomas, Hochschulpolitik in Württemberg 1819–1825. Die Auswirkungen der Karlsbader Beschlüsse auf die Universität Tübingen, Sigmaringen 1995. Zitiert: Oelschlägel, Hochschulpolitik.
Oestmann, Peter, Aktenversendung, in: Handwörterbuch zur Deutschen Rechtsgeschichte, 1. Lieferung, Berlin 2004, Sp. 128–132 Zitiert: Oestmann, Aktenversendung.
Oestmann, Peter, Normengeschichte, Wissenschaftsgeschichte und Praxisgeschichte. Drei Blickwinkel auf das Recht der Vergangenheit, in: Max Planck Institute for European Legal History Research Paper Series (2014), https://ssrn.com/abstract=2526811. Zitiert: Oestmann, Normengeschichte.
Osterhammel, Jürgen, Die Verwandlung der Welt. Eine Geschichte des 19. Jahrhunderts, Sonderausgabe, München 2011. Zitiert: Osterhammel, Verwandlung.
Osterhammel, Jürgen, Transnationale Gesellschaftsgeschichte. Erweiterung oder Alternative?, in: Geschichte und Gesellschaft (2001), S. 464–479. Zitiert: Osterhammel, Transnationale Gesellschaftsgeschichte.

Overath, Petra, Tod und Gnade. Die Todesstrafe in Bayern im 19. Jahrhundert, Köln u. a. 2001. Zitiert: Overath, Tod und Gnade.

Pannkoke, Jörg, Der Einsatz des Militärs im Landesinnern in der neueren deutschen Verfassungsgeschichte, Münster 1998. Zitiert: Pannkoke, Einsatz.

Patel, Kiran Klaus, Jenseits der Nation. Amerikanische Geschichte in der Erweiterung, in: Manfred Berg / Philipp Gassert (Hrsg.), Deutschland und die USA in der internationalen Geschichte des 20. Jahrhunderts. Festschrift für Detlev Junker, Stuttgart 2004, S. 40–57. Zitiert: Patel, Jenseits der Nation.

Patel, Kiran Klaus, Transnationale Geschichte, in: Europäische Geschichte Online (2010), http://ieg-ego.eu/de/threads/theorien-und-methoden/transnationale-geschichte. Zitiert: Patel, Transnationale Geschichte.

Pelger, Hans, Das Schlußprotokoll der Wiener Ministerialkonferenzen von 1834 und seine Veröffentlichungen 1843–1848, in: Archiv für Sozialgeschichte (1983), S. 439–472. Zitiert: Pelger, Schlußprotokoll.

Petzold, Albert, Die Zentral-Untersuchungs-Kommission in Mainz, in: Quellen und Darstellungen zur Geschichte der Burschenschaft und der deutschen Einheitsbewegung (1920), S. 171–258. Zitiert: Petzold, Zentraluntersuchungskommission.

Piereth, Wolfgang, Propaganda im 19. Jahrhundert. Anfänge aktiver staatlicher Pressepolitik im 19. Jahrhundert (1800–1871), in: Ute Daniel / Wolfram Siemann (Hrsg.), Propaganda. Meinungskampf, Verführung und politische Sinnstiftung 1789–1989, Frankfurt am Main 1994, S. 21–43. Zitiert: Piereth, Propaganda.

Piereth, Wolfgang, Revolutionsbewältigung durch Amnestie, Gnade und Vergessen? Bayern, die Rheinpfalz und Friedrich Schüler 1848–1865, in: Andreas Gestrich (Hrsg.), Friedrich Schüler (1791–1873). »Ein vornehmer, stolzer Republikaner«, Ostfildern 2004, S. 169–185. Zitiert: Piereth, Revolutionsbewältigung.

Piereth, Wolfgang, Von repressiver Milde zu politischer Bewältigung. Begnadigung und Amnestie der badischen Revolutionäre, 1849–1862, in: Clemens Rehm / Kurt Hochstuhl / Hans-Peter Becht (Hrsg.), Baden 1848 / 49. Bewältigung und Nachwirkung einer Revolution, Stuttgart 2002, S. 255–290. Zitiert: Piereth, Milde.

Polgar, Katalin, Das Oberappellationsgericht der vier freien Städte Deutschlands (1820–1879) und seine Richterpersönlichkeiten, Frankfurt am Main 2006. Zitiert: Polgar, Oberappellationsgericht.

Polster, Georg, Politische Studentenbewegung und bürgerliche Gesellschaft. Die Würzburger Burschenschaft im Kräftefeld von Staat, Universität und Stadt 1814–1850, Heidelberg 1989. Zitiert: Polster, Studentenbewegung.

Porter, Bernard, The refugee question in mid-Victorian politics, Cambridge u. a. 1979. Zitiert: Porter, Refugee Question.

Press, Volker, Altes Reich und Deutscher Bund. Kontinuität in der Diskontinuität, München 1995. Zitiert: Press, Altes Reich.

Pyta, Wolfram (Hrsg.), Das europäische Mächtekonzert. Friedens- und Sicherheitspolitik vom Wiener Kongreß 1815 bis zum Krimkrieg 1853, Köln 2009. Zitiert: Pyta, Mächtekonzert.

Reinalter, Helmut (Hrsg.), Demokratische und soziale Bewegungen zur Zeit der Restauration und im Vormärz in Mitteleuropa, Frankfurt am Main 1986. Zitiert: Reinalter, Bewegungen.
Reinalter, Helmut (Hrsg.), Lexikon zu Demokratie und Liberalismus. 1750–1848/49, Frankfurt am Main 1993. Zitiert: Reinalter, Lexikon.
Reinalter, Helmut (Hrsg.), Verschwörungstheorien. Theorie – Geschichte – Wirkung, Innsbruck 2002. Zitiert: Reinalter, Verschwörungstheorien.
Reinhard, Wolfgang, Geschichte der Staatsgewalt. Eine vergleichende Verfassungsgeschichte Europas von den Anfängen bis zur Gegenwart, Sonderausgabe, Frankfurt am Main 2000. Zitiert: Reinhard, Staatsgewalt.
Reinöhl, Fritz, Die österreichischen Informationsbüros des Vormärz, ihre Akten und Protokolle, in: Archivalische Zeitschrift (1929), S. 261–289. Zitiert: Reinöhl, Informationsbüros.
Reiter, Herbert, Politisches Asyl im 19. Jahrhundert. Die deutschen politischen Flüchtlinge des Vormärz und der Revolution von 1848/49 in Europa und den USA, Berlin 1992. Zitiert: Reiter, Asyl.
Reiter, Ilse, Ausgewiesen, abgeschoben. Eine Geschichte des Ausweisungsrechts in Österreich vom ausgehenden 18. bis ins 20. Jahrhundert, Frankfurt am Main u. a. 2000. Zitiert: Reiter, Ausweisungsrecht.
Resch, Stephan, Das Sozialistengesetz in Bayern 1878–1890, Düsseldorf 2012. Zitiert: Resch, Sozialistengesetz.
Riesener, Dirk, Polizei und politische Kultur im 19. Jahrhundert. Die Polizeidirektion Hannover und die politische Öffentlichkeit im Königreich Hannover, Hannover 1996. Zitiert: Riesener, Polizei.
Roeseling, Severin, Burschenehre und Bürgerrecht. Die Geschichte der Heidelberger Burschenschaft von 1824 bis 1834, Heidelberg 1999. Zitiert: Roeseling, Burschenehre.
Ross, Jeffrey Ian, An introduction to political crime, Bristol u. a. 2012. Zitiert: Ross, Political Crime.
Rothe, Delf, Versicherheitlichung, in: Tobias Ide (Hrsg.), Friedens- und Konfliktforschung, Opladen u. a. 2017, S. 35–68. Zitiert: Rothe, Versicherheitlichung.
Rustemeyer, Angela, Dissens und Ehre. Majestätsverbrechen in Russland (1600–1800), Wiesbaden 2006. Zitiert: Rustemeyer, Majestätsverbrechen.
Sauer, Heiko, Jurisdiktionskonflikte in Mehrebenensystemen. Die Entwicklung eines Modells zur Lösung von Konflikten zwischen Gerichten unterschiedlicher Ebenen in vernetzten Rechtsordnungen, Heidelberg 2008. Zitiert: Sauer, Jurisdiktionskonflikte.
Saunier, Eric, Transnational, in: Akira Iriye/Pierre-Yves Saunier (Hrsg.), The Palgrave dictionary of transnational history, Basingstoke 2009, S. 1047–1055. Zitiert: Saunier, Transnational.
Schäfer, Edgar, Die Polizei im Herzogtum Nassau, Mainz 1972. Zitiert: Schäfer, Nassau.
Schaffner, Martin, Direkte Demokratie. »Alles für das Volk – alles durch das Volk«, in: Manfred Hettling/Mario König/Martin Schaffner/Andreas Suter/Jakob Tanner (Hrsg.), Eine kleine Geschichte der Schweiz. Der Bundesstaat und seine Traditionen, Frankfurt am Main 1998, S. 189–226. Zitiert: Schaffner, Direkte Demokratie.

Schermaul, Sebastian, Die Umsetzung der Karlsbader Beschlüsse an der Universität Leipzig 1819–1848, Berlin 2013. Zitiert: Schermaul, Universität Leipzig.

Schieder, Wolfgang, Anfänge der deutschen Arbeiterbewegung. Die Auslandsvereine im Jahrzehnt nach der Julirevolution von 1830, Stuttgart 1963. Zitiert: Schieder, Arbeiterbewegung.

Schilling, Lothar, Deutung und rechtliche Sanktionierung von Adelsrevolten im Frankreich des 16. und frühen 17. Jahrhunderts, in: Karl Härter / Angela de Benedictis (Hrsg.), Revolten und politische Verbrechen zwischen dem 12. und 19. Jahrhundert. Rechtliche Reaktionen und juristisch-politische Diskurse, Frankfurt am Main 2013, S. 339–380. Zitiert: Schilling, Adelsrevolten.

Schmidt, Eberhard, Einführung in die Geschichte der deutschen Strafrechtspflege, 3. Aufl., Göttingen 1965. Zitiert: Schmidt, Strafrechtspflege.

Schmidt, Heinrich, Die deutschen Flüchtlinge in der Schweiz und die erste deutsche Arbeiterbewegung 1833–1836, Zürich 1899. Zitiert: Schmidt, Flüchtlinge.

Schmidt, Sarah-Lena, Der Frankfurter Wachensturm von 1833 und der Deutsche Bund. Deutungen in verfassungsgeschichtlichem Kontext, Hamburg 2011. Zitiert: Schmidt, Wachensturm.

Schmidt, Walter, Die vom preußischen Kammergericht am 4. August 1836 zum Tode verurteilten Burschenschafter. Die Umwandlung der Todesurteile in Festungsarrest, die Begnadigung vom März 1838 und die anläßlich des Thronwechsels erfolgte Amnestie vom 10. August 1840, in: Bernhard Schroeter (Hrsg.), Für Burschenschaft und Vaterland. Festschrift für den Burschenschafter und Studentenhistoriker Prof. (FH) Dr. Peter Kaupp, Norderstedt 2006, S. 110–155. Zitiert: Schmidt, Kammergericht.

Schmoeckel, Mathias, Humanität und Staatsraison. Die Abschaffung der Folter in Europa und die Entwicklung des gemeinen Strafprozess- und Beweisrechts seit dem hohen Mittelalter, Köln u. a. 2000. Zitiert: Schmoeckel, Abschaffung.

Schneider, Karin, Das »System Metternich« und der Nacktscanner. Sicherheit als Fetisch?, in: Christina Antenhofer (Hrsg.), Fetisch als heuristische Kategorie. Geschichte – Rezeption – Interpretation, Bielefeld 2011, S. 293–312. Zitiert: Schneider, Fetisch.

Schneider, Karin, Zeichen der Allianz. Verweise auf das Bündnis zwischen Österreich, Preußen und Russland während des Kongresses 1820 in Troppau, in: Florian Kerschbaumer / Marion Koschier (Hrsg.), Mächtepolitik und Friedenssicherung. Zur politischen Kultur Europas im Zeichen des Wiener Kongresses, Berlin 2014, S. 169–186. Zitiert: Schneider, Troppau.

Schodrok, Karl-Heinz, Preußische Turnpolitik. Mit Blick auf Westfalen, Berlin 2013. Zitiert: Schodrok, Turnpolitik.

Schöler, Claudia, Deutsche Rechtseinheit. Partikulare und nationale Gesetzgebung (1780–1866), Köln u. a. 2004. Zitiert: Schöler, Rechtseinheit.

Schraut, Sylvia, »Wie der Hass gegen den Staatsrath von Kotzebue, und der Gedanke, ihn zu ermorden, in Sand entstand«. Ein politischer Mord und seine Nachwirkungen, in: Christine Hikel / Sylvia Schraut (Hrsg.), Terrorismus und Geschlecht. Politische Gewalt in Europa seit dem 19. Jahrhundert, Frankfurt am Main u. a. 2012, S. 145–168. Zitiert: Schraut, Politischer Mord.

Schraut, Sylvia, Terrorismus – Geschlecht – Erinnerung. Eine Einführung, in: Christine Hikel/Sylvia Schraut (Hrsg.), Terrorismus und Geschlecht. Politische Gewalt in Europa seit dem 19. Jahrhundert, Frankfurt am Main u. a. 2012, S. 7–23. Zitiert: Schraut, Terrorismus.

Schroeder, Friedrich-Christian, Der Schutz von Staat und Verfassung im Strafrecht. Eine systematische Darstellung, entwickelt aus Rechtsgeschichte und Rechtsvergleichung, München 1970. Zitiert: Schroeder, Schutz.

Schüler, Winfried, Das Herzogtum Nassau 1806–1866. Deutsche Geschichte im Kleinformat, Wiesbaden 2006. Zitiert: Schüler, Nassau.

Schulz, Matthias, Normen und Praxis. Das Europäische Konzert der Grossmächte als Sicherheitsrat 1815–1860, München 2009. Zitiert: Schulz, Normen.

Schulze, Hagen, Sand, Kotzebue und das Blut des Verräters, in: Alexander Demandt (Hrsg.), Das Attentat in der Geschichte, Köln u. a. 1996, S. 215–233. Zitiert: Schulze, Sand.

Schweizer, Paul, Geschichte der Schweizerischen Neutralität, Frauenfeld 1895. Zitiert: Schweizer, Neutralität.

Schwerhoff, Gerd, Historische Kriminalitätsforschung, Frankfurt am Main u. a. 2011. Zitiert: Schwerhoff, Historische Kriminalitätsforschung.

Schwerhoff, Gerd, Kriminalität, in: Enzyklopädie der Neuzeit, Band 7, Stuttgart 2008, Sp. 206–226. Zitiert: Schwerhoff, Kriminalität.

Seide, Gernot, Regierungspolitik und öffentliche Meinung im Kaisertum Österreich anläßlich der polnischen Novemberrevolution (1830–1831), Wiesbaden 1971. Zitiert: Seide, Novemberrevolution.

Seide, Gernot, Wiener Akten zur polnisch-revolutionären Bewegung in Galizien und Krakau 1832–1845, in: Mitteilungen des Österreichischen Staatsarchivs (1973), S. 294–327. Zitiert: Seide, Wiener Akten.

Seier, Hellmut, Der Deutsche Bund als Forschungsproblem 1815 bis 1960, in: Helmut Rumpler (Hrsg.), Deutscher Bund und deutsche Frage. Europäische Ordnung, deutsche Politik und gesellschaftlicher Wandel im Zeitalter der bürgerlich-nationalen Emanzipation, München 1990, S. 31–58. Zitiert: Seier, Forschungsproblem.

Seier, Hellmut, Der Deutsche Bund als militärisches Sicherungssystem 1815–1866, in: Gabriele Clemens (Hrsg.), Nation und Europa. Studien zum internationalen Staatensystem im 19. und 20. Jahrhundert, Stuttgart 2001, S. 19–33. Zitiert: Seier, Sicherungssystem.

Sellmann, Martin, Demagogenverfolgung in Oldenburg zur Zeit Peter Friedrich Ludwigs, in: Heinrich Schmidt (Hrsg.), Peter Friedrich Ludwig und das Herzogtum Oldenburg. Beiträge zur oldenburgischen Landesgeschichte um 1800, Oldenburg 1979, S. 111–135. Zitiert: Sellmann, Demagogenverfolgung.

Seruzier, C., Examen du projet de loi sur l'extradition voté par le Sénat et soumis à la Chambre des députés. Suivi du texte du projet, du projet amendé et de la liste des traités d'extradition conclus par la France avec les pays étrangers, Paris 1880. Zitiert: Seruzier, Examen.

Siemann, Wolfram (Hrsg.), Der »Polizeiverein« deutscher Staaten. Eine Dokumentation zur Überwachung der Öffentlichkeit nach der Revolution von 1848/49, Tübingen 1983. Zitiert: Siemann, Polizeiverein.

Siemann, Wolfram, »Deutschlands Ruhe, Sicherheit und Ordnung«. Die Anfänge der politischen Polizei 1806–1866, Tübingen 1985. Zitiert: Siemann, Deutschlands Ruhe.

Siemann, Wolfram, Der Vorrang der Staatspolizei vor der Justiz, in: Dieter Simon (Hrsg.), Akten des 26. Deutschen Rechtshistorikertages 1986, S. 197–211. Zitiert: Siemann, Vorrang.

Siemann, Wolfram, Die Protokolle der Mainzer Zentraluntersuchungskommission von 1819 bis 1828. Überlieferung und neue Quellen, in: Franz Quarthal / Wilfried Setzler (Hrsg.), Stadtverfassung, Verfassungsstaat, Pressepolitik. Festschrift für Eberhard Naujoks zum 65. Geburtstag, Sigmaringen 1980, S. 301–318. Zitiert: Siemann, Protokolle.

Siemann, Wolfram, Exil, Asyl und Wirtschaftswanderung in Westeuropa 1789–1860, in: Jürgen Kocka / Hans-Jürgen Puhle / Klaus Tenfelde (Hrsg.), Von der Arbeiterbewegung zum modernen Nationalstaat. Festschrift für Gerhard A. Ritter zum Geburtstag, München 1994, S. 315–328. Zitiert: Siemann, Exil.

Siemann, Wolfram, Giuseppe Mazzini in Württemberg? Ein Fall staatspolizeilicher Fahndung im Reaktionssystem des Nachmärz, in: Zeitschrift für Württembergische Landesgeschichte (1981), S. 547–560. Zitiert: Siemann, Mazzini.

Siemann, Wolfram, Metternich. Staatsmann zwischen Restauration und Moderne, München 2010. Zitiert: Siemann, Staatsmann.

Siemann, Wolfram, Metternich. Stratege und Visionär. Eine Biografie, München 2016. Zitiert: Siemann, Stratege.

Siemann, Wolfram, Vom Staatenbund zum Nationalstaat. Deutschland 1806–1871, München 1995. Zitiert: Siemann, Staatenbund.

Siemann, Wolfram, Wandel der Politik – Wandel der Staatsgewalt. Der Deutsche Bund in der Spannung zwischen »Gesammt-Macht« und »völkerrechtlichem Verein«, in: Helmut Rumpler (Hrsg.), Deutscher Bund und deutsche Frage. Europäische Ordnung, deutsche Politik und gesellschaftlicher Wandel im Zeitalter der bürgerlich-nationalen Emanzipation, München 1990, S. 59–73. Zitiert: Siemann, Wandel.

Sikora, Michael, Disziplin und Desertion. Strukturprobleme militärischer Organisation im 18. Jahrhundert, Berlin 1996. Zitiert: Sikora, Disziplin.

Simonsohn, Berthold, Der Hochverrat in Wissenschaft, Gesetzgebung und Rechtsprechung von der französischen Revolution bis zum Reichsstrafgesetzbuch. Eine rechtsgeschichtliche Untersuchung des Verbrechens in der Epoche des Liberalismus, in seinem Zusammenhang mit dem Zeitgeschehen, Berlin 1934. Zitiert: Simonsohn, Hochverrat.

Spangenberg, Ilse, Hessen-Darmstadt und der Deutsche Bund 1815–1848, Darmstadt 1969. Zitiert: Spangenberg, Hessen-Darmstadt.

Späth, Jens, Revolution in Europa 1820–23. Verfassung und Verfassungskultur in den Königreichen Spanien, beider Sizilien und Sardinien-Piemont, Köln 2012. Zitiert: Späth, Revolution.

Spindler, George Washington, The life of Karl Follen. A study in German-American cultural relations, Chicago 1917. Zitiert: Spindler, Follen.

Squire, Peter Stansfield, Metternich and Benckendorff, 1807–1834, in: Slavonic and East European Review (1967), S. 135–163. Zitiert: Squire, Metternich and Benckendorff.
Squire, Peter Stansfield, The Metternich – Benckendorff letters, 1835–1842, in: Slavonic and East European Review (1967), S. 368–390. Zitiert: Squire, Metternich – Benckendorff letters.
Squire, Peter Stansfield, The third department. The establishment and practices of the political police in the Russia of Nicholas I, London 1968. Zitiert: Squire, Third department.
Srbik, Heinrich Ritter von, Metternich. Der Staatsmann und der Mensch. Zwei Bände, 2. Aufl., München 1957. Zitiert: Srbik, Metternich.
Stähelin, Felix, Demagogische Umtriebe zweier Enkel Salomon Geßners, in: Jahrbuch für Schweizerische Geschichte (1914), S. 1–88. Zitiert: Stähelin, Umtriebe.
Stauber, Reinhard, Der Wiener Kongress, Wien 2014. Zitiert: Stauber, Wiener Kongress.
Stern, Alfred, Geschichte Europas seit den Verträgen von 1815 bis zum Frankfurter Frieden von 1871, 10 Bände, Berlin u. a. 1894–1924. Zitiert: Stern, Geschichte Europas.
Stollberg-Rilinger, Barbara, Das Heilige Römische Reich Deutscher Nation. Vom Ende des Mittelalters bis 1806, 4. Aufl., München 2009. Zitiert: Stollberg-Rilinger, Heiliges Römisches Reich.
Stolleis, Michael, Geschichte des öffentlichen Rechts in Deutschland. Band 2: Staatsrechtslehre und Verwaltungswissenschaft 1800–1914, München 1992. Zitiert: Stolleis, Öffentliches Recht.
Stolleis, Michael, Rechtsstaat, in: Adalbert Erler/Ekkehard Kaufmann (Hrsg.), Handwörterbuch zur deutschen Rechtsgeschichte, Band 4, Berlin 1990, Sp. 367–374. Zitiert: Stolleis, Rechtsstaat.
Stüdemann, Andreas, Die Entwicklung der zwischenstaatlichen Rechtshilfe in Strafsachen im nationalsozialistischen Deutschland zwischen 1933 und 1945. Kontinuität und Diskontinuität im Auslieferungsrecht am Beispiel der Rechtsentwicklung im NS-Staat, Frankfurt am Main u. a. 2009. Zitiert: Stüdemann, Rechtshilfe.
Süss, Edgar, Die Pfälzer im »Schwarzen Buch«. Ein personengeschichtlicher Beitrag zur Geschichte des Hambacher Festes, des frühen pfälzischen und deutschen Liberalismus, Heidelberg 1956. Zitiert: Süss, Schwarzes Buch.
Suter, Andreas, Neutralität: Prinzip, Praxis und Geschichtsbewusstsein, in: Manfred Hettling/Mario König /Marin Schaffner/Andreas Suter/Jakob Tanner (Hrsg.), Eine kleine Geschichte der Schweiz. Der Bundesstaat und seine Traditionen, Frankfurt am Main 1998, S. 133–188. Zitiert: Suter, Neutralität.
Theler, Johannes, Asyl in der Schweiz. Eine rechtshistorische und kirchenrechtliche Studie, Fribourg 1995. Zitiert: Theler, Asyl.
Thiemeyer, Guido/Tölle, Isabel, Supranationalität im 19. Jahrhundert? Die Beispiele der Zentralkommission für die Rheinschifffahrt und des Octroivertrages 1804–1851, in: Journal of European Integration History (2011), S. 177–196. Zitiert: Thiemeyer/Tölle, Supranationalität.

Thierbach, Rainer, Wit von Dörring. Revolutionär, Zuchthäusler, Spion, Heidenheim 1973. Zitiert: Thierbach, Wit von Dörring.

Toll, Heinz-Joachim, Akademische Gerichtsbarkeit und akademische Freiheit. Die sog. »Demagogenverfolgung« an der Christian-Albrechts-Universität zu Kiel nach den Karlsbader Beschlüssen von 1819, Neumünster 1979. Zitiert: Toll, Akademische Gerichtsbarkeit.

Traut, Hermann, Die Archive des vormaligen Deutschen Bundes und der Deutschen konstituierenden Nationalversammlung und ihre Übergabe an die Stadt Frankfurt a. M. im Jahre 1867, in: Archiv für Frankfurts Geschichte und Kunst (1929), S. 204–219. Zitiert: Traut, Archive.

Treichel, Eckhardt, Die Kommissionen der Deutschen Bundesversammlung und ihre Mitglieder 1816–1820, in: Stefan Gerber / Werner Greiling / Tobias Kaiser / Klaus Ries (Hrsg.), Zwischen Stadt, Staat und Nation. Bürgertum in Deutschland, Göttingen 2014, S. 347–359. Zitiert: Treichel, Kommissionen.

Treichel, Eckhardt, Quellen zur Geschichte des Deutschen Bundes. Abteilung I: Quellen zur Entstehung des Deutschen Bundes (1813–1830). Band 1: Die Entstehung des Deutschen Bundes 1813–1815, München 2000. Zitiert: Treichel, Entstehung.

Treichel, Eckhardt, Quellen zur Geschichte des Deutschen Bundes. Abteilung 1: Quellen zur Entstehung des Deutschen Bundes (1813–1830). Band 2: Organisation und innere Ausgestaltung des Deutschen Bundes 1815–1819, Berlin u. a. 2016. Zitiert: Treichel, Organisation.

Treitschke, Heinrich von, Deutsche Geschichte im neunzehnten Jahrhundert, Fünf Bände, Leipzig 1928. Zitiert: Treitschke, Deutsche Geschichte.

Treml, Manfred Luis, Bayerns Pressepolitik zwischen Verfassungstreue und Bundespflicht (1815–1837). Ein Beitrag zum bayrischen Souveränitätsverständnis und Konstitutionalismus im Vormärz, Berlin 1977. Zitiert: Treml, Pressepolitik.

Tütken, Johann, Opposition und Repression in Stadt und Universität Göttingen während des Vormärz. Streiflichter anhand Göttinger Polizeiakten, in: Niedersächsisches Jahrbuch für Landesgeschichte (2002), S. 209–292. Zitiert: Tütken, Opposition.

Tyrichter, Jean Conrad, Kraft im Recht, in: Rechtsgeschichte (2016), S. 472–473. Zitiert: Tyrichter, Kraft im Recht.

Urner, Klaus, Die Deutschen in der Schweiz. Von den Anfängen der Kolonienbildung bis zum Ausbruch des Ersten Weltkrieges, Frauenfeld 1976. Zitiert: Urner, Kolonienbildung.

Varnhagen von Ense, Karl August, Blätter aus der preußischen Geschichte. Aus dem Nachlasse Varnhagen's von Ense, Fünf Bände, Leipzig 1868/69. Zitiert: Varnhagen von Ense, Blätter.

Vec, Miloš, Recht und Normierung in der Industriellen Revolution. Neue Strukturen der Normsetzung in Völkerrecht, staatlicher Gesetzgebung und gesellschaftlicher Selbstnormierung, Frankfurt am Main 2004. Zitiert: Vec, Recht.

Waever, Ole, Securitization and Desecuritization, in: Ronnie D. Lipschutz (Hrsg.), On Security, New York 1995, S. 46–86. Zitiert: Waever, Securitization.

Wandt, Bernhard, Kanzler, Vizekanzler und Regierungsbevollmächtigte der Universität Rostock 1419–1870. Ein Beitrag zur Universitätsgeschichte, Rostock 1969. Zitiert: Wandt, Kanzler.

Weber, Eberhard, Die Mainzer Zentraluntersuchungskommission, Karlsruhe 1970. Zitiert: Weber, Zentraluntersuchungskommission.

Wegert, Karl H., German radicals confront the common people. Revolutionary politics and popular politics 1789–1849, Mainz 1992. Zitiert: Wegert, German Radicals.

Wehler, Hans-Ulrich, Deutsche Gesellschaftsgeschichte. Band 2: Von der Reformära bis zur industriellen und politischen »Deutschen Doppelrevolution« 1815–1845/49, 2. Auflage, München 1989. Zitiert: Wehler, Gesellschaftsgeschichte.

Weichlein, Siegfried, Nationalbewegungen und Nationalismus in Europa, Darmstadt 2006. Zitiert: Weichlein, Nationalbewegungen.

Weisert, Hermann, Die Verfassung der Universität Heidelberg, Heidelberg 1974. Zitiert: Weisert, Verfassung.

Weiß, Norman, Kompetenzlehre internationaler Organisationen, Heidelberg u. a. 2009. Zitiert: Weiß, Kompetenzlehre.

Weller, Ludwig, Kann ein Ausländer oder Schutzgenosse im Großherzogtum Baden das Verbrechen des Hochverraths begehen?, in: Annalen der Großherzoglich badischen Gerichte (1836), S. 244. Zitiert: Weller, Ausländer.

Wentzcke, Paul, Geschichte der Deutschen Burschenschaft. Band 1: Vor- und Frühzeit bis zu den Karlsbader Beschlüssen, Heidelberg 1919. Zitiert: Wentzcke, Burschenschaft.

Wentzcke, Paul, Straßburg als Zufluchtsort deutscher politischer Flüchtlinge in den Jahren 1819 bis 1850, in: Elsass-Lothringisches Jahrbuch (1933), S. 229–248. Zitiert: Wentzcke, Straßburg.

Wesel, Reinhard, Internationale Regime und Organisationen, Konstanz 2012. Zitiert: Wesel, Internationale Regime.

Westerkamp, Dominik, Pressefreiheit und Zensur im Sachsen des Vormärz, Baden-Baden 1999. Zitiert: Westerkamp, Pressefreiheit.

Wijngaert, Christine van den, The Political Offence Exception to Extradition. The Delicate Problem of Balancing the Rights of the Individual and the International Public Order, Deventer u. a. 1980. Zitiert: Wijngaert, Political Offence.

Willenberg, Nicola, Lügen- und Ungehorsamsstrafen – Eine Fortsetzung der Folter? Physische Gewalt im juristischen Diskurs im 18. und 19. Jahrhundert, in: Karsten Altenhain/Nicola Willenberg (Hrsg.), Die Geschichte der Folter seit ihrer Abschaffung, Göttingen 2011, S. 115–146. Zitiert: Willenberg, Lügen- und Ungehorsamsstrafen.

Williamson, George S., »Thought Is in Itself a Dangerous Operation«. The Campaign Against »Revolutionary Machinations« in Germany, 1819–1828, in: German Studies Review (2015), S. 285–306. Zitiert: Williamson, Revolutionary Machinations.

Williamson, George S., What Killed August von Kotzebue? The Temptations of Virtue and the Political Theology of German Nationalism, in: Journal of Modern History (2000), S. 890–943. Zitiert: Williamson, Kotzebue.

Willoweit, Dietmar (Hrsg.), Staatsschutz, Hamburg 1994. Zitiert: Willoweit, Staatsschutz.

Willoweit, Dietmar, Deutsche Verfassungsgeschichte. Vom Frankenreich bis zur Wiedervereinigung Deutschlands. Ein Studienbuch, 7. Aufl., München 2013. Zitiert: Willoweit, Verfassungsgeschichte.

Wiltberger, Otto, Die deutschen politischen Flüchtlinge in Strassburg von 1830–1849, Berlin u. a. 1910. Zitiert: Wiltberger, Flüchtlinge.

Winter, Alexander, Karl Philipp Fürst von Wrede als Berater des Königs Max Joseph und des Kronprinzen Ludwig von Bayern. 1813 bis 1825, München 1968. Zitiert: Winter, Wrede.

Wittichen, Friedrich Carl (Hrsg.), Briefe von und an Friedrich von Gentz. Band 3: Schriftwechsel mit Metternich. Teil 1: 1803–1819, München 1913. Zitiert: Wittichen, Gentz.

Wittreck, Fabian, Die Verwaltung der Dritten Gewalt, Tübingen 2006. Zitiert: Wittreck, Verwaltung.

Wolfrum, Edgar, Geschichte als Waffe. Vom Kaiserreich bis zur Wiedervereinigung, Göttingen 2001. Zitiert: Wolfrum, Geschichte als Waffe.

Wolgast, Eike, Die Universität Heidelberg. 1386–1986, Berlin u. a. 1986. Zitiert: Wolgast, Universität Heidelberg.

Würgler, Andreas, Tagsatzung, in: Historisches Lexikon der Schweiz (2014), http://www.hls-dhs-dss.ch/textes/d/D10076.php. Zitiert: Würgler, Tagsatzung.

Wyduckel, Dieter, Die Diskussion um die Errichtung eines Bundesgerichtes beim Deutschen Bund, in: Jonas Flöter / Günther Wartenberg (Hrsg.), Die Dresdener Konferenz 1850 / 51. Föderalisierung des Deutschen Bundes versus Machtinteressen der Einzelstaaten, Leipzig 2002, S. 193–217. Zitiert: Wyduckel, Bundesgericht.

Zachariä, Karl Eduard, Die strafrechtliche Bedeutung der neueren politischen Veränderungen in Deutschland, in: Der Gerichtssaal. Zeitschrift für Strafrecht und Strafprozeß (1868), S. 199–236. Zitiert: Zachariä, Strafrechtliche Bedeutung.

Zagolla, Robert, Im Namen der Wahrheit. Folter in Deutschland vom Mittelalter bis heute, Berlin 2006. Zitiert: Zagolla, Folter.

Zamoyski, Adam, Phantom terror. The threat of revolution and the repression of liberty 1789–1848, London 2014. Zitiert: Zamoyski, Phantom Terror.

Zamoyski, Adam, Phantome des Terrors. Die Angst vor der Revolution und die Unterdrückung der Freiheit. 1789–1848, München 2016. Zitiert: Zamoyski, Phantome.

Zerback, Ralf, Quellen zur Geschichte des Deutschen Bundes. Abteilung II: Quellen zur Geschichte des Deutschen Bundes 1830–1848. Band 1: Reformpläne und Repressionspolitik (1830–1834), München 2003. Zitiert: Zerback, Reformpläne.

Ziegenhorn, Udo, Internationale Zuständigkeiten des Deutschen Bundes (1815–1866), Bonn 1969. Zitiert: Ziegenhorn, Zuständigkeiten.

Zimmermann, Erich, Die Hofmännische Sache. Ein juristisch-politischer Konflikt zwischen Hessen-Darmstadt und Preußen in der Restaurationszeit, in: Archiv für hessische Geschichte und Altertumskunde (1981), S. 259–314. Zitiert: Zimmermann, Hofmännische Sache.

Zimmermann, Erich, Für Freiheit und Recht. Der Kampf der Darmstädter Demokraten im Vormärz (1815–1848), Darmstadt 1987. Zitiert: Zimmermann, Freiheit und Recht.

Zollmann, Jakob, Austrägalgerichtsbarkeit. Interstate Dispute Settlement in a Confederate Arrangement, 1815 to 1866, in: Rechtsgeschichte (2016), S. 74–99. Zitiert: Zollmann, Austrägalgerichtsbarkeit.

Zwierlein, Cornel, Security Politics and Conspiracy Theories in the Emerging European State System (15th/16th c.), in: Historical Social Research. Special Issue: The Production of Human Security in Premodern and Contemporary History (2013), S. 65–95. Zitiert: Zwierlein, Security Politics.

Zwierlein, Cornel, Sicherheitsgeschichte. Ein neues Feld der Geschichtswissenschaften, in: Geschichte und Gesellschaft (2012), S. 365–386. Zitiert: Zwierlein, Sicherheitsgeschichte.

Personenregister

A

Abegg, August 254
Albrecht, Daniel Ludwig 142
Ancillon, Jean Pierre Frédéric 210, 231 f., 257 ff., 264, 266, 293 f., 297, 373 ff., 389 f.
Arndt, Ernst Moritz 41, 127
Arnim-Heinrichsdorff-Werbelow, Heinrich Friedrich von 388 ff.
Asbrand, Friedrich 239, 392 f.
Asverus, Gustav 171 ff.

B

Bardon, Gilbert Simeon 373 ff.
Becke, Heinrich Arnold von der 302 ff.
Benckendorff, Alexander von 387
Berg, Günther von 263
Bernays, Karl Ludwig 394
Bernstorff, Christian von 93 ff., 109, 156 ff., 336
Berstett, Wilhelm Ludwig von 144, 162, 164
Biergans, Wilhelm Joseph 358
Blittersdorff, Friedrich von 132, 134, 177 f., 185 ff., 205, 206 ff., 250 ff., 261, 290, 295 ff., 312, 345 f.,380 f., 403
Brauchitsch, Adolf von 278, 280
Breidenstein, August 413
Breidenstein, Friedrich 413
Brenn, Gustav von 257
Büchner, Georg 215, 393 f.
Bülow, Friedrich von 142
Bülow, Heinrich von 278 f., 399 f.

C

Canitz und Dallwitz, Karl von 284, 306 ff.
Cartwright, Thomas 400
Clanner Ritter von Engelshofen, Joseph 398 f.
Clausing, Ludwig 244 f., 370 f.
Cousin, Victor 342 ff.

D

Dietz, Johannes Andreas 123 f.
Du Thil, Karl 173 ff., 189 f., 262 f.

E

Eberhardt, Friedrich 285 ff.
Eimer, Heinrich 220

F

Fein, Georg 264 f.
Feuerbach, Anselm von 75 f., 160
Fieschi, Joseph 372 f.
Floret, Peter Joseph 170 f.
Follen, Adolf 348
Follen, Karl 41, 324, 325, 340 ff., 347 f.
Franchet-Desperey, François 338, 342 ff.
Franckenberg-Ludwigsdorff, Carl Ludwig von 290
Franz I. von Österreich 100 f.
Friedrich Wilhelm IV. von Preußen 394

G

Gallotti, Antonio 353 f.
Garnier, Joseph 213, 231 ff., 392
Gärtner, Friedrich Christian von 101 ff.
Gasparin, Adrien de 394 f., 396 f.
Gentz, Friedrich von 85, 89, 331 ff.
Geßner, Heinrich 144 f.
Görres, Joseph 320 ff.
Grano, Johann Bogislaw 111 ff.
Grolman, Carl Ludwig Wilhelm 152 ff.
Große, Ernst Ludwig Daniel 368
Gruben, Peter Joseph von 186, 190, 260 ff.

H

Handel, Paul Anton von 176
Hardenberg, Karl August von 96 f., 113 ff., 336
Heffter, August Wilhelm 67, 255
Heine, Heinrich 41, 351, 409
Heinrichsen, Arnold von 214, 223
Hildebrandt, Christian Reinhard 146 ff.
Hoermann, Joseph von 119 f., 124 ff.
Hofmann, Heinrich Karl 150 ff.

I

Ibell, Carl Friedrich Emil von 84

J

Jahn, Friedrich Ludwig 41
Jordan, Sylvester 215

K

Kaiserberg, Leopold von 166
Kamptz, Karl Albert von 46, 96, 106 ff., 142, 154, 160 f., 173, 197 ff., 257, 339 f., 358 ff.
Kentzinger, François Xavier Antoine de 320
Kircheisen, Friedrich Leopold von 141
Kolb, Philipp 146 f.
Kotzebue, August von 84
Krämer, Friedrich August 220 f.
Krug, Ernst Wilhelm 256

L

Leopold I. von Belgien 388 f.
Lessing, Ludwig 243
Lizius, Bernhard 408
Lohbauer, Rudolf 378 f.
Löning, Karl 84, 372
Louis Phillipe I von Frankreich 294, 372, 394
Louvel, Louis Pierre 372
Luden, Heinrich 121 f.

M

Maltzahn, Mortimer von 293 f.
Marschall von Bieberstein, Ernst 94 ff., 146 ff.
Marx, Karl 394
Mathis, Ludwig Emil 228, 300 ff.
Maximilian I. Joseph von Bayern 98 f.
Mazzini, Giuseppe 232, 382 f., 401
Merveldt, August von 129 f.
Metternich, Clemens Fürst von 18 f., 22 f., 25, 29, 85, 93, 101 ff., 119, 129 f., 156 ff., 165 f., 173 ff., 181, 190 ff., 193 ff., 203 ff., 205 ff., 247, 260, 266, 291 ff., 306 ff., 309 f., 318, 320, 325 ff., 336 ff., 341, 347, 363 f., 379 ff., 387, 395 ff., 401
Mieg, Arnold von 263

Milan, Louis 338
Miller, Carl von 147
Molé, Louis-Mathieu 397 ff.
Montalivet, Marthe Camille Bachasson de 399
Mott, Peter 276, 405 f.
Muelenaere, Felix de 389 f.
Mühler, Heinrich Gottlob von 257, 278, 283 f., 373 ff.
Müller, Hermann 216
Münch-Bellinghausen, Joachim von 130, 204 f., 207, 284, 299 f., 305, 312, 402 f.

N

Nagler, Carl Ferdinand Friedrich von 185 ff., 207, 231
Neigebaur, Johann Daniel Ferdinand 139
Neumann, Philipp von 401
Noé von Nordberg, Karl Gustav 211 f., 395 ff.

O

Obermüller, Wilhelm 220, 222
Otterstedt, Friedrich von 144 f.

P

Pfeiffer, Christian 146 f.
Pfister, Ludwig 111 f., 135, 163, 166
Pilgram, Johann Baptist von 308
Pistor, Daniel Friedrich Ludwig 368
Plessen, Leopold von 109
Pralormo, Carlo Giuseppe Beraudo di 326 f.
Preuschen, Karl von 213
Prieser, Heinrich von 214, 228 f., 237, 242

R

Rechberg, Aloys von 93 ff., 140
Reitzenstein, Sigismund von 263
Rochau, August Ludwig von 219 f.
Rochow, Gustav von 299, 389 f.
Rotteck, Carl von 41, 233, 273 ff.
Rühl, Georg 150 ff.

S

Sand, Karl Ludwig 47, 84, 95, 102, 318, 340, 372
Sander, Adolf 273
Sayn-Wittgenstein-Hohenstein, Wilhelm zu 142
Scharnhorst, Gerhard von 133
Schenck, Friedrich 152 f.
Schmidt-Phiseldeck, Justus von 80
Schoeler, Friedrich von 297, 299
Schönfeld, Carl Otto 225
Schuckmann, Friedrich von 119, 141 f., 144 ff., 152 ff., 162 f., 320 f., 347
Schulenburg, Friedrich Albrecht von der 109
Schüler, Ernst 242 f.
Schuster, Adam 258 f.
Schwarz, Anton 114 f.
Schwarz, Rudolf 159 ff.
Sichel, Karl Theodor 113 f.
Siebenpfeiffer, Philipp Jakob 41
Snell, Wilhelm 325, 342, 347 ff.
Stein, Heinrich Friedrich Karl vom und zum 133
Swiderski, Thomas 240 f.
Sydow, Rudolf von 277 ff.

T

Thiers, Adolphe 395 f.

Thürheim, Friedrich Karl von 98
Trott, August Heinrich von 186, 207
Tschech, Heinrich Ludwig 394
Türckheim, Johann von 290

V

Venedey, Jacob 375, 394 f.
Völker, Karl 347 f.

W

Wagemann, Friedrich Moritz von 134, 175, 213, 240 f., 242, 243 f., 287 f., 370, 400
Weidig, Friedrich Ludwig 29 f., 41, 215, 225
Weishaar, Jakob Friedrich 189
Welcker, Carl Theodor 273
Welden, Ludwig von 294
Wesselhöft, Wilhelm 342, 347 ff.
Wilkens, Friedrich 173 ff.
Winter, Ludwig Georg 183 ff.
Wirth, Johann Georg August 41, 369
Wit von Dörring, Ferdinand Johannes 340 ff.
Wolzogen, Ludwig von 237
Wrede, Carl Philipp von 98 f., 209
Wylich und Lottum, Carl Friedrich Heinrich von 257

Z

Zalesky, Joseph 239 f.
Zentner, Georg Friedrich von 115 f.